KB071439

# 장애인 재활상담의 이론과 실제

COUNSELING THEORIES AND TECHNIQUES FOR REHABILITATION
AND MENTAL HEALTH PROFESSIONALS, SECOND EDITION

Fong Chan · Norman L. Berven · Kenneth R. Thomas 편저

조성재 · 박중규 · 최국환 공역

학지사

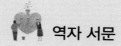 역자 서문

　2008년 출간된 『재활전문가를 위한 장애인 상담의 이론과 실제』는 여러 가지로 부족하고 미흡한 점이 많았음에도, 여러 독자에게 과분한 사랑을 받았습니다. 학교에서 학생들에게 상담을 가르치면서 '왜 이 부분을 어색하게 번역했을까, 이 대목은 우리말 같지 않아서 학생들이 이해하기 상당히 어렵겠구나.'와 같은 아쉬움을 많이 느꼈습니다.

　그러던 중 『Counseling Theories and Techniques for Rehabilitation and Mental Health Professionals』라는 제목으로 이 책의 개정판이 출간되었고, 이번에는 재활상담과 심리치료 분야에서 풍부한 학문적, 임상적 경험을 가진 분들과 공동 작업을 통해 좀 더 완성도 높은 책을 만들어 보고 싶다는 생각에서 번역 작업을 시작하였습니다. 욕심과는 달리, 막상 작업을 마치고 보니 여전히 부족하고 미흡한 점이 많은 것 같아 부끄럽습니다. 다만 저를 비롯하여 번역에 참여하신 두 교수님이 세 차례 이상 원고를 번갈아 가며 교차 검토했고, 어떻게 하면 내용을 좀 더 쉽고 명확하게 전달할 수 있을지를 오랫동안 고민했으니만큼 이번 개정판은 『재활전문가를 위한 장애인 상담의 이론과 실제』보다는 얼마간 나아지지 않았을까 위안해 봅니다. 『재활전문가를 위한 장애인 상담의 이론과 실제』에서 잘못 표기했던 용어를 바로잡은 점과 여러 가지 명칭으로 혼용되던 일부 표현을 우리말에 적합하도록 고친 점 또한 독자들이 이 책을 읽는 데 다소간 도움이 되리라 생각합니다.

　원서의 개정판 역시 내용과 구성 면에서 몇 가지 변화가 있었습니다. 우선 '의미치료'와 '현실 치료'가 빠진 대신 '해결 중심 단기 치료(제3장)'와 '동기 강화 상담(제12장)'이 새롭게 추가되었습니다. '가족상담(제14장)'과 '진로 상담(제15장)' '집단 상담(제13장)' 등의 단원은 내용과 분량 면에서 상당한 개정이 이루어졌습니다. 모든 장에 걸쳐 출간 시점을 기준으로 최신 연구 성과와 관련 저작을 내용에 반영한 점도 눈에 띕니다.

　본문을 읽기에 앞서 독자들께 몇 가지 설명하고 싶은 점이 있습니다. 첫째, 상담사라는 용어는 다양한 자격을 가진 서비스 제공자를 포괄하는 명칭으로, 특정한 자격을 칭하는 말이 아님을 분명히 밝히고자 합니다. 이 책에서 상담사는 미국 기준으로 '재활상담사'와 '심리사(임상, 상담 등)'를 비롯한 다양한 정신건강 서비스 직군을 포괄하는 용어이기 때문입니다. 현재 우리나라에서는 다양한 민간등록자격을 소지한 사람들도 '상담사'라는 역할을 담당하는 바, '상담사'라는 명칭이 국가 자격으로서 '장애인재활상담사'나 '정신건강임상심리사' '임상심리사' '정신건강사회복지사' '사회복지사' '청소년상담사'와 일부 널리 인정되는 민간자격도 포함하고 있음을 감안해 주시기를 바랍니다.

둘째, 이 책이 미국의 공인 재활상담사를 중심으로 '심리치료와 상담'을 다루고 있다는 점에서, 제시된 9개의 치료 이론은 각기 뚜렷한 입장 차이를 드러내고 있습니다. 입문 단계의 독자의 경우에는 각 장의 주장과 관련하여 다소간 혼란함을 느낄 수도 있을 것입니다. 하지만 이러한 논쟁은 재활상담과 관련하여 다양한 시각을 소개하고자 하는 이 책의 장점이니만큼 일부 편파적인 부분에 관해서는 독자들께서 현명하게 판단하시기를 바랍니다.

이 책이 나오기까지 많은 분이 노고를 아끼지 않으셨습니다. 여러모로 부족한 저의 제안을 흔쾌히 수락하시고 번역 작업을 함께 해 주신 박중규 교수님, 최국환 교수님께 깊은 감사의 말씀을 전하고 싶습니다. 예정일이 많이 지났음에도 묵묵히 책이 완성될 때까지 기다려 주신 학지사 김진환 사장님께도 진심으로 감사의 말씀 드립니다. 끝으로 3차에 걸쳐 원고를 꼼꼼히 살피고 교정해 주신 학지사 편집부 박선민 과장께도 고맙다는 말씀 전합니다.

저희는 이번 번역본이 장애인 재활상담이나 다양한 분야에 걸쳐 심리치료를 공부하시는 독자들께 조금이라도 도움이 되기를 기원합니다.

2023년 2월
역자 대표 조성재

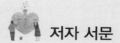 저자 서문

이 책은 재활상담과 정신건강 상담 관점에서 상담 및 심리치료 분야에 널리 활용되는 지배 이론과 기법에 적합한 첨단 처치에 관한 지식과 정보 제공을 목적으로 저술되었다. 이 책의 집필에 참여한 저자들은 각자의 분야에서 풍부한 지식과 전문성을 갖추었음은 물론, 전국적으로 지명도가 높은 재활 및 보건 분야의 전문 연구자들이다. 이 책의 주요 대상은 재활 현장에서 일하는 실천가들과 임상 재활상담과 임상심리, 정신건강 상담, 사회복지, 간호, 작업치료, 물리치료, 언어치료, 레크리에이션 치료 등 다양한 재활 및 보건 분야를 전공하는 대학원생들이다. 우리는 장애인 재활 현장에서 일어났던 실제 사례를 활용하여 임상 재활상담 관점에서 각 단원을 집필하였다. 저자들은 장애인이나 만성질환자들이 지닌 문제 해결에 특정 상담 이론과 기법이 어떻게 적용되는지를 보여 주기 위해 각 장마다 실제 사례를 수록하였다. 이번 개정판에서 우리는 각 장에 소개된 상담 이론과 기법의 효능을 뒷받침하는 과학적 증거 제시에 초점을 맞추었다.

우리는 장애 또는 만성질환을 가진 사람의 상담에 사용되는 이론과 개입이 비장애인을 상담할 때 활용되는 이론 및 개입과 달라야 한다고 생각하지 않는다. 사실, 그 반대 경우가 진실에 가까울 것이다. 다만 만성질환자와 장애인 혹은 이들을 대상으로 재활 서비스를 제공하는 기관들은 저마다의 특수한 욕구를 표방하며, 특정 상담 이론과 기법을 적용함에 있어 집중과 변형을 필요로 하는 특수한 목적을 가지고 있다. 상담과 심리치료 이론 및 기법을 다룬 일반 일반적인 교재가 이 책에 수록된 주요 상담 접근에 관해 뛰어난 논의를 제공하기는 하지만, 우리는 이들을 보완할 수 있도록 재활 현장에서의 적용에 특화된 실제적 지식과 정보 또한 필요하다고 판단하였다. 우리는 이 책의 집필을 통해 앞서 거론한 필요성을 충족시키고자 시도하였다.

우리는 다음과 같은 이유에서 이 책의 집필 작업에 참여하게 된 것을 기쁘게 생각한다. 첫째, 이번 집필 작업은 우리에게 미국과 호주에서 가장 열정적이고 학문적으로 뛰어난 업적을 보인 재활 및 정신 보건 분야 연구자들과 함께 일할 기회를 제공하였다. 우리 세 사람은 이 책의 집필에 참여한 다수의 저자는 위스콘신 대학교 대학원에서 함께 수학한 동문이거나 오랜 기간 동안 같은 목표를 향해 함께 노력한 학문적 동지라는 사실에 커다란 자부심을 느낀다. 이들 중 일부는 오래전부터 연구와 집필을 함께한 학문적 동반자였고, 다른 저자들 역시 학회 활동을 통해 친교를 이어 왔다. 몇몇 저자들의 경우 직접 만난 적은 없지만, 우리는 이들의 뛰어난 통찰력과 풍부한 지식을 공유할 수 있는 기회를 가졌다는 사실에 커다란 기쁨을 느낀다.

이 책을 집필하는 과정에서 우리가 만끽한 또 다른 즐거움은 상담을 향한 우리의 크나큰 애정이다. 우리는 상담이야말로 장애로부터의 회복과 재활의 근본이자, 대다수 학생과 전문가를 재활상담 분야로 이끌어 준 가장 큰 이유 가운데 하나라고 확신한다. 우리는 장애 또는 만성질환을 가진 사람들에 대한 직업상담, 심리사회적 적응 상담, 정신건강 상담 서비스 제공이야말로 장애인이나 만성질환자들의 삶의 질 개선을 위한 다학제적 노력 과정에서 재활 전문가들이 진정으로 기여할 수 있는 고유한 영역이라고 확신한다. 우리는 이 책에 담긴 내용이 독자들에게 상담의 효능과 과정에 관한 지식 제공 차원을 넘어, 이들이 궁극적으로 서비스를 제공하게 될 수많은 장애인 내담자에게 커다란 유익을 가져다주기를 바라 마지않는다.

Fong Chan, Norman L. Berven, Kenneth R. Thomas

차례

◉ 역자 서문 _ 3
◉ 저자 서문 _ 5

## 제 1 부
## 서론

 제1장  **재활 및 정신보건 분야 전문가를 위한 상담 및 심리치료의 소개 • 15**

1. 주요 용어의 개념과 정의 _ 16          2. 전문적 직능으로서의 상담의 중요성 _ 18
3. 상담 및 심리치료 이론의 역사적 맥락 _ 20          4. 상담 및 심리치료의 효능 _ 23
5. 이 책의 구성 _ 24

## 제 2 부
## 주요 상담 이론

제2장  **인간 중심 이론 • 33**

1. 인간 중심 접근의 기원 _ 34          2. 핵심 개념 _ 36
3. 고전적 인간 중심 치료 _ 40
4. 인간 중심 치료에 관한 역사적 평가[도도새의 명판결(the Sage of the Dodo Bird)] _ 45

5. 인간 중심 상담 지지 연구 _ 50      6. 관련 심리치료 접근 _ 58
7. 인간 중심 원리의 지역사회 기반 프로그램 적용 _ 59
8. 인간 중심 원리와 재활상담 _ 61      9. 인간 중심 직업재활 서비스 제공 단계 _ 62
10. 재활 현장에 대한 인간 중심 상담 적용 시 특수 고려사항 _ 65
11. 맺음말 _ 69

제3장  해결 중심 단기 치료 · 77

1. 역사적 전개 과정 _ 78      2. SFBT의 사회구성주의적 근원 _ 78
3. 상담 구조로서의 SFBT _ 80      4. SFBT의 핵심 상담 기법 _ 83
5. SFBT의 효과성 지지 연구 _ 89      6. 재활 실제에 대한 SFBT의 잠재적 적용 _ 92
7. 맺음말 _ 95

제4장  게슈탈트 치료 · 103

1. 토대 _ 104      2. 주요 개념 _ 105
3. 상담 과정 _ 109      4. 상담 전략 _ 112
5. 재활 현장에 대한 적용 _ 114      6. 주요 관련 연구 _ 121
7. 강점과 한계 _ 125

제5장  인지 행동 치료 · 131

1. 개관 _ 132      2. 이론적 토대 _ 132
3. 치료 전략과 기법 _ 135      4. 재활상담 맥락에서의 CBT _ 139
5. 증거 기반 실제로서의 CBT _ 141      6. 맺음말 _ 146

제6장  합리적 정서 행동 치료 · 155

1. 개요 _ 156      2. 역사 _ 156
3. 주요 이론적 개념 _ 159      4. 상담 과정 _ 168
5. 상담 기법 _ 170      6. 상담사-내담자 관계 _ 173

7. 재활에 대한 적용 _ 174　　　　　　　8. 연구 결과 _ 178

9. REBT의 강점과 한계 _ 180

제7장　행동 치료 · 187

1. 재활에서의 행동 치료 _ 188　　　　2. 행동 치료에 대한 접근 _ 188

3. 성격 이론 _ 195　　　　　　　　　4. 상담 과정 _ 196

5. 치료 관계 _ 197　　　　　　　　　6. 재활에 대한 적용 _ 198

7. 연구 성과 _ 203

제8장　특성 요인 이론과 상담 과정 · 215

1. 역사 _ 216　　　　　　　　　　　2. 주요 개념 _ 218

3. 재활상담에의 적용 _ 220　　　　　4. 실증 연구 _ 222

5. 한계 _ 224　　　　　　　　　　　6. 맺음말 _ 227

제9장　정신역동 치료 · 233

1. 역사 _ 234　　　　　　　　　　　2. 주요 개념 _ 238

3. 성격 이론 _ 239　　　　　　　　　4. 정신역동 상담 과정 _ 242

5. 재활에 대한 적용 _ 246　　　　　　6. 주요 관련 연구 _ 255

7. 주요 강점과 한계 _ 262

제10장　Adler 치료 · 273

1. 역사 _ 274　　　　　　　　　　　2. 주요 개념과 성격 이론 _ 275

3. 상담 과정 _ 282　　　　　　　　　4. 특별한 초점으로서의 격려 _ 287

5. 재활에 대한 적용 _ 289　　　　　　6. 주요 관련 연구 _ 294

7. 주요 강점과 한계 _ 296

## 제 3 부
# 기초적 상담 기술

### 제11장  기초적 상담 기술 · 303

1. 촉진적 관계와 의사소통 기술 _ 304        2. 주의 기울이기 기술 _ 306
3. 질문 _ 311                              4. 적극적 경청 반응 _ 316
5. 실증 연구 _ 323                         6. 맺음말 _ 325

### 제12장  동기 강화 상담 · 329

1. 동기와 상담 _ 330                       2. 역사 _ 331
3. 주요 개념 _ 332                         4. 동기 강화 상담 과정 _ 340
5. 성격 이론 _ 342                         6. 재활 현장에 대한 적용 _ 348
7. 연구 성과 _ 356                         8. 주요 강점과 한계 _ 359

### 제13장  집단 상담 및 절차 · 369

1. 주요 개념 _ 370
2. 집단 개입 절차에 대한 상담 이론 적용 _ 372
3. 집단 개입의 절차와 과정 _ 377          4. 재활 현장에 대한 적용 _ 387
5. 연구 성과 _ 389                         6. 주요 강점과 한계 _ 390

### 제14장  재활 및 보건 전문가를 위한 가족체계 및 사회 생태학적 관점 · 397

1. 장애와 가족체계 _ 398                   2. 기본 원리 _ 399
3. 전통적 가족체계 이론 _ 401              4. 현대적 가족체계 이론 _ 414
5. 한계 _ 426                             6. 재활 전문가 양성과 실천에 대한 함의 _ 428
7. 맺음말 _ 432

제15장 **진로 및 직업 상담 · 441**

1. 역사 _ 442                          2. 일 중심성 _ 443
3. 일과 인간의 욕구 _ 445              4. INCOME 프레임워크 _ 449
5. INCOME 프레임워크를 구성하는 여섯 가지 상태 _ 451
6. 주요 개입 전략 _ 455                7. 맺음말 _ 460

제 **4** 부
# 특수 고려사항

제16장 **물질 사용 장애, 장애, 상담 개입 · 469**

1. 장애와 물질 사용 장애 _ 470          2. 주요 개념 _ 471
3. 물질 사용 장애 모델과 관련 상담 개입 및 연구 증거 _ 472
4. 물질 남용 평가 _ 482               5. 물질 남용 치료 프로그램 유형 _ 486
6. 장애 및 물질 사용 장애 관련 이슈 _ 488    7. 맺음말 _ 491

제17장 **지체장애인 상담 · 501**

1. 장애와 만성질환 발생에 따른 스트레스와 대처 반응 _ 502
2. 부정적 정서성 _ 507                3. 긍정적 정서성 _ 509
4. 대처증진을 위한 상담 개입 _ 512
5. 맺음말 _ 517

제18장 **정신장애인을 위한 상담 개입 · 527**

1. 정신장애인 상담의 어려움 _ 528        2. 상담 원리 _ 532
3. 증거 기반 실제 _ 536               4. 맺음말 _ 545

**제19장 다문화 재활상담: 다양성에 기반한 최적의 성공 전략 · 553**

1. 소수자 지위를 규정하는 주요 특징 _ 554

2. 재활 서비스 전달에 있어 다수자 편향 생성 원인 _ 561

3. 문화 감수성 기반 재활 개입 전략 _ 568    4. 상반된 관점 간의 화해 _ 576

5. 맺음말 _ 577

# 제 5 부
# 직능 관련 이슈

**제20장 임상 슈퍼비전 · 589**

1. 임상 슈퍼비전 _ 590    2. 임상 슈퍼비전 실제 _ 596

3. 슈퍼비전에서 다양성 고려 _ 601    4. 슈퍼비전과 윤리적 고려 _ 603

5. 임상 슈퍼비전의 현주소 _ 606


**제21장 임상 실제에서의 위험 관리 · 615**

1. 자격제도(credentialing)와 위기 관리 _ 616    2. 법률 시스템 _ 617

3. 윤리 규약 _ 620    4. 업무상 과실과 태만 _ 621

5. 업무상 과실의 발생 위험 요인(mine field) _ 623

6. 업무상 과실로부터의 보호 _ 631    7. 맺음말 _ 634


◉ 찾아보기 _ 641

제**1**부

# 서론

# 제1장

# 재활 및 정신보건 분야 전문가를 위한 상담 및 심리치료의 소개

Norman L. Berven, Kenneth R. Thomas, and Fong Chan

서문에서도 언급한 바와 같이, 이 책은 재활의 관점에서 현재 가장 널리 쓰이는 상담 및 심리치료 분야의 최신 이론과 기법의 소개를 주된 목적으로 하고 있다. 이 장에서는 독자들의 원활한 이해를 돕기 위해 상담과 심리치료 분야에서 널리 활용되는 핵심 개념과 주요 용어, 장애인 재활 분야에서 상담 및 심리치료가 지니는 중요성, 상담 및 심리치료 이론의 이해에 필요한 역사적 맥락, 상담 및 심리치료의 효능 등에 관해 간략히 살펴보고자 한다. 또한 이 책의 구성과 내용에 대해서도 간략히 살펴볼 것이다.

## 1. 주요 용어의 개념과 정의

### 1) 상담 및 심리치료

상담 및 심리치료는 사람들 사이에서 가장 널리 통용되는 용어 중 하나다. 하지만 이는, 사용하는 사람에 따라 상이한 의미로 받아들여지는 경향이 있다. 일반적으로, 상담 및 심리치료는 삶의 전반 혹은 행동 변화를 추구하는 과정에서 도움을 필요로 하는 내담자 혹은 내담자들과 전문가 사이에 이루어지는 상호작용을 중심으로 하는 치료 관계 구축으로 정의할 수 있다. 재활 현장에서 도움을 필요로 하는 사람은 대개 장애나 그 밖의 특수한 욕구를 지니고 있다. 상담은 전통적인 상담실 세팅은 물론, 도움이 필요한 장애인 이용자와 재활 전문가 사이의 상호교류가 가능한 기회를 보장하는 다양한 형태의 지역사회 현장에서도 이루어진다.

재활상담사 자격검정위원회(Commission on Rehabilitation Counselor Certification: CRCC)에서 발간한 재활상담사 업무 영역(Scope of Practice for Rehabilitation Counseling)에서는 치료적 개입으로서의 상담을 다음과 같이 정의하고 있다.

> 상담이란 인간 행동에 내재된 발달, 건강, 병리, 다문화 원리를 아우르는 인지, 정서, 행동, 체계적 개입 전략의 적용이다. 이 같은 개입 전략은 전문적 상담관계의 맥락에서 장애인 내담자의 욕구 충족을 위해 특화되어 적용되며, ① 사정(appraisal), ② 개인상담, 집단 상담, 결혼 · 가족상담, ③ 심리치료, ④ 정신장애나 정서 행동 장애인에 대한 진단과 치료, ⑤ 교육 또는 진로발달 등 정상적 성장과 발달 촉진을 목적으로 하는 자문과 지침, ⑥ 장애 적응 과정에서 도움이 필요한 사람들을 위한 기능적 평가와 진로 상담, ⑦ 의뢰, ⑧ 자문, ⑨ 연구 등의 영역을 포함한다(p. 2).

상담 및 심리치료는 가족, 친구, 전문가 등의 대상에 구애받지 않으면서, 어려운 문제, 인생에 영향을 미치는 중대 결정, 살아가면서 자신이 희망하는 변화 추구 등 다양한 이유에서 고민에 처한 사람들에게 유익하다고 알려진 사람들 사이의 상호작용과 여러 면에서 공통점을 지니고 있다. 상담 및 심리치료 전공자는 물론, 재활의학 전공 의사, 작업치료사, 물리치료사, 언어치료사, 청능 치료사, 재활교사, 보행교사, 레크리에이션 치료사 등의 다양한 재활·의료 전문가들 또한 장애인 이용자의 욕구와 행동을 이해하고, 바람직한 변화를 이끌어 내기 위한 전략 수립 단계에서부터 이들과의 협력을 모색한다. 재활·보건 전문가가 제공하는 서비스의 효과는, ① 이용자와의 치료 작업 관계 구축, ② 촉진적이고 지원적인 의사소통, ③ 철저하고 포괄적인 정보 습득, ④ 내담자가 자신의 이야기를 털어놓고 당면한 문제와 욕구를 설명할 수 있는 환경 조성, ⑤ 치료와 서비스 계획 수립 촉진 방식을 통한 내담자 행동과 문제 이해 및 개념화, ⑥ 내담자가 따르기로 결정한 치료와 서비스 계획 순응 및 전념 정도 점검 등 전문적 과업 달성 여부에 따라 결정된다. 앞서 언급한 재활상담사의 전문 업무 영역은 상담과 이에 후속하는 여러 가지 상호작용을 포함하는 구성요소로 볼 수 있다. 따라서 상담 이론과 기법에 대한 이해는 재활보건 전문가의 효과적 직무 수행에 커다란 도움을 줄 수 있다.

　상담과 심리치료 간의 차이를 구별 짓는 것은 매우 어려울 뿐 아니라, 종종 여러 가지 논쟁의 여지를 제공한다. 일부 학자들(Gelso & Fretz, 1992)은 상담은 짧은 기간에 보다 현실적 문제 해결에 초점을 두는 데에 반해, 심리치료는 보다 전문적 훈련을 필요로 하며 장기간에 걸쳐 강도 높고 깊이 있는 방식을 통해 성격의 재구성과 재구조화 등의 문제에 역점을 둔다고 주장한다. 그런가 하면, 또 다른 학자들(Tyler, 1958)은 심리치료는 심각한 질병이 있는 사람들에게 적절한 서비스와 치료를 제공하는 것을 주된 목표로 하는 데에 반해, 상담은 일상생활의 영위, 중요한 결정을 내려야 할 경우, 자기 개발과 성장 과정에서 직면하는 일반적 문제 해결 등에 활용된다고 주장한다. 그러나 대다수 학자들(Patterson, 1986)은 상담과 심리치료의 정의는 상당 부분 중첩되는 바, 이들 양자 사이의 구별은 기껏해야 수여되는 학위증서의 이름이 다를 뿐, 지극히 자의적이고 무의미하다고 주장한다. 그 외 Sharf(2012)는 실제 현장에 따라 용어가 달라진다고 지적했는데, 심리치료는 의료현장에서 보다 많이 쓰이고 상담은 교육/복지현장에서 많이 쓰인다고 하였다. 우리는 이 같은 상황을 고려하여 상담, 심리치료, 치료(therapy) 등 세 용어를 동일한 의미로 간주하여 혼용할 것임을 밝혀 둔다.

## 2) 재활·정신보건 상담 이용자를 부르는 명칭

　재활·보건 전문가들이 서비스 혹은 치료 대상을 부르는 명칭은 환자(patient), 내담자(client), 소비자(consumer), 고객(customer) 등 매우 다양하다. 일반적으로, 환자라는 명칭은 의사나 간호사 등 의료 분야 전문가나 정신보건, 요양병원 종사자들 사이에서 주로 사용된다. 또한 스스로를 심리치료사라고 생각하는 의사들은 스스로를 상담사라고 생각하는 의사들에 비해 환자라는 용어를 선호하는 경향을 보인다. 내담자는 재활상담사와 지역사회 재활 프로그램 종사자들 사이에서 널리 사용되었는데, 최근에는 소비자 또는 고객이라는 용어가 이를 대신하여 널리 사용되고 있다. 한편, 이들 네 가지 용어는 각각 상이한 함의점을 지닌다. 예를 들어, 재활 전문가 대다수는 '환자'를 이용자의 입장에서 서비스 전문가에게 치료와 서비스 제공을 둘러싼 결정을 위임하는 의료적 모델을 의미하는 용어로 인식한다. 이에 반해, 나머지 세 용어는 서비스와 치료 제공의 주요 과정 참여는 물론, 서비스 내용을 둘러싼 일체의 결정권을 당사자에게 부여한다는 의미를 내포한다. 소비자주의(consumerism)나 역량 강화(empowerment)를 골자로 하는 장애인 권리 운동(disability right movement)의 발전(Campbell, 1991; Holmes, 1993 참조)은 직업재활이나 상담 및 심리치료 서비스 이용자를 이르는 용어에 대한 감수성은 물론, 이들 용어가 장애 관련 서비스 제공자에게 미칠 파급 효과를 부각시켰다. 소비자나 고객 등과 같이 상대적으로 새로운 용어의 대두는 이 같은 시대적 흐름이 반영된 현상으로 볼 수 있다. 전술한 네 가지 용어 중 어느 것이 가장 적절한가의 문제는 학자들 사이에서도 의견이 분분하다. 예를 들어, Thomas(1993)는 내담자를 선호하는 입장을 확고히 견지하는 데에 반해, Nosek(1993) 같은 이들은 소비자가 훨씬 더 적합한 용어라고 주장한다. 우리는 이 책에 수록된 상담 이론의 주창자들이 사용한 용어를 존중한다는 취지에서 내담자, 소비자, 환자 등 세 가지 용어를 병용하기로 결정하였다.

## 2. 전문적 직능으로서의 상담의 중요성

재활상담사의 역할, 기능, 전문 지식, 직무 관련 기술 등의 실증적 파악을 연구한 대다수의 학자들은 한결같이 상담이 이들이 행하는 가장 중요한 업무 가운데 하나라는 결론을 제시하고 있다(Leahy, Shapson, & Wright, 1987; Leahy, Szymanski, & Linkowski, 1993; Muthard & Salomone, 1969; Rubin et al., 1984). Muthard와 Salomone(1969)은 재활상담사의 주요 업무 영역을 분석한 연구를 통해 연방-주(federal-state) 직업재활 기관에서 근무하는 재활상담사들은 그들의 업무 시간을 대략 셋으로 나누어, ① 상담과 지도, ② 계획수립, 기록, 직업배치와 행정 사무, ③ 전문적 성장(professional growth), 대외관계, 자원개발, 출장, 보고서 작성, 문서 작성과 슈퍼비전 등 세 가지 영역에 걸쳐 동일한 비중의 시간을 할애한다고 밝혔다. Leahy, Chan, Sung 그리고 Kim(2013)은 공인 재활상담사(certified rehabilitation counselors)들을 대상으로 실시한 조사연구를 통해 재활상담사가 갖추어야 할 자격 요건 획득에 있어 중요하다고 인식하는 핵심 지식으로, ① 직업배치, 자문, 평가, ② 사례관리와 지역사회 자원 개발, ③ 개인상담, 집단 상담, 가족상담, 증거 기반 실제, ④ 장애의 의료적 · 기능적 · 심리적 측면 평가 등 네 가지 분야를 제시하였다. 이들 중 뒤의 두 가지는 상담의 전문지식 영역을 대표하며, 이 책의 내용과도 밀접한 관계를 지니고 있다.

Leahy 등(2013)의 연구에서 확인된 이들 네 가지 영역의 전문지식은 연방-주 직업재활기관, 영리 목적의 민간 재활회사, 비영리 민간 재활기관 등에서 이루어지는 재활상담의 최근 경향을 반영한 것이다. 즉, 대다수 재활전문가들이 심리사회적 문제와 욕구가 서비스 제공 기관의 성격이나 유형에 관계없이 장애인의 직업 적응에 커다란 영향을 미친다는 사실을 인지하고 있다는 의미다(O'Brien, Heppner, Flores, & Bikos, 1997). 이 같은 맥락에서, 상담이야말로 재활상담사의 가장 중요한 업무 영역 중 하나이며, 재활상담사가 장애인 내담자를 대상으로 다른 사람과 스스로에 대한 감정과 생각 변화를 이끌어 내려는 목적의 심리사회적 상담 서비스 제공에 많은 시간을 할애한다는 Rubin 등(1984)의 연구 결과는 재활상담사들 사이에서 당연한 사실로 받아들여지고 있다.

미국의 경우 주 차원에서 시행하던 심리상담사 면허 제도를 국가 공인 자격으로 격상하려는 움직임 때문에, 상당수 대학의 재활상담 관련 학과들은 석사 학위 이수 학점을 기존의 48학점에서 60학점으로 확대 · 개편하려는 움직임을 보이고 있다. 이 같은 추세에 박차를 가할 것으로 보이는 움직임으로, 재활교육협의회(Council on Rehabilitation Education: CORE)와 상담 및 관련 교육 프로그램 인증 협의회(Council for Accreditation of Counseling and Related Educational Programs: CACREP)는 60학점 취득을 핵심으로 하는 새로운 재활상담학 석사 학위 프로그램 인증 기준을 개발하였다. 미국의 거의 모든 주에서는 재활상담사 등 전문 상담사 면허 관리를 목적으로 하는 법규를 제정 · 시행하고 있다. 이로 인해 재활상담사에게는 장애인 재활 및 정신보건 상담 현장에서 행동 변화를 이끌어 낼 수 있도록 이론과 임상 능력 측면 모두에 뛰어난 전문성이 요구되고 있다. 마찬가지로, 간호사, 작업치료사, 사회복지사, 언어치료사, 물리치료사, 청능치료사, 레크리에이션 치료사 등 다양한 분야에 종사하는 재활 및 정신건강 전문가 사이에서는 심리사회적 요인이 재활 성과에 미치는 긍정적 효과와 개인 혹은 집단 상담의 중요성에 대한 공감대가 확산되고 있다. 그 결과, 재활 및 보건 분야 관련 학과가 개설된 대다수 대학에서는 이들 학과의 교육과정에 면접 기술, 상담 개입 전략, 장애에 대한 심리사회적 적응 등의 내용을 추가하기에 이르렀다.

## 3. 상담 및 심리치료 이론의 역사적 맥락

심리, 사회문화 그리고 체계 이론은 일반적으로 바람직한 변화의 달성을 이끌어 내기 위한 행동 이해와 중재 전략 수립을 촉진함으로써 상담 및 심리치료 과정을 좌우한다. 실제로, 최소한의 이론적 지침에 기반하지 않은 상태에서 상담의 효과를 높이려는 시도는 거의 불가능에 가깝다고 할 수 있다. Prochaska와 Norcross(1999, p. 5)가 지적한 바와 같이, "치료에 임하는 상담사가 자기가 행하는 치료를 관장하는 이론이나 체계를 갖추고 있지 못하다면 그는 수백 가지의 파편화된 정보와 인상 속에 매몰된 나약하고 갈피를 잡지 못하는 존재로 전락하고 말 것이다……. 이론은 임상적 현상의 설명, 적절한 정보량 설정과 조직화, 이들 정보에 대한 개념화에 우선순위를 부여하고 개입 방안을 제시하는 일관된 지식체계로의 통합 등을 주도한다."

### 1) 태동기: 역사적 뿌리

Norcross, Vandenbos 그리고 Freedheim(2011)은 그들의 저서에서 상담 및 심리치료의 태동과 역사적 발전 과정을 상세히 기술하였다. 논란의 여지는 있지만, 재활 서비스를 필요로 하는 잠재적 내담자를 대상으로 제공된 최초의 심리치료 개입은 1880~1882년 사이에 오스트리아 빈 근교의 한 병원에서 이루어졌다. 당시 치료를 담당한 의사와 환자의 이름은 각각 Joseph Breuer와 Bertha Pappenheim으로 알려져 있다. Anna O로 더 잘 알려져 있는 Bertha는 착어증, 사시, 심각한 시력장애, 상·하지 마비, 극심한 식욕 부진, 신경성 기침 등 다양한 증상을 호소하였다(Breuer & Freud, 1893-1895/1966; Freud, 1910/1955). 치료 자체는 최면과 카타르시스를 위주로 이루어졌는데, 이는 일시적으로나마 Bertha의 전환 히스테리 증세 완화에 기여하였다. 문제는 그녀가 치료의 성급한 중단으로 인해 여러 차례에 걸쳐 재발과 입원을 경험했다는 것이다(Jones, 1953; Summers, 1999). 그렇지만, 치료의 장기적 여파는 그 후 Breuer와 Bertha의 상상을 훨씬 뛰어넘는 엄청난 파급효과를 낳았다. Freud는 자신의 절친한 친구이자 멘토 그리고 초기 연구의 후원자였던 Breuer에게 '정신분석학의 개척자'라는 찬사를 보내기도 했다(Freud, 1910/1955 참조). Bertha 또한 치료를 받는 동안 '굴뚝 청소(chimney sweeping)'와 '대화 치유(the talking cure)' 등과 같은 유행어를 만들어 냄으로써, 초기 심리치료의 역동적 잠재력을 입증하는 한편, 그녀 스스로도 상담 및 심리치료의 발전에 크게 공헌하였다. 비록 치료 자체는 Bertha가 Breuer의 아이를 가졌다면서 히스테리성 임신 증상(상상임신)을 보였고, 의사로서의 평판 손상을 두려워한 Breuer가 중도에 치료를 포기하는 바람에 실패로 끝나고 말았지만(Jones, 1953), 이들의 실험은 향후 Freud에 의한 정신분석학 이론과 치료 발전의 밑거름이 되었다.

Freud는 충분한 훈련을 받은 비의료 분야의 심리치료사들을 통해 자신이 연구한 정신분석적 치료의 열매가 대중에게 확산되기를 희망하였다. 실제로, Freud는 정신분석학 수련을 받은 전문가가 외과 의사보다 훨씬 뛰어난 치료사가 될 확률이 높다는 신념을 품고 있었다(Freud, 1926/1959). 비록 Freud의 이 같은 희망은 미국 정신분석학회의 비호를 받은 배타적 성향의 미국 의료계가 의사 이외의 사람에 의한 정신분석 분야의 임상 치료 행위를 철저히 반대하고 봉쇄하는 바람에 실현되지 못하였지만, 그의 노력은 정신분석학은 물론 다양한 상담 및 심리치료 이론의 생성과 발전을 위한 토대를 마련해 주었다.

재활의 관점에서 보자면, Bertha는 아마도 괄목할 만한 성공 사례로 기록될 수 있었을 것이다. Bertha는 여러 차례에 걸친 재발과 그에 따른 입원의 반복에도 불구하고, 저명한 사회사업가, 여권운동가, 저술가 등으로 왕성하게 활동하였다. 실제로, 그녀는 유럽 사회복지 역사에서 가장 중요한 인물 중 하나로 평가되고 있다. 비록 오늘날 재활전문가들이 활용하는 치료 기법이 그 영역과 형태 면에서 Breuer가 행한 방법과는 큰 차이를 보이고 있지만, 고통받는 사람들이 생산적이고 행복한 삶을 영위하도록 돕고자 하는 목표만큼은 시대와 접근 방법에 상관없이 재활 관련 분야에 종사하는 이들 모두가 추구하는 공통의 가치가 되었다.

## 2) 현대적 재활 이론의 발전

Lambert(2013)는 정신분석학의 태동과 발전은 다양한 상담 및 심리치료 이론의 출현과 성장을 견인했다고 지적하였다. Garfield와 Bergin(1994)은 상담 및 심리치료 이론 변천 과정 연구를 통해 Freud의 정신분석학적 접근과 그의 영향을 받은 Alfred Adler, Carl Jung, Karen Horney, Harry Stack Sullivan 등이 파생시킨 정신분석학 분야의 여러 이론은 19세기 후반부터 1960년대에 이르기까지 상담 및 심리치료에 지배적인 영향력을 행사했다고 밝혔다(p. 3). Carl Rogers(1942)가 주창한 내담자 중심 혹은 인간 중심 치료 이론은 정신분석학적 접근을 탈피한 최초의 상담 및 심리치료 이론으로 간주되고 있다. 그의 이론은 건설적 성격과 행동 변화에 이르는 긍정적 성장 잠재력의 배양과 발전을 이끌어 내기 위한 인간의 자기실현 잠재력과 치료적 특성으로써 공감, 무조건적 긍정적 존중, 진실성 등을 강조한다. 행동 치료는 인간 중심 이론보다 훨씬 먼저 소개되었지만, 심리치료 접근으로서의 상호 억제에 관한 Wolpe(1958)의 책이 출간된 1950년대에 이르러서야 비로소 학자들 사이에서 주목받기 시작하였다. 1960년대에 전개된 지역사회 정신보건 운동(Community Mental Health Movement)은 저소득층의 정신건강에 대한 욕구와 함께 지역사회 기반 치료와 위기개입 등에 대한 새로운 관심을 불러일으켰다. 정신분석학적 접근과 같이 장기간의 치료를 필요로 하는 심리치료는 주로 중산층 이상의 사람들에게 적용되었음에 반해, 다양한 이론의 대두에 힘입은 상담 및 심리치료는 상대적으로 짧은 치료 기간과 간소한 절차로 인해 중산층 이하의 사람들 사이에서 폭넓은 인기를 누렸다.

지난 반세기 동안에 걸쳐 수많은 상담 및 심리치료 이론이 등장하였다. Garfield(1982)의 조사에 따르면, 1960년대에 이미 125종의 상담 및 심리치료 이론이 존재하였고, 1980년대에 들어서는 250~400여 개로 추정되는 이론이 임상 현장에서 사용되었다(Herink, 1980; Kazdin, 1986). 하지만 이들 대부분은 체계적인 실증 연구를 통한 치료효과 검증이 이루어지지 않았다. 다양한 상담 이론의 등장과 더불어, 하나의 이론만을 고집하는 배타적 관행에서 벗어나 다양한 이론의 핵심 개념과 기법 중 필요한 요소만을 취합하여 통합적으로 적용하려는 이른바 절충주의적 접근(Eclecticism)이 상담사들 사이에서 큰 인기를 얻기에 이르렀다. 실제로, Jensen, Bergin 그리고 Greaves(1990)는 정신과 의사, 임상심리사, 사회복지사, 가족치료사 등을 대상으로 실시한 조사연구에서 응답자의 68%가 스스로를 절충주의자라고 여긴다는 사실을 발견하였다. 이 같은 연구 결과는 재활 및 보건 분야 전문가 대다수가 임상 현장에서 다양한 이론에 내재된 개념과 기법을 통합적으로 적용하거나 최소한 그 같은 시도를 한다는 사실을 뒷받침한다.

Prochaska와 Norcross(1999)는 서로 다른 세 가지 연구(Norcross, Karg, & Prochaska, 1997; Norcross, Strausser, & Missar, 1988; Watkins, Lopez, Campbell, & Himmell, 1986)의 데이터 취합·검토 결과를 바탕으로 임상심리사, 상담심리사, 정신과 의사, 사회복지사, 상담사 등 미국 내에서 상담 및 심리치료 분야에 종사하는 임상 전문가들이 선호하는 이론적 성향 파악을 시도하였다. 조사 결과, 여타의 유사 연구와 마찬가지로 다양한 임상 전문가 집단에 속한 응답자 상당수(임상심리학자의 27%, 정신과 의사의 53%)는 절충주의적 이론을 가장 선호하는 것으로 나타났다. 정신분석 혹은 정신역동 이론의 경우, 정신과 의사와 사회복지사가 각각 35%와 33%의 선호도를 보였고, 임상심리사, 상담심리사, 상담사는 각각 18%, 12%, 11%의 선호를 나타냈다. 인지 치료와 행동 치료에 대해서는 임상심리학자

27%, 상담심리학자 19%, 상담사 16%의 선호도를 보였다. 한편, Rogers의 이론이나 실존 주의로 대표되는 인간 중심 이론의 경우, 상담심리학자(14%)와 상담사(21%)들 사이에서 가장 높은 선호 경향을 보였다.

다수의 상담사와 심리치료사들이 절충주의를 자신이 선호하는 이론적 지향이라고 밝혔다. Jensen 등(1990)은 절충주의 이론을 선호한다고 밝힌 283명의 상담사를 대상으로 그들의 절충주의적 성향 형성에 영향을 미친 상담 이론이 무엇인지를 조사하였다. 조사 결과, 정신역동 치료(72%), 인지 치료(54%), 행동 치료(49%), 인간 중심 치료(42%)를 포함하여 평균 4.4개의 상담 이론이 이들의 절충주의적 성향 형성에 영향을 미친 것으로 나타났다. 현존하는 여러 연구 결과를 종합해 볼 때, 다양한 이론이 실제 상담과 심리치료에 영향을 미치는 것으로 나타났다. 나아가, 절충주의적 입장을 따르는 상담사라 할지라도 다양한 상담 이론에 영향을 받고 있다는 사실은 상이한 상담 및 심리치료 이론에 관한 이해의 중요성을 환기시켰다.

## 4. 상담 및 심리치료의 효능

지난 수십 년간에 걸쳐, 수 많은 연구자들이 상담 및 심리치료의 효능을 검증하기 위해 공동의 노력을 기울여 왔다. 특히 Wampold(2001)는 심리치료 효능을 검증하기 위해 메타분석 기법을 활용하여 다수의 실증 연구를 분석한 끝에, 적어도 상담에 통한 치료 효과 중 70% 정도는 공통 요인(common factors)에 기인하는 데 반해, 8% 정도만이 상담 이론 및 기법의 고유한 특정 요인(specific factors) 때문이었다는 결론에 도달하였다. 한편, 전술한 두 가지 원인으로 설명되지 않은 22%의 치료 효과는 내담자들 간의 차이와 같은 변인 때문인 것으로 나타났다. Wampold가 말하는 공통 요인이란 유형과 형태에 관계없이 임상 현장에서 활용되는 모든 종류의 상담 및 심리치료 이론·기법에 내재된 공통의 구성요소를 의미한다. Wampold(2001)에 따르면, 공통 요인은 목표설정과 공감적 경청(emphathic listening)을 비롯하여 다음과 같은 요소로 이루어져 있다.

① 충성(allegiance): 치료가 내담자에게 유익한 결과를 가져다 줄 것이라는 상담사의 신념 수준
② 치료적 동맹(therapeutic alliance): 임상 현장에서 활용하는 이론에 관계없이 내담자와

치료사 사이에 존재하는 정서적 관계, 상담사와의 공조를 통한 내담자의 치료 목표
달성 의지와 능력, 내담자의 욕구와 문제에 대한 상담사의 공감적 반응과 개입, 치료
목표와 과제에 관한 상담사와 내담자 간의 공감

한편, 공통 요인과 구별되는 개별 이론만의 구체적 구성요소로는 특정 이론이 지닌 나
름의 필수적이고 고유한 기법과 행위를 들 수 있다. Wampold(2001)의 연구는 상담 관계
에서 나타나는 공통 요인과 상담 결과 사이에 중요한 연계가 존재한다는 사실을 보여 주
었다. 그럼에도 불구하고, 자신이 선호하는 이론에 기반하여 내담자의 문제에 관한 가설
을 수립하고 내담자와의 상호작용을 촉진하는 것은 여전히 상담사가 갖춰야 할 핵심적
덕목임을 유념할 필요가 있다. 상담사 모두가 상담 및 심리치료 과정에서 한 가지 이론
의 적용만을 고집하는 것이 적절하다고 느끼지 않는 것과 마찬가지로, 재활 혹은 보건 분
야 전문가의 도움을 구하는 내담자 모두가 하나의 특정 이론 및 기법만을 선호한다고 볼
수는 없다. 따라서 공통 요인의 효과를 극대화하기 위해서는 재활 서비스 이용자의 개인
차와 욕구를 감안한 맞춤형 개입 전략의 수립과 적용이 선결되어야 한다. 즉, 다중 양식
(multimodal) 치료 전략은 일정 부분 도움을 원하는 내담자의 욕구, 기대, 성격, 사회적 맥
락, 잠재적 문제 등에 따라 좌우된다는 점을 고려해 볼 때, 이들 요소를 아우르는 맞춤형
개입 전략을 적극 활용할 필요가 있다는 말이다(Lazarus, 1981). 다중 양식 방법의 효과성
은 ① 적절한 절차에 따른 상담 기법의 정확한 구사와 ② 내담자의 욕구에 따라 지시적, 지
지적, 숙고적, 미온적, 온정적, 냉정함, 공식적, 비공식적 모습을 보여 줄 수 있는 상담사의
적응 능력에 달려 있다.

## 5. 이 책의 구성

우리는 재활 및 보건 분야 전문가들에게 주요 상담 이론과 관련 기법을 보다 효과적으
로 소개하기 위해 이 책의 내용을 서론, 주요 상담 이론, 주요 상담 기술, 특수 고려사항
(special considerations), 직능 관련 이슈(special issues) 등 다섯 부분으로 나누어 집필하였
다. 각 영역은 다시 관련된 세부 내용을 다룬 여러 개의 장으로 구성하였다.

먼저, 제2부 '주요 상담 이론'에서는 재활 현장에서의 실제적 적용을 중심으로 주요 상
담 및 심리치료 이론 아홉 가지의 주요 내용을 기술하였다. 우리는 각 장을 역사, 주요 개

념, 성격 이론, 상담 과정, 재활 현장에의 적용, 임상 사례, 실증 연구, 강점과 한계 등의 내용으로 구성하였다. 이를 통해 우리는 독자들이 개별 상담 이론의 주요 내용에 관한 이해와 더불어 실제 임상 사례를 통해 이들 이론이 재활 및 보건 분야에서 어떻게 적용되는지를 파악할 수 있으리라 생각한다. 특히 이번 개정판에서는 1판에서와는 달리 증거 기반 실제(evidence-based practice)에 관한 내용을 중점적으로 다루었다. 앞에서도 언급한 바와 같이, 현존하는 수백 가지 상담 및 심리치료 이론 중 이 책에 수록할 아홉 가지 이론을 선별하는 작업은 결코 녹록지 않은 과정이었다. 오랜 고민 끝에, 우리는 재활 현장에서의 잠재적 적용 가능성 면에서 폭넓은 이론적 스펙트럼을 아우르는 동시에 효과와 임상 현장에서의 활용도 측면에서 가장 탁월하다고 인정되는 이론을 선정하였다.

'주요 상담 이론'은 다시 상담 이론 분류체계상 중요한 흐름을 대표하는 세 개의 하위 영역으로 이루어져 있다. 첫 번째 영역은 인간 중심 치료, 해결 중심 단기 치료, 게슈탈트 치료 등 인본주의적 입장을 대표하는 세 개의 장으로 이루어져 있다. 일부 연구자들은 이들 세 이론을 '인본주의적 접근' 외에도 '실존적' '경험적' '관계 지향적' 접근 등의 용어로 범주화하기도 한다. 이 밖에도, Seligman과 Reichenberg(2014)는 인간 중심 이론과 게슈탈트 이론을 '감성과 지각을 중시하는 치료 시스템'이라는 범주로 분류하였다. 그런가 하면, Patterson과 Watkins(1996)는 이들 두 이론을 '지각현상적(perceptual-phenomenological)'이라는 범주에 포함시켰다. 한편, 연구자들 사이에는 해결 중심 단기 치료를 인본주의적 접근 범주에 포함시키는 것이 적합한지에 관한 이견이 존재한다.

이 장의 앞부분에서 지적한 바와 같이, 인본주의적 접근은 다양한 직종에서 상담 및 심리치료를 행하는 심리치료사와 상담사들 사이에서 가장 널리 활용되고 있다. 상담 관계 시작과 정서 상태를 비롯한 내담자 탐색 촉진에 있어 이들 이론의 높은 적용성으로 인해, 일부 상담 및 심리치료 교재(예: James & Gilliland, 2003)에서는 인본주의 이론을 책의 앞부분에 배치하여 집중적으로 다루기도 한다. 나아가, 인본주의 이론, 특히 인간 중심 이론의 경우 상담사와 내담자 간의 관계를 강조하는 입장을 취하는데, 이 같은 관점은 수 많은 상담 이론의 형성과 발전에 커다란 영향을 미쳤다. 끝으로, 게슈탈트 이론은 신체 장애의 심리적 영향과 이에 대한 적응 이해를 돕는 주된 이론적 근거 중 하나인 신체 심리학의 토대를 제공한다.

'주요 상담 이론'의 두 번째 세부 영역은 행동 치료, 인지 행동 치료, 합리적 정서 행동 치료, 특성 요인 이론 등 네 개의 장으로 이루어진 '인지 행동 접근'이다. 이들 네 이론은 모두 체계적이고 행동 지향적이라는 특징을 지니고 있다. 실제로, 상담 및 심리치료 이론을 다룬 주요 교재의 저자들은 행동 치료(Corey, 2001) 또는 행동 지향 치료(James & Gilliland, 2003) 등의 용어를 사용하여 이들 이론을 범주화하였다. 앞 절에서 소개한 임상전문가 대상 조사 연구에서 지적한 바와 같이, 인지 행동적 접근은 상담사, 임상심리사, 상담심리사 등에게 커다란 영향을 미쳤다. 인지 행동적 접근에 속하는 이론이 내담자의 정서 상태를 무시하는 것은 아니다. 다만, 이들은 내담자의 정서를 특정 사건에 대해 개인이 지각하고 해석하며 의미를 부여하는 방식의 산물로 인식하려는 입장을 취한다(Warwar & Greenberg, 2000, p. 585). 이에 따라, 정서 변화를 이끌어 내기 위한 개입 전략은 주로 사고와 행동 변화에 집중되어 있다. 특성 요인 이론은 진로와 인생의 중요한 결정에 관한 체계적이고 합리적 지침을 제공한다는 점에서 인지 행동적 접근 범주에 속한 여타의 이론과 깊이 관련되어 있다. 상당수 상담 및 심리치료 이론 교재가 특성 요인 이론을 다루고 있지 않음에도 불구하고, 이를 이번 개정판에 존속시키기로 결정한 이유는 특성 요인 이론이 다양한 분야의 재활 전문가들 사이에서 내담자의 진로 결정 촉진 등에 널리 활용된다는 점을 고려한 것이다.

'주요 상담 이론'의 마지막 세부 영역은 정신분석 치료와 Adler 치료 등 두 개의 장으로 구성된 '정신역동적 접근'이다. 정신역동적 접근은 Sigmund Freud의 정신분석 이론에 그 뿌리를 두고 있으며, 정신과 의사와 사회복지사를 비롯한 다양한 분야의 상담 및 심리치료 임상 전문가들 사이에서 폭넓은 인기를 누리고 있다. 또한 Corey(2001)가 지적한 바와 같이, 정신분석 모델은 현존하는 모든 유형의 심리치료 이론의 형성에 커다란 영향을 미쳤다. 이들 중 일부는 단순히 정신분석 이론의 확장에 불과하며, 다른 일부는 정신분석 이론의 주요 개념과 절차를 변형한 것이고, 또 다른 일부는 정신분석 이론에 대항하는 대안적 이론의 성격을 띠고 있다. 이 밖에도, 상담 및 심리치료 이론 상당수가 정신분석 이론의 주요 원리와 기법을 차용하여 자신의 이론에 통합시켰다(pp. 7-9). Adler 치료의 경우, James 와 Gilliland(2003, p. 2)의 지적대로 현존하는 정신분석 이론 가운데 임상 현장에서 가장 널리 활용된다는 점을 고려하였다. 나아가, Adler 이론의 주요 개념과 기법은 여타 정신역동 이론에 비해 장애인에 대한 이해와 재활 현장에서의 실무에 빈번히 활용되었고, 내담자와 소비자의 역량 강화를 중시하는 재활의 최근 경향과도 일치하는 바가 적지 않다(Bishop, 1999).

제3부, '주요 상담 기법'은 대다수 상담 및 심리치료 이론에서 통용되는 기초적 상담 기술과 동기 강화 상담(motivational interviewing) 기법을 다룬 두 개의 장으로 시작한다. 동기 강화 상담은 내담자의 목표 달성 촉진에 효과적이라는 사실로 인해, 재활 및 정신보건 현

장에서 커다란 반향을 불러일으켰다. 동기 강화 상담은 또한 '기초적 상담 기술' 장에 수록된 상당 기법을 활용한다. 이어지는 두 개의 장에서는 각각 집단 상담과 가족상담을 다루는데, 이들은 개인상담과는 다른 여러 가지 고유한 특징을 지니고 있다. 끝으로, 진로 상담에서는 장애인 내담자의 진로지도와 고용 관련 이슈 및 재활 현장에서 유용한 여러 가지 실제적 문제를 다루었다.

제4부, '특수 고려사항'에서는 특정 유형의 장애인을 대상으로 하는 상담과 재활 서비스 제공 과정에서 유념할 필요가 있다고 간주되는 여러 가지 고려할 점을 제시하였다. 상담 이론 선정 과정에서도 그러했지만, 다양한 장애 유형과 내담자 집단 중 어느 집단 및 유형을 선정해야 할지의 결정에는 적지 않은 고민이 필요하였다. 논의를 거듭한 끝에, 우리는 물질 남용(substance abuse), 신체장애, 정신장애 등 세 가지 유형의 장애를 포함시키기로 결정하였다. 또한 다문화적 배경을 지닌 내담자의 상담 및 심리치료 과정에서 요구되는 지식과 여러 가지 고려사항을 다룸으로써, 다양성과 개방성이 중시되는 다문화 사회로의 변화 추세를 반영하고자 하였다.

제5부, '직능 관련 이슈'에서는 재활 현장에서의 상담 및 심리치료 실천과 직결된 두 가지 주제를 중점적으로 다루었다. 첫 번째 장에서는 내담자에게 제공되는 상담 및 심리치료와 재활 서비스의 질적 향상과 검증 과정에서 핵심적 역할을 담당하는 임상 슈퍼비전 관련 내용을 다루었다. 임상 슈퍼비전은 또한 현업에 종사하는 재활 및 보건 전문가들의 전문성 개발은 물론, 이들 분야를 전공하는 학생들의 학습과 자기 개발 촉진에도 중요한 역할을 담당한다. 두 번째 장에서는 상담 및 심리치료 제공 과정에서 발생하는 윤리적 문제 등의 위험 관리(risk management) 관련 내용을 다루었다.

우리는 이 책을 통해 임상 현장에서 가장 널리 활용되는 주요 상담 및 심리치료 이론의 핵심적 내용을 개관하였다. 나아가, 이들 이론을 재활 현장에서 장애인 내담자의 지원에 어떻게 적용할 것인지에 관한 내용도 제시하였다. 아울러, 특정 유형의 장애인 상담 과정에서 각별한 주의를 요하는 고려사항과 상담 현장에서 직면하는 직능 관련 쟁점을 제시하였다. 끝으로, 이 책의 내용이 재활·보건 분야에서 실제로 상담을 행하는 재활·보건 전문가들과 관련 학과를 전공하는 학생들에게 상담 및 심리치료 이론과 실제, 그리고 이의 효과적 활용에 대한 이해를 높이는 데에 보탬이 되기를 기원한다.

# **참**고문헌

Bishop, M. (1999). Decision making in client-directed rehabilitation counseling: An Adlerian approach. *Journal of Applied Rehabilitation Counseling, 30*(2), 32-37.

Breuer, J., & Freud, S. (1966). Studies in hysteria. In J. Strachey (Ed. & Trans.), *The standard edition of the complete psychological works of Sigmund Freud* (Vol. 2). London, UK: Hogarth Press. (Original work published 1893-1895)

Campbell, J. F. (1991). The consumer movement and implications for vocational rehabilitation services. *Journal of Vocational Rehabilitation, 1*, 67-75.

Commission on Rehabilitation Counselor Certification (CRCC). (n.d.). *Scope of practice for rehabilitation counseling.* Rolling Meadows, IL: Author.

Corey, G. (2001). *Theory and practice of counseling and psychotherapy* (6th ed.). Belmont, CA: Brooks/Cole.

Freud, S. (1955). Five lectures on psycho-analysis. In J. Strachey (Ed. & Trans.), *The standard edition of the complete psychological works of Sigmund Freud* (Vol. 11). London, UK: Hogarth Press. (Original work published 1910)

Freud, S. (1959). The question of lay analysis: Conversations with an impartial person. In J. Strachey (Ed. & Trans.), *The standard edition of the complete psychological works of Sigmund Freud* (Vol. 20, pp. 183-258). London, UK: Hogarth Press. (Original work published 1926)

Garfield, S. L. (1982). Eclecticism and integration in psychotherapy. *Behavior Therapy, 13*, 610-623.

Garfield, S. L., & Bergin, A. E. (1994). Introduction and historical overview. In A. E. Bergin & S. L. Garfield (Eds.), *Handbook of psychotherapy and behavior change* (4th ed., pp. 3-18). New York, NY: Wiley.

Gelso, C. J., & Fretz, B. R. (1992). *Counseling psychology.* Ft. Worth, TX: Harcourt Brace.

Herink, R. (Ed.). (1980). *The psychotherapy handbook: The A to Z guide to more than 250 different therapies in use today.* New York, NY: Meridian/New American Library.

Holmes, G. E. (1993). The historical roots of the empowerment dilemma in vocational rehabilitation. *Journal of Disability Policy Studies, 4*(1), 1-19.

James, R. K., & Gilliland, B. E. (2003). *Theories and strategies in counseling and psychotherapy* (5th ed.). Boston, MA: Allyn & Bacon.

Jensen, J. P., Bergin, A. E., & Greaves, D. W. (1990). The meaning of eclecticism: New survey and analysis of components. *Professional Psychology: Research and Practice, 21*, 124-130.

Jones, E. (1953). *The life and work of Sigmund Freud* (Vol. 1). New York, NY: Basic Books.

Kazdin, A. E. (1986). Comparative outcome studies of psychotherapy: Methodological issues and strategies. *Journal of Consulting and Clinical Psychology, 54,* 95-105.

Lambert, M. J. (2013). Introduction and historical overview. In M. J. Lambert (Ed.), *Bergin and Garfield's handbook of psychotherapy and behavior change* (6th ed., pp. 3-20). Hoboken, NJ: Wiley.

Lazarus, A. (1981). *The practice of multimodal therapy.* New York, NY: McGraw-Hill.

Leahy, M. J., Chan, F., Sung, C., & Kim, M. (2013). Empirically derived test specifications for the certified rehabilitation counselor examination. *Rehabilitation Counseling Bulletin, 56,* 199-214.

Leahy, M. J., Shapson, P. R., & Wright, G. N. (1987). Rehabilitation counselor competencies by role and setting. *Rehabilitation Counseling Bulletin, 31,* 94-106.

Leahy, M. J., Szymanski, E. M., & Linkowski, D. (1993). Knowledge importance in rehabilitation counseling. *Rehabilitation Counseling Bulletin, 37,* 130-145.

Muthard, J. E., & Salomone, P. R. (1969). The roles and functions of the rehabilitation counselor. *Rehabilitation Counseling Bulletin, 13,* 81-168.

Norcross, J. C., Karg, R. S., & Prochaska, J. O. (1997). Clinical psychologists and managed care: Some data from the Division 12 membership. *Clinical Psychologist, 50,* 4-8.

Norcross, J. C., Strausser, D. J., & Missar, C. D. (1988). The process and outcomes of psychotherapists' personal treatment experiences. *Psychotherapy, 25,* 36-43.

Norcross, J. C., Vandenbos, G. R., & Freedheim, D. K. (2011). *History of psychotherapy: Continuity and change* (2nd ed.). Washington, DC: American Psychological Association.

Nosek, M. A. (1993). A response to Kenneth R. Thomas' commentary: Some observations on the use of the word "consumer." *Journal of Rehabilitation, 59*(2), 9-10.

O'Brien, K. M., Heppner, M. J., Flores, L. Y., & Bikos, L. H. (1997). The career counselling selfefficacy scale: Instrument development and training applications. *Journal of Counseling Psychology, 44,* 112.

Patterson, C. H. (1986). *Theories of counseling and psychotherapy* (4th ed.). New York, NY: Harper & Row.

Patterson, C. H., & Watkins, C. E., Jr. (1996). *Theories of psychotherapy* (5th ed.). Boston, MA: Allyn & Bacon.

Prochaska, J. O., & Norcross, J. C. (1999). *Systems of psychotherapy: A transtheoretical approach* (4th ed.). Pacific Grove, CA: Brooks/Cole.

Rogers, C. R. (1942). *Counseling and psychotherapy.* Boston, MA: Houghton Mifflin.

Rubin, S. E., Matkin, R. E., Ashley, J., Beardsley, M. M., May, V. R., & Onstott, K. (1984). Roles and functions of certified rehabilitation counselors. *Rehabilitation Counseling Bulletin, 27,* 199-224.

Seligman, L. W., & Reichenberg, L. W. (2014). *Theories of counseling and psychotherapy: Systems, strategies, and skills* (4th ed.). Boston, MA: Pearson.

Sharf, R. S. (2012). *Theories of psychotherapy & counseling: Concepts and cases* (5th ed.). Belmont, CA: Brooks/Cole.

Summers, F. L. (1999). *Transcending the self: An object relations model of psychoanalytic therapy.* Hillsdale, NJ: Analytic Press.

Thomas, K. R. (1993). Commentary: Some observations on the use of the word "consumer." *Journal of Rehabilitation, 59*(2), 6-8.

Tyler, L. E. (1958). Theoretical principles underlying the counseling process. *Journal of Counseling Psychology, 5,* 3-10.

Wampold, B. E. (2001). *The great psychotherapy debate: Models, methods, and findings.* Mahwah, NJ: Erlbaum.

Warwar, S., & Greenberg, L. S. (2000). Advances in theories of change and counseling. In S. D. Brown & R. W. Lent (Eds.), *Handbook of counseling psychology* (3rd ed.). New York, NY: Wiley.

Watkins, C. E., Lopez, F. G., Campbell, V. L., & Hummell, C. D. (1986). Contemporary counseling psychology: Results of a national survey. *Journal of Counseling Psychology, 33,* 301-309.

Wolpe, J. (1958). *Psychotherapy by reciprocal inhibition.* Stanford, CA: Stanford University Press.

제 2 부

# 주요 상담 이론

# 제2장

# 인간 중심 이론

John See and Brian Kamnetz

그가 경험했던 것처럼
그리고 그와 같이 그렇게 경청하기는 우리를 침묵 속에 감싸며 그 속에서 우리는 마침내 우리가 어떤 존재이어야만 하는지 듣기 시작한다.

−노자, 기원전 500년경−

## 학습목표

이 장의 목표는 인간 중심 상담 접근의 전개 과정과 현황에 관한 이해를 촉진하는 것이다. 여기서는 특히 인간 중심 상담의 성공적 실천에 있어 중요한 역할을 담당하는 여섯 가지 '필요충분조건'과 성공적인 상담 진행에 필요한 '공통 요인(common factor)'으로서의 세 가지 촉진 조건(facilitative conditions)의 설명에 역점을 둘 것이다. 이 같은 목적을 달성하기 위해 다음과 같은 학습 목표를 설정하였다.

① Rogers가 말한 촉진 조건과 필요충분조건의 의미가 무엇인지 설명할 수 있다.

② 인간 중심 접근이 어떻게 재활 현장에 적용될 수 있는지 설명할 수 있다. 구체적으로, 재활 전문가들이 어떻게 내담자 중심 기법이나 주제를 장애인 이용자와의 상담 과정에 통합할 수 있는지를 인간 중심 접근의 한계점과 함께 설명할 수 있다.

③ Rogers의 성격 이론을 설명할 수 있다. 아울러, Rogers의 성격 이론이 어떻게 그의 치료 이론과 조화를 이루는지 이해하고, 내담자가 호소하는 고민이나 문제의 개념화에 그의 성격 이론이 어떻게 적용될 수 있는지를 설명할 수 있다.

④ '증거 기반 실제(evidence-based practice)'가 의미하는 바가 무엇인지 설명할 수 있다. 나아가, 인간 중심 접근이 심리치료와 상담에 미친 긍정적 영향과 부정적 영향이 무엇인지 설명할 수 있다.

## 1. 인간 중심 접근의 기원

많은 사람들이 Carl Rogers(1902~1987년)를 미국 역사상 가장 중요한 심리치료사로 간주하고 있다(Kirschenbaum & Henderson, 1989; "The Most Influential Therapists", 2007; Smith, 1982). Rogers의 작업은 앞으로도 오랜 기간 동안 상담과 심리치료 분야의 연구와 실천에 커다란 영향을 미칠 것으로 여겨지고 있다(Kirschenbaum & Jourdan, 2005). 인간 중심 심리치료와 상담의 창시자로 가장 잘 알려진 Rogers는 치료적 참만남 집단(therapeutic encounter groups)이라는 영역을 개척하기도 하였다. Rogers는 그의 심리치료 이론을 교육, 양육, 사회복지, 국제 분쟁 해결에 이르기까지 다양한 영역에 걸친 대인 서비스 직종에 확대·적용하였다. 그는 60개 이상의 언어로 번역되어 수백만 권의 판매 부수를 기록한 16권의 책과 200여 편의 논문을 저술하였다.

오늘날 Rogers와 그의 인간 중심 원리는 상담 및 심리치료 분야에서 주류적 지위를 유지하고 있다. 1987년 그가 사망한 후 집필된 인간 중심 이론에 관한 학술 논문과 저서의 수는 그의 전 생애에 걸쳐 출간된 저작보다 훨씬 더 많다고 한다. 전 세계적으로 50개 이상의 전문 학술지가 인간 중심 혹은 경험적(experiential) 접근을 주로 다루고 있으며, 약 200개의 전문 기관이 Rogers의 업적을 계승·발전시키는 일에 전념하고 있다. 이러한 국제적 움직임은 Rogers의 생존 당시보다 오늘날 훨씬 활발히 전개되고 있다(Kirschenbaum & Jourdan, 2005).

Psychotherapy Network("The Most Influential Therapists", 2007)가 2,500명 이상의 상담사, 사회복지사, 심리학자를 대상으로 실시한 여론조사 결과, Rogers는 압도적인 표 차이로 미국에서 가장 영향력 있는 심리치료사로 재차 선정되었다. 같은 조사에서 인지 행동 치료(Cognitive Behavioral Therapy: CBT)의 창시자인 Aaron Beck이 두 번째로 영향력 있는 심리치료사로 선정되었다. 동일한 조사에서 응답자 중 95%가 치료 과정에서 절충적 접근을 활용하고 있으며, 다수(69%)의 응답자들이 CBT를 다른 치료 접근과 결합하여 사용한다는 사실을 보여 주었다. 흥미로운 사실은, 다수의 응답자가 지난 25년 동안 Rogers를 자신에게 가장 큰 영향을 미친 사람으로 선정하였음에도 불구하고, 단지 31%만이 Rogers의 상담 기법을 활용한다고 응답하였다는 점이다.

Rogers의 놀라운 업적은 1928년 뉴욕주의 로체스터에서 아이들을 치료하는 임상심리사로 시작하였다. 그는 오하이오 주립대학교(1939~1945년), 시카고 대학교(1945~1957년),

그리고 그의 모교인 위스콘신 대학교(1957~1963년) 등에서 교수로 재직하였다. 그 후 Rogers는 사망할 때까지 24년간 캘리포니아주 라 호야에 있는 인간연구소(Center for Studies of Person, 1964~1987년)에서 근무하였다.

　　Rogers는 다양한 임상 경험을 쌓는 과정에서, 당시의 정신의학과 상담 분야의 지배적 관점에 반하는 창의적 사고를 발전시켰다. 다른 심리치료사들도 환자(patient)와 상담을 진행했는데, Rogers에게 있어 '환자'라는 명칭은 문제의 이해와 치료법 처방에 있어 훨씬 탁월한 능력을 지닌 전문가들에게 통제 권한 일체를 넘기는 아픈 사람을 떠올리게 하였다. Rogers(1942, p. 253)는, "심지어 우리가 듣는 음성 녹음(phonographic recordings)에서조차 우리는 어떻게 역사 공부를 하는지, 부모님과 어떻게 하면 잘 지낼 수 있는지, 어떻게 인종 차별 문제를 해결할 것인지, 올바른 삶의 철학이란 무엇인지 등과 같이 다양한 문제에 관해 확신하며 결정을 내리는 상담사를 발견할 수 있다."라며 다소 비아냥 섞인 관찰 결과를 제시하였다. Rogers는 조롱을 담아 이러한 지시적 관행을 상담사 중심 상담이라고 불렀다 (Kirschenbaum, 2009). 이를 대체하는 내담자 중심 상담(client-centered counseling)은 내담자에게 개인적 존엄성을 유지한 채 상담 과정 전반에 걸쳐 상담사와 동등한 입장에서 작업하는 것을 허용한다.

　　Rogers가 상담 및 심리치료 분야에 처음으로 중요한 이론적 발자취를 남긴 때는 그가 젊은 심리학자 시절이던 1940년대였다. 그는 대담하게도 인간은 기본적으로 선한 존재이며, 스스로의 삶을 개척해 나갈 능력을 지녔다는 신념을 지지하였다(Rogers, 1942). 이러한 관점은 치료를 인간이 그 자신의 내면에 존재하는 어두운 충동을 통제함으로써 스스로의 삶을 관리하도록 돕는 과정으로 이해하던 당시의 주류적 위치에 있던 Freud학파의 시각에 반하는 주장이었다. Rogers는 인간 본성에 관한 보다 낙관적 견해와 더불어, 특정 상담 기법이나 공식적 훈련 과정보다 치료사의 개인적 특성과 그로 인해 파생된 내담자와의 관계에 기반을 둔 혁신적 치료 접근을 체계화하였다. Rogers는 치료사가 보이는 공감 (empathy), 긍정적 존중(positive regard), 진실성(genuineness) 등과 같은 '촉진 조건'이야 말로 성공적 심리치료를 위한 필요충분조건이라는 신념을 공식적으로 밝힘으로써, 심리치료 분야에 잠재해 있던 공동체적 인식에 문제를 제기하였다(Rogers, 1957). 더 이상 필요한 것도, 그보다 더한 것도 없었다. 이 같은 혁신적 생각은 치료의 본질뿐 아니라 매체 또한 단순히 치료사와 내담자 간의 관계에 불과하다는 점을 의미했기 때문이다. 이렇듯 새로운 개념의 인본주의적 관점은 너무도 우아하고 강력하여 인간 중심 접근은 물론, Rogers가 이끌었던 '조용한 혁명'의 핵심이 되었다.

1970년대 초까지 Rogers는 개별 심리치료에 관한 세미나 차원을 넘어, 인간 중심 상담을 교육 현장, 결혼 상담, 참만남 집단 등의 분야로까지 확대 · 적용하기에 이르렀다. 생애 말기 수십 년 동안, Rogers는 인간 중심 원리를 세계 평화 촉진이라는 궁극적 차원까지 끌어올렸다. Rogers와 그의 동료들은 북아일랜드의 가톨릭교도와 개신교 신자 간의 내전, 남아프리카 연방의 흑인과 백인 사이의 분쟁, 그리고 엘살바도르, 과테말라, 그 밖의 라틴 아메리카 국가에서 벌어지는 적대적 파벌 간의 대립 등의 해소를 목적으로 하는 인간 중심 기반 갈등 해결 모임을 주관하였다(Kirschenbaum & Hendeson, 1989). 문제로 가득한 세계에서 국가 간 화해를 도모하는 지도자라면 국제 외교에 관한 Rogers의 사상을 참조해 볼 것을 권한다. Rogers는 사망하기 얼마 전 노벨 평화상 후보로도 지명되었다.

## 2. 핵심 개념

Rogers 이론의 핵심은 바로 자기실현(self-actualization) 개념이다. 간단히 말해, 인간은 무조건적 긍정적 존중과 그 자신이 소중하게 여기는 사람(significant others)의 이해라는 자양분 속에서 양육될 수 있다면 긍정적인 방향으로 성장하며 그가 지닌 모든 잠재력을 실현할 수 있는 내재적(마술과도 같은) 능력을 지닌 존재라는 것이다. 변주곡 형식을 빌려 반복 연주되는 위대한 교향곡의 주제를 떠올리게 하는 Rogers의 이 같은 사상은 그의 생애 전반에 걸쳐 여러 가지 다양한 방식으로 표현되었다.

주요 상담 이론 가운데에서도 인간 중심 이론은 민주적이고 자유주의적 이상을 가장 전형적으로 보여 준다고 할 수 있다. 이는 인간이 스스로에게 적합하다고 생각하는 방식대로 살아갈 수 있게 허용하는 관용, 수용, 의지(willingness)에 관한 궁극적 진술(statement)을 의미하기 때문이다. 이는 누군가가 성장하며 잠재력을 꽃피우도록 돕고자 하는 사람이라면 그 사람을 무조건 수용하고 격려하는 동시에, 그 사람이 가고자 하는 길에서 비켜나 자기실현을 추구하는 방향으로 나아갈 수 있도록 이끌어 주어야 한다는 점을 명백히 밝힌 것이다. Rogers(1980)는 마침내 그가 주창한 자기실현 개념을 보편적 세계관으로 확대 · 발전시킨 보편적 형성 경향(formative tendency)개념을 제안하였다. 지난 반세기 동안에 걸쳐, 외견상 단순해 보이는 Rogers의 자기실현 개념은 사람들 사이의 상호작용을 다루는 거의 모든 학문 영역에 시사점을 제공하는 심오한 철학적 체계로 발전하였다. 이 같은 형성 경향은 질서, 상호관련성, 복합성을 추구하는 방향으로 나아간다는 점에서, 살아 있는 유기체이자 하나의 결정체(rock crystal)라고 규정할 수 있다. 형성 경향 이론에는 명백한 철학적 · 영적 함의가 내포되어 있다(Kirschenbaum, 2008). 즉, 어떤 이들은 Rogers의 형성 경향을 종교적 혹은 결정론적 의미로 해석하였음에 반해, 다른 사람들은 이를 권위로부터의 완전한 자유로 인식하였다.

## 1) 성격 이론

Rogers의 성격 이론은 그 자신의 임상 경험으로부터 영향받은 바가 크다. Rogers는 인간을 선천적으로 완전함과 건강함을 추구하는 방향으로 나아가려는 존재로 간주하였다. Rogers 역시 부정적 감정(예: 불안, 분노, 질투, 자기 파괴)의 존재를 인정하였지만, 이 같은 감정은 어디까지나 좌절에서 비롯된 이차적(secondary) 반응에 불과한 것으로, 인간의 지배적 경향(overarching tendency)은 긍정적 방향으로의 회복 또는 성장 추구라고 주장하였다. 다음의 내용에서 다루고자 하는 Rogers의 성격 이론에 관한 원칙은 See(1986, pp. 138-139, 저자 승인하에 재인용)가 이전에 논했던 자료를 일부 보안한 것이다.

### (1) 실현 경향성(actualizing tendency)

Rogers에 따르면, 인간은 긍정적 방향으로 성장하고 발전하고자 하는 본능적 욕구를 지닌 존재라고 한다. 도토리 열매가 자신의 생물학적 청사진을 따라 건강하고 성숙한 나무로 성장하듯이, 인간 역시 자신의 타고난 청사진에 따라 복잡성, 자율성, 궁극적 성취와 조화로운 삶을 추구하는 방향으로 나아가려는 경향을 보인다. 그러나 이같이 타고난 경향성이 발휘되기 위해서는 아동이 타고난 성향을 따를 수 있도록 격려하고 이끌어 주는 사랑과 비심판적 환경 속에서의 양육이 이루어져야 한다. 최적의 양육 환경이 주어진다면, 유기체(인간)는 그가 지닌 잠재적 능력의 실현에 다가설 수 있다는 것이다.

### (2) 자기 개념(self-concept)

Rogers는 성격을 구성하는 핵심 개념을 인간이 스스로에게 품고 있는 자화상(picture)이라고 규정하였다. 이는 지각적 형태(perceptual gestalt)이자 경험의 장(場) 안에 포함된 생각, 감정, 가치관, 관계의 총합이다. 이는 또한 자아가 인식되는 매개다. 이는 마치 솔직하고 숨김없는 자서전을 집필하는 사람이 자신을 누구라고 생각하며, 무엇이라 말하는지와 같은 이치다. 자기 개념은 인간의 행동 방식 결정에 커다란 영향을 미친다.

### (3) 유기체적 가치 부여 과정(Organismic Valuing Process)

유아는 매 순간 자신이 끌리는 감정 상태에 따라 스스로의 경험과 행동을 평가한다. 행동이 유기체(인간)의 자기실현 경향을 촉진시킬 때 이는 좋은 감정을 만들어 낸다. 유아는 무엇이 옳고 그른지 말해 주지 않아도 직관에 의지하여 자동적으로 그것을 감지할 수 있다. 좋은 경험과 나쁜 경험은 모두 자기 개념의 일부가 되고, 유아의 자각 속에 정확히 표상화된다. 성인이 되면 세상에 대해 선천적으로 타고난 건강한 반응 능력 대부분을 상실하는데, 이때 상담사의 임무는 치료를 통해 내담자가 자기 안에 감춰진 유기체로서의 메시지를 경청하는 방법을 재학습하도록 돕는 것이다. 성인이 스스로의 감정을 믿고 의지하던 어린 시절의 능력을 어느 정도까지 재학습할 수 있느냐에 따라, 보다 자율적이고 활기차며 조화로운 삶을 영위할 확률이 높아질 수 있다.

### (4) 긍정적 존중에 대한 욕구(Need for Positive Regard)

발달 초기 단계에서 인간은 유기체적 가치 부여 과정에 긍정적 혹은 부정적으로 작용할 수 있는 강력한 2차적 욕구를 경험한다. Rogers는 이러한 욕구를 소중한 사람들로부터 존중 혹은 사랑받고자 하는 욕구라고 불렀다.

무조건적 긍정적 존중(수용, 따뜻함, 돌봄, 무소유적 사랑, 칭찬 등의 용어로 대체 가능함)은 아무런 부대조건(strings)도 필요하지 않을 뿐더러, 행동에 기반을 두지 않는다. 품행이나 성적의 좋고 나쁨에 따라 부모가 자녀를 자랑스럽게 느끼는 정도는 달라질 수 있다. 그렇다고 해서 자녀를 향한 부모의 애정 강도가 변하는 것은 아니다. 부모를 포함하여 자신이 소중히 여기는 사람들(significant others)로부터 무조건적인 사랑을 받는 아기는 타고난 자기실현 경향에 따라 자유롭게 성장하고, 직접적으로 세상을 경험함으로써 스스로의 잠재력을 실현해 나간다. 인간은 본질적으로 선하며 자신을 발전시키는 방향으로 행동한다는 점에서, 자기 정체성 발견을 위한 자발적 탐구 활동은 조화롭고 잘 형성된 성격 발달을 촉진할 것이라는 믿음을 심어 줄 수 있다.

아동 발달 과정에서 부모의 지도나 훈육은 분명 핵심적 역할을 담당할 경우가 많다. 예를 들어, 책임감 있는 부모(양육자)라면 자녀에게 학교 결석, 음주, 실탄이 장전된 총기 휴대 및 사용 등의 사안을 아이가 홀로 결정할 선택권을 허용하지 않을 것이다. 안전, 건강, 법적 제약 등과 직결된 문제는 타협의 대상이 될 수 없는데, 책임감 있는 부모라면 이들 사안에 관한 기준을 정해 주어야 한다. 그렇지만 아동 자신이 본인에게 가장 최선이 무엇인지를 스스로 결정하도록 허용하는 것이 훨씬 안전하고 유익한 영역도 적지 않다.

부모나 친지 등과 같이 아이에게 소중한 사람들이 제공하는 애정과 수용 정도가 그 아동이 어떻게 행동하는지의 여부에 따라 차이를 보일 때, 이는 개인의 성격 발달에 부정적 영향을 미칠 수 있다. 조건적 사랑은 자기 자신보다 타인의 말에 귀를 기울이게 만든다는 점으로 인해 개인의 성격 형성에 지장을 초래한다. 사랑을 받을 목적으로 순종할 때, 인간은 Rogers가 '가치 조건화(conditions of worth)'라고 명명한 타율적으로 강요된 가치관에 따라 살아가게 된다. 이 같은 정서적 위협은 사람들로 하여금 스스로가 타고난 실현 경향성을 부정하는 결과를 낳고, 자기만의 고유한 가치를 발견할 권리를 포기하게 만든다. 극단적인 경우, 이 같은 경향은 인간을 완고한 자기 개념을 지닌 권위적이고 순종적인 성격의 소유자로 만들 수 있다.

### (5) 내적 갈등과 불안(Inner Conflict and Anxiety)

내적 갈등은 자신이 희망하는 일을 하고자 하는 욕구와 다른 사람들이 자신에게 기대하는 것 사이의 불일치로 인한 고민에서 비롯된다. 인간이 긍정적 존중을 획득하기 위해 다른 사람의 가치를 수용할 때, 이러한 가치는 내재화되어 성격의 일부로 자리 잡게 된다. 자신에게 부과된 타율적 가치체계와 불일치하는 방식으로 행동하거나 사고할 경우, 인간은 자기 개념에 심각한 손상을 입게 되며, 자존감을 잃은 채 불안에 시달리게 된다. 30여 년 전 자위행위를 하였다는 이유로 자신을 심하게 체벌했던 어머니에 대한 기억을 지닌 남성이라면, 어머니가 오래 전 사망했음에도 불구하고 성관계에 관한 생각을 떠올릴 때마다 불안을 느낄 수 있다.

인간은 새롭고 혼란스러운 경험에 직면할 때 다소간 폐쇄적 자기 개념을 발현함으로써 자존감에 대한 위협과 불안을 방어하려는 경향을 보인다. 그들은 부인, 투사, 반동 형성 등과 같은 방어기제를 활용하여 현실을 왜곡하기 시작한다. 그들은 엄격한 감정 절제를 통해 안정적이지만 충족되지 않은 상태의 삶을 영위하게 된다. 치료 효과를 거두기 위해서는 개인이 이상적 자기 개념과 자아(experiencing self) 사이의 불일치를 인식할 수 있을 정도까지 방어기제가 약화되어야 한다. 이 같은 정체성의 위기와 그에 따른 불안이야말로 사람들로 하여금 도움을 구하고 상담 과정에 참여하겠다는 동기를 갖게 하는 원동력이다.

## 3. 고전적 인간 중심 치료

Rogers는 고전적 인간 중심 치료(person-centered therapy: PCT)를 통해 치료는 상담사와 내담자 간의 치료적 관계 이상도 이하도 아니라고 제안하였다. 만약 그 같은 관계(치료적 관계)가 여섯 가지 필요충분조건을 갖출 수 있다면(〈표 2-1〉 참조), 건설적인 성격 변화가 나타난다는 것이다(Rogers, 1957).

**표 2-1** 심리치료를 위한 필요충분조건

| Rogers의 여섯 가지 '필요충분조건' | 치료사의 역할 | 내담자의 역할 |
|---|---|---|
| 1. 두 사람은 심리적 접촉 상태에 있다. | 촉진 조건의 배경이 되는 인간 중심 철학을 포함하여, 촉진 조건의 역할을 이해하는 데 필요한 충분한 훈련을 받음 | 심리적 접촉 상태 유지를 위한 인지적·정서적 역량 보유 |
| 2. 내담자는 불일치, 취약 또는 불안한 상태에 놓여 있다. | 내담자를 치료 관계로 이끌어 내는 방법 인식에 집중함 | 심리 상태 인식과 안도감을 구함 |
| 3. 치료사는 상담 관계 안에 일치 또는 통합되어 있다. | 전문가적 또는 개인적 가면(facades) 뒤에 숨지 말고, 진정한 자아를 가지고(직업적인 테두리 내에서) 상담 관계에 임함 | 상담 관계에 있음 |
| 4. 치료사는 내담자에 대해 무조건적 긍정적 존중을 경험한다. | 내담자를 향한 무소유적 사랑, 수용, 돌봄을 제공함, 매력적이지 않은 행동 여부와 관계없이 내담자를 가치를 지닌 인간으로 존중함 | 상담 관계에 있음 |
| 5. 치료사는 내담자의 내적 판단·행동 기준(frame of references)을 바탕으로 공감적 이해를 경험하고, 이를 내담자에게 전달하고자 노력한다. | 상담 관계에서 내담자의 중심적 지위를 수용함, 자신 본연의 모습을 유지한 상태에서 내담자의 입장이 되어 내담자의 주관적인 내적 세계를 경험함, 말과 집중 행동을 통해 자신이 이해한 바를 내담자에게 표현함 | 상담 관계에 있음 |
| 6. 내담자를 향한 치료사의 공감적 이해와 무조건적 긍정적 존중이 최소 수준까지 전달되어야 한다. | 내담자와 이들 상담 원리에 관해 소통하고, 소통이 성공적임을 입증할 수 있는 관계 점검을 위해 충분한 훈련을 받음 | 치료사의 의사소통 방식과 의지를 지각하기 위한 역량을 갖추고, 상담 관계에 능동적으로 참여함 |

* 첫 번째 열에 있는 항목은 Rogers가 긍정적인 심리 변화 촉진에 있어 필요하고 충분하다고 믿던 여섯 가지 촉진 조건이다. 우리(이 장의 저자)는 상담 관계에서 촉진 조건에 관한 독자의 이해를 돕기 위해 각각의 조건에 대응하는 상담사와 내담자의 역할을 추가하였다.

얼핏 단순해 보이는 이 공식은 심리치료 영역 전반에 걸쳐 가장 논쟁적 개념 가운데 하나로 발전하였다. '필요충분'이라는 어구는 꾸러미를 묶는 리본과도 같다. 이는 당대의 주류 심리치료에 대한 선전포고를 암시하였다는 점에서, 강력한 자기발견적 가치(heuristic value)를 지니는 것이었다. 이 장의 후반부에서는 Rogers의 초기 치료 이론 중 오랜 기간 진화를 통해 수정된 것들 가운데 몇 가지 핵심적 사항을 논의해 보고자 한다.

초보 상담사가 효과적 치료를 위한 여섯 가지 조건의 중요성을 인식하려면 해당 내용에 깊숙이 녹아들어야 한다. 이를 위해서는 실제로 행해지는 인간 중심 치료를 연구하고 관찰해야 하며, 슈퍼바이저가 지도하는 구조화된 실습 또는 현장 실습을 통해 이를 직접 체험해 보아야 한다. Rogers(1980, pp. 114-117)가 그의 저서『존재의 방식(A Way of Being)』에서 언급한 다음 내용은 촉진 조건이 치료 과정에 기여하는 방식에 관한 그 자신의 뛰어난 인식을 제공한다.

> 내가 생각하는 인간 중심 접근이란 무엇인가? 그것은 경험, 다른 사람들과의 상호작용, 연구 등을 통해 명확하게 가다듬긴 학자로서의 내 인생 전체를 관통하는 주제의 표현이다. 이 주제(인간 중심 접근)에 관해 심리치료사로 살아오며 내가 붙였던 여러 가지 명칭(비지시적 상담, 내담자 중심 치료, 학생 중심 교육, 집단 중심 리더십)을 떠올리면 미소를 금할 수 없다. 적용 분야의 다양성과 수적 증가 추세를 고려해 볼 때, '인간 중심 접근'이 다른 유사 명칭에 비해 이론이 지닌 특징을 가장 잘 설명하는 것 같다.

인간 중심 접근의 중심 가설을 간략히 언급하면 다음과 같다. 인간은 내면에 자기 이해, 자기 개념, 기본적 태도, 자기지시적 행동(self-directed behavior) 등의 변화를 가능하게 하는 방대한 자원을 지니고 있다. 촉진적인 심리적 태도라 정의할 수 있는 토양이 주어질 경우, 이들 자원은 얼마든지 끌어내어 활용이 가능하다.

> 성장 촉진에 필요한 토양을 갖추기 위해서는 세 가지 조건이 구비되어야 한다. 이들 조건은 상담사와 내담자, 부모와 자식, 교사와 학생, 집단 상담의 리더와 구성원, 관리자와 직원 등 다양한 형태의 관계에 적용이 가능하다. 실제로, 이들 조건은 인간의 성장을 목표로 하는 모든 상황에 적용할 수 있다. 나는 이전의 여러 논문에서 이들 조건에 관해 상세히 설명한 바 있다. 따라서 여기서는 상담 및 심리치료의 관점에서 이들 조건에 관해 간략히 설명하는 정도면 충분하리라 생각한다. 그렇지만, 여기에 서술된 내용은 다른 형태의 관계에도 적용이

가능하다는 점을 기억해 주기 바란다.

첫 번째 요소는 사실성(realness) 또는 일치성(congruence)이라고도 부르는 진실성(genuineness)이다. 상담사가 내담자와의 관계에서 전문가로서의 입장이나 가식적 모습을 버리고, 있는 그대로의 모습을 드러낼수록 내담자가 건설적인 방향으로 변화하며 성장할 가능성이 높아진다는 의미다. 이는 상담사가 현재 자신 내부에 흐르는 감정과 태도에 솔직해지는 상태를 의미한다. '투명함(transparent)'은 이러한 조건, 즉 진실성의 특징을 정확히 표현하는 용어다. 즉, 상담사는 내담자와의 관계에서 있는 그대로의 모습을 보여 준다. 내담자는 치료 관계 속에서 상담사의 참 모습을 꿰뚫어 볼 수 있다. 내담자는 상담사가 자신과의 관계에서 아무런 비밀도 가지고 있지 않다는 사실을 확인한다. 상담사는 자기가 경험한 바를 스스로에 대한 자각에 활용하고 관계 안에 존속시키며, 적절하다고 판단될 경우 내담자에게 전달할 수 있다. 따라서 본원적 차원에서 경험되는 것, 자각 속에 구현되는 것, 내담자에게 표현되는 것들 사이에는 친밀한 연계 또는 일치가 존재한다.

변화를 위한 환경 조성에 있어 중요한 두 번째 태도는 수용, 배려(caring) 또는 칭찬(prizing)이다(나는 이를 무조건적 긍정적 존중이라고 명명하였다). 치료사가 내담자가 어떠한 상태에 있든지 관계없이, 긍정적이고 수용적인 태도를 보여 줄 때, 치료 효과 혹은 변화가 일어날 가능성이 높아진다. 상담사는 내담자를 위해 그것이 무엇이든 관계없이 당시의 즉각적 감정(혼란, 분노, 불안, 적의, 용기, 사랑, 자부심)이 이끄는 대로 기꺼이 행동하려는 모습을 보인다. 치료사 편에서의 이 같은 배려는 무소유적이다. 치료사는 내담자에 대해 조건에 의한 보상이 아닌 있는 그대로의 모습을 칭찬한다.

관계를 통한 긍정적 변화 촉진을 위한 세 번째 조건은 공감적 이해다. 공감적 이해는 치료사가 내담자가 경험하는 감정 상태와 그것이 내담자에게 주는 의미를 정확히 간파하여 그것을 내담자에게 전달하는 과정을 의미한다. 공감적 이해가 이상적으로 작동할 때, 상담사는 내담자의 내밀한 사적 세계에 깊숙이 침투할 수 있게 됨으로써 내담자가 인식하는 의미는 물론, 무의식 속에 내포된 의미까지도 파악할 수 있게 된다.

이 같은 종류의 섬세하고 적극적인 경청의 자세는 우리의 생활에서 결코 발견하기 쉽지 않다. 우리는 다른 사람 혹은 자신 내면의 목소리를 경청한다고 생각하지만, 참되게 공감하며 진실하게 이해하려는 자세로 경청하는 경우는 매우 드물다. 그러나 매우 드물며 실천하기 힘든—그래서 특별하다고밖에 할 수 없는—이 같은 경청의 자세야말로 내가 아는 한 긍정적 변화를 이끌어 내는 가장 강력한 동력 가운데 하나다.

그렇다면 내가 방금 기술한 이러한 토양이 어떻게 긍정적 변화를 가져다줄 수 있을까? 간단히 말해, 다른 사람으로부터 수용과 칭찬을 경험한 사람은 자신에 대해 배려하는 태도를 발전시키려는 경향을 보이게 된다. 다른 사람이 자신의 말을 공감하며 경청한다고 느낄 때, 인간은 자신의 내적 체험의 흐름을 보다 정확하게 들을 수 있다. 하지만 인간이 자신을 이해하고 칭찬하게 됨에 따라, 그 사람의 자아는 그의 경험과 점점 더 일치하게 된다. 이에 따라 인간은 보다 진지하고 정직해지는 체험을 하게 된다. 이 같은 경향은 상담사의 호혜적 태도와 더불어 내담자가 자신을 위해 보다 효과적인 성장 촉진자로 거듭날 수 있도록 돕는다. 즉, 진실되고 총체적 인간으로 거듭날 수 있는 커다란 자유가 존재한다는 의미다.

# ♠사례연구

다음은 1983년 Rogers가 진행한 인터뷰 내용으로, 인간 중심 상담에서 사용되는 기본적 상담 기술 가운데 일부를 보여 준다(Raskin & Rogers, 1995, p. 144, 저자 승인하에 재수록).

상담사(T-1): 자, 저는 준비가 다 되었는데, 그럼 시작해 볼까요?

내담자(C-1): 네.

상담사(T-2): 저는 선생님께서 무슨 이야기를 하고 싶어 하는지 모릅니다. 그렇지만 선생님의 이야기를 들을 준비는 되어 있습니다. 우리에겐 30분이라는 시간이 있습니다. 저는 이 시간 동안 우리가 서로를 깊이 알아 갔으면 좋겠어요. 그렇다고 특별히 무언가를 해 보겠다고 애쓰실 필요는 없고요. 저는 그렇게 느낀다는 말씀입니다. 그럼 무슨 일이 있었는지 말씀해 주시겠습니까?

내담자(C-2): 저는 딸과의 관계에서 커다란 어려움을 겪고 있습니다. 제 딸은 올해 스무 살로 대학에 다니고 있어요. 저의 고민은 딸아이가 제게서 독립하는 문제에 관한 것입니다. 전 딸아이에게 커다란 죄책감을 가지고 있어, 아직은 그 애와 함께 지내고 싶은 마음이 크거든요.

상담사(T-3): 딸에게 가지고 있는 죄책감을 조금이라도 덜고 싶다는 마음에서 아직은 딸과 함께 지내고 싶다는 말씀이시지요?

내담자(C-3): 예, 맞아요. 그게 주된 이유입니다. 사실 딸아이는 저에게 있어 친구나 다름이 없거든요. 그 애가 제 삶의 많은 부분을 채워 주었는데, 그런 딸이 막상 제 곁을 떠난다고 하니 너무 공허하고 텅 빈 느낌이 드는 겁니다.

상담사(T-4): 그러니까 따님이 없다는 사실로 인해 일종의 진공 상태에 빠진 느낌이란 말씀이시군요.

내담자(C-4): 네, 네, 바로 그겁니다. 저도 다른 엄마들처럼 쿨하게, "그래, 나가서 네 인생을 멋지게 시작해 보렴."이라고 말해 주고 싶어요. 그런데 저한테는 그게 너무 힘들어요.

상담사(T-5): 평생 동안 가장 소중히 여겨 왔던 것을 포기한다는 느낌만큼 받아들이기 어려운 일도 드물겠지요. 그런데, 방금 전에 죄책감이라는 말씀을 하신 것 같은데…… 그것이 선생님께 무슨 고민이라도 안겨 주었나요?

내담자(C-5): 예, 때로는 딸아이에게 제가 원하는 대로 해 주지 않는다고 화를 내기도 합니다. 저한테도 충족되지 않은 욕구가 있으니까요. 그런데, 문제는 제가 그런 것들을 요구할 자격이 없다는 생각이 든다는 겁니다. 분명 그 애가 제 딸이고 제가 그 애의 엄마인데도, 어쩔 때는 딸아이가 마치 제 엄마였으면 좋겠다는 생각이 들거든요. 딸애한테 그런 걸 요구하는 것이 무리이고, 저한테는 그럴 권리가 없잖아요.

상담사(T-6): 그러시군요. 그것이 불합리하다는 것은 알겠는데…… 막상 따님이 선생님의 욕구를 충족시켜 주지 못하면 여전히 화가 난다는 말씀이시지요?

내담자(C-6): 맞아요. 그럴 때면 저는 그 애한테 심하게 화를 내요.

(침묵)

상담사(T-7): 제 생각엔, 지금 선생님은 다소간 갈등을 느끼시는 것 같네요.

내담자(C-7): 네, 맞아요! 아주 심한 갈등을 느끼고 있어요.

상담사(T-8): 음…….

내담자(C-8): 극심한 고통이요.

상담사(T-9): 극심한 고통이라……. 그것에 관해 좀 더 자세히 말씀해 주시겠어요?

내담자(C-9): (한숨) 제가 가까이 다가가려 하면 딸아이는 저를 피하고 멀리하려 해요. 그럴 때면 제 자신이 몹시 나쁜 사람이 된 것처럼 느껴져요. 제가 무슨 괴물이라도 된 것 같다고나 할까……. 딸아이가 어렸을 때 해 주던 것처럼 만지거나 안아 주려 하면 꺼려하고 원치 않는다는 태도를 취해요.

상담사(T-10): 제가 보기에는 선생님의 마음속에는 두 가지 감정이 서로 교차하고 있는 것 같아요. 그러니까…… 마음 한편에서는, '제기랄, 독립이고 뭐고 나랑 같이 지내.'라고 속삭이고, 다른 한편에서는, '도대체 엄마가 되어서 딸이 독립하겠다는데 그걸 못하게 막고 있다니, 참 한심하기도 하다.'란 생각도 들고…… 뭐 그런 느낌 아닌가요?

내담자(C-10): 흠……. 맞아요. 제가 좀 더 강해져야 할 것 같아요. 그래야 이번과 비슷한 일이 닥쳐도 성숙한 어른으로 의연히 대처할 수 있을 테니까요. 딸아이의 독립 문제도 그렇고요.

Raskin은 앞의 사례에 관해 그가 관찰한 바를 다음과 같이 진술하였다(Raskin & Rogers, 1995).

위에 인용된 인터뷰 내용은 인간 중심 접근에서 볼 수 있는 변화와 성장 촉진 방식에 관한 다수의 예들을 보여준다. 인터뷰의 첫 장면(T-1과 T-2)에 나타난 Rogers의 솔직한 태도(진술)는 내담자로 하여금 그녀가 지닌 문제에 관해 스스로가 편안하다고 느끼는 분위기 속에서 문제의 내용을 진술할 수 있는 조건을 마련해 주었다. Rogers는 질문을 하지도, 내담자의 진술을 재확인하지도 않는다. Rogers는 내담자의 두 번째 진술(C-2)에 대해 그녀가 당면한 문제의 해결에 필요한 논리적 배경과 사례사(case history) 구성에 도움이 되었을 여러 가지 질문을 하지 않는다. Rogers는 그 자신이 내담자의 당면 문제에 관한 해결책 제시, 상담 과정에서 중점적으로 다룰 문제 결정, 내담자의 태도 변화 등에 관해 책임을 져야 하는 존재라고 생각하지 않는다. Rogers는 오히려 내담자가 그 같은 책임을 수행해야 한다고 생각하며, 그러한 책임을 완수할 수 있는 그녀의 능력을 존중한다.

초보 상담사는 종종 앞의 사례에서 Rogers가 구사한 반영(reflections) 기법을 잘못 이해하곤 한다. 그들은 반영을 앵무새가 그러하듯이 내담자의 말을 피상적으로 반복하여 들려주는 단순한 수동적 기술로 간주한다. "저는 선생님이 우울해 하시고, 창문 밖으로 투신하고 싶다고 하신 말씀을 들었습니다." 이 같은 식이다. Rogers는 반영 기법을 활용한 면밀한 탐색을 통해 그것들(내담자의 문제)이 매우 민감하고 선별적이며 도발적이라는 사실을 드러낸다. 그것은 면밀한 탐색을 필요로 하며 심도 있는 정서적 의미에 초점을 맞추는 레이저와 같은 성질을 지닌다. Rogers가 Gloria라는 여성을 상대로 진행한 유명한 상담 영상(Rogers, Perls, Ellis, & Shostrom, 1965)을 시청해 보면 이 같은 사실을 금방 이해할 수 있을 것이다. 그는 내담자의 진술 중 핵심 **내용**을 계속하여 반복하지만, 이는 어디까지나 내담자가 심도 있는 자기 탐색 기회를 가지도록 격려하는 촉진적 방법을 따르는 것이다. 다수의 내담자들은 기계적이고 피상적 수준을 벗어나지 못하는 부적절한 반영 기법 사용을 지루하고 어리석다고 생각할 것이다. 한편, 반영 기법을 섬세하게 활용하면 깊은 공감을 표현할 수 있을 뿐 아니라, 대개의 경우 내담자에게 긍정적 효과를 가져다준다.

## 4. 인간 중심 치료에 관한 역사적 평가 [도도새의 명판결(The Sage of the Dodo Bird)]

지난 반세기 동안, 다수의 치료 이론 및 방법이 심리치료에 커다란 변화를 가져왔고, 인간 중심이론에 속한 치료 접근에도 직접적 영향을 미쳤다. 다음에 서술된 인간 중심접근의 발전 과정은 순차적으로 진행되었고, 상당한 중복을 포함한다.

① 일찍이 도도새는, "모두가 승자이니 모두에게 상을 주어야 해."라고 외쳤다.

Lewis Carroll의 『이상한 나라의 앨리스(Alice's Adventures in Wonderland)』에 나오는 이 유명한 구절을 심리치료 분야에서 최초로 인용한 사람은 Saul Rosenzweig(1936)다. 그는 내담자의 치료 효과 측면에서 기존의 심리치료 학파 사이에 별다른 차이가 존재하지 않는다는 점을 묘사하기 위해 이 구절을 인용하였다. 지난 50년간에 걸쳐 수많은 연구가 치료 효과의 동질성에 관한 이 같은 평결을 재차 확증하였다. 하지만 1980년대 들어 등장한 메타 분석 연구가 이루어진 다음에야 비로소 이에 관한 관심이 널리 조명되기 시작하였다(Smith, Glass, & Miller, 1980). 좋은 소식은 선의로 행해진 치료법 모두에서 유사한 정도의 효과를 보였다는 점이다. 혼란스러운 소식은 이들 사이에 별다른 차이가 나타나지 않았다는 점이다. 이 같은 사실은 심리치료 분야에서 가장 까다로운 수수께끼 가운데 하나로 남아 있다—어떻게 그리도 달라 보이는 치료법이 내담자의 치료 효과 면에서는 그렇게 유사할 수 있을까?

동등성 역설(equivalence paradox)이라고도 부르는 이 같은 현상은 1970년대 이래 미국에서 인기가 감소해 가던 인간 중심 학파에 우호적인 영향을 끼쳤다. 현재는 적어도 모든 심리치료 학파가 동등한 위치를 점하게 되었고, 그 어떤 치료 학파도 구식이라는 이유로 퇴출될 염려를 하지 않아도 되었기 때문이다. 인간 중심이론을 지지하는 사람들은 이제 지식 측면에서 여타의 심리치료 학파에 뒤지지 않는 안전한 위치를 확보하였다.

② 동등성 역설에 따른 혼란에 직면한 심리치료 이론가들은 '공통 요인'이라는 구성 개념(construct)을 만들어 냈다. 공통 요인이란 성공적인 심리치료 이론 및 기법 사이에서 공유되는 것으로 여겨지는 불특정한 치료 성분(ingredients)을 의미한다.

이들 공통 요인은 다양한 치료 학파가 사용하는 특정 기법에 비해 내담자가 얻는 성과 부분에서 훨씬 큰 비중을 차지한다는 점으로 인해, 치료 과정에서 아주 중요한 요소로 간주된다. 공통 요인에는 정서적 지지(emotional support), 위약 효과(placebo effect), 희망(hope), 문제에 관해 이야기하기(talking about problems), 치료 관계 유지(being in a therapeutic relationship) 등이 포함된다. 여전히 미스테리 같은 면이 있기는 하지만, 공통 요인은 심리치료 성과 변인 중 최대 70% 정도까지 설명이 가능한 것으로 추정된다(Wampold, 2001).

③ 공통 요인에 관한 연구에 따르면, 심리치료에서 가장 탁월한 효능을 발휘하는 요인은 바로 공감, 무조건적 긍정적 존중, 진실성 등 Rogers가 50년 전 주장했던 촉진 조건인 것으로 나타

났다.

이들 촉진 조건은 치료 관계 형성을 위한 작업 동맹(working alliance)과 중복되고 보완적 관계에 있으며, 신뢰할 만한 모든 치료 체계에서 핵심적 위치를 차지한다. 촉진 조건과 다른 심리치료 사이의 연관성에 관한 Rogers의 논평(1957, p. 102)은 반어법적인 표현 이상의 의미를 갖고 있다. "다양한 심리치료에서 사용되는 치료 기법들은 촉진 조건 중 하나를 충족시키기기 위한 통로 역할을 제공하는 정도 외에는, 상대적으로 중요하지 않다." 그의 말은 참으로 놀랄 만큼 예언적이며, 그의 논평은 우리가 현재까지도 고민하는 동등성 역설과 공통 요인을 매우 간결한 틀로 설명하였다. C. H. Patterson(1986, p. 562)은 그의 저서『상담 및 심리치료 이론(Theories of Counseling and Psychotherapy)』에서 유사한 입장을 피력하였다.

치료사 변인와 치료 성과 간의 관계 및 중요한 관계 달성 방해 요소에 관한 연구에서 장애물들을 고려할 때 공감적 이해, 존중 또는 따스함, 치료적 진실성 등의 효과를 둘러싼 다수의 증거는 가히 놀랄 만하다. 이러한 치료사의 자질은 충분조건은 아닐지 몰라도, 필요조건을 위한 증거로는 논란의 여지가 없다. 이들 치료 조건의 결여된 상태에서 다른 변인 또는 기법의 효과성 또는 심리치료에 대한 다른 방법이나 접근의 효과성을 입증하는 증거는 거의 존재하지 않는다.

여기서 주목해야 할 중요한 사실은 Patterson이 이들 치료 조건을 충분조건이 아니라 필요조건이라고 주장하였다는 점이다. 그의 진술 중 '이들 치료 조건의 결여 상태에서'라는 마지막 문구는 만약 다른 심리치료 접근에서 촉진 조건을 제거할 경우 남겨진 기법은 그 가치가 의심스러운 잔류물에 불과할 수도 있음을 시사하기 때문이다. 다시 말해, 치료적 관계는 보다 전문적 기술이 운영될 토대 또는 무대라는 것이다. 행동 치료 또는 인지 행동 치료(Cognitive-Behavioral Therapy: CBT) 등과 같은 기법도 치료적 관계와 분리되어 홀로 존재할 수 없으며, 이들의 중요성은 아마도 훨씬 덜 할 수 있다.

④ 1990년대 중반에 시작된 증거 기반 실제(evidence-based practice) 운동은 대부분의 학문 분야로부터 열렬한 지지를 받았지만, 불행하게도 심리치료 영역에서는 그 성과가 미미하였다. 특히 다양한 분야의 전문가로 구성된 패널은 줄곧 인본주의적-경험주의 접근(humanistic-experiential approaches: HEP)보다 인지 행동 접근에 대해 높은 선호를

보였다. 사람들 사이에서 폭넓게 공유되는 신념은 정부 기관, 치료비 부담 기관, 병원, 보험 회사 등이 비용 환급에 사용되는 승인 목록과 관련하여 통찰 치료(insight therapy)에 관한 공정한 대표성 행사에 반하는 강력한 편견을 드러낸다는 주장을 지지하였다(Elliott, 2002; Elliott, Greenberg, Watson, Timulak, & Freire, 2013; Kirschenbaum & Jourdan, 2005; Norcross & Wampold, 2011). Lambert(2013)는 이러한 상황을 다음과 같이 기술하였다.

> 최초의 보고서에서 제기된 논란은 주로 치료 전문가들로부터 비롯되었다. 이들은 보고서의 내용이 독단적이지는 않다 해도 경직성을 띠고 있으며, Task Force(TF) 구성원들이 지지하는 소수의 치료법에 유리한 편견을 대변하는 의제(agenda)로 가득 차 있다고 보았다(예: 다수의 TF 구성원들이 지지하는 고도로 구조화된 단기 행동 치료와 CBT에 유리한 방향으로 기준이 설정되었음). 심리치료 연구자들 또한 이에 대해 강력한 비판을 제기하였다(Garfield, 1996; Nathan, 1998; Strupp, 1997). (Lambert, 2013, p. 6)

오늘날 이러한 현상은 PCT를 비롯하여 기존에 확립된 다수의 통찰 치료 진영에는 위협으로 인식되고 있다.

덧붙이자면, 미국심리학회(American Psychological Association: APA) 12분과 산하 TF와 증거 기반 치료 목록의 무분별한 사용에 관여해 온 비용 지급 기관(funding entities)에 대한 비판이 헌신적이고 엄격한 원칙에 입각하여 오랜 기간에 걸쳐 인지 행동 기법을 성공적으로 사용하고 있는 수많은 치료사들을 향한 비판으로 오해되지는 않아야 한다는 사실이다. 아울러, 이러한 비판이 다양한 유형의 정신건강 문제를 가진 사람들의 치료에 의심의 여지없이 커다란 효과를 보인 것으로 입증된 인지 행동 기법 자체를 향해서도 안 될 것이다.

> 도도새는 초조해지기 시작하였다. 아마도 모든 치료법은 결국 동등하지 않을지 모르겠다.

⑤ Rogers 이론을 포함하여 인본주의적-경험주의 학파는 전문적 심리치료 접근으로서의 존립에 관한 앞서의 위협에 두려움을 품고 대응하였다.

이러한 도전은 다른 심리치료 이론과의 비교를 통해 HEP를 긍정적으로 평가하려는 실증 연구의 폭발적 증가에 기여하였다. 이 연구에 관해서는 뒷부분에서 좀 더 자세히 다루고자 한다.

공통 요인과 작업 동맹에 대한 인식 증가는 치료적 관계의 중요성을 강조하는 통찰 지향적 심리치료 학파 사이에서 일종의 부흥(renaissance) 신호로 받아들여졌다. 그러나 이 같은 부흥을 오래된 고전적 치료법의 재탄생과 동격으로 받아들이기보다는 이들 선택적 요소에 대한 갱신 노력으로 이해하려는 태도가 좀 더 타당할 것이다. 이는 또한 증거 기반 실제이자 절충주의와 통합을 지향하는 역사적 흐름과도 부합한다.

⑥ 우리 모두는 이제 Rogers 이론의 추종자가 된 것 같다.

고전적 의미의 PCT 사용 빈도 감소 추세에도 불구하고, Rogers의 사상과 원칙을 추종하는 현대의 광범위한 파생 이론과 관련 치료법을 둘러싼 전 세계적인 인기는 날로 높아가고 있다. CBT의 창시자이기도 한 Aron Beck조차, "인지 치료의 기술적 측면에 정통한 치료사라 해도 좀 더 복잡한 사례를 접할 때면 결국 실패할 수밖에 없다."고 언급했을 정도다. 이어서 Beck은, "공감, 민감성, 신중함(considerateness)은—기술적 측면과 함께하는 능력과 함께—결합을 필요로 한다."라고 주장하였다(Bloch, 2004, p. 866).

촉진 조건은 어떤 방식이건 관계없이 사실상 모든 절충주의적 혹은 통합적 치료 시스템 안에 포함되어야 함은 물론이거니와, 교육, 자녀 양육, 건강관리, 비즈니스, 외교 등과 같이 긍정적 인간관계를 필요로 하는 비치료적(non-therapy) 환경에도 통합되어야 한다는 인식이 널리 확산되고 있다.

인간 중심 메시지에 대한 지속적 인기는 아마도 이 장의 초반부에 언급된 '미국에서 가장 영향력 있는 심리치료사, 2007'라는 여론조사를 통해 일부나마 설명이 가능하다. 이 조사에 의하면, 비록 Rogers의 고전적 치료 방식을 추종하는 심리치료 전문가가 소수에 불과하지만, 그는 여전히 미국에서 가장 영향력 있는 심리치료사로 간주되고 있다. 이 같이 낯선 단절 현상은 과학이라기보다는 철학적 가치와 좀 더 관련이 있는 것으로 보인다. Rogers의 심오한 지혜가 개인적 차원에서 우리의 내면 가장 깊숙한 곳까지 커다란 반향을 불러일으키는 동시에, 인간 조건에 대한 커다란 희망과 이해를 제공한다는 점에서, 그가 남긴 유산은 여전히 생생하게 살아 있다고 할 수 있다. Rogers가 그의 저서 『내담자 중심 치료(Client-Centered Therapy)』(Rogers, 1951, pp. x-xi) 서문에서 밝힌 다음과 같은 언급은 그의 주장이 우리에게 얼마나 호소력 있고 사적 차원에서 또한 적절할 수 있는지를 상기시켜 준다.

이 책은 치료사들이 상담실에서 경험하게 되는 고통과 희망, 불안과 만족에 관한 이야기다. 이 책은 각각의 치료사가 내담자 한 사람 한 사람과 맺게 되는 관계의 독특성에 관한 이야기이자, 우리가 이 같은 관계 속에서 발견하는 일체의 공통 요인에 관한 이야기다. 이 책은 우리들 각각의 지극히 사적인 경험에 관한 내용을 담고 있다. 이 책은 내 사무실 책상 한 구석에 앉아, 자기 자신을 찾기 위해 분투하지만, 정작 자신의 참 모습을 마주하는 상황을 엄청나게 두려워하는—자신의 경험을 있는 그대로 바라보고자 애쓰며 경험한 바와 같이 되기를 바라지만, 그러한 전망에 관해서는 커다란 두려움을 품고 있는—어떤 내담자의 삶에 관한 이야기다. 이 책은 내담자와 함께 앉아 서로를 마주 보며, 내 능력이 허락하는 한 가장 깊숙하고 민감하게 그의 분투 과정에 동참하고 있는 내 자신에 관한 이야기다. 또한 내담자가 지닌 경험, 의미, 느낌, 기호, 특징 등을 인식하고자 애쓰는 내 자신의 노력에 관한 이야기다.

이 책은 내담자를 이해하려는 과정에서 빠지기 쉬운 인간적 오류, 내담자가 느끼는 바대로 그의 삶을 이해하지 못하는 데서 오는 실패, 복잡하고 정교한 성장이라는 거미줄에 걸쳐있는 무거운 물체와 같이 몰락감을 안겨 준 실패를 슬퍼하는 내 모습에 관한 이야기다. 이 책은 또한 새롭게 거듭난 내담자를 지켜보며 기쁨을 느끼는 산파로서의 특권에 관한 나의 이야기이기도 하다—이는 마치, 탄생 과정에서 중요하고 촉진적 역할을 담당했던 사람으로서, 경외감을 품은 채 새로운 자아를 가지고 등장하는 한 사람을 옆에서 지켜보는 것과 같은 이치다.

## 5. 인간 중심 상담 지지 연구

### 1) 치료 효과에 관한 새로운 연구 성과

Elliott 등(2013)이 그들의 저서 『심리치료와 행동 변화 편람(Handbook of Psychotherapy and Behavior Change)』(제6판)에 수록한 HEP에 관한 메타 분석 연구 결과는 분명 HEP뿐 아니라 인본주의적-경험주의 이론을 추정하는 다른 심리치료 접근에도 좋은 소식이다. 이처럼 방대한 문헌 검토 연구는 HEP 및 그로부터 파생된 이론을 다수의 전문가 패널[미국에서의 실증적으로 지지된 치료(Empirically Supported Treatments)에 관한 APA 12분과 산하 TF, 영국의 국립 임상 우수성 연구소(National Institute for Clinical Excellence) 등]로부터 폭넓은 지지를 획득한 CBT 접근과 동등한 위치를 확고히 하도록 돕는 강력한 증거를 제공한다(글상자 2-1~2-3 참조).

　어떤 의미에서, 이들 같은 방대한 문헌 검토 연구는 정신질환 치료에 있어 매뉴얼에 기반을 둔 CBT류의 접근이 HEP류의 접근에 비해 효과 면에서 훨씬 뛰어나다는 잘못된 믿음을 둘러싼 수많은 악의적 비평이 대두되던 시기에 나온 일종의 폭로이자 부활의 신호탄이라고 할 수 있다. CBT가 수많은 정서장애 치료에 효과적이었음을 입증하는 연구 성과에 대해서는 의문의 여지가 없다. 하지만 이들 문헌 검토 연구가 설명하는 바와 같이, 일부 장애의 치료에 PCT를 비롯한 HEP 접근 가운데 어느 한 가지를 적용해도 효과 면에서는 적법한 선택으로 받아들여질 수도 있을 것이다(글상자 2-3 참조).

　Elliott 등(2013, p. 525)은 미국과 영국에서 실증적 지지를 확보한 치료 기법 목록을 이 검토 보고서에 제시된 과학적 증거 유형이 반영될 수 있도록 갱신할 필요가 있다고 강력히

---

**글상자 2-1** ｜ **HEP를 지지하는 네 가지 증거**

　Elliot 등(2013, p. 523)은 약 200여 편의 상담 성과 연구를 분석한 후, HEP의 활용이 다른 심리치료 접근에 대한 효과적 대안이 될 수 있음을 지지하는 네 가지 증거를 보고하면서 다음과 같은 결론을 제시하였다.

① "사전-사후 검사 결과, HEP는 전반적으로 내담자의 변화와 밀접한 관련이 있는 것으로 나타났다. 이러한 내담자 변화는 단기 및 장기추수 시점까지도 유지되었다."(ES=.96)

② "통제 집단 실험 연구에서 연구 참여자들에 대한 무작위 배정 여부에 관계없이, HEP 집단에 속한 내담자는 전반적으로 비치료 집단에 속한 내담자에 비해 큰 성과를 거둔 것으로 나타났다. 이는 전반적으로, HEP가 내담자에게 변화를 가져다준다는 인과관계적 추론을 인정하는 결과다. 이를 내담자의 관점에서 말하자면, 내담자가 스스로의 변화를 이끌어 내기 위해 HEP를 활용하였다고 할 수 있다."(ES=.81)

③ "비교 결과 연구에서 연구 참여자들에 대한 무작위 배정 여부에 관계없이, HEP는 전반적으로 다른 치료 접근에 견주어 통계적으로나 임상적으로 동등한 효과를 보였다."(ES=-.02)

④ "전반적으로, CBT는 HEP에 비해 미세한 정도의 우위를 보이는 것으로 나타났다. 그렇지만, 이 같은 차이는 CBT에 비해 효과가 떨어지는 것으로 알려져 있는, 흔히 연구자들이 지지적 혹은 비지시적 방법이라고 부르는 신실성이 결여된 치료 때문인 것으로 보인다. 이러한 치료는 대개 부정적인 연구자의 충성도(researcher allegiance)가 존재할 경우와 신실성이 결여된 상담 상황하에서 제공된다. ……연구자의 충성도 변인이 통계적으로 통제될 때, HEP와 CBT는 효과성 측면에서 별다른 차이가 없는 것으로 보였다."

---

\* 효과 크기(Effect Size: ES) 통계 값에 관한 설명은 글상자 2-2를 참조하라.

권고하였다. "국가 보건 서비스 기관 및 그 밖의 정신건강 치료 기관은 이용자들에게 HEP를 제공해야 한다. 특히 건강 보험 회사는 HEP를 받고 효과가 입증된 이용자들에게 치료비를 지급해야 한다." 이 보고서는 다음과 같은 마지막 제안으로 맺음하고 있다. "CBT와 마찬가지로, HEP 역시 여러 가지 문제를 지닌 다양한 유형의 내담자들에게 증거 기반(evidence-based) 치료를 제공할 수 있다. 실제로, 이러한 접근법을 더욱 강조하지 않는다면 현행 심리치료사 양성 시스템은 불완전하고 비과학적이며 결국에는 내담자에게 해를 끼칠 것이라고 생각한다."(Elliott et al., 2013, p. 526)

앞에서 소개한 메타 분석 연구는 포함되지 않았지만, 영국에서 최근 수행된 두 개의 자

---

**글상자 2-2  ES 통계 값에 관한 간략한 설명**

이 표는 이 장에 사용된 것과 같은 통계 결과가 메타 분석 연구에 어떤 방식으로 표기되는지에 관한 간략한 설명을 제공한다. 효과 크기(ES)는 다수의 관련 연구를 종합한 후, 그 결과를 비교하여 결론 도출을 가능하게 하는 통계적 측정치(metric)를 의미한다. 처치 방법(treatment) 간의 차이를 측정할 때, 그 값은 d로 나타내는데, 효과 크기가 작으면 .20, 중간 정도면 .50, 효과 크기가 크면 .80의 기준점(cutoff)을 사용한다.

변수들 사이의 관계나 연관성 규명을 위한 연구에서 효과 크기를 나타낼 때 사용하는 적절한 측정 지표는 상관 계수를 의미하는 r이다. 기준선 점수가 .10 이하이면 약한 효과 크기, .10에서 .30 사이이면 중간 효과 크기, .50이면 큰 효과 크기를 의미한다. 이 절, '치료 효과에 관한 새로운 연구 성과'에서는 d지표를 이용하여 효과 크기를 보고하였다. 다음 절, '치료 과정에 관한 새로운 연구'에서는 치료적 관계 변인과 내담자의 성공 사이의 상관관계를 살펴보고자 하며, r지표를 사용하여 효과 크기를 기술할 것이다.

| ES 통계 값의 해석 | | | | |
|---|---|---|---|---|
| d | r | Cohen's 기준 점수 (Benchmark) | 효과 유형 | 치료받은 환자의 성공률(%) |
| 1.0 | | | 유익함(Beneficial) | 72 |
| .80 | .50 | 효과 크기 큼 | 유익함 | 69 |
| .50 | .30 | 효과 크기 중간 | 유익함 | 62 |
| .20 | .10 | 효과 크기 작음 | 유익함 | 55 |
| .00 | .00 | 효과 없음 | | 50 |
| −.20 | −.10 | | 유해함(Detrimental) | 45 |

출처: Norcross(2011, p. 12)에서 재인용.

연 상황(naturalistic research)는 특별히 주목할 만하다. 이들은 Castonguay, Barkham, Lutz 그리고 McAleavey(2013)가 새로운 연구 패러다임이라고 기술한 '실천 지향 연구(practice-oriented study)' 범주에 속한다. 이 범주에 속한 연구는 표준 효능 시험 연구에 요구되는 과학적 엄정성이 부족하지만, 실제 임상 현장에서 이루어지는 치료 효과를 대표한다는 이점을 가지고 있다. 두 가지 연구 모두 대규모 표본을 활용하여 장기간에 걸쳐 수행되었으며, 표준화된 평가 도구인 통상적 평가 결과 측정에서의 임상 성과 척도(CLINICAL Outcomes in Routine Evaluation Outcome Measure: CORE-OM)를 사용하여 내담자 성과 지표를 측정하였다. 첫 번째 연구(Gibbard & Hanley, 2008, p. 215)는 1차 진료 기관에서 인간 중심 상담을 받은 697명의 내담자를 대상으로 5년간에 걸쳐 평가를 진행한 후 그 결과를 측정하였다. 사전-사후 검사 결과, 효과 크기는 1.2로 나타났는데, 이는 Cohen이 대규모 효과 크기의 기

---

**글상자 2-3**  HEP를 적용한 정서장애 치료

상담 성과 연구를 둘러싼 폭넓은 분석에 따르면, HEP를 적용한 치료는 정서장애 치료에 있어 다음과 같은 여섯 가지 면에서 일정 수준 이상의 효과를 보이는 것으로 나타났다(Elliott et al., 2013, p. 523).

① 우울증 치료의 경우, HEP가 일반적으로 효능적이고 특정적이라는 주장이 지지될 수 있을 정도로 광범위한 연구가 진행되었다.

② 관계와 대인관계 문제 치료에 있어 EFT는 효능적이고 특정적(specific)이라는 치료 인정 기준을 충족하는 것으로 나타났다.

③ 만성질환(암, 다발성 경화증, 후천성 면역결핍증, 만성 통증 등)에 대한 심리적 대처의 경우, HEP는 효능적 치료 인정 기준을 충족하는 것으로 나타났다.

④ 습관성 자해 행동(habitual self-damaging activities)의 경우, 분석 결과는 HEP가 물질 남용 개선을 위한 효능적 치료 인정 기준을 충족하는 것으로 나타났다.

⑤ 불안 문제 전반에 걸쳐 상반된 증거가 존재하지만, 이들만으로도 치료 효과에 관한 일반적 결정을 보장할 수 있다. 그러나 공황과 일반화된 불안 치료의 경우, 분석 결과는 HEP가 CBT보다 효능적이지 못함을 보여 준다.

⑥ 조현병과 같은 정신병적 상태의 경우, 저자는 "조현병 환자 등의 치료에 인본주의적 상담을 권하지 않는다는 영국의 최근 지침에도 불구하고, 우리는 인본주의적 접근이 이러한 증상을 가진 내담자들에게 효능을 보일 수 있다는 결정을 계속 지지한다."고 언급하였다.

준점으로 제시한 0.8을 능가하는 수치였다. 저자들은, "연구 결과는 인간 중심 상담이 불안이나 우울과 같은 통상적인 정신건강 문제를 호소하는 사람들의 치료에 효과를 보인다는 사실을 시사한다. 치료 효과는 비단 발병 시기가 얼마 되지 않은 경도에서 중등도 사이의 증상을 보이는 내담자에 국한되지 않고, 발병 기간이 오래된 중등도에서 중도 사이의 증상을 호소하는 사람들에게까지 확대가 가능하다."라고 언급하였다.

두 번째 연구(Stiles, Barkham, Twigg, Mellor-Clark, & Cooper, 2008)는 훨씬 더 야심차게 진행되었다. 이 연구는 32곳의 국가 보건 서비스(National Health Service) 지정 병원에서 PCT, CBT, 정신역동 치료(psychodynamic therapy: PDT) 등 다양한 형태의 치료를 받은 5,613명의 환자를 대상으로 진행되었다. 세 처치 집단은 모두 사전-사후 검사 비교 결과 치료 효과 크기가 1.39로, 상태가 현저히 개선되었음을 보여 주었다. Stiles 등은 이러한 결과가 도도새 평결과 일치한다고 지적하였다. "모두가 승자이니 모두에게 상을 주어야 해."

도도새는 미소 짓고 있다. 그는 다시 동등한 상태로 되돌아가게 된 점을 사랑한다.

## 2) 치료 과정에 관한 새로운 연구(증거 기반 치료 관계)

이 절에서는 치료 과정에서 가장 중요하다고 간주되는 관계 변인, 특히 촉진 조건과 작업 동맹을 다룬 최근 연구(Norcross, 2011)의 내용을 중점적으로 살펴보고자 한다. 촉진 조건과 작업 동맹은 치료 과정에서 핵심적 관계 변수임에도 불구하고, APA 12분과 산하 TF(TASK Force on Promotion and Dissemination of Psychological Procedure, 1995)가 실증적 검증 과정을 거친 치료법을 대상으로 실시한 논쟁적 검토에서 의도적으로 누락되었다. APA 12분과 TF(1995)는 치료적 관계를 검토조차 하지 않았다. TF 구성원들이 연구 대상으로 고려했던 것은 고작 치료적 처치 혹은 지극히 협소한 기준(개별 집단을 대상으로 한 메뉴얼 중심의 통제된 효능 실험 연구)을 충족하는 기법들이었다. 이 같은 결과가 의미하는 바는 증상의 제거보다 성격 변화에 초점을 맞춘 내담자 중심 치료와 정신역동 접근과 같은 장기적 통찰 치료에는 건강보험 기관을 통한 치료비 환급 대상 선정 경쟁에 참여할 자격조차 주어지지 않았다는 사실이었다.

저명한 심리치료 연구자들(예: Wampold, Norcross, Lambert)로부터의 비판적 시각은 연구에서 치료적 관계를 배제한 결정과 치료 목록에 대한 반응이 얼마나 부정적이었는지를 보여 준다. 예를 들어, Wampold(2001, p. 225)는 'The Great Psychotherapy Debate'라는 주제의 세미나에서 TF의 작업에 대해, "행동 치료와 인지 행동 치료에 대한 지나친 편향으로 인해 인본주의적, 경험적, 정신역동적 치료가 편입될 가능성이 크게 줄어들었다."고 개탄하였다. 나아가, Norcross와 Lambert(2011, p. 7)는 TF의 보고서를 검토한 후, "TF의 의도는 과학적으로 칭찬받아 마땅하지만, 그들의 노력은 대체로 치료 관계와 인간으로서의 치료사를 간과하였다. ……일부 전문가들의 임상적 배경을 무시하는 듯한 표현도 문제지만, 연구 증거 역시 치료적 관계와 개별 환자로부터 떨어진 채로 치료 방법을 타당화하기에는 빈약하다."는 관찰 결과를 제시하였다.

APA가 John Norcross를 위원장으로 하는 증거 기반 치료 관계 연구(Evidence-Based Therapy Relationships) TF 활동을 후원한 것은 부분적으로나마 전술한 비판에 대응하려는 시도였다. 『효과적인 심리치료 관계: 증거 기반 반응성(Psychotherapy Relationships That Work: Evidence-Based Responsiveness)』(2판, Norcross, 2011)에는 새로운 TF가 제시한 방대한 검토 내용과 권고 사항이 수록되어 있다. 이 절의 나머지 부분에서는 인간 중심 치료와 그 밖의 HEP의 미래와 밀접하게 관련된 것으로 보이는 연구 결과를 집중적으로 조명하고자 한다.

TF는 치료 관계에서 내담자로부터 긍정적 효과를 이끌어 내거나 그와 관계될 가능성이 높을 것으로 예상되는 열두 가지 요소를 확인하였다. 이들 중 일부는 Rogers의 촉진 조건을 포함하는 반면, 나머지 요소들은 작업 동맹의 형태를 취하거나 이와 밀접한 관계를 맺고 있었다(글상자 2-4 참조).

Norcross(2011)는 맺음말에서 치료 효과에 관한 APA 12분과 TF(1995)의 연구에 사용된 보다 덜 엄격한 기준이 적용되었다면, 그들이 연구한 관계 변인은 모두 '분명히 효과적'이라는 인정을 받았을 것이라는 의견을 제시하였다(p. 426). Norcross가 주도를 이끈 TF는 여러 가지 결론을 제시하였는데, 그중 다음 세 가지가 인간 중심 관점과 가장 밀접한 관련을 맺고 있는 것으로 보인다(p. 423).

① 치료 관계는 특정 유형의 치료와는 별개로, 심리치료 성과에 상당하고 일관되게 기여한다.
② 치료 관계는 최소한 특정 치료 방법과 유사한 정도로 내담자의 개선 혹은 실패 원인을 설명해 준다.
③ 치료 관계를 배제한 상태에서 최상의 실제 혹은 증거 기반 실제를 보급하려는 노력은 지극히 불안전하고 잠재적 오해를 불러일으킬 수 있다.

글상자 2-4  촉진 조건의 통계적 효과

John Norcross를 위원장으로 하는 APA의 증거 기반 치료 관계 연구 TF는 치료 관계에서 내담자로부터 긍정적 효과를 이끌어 내거나 그와 관계될 가능성이 높은 것으로 예상되는 열두 가지 요소를 확인하였다.

Rogers의 촉진 조건은 모두 열두 가지 요소에 포함되어 있으며, 약~중간 정도의 효과 크기를 보이는 것으로 나타났다. 즉, 공감(r=.30)은 중간 정도의 효과 크기를 산출하였는데, 이는 치료 결과 변화 중 9% 정도를 설명하며, '효과 입증 가능(demonstrably effective)'으로 판명되었다. 긍정적 존중(r=.27)의 경우 중간 정도의 효과 크기를 산출하였으며 긍정적 치료 성과와는 보통 수준의 연관성이 있었고, '효과를 거둘 가능성 높음(probably effective)'으로 판명되었다. 일치성(r=.24)의 경우, 약~중간 정도의 효과 크기를 보였고, 치료 결과 변화 중 약 6% 정도를 설명하였으며, '유망하지만 불충분한 연구로 판단 유보(promising but insufficient research to judge)'으로 판정되었다. 이들은 모두 중간 정도의 효과 크기(r=.275)를 보인 작업 동맹과 대등한 것으로 나타났는데, 작업 동맹은 약 8% 정도의 치료 결과 변화를 설명하였으며 '효과 입증 가능'으로 판명되었다.

Norcross(2011, p. 11)는 이들 효과 크기를 참조하여 성공적 치료에 관해 다음과 같이 진술하였다. "우리는 이들 요인 중 어떤 것에서도 크고 압도적인 효과를 기대하지 않는다. 대신에, 우리는 일정 수준 이상 도움이 될 다수의 요인 발견을 기대한다. 그리고 이는 정확히 우리가 다음의 여러 단원에서 발견한 것들이다—복잡한 치료 관계 속에서 유익하고 중간 정도의 효과 크기를 보여 준 여러 요인들이 바로 그것이다."

Norcross(2011, p. 11)는 공감의 효과 크기(r=.30)에 관해 다음과 같이 설명하였다. "이는 중간 정도의 효과 크기에 해당하며, 내담자가 보다 행복해지고 보다 건강해졌음을 의미하는 것으로 해석할 수 있다. 공감 능력을 보인 치료사로부터 상담을 받은 내담자는 치료 과정에서 진전을 보이는 경향이 뚜렷하며, 점진적 개선을 경험할 가능성이 높다."

재활 전문가들이 전술한 세 가지 결론이 주는 시사점을 진지하게 받아들인다면, 가용한 최선의 과학적 성과에 부합하는 상담 서비스 실제에 큰 도움을 받을 수 있을 것이다. TF는 또한 인본주의적-경험주의 학파는 물론 대인 서비스 관련 직종 전반에 걸쳐 실제, 훈련, 연구에 관해 다수의 시기적절하며 유의미한 권고안을 제시하였다(글상자 2-5 참조). APA TF가 정신건강 전문가들을 위해 이처럼 중요한 결론과 권고안을 제시한 점은 높이 평가할 만하다.

이처럼 철저한 연구를 통해 치료 관계의 중요성이 확실히 입증되었고, 그 위상 또한 치료적 처치(therapeutic treatments)와 동등한 수준으로 격상되었지만, 치료 관계 안에 포함된 요소의 본질에 관해서는 여전히 의견 불일치가 존재한다. 인간 중심 학파의 입장에서 한 가지 특별히 걸리는 문제는 그들이 생각하는 촉진 조건과 보다 폭넓은 작업 동맹 사이의 질적 차이다. 그들의 관점에서 볼 때, 공감, 긍정적 존중, 진실성은 손쉽게 작동하거나 중단할 수 없는 상담사의 고유한 인간적 자질을 대표하는 반면, 작업 동맹은 이들을 상담 과정에서 내담자와 치료사 간의 협력 방식에 관한 실제적 공식에 가까운 요인으로 인식한다. 그것은 개인적 유대감과 치료 목표 및 과제 확립과 같은 것을 의미한다. 이러한 비교 과정에서, Rogers 이론 추종자들은 촉진 조건이 치료를 위한 필수조건으로 완전히 평가받게 될지, 아니면 더 낮은 지위로 격하되어 치료 동맹의 평범한 활동으로 그 존재감이 희미해질 것인지에 관해 의문을 제기한다.

Schmid와 Mearns(2006, p. 178) 역시 다음과 같은 차별점을 제시하며 또 다른 형태의 우려 섞인 의견을 표명하였다.

> 우리가 설명하려는 치료 관계의 본질은 이른바 작업 동맹과는 질적으로 차이가 있다.
> ……그것은 종종 Carl Rogers의 지적―관계는 정도에 차이는 있어도 모든 치료 장면에서

---

**글상자 2-5    실제와 훈련에 관한 APA TF의 권고 사항**

다음은 증거 기반 치료 관계에 관한 APA TF(Norcross & Wampold, 2011, pp. 424-425)의 권고 사항이다. 이 내용은 촉진 조건을 강조하는데, 특히 인간 중심 치료를 지지하는 것처럼 보인다.

- 전문가는 내담자 치료의 일차적 목표인 입증 가능하고 확률 높은 치료 효과 요소로 특징지을 수 있는 치료 관계를 창조하고 발전시켜야 한다.
- 상담사 양성 및 보수 교육(continuing-education) 프로그램은 입증 가능하고 확률 높은 치료 효과 요소(elements found to be demonstrably and probably effective) 안에서 능력에 기반을 둔 훈련을 제공해야 한다.
- 정신건강 서비스 제공 기관들 구성원들에게 증거 기반 치료에 관해 현재 그들이 시행하는 것과 같이, 증거 기반 치료 관계사용과 관련하여 개선된 치료 성과에 관한 내용을 교육해야 한다.

* '입증 가능하고 확률 높은 치료 효과 요소'라는 구절은 공감과 긍정적 존중을 포함한다.

중요하다—이 전부인 것처럼 여겨진다. 실제로 우리가 정상적으로 작업 동맹이라고 인정하는 것은, 전반적으로 지극히 피상적 수준의 관계를 대표한다. ……우리는 단순히 작업 동맹 차원을 넘어 보다 심오한 의미를 구하고자 하기 때문이다.

한 가지 공통된 관찰 결과는 촉진 조건이 보다 폭넓은 의미의 작업 동맹 개념 내에서도 핵심 요소라는 점이다. Wampold(2001, p. 211)는, "공감과 작업 동맹의 형성은, 예를 들면 복잡하고 불가분의 관계로 연결되어 있다."라고 진술하였다. 이것이 만약 화학 과목이었다면, 우리는 원자와 분자 중 어느 것이 더 중요한지 물었을지 모르겠다.

끝으로, Norcross 보고서(Norcross & Wampold, 2011)의 결론 부분은 우리에게 치료 관계 이해와 배양을 위한 탐구 노력에 모든 과학적 증거를 활용해야 한다는 전문가로서의 의무를 떠올리게 한다.

> Carl Rogers(1980, p. 429)가 확실하게 입증해 보였듯이, 관계적 접근과 과학적 접근 사이에는 내제적 긴장이 존재하지 않는다. 과학은 치료 방법, 평가 방법, 환자의 행동, 적응 방법, 치료 관계 등 그것이 무엇이든 관계없이 우리에게 심리치료 과정에서 효과적으로 작용하는 것들에 관해 알려 줄 수 있고 또 그렇게 해야 한다.

## 6. 관련 심리치료 접근

인간 중심 치료가 이 장의 핵심 주제이기는 하지만, 대부분 Carl Rogers의 연구에 큰 영향을 받았으며 인간 중심 치료와 밀접하게 연관된 몇 가지 치료법을 언급하는 것 또한 도움이 되리라 판단된다. 이들은 모두 인간 중심적 치료 접근으로 간주되며, 개인의 주관적인 내적 경험에 큰 가치를 부여한다. 이들은 또한 공감과 긍정적 내담자-치료사 관계를 치료의 핵심 요소로 간주한다. 이들은 모두 HEP 범주에 속해 있다. 인간 중심 치료(Rogers, 1961)가 가장 대표적이며, 그다음으로 게슈탈트 치료(Perls, Hefferline, & Goodman, 1951), 정서 중심(emotion-focused) 혹은 과정 경험(process-experiential) 치료(Greenberg, Rice, & Elliott, 1993), 실존 치료(Yalom, 1980), 초점 지향 경험(focusing-oriented experiential) 치료(Gendlin, 1996) 등이 그다음을 차지하였다.

Rogers 이론의 원칙에 가까운 다른 주요 학파 내에서도 발전이 이루어졌다. 예를 들어,

동기 강화 상담(Lundahl, Kunz, Brownell, Tollefson, & Burke, 2010)은 보통 행동주의 치료에 속하는 것으로 간주되지만, 이는 또한 확연한 내담자 중심적 구성요소를 가지고 있다. 인지 행동주의 학파로부터는 마음챙김 인지 치료(mindfulness-based cognitive therapy; Segal, Williams, & Teasdale, 2001), 수용 전념 치료(acceptance and commitment therapy; Hayes, Strosahl, & Wilson, 1999), 자비 중심 치료(compassion-focused therapy; Gilbert, 2009) 등과 같은 치료 접근이 파생되었다. 아울러, 사실상 모든 미시 상담(micro counseling) 기술 훈련 및 동료 상담(peer counseling) 기술 교육 프로그램 또한 일정 수준 이상의 내담자 중심 원칙을 활용하고 있다.

## 7. 인간 중심 원리의 지역사회 기반 프로그램 적용

다음 내용은 공립학교, 동기 강화 상담, 연방-주 직업재활 기관(Federal-State Vocational Rehabilitation Agencies), 부모 효과성 훈련(parent effectiveness training: PET) 등과 같이 내담자 중심 접근을 핵심 원리로 수용한 대표적 지역사회 중심 프로그램의 사례다.

### 1) 공립학교

여러 해에 걸쳐 학생 중심 교수법에 관해 주목할 만한 연구 성과가 축적되었다. 그 같은 연구 중 하나로, Aspy와 Roebuck(1974)은 550명의 초중등 교사를 대상으로 촉진 조건(공감, 긍정적 존중, 진실성)에 따라 등급을 매긴 다음, 해당 등급과 다수의 학생 수행 평가 기준 간의 상관관계를 조사하였다. 연구 결과는 매우 고무적이었다. 촉진 조건 평가에서 높은 등급을 받은 교사가 지도하는 학생들이 더 높은 학업 성취도를 보여 주었을 뿐 아니라, 높은 창의적 문제 해결 기술, 긍정적 자기 개념, 훈육을 요하는 문제 행동 감소, 낮은 결석률 등 비교과적 분야에서도 뛰어난 성과를 보여 주었고, IQ 점수 또한 향상된 것으로 나타났다.

교사-학생 관계에 관한 최근 메타 분석(Cornelius-White, 2007) 연구는 교사에 대한 호감도와 양호한 학교 성적 간의 연관성 존재를 둘러싸고 아이들이 품고 있던 오래된 믿음을 뒷받침하였다. 이 연구는 많게는 반세기 전 시행된 연구를 포함하여 30명 이상의 학생들이 참여한 119편의 연구 결과를 분석하였다. 교사 관련 변인 중 공감, 온화감, 긍정적 관계, 비지시적 태도, 사고와 학습 장려 등은 학생들의 긍정적 성과 지표와 평균 이상의 연관성을 보였다. 한편, 학생들의 행동 유형 중 '참여, 비판적 사고, 만족, 수리 영역 성취도, 중 퇴 예방, 자기 존중감, 언어 영역 성취도, 긍정적 동기 부여, 사회적 관계(social connection), IQ, 성적, 문제 행동 감소, 출석, 학업 성취(perceived achievement)' 등은 교사 변인과 정적 상관관계가 있는 것으로 나타났다(p. 134). 변수에 따라 편차가 크기는 하지만, 상관관계 평균 점수는 전반적으로 다른 교육 혁신 지표를 상회하는 것으로 조사되었다. Cornelius-White(2007, p. 134)는, "이 같은 연구 결과는 연구자, 정책 개발자, 교사, 관리자, 학생, 부 모, 그 밖의 학교 교육 관련 당사자들에게 긍정적인 학습자 중심 관계에 관한 인식과 실천 확대를 옹호할 수 있는 계기를 만들어 주었다."고 결론지었다. 폭넓은 범위에 걸친 이 연 구의 파급 효과와 교수법의 이질적 특성 등을 고려해 볼 때, 전술한 연구 결과는 재활상담 사례에서 보듯 교수법과 유사한 특징을 공유하는 다수의 전문 직군에 제한적 범위 내에서 적용이 가능할 것으로 판단된다.

## 2) 동기 강화 상담

동기 강화 상담은 다양한 유형의 장애인 이용자, 특히 화학 물질 의존 및 기타 중독 문제 를 가진 사람의 치료에 널리 활용되는 인기 있는 도구다. 동기 강화 상담은 30년 이상 이어 져 온 통합적 치료 접근이다. 동기 강화 상담은 행동적, 인지 행동적, 내담자 중심적 요소를 모두 포함한다. 동기 강화 상담 치료사는 내담자의 경험과 양가감정 탐색을 격려하기 위해 내담자 중심 상담 기술, 특히 정밀한 공감 기법을 활용한다(Miller & Moyers, 2007).

동기 강화 상담은 긍정적 변화를 만들어 내고 장기적 치료 프로그램에 대한 몰입도를 높이기 위해 내담자의 내적 결심을 동원할 수 있는 단기 치료 형식을 취하는 것이 일반적 이다. 그러나 동기 강화 상담이 단독으로 사용되어도 이는 CBT나 12단계 프로그램(12-step programs)과 대등한 정도의 효과를 보이는 것으로 조사되었다. 메타 분석 결과, 동기 강화 상담은 낮은 수준(d=.26)에서 중간 수준(d=.41)의 효과 크기를 보였는데, 연구 참여 자들이 지닌 특성 차이로 인해 분석에 포함된 연구 사이에는 높은 변동성이 존재하였다 (Emmelkamp, 2013).

## 3) 연방-주 직업재활 프로그램

Bozarth와 Rubin(1978)은 재활상담사를 대상으로 진행한 전국 단위의 연구에서, 상담자가 보이는 촉진 조건과 장애인 이용자가 드러낸 재활 성과 사이의 상관관계를 조사하였다. 160명의 재활상담사와 1,000명의 장애인 이용자를 대상으로 5년간에 걸쳐 진행된 이들의 연구는, "재활상담사들은 민간 상담 기관에 종사하는 경험이 풍부한 심리치료사 등의 전문가 집단에 뒤지지 않을 정도로 높은 수준의 공감, 존중, 진실성 등을 보여 주었다."(p. 178)고 결론지었다. 내담자가 얻게 될 성과에 관해서는 "비록 최소한의 촉진적 조작 척도로 정의된 것이지만, 높은 수준의 대인관계 기술은 사례 종결 시점에서 취업 가능성 증가, 사후 지도 시점에서의 월간 소득 증가, 초기 면접 이후 10개월 또는 그 이상 유지된 긍정적 심리 변화, 직업 만족도 향상 등과 관련되어 있었다."(p. 178)

## 4) 부모 효과성 훈련

부모 효과성 훈련(PET)은 1962년 설립된 후, 부모를 대상으로 하는 가장 오래된 기술 기반 훈련 프로그램 중 하나다. 이 프로그램을 창립한 Thomas Gordon 박사는 의사소통, 갈등 해결, 관계 형성에 우선순위를 둔 인도적이고 민주적 아동 양육 방식으로 전 세계로부터 인정을 받았다. 그의 저서는 5백만 부 이상 팔렸고, 백만 명 이상의 사람들이 그의 훈련 과정에 참여하였다. PET의 효과에 관한 메타 분석 결과, 표준 편차 단위 .33에서 전반적인 효과를 보였는데, 이는 대안적인 다른 치료 방법에 비해 유의미하게 높은 수치였다. PET는 부모의 지식과 행동뿐 아니라, 아동의 자기 존중감에도 긍정적 효과를 보였다(Cedar & Levant, 1990). Gordon Training International 웹사이트에 따르면, Gordon은 Carl Rogers와 함께 수학하였고, Rogers의 개념을 부모, 교사 및 그 밖의 사람들을 위한 비치료적 상황에 적용하였다(Stinnett, 2012).

## 8. 인간 중심 원리와 재활상담

Rogers는 그의 인간 중심 접근이 공식적인 심리치료 영역을 넘어설 수 있도록 의도적 노력을 기울였다. 인간 중심 접근은 대인 서비스 지원 직종이나 특정 상황에 구애받지 않고, 인간의 복지나 성장 증진을 목적으로 하고 있다(Rogers, 1980). 인간 중심 접근은 부모와 자녀 또는 교사와 학생 간의 관계에 그러하듯이, 재활상담사와 장애인 이용자 사이의 관계에도 적용이 가능하다. 상황의 유형과 내용에 관계없이 상담의 목표가 자기실현이라면, 그 같은 목표를 달성하기 위한 핵심적 수단은 촉진 조건으로 정의할 수 있는 치료적 관계 형성이기 때문이다.

Rogers 이론을 따르는 상담은 다양한 형태와 모습으로 표출된다. 이의 전형적인 사례로는 장기적이고 비지시적이며, Rogers(1957)가 제시한 필요충분적 촉진 조건과 밀접하게 관련되어 있는 고전적 형태의 심리치료 접근이다. 이는 인간 중심 접근이 가장 높은 수준으로 적용된 형태로, 심리치료 분야에서 광범위한 공식적 훈련과 석사 이상의 학위를 필요로 한다. 인간 중심 접근이 적용된 또 다른 대표적 사례는 고등학교, 대학, 지역사회 현장 등에서 이루어지는 동료 상담 프로그램을 들 수 있다. 동료 상담 프로그램에서는 몇 주 간의 짧은 훈련을 받은 자원봉사자가 경청, 개방형 질문의 활용, 감정 반영 등의 기초적 상담 기술에 초점을 맞춘 초보적 상담을 제공한다. 재활상담 분야에서 인간 중심 기법의 활용은 전술한 두 가지 경우의 중간 정도에 위치한다고 볼 수 있다.

오랜 기간에 걸쳐 재활 분야의 여러 권위자들이 재활 서비스 제공 과정에서 촉진 조건이 담당하는 중요한 역할을 인정하였다(예: Rubin & Roessler, 2008; See, 1986; Thomas, Thoreson, Parker, & Butler, 1998). Rubin과 Roessler(2008, p. 283)에 따르면, 공감, 존중, 진실성, 구체성, 문화적 감수성 등의 특징으로 대표되는 양질의 관계는 내담자가 유지를 원하는 상황의 제공, 내담자에게 자신의 실제적 관심사를 표현할 수 있는 능력 제공, 상담사가 내담자의 삶에서 강력한 강화제 역할을 수행할 수 있는 환경 조성 등을 통해 내담자의 발전을 촉진한다. 좋은 관계 형성이 필요조건임에는 분명하지만, 긍정적인 재활 성과 담보는 이것만으로는 충분하지 않다. Kanfer와 Goldstein(1991)이 지적한 바와 같이, 내담자는 자신의 상담사에게 '기술적으로 능숙한' 동시에, 공감 능력이 뛰어나고, 자기를 존중하며, 진실성을 보여야 한다는 점 등을 기대해야 한다. 재활상담사는 내담자가 둘 중 하나를 선택해야 할 상황에 직면하지 않아도 되도록 포괄적 기술을 습득·적용할 수 있어야 한다.

## 9. 인간 중심 직업재활 서비스 제공 단계

인간 중심 기반 직업재활 과정에서 내담자의 이동(movement)은 대략 사례관리 과정과 흡사한 단계별 활동으로 개념화할 수 있다. 이는 엄격한 공식이라기보다는, 재활상담사가 촉진 조건이 지니는 중요성을 염두에 둔 채, 이들 조건의 활용 방법을 파악할 수 있도록 돕는 일종의 유연한 지침에 가깝다(글상자 2-6 참조). 내담자의 내적인 주관적 세계(감정)에 초점을 맞출수록, 촉진 조건을 보다 신중하게 적용할 필요성은 그만큼 증가한다. 재활상 담의 초점이 구체적 기술 개발이나 관련 지식 습득으로 옮겨가게 되면, 촉진 조건은 정규 교육 및 훈련과 연관된 보다 교육적 영역에 자리를 양보해야 한다.

재활상담사에게는 항상 '현실 세계에서의 실제적 서비스' 제공이 필요한 과제와 내담자 의 정서적 욕구에 대한 민감한 반응이 요구되는 과제 사이에서 능숙하게 대처해야 할 의무 가 있다. 재활상담사가 장기간에 걸쳐 진행되는 내담자 중심 치료에 관여하는 경우는 매 우 드물다. 그렇지만 재활상담사는 장애인 이용자가 자기 존중감과 자신감을 높이는 동시 에, 새로운 직업 또는 일상생활 기술을 습득할 수 있는 안전하고 긍정적인 학습 환경 조성 에 필요한 지속적인 기회 마련과 그에 따른 의무를 지니게 될 것이다.

유능한 고등학교 교사가 그러하듯이, 능력 있는 재활상담사라면 내담자가 친절하고 존 경스러우며 이해심 많은 상담사로부터 특별한 관심을 요구하는 시점을 감지할 수 있어야 할 것이다. 촉진 조건은 단순히 치료 목적 달성을 위해 조작될 수 있는 요소가 아니다. 촉 진 조건은 모든 면에서 완전히 기능을 발휘하는 대인 서비스 직종 종사자가 갖추어야 할 성격 차원의 필수 요소로서, 재활 및 회복 과정에서 매우 특별한 임무를 담당한다.

재활상담사들은 촉진 조건이 상담 기술을 망라한 도구상자가 아니라, 대부분의 인간 상 호작용 향상에 기여하는 성격 특성과 태도의 집합체라는 사실을 유념할 필요가 있다. 촉 진 조건의 강도와 초점은 상황에 따라 달라질 수 있고, 달라져야 하는 연속적 변동 척도 (sliding scale)에 따라 개념화가 가능하다. 예를 들어, 내담자가 뿌리 깊은 대인관계상의 갈 등을 해결하고자 할 때, 상담사는 심리치료를 위해 Rogers가 권고한 것과 유사한 수준의 촉진 조건으로 대응해야 한다. 한편, 심각한 심리적 문제를 수반하지 않을 경우, 상담사는 적절한 수준까지 긴장을 낮추고, 촉진 조건을 강조하지 않으면서 추후 이를 필요로 할 때 소환하여 활용할 수 있도록 주변에 머물게 하는 보다 정상적 상호작용 관계로 돌아갈 수 있을 것이다. 재활 전문가의 기능은 장애인 이용자에게 최대한의 자율성을 보장하는 한 편, 그들이 필요로 하는 정서적 지지 제공에 있다는 점을 유념하면서, 필요에 따라 통찰력 에서 행동에 이르는 연속선상에서 전문적 서비스를 제공하는 것이다.

**글상자 2-6**  인간 중심 직업재활 서비스 제공 단계

이들 단계는 구체적으로 설정된 것이 아니다. 이들은 지속적으로 변화하는 현실에 대한 근사치(approximations)다. 이들 단계는 재활상담사가 장애인 이용자와 함께 촉진 조건을 개별화 재활 프로그램으로 통합하도록 돕는 범위에서만 유용성을 발휘할 수 있다.

단계 1

첫 번째 단계는 장애인 이용자의 정서 탐색 및 희망의 생성과 함께, 초기 면접과 진단 및 검사를 주된 특징으로 한다. 이 단계에서는 라포(rapport)가 형성됨에 따라, 장애인 이용자가 재활상담사를 신뢰하며 소중하게 여기게 된다. 이 단계에서는 촉진 조건이 매우 중요하다. 왜냐하면 장애인 이용자가 촉진 조건을 활용하여 자신의 내적 갈등을 대변할 수 있는 표현을 찾고자 노력하며, 재활 과정 참여 허용과 함께 새롭게 거듭난 자아의 자각을 발전시켜 나갈 수 있기 때문이다. 첫 번째 단계에서 재활상담사가 비위협적인 정서 반영과 함께 친밀하고 진실한 태도를 보이면 대부분의 장애인 이용자들에게 매우 고무적으로 작용할 것이다.

단계 2

장애인 이용자가 변화가 가능하며 바람직하다는 실존적 결단(existential determination)을 내렸다면, 그는 재활상담사와 함께 선택 옵션, 목표, 전략 등의 고려에 필요한 상담을 진행할 준비가 되었다고 볼 수 있다. 이 단계는 일반적으로 내담자와 상담사가 함께 진단 및 직업 평가를 통해 수집한 정보의 분석과 통합 작업을 진행한다는 점에서, 비판적 사고와 논리적 추론을 포함한다.

재활 현장에 따라 차이가 있기는 하지만, 이 단계는 일반적으로 재활 목표 달성에 필요한 직업 목표와 중간 단계를 구체화하는 공식적 진술 보고서와 함께 정점에 이르게 된다. 연방-주 직업재활 기관에서 이 같은 합의는 공식적 계약으로 간주되며, 장애인 이용자와 재활상담사는 여기(개별화 고용 계획서 또는 개별화 재활 계획서)에 서명한다. 이 단계는 치료사와 환자 사이의 치료 목표와 과제 결정을 위한 협력이 요구되는 심리치료의 작업 동맹과 일정 부분 유사한 측면이 있다.

재활교육위원회(The Council on Rehabilitation Education, CORE; 2010, p. 28)는 석사 과정에 재학하는 재활상담 전공 학생들에게 "장애인 이용자의 직업재활 계획 수립 지원에 필요한 진로 및 직업 관련 자료 활용 능력을 기르도록 요구하고 있다." CORE는 재활상담 과정에서 직업적 측면이 장애인 이용자가 중심이 되어야 한다는 점을 명백히 하였는데, 이때 상담사의 역할은 내담자를 지원하는 것이다.

이 단계에서 촉진 조건에 대한 의존도는 첫 번째 단계만큼 높지 않다. 하지만 장애인 이용자가 호소하는 불안감, 혼란스러움, 분노감 등의 감정이나 동기 상실을 느끼기 시작하는 정도에 따라 재활상담사가 진실성, 무조건적 존중, 공감적 이해 등의 촉진 조건을 활용할 기회는 여전히 존재한다.

단계 3

　세 번째 단계는 재활 계획 수행 또는 실행 단계로, 장애인 이용자는 실제로 새로운 직업 또는 훈련 프로그램을 시작한다. 이 단계에서 가장 유용한 상담 접근은 행동 또는 행동 지향적 접근으로, 이는 사회적 상호작용, 부담스러운 사람들과의 관계, 지역사회에서의 이동, 경제적 의무, 삶에 변화를 유발하는 사건에서 비롯된 상시적 압력 등과 관련된 현실적 문제와 일상적 문제의 해결에 초점을 맞춘다.

　다수의 장애인 이용자에게 있어 이 단계는 미지의 영역으로, 성공 또는 실패에 관한 불투명한 전망으로 인해 초조함이 야기될 수 있다. 진실성, 무조건적 긍정적 존중, 공감적 이해는 대개 다른 상담 접근과 혼용되는데, 주로 재활 계획 실행 과정에서 장애인 이용자가 경험하는 부정적 감정 대처에 사용된다. 불안과 자기 의심(self-doubt)는 재활 프로그램을 위험에 빠뜨릴 수 있다. 마지막 단계에서 취할 수 있는 최선의 예방적 조치는 아마도 관심과 공감 능력을 지닌 재활상담사로서 지지와 확신을 심어 주는 것이다.

## 10. 재활 현장에 대한 인간 중심 상담 적용 시 특수 고려사항

### 1) 직면 기법 사용

　인간 중심 치료에서 직면(confrontation)이 차지하는 비중과 역할은 점점 증가하고 있다. 많은 사람들이 인간 중심 치료에 대해 주목(attending)과 반영 기법에 치우친 나머지, 치료사를 내담자에게 문제를 제기하지 못하며 직면 기술 사용을 억제하는 지지자로 이해하려는 잘못된 믿음을 가지고 있다(Corey, 2001). 이러한 시각에는 심각한 오류가 존재한다. 실제로, 직면은 유럽을 중심으로 인간 중심 접근 분야에서 발전 중인 분야 가운데 하나다. Lietaer(1984, p. 54)에 따르면, Rogers는 내담자에 대한 통제 또는 조종, 압력 행사, 혹은 상담 관계에서 다른 방식으로의 지나친 영향력 행사 등이 아니라면 직면을 포함하여 치료사가 내담자에게 일정 정도 영향력을 행사하려는 시도를 반대하지 않았다고 한다.

　직면에 관한 논의는 학술 문헌에서 폭넓게 정의되고 있다는 점에서 각별한 주의를 필요로 한다. 일종의 극단적 예시(인간 중심의 반대)는 가혹한 직면(harsh confrontation)으로, 이는 내담자가 행동 변화를 보이지 않으면 배우자가 떠날 것이라는 식의 위협적 결과를 포함한다(Polcin, 2003). 공감적 직면(empathic confrontation)은 연속선상에서 볼 때 가혹한 직면의 반대편에 위치하는데, Ivey, Ivey 그리고 Zalaquett(2014, p. 236)는 이를 "내담자를 초대하여 그가 경험하는 언어적·비언어적 의사소통 사이의 불일치, 표현된 태도와 행동 간의 불일치, 또는 타인과의 갈등에 관한 이야기를 검증해 볼 수 있게 하는 영향력 있는 기술"이라고 정의하였다. 후자의 입장은 직면에 관한 인간 중심 치료의 시각을 비교적 잘 대변하고 있다.

## 2) 인간 중심이라는 명칭을 둘러싼 혼란

'인간 중심'이라는 용어는 다양한 학문 분야에 걸쳐 폭넓게 사용되기에 이르렀다. 인간 중심이라는 명칭이 지닌 일반적 의미에 관한 합의가 있기는 하지만, 이 용어의 적용 방식에 있어서는 상당한 견해차가 존재한다. '인간 중심'이라는 말은 '내담자 중심'과 '비지시적'이라는 명칭과 동일한 것으로 간주된다. 다만, '내담자 중심'과 '비지시적'이라는 명칭이 심리치료 분야와 좀 더 밀접하게 연관되어 있는 데 반해, '인간 중심'이라는 명칭은 교육, 양육, 사회복지, 갈등 해결, 건강관리, 의학 등과 같이 보다 광범위한 활동 영역을 포함한다. Rogers는 1970년대 그 자신이 주도한 지역사회 건설과 세계 평화에 관한 대규모 워크숍에서 이같이 포괄적 용어를 만들어 냈다(Cain & Seeman, 2001).

의료재활 분야에서도 Rogers의 개념과 유사하게 사용되며 서로 밀접하게 관련된 다수의 혼란스러운 시각이 존재한다(Leplege et al., 2007). 한 가지 관점은 다루어지는 조건이 특정한 사람에게 미칠 영향을 인지하고, 그 사람의 관점에서 어려움을 이해하려는 능력이 필요하다고 진술한다. 또 다른 관점은 전문가들이 어떤 사람이 지닌 강점과 능력을 인식하는 것이 중요하다고 진술한다. 또 다른 시각은 감염된 사람을 단순히 치료 대상이 아닌 그 자신에게 영향을 미치는 일차적 전문가로 간주한다. Leplege 등은 이들 뉘앙스에 따른 차이가 정의적 차이에 대한 혼란을 피하고 핵심적인 운영상의 구성요소를 실행할 수 있다면 서비스 제공자들을 혼란스럽게 만들지 않을 수 있다고 주장한다. 동일한 조언을 재활 및 관련 분야 전문가들에게 확대·적용할 수 있을 것이다. 주어진 여건에서 본인의 능력이 허락하는 한 진실성, 무조건적 긍정적 존중, 공감적 이해를 실천하라.

## 3) 재활 현장에서 인간 중심 이론의 모순

고전적 형태의 Rogers 심리치료 모델은 재활 과정 촉진과 개선에 기여할 여러 가지 속성을 지니고 있다. 그러나 여기에는 각별한 주의를 필요로 하는 몇몇 한계나 모순이 존재한다. 이들 한계는 치료 모형이 활용되는 맥락 안에 내재되어 있다. 고전적 Rogers 상담 모형이 개별 심리치료에 사용된다면, 이는 정서적 곤란 또는 자신의 적응 문제 탐색을 원하는 내담자에게 적합할 수 있다. 그러나 상담 제공 배경이 연방-주 직업재활 기관 또는 지역사회 기반 기관(학교, 교정시설, 병원, 공동생활 가정 등)과 같은 현장 중심의 서비스 전달체계일 경우, 내담자를 대상으로 하는 재활 목표는 달라져야 하며, 그 기저에 자리한 가정 또한 수정될 필요가 있다. 과잉 단순화의 위험성이 있기는 하지만, 고전적인 Rogers 이론을 따르는 심리치료사들은 내담자의 심리 내적(intrapsychic) 문제 해결은 결국 내담자 스스로가 현실 세계에서의 어려움을 헤쳐 나갈 역량을 길러 줄 것이라고 믿는다. 이러한 주장이 일부 장애인 이용자들에게는 일정 부분 유효하지만, 재활 서비스를 이용하는 대다수의 장애인 이용자들은 공식적인 심리치료를 필요로 하지 않는다. 그들이 주로 필요로 하는 것은 장애와 직업 세계에 관한 광범위한 서비스 제공을 통한 분명한 방향 제시와 지원이기 때문이다.

'비지시성(nondirectiveness)'과 '필요충분조건'으로서의 촉진 조건은 Rogers 이론 가운데 연방-주 직업재활 기관에서 근무하는 재활상담사들이 적용에 어려움을 느끼는 대표적 개념이다. 이들 두 개념이 Rogers 심리치료 이론의 핵심이기는 하지만, 이들이 재활상담사가 관여하는 다수의 개입 활동에서 핵심적 역할을 담당하거나 도움을 주는 것은 아니기 때문이다. 부연하자면, Rogers의 이들 두 개념을 글자 그대로 받아들여 재활 과정에 적용한다면, 이들은 공식적인 진단 평가 절차와 재활 목표 수립을 방해할 수 있다. 이들 두 개념의 적용은 직업 및 진로에 관한 조언 제공은 물론, 독립생활 기술 훈련과 행동변화 관련 업무 수행에 어려움을 초래할 것이다. 연방-주 직업재활 기관의 재활상담사들이 이러한 제약 속에서 업무를 수행하는 것은 불가능하진 않더라도 분명 불합리하다.

## 4) 현실 생활에서의 경험 부족

"인간은 자신의 내면에 자기 이해는 물론, 자기 개념, 기본적 태도, 자발적 행동 변화를 위한 방대한 자원을 지니고 있다."는 관점은 Rogers의 기본 가정 중 하나다(Rogers, 1980, p. 114). 이 같은 진술은 장애인 이용자들이 현실 검증 결과를 바탕으로 여러 가지 옵션을 고려하여 원하는 바를 선택할 수 있을 정도로 외부 세계와 충분한 정도의 친밀감을 지니고 있음을 전제로 한다. 직업재활 서비스에 참여하는 장애인 이용자들은 대개 직업 세계를 경험해 보지 못했기 때문에 직장인으로서의 정확한 자기 개념 형성 토대가 취약하다. 비장애인은 삶의 대부분을 환경 속에서의 실제적 경험을 통해 스스로를 시험하고 적응하는 데 보내지만(Super, 1990), 선천적 장애인이나 어린 나이에 장애를 갖게 된 사람들은 이같이 자연스러운 성장 경험을 박탈당할 가능성이 높고, 그에 따라 직업인으로서의 성숙이 지체될 가능성이 있다. 마찬가지로, 생애 주기 중반 혹은 후반에 장애를 가지게 된 사람들 역시 심각한 도전에 직면할 수 있다. 심각한 외상성 뇌손상과 같은 극단적 사례에서 보듯, 장애는 직업 · 진로 선택에 관한 의사결정의 근거를 제공했던 이전의 경험을 대부분 무의미한 것으로 만들 수 있다. 이러한 유형의 수많은 장애인 이용자에게, 직업재활은 진로 선택을 위한 집중 훈련의 성격이 강하다. 장애인 이용자들은 다른 사람들이 평생에 걸쳐 습득한 정보를 수개월 또는 수년 내에 학습할 수 있을 것으로 기대하는데, 이들은 자신의 직업적 불확실성이 대개 깊은 내적 갈등이 아닌 지식의 부족에서 비롯되었다는 점으로 인해 심리치료보다 직업 탐색과 직업 훈련을 필요로 할 가능성이 높다.

## 5) 욕구 단계 수준

재활 서비스를 이용하는 대다수의 장애인은 자기실현 욕구보다 안전에 대한 욕구가 더 강하다. 그들은 Maslow의 욕구 위계 구조에서 상층부에 위치하기보다는 아래 단계에 위치하는 경향을 보이는데, 이들이 신체적 · 심리적 안전을 달성하기 전까지는 자기 탐색에 필요한 에너지 또는 흥미를 가지기 어렵기 때문이다. 혹자는 몇 년 전 이러한 상황을 빗대어, "엄청난 곤경에 빠져 있는 사람에게는 자기실현 따위를 신경쓸 경황이 없다."고 기술하였다. 촉진 조건이 내담자에게 실제로 해가 될 몇 안 되는 경우는 상담사가 지나치게 이념에 충실한 나머지 집세를 내거나 식료품 구입과 같이 당장의 근본적 욕구를 외면하는 등 정작 눈앞에 닥친 문제(악어)를 보지 못한 채 통찰 지향 치료의 사용만을 고집할 경우다. 대개의 경우 사람들에게 있어 안전에 대한 욕구는 자율성에 대한 욕구에 우선한다.

## 6) 문화적 차이에 따른 갈등

비록 다양한 문화 간의 활발한 상호작용이 인간 중심 원칙의 적용을 위한 비옥한 토양 조성에 크게 기여하였지만, 인간 중심 이론의 핵심적 가치관이 다른 문화가 지향하는 가치관과 상충할 수 있다는 우려 또한 꾸준히 제기되었다. 예를 들어, 인간 중심 접근의 개인

주의에 강조와 가족, 친구, 권위에 대한 상대적 경시 경향은 일부 문화권에서 중시하는 공동체 중심주의(community-centered tenets)에 역행할 여지가 있다. 인간 중심 접근의 감정과 주관적 경험 중시 경향 또한 문제적으로 비춰질 수 있다. 인간 중심 이론의 감정과 주관적 경험 강조 경향은 내담자에게는 자신의 감정을 표현할 능력이 있으며, 그 같은 감정을 그때그때 치료사와 공유할 의지가 있다고 가정한다. 특정 문화권에 속한 사람들은 이러한 자기 성찰적(introspective) 기법에의 적절한 참여를 꺼리거나 참여에 어려움을 느낄 수 있다(Freeman, 1993; Usher, 1989).

## 11. 맺음말

21세기는 심리치료와 상담 영역에서 새로운 장을 연 시대가 되고 있다. Rogers, Perls, Ellis, Freud 등 심리치료 분야를 주도했던 대학자들이 세상을 떠남에 따라, 다양한 이론으로부터 더 좋은 요소를 결합하고 싶다는 생각을 품은 사람은 더 이상 자신이 변절자라는 가책에 시달릴 필요가 없게 되었는데, 이러한 현상은 지난 수십 년 동안 실제로 전개되어 온 일이기도 하다. 실제로, 순수한 의미의 Rogers학파나 Freud학파는 더 이상 찾아볼 수 없다.

동시에, 증거 기반 치료라는 새로운 영역을 탐색하는 연구자들이 엄청난 양의 데이터를 추출하여 분석할 수 있도록 돕는 도구와 연구 방법의 정교화 또한 상당한 진전이 이루어졌다. 좋은 소식은 이러한 과학적 지향이 심리치료와 상담의 본질에 관한 이해를 깊이 있게 만들어 줄 수 있다는 사실이다. 나쁜 소식은 정부 기관이나 보험회사 등 경제적 이점이나 영리를 추구하는 힘 있는 치료 비용 지불 기관들은 대개 과학의 힘을 이용하여 행동 치료나 인지 행동 치료와 같이 단기적이고 메뉴얼에 기반을 둔 치료를 적극 권장한다는 사실이다. 이 같은 상황은 통찰 지향 학파들로부터 강력한 반발을 불러일으켰는데, 이들은 여러 방면에 걸쳐 연구 모델에 결함이 있거나 연구 모델이 잘못 사용되어 왔다는 점을 지적하였다. 그들은 특히 치료적 관계가 얼마나 중요한지를 보여 주는 방대한 양의 증거가 누락되었다는 점을 비판하였다.

그 결과, 인간 중심 치료를 비롯한 HEP류의 효능을 지지하는 연구가 크게 증가하였다. 진자의 추가 좌우로 움직이고 증거 기반 실제 운동이 자기 교정을 계속해 감에 따라, '사실은 항상 우호적'이라는 과학적 탐문에 관한 Rogers의 유명한 말이 떠오른다(Rogers, 1961,

p. 25).

대인 지원 관련 직종(helping profession) 및 사회 전반에 대한 Carl Rogers의 기여는 실로 엄청난 것이었다. 그는 Sigmund Freud와 B. F. Skinner와 함께 20세기를 빛낸 가장 영향력 있는 행동주의 과학자로 여겨지고 있다. 이들은 각각 기존의 입장에서 보면 가히 혁명적이라 할 새로운 관점에 기초하여 인간 본성을 탐구하였다.

비관론자였던 Freud는 인간을 길들여야 할 야성적 힘과 악마에 의해 지배받는 존재로 파악하면서, 인간의 무의식 속에 흐르는 욕망에 관해 경고하였다. 심리치료와 문명의 역할은 사람들이 그 자신 및 이웃과 조화를 이루며 살아갈 수 있는 사회적 교제의 장을 만들어 주는 것이다. 이 이론은 정신분석 운동과 상당수 정신과 치료의 기원이자 영감의 출처였다. 정신장애 진단과 치료는 본래 의학적 모델의 영역이었다.

공정한 과학자였던 B. F. Skinner는 Freud와는 상반된 견해를 가지고 있었다. 그는 인간 본성은 선하지도, 그렇다고 악하지도 않다고 믿었다. 본성은 단지 환경의 산물에 불과하다는 것이다. 유기체는, 그것이 인간이든 아니면 또 다른 무엇이든 관계없이, 조작적 혹은 반응적 조건 형성(operant and respondent conditioning)과 같은 예측 가능한 원리에 따라 학습을 수행한다. 우리 사회의 당면 과제는 구성원들이 사회적으로 바람직한 방향으로 발전할 수 있는 환경을 조성해 주는 것이다. 다양한 형태의 강화와 소거는 행동 치료의 기본 도구다.

낙관론자였던 Carl Rogers는 인간을 악마가 아닌 천사의 관점에서 바라보았다. 그는 인간은 선천적으로 선한 존재이며, 자기실현 능력을 지녔다고 믿었다. 하지만 그는 인간의 자기실현 능력은 가까운 사람들과의 돌봄과 배려 관계 속에서만 진가를 발휘할 수 있다고 믿었다. 이러한 관점은 대다수의 인본주의 및 실존주의적 심리치료가 추구하는 핵심 가치다. 어떤 사람들은 Rogers가 제시한 촉진 조건(공감, 긍정적 존중, 진실성)이 사랑에 대한 조작적 정의와 비슷한 느낌을 준다고 말한다. 인간 중심 접근은 삶에 대한 긍정적 태도, 성장 추구, 인간의 잠재력 극대화 등의 가치를 추구한다는 점에서 재활 분야 직종에 특히 적합하다.

이들 세 명의 위대한 사상가는 각자의 방식으로 인간 본성에 관한 이해에 크게 기여하였다. 이들의 사상은 심리치료와 심리학 영역을 초월하여 사실상 현대적 담론의 모든 영역에 걸쳐 커다란 영향을 미쳤다. 견문이 넓은 재활 전문가라면 인간 중심 이론 및 그 파생 이론들이 내담자를 이해하고 그들과 함께 작업함에 있어 유용한 매우 강력한 도구라는 사실을 깨닫게 될 것이다.

지난 수십 년간 우리는 고전적 의미의 인간 중심 치료와 여러 형태의 장기적 통찰 지향 치료의 사용 빈도가 급격히 감소하는 현상을 목격하였다. 그러나 역설적이게도, 사람들 사이의 상호작용이 벌어지는 대부분의 환경에 긍정적 영향을 미치는 '공통 요인'으로서의 촉진 조건의 중요성에 관한 확신은 갈수록 증가하고 있다. 대인 지원 관련 직종에서 촉진 조건이 지닌 중요성은 그 지위가 공고히 확립되어 있어, 이들에 대한 경시나 무시 행위는 윤리적 위반으로 여겨질 정도다. 한편, 촉진 조건이라는 한 가지 요소만으로는 직업재활 프로그램과 연관된 장애인 이용자의 바람직한 성과 도출을 달성하기에 충분하지 않다. 촉진 조건의 충분성 요건을 둘러싼 논쟁은 재활 과정이 통찰력에서 행동으로 이어지는 연속선상에서 행동 방향으로 나아가려는 동력을 약화시킨다. 재활이 현실 세계에 깊이 뿌리박고 있다는 점을 감안해 볼 때, 장애인 이용자에게는 치료적 관계 형성과 함께 구체적이고 실용적인 서비스가 제공되어야 하기 때문이다.

## 집단 토의 과제

1. Elliott 등(2013)이 수행한 재활 성과에 관한 문헌 연구 결과에서 얻을 수 있는 내용은 무엇인가?

2. Norcross(2011)가 수행한 재활 과정에 관한 문헌 연구를 통해 얻을 수 있는 내용은 무엇인가?

3. Carl Rogers의 개인적 경험은 인간 중심 접근의 발전에 어떠한 영향을 미쳤는가?

4. 당신이 상담을 받고 있는 내담자라고 가정해 보라. 여섯 가지 '필요충분조건'을 검토한 후, 각각의 조건에 관해 어떤 느낌이 드는지 이야기해 보라. 각각의 조건은 치료 결과에 어떤 방식으로 기여하는가?

5. '인간 중심 주의'의 기본 개념은 무엇인가?

6. 당신 자신의 진로 목표에 관해 생각해 보라. 세 가지 촉진 조건에 관한 이해가 내담자와의 상호작용을 위한 당신의 선택 방식에 어떤 영향을 미치는가?

## **참**고문헌

Aspy, D. N., & Roebuck, F. N. (1974). From humane ideas to humane technology and back again many times. *Education, 95,* 163-171.

Bloch, S. (2004). A pioneer in psychotherapy research: Aaron Beck. *Australian and New Zealand Journal of Psychiatry, 38,* 855-867.

Bozarth, J. D., & Rubin, S. E. (1978). Empirical observations of rehabilitation counselor performance and outcome: Some implications. In B. Bolton & M. E. Jaques (Eds.), *Rehabilitation counseling: Theory and practice* (pp. 176-180). Baltimore, MD: University Park Press.

Cain, D., & Seeman, J. (Eds.). (2001). *Humanistic psychotherapies: Handbook of research and practice.* Washington, DC: American Psychological Association.

Castonguay, L. G., Barkham, M., Lutz, W., & McAleavey, A. (2013). Practice oriented research: Approaches and applications. In M. J. Lambert (Ed.), *Bergin & Garfield's handbook of psychotherapy and behavior change* (6th ed., pp. 85-133). Hoboken, NJ: Wiley.

Cedar, B., & Levant, R. F. (1990). A meta-analysis of the effects of parent effectiveness training. *American Journal of Family Therapy, 18,* 373-384.

Corey, G. (2001). *Theory and practice of counseling and psychotherapy* (6th ed.). Belmont, CA: Brooks/Cole.

Cornelius-White, J. (2007). Learner-centered teacher-student relationships are effective: A meta-analysis. *Review of Educational Research, 77,* 113-143.

Council on Rehabilitation Education (CORE). (2010). *Accreditation manual for rehabilitation counselor education programs.* Rolling Meadows, IL: Author.

Elliott, R. (2002). Render unto Caesar: Quantitative and qualitative knowing in research on humanistic therapies. *Person-Centered and Experiential Psychotherapies, 1,* 102-117.

Elliott, R., Greenberg, L. S., Watson, J., Timulak, L., & Freire, E. (2013). Research on humanisticexperiential psychotherapies. In M. J. Lambert (Ed.), *Bergin and Garfield's handbook of psychotherapy and behavior change* (6th ed., pp. 495-538). Hoboken, NJ: Wiley.

Emmelkamp, P. M. G. (2013). Behavior therapy with adults. In M. J. Lambert (Ed.), *Bergin and Garfield's handbook of psychotherapy and behavior change* (6th ed., pp. 393-446). Hoboken, NJ: Wiley.

Freeman, S. C. (1993). Client-centered therapy with diverse populations: The universal within the specific. *Journal of Multicultural Counseling and Development, 21,* 248-254.

Garfield, S. L. (1996). Some problems associated with "validated" forms of psychotherapy. *Clinical*

*Psychology: Science and Practice, 3,* 218-229.

Gendlin, E. T. (1996). *Focusing-oriented psychotherapy.* New York, NY: Guilford.

Gibbard, I., & Hanley, T. (2008). A five-year evaluation of the effectiveness of person-centred counselling in routine clinical practice in primary care. *Counselling and Psychotherapy Research, 8,* 215-222.

Gilbert, P. (2009). *The compassionate mind.* London, UK: Constable & Robinson.

Greenberg, L. S., Rice, L. N., & Elliott, R. (1993). *Facilitating emotional change.* New York, NY: Guilford.

Hayes, S. C., Strosahl, K. D., & Wilson, K. G. (1999). *Acceptance and commitment therapy: An experiential approach to behavior change.* New York, NY: Guilford.

Ivey, A. E., Ivey, M. B., & Zalaquett, C. P. (2014). *Intentional interviewing and counseling: Facilitating client development in a multicultural society* (8th ed.). Belmont, CA: Brooks/Cole.

Kirschenbaum, H. (2009). *The life and work of Carl Rogers.* Alexandria, VA: American Counseling Association.

Kirschenbaum, H., & Henderson, V. L. (1989). *The Carl Rogers reader.* Boston, MA: Houghton Mifflin.

Kirschenbaum, H., & Jourdan, A. (2005). The current status of Carl Rogers and the personcentered approach. *Psychotherapy: Theory, Research, Practice, Training, 42,* 37-51.

Lambert, M. J. (2013). Introduction and historical overview. In M. J. Lambert (Ed.), *Bergin and Garfield's handbook of psychotherapy and behavior change* (6th ed., pp. 3-20). Hoboken, NJ: Wiley.

Leplege, A., Gzil, F., Cammelli, M., Lefeve, C., Pachoud, B., & Ville, I. (2007). Personcenteredness: Conceptual and historical perspectives. *Disability and Rehabilitation, 29,* 1555-1565.

Lietaer, G. (1984). Unconditional positive regard: A controversial basic attitude in clientcentered therapy. In R. F. Levant & J. M. Sclien (Eds.), *Client-centered therapy and the person-centered approach: New directions in theory, research, and practice* (pp. 41-58). New York, NY: Praeger.

Lundahl, B. W., Kunz, C., Brownell, C., Tollefson, D., & Burke, B. L. (2010). A meta-analysis of motivational interviewing: Twenty-five years of empirical studies. *Research on Social Work Practice, 20,* 137-160.

Miller, W. R., & Moyers, T. B. (2007). Eight stages in learning motivational interviewing. *Journal of Teaching in the Addictions, 5,* 3-17.

Nathan, P. E. (1998). Practice guidelines: Not yet ideal. *American Psychologist, 53,* 290-299.

Norcross, J. (Ed.). (2011). *Psychotherapy relationships that work: Evidence-based responsiveness*

(2nd ed.). New York, NY: Oxford University Press.

Norcross, J. C., & Lambert, M. J. (2011). Evidence-based therapy relationships. In J. Norcross (Ed.), *Psychotherapy relationships that work: Evidence-based responsiveness* (2nd ed., pp. 3-21). New York, NY: Oxford University Press.

Norcross, J. C., & Wampold, B. E. (2011). Evidence-based therapy relationships: Research conclusions and clinical practices. In J. Norcross (Ed.), *Psychotherapy relationships that work: Evidence-based responsiveness* (2nd ed., pp. 423-430). New York, NY: Oxford University Press.

Patterson, C. H. (1986). *Theories of counseling and psychotherapy* (4th ed.). New York, NY: Harper & Row.

Perls, F. S., Hefferline, R. F., & Goodman, P. (1951). *Gestalt therapy*. New York, NY: Delta.

Polcin, D. L. (2003). Rethinking confrontation in alcohol and drug treatment: Consideration of the clinical context. *Substance Use and Misuse, 38,* 165-184.

Raskin, N. J., & Rogers, C. R. (1995). Person-centered therapy. In R. J. Corsini & D. Wedding (Eds.), *Current psychotherapies* (5th ed., pp. 144-149). Itasca, IL: Peacock.

Rogers, C. R. (1942). *Counseling and psychotherapy*. Boston, MA: Houghton Mifflin.

Rogers, C. R. (1951). *Client-centered therapy: Its current practice, implications, and theory*. Boston, MA: Houghton Mifflin.

Rogers, C. R. (1957). The necessary and sufficient conditions of therapeutic personality change. *Journal of Consulting Psychology, 21,* 93-103.

Rogers, C. R. (1961). *On becoming a person*. Boston, MA: Houghton Mifflin.

Rogers, C. R. (1980). *A way of being*. Boston, MA: Houghton Mifflin.

Rogers, C. R., Perls, F. S., Ellis, A., & Shostrom, E. L. (1965). *Three approaches to psychotherapy*. Corona Del Mar, CA: Psychological & Educational Films.

Rosenzweig, S. (1936). Some implicit common factors in diverse methods of psychotherapy. *American Journal of Orthopsychiatry, 6,* 412-415.

Rubin, S. E., & Roessler, R. T. (2008). *Foundations of the vocational rehabilitation process* (6th ed.). Austin, TX: Pro-Ed.

Schmid, P. F., & Mearns, D. (2006). Being-with and being-counter: Person-centered psychotherapy as an in-depth co-creative process of personalization. *Person-Centered and Experiential Psychotherapies, 5,* 174-190.

See, J. D. (1986). A person-centered perspective. In T. F. Riggar, D. R. Maki, & A. W. Wolf (Eds.), *Applied rehabilitation counseling* (pp. 135-147). New York, NY: Springer Publishing Company.

Segal, Z. V., Williams, J. M. G., & Teasdale, J. D. (2001). *Mindfulness-based cognitive therapy for depression: A new approach to preventing relapse*. New York, NY: Guilford.

Smith, D. (1982). Trends in counseling and psychotherapy. *American Psychologist, 37*, 802-809.

Smith, M. L., Glass, G. V., & Miller, T. I. (1980). *The benefits of psychotherapy*. Baltimore, MD: Johns Hopkins University Press.

Stiles, W. B., Barkham, M., Twigg, E., Mellor-Clark, J., & Cooper, M. (2008). Effectiveness of cognitive-behavioural, person-centred, and psychodynamic therapies in UK primarycare routine practice: Replication in a larger sample. *Psychological Medicine, 38*, 677-688.

Stinnett, W. (2012). *Acceptance, empathy, and genuineness: Not a weakness*. Retrieved April 2, 2013, from http://www.gordontraining.com/leadership-training/acceptance-empathy-andgenuineness-not-a-weakness/

Strupp, H. H. (1997). On the limitation of therapy manuals. *Clinical Psychological Science and Practice, 4*, 76-82.

Super, D. E. (1990). A life-span, life-space approach to career development. In D. Brown, L. Brooks, & Associates (Eds.), *Career choice and development: Applying contemporary theories to practice* (2nd ed., pp. 197-261). San Francisco, CA: Jossey-Bass.

Task Force on Promotion and Dissemination of Psychological Procedures. (1995). Training in and dissemination of empirically-validated psychological procedures: Report and recommendations. *Clinical Psychologist, 48*, 3-23.

The most influential therapists of the past quarter-century. (2007). *Psychotherapy Networker, 31*(2). Retrieved from http://www.questia.com/library/p61464/psychotherapy-networker/i2474331/vol-31-no-2-march-april

Thomas, K. R., Thoreson, R., Parker, R., & Butler, A. (1998). Theoretical foundations of the counseling function. In R. M. Parker & E. M. Szymanski (Eds.), *Rehabilitation counseling: Basics and beyond* (3rd ed., pp. 225-268). Austin, TX: Pro-Ed.

Usher, C. H. (1989). Recognizing cultural bias in counseling theory and practice: The case of Rogers. *Journal of Multicultural Counseling and Development, 17*, 62-71.

Wampold, B. E. (2001). *The great psychotherapy debate: Models, methods, and findings*. Mahwah, NJ: Erlbaum.

Yalom, I. (1980). *Existential psychotherapy*. New York, NY: Basic Books.

# 제3장

# 해결 중심 단기 치료

Ebonee T. Johnson, Garrett Huck, Jessia Brooks

Erin Moser, John Blake, and Fong Chan

## 학습목표

이 장의 목표는 해결 중심 단기 치료(Solution-Focused Brief Therapy: SFBT)의 주요 원리와 재활 현장에서의 유용성에 관한 이해를 돕는 것이다. 이 장에서는 SFBT의 기원을 살펴보고, 상담 체계로서 SFBT의 본질과 구체적인 치료 기술에 관한 설명을 제시할 것이다. 이 장에서는 또한 재활 현장에서 SFBT의 사용과 적용을 지지하는 연구에 대해서도 논의할 것이다. 이 같은 목적을 달성하기 위해 다음과 같은 학습 목표를 설정하였다.

① SFBT의 이론적 기초와 기원, 발전을 이해하고 더불어 이의 토대를 제공한 사회구성주의 (social constructivism)를 이해한다.
② 변화와 목표 달성을 향한 인간의 능력에 관한 해결 중심 치료자의 관점을 이해한다.
③ 해결 중심 관점에서 치료의 본질을 정의하고, 치료 과정과 치료자–내담자 관계의 본질을 이해한다.
④ 일반적으로 사용되는 SFBT 기법, 이들이 어떤 면에서 효과적이라고 여겨지는지, 상이한 재활 현장에서 이 접근이 어떻게 유용하게 적용될 수 있는지 등을 확인한다.
⑤ SFBT 연구의 현주소와 향후 나아갈 방향에 관해 논의한다.

## 1. 역사적 전개 과정

SFBT는 원래 1980년대 미국 위스콘신주의 밀워키 소재 단기가족치료센터(Brief Family Therapy Center)의 de Shazer와 Berg 및 그의 동료들에 의해 가족상담 접근법의 하나로 개념화되었다(de Shazer, 1985). SFBT는 상대적으로 더 많은 시간이 소요되는 전통적인 문제 중심(problem-focused) 치료 접근의 대안으로 각광받기 시작함에 따라, 국제적이며 다학제적인 인기를 얻었다. SFBT는 경제적이며 강점 기반 접근법(strengths-based approach) (Lewis & Osborn, 2004)으로서, 이의 효능을 지지하는 다수의 연구 증거를 보유하고 있다 (Bannick, 2007; Kim, 2008; Stams, Dekovic, Buist, & de Vries, 2006).

지난 20여 년에 걸쳐, SFBT는 많은 분야의 전문가들이 알코올 및 약물 남용(Berg & Miller, 1992; de Jong & Berg, 1997)과 외상 후 스트레스 장애(Berg & Dolan, 2001), 성격장애 (Bakker & Bannink, 2008), 우울(de Jong & Berg, 1997) 등을 포함하여 다양한 정신건강 문제의 치료에 사용한 인기 있는 상담 접근으로 발전하였다(de Shazer & Berg, 1997; Henden, 2011; Metcalf, 1998). SFBT는 또한 업무 관련 스트레스 요인과 가족 갈등, 가정 폭력, 사별, 자기 존중감 문제 등 일상생활 문제 해결에도 활용되고 있다(de Jong & Berg, 1997). SFBT는 아동과 청소년(Berg & Steiner, 2003), 성인(Berg & Miller, 1992), 부부 및 가족관계(de Shazer, 1985) 등의 치료에도 매우 유용하다. 마찬가지로, SFBT는 동기 강화 상담 (motivational interviewing)과 같은 다른 상담 접근과 혼용해도 매우 효과적이라는 점에서 절충적이며 통합적인 상담 접근 안에서도 잘 어울린다고 여겨진다(Lewis & Osborn, 2004).

## 2. SFBT의 사회구성주의적 근원

SFBT는 사회문화적 맥락 속에서 내담자의 관점을 중시하는 사회구성주의 체제로부터 발전하였다(Corey, 2013). 이 이론은 인간 본성에 관한 이론적 가정으로서 우리 자신과 우리를 둘러싼 세계, 그리고 변화를 위한 역량, 지식 습득 방식에 관한 주장을 포함하고 있다. "지식과 이해는 하나의 고립된 심리적 존재로 기능하는 특정 개인에게서가 아니라, 그가 속한 공동체로부터 얻어진다."(Cottone, 2007, p. 193) 이 같은 시각은 인간이 자기 자신과 환경으로부터 진실로 객관적이거나 독립적 지식을 습득하는 것이 불가능하다고 가정하는 사회구성주의 이론(Social Constructivist Theory: SCT)의 입장과 일치한다. 이러한 입장은 또한 Burr(2003)가 개념화한 SCT의 네 가지 가정과도 맥을 같이한다. ① 당연한 것으로 여겨지는 지식이라 해도 비판적으로 평가되어야 한다. ② 언어와 의사소통은 시간, 장소, 문화에 의해 결정된다. ③ 지식은 사회적 환경과의 상호작용에 따라 개념화된다. ④ 사회적 구성(social construction) 또는 타협된 현실(negotiated realities)은 이들이 따로 유리되어 있다는 주장과는 달리 사회적 세계에 영향을 미친다.

개인은 자기 자신의 독자적 현실을 개념적으로 구성하며, 참되고 우주 만물을 관통하는 보편적 현실을 파악할 수 있을 것이라는 바람은 결코 이루어질 수 없다(Neimeyer, 1993). 따라서 개인은 물리적 환경과 사회적 환경과의 상호작용을 통해 지식, 이해, 의미를 획득한다. 미래는 창조될 뿐 아니라 타협 가능한 것이므로, 각 개인은 개인사, 사회 계층, 심리적 진단 등에 의해 좌우되는 일단의 특별한 행동에만 묶여 있지 않다(de Shazer et al., 2007).

SFBT 이론은 나아가 인간은 건강하고 유능하며, 스스로의 삶을 향상시킬 수 있는 창의적 해결책을 개발할 역량을 지니고 있다고 가정한다(Biggs & Flett, 2005). 일반적으로, 인간은 적어도 인생의 어느 한 시점에서 난관(hardships)을 극복하는 방법을 배운다[익힌다]. 그러나 인간이 살아가며 겪게 되는 어려움은 그와 그를 둘러싼 주변 인물(상담사를 포함하여)의 반응 방식에 따라 만성화될 수 있다. 그 같은 경험은 개인의 지식 함양과 자신과 그를 둘러싼 주변 세계에 대한 인식 방식 발전에 기여한다. 한 개인이 경험한 현실은 다수의 개연성 있는 현실 중 하나에 불과하다는 점에서, 삶에 관한 관점을 재구성할 수 있는 지지적 환경이 주어질 경우 개인은 행동 변화를 촉진시킬 수 있는 힘을 가질 수 있다. 인간은 회복탄력성(resilience)이 강하며 목표 달성과 잠재력 실현 능력을 지니고 있다. 따라서 이러한 힘을 의식 안으로 가져와 활성화하기만 하면 된다는 말이다(Burwell & Chen, 2006).

따라서 SFBT는 인간은 그 자신의 내면에 새로운 자기 개발, 세계관 수정, 행동 변화 실천 등을 위한 필수 구성성분(ingredient)을 지니고 있다고 가정한다. 만약 특정 개인이 치료를 통해 자신의 유능함을 인식하는 데 도움을 받아 잠재력과 강점, 자원을 기반으로 삼을 수 있다면, 그는 삶의 관점을 재구성하고 현재 및 미래의 유사한 문제를 극복 또는 해결할 수 있다는 것이다. 이것이 달성될 때, 개인은 부정적 감정을 조절하고 적절한 행동 변화를 파악하여 이를 실행하며, 궁극적으로 보다 만족스러운 삶을 이어 갈 수 있게 된다.

## 3. 상담 구조로서의 SFBT

SFBT 상담 과정은 내담자가 자신의 주관적 현실에 관한 인식을 비판적으로 평가하여 이를 변화의 촉매제로 삼아 새로운 혹은 개조된 현실로 재구성하게 돕는 상담사와 내담자 간의 공동 작업을 포함한다(Bannink, 2007; Corey, 2013). SFBT가 시간 제한적인 상담 방식이라는 점에서, 치료의 주된 초점은 문제의 원인이나 결핍, 한계의 모색이 아닌 곤란한 행동 문제에 대한 긍정적 해결책 파악에 맞추어져 있다(Burwell & Chen, 2006). 문제 해결을 위해, 내담자는 단기간의 상담이나 치료 회기 내에 다양한 삶의 관점을 재구성할 수 있도록 돕는 적응적 실천 과정에 참여한다. SFBT는 점진적 행동 변화야말로 내담자의 삶을 개선하도록 돕는 가장 효과적이고 효율적인 방법이라는 점을 강조한다(Seligman & Reichenberg, 2010).

첫 번째 회기 초반부터 치료적 대화의 초점은 내담자가 당면한 문제의 본질(문제 중심적 입장)에 관한 논의에서 그가 어떤 식으로 당면한 문제에 성공적으로 대처해 왔는지(해결 중심 입장)에 관한 질문과 논의에 맞추어지는데, 상담사는 이때 SFBT 기법을 사용하여 현실에 관한 새로운 인식 수정 또는 생성을 시도한다(Bannink, 2007). 치료 전 과정에 걸쳐, 치료자(공동 작업을 하는 구성주의자)는 문제에 관한 심층적 개념화를 삼가고, 내담자의 관심을 문제 해결 방향으로 되돌려야 한다(Berg, 1995). 내담자의 전문 지식을 이용할 때 문제 해결의 근원은 내담자 안에 존재하기에, 치료 과정은 현재 작동하는 방법을 파악하여 그것을 더 많이 행하고 작동하지 않는 방식은 폐기하는 방향으로 진행된다(Bannink, 2007). 이 같은 치료 과정의 완성이 짧은 기간 내에 달성된다는 점에서, SFBT는 비용 효율적 상담 접근으로 간주된다(Corcoran & Pillai, 2009). 상담은 내담자가 작동하는 관점(working perspective)을 달성하고 자신만의 효과적인 문제 해결 방식을 실행할 수 있을 때 종결된다.

SFBT는 다양한 개념과 치료 접근을 포괄하는데, 여기에는 내담자와 치료자 간의 고유한 관계, 내담자의 경험에 기초한 문제 파악과 해결책 창출, 질문, 칭찬, 피드백 제공 등의 계획적 활용, 행동 또는 생활 문제 해결책 마련을 위한 실험 및 과제 등이 포함된다. 이 장의 후반부에 수록된 예시는 SFBT가 어떻게 시간 제한적 상담 접근으로 작동하는지 보여 준다.

## 1) 내담자-치료자 관계

SFBT 치료자는 필요한 지원이 제공된다면 내담자는 자신 내부의 대처 자원을 이끌어 낼 수 있는 역량을 가지고 있다는 신념에 근거하여 낙관적이며 희망적인 입장을 유지한다 (Biggs & Flett, 2005; Burwell & Chen, 2006; Cotton, 2010). 이에 따라 치료자는 긍정적 변화가 필연적이라는 기대의 유지를 추구한다(Trepper et al., 2012). 상담사/치료자는 내담자를 자신의 상황에 관한 최고의 전문가로 간주하며, 그에 따라 치료적 의사결정에 대한 내담자의 자율성을 지지한다. 해결 중심 치료자는 위계적인 치료자-내담자 관계가 아닌 협력적 치료 동맹 관계 촉진을 중시한다.

SFBT 이론에 따르면, 유의미한 치료 효과 증진은 현재와 미래의 삶을 개선하기 위해 내담자가 할 수 있는 일의 강조를 통해 달성이 가능하며, 의뢰된 문제나 과거의 관심사에 얽매이는 태도는 별다른 가치를 지니지 않는다(de Shazer et al., 2007). 치료자는 행동 문제의 본질이나 가능한 원인에 대한 개념 형성을 시도하는 대신, 내담자에게 병리적 특징이 없다고 가정한다(Bannink, 2007). SFBT 치료자는 또한 내담자와 협력하여 문제 해결, 치료 목표 수립, 개인적 관점과 경험 등에 기초한 합리적 해결 방안 파악 및 실행을 위한 상대적 강점과 능력을 식별한다(Kim, 2008). 나아가, 치료자와 내담자는 하나의 팀으로 작업하며, 내담자가 과거에 얽매이지 않고 그가 지향하는 방향에 걸맞는 해결책을 추구하도록 노력한다 (Burwell & Chen, 2006).

## 2) 내담자 경험에 기초하여 작동하는 것들과 기술적 해결책에 초점 맞추기

SFBT 치료자는 내담자가 과거에 문제 해결에 유용했던 전략을 파악하도록 하는 한편 현재는 작동하지 않는 전략을 폐기하도록 돕는다. 일반적으로, 이는 치료자가 내담자에게 자신의 삶에서 이미 효과를 거두었던 방법/전략에 집중하도록 유도하는 현재 및 미래 지향적 질문을 계획적으로 구사함으로써 달성이 가능하다(Trepper et al., 2012). de Shazer와 동료들(2007)은 사람들이 그것의 효과성을 부정하는 증거가 존재함에도 불구하고, 자신이 과거에 사용했던 전략을 계속 시도하려는 행위를 행동적 역설(behavioral paradox)이라고 설명하였다. 따라서 개인이 현재 행하는 시도가 효과가 없을 경우, 치료자는 내담자가 효과적인 전략 또는 효과적일 것으로 기대되는 전략이 무엇인지를 결정하도록 돕는 역할을 수행해야 한다. 해결 중심 치료자는 과거에 효과를 거둔 전략이 미래에도 효과를 보일 가능성이 높다는 점을 제안해야 한다. 그러므로 문제가 재발할지라도, 내담자가 유사한 문제를 성공적으로 해결했던 순간에 관한 자기 자각을 갖도록 돕는 것이 훨씬 유익하다(Trepper et al., 2012). 예를 들어, 내담자는 그것이 최소한의 효과에 그쳤을지라도 문제를 해결했던 순간을 식별할 수 있다. 그런 다음, 내담자가 문제 해결에 활용했던 자원의 유형을 파악하도록 돕는 방향으로 치료를 진행하면, 내담자는 성공적인 해결 방안을 축적할 수 있다.

내담자에게 효과를 보였던 전략 탐색에 있어 또 다른 필수 요소는 치료자가 내담자의 예외 상황(exceptions) 파악을 도울 때 발생한다. de Shazer(1998)는 예외 상황을 문제가 발생하지 않았거나 발생했다 해도 정도가 심하지 않았을 때 나타나는 일련의 상황이라고 설명한다. Trepper와 그의 동료들(2012)은 스스로가 반복 가능한 해결 방안을 생각할 수 없을 때조차도, 대부분의 사람들은 문제가 발생하지 않았던 가장 가까운 시점을 제시할 수 있다고 제안하였다. 비록 예외 상황이 이미 효과를 보였던 과거의 전략 개념과 비슷해 보일지 모르지만, 이는 개인의 의도나 이해의 존재 여부와는 관계없이 문제에 대신하여 발생한 '어떤 사건'이라는 점에서 확연히 다르다(Trepper et al., 2012).

SFBT가 기존의 문제 중심 치료 접근과 다른 점은 전자가 당면 문제 또는 문제의 상세화가 치료에 도움이 될 것이라는 기존의 믿음을 채택하지 않는다는 점이다(Biggs & Flett, 2005; Bliss & Bray, 2009). de Shazer(1991)는 효과적인 해결 방안이 항상 문제와 관련되어 있지 않을 수 있다는 이유를 들어 문제 파악이 치료 목표 설정과 이의 달성에 있어 반드시 중요한 것은 아니라고 제안하였다. SFBT에서는 오히려 치료자와 내담자가 협력하여 행동 문제를 긍정적으로 해결할 방안 파악과 창출을 위해 노력한다. 내담자가 실천 가능한 해결 방안을 파악하고 나면 치료자의 역할은 내담자가 이미 효과적으로 작동하던 해결 방안을 계속 유지해 나가도록 격려하는 것이다(de Shazer et al., 2007). 내담자가 과거 문제 해결에 이용했던 적절한 자원을 인식하게 됨에 따라, 치료자의 역할은 내담자가 당면 문제 혹은 미래에 닥칠 문제에 적용 가능한 추가적 해결 방안을 마련할 수 있도록 돕는 것이다.

치료는 내담자가 그의 삶을 어렵게 만든 요인이 아니라, 그가 변화를 이끌어 내도록 돕는 요인이 무엇인지에 집중하도록 지원한다. 내담자는 문제의 부재에 집중하는 대신, 해결 방안이 존재하는 치료 목표 구성 방법을 학습한다. 나아가, 치료자는 내담자에게 효과적이며 장기적인 해결 방안을 마련하기 위해 작지만 관리 가능한 목표를 설정하도록 격려한다(de Shazer et al., 2007). 상대적으로 소규모 과제의 달성은 대개 덜 부담스러워 실현 가능성이 높아 보인다는 점에서, 보다 크고 달성하기 힘들어 보이는 목표 추구에 필요한 자신감을 길러 주어 자신도 중요한 무언가를 이룰 수 있다는 성공의 토대 구축을 가능하게 한다.

## 4. SFBT의 핵심 상담 기법

SFBT는 경험주의적 토대와 사회구성주의 이론에서 유래하였다. de Shazer와 동료들 (2007)은 다년간에 걸쳐 효과적인 것으로 판명된 치료 기법의 유형 관찰과 식별 작업에 수많은 시간을 보냈다. 이들은 치료자와 내담자의 반응과 진전 상황에 관한 분석 결과를 바탕으로, 해결 방안 촉진 질문, 계획적 칭찬과 피드백 제공, 임상 실험 및 과제 할당 등 몇 가지 핵심 상담 및 치료 기법을 제안하였다.

### 1) 개인적 해결 방안 촉진을 위한 질문 기법

계획적 질문 기법은 SFBT에서 의사소통의 주요 수단이자 핵심적 개입 도구로 널리 활용되고 있다. 이는 개입의 주요 수단으로 지시(directives)나 해석을 활용하는 다른 상담 접근과 대비된다(Trepper et al., 2012). SFBT 치료자/상담사는 해석을 거의 사용하지 않으며, 도전이나 직면 역시 좀처럼 사용하지 않는다. 대처 질문, 예외 질문, 기적 질문, 척도 질문, 관계 질문 등은 현실적 비전 달성을 수반하는 과거의 성공, 강점, 자원을 바탕으로 내담자가 선호하는 미래 비전 개발 지원에 활용된다. 질문은 대부분 현재 혹은 미래에 집중되며 (de Shazer et al., 2007), 해결 중심적 언어로 표현된다(Bliss & Bray, 2009). 상담사는 내담자가 변화를 위한 목표 수립에 있어 해결 지향적 언어로 응대하도록 격려한다.

치료자는 첫 번째 회기 초반부에 내담자에게 상담을 받기로 결심한 이래 상황이 어떻게 바뀌었는지 질문한다. 치료자는 내담자가 상담을 위해 자신을 만날 약속을 정한 이후 나타난 변화에 관한 질문을 통해 해결 중심적 대화를 이끌어 낼 수 있다. 이후의 질문은 직전 회기 이후 무엇이 개선되었는지 또는 문제가 재발했을 때 내담자가 어떻게 해결 방안을 찾았는지에 역점을 둔다. 이들 질문은 내담자가 이전에 사용했던 대처 전략과 문제에 대한 예외 상황 발생 시점에 관한 정보를 제공한다(Bannink, 2006).

### (1) 대처 질문
Trepper 등(2012)에 따르면, 대처 질문이란 내담자의 문제 상태 고지(report)를 유도하고, 내담자가 자신이 당면한 문제에 어떻게 대처하는지 등에 초점을 맞추는 질문을 의미한다. "어떻게 하여 문제의 악화를 막으셨나요?"는 대처 질문의 한 예다. 이러한 유형의 질문은 과거에 작동했던 대처 전략과 미래에 적용이 가능한 전략 파악을 목적으로 하는 정보를 도출한다. 나아가, 내담자의 답변은 문제가 안정되었는지 혹은 완화되었는지의 여부를 보여 준다. 이러한 정보의 언어적 표현은 진전이 있음을 자각하지 못하는 내담자의 좌절감을 완화시켜 준다.

### (2) 예외 질문

예외 질문은 내담자로 하여금 문제가 발생하지 않은 시기와 문제 발생이 일상생활 활동을 방해하지 않은 이유가 무엇인지를 파악하게 도와준다(Seligman & Reichenberg, 2010). 내담자의 답변은 문제가 발생하지 않았거나 발생했다 해도 정도가 심각하지 않았던 시점 파악은 물론, 파악된 예외 상황에 내포된 강점과 대처 자원에 관한 피드백을 제공한다(de Jong & Berg, 2002). 그 결과, 내담자는 향후 이들을 자원으로 활용할 수 있음을 알게 된다(de Jong & Berg, 2002). Biggs와 Flett(2005)는 내담자가 문제가 발생하지 않았던 시점을 인지하면 치료자는 내담자에게 문제 대처 가능 시점을 예측하도록 격려한 후, 자신의 예측이 얼마나 정확했는지 설명할 것을 요청해야 한다고 제안하였다. Biggs와 Flett는 또한 예외 상황 예측 행위는 그 같은 예측 빈도를 증가시키는데, 규칙적 예외 상황 언급 빈도가 증가할수록, 내담자가 문제를 더 멀게 느낀다고 지적하였다. "선생님은 어떤 상황이 되면 기분이 좋아지시나요?"(Bannink, 2006, p. 156)와 "그 순간에 어떤 차이를 느끼셨나요?"(Bannink, 2006, p. 157) 등은 예외 질문의 예시에 해당한다.

### (3) 기적 질문

기적 질문은 내담자로 하여금 문제가 더 이상 존재하지 않을 것이라는 바람이나 더 나은 미래를 명료하게 표현하도록 돕는 데 사용된다(Bannink, 2006). 상담사는 보통 첫 번째 회기 중 특정 시점에 기적 질문을 던진다. 치료자는 질문을 던진 후, '기적 시나리오'를 제안하는데, 이는 내담자에게 문제의 종결을 위해 일어나야 할 변화의 식별을 돕기 위함이다. Bavelas, McGee, Philips 그리고 Routledge(2002)는 기적 질문이 내담자를 자극하여 문제가 사라진 후 그들이 보게 될 세상의 다른 측면을 인식하게 만들어 준다고 제안하였다. Berg와 Dolan(2001, p. 7)이 제시한 다음의 예시는 기적 질문 과정의 작동 방식을 보여 준다.

선생님께 다소 이상한 질문을 드리겠습니다. [멈춤] 이상한 질문이란 바로 이런 겁니다. [잠시 멈춤] 저와의 상담(대화)이 끝난 다음 선생님은 직장(집, 학교)으로 돌아가셔서 오늘 남은 시간 동안 무엇이든 필요한 볼일을 보시는 겁니다. 아이들을 돌보든, 저녁 식사를 준비하든, TV를 보든, 아이들을 목욕시키든…… 말이지요. 그러다 보면 잠자리에 들 시간이 될 겁니다. 집에 있는 사람은 모두 조용하고, 선생님은 평화롭게 잠자고 있습니다. 한밤중, 기적이 일어나고 선생님이 오늘 저를 찾아오게끔 만든 문제가 해결된 겁니다! 그러나 이러한 일이 선생님이 잠자는 사이에 일어났기 때문에, 선생님은 그 밤에 문제를 해결한 기적이 일어났다는 사실을 알 길이 없습니다. [잠시 멈춤] 그래서 선생님이 내일 아침 깨어났을 때, 스스로를 향해, "와, 무슨 일이 일어났음에 틀림없어! 문제가 사라져 버렸네!"라고 말할 수 있는 작은 변화는 무엇일까요?

내담자는 이 같은 질문에 대해 여러 가지 반응을 보일 것이다. 충분히 생각할 시간이 주어진다면 내담자는 보통 문제가 더 이상 존재하지 않으면 삶이 어떻게 변할 것인지에 관해 다양한 사례를 제시할 수 있다(Trepper et al., 2012). 내담자는 구체적 반응의 조사를 통해 문제가 없는 삶은 어떠할지에 관해 상상할 수 있는데, 이는 후속하는 과제와 목표를 위한 기준으로 작용한다(Berg & Dolan, 2001). 예를 들어, 내담자가 자신이 당면한 문제가 사라진다면 신체적 건강이 나아질 것 같다고 진술했다면, 이를 뒷받침하는 적절한 해결 중심 목표는 건강 증진과 직결된 행동 참여가 된다. 이와는 달리, 내담자가 기적이라는 발상을 거부할 경우, 치료자는 다음과 같이 질문을 바꾸어 말함으로써 앞의 사례와 동일한 결과를 이끌어 낼 수 있다. "선생님을 여기에 오게 만든 문제가 내일 사라졌다고 상상해 보세요. 내일은 어떤 모습일까요? 내일은 오늘과 어떻게 다를까요?"

### (4) 척도 질문

척도 질문은 내담자의 진전 상황 측정, 예외 상황 파악, 다음 단계 탐색, 자기 결정 수준 평가 등의 지원에 사용된다(Burwell & Chen, 2006). 척도 질문은 내담자에게 10점 척도를 사용하여 특정 시점에 자신이 어떻게 지내는지(기분이 어떤지 혹은 상황이 어떤지)를 평가해 달라고 요청한다. 예를 들어, 치료자는 내담자에게, "1~10점 사이의 척도가 있습니다. 1점은 문제가 지금까지 발생했던 상황 중 최악임을 의미하고, 10점은 문제가 완전히 해결되었음을 의미합니다. 선생님은 현재 상황을 몇 점이라고 평가하십니까?"라고 묻는다. 만약 내담자가 긍정적 진전이 있었다고 보고하면, 내담자의 평가 결과는 예외 상황과 어떻게 해서 그 같은 예외 상황이 발생했는지에 관한 논의를 촉진할 수 있다. 아울러, 이 같은 논의는 내담자가 평가 점수 향상을 위한 추후의 전략 또는 방향 파악을 용이하게 한다.

### (5) 관계 질문

관계 질문은 가족이나 친지 등 내담자와 가까운 사람의 인식이 얼마나 의미가 있으며, 이러한 관점이 내담자의 성공적인 문제 해결 가능성에 어느 정도 영향을 미치는지의 여부에 관한 피드백을 유도한다(de Jong & Berg, 2002). 관계 질문은 문제가 사라지면 가족이나 친지 등 가까운 사람들이 내담자가 무언가 달라졌음을 알아차릴 수 있다고 전제한다. 다음은 관계 질문의 예시다. "이 문제를 해결하면 남편이 당신의 어떤 면이 달라졌다고 생각할까요?" "이 문제가 더 이상 존재하지 않을 때, 동료들은 선생님을 어떻게 생각할까요?" 이들 질문은 문제가 사라진다면 내담자가 달라질 것으로 기대하는 상황에 관한 추가 정보를 제공한다. 이어지는 답변과 논의 또한 통찰력을 제공하는데, 내담자는 이러한 통찰력을 이용하여 목표 달성을 위한 과제를 선택한다. 답변과 토의는 치료자에게 내담자의 대인 관계에 관한 통찰을 제공한다. 예를 들어, 관계 질문은 내담자의 문제가 특정 관계에서만 더욱 부각되는지의 여부와 그 원인을 명확히 제시할 수 있다.

## 2) 칭찬과 피드백

각 회기 말미에 짧은 휴식을 취하는 것은 SFBT에서 흔히 발견되는 일반적 관행이다(Trepper et al., 2012). 휴식은 내담자에게 회기 중 벌어진 일들을 되돌아보고, 피드백이나 결론을 이끌어 낼 기회를 제공한다. 휴식은 또한 필요할 경우 치료자에게 동료의 자문을 구하고, 건설적 피드백과 칭찬을 준비할 기회를 제공한다. 휴식이 끝나면 상담사는 칭찬과 피드백을 공유하며 내담자를 격려한다(Biggs & Flett, 2005). 칭찬은 내담자가 성공적으로 수행한 과제를 공인하고, 효과적인 해결 방안을 부각하며, 효과적 문제 해결 행동 및 전략의 지속적 활용을 촉진한다. 이러한 피드백 제공 기법은 내담자가 고통받고 있다는 현실을 인정하는 동시에, 치료자가 내담자에게 관심과 주의를 기울이고 있으며 치료 과정에서 성공적 해결책을 찾아낼 것이라는 기대를 품고 있다는 메시지를 전달한다.

de Shazer(1998)에 따르면, 칭찬과 피드백은 내담자의 경험을 '정상화'하고, 문제의 의미를 재구성하며, 해결책 마련을 위한 내담자의 역량에 관한 통찰력을 제공한다. 이러한 정상화 효과는 칭찬을 통해 지각된 다수의 문제가 흔히 발생하며 이해할 만하다는 점을 강조할 때 발현된다(Burwell & Chen, 2006). 칭찬은 또한 문제의 재구성(reframing)을 돕고, 지속적인 어려움에도 불구하고 내담자에게 진전이 있다는 사실을 보여 준다. 끝으로, 칭찬은 긍정적 인정하기(affirmations)와 연결 진술(bridging statements)을 통해 내담자에게 특별한 능력이 있다는 사실을 깨닫게 돕는다. 긍정적 인정하기는 내담자의 대처 자원 활용에 관한 긍정적 피드백을 타당화하여 제공한다. 연결 진술은 확인된 강점을 인지된 문제 해결 전략에 연결함으로써 치료의 다음 단계로 이행하기 위한 전환점을 제공한다. Campbell, Elder, Gallagher, Simon 그리고 Taylor(1999)는 내담자와의 출구 면담(exit interviews) 분석 결과를 토대로, 피드백이 내담자에게 자신이 처한 상황에 대한 보다 정확한 이해를 지원하고 희망과 낙관적 시각의 공유를 돕는다는 점에서, 계획적 칭찬 제공이야말로 SFBT의 가장 큰 이점이라고 보고하였다.

## 3) 임상 실험과 과제 할당

SFBT 치료자는 내담자가 치료와는 별도로 효과가 있다고 여겨지는 행동을 보다 많이 행하도록 꾸준히 격려해야 한다. Trepper 등(2012, p.5)은 치료자는 "내담자에게 이전에 효과가 있던 일을 좀 더 자주 행하거나, 그가 시도해 보기를 바라며 자신이 초래한 변화를 시험해 보게끔 부드럽게 유도해야 한다(gently nudge)."고 제안한다. 치료자는 각 회기 말미에 내담자가 처한 고유한 상황과 그가 시도하기를 원하는 활동 또는 해결 기반 전략에 대한 제안을 바탕으로, 실천 가능한 임상 실험과 과제를 요약하여 제시한다. 예를 들어, 어떤 내담자가 운동하는 습관을 들인 후부터 신체적 스트레스와 수면의 질이 향상되었다고 밝혔다면, 치료자는 내담자에게 효과가 검증된 전략으로서의 운동을 계속하도록 격려해야 한다. Trepper와 동료들(2012, p. 12)은 내담자에 의해 확인된 실험(client-identified experiments)에 대해, "내담자가 만들어 낸 효과가 치료자가 주도하는 효과보다 낫다."라고 제안하였다. 이들 제안은 다음과 같은 이유에 근거한다. 첫째, 직접적이든 간접적이든 관계없이 내담자의 제안은 그 자신에게 친숙하다. 둘째, 내담자는 대개 이미 효과가 검증되었거나 그가 진정으로 시도하고자 했던 바를 자신에게 더 많이 할당하려 시도한다. 이들 두 가지 경우 모두, 과제는 내담자의 목표 및 해결 방안과 연결되어 있다. 끝으로, 내담자가 과제 할당을 결정할 때는 아무리 좋은 의도가 담긴 제안이나 자원이라 해도 이 과정은 치료 개입을 제외한 내담자가 저항할 가능성이 있는 일체의 경향을 제거한다.

# 사례 연구

다음의 사례는 보훈처(Department of Veterans Affairs)의 직업재활 서비스 이용자를 대상으로 척도 질문을 사용하여 실시한 상담 내용 중 일부다. 그는 분노 관리 문제의 대처를 위해 도움을 구하였다. 내담자는 외상 후 스트레스 장애 진단을 받은 미 육군 소속 참전 용사다. 그는 전문학사 학위(associate's degree) 과정을 밟고 있으며, 외상 후 스트레스 장애 진단과 무관하지 않은 신경질적 태도와 잦은 분노 표출로 인해 학교생활에 어려움을 겪고 있었다.

상담사: 전화 통화에서 선생님께서는 요즘 걱정이 많다고 말씀하셨는데요. 무슨 일로 그렇게 걱정이 많으신가요?

내담자: 네, 저는 학교(대학)에서 화를 억누르느라 엄청난 스트레스에 시달리고 있습니다. 다수의 학생들이 너무 버릇없고 무례해요. 그 친구들은 현실 세계나 다른 사람에 대한 존중의 중요성을 이해하지 못하는 것 같아요. 수업 도중 학생들 간의 토론에서 오가는 이야기를 듣고 있자면 화가 나서 견딜 수가 없어요. 화가 났다는 걸 숨기지 못해서 여러 가지 현실적 문제를 겪고 있기도 하고요.

상담사: 예, 그러시군요. 그렇다면 이 문제가 선생님에게 어떤 영향을 미치고 있는지, 그리고 선생님께서 이 문제에 어떻게 대처하고 싶은지 한번 짚어 봅시다. 예를 들어, 선생님이 처한 상황을 1에서 10점 사이의 척도를 사용하여 평가할 수 있으실까요? 1점은 상황이 최악임을 의미하고, 10점은 모든 것이 완벽함을 의미합니다. 가령, 1점을 주셨다면 수업 시간에 동료 학생이 동의하기 어렵거나 인정할 수 없는 진술을 할 때마다 선생님이 완전히 냉정을 잃고 그 학생에게 소리를 지르며 수업 참여를 거부함을 뜻합니다. 반면에, 10점을 주셨다면 학생이 못마땅한 말을 계속한 후라도 겉으로 분노를 드러내지 않고, 열심히 수업에 참여할 수 있음을 의미합니다.

내담자: 글쎄요, 아프가니스탄에서 돌아온 이후 저의 삶을 이해하신다면 제가 10점을 선택할 가능성이 별로 없다는 점을 아실텐데요 [거북한 웃음].

상담사: 선생님은 그 척도의 양 극단을 가상으로 생각하시면 됩니다. 저는 다만 그 문제에 대한 선생님의 인식과 상황을 개선하기 위해 단행되어야 할 일이 무엇이라고 생각하시는지 알고 싶을 뿐입니다.

내담자: 맞아요, 맞아. 글쎄요, 상황이 대충 3점 정도라고 말할 수 있을 것 같네요. 제 말씀은…… 저도 대학생이니 때에 따라서는 다른 사람의 설익은 생각을 접할 수 있다는 것쯤은 예상하고 있습니다. 하지만 사람들이 전혀 모르는 일에 관해 함부로 말하기 시작할 때면 그걸 감당할 수가 없습니다. 저는 몹시 화를 내며 그 순간만큼은 결과가 어찌 되든 전혀 상관하지 않습니다. 그럴 때마다 화를 내며 교실 밖으로 뛰쳐나가는 건 아닙니다만, 최근 출석한 대여섯 번의 수업

중 두 번이나 교실에서 나와 버렸습니다. 그리고 제가 좋아하고 존중하는 학생을 포함하여 여러 학생들에게 겁을 준 적이 몇 차례 있었음도 알고 있습니다.

상담사: 예, 알겠습니다. 선생님의 현재 상황을 3점 정도라고 생각해 봅시다. 그리고…… 상황을 3점 정도로 유지하기 위해 애쓰신 부분에 대해서는 칭찬을 받으셔야 한다고 생각합니다. 대학이라는 환경이 선생님의 가치와 완벽하게 일치하지 않는다는 말씀 옳다고 생각합니다. 부단히 노력하고 계시다는 사실과 행동을 바꿔 보겠다고 결심하신 점 등으로 미루어 선생님이 학위를 취득하고자 얼마나 애쓰시는지 잘 알 것 같습니다. 방금 전 평가에 사용하신 척도에서 몇 점 정도가 되면 선생님이 받아드릴 만한 상황에 도달할 것이라고 생각하시나요?

내담자: 글쎄요…… 그 문제에 관해 의견이 없지는 않아요. 저의 실제 행동이 도만 넘지 않으면, 제 생각을 공유한다고 해서 논쟁적 상황에 처할 것 같지는 않습니다. 저에게도 다른 학생들처럼 수업에 참여할 권리가 있잖아요. 저는 그저 자제력을 유지하며 학생들을 겁주지 않으면서 수업에 성실히 기여할 수 있기를 바랄 뿐입니다. 상황이 6점이나 7점 정도로만 유지된다면 저는 별 문제가 없을 것 같습니다.

상담사: 예, 좋습니다. 우선은 3점에서 6점으로 끌어올리도록 애써 봅시다. 아까의 척도에서 1점은 완전히 통제를 벗어난 분노 반응을, 10점은 상황에 대한 완전한 통제를 의미합니다. 상황이 3점에서 6점으로 개선되었는지를 어떻게 알 수 있을까요?

이 위의 사례는 척도 질문의 세 가지 핵심 구성요소를 강조하고 있다. 첫째, 척도 질문은 초기 평가와 진행 평가를 촉진한다. 재활상담사와 장애인 이용자는 진전 정도 측정을 위한 합의된 기준과 구조를 확립할 수 있다. 둘째, 척도 질문은 상담의 초점이 재활상담사의 언어가 아닌 내담자의 언어로 정의되어야 함을 요구한다. 내담자가 현재의 행동 기능에 대한 평가와 표적 행동 확인을 제시한다는 점에 주목하자. 셋째, 척도 질문은 해결 방안 확인을 촉진하고, 내담자의 성공을 기록한다. 전술한 사례의 종결 지점에서 문제에 대한 예외 상황 확인과 미래의 성공에 대한 명시적 인정으로 나아가기 위한 대화의 장이 마련된 것이다(Trepper et al., 2012).

## 5. SFBT의 효과성 지지 연구

Stams, Dekovic, Buist 그리고 de Vries(2006)는 연구 설계의 완성도 면에서 차이를 보이며 1,421명의 연구 참여자를 포함한 21편의 성과 연구로부터 추출된 출간 및 미출간 데이터를 가지고 메타 분석을 실시하였다. 이들은 메타 분석 결과를 토대로, SFBT가 무처치

(no treatment) 조건에 비해 소규모에서 중간 정도의 효과 크기(effect size)와 더 좋은 결과를 보였지만, 효과 크기는 문제 중심 치료 조건에 비해 크지 않았다는 사실을 발견하였다. 그럼에도, 저자들은 SFBT가 문제 중심 치료 집단에 비해 짧은 시간 내에 자율성에 관한 내담자의 요구를 충족시키고, 보다 긍정적 효과를 가져다주었다는 점을 지적하였다.

Corcoran과 Pillai(2009)는 준-실험 설계 혹은 순수 실험 설계를 사용한 10편의 연구를 대상으로 메타 분석을 실시하였다. 분석에 포함된 10편 중 4편의 연구에서 SFBT 처치는 치료 결과 측면에서 중간에서 높은 수준의 효과 크기를 보였다(d = 0.59-3.00). 이들 4편의 연구에 참여한 사람들은 우울, 자기 존중감, 정형외과적 재활, 부부 및 가족 관계 측정에서 상당한 정도의 진전을 보였다. 또한 가장 큰 효과 크기는 순수 실험 연구에서 발견되었다.

Kim(2008)은 22편의 실험 및 준-실험 연구와 외현화 행동(externalizing behavior), 내재화 행동(internalizing behavior), 가족과 관계 문제 등에 관한 심리사회적 측정 결과를 검토하였다. 외현화 행동 문제는 과잉행동 또는 품행 문제를 지칭하는 데 반해, 내재화 행동 문제는 낮은 자존감, 우울, 불안 등을 일컫는다. 그는 성과 측정에 있어 SFBT 집단이 통제 집단에 비해 작지만 긍정적인 치료 효과를 보였다는 사실을 발견하였다(d = 0.13-0.26). 그렇지만 내재화 행동 문제의 경우에만 효과 크기가 p < .05 수준에서 통계적으로 유의미하였다. Kim과 Franklin(2009)은 학교 환경에서 아동과 청소년을 대상으로 시행된 7편의 SFBT 관련 연구를 추가하여 Kim(2008)의 메타 분석 연구를 확장하였다. 이들의 체계적 연구는 SFBT가 부적응적 정서 감소와 위기에 처한 학생들의 품행 및 행동 문제 대처 능력 향상에 있어 효과적인 개입 방법이 될 수 있다는 결론을 제시하였다.

Woods, Bond, Humphrey, Symes 그리고 Green(2011) 또한 그들의 연구를 통해 아동을 대상으로 하는 해결 중심 방법의 사용을 지지하였다. 이들은 메타 분석에 활용된 38편의 엄선된 증거 기반 연구 중 34편에서 SFBT 개입이 이루어진 아동 집단에게 긍정적인 심리사회적 성과가 나타났다는 사실을 발견하였다. SFBT에 참여한 아동은 내재화 행동 문제(예: 불안, 우울, 자기 존중감, 자기 효능감 등)와 외연적 문제 행동(예: 공격성, 무단 결석, 협동심 등)에서 감소 경향을 보여 주었다. 또한 이들 중 8편의 연구는 일부 문제 행동에 있어 SFBT 참여 아동이 표준 개입 또는 통제 집단에 속한 아동에 비해 훨씬 뛰어난 효과를 보였다고 보고하였다.

보다 최근 연구로, Macdonald(2012)는 학술 문헌 데이터베이스에서 SFBT에 관한 국제 연구물 검색 결과를 토대로 총 120편의 실증 연구를 확인하였다. 이들 실증 기반 국제 연구 데이터 세트는 5,000개 이상의 케이스를 포함하고 있으며, 3~5회의 치료 회기 내에 대략 60% 정도의 치료 성공률을 보인 것으로 나타났다. 이들 연구 중 23편은 무작위 할당 실험 연구 설계를 채택하였다. 23편 중 12편의 연구에서 SFBT가 통제 집단에 적용된 개입 방법에 비해 효과가 큰 것으로 나타났다. 마찬가지로, Gingerich와 Peterson(2013)은 SFBT의 효과를 결정하기 위해 43편의 연구를 검토한 결과, 32편(74%)의 연구에서 SFBT가 상당한 정도의 심리사회적 진전을 가져다주었다는 사실을 발견하였다.

## 1) 재활 현장에서 SFBT를 지지하는 증거

재활 서비스 이용자를 대상으로 무작위 할당 실험 설계를 활용하여 증거 기반 실제 (evidence-based practice)로서의 SFBT의 효능을 검증한 연구는 매우 드물다. SFBT가 장기간 병가 중인 장애인 근로자의 고용과 심리사회적 결과에 미치는 영향을 조사한 연구는 단 2편에 불과하였다. Nystuen과 Hagen(2006)은 SFBT가 심리 문제나 근골격계 통증으로 인해 장기간 병가 중인 장애인 근로자에게 미치는 영향 파악을 시도하였다. 그들은 표준 성과 측정 결과, 해결 중심 개입 방법과 전통적인 심리치료 방법 사이에 통계적으로 유의미한 차이가 없었다는 점을 발견하였다. 다만, SFBT 참가자들은 치료 종결 후 직장으로의 원활한 복귀가 이루어졌으며, 건강과 직결된 삶의 질 측면에서도 향상을 보였다. Thorslund(2007)는 근골격계 질환으로 장기 병가를 낸 장애인 근로자들을 대상으로 SFBT의 효과를 조사하였는데, 치료에 참여한 사람들 중 일부는 후유 질환으로 인해 우울증을 겪고 있었다. 연구 결과에 따르면, SFBT 집단에 속한 사람들은 통상적인 치료 집단에 속한 사람들에 비해 직장 복귀 비율(return-to-work rate)이 훨씬 높게 나타났다. SFBT 집단은 또한 치료 종결 시점이 되었을 때 비교 집단에 비해 근로 일수가 더 많았고, 심리적 건강 향상 정도 역시 더 큰 것으로 조사되었다. 만성 통증과 관련된 심리 증상의 감소가 실증하는 바와 같이, 이들 연구는 각각 해결 중심 치료 개입이 직장 복귀와 삶의 질 향상을 포함하여 장애나 만성질환이 있는 사람들에게 유익하다는 사실을 입증하였다.

Schott와 Conyers(2003) 또한 포괄적 문헌 검토를 통해 중증 만성 정신질환자를 위한 정신 재활에 있어 해결 중심 개입의 활용 가치와 재활상담에 대한 이의 잠재적 유용성을 지지하였다. 이들은 SFBT에 대한 구성주의적 토대와 정신 재활은 다음과 같은 전제, 실천, 원칙에서 중첩된다는 점을 강조하였다. ① 자기 결정(내담자는 스스로의 문제에 관한 전문가다)은 각 치료 과정의 목표이자 요인이고, 중심이다. ② 치료는 문제 구조에 대한 집착이나 치료 계획 수립을 위한 진단이 아닌 해결책 마련을 위한 개별 내담자의 강점에 주력해야 한다. ③ 치료 전반에 걸친 헌신/몰입은 개인의 자기실현이다. ④ 문화적 감수성은 치료 과정 전반에 걸쳐 동등성을 전제로 협력적인 치료적 작업 동맹을 통해 유지된다.

## 6. 재활 실제에 대한 SFBT의 잠재적 적용

연방-주 직업재활 기관과 지역사회 기반 재활 기관에서 일하는 재활 전문가는 대개 많은 수의 사례를 담당한다. 재활 전문가는 SFBT의 사용을 통해 시간 관리가 필수적인 양질의 서비스를 제공할 수 있다. 아울러, 주 정부와 연방 정부의 예산 삭감 움직임과 관리 의료(managed care) 시스템 시행에 따른 재정 환경 변화는 재활 전문가들에게 비용 대비 효율성이 높고 실증적으로 검증된 치료를 제공해야 한다는 압박으로 작용하고 있다(Biggs & Flett, 2005). 장애인 지원을 위한 도구로서의 SFBT는 신체적 학대와 가정 폭력에 상대적으로 취약한 장애 여성의 지원은 물론(Chang et al., 2003), 우울(Ormel & Von Korff, 2000), 불안(Brenes et al., 2005), 약물 남용(Cardoso, Wolf, & West, 2009)과 같은 내재화 문제의 대처에도 매우 효과적인 것으로 밝혀졌다. 끝으로, SFBT는 Wright(1983)가 처음 소개하고 현대 심리학에서 Seligman과 동료들이 옹호하는 강점 중심이자 긍정심리학에 기반한 장애인 대상 서비스 제공 구조를 반영한다(Seligman, Steen, Park, & Peterson, 2005).

이러한 요인들을 고려해 볼 때, SFBT는 재활 서비스 제공에 관여하는 핵심적 이해 당사자들이 품고 있는 우려에 대한 해결책을 제공한다고 볼 수 있다(Biggs & Flett, 2005; Olney, Gagne, White, Bennett, & Evans, 2009; Smith, 2005). 재활 전문가들에게 있어 SFBT는 다양한 임상 상황에 처한 이용자들의 행동 변화 촉진을 돕는 유용하며 실증적으로 검증된 치료 방법이다. SFBT는 시간, 예산, 직원 등의 자원이 부족한 상황에서 가능한 한 최고의 서비스를 제공해야 한다는 윤리적 의무(수혜성의 원칙)에 효과적으로 대처할 수 있는 수단이기도 하다(Chan, Tarvydas, Blalock, Strauser, & Atkins, 2009). 자신의 직업적, 심리사회적 욕구 해결을 목적으로 재활 서비스를 받고자 하는 장애인들에게 있어, SFBT는 이용자의 자율성 증진과 재활 성과 극대화에 필요한 잠재력을 가진 인간 중심, 목표 지향, 장점 기반 접근이라 할 수 있다.

그럼에도 불구하고, 다양한 재활 현장에서 적용이 가능한 SFBT의 효과성은 굳게 확립되지는 못한 상태로, 이의 실현을 위해서는 방법론적으로 엄격한 연구가 필요하다. 특히 장애인에 대한 SFBT 접근의 유용성 여부를 결정하기 위해서는 특정 장애 집단을 대상으로 하는 무작위 할당 실험 연구가 필요하다. 직업재활에 있어 SFBT의 잠재력은 대개 장애인과 비장애인의 심리적 문제와 일상생활 관련 스트레스 치료 확대를 목적으로 하는 SFBT 이론과 실제에서 파생된 것이다. 비록 이의 효능에 관한 심층 연구가 필요하기는 하지만, 재활상담에서의 SFBT 적용에 대한 지지는 다음 내용을 포함한다.

## 1) 이론

- SFBT는 원래 직무 관련 스트레스 요인, 가족 갈등, 가정 폭력, 사별, 자기 존중감 저하 등과 같은 일상생활 문제의 대처를 목적으로 고안되고 광범위하게 연구되었다(de Jong & Berg, 1997).
- SFBT는 재활상담 및 심리치료 분야의 교육자와 실무자들 사이에서 호응도가 증가하고 있는 목표지향적, 강점 기반, 해결 중심 접근이다.
- SFBT는 Wright(1983)가 처음 도입하고, 현대 심리학의 여러 학자들이 옹호하는 강점 중심이자 긍정심리학에 기반한 장애인 대상 서비스 제공 구조를 반영한다(Seligman, Steen, Part, & Peterson, 2005).
- SFBT는 이용자의 자율성 증진과 재활 성과 극대화에 필요한 잠재력을 가진 인간 중심, 목표 지향, 강점 기반 접근이다.
- SFBT는 다양한 유형의 장애인을 대상으로 하는 재활상담 과정에서 주로 접하는 심리적 곤란과 일상생활 관련 문제의 대처에 필요한 목표 지향, 강점 기반, 해결 중심 접근이다.
- SFBT는 직업재활 이론 및 실천에 내재된 기본 가정과 이론적 개념을 공유하며, 이용자의 권익 향상에 관여하는 이해 당사자 모두의 주된 요구와 우려를 다루는 내담자 중심 접근이다.
- SFBT는 재활상담이 견지하는 핵심 가정과 원칙에 부합한다.
- SFBT는 협력적이고 공동의 노력에 기반한 작업 동맹의 틀 안에서 내담자의 전문성을 활용한 자율성 지지에 역점을 두고 있다(Stams, Dekovic, Buist, & de Vries, 2006).
- SFBT는 시간, 예산, 직원 등의 자원이 부족한 상황 속에서도, 가능한 한 최고의 서비스를 제공해야 한다는 윤리적 의무(수혜성의 원리)에 효과적으로 대처할 수 있는 수단(정당성)이다(Chan et al., 2009).

## 2) 연구

- 전통적 상담 접근에 비해 큰 효과 크기를 제시하지는 못했지만, SFBT의 성과는 무처치 조건보다 뛰어났으며 전통적 심리치료에 견주어도 별다른 차이를 보이지 않았다.
- SFBT는 아동과 청소년(Berg & Steiner, 2003), 성인(Berg & Miller, 1992), 부부와 가족 구성원(de Shazer, 1985) 등의 치료에 사용되고 있다.
- SFBT는 음주 및 약물 남용(de Jong & Berg, 1997; Berg & Miller, 1992), 외상 후 스트레스 장애(Berg & Dolan, 2001), 성격 장애(Bakker & Bannink, 2008), 우울증(de Jong & Berg, 1997)을 비롯하여 다양한 정신건강 문제의 치료에 탐구 및 적용되어 왔으며, 연구 결과 문제 지향적 치료 접근과 대등한 수준의 효과를 보인 것으로 나타났다.
- SFBT는 우울(Ormel & Von Korff, 2000), 불안(Brenes et al., 2005), 약물 남용(Cardoso, Wolf, & West, 2009)과 같은 내재화 문제의 대처뿐 아니라, 신체적 학대와 가정 폭력에 상대적으로 취약한 장애 여성의 지원(Chang et al., 2003)에도 효과적이라는 사실이 밝혀졌다. 이들은 모두 재활상담 제공 과정에서 흔히 당면하는 문제다.

## 3) 실제

- SFBT는 다양한 임상 집단의 행동 변화를 촉진하는 실증적으로 입증된 치료 방법을 제공한다.
- SFBT 관련 임상 연구는 장애인과 비장애인의 심리 문제와 일상생활 관련 스트레스 요인을 다루는 상담과 치료 증진에 필요한 잠재력을 동반한 잘 짜여진 치료 과정을 제시한다.
- SFBT는 시간 제한적 체제(time-limited frame)하에서도 심리사회적 문제 치료에 있어 기존의 치료와 대등한 수준의 효과 달성이 가능하다는 증거를 제시한다.
- SFBT는 동기 강화 상담과 같은 절충적이고 통합적 접근과의 원활한 결합이 가능할 것으로 판단된다(Lewis & Osborn, 2004).
- SFBT는 담당 사례량이 많고 한정된 예산을 가지고 시간 효율적이고 양질의 서비스 제공을 요구받는 재활 전문가들에게 경험적 대안을 제시할 수 있다.
- SFBT는 연방-주 직업재활 기관과 지역사회 기반 재활 기관에서 대규모의 사례를 담당하는 재활상담사에게 유용한 접근이다(Biggs & Flett, 2005).

- 시간 제한적 접근으로서의 SFBT는 주 정부와 연방 정부의 예산 삭감 움직임과 관리 의료 시스템 시행 등의 환경 변화에도 불구하고, 비용 대비 효율성이 높고 실증적으로 검증된 치료를 제공해야 한다는 데서 비롯된 재활상담사들의 부담감을 덜어 준다(Biggs & Flett, 2005).
- 재활 임상의, 교육자, 연구자 등은 관계된 모든 이해 당사자의 주된 요구와 우려에 대처가 용이하다는 이유를 들어, 장애인 대상 서비스 제공에 있어 SFBT 활용을 옹호한다.
- SFBT는 재활 분야에 종사하는 주요 이해 당사자들이 지닌 우려에 대한 해결 가능성을 제공한다(Biggs & Flett, 2005).

## 7. 맺음말

이론, 연구, 재활 실제에서의 적용 잠재력 등을 검토해 본 결과, 우리는 다음과 같은 권고 사항을 제안한다.

## 1) 효능성 연구

비록 만성질환과 장애인에게 제공된 SFBT의 효과를 다룬 잘 설계된 연구가 그다지 풍부하지는 않지만, 현재 가용한 증거는 SFBT에 관해 다음과 같은 점을 제시한다. ① SFBT는 통제 조건이나 무처치 접근에 비해 유용하다(Newsome, 2004), ② SFBT는 적어도 다른 심리사회적 개입과 동등한 정도의 효과를 보인다(Gingerich & Eisengart, 2000), ③ SFBT는 기존의 심리치료에 비해 상당히 적은 수의 회기만으로도 유사한 정도의 성과를 가져다준다는 점을 보여 준다(Littrell, Malia, & Vanderwood, 1995; Trepper, Dolan, McCollum, & Nelson, 2006), ④ SFBT는 우울증과 같은 내재화 문제의 대처에 특히 효과적이다(Gingerich & Peterson, 2013; Kim, 2008). 나아가, SFBT 접근과 관계된 기법을 공유하는 일부 심리치료 모델(예: 동기 강화 상담)은 긍정적 치료 효과를 입증하였고, SFBT를 위한 추가적 지지를 제공한다(Lewis & Osborn, 2004).

따라서 장애인에 대한 적용에 초점을 맞춘 SFBT를 단기 및 장기 치료 프로그램과 비교하는 임상 실험 연구가 필요하다(Knekt et al., 2008). 이들 연구를 통해 SFBT의 임상적 효능을 좀 더 잘 이해하기 위해서는 과거 연구 설계가 지닌 방법론적 한계를 극복해야 한다 (Corcoran & Pillai, 2009). 구체적으로 말해, 향후 연구는 연구 참여자를 치료 집단과 통제/ 비교 집단에 무작위로 할당하고 추수 자료를 수집하여 치료의 종단 효과를 검토하는 것을 목표로 삼아야 한다(Corcoran & Pillai, 2009). SFBT가 다양한 유형의 장애인 집단에 적용된 다는 점에서, 연구자와 임상의들은 메타 분석 절차를 활용한 기존 연구의 결합을 통해 재 활 실천에서 SFBT의 효용성을 설명할 수 있을 것이다.

## 2) 재활 전문가를 위한 SFBT 훈련

SFBT의 강점과 한계를 파악하기 위한 임상 연구의 필요성과 함께, 재활 및 보건 전문 가에게 SFBT 방법과 실제를 교육할 수 있는 개별화 훈련 필요성 또한 존재한다. SFBT는 1980년대에 de Shazer와 Berg(1997)가 그들의 거실에서 내담자와의 상담에 비디오카메라 를 이용하면서 본격적으로 발전하기 시작하였다. SFBT의 효용을 뒷받침하는 증거 제시에 역점을 두기보다는 차이점을 초래한 원인을 파악하려는 시도에서 시작한 작업이 이제는 한층 완성된 심리치료로 진화한 것이다. 임상적으로, 해결 중심 치료자(그들의 내담자도 마 찬가지로)를 위한 엄격한 지침(protocol)이나 안내서는 존재하지 않는다. 하지만 SFBT임을 쉽게 알아볼 수 있고, 실제 서비스 제공 현장에서 SFBT가 사용되고 있음을 보여 주는 몇 가지 중요한 특징은 식별이 가능하다(de Shazer & Berg, 1997).

재활 및 정신건강 전문가들이 SFBT를 활용하기 위해서는 다음과 같은 SFBT의 주요 특 징에 친숙해져야 한다. ① 치료자는 첫 번째 상담 회기의 특정 시점에 '기적 질문'을 해야 한다. ② 치료자는 첫 번째 회기와 이어지는 회기에서 적어도 한 번 이상 내담자에게 '0에 서 10' 또는 '1에서 10'까지의 점수로 된 척도를 활용하여 스스로의 행동이나 상황을 평가하 도록 요청해야 한다. ③ 치료자는 상담 회기 중 특정 시점에 휴식을 취해야 한다. ④ 휴식 이 끝난 후, 치료자는 내담자를 칭찬하며 때때로 과제를 내주거나 실험이라고도 하는 제안 을 제공해야 한다(de Shazer & Berg, 1997). 치료자가 전술한 기법에 익숙해지게 되면, 그가 SFBT를 사용하고 있는지의 여부는 손쉽게 확인할 수 있다. SFBT의 활용을 모색하는 치료 자가 집중해야 할 또 다른 핵심 요소는 문제와 원인에 관한 질문을 할 때나 희망과 성취에 관한 질문을 할 때 동일한 정도의 능숙함을 개발 · 유지하는 것이다(Iveson, 2002). 치료자 는 내담자에게 SFBT를 제공하기에 앞서, 이들 주요 특징과 특성을 파악하여 친숙해지려는 노력을 기울여야 한다. 상담 기법의 발전과 SFBT의 주안점에 대한 인식은 치료자가 도움을 필요로 하는 내담자에게 적절한 서비스를 제공하도록 지원하고, 재활 서비스 이용자에게는 커다란 이익을 가져다줄 수 있다.

## 집단 토의 과제

1. '해결 중심' 접근이란 무엇이며, 이 같은 접근이 전통적인 상담 접근과는 어떻게 다른지 논의하라.

2. SFBT는 내담자가 자신의 삶을 효과적으로 개선하기 위해서는 행동 변화에 대한 점진적 시도가 이루어져야 한다는 점을 제안한다. 어떻게 하면 해결 중심 치료자가 점진적 단계로 이루어진 내담자의 목표 설정을 도울 수 있는가? 예시를 들어 설명하라.

3. 개인의 과거에 대한 중요성을 해결 중심의 관점에서 설명하고, SFBT가 현재와 미래에 역점을 두는 이유를 설명하라.

4. 해결 중심 치료자는 다양한 유형의 질문을 활용하여 내담자의 치료 목표 파악과 목표 달성을 위한 잠재적 행동 계획 수립을 지원한다. SFBT에서 널리 사용되는 세 가지 질문 유형을 확인하고, 치료 과정에서 이러한 질문 유형을 사용하는 의도가 무엇인지 설명하라.

5. 어떤 측면에서 해결 중심 접근이 직업재활 실제에서 특별히 유용한지 설명하라.

## 참고문헌

Bakker, J. M., & Bannink, F. P. (2008). Oplossingsgerichte therapie in de psychiatrische praktijk [Solution focused brief therapy in psychiatric practice]. *Tijdschrift voor Psychiatrie, 50*(1), 55-59.

Bannink, F. P. (2006). *1001 solution-focused questions*. New York, NY: Norton.

Bannink, F. P. (2007). Solution-focused brief therapy. *Journal of Contemporary Psychotherapy, 37*, 87-94.

Bavelas, J. B., McGee, D., Philips, B., & Routledge, R. (2000). Microanalysis of communication on psychotherapy. *Human Systems: The Journal of Systemic Consultation & Management, 11*, 47-66.

Berg, I. K. (1995). Solution-focused brief therapy with substance abusers. In A. M. Washton (Ed.), *Psychotherapy and substance abuse: A practitioner's handbook* (pp. 223-242). New York, NY: Guilford.

Berg, I. K., & Dolan, Y. (2001). *Tales of solutions: A collection of hope-inspiring stories*. New

York, NY: Norton.

Berg, I. K., & Miller, S. D. (1992). *Working with the problem drinker: A solution focused approach*. New York, NY: Norton.

Berg, I. K., & Steiner, T. (2003). *Children's solution work*. New York, NY: Norton.

Biggs, H. C., & Flett, R. A. (2005). Rehabilitation professionals and solution-focused brief therapy. In H. Biggs (Ed.), *Proceedings of the inaugural Australian Counseling and Supervision Conference: Integrating research, practice, and training*. Carseldine, Australia: Queensland University of Technology. Retrieved from http://eprints.qut.edu.au/3796/1/3796_1.pdf

Bliss, E. V., & Bray, D. (2009). The smallest solution focused particles: Towards a minimalist definition of when therapy is solution focused. *Journal of Systemic Therapies, 28,* 62-74.

Brenes, G. A., Guralnik, J. M., Williamson, J. D., Fried, L. P., Simpson, C., Simonsick, E. M., & Penninx, B. W. (2005). The influence of anxiety on the progression of disability. *Journal of the American Geriatrics Society, 53,* 34-39.

Burr, V. (2003). *Social constructionism*. New York, NY: Routledge Chapman & Hall.

Burwell, R., & Chen, C. (2006). Applying the principles and techniques of solution-focused therapy to career counselling. *Counselling Psychology Quarterly, 19,* 189-203.

Campbell, J., Elder, J., Gallagher, D., Simon, J., & Taylor, A. (1999). Crafting the "tap on the shoulder": A compliment template for solution-focused therapy. *American Journal of Family Therapy, 27,* 35-47.

Cardoso, E., Wolf, A. W., & West, S. L. (2009). Substance abuse: Models, assessment, and interventions. In F. Chan, E. Cardoso, & J. A. Chronister (Eds.), *Understanding psychosocial adjustment to chronic illness and disability: A handbook for evidence-based practitioners in rehabilitation* (pp. 399-434). New York, NY: Springer Publishing Company.

Chan, F., Tarvydas, V., Blalock, K., Strauser, D., & Atkins, B. J. (2009). Unifying and elevating rehabilitation counseling through model-driven, diversity-sensitive evidence-based practice. *Rehabilitation Counseling Bulletin, 52,* 114-119.

Chang, J. C., Martin, S. L., Moracco, K. E., Dulli, L., Scandlin, D., Loucks-Sorrel, M. B., & Bou-Saada, I. (2003). Helping women with disabilities and domestic violence: Strategies, limitations, and challenges of domestic violence programs and services. *Journal of Women's Health, 12,* 699-708.

Corcoran, J., & Pillai, V. (2009). A review of the research on solution-focused therapy. *British Journal of Social Work, 39,* 234-242.

Corey, G. (2013). *Theory and practice of counseling and psychotherapy*. Belmont, CA: Brooks/Cole.

Cotton, J. (2010). Question utilization in solution-focused brief therapy: A recursive frame analysis of Insoo Kim Berg's solution talk. *Qualitative Report, 15*, 18-36.

Cottone, R. R. (2007). Paradigms of counseling and psychotherapy, revisited: Is social constructivism a paradigm? *Journal of Mental Health Counseling, 29*, 189-203.

de Jong, P., & Berg, I. K. (1997). *Interviewing for solutions.* Pacifi c Grove, CA: Brooks/Cole.

de Jong, P., & Berg, I. K. (2002). *Interviewing for solutions* (2nd ed.). Pacifi c Grove, CA: Brooks/Cole.

de Shazer, S. (1985). *Keys to solution in brief therapy.* New York, NY: Norton.

de Shazer, S. (1988). *Clues: Investigating solutions in brief therapy.* New York, NY: Norton.

de Shazer, S. (1991). *Putting difference to work.* New York, NY: Norton.

de Shazer, S., & Berg, I. K. (1997). "What works?" Remarks on research aspects of solutionfocused brief therapy. *Journal of Family Therapy, 19*, 121-124.

de Shazer, S., Dolan, Y., Korman, H., Trepper, T., McCollum, E., & Berg, I. K. (2007). *More than miracles: The state of the art of solution-focused brief therapy.* London, UK: Routledge.

Gingerich, W. J., & Eisengart, S. (2000). Solution focused brief therapy: A review of the outcome research. *Family Process, 39*, 477-498.

Gingerich, W. J., & Peterson, L. T. (2013). Effectiveness of solution-focused brief therapy: A systematic qualitative review of controlled outcome studies. *Research on Social Work Practice, 23*(3), 266-283. Retrieved from http://rsw.sagepub.com/content/early/2013/01/22/1049731512470859

Henden, J. (2011). Appendix A: The evidence base for solution focused therapy. In J. Henden (Ed.), *Beating combat stress: 101 techniques for recovery* (pp. 115-124). Hoboken, NJ: Wiley.

Iveson, C. (2002). Solution-focused brief therapy. *Advances in Psychiatric Treatment, 8*, 149-156.

Kim, J. S. (2008). Examining the effectiveness of solution-focused brief therapy: A metaanalysis. *Research on Social Work Practice, 18*, 107-116.

Kim, J. S., & Franklin, C. (2009). Solution-focused brief therapy in schools: A review of the outcome literature. *Children and Youth Services Review, 31*, 464-470.

Knekt, P., Lindforss, O., Harkanen, T., Valikoski, M., Virtala, E., Laaksonen, M. A., ... Renlund, C. (2008). Randomized trial on the effectiveness of long-and short-term psychodynamic psychotherapy and solution-focused therapy on psychiatric symptoms during a threeyear follow-up. *Psychological Medicine, 38*, 689-704.

Lewis, T. F., & Osborn, C. J. (2004). Solution-focused counseling and motivational interviewing: A consideration of confluence. *Journal of Counseling and Development, 82*, 38-48.

Littrell, J. M., Malia, J. A., & Wood, M. (1995). Single-session brief counseling in a high school.

*Journal of Counseling & Development, 73*, 451-458.

Macdonald, A. J. (2012). *Solution-focused brief therapy evaluation list.* Retrieved from http://www.solutionsdoc.co.uk/sft.html

Metcalf, L. (1998). *Solution focused group therapy.* New York, NY: Free Press.

Neimeyer, R. (1993). An appraisal of constructivist psychotherapies. *Journal of Consulting and Clinical Psychology, 61*, 221-234.

Newsome, W. S. (2004). Solution-focused brief therapy group work with at-risk junior high school students: Enhancing the bottom line. *Research on Social Work Practice, 14*, 336-343.

Nystuen, P., & Hagen, K. B. (2006). Solution-focused intervention for sick listed employees with psychological problems or muscle skeletal pain: A randomized control trial. *BioMed Central Public Health, 6*, 69-77. Retrieved from http://www.biomedcentral.com/1471-2458/6/69

Olney, M. F., Gagne, L., White, M., Bennett, M., & Evans, C. (2009). Effective counseling methods for rehabilitation counselors: Motivational interviewing and solution-focused therapy. *Rehabilitation Education, 23*, 233-244.

Ormel, J., & Von Korff, M. V. (2000). Synchrony of change in depression and disability: What next? *Archives of General Psychiatry, 57*, 381-382.

Schott, S. A., & Conyers, L. M. (2003). A solution-focused approach to psychiatric rehabilitation. *Psychiatric Rehabilitation Journal, 27*, 43-50.

Seligman, L., & Reichenberg, L. (2010). *Theories of counseling and psychotherapy: Systems, strategies, and skills* (3rd ed.). Upper Saddle River, NJ: Pearson.

Seligman, M. E. P., Steen, T. A., Park, N., & Peterson, C. (2005). Positive psychology progress: Empirical validation of interventions. *American Psychologist, 60*, 410-421.

Smith, I. C. (2005). Solution-focused brief therapy with people with learning disabilities: A case study. *British Journal of Learning Disabilities, 33*, 102-105.

Stams, G. J., Dekovic, M., Buist, K., & de Vries, L. (2006). Effectiviteit van oplossingsgerichte korte therapie: Een meta-analyse [Efficacy of solution focused brief therapy: A metaanalysis]. *Gedragstherapie, 39*, 81-95.

Thorslund, K. W. (2007). Solution-focused group therapy for patients on long-term, sick leave: A comparative outcome study. *Journal of Family Psychotherapy, 18*, 11-24.

Trepper, T. S., Dolan, Y., McCollum, E. E., & Nelson, T. (2006). Steve de Shazer and the future of solution-focused therapy. *Journal of Marital and Family Therapy, 32*, 133-139.

Trepper, T. S., McCollum, E. E., de Jong, P., Korman, H., Gingerich, W. J., & Franklin, C. (2012). Solution-focused brief therapy manual. In C. Franklin, T. Trepper, W. Gingerich, & E. McCollum (Eds.), *Solution-focused brief therapy: A handbook of evidence-based practice* (pp.

20-36). New York, NY: Oxford University Press.

Woods, K., Bond, C., Humphrey, N., Symes, W., & Green, L. (2011). *Systematic review of solution focused brief therapy (SFBT) with children and families* (Education Research Report 179). London, UK: Department for Education, University of Manchester. (eScholarID: 149106)

Wright, B. (1983). *Physical disability: A psychosocial approach.* New York, NY: HarperCollins.

# 제4장

# 게슈탈트 치료

Charles Edmund Degeneffe and Ruth Torkelson Lynch

## 학습목표

이 장의 목표는 재활 서비스 제공에 있어 게슈탈트 치료가 효과적인 상담 접근이라는 이해를 길러 주는 데에 있다. 이 장에서는 게슈탈트 치료의 역사, 성격 이론, 구체적 기술과 함께, 재활 현장에서 장애인과 일하는 과정에서 게슈탈트 상담이 어떻게 적용되는지를 검토할 것이다. 이 장에서는 또한 게슈탈트 치료의 철학이 재활상담 분야의 전통적 가치와 얼마나 많은 부분 일치하는지를 검토해 보고자 한다. 이 같은 목적을 달성하기 위해 다음과 같은 학습 목표를 설정하였다.

① 게슈탈트 이론과 치료의 독특한 철학과 가정, 그리고 게슈탈트 치료가 인간의 부적응적 본질을 바라보는 방식을 이해한다.
② 내담자의 자기 자각(self-awareness)과 자기 주도성(self-direction) 촉진에 필요한 게슈탈트 치료 기법 적용 기술을 이해한다.
③ 장애인에 대한 상담 서비스 제공 과정에서 게슈탈트 치료의 적용 가능성을 자각한다.
④ 게슈탈트 치료의 활용을 지지하는 연구 증거를 검토한다.
⑤ 게슈탈트 치료의 전반적 강점과 한계를 알아본다.

## 1. 토대

Frederich(Fritz) Pearls는 게슈탈트 치료의 개척자로 여겨지고 있다(예: Cottone, 1992; Feder & Ronall, 1980; Polster & Polster, 1973; Shepard, 1975; Wulf, 1998). Fritz Perls는 처음에는 신경정신과학자로 경험을 쌓았고 연극 활동의 영향을 받기도 했는데(베를린의 Golden Twenties의 배우로 활동), 이는 그가 비언어적 의사소통을 중시하는 결과로 이어졌다. 그는 정신과 수련의로 일하던 젊은 시절, 사상적으로 Max Werthemier, Wolfgang Kohler, Kurt Koffka 등의 영향을 받았는데, 이들은 모두 인간의 정신 구조가 소규모 개별적 단위의 집합체가 아니라, 하나인 전체로 이루어져 있다고 생각하였다(Kogan, 1983; Passons, 1975). 그는 또한 Kurt Goldstein과의 협업 과정에서 깊은 영향을 받았는데, 그의 전체론(holism)과 전경-배경(figure-ground) 형성에 관한 개념은 게슈탈트 이론과 치료 확립에 중추적 역할을 담당하였다(Gilliland, James, & Bowman, 1994).

게슈탈트 치료는 무의식, 과거, '왜?'라는 질문에 뿌리를 둔 정신분석 치료와는 대조적으로, 현재의 경험과 내담자가 어려움에 빠지는 방식에 관한 자각 형성에 초점을 맞추고 있다(Angermann, 1998). 게슈탈트 치료사들은 인간은 자기 자각에 제한이 있으므로, 삶을 전체적으로 보지 못한 채 자신이 경험한 과거, 환상, 지각된 현실적 결함과 능력이라는 거울을 통해 세상을 살아간다는 믿음을 견지한다(Seligman & Reichenberg, 2010).

Fritz Perls는 초기 스승들 외에도, 그 자신이 게슈탈트 치료의 공동 창시자라고 간주한 아내 Laura와의 공동 작업과 게슈탈트 치료 교재를 함께 집필한 Paul Goodman과의 협업을 통해서도 커다란 영향을 받았다. 비록 Perls 부부가 게슈탈트 치료의 많은 부분에 동의하였지만, 치료 접근 중 일부에 대해서는 입장 차이를 보였다. Laura Perls는 치료사와 내담자 간의 관계에서 증가된 수준의 관대함(levels of permissiveness) 촉진을 지지한 반면, Fritz Perls는 통제(control)를 중시하였다. 비록 Laura Perls가 정신치료 접근으로서 게슈탈트 이론 발전의 여러 측면에서 남편과 긴밀하게 협력하였지만, 그녀가 어떤 영역에 기여했는지는 다소 불분명하다(Kogan, 1983).

Fritz Perls는 1947년부터 1970년 사망할 때까지 미국에 거주하였다(Allen, 1986; Kogan, 1983). 이 기간 동안, 게슈탈트 치료는 부분적으로 제2차 세계대전 이후 미국에서 전개된 인간 잠재력 개발 운동(Human Potential Movement)에 힘입어 새로운 심리치료 방법으로 인정받게 된다. 이 시기 동안 사람들은 자신의 삶에서 소중한 의미와 가치가 무엇인지를 둘러싼 개인적 이해를 추구하기 시작했는데, 그 과정에서 Abraham Maslow와 Carl Rogers 같은 심리학자들이 크게 기여하였다. 인간 잠재력 개발 운동의 주제는 게슈탈트 치료 촉진 과정에서 Fritz Perls가 설명한 인간 성격의 본질 이해를 위한 철학적 개념과 일치하였다. 게슈탈트 치료의 성장은 또한 제2차 세계대전 이후 미국에서 독자적 학문 분야로 자리 매김한 심리학의 발전과 심리치료의 전반적 대두에 힘입은 바 크다(Kogan, 1983).

Fritz와 Laura Perls는 1951년 뉴욕시에 최초의 게슈탈트 치료 연구소를 설립했고, 계속하여 캘리포니아주의 에설건과 오하이오주의 클리블랜드 등의 도시에도 연구소를 건립하였다. 게슈탈트 치료는 현재 개인상담 분야에서 폭넓게 활용되고 있지만, 초기에만 해도 집단 상담에 주로 이용되었다. 게슈탈트 상담은 또한 유럽에서 가장 널리 사용되는 인본주의 심리치료 유형이기도 하다(Strumpfel & Goldman, 2002). 스스로를 게슈탈트 치료사라고 생각하는 전문가들은 물론, 다른 이론을 추종하는 다수의 심리치료사들이 게슈탈트 상담 중 일부 요소를 자신의 치료 과정에 접목하고 있다. 나아가, 다양한 영역의 전문 직종에 종사하는 다수의 사람들 또한 게슈탈트 접근의 주요 요소를 업무에 활용하고 있다(예: Kelly & Howie, 2011).

## 2. 주요 개념

### 1) 이론적 토대

게슈탈트 치료는 인간이 된다는 것이 무엇을 의미하는지에 관한 일련의 가정에 기초한다. 이는 인간 성격의 개념화 방식에 있어 다른 형태의 치료와 구별된다. 게슈탈트 치료는 인간을 분리된 부분이 아니라 마음, 영혼, 감각, 사고, 감정, 지각 사이의 역동적 상호관계의 산물이라고 가정한다(Livneh & Sherwood, 1991). 게슈탈트 치료사들은 '마음'과 '육체' '현실'과 '감정' '무의식'과 '의식' 등과 같은 이분법적 개념에 동의하지 않는다. 전체(wholes)를 중시하는 입장은 '게슈탈트(gestalt)'라는 명칭을 설명하는데, 게슈탈트는 독일어로 의미 있는 중요한 전체로서의 조직을 뜻하는 말이다(Coven, 1978).

인간 본성에 관한 이 같은 관점을 관통하는 핵심 개념은 전체는 부분의 합보다 크다는 것이다. 유기체는 전체로서 기능한다. 예를 들어, 결혼 생활에서의 어려움은 직무 수행에 영향을 미치게 되고, 학교생활의 실패는 인간관계에 영향을 미칠 것이라는 가정이 가능하다(Patterson & Welfel, 2000). 전체 개념은 또한 인간의 생리적 측면과 심리적 측면 사이의 관계를 포함하여 개인 내부에서 벌어지는 상호작용에도 적용이 가능하다. 예를 들어, 감정은 육체적 수단을 통해 표현될 수 있으므로, 상담사가 내담자를 완전히 이해하기 위해서는 비언어적 행동과 언어적 행동 모두를 주의 깊게 관찰할 필요가 있다. 사실, Perls가 제시한 스스로에 관해 알아 가는(배우는) 방식은 말이나 생각보다는 육체의 비언어적 메시지를 통해 전해지는 느낌과 자각(awareness)에 초점을 맞추고 있다(Axelson, 1999).

게슈탈트 치료사들은 인간은 자신이 처한 현실을 규정하고 스스로 선택할 능력을 지니고 있다는 점을 강조하는데(Coven, 1978), 이는 인간의 삶을 형성하는 기본적 동력(basic force)이다.

> 모든 사람, 모든 식물, 모든 동물은 '있는 그대로의 모습을 실현하고 싶다.'는 오직 하나의 타고난 목표를 지니고 있다. 장미가 장미인 까닭은 그것이 원래부터 장미이기 때문이다. 장미는 스스로 캥거루가 되어 살고 싶다는 의도를 가지고 있지 않다. 코끼리 역시 그 자신이 새가 되어 살고 싶다는 의도를 지니고 있지 않다. 인간을 제외하면, 원래부터 타고난 체질과 건강 상태, 잠재적 성장은 모두 하나의 통일된 그 무엇이다(Perls, 1969, p. 31).

게슈탈트 치료는 인간이 된다는 것이 무엇을 의미하는지에 관한 신념의 집합체에 기초한다. Passons는 그 같은 믿음을 다음과 같이 요약하였다.

① 인간은 육체, 감정, 생각, 감각, 지각을 개별적으로 보유한 존재가 아니라, 이들이 상호 관련을 맺으며 기능하는 전체다.
② 인간은 그가 속한 환경의 일부로, 그 밖에서는 이해될 수 없다.
③ 인간은 수동적 반응을 취하기보다는 능동적으로 행동하려는 경향이 있다. 인간은 외부 자극과 고유 자극(자기 수용적 자극)에 대해 자기 자신이 어떻게 대응할 것인지를 결정할 수 있다.
④ 인간은 스스로의 감각, 생각, 감정, 지각을 자각할 수 있다.
⑤ 인간은 자기 자각을 통해 선택할 능력이 있고, 그에 따라 은밀한 행동과 명시적 행동에 대해 책임을 질 수 있다.
⑥ 인간은 효과적인 삶을 영위하고, 자신이 보유한 자산을 통해 스스로를 복원하는 데 필요한 자원과 수단을 소유하고 있다.

⑦ 인간은 오직 현재에만 스스로를 경험할 수 있다. 과거와 미래는 기억과 기대를 통해 서만 현재적 경험이 가능하다.

⑧ 인간은 본질적으로 선하지도 악하지도 않은 존재다(Passons, 1975, p. 14).

## 2) 성격 이론

항상성(homeostasis)은 인간이 자신의 욕구를 충족하려는 삶을 선택할 때 달성된다. 항상성을 유지하려는 자연적 성향을 유기체적 자기 조절(organismic self-regulation)이라고 한다. 인간은 끊임없이 삶의 균형을 추구하려 노력하는 존재로 간주되며, 이러한 균형은 외부의 사건과 내적 갈등에 의해 위협받기도 한다(Patterson & Welfel, 2000). 나아가, 이러한 자연적 성향은 인간이 성장을 향해 나아가게 한다(Murdock, 2013). 인간의 욕구는 전경—배경의 개념화(figure-ground conceptualization)를 통해 이해할 수 있다. 전경은 당사자에 의해 즉각적 욕구로 자각되는 동시에, 욕구의 충족에 필요한 전략을 제공한다. 배경은 욕구와 이의 충족과 직결된 신체적·심리적 환경을 나타낸다(Thomas, Thoreson, Parker, & Butler, 1998). 전경(욕구)이 충족되면, 그것은 배경으로 물러나 또 다른 전경이 전면에 등장할 수 있는 여건을 조성한다(Grossman, 1990).

인간은 자신의 욕구 충족에 도움이 되는 환경에서 전경을 파악하고 관여하는 방법을 모르기 때문에 종종 항상성 달성에 어려움을 겪는다. 인간은 욕구 충족을 위해 그가 처한 환경과의 접촉을 모색한다(Murdock, 2013). 환경과의 접촉은 보기, 듣기, 만지기, 말하기, 냄새 맡기, 맛보기, 움직이기 등을 망라하는 모든 감각의 활용을 통해 달성된다(Polster & Polster, 1973). 나아가, 환경과의 접촉은 내부적 특성과 집단적 경험에서 오는 지지 (support)를 필요로 한다. Laura Perls는 지지를 다음과 같이 설명하였다(1976, p. 225).

> 지지는 개인, 우정, 사회의 유지를 위한 지속적 동화(ongoing assimilation)와 통합을 촉진하는 모든 것이다. 기초적 생리 기능(호흡이나 소화), 바른 자세와 협응 능력, 민감성과 이동성, 언어, 습관과 관습, 사회적 예절과 관계, 그 밖에 우리가 살아가는 동안 학습하고 경험하는 모든 것들이 여기에 포함된다.

인간은 내적인 심리적 성장의 한계로 인해 성공적인 접촉 달성에 어려움을 경험할 수 있다. 이러한 성공적인 접촉 달성의 어려움에는 내사(introjection), 투사(projection), 반전(retroflection), 편향(deflection), 융합(confluence) 등이 포함된다(Gilliland et al., 1994; Murdock, 2013; Polster & Polster, 1973).

내사는 주변 환경으로부터 얻어진 사실, 윤리, 사상, 규범 등과의 동화에 실패하는 상황을 이르는 용어다. 인간은 동화를 시도하는 대신, 이러한 개념들을 전체로 '받아들이고', 그것들을 자신의 성격으로 통합하지 못하는데, 이는 우스꽝스러운 느낌, 피상적이라는 느낌, 타인과 분리된 느낌 등의 결과를 초래한다. 내사 반응을 보이는 사람들(introjectors)은 종종 그 자신의 가치 체계를 고려하지 않은 채 맹목적으로 사회적 규칙을 따르는 행태에서 보듯, 선호와 기대의 명료화에 실패하곤 한다. 투사는 자신의 삶에서 벌어지는 일들을 다른 사람의 책임으로 돌리려는 행위를 의미한다. 투사 반응을 보이는 사람들(projectors)이 자주 사용하는 어휘 목록에는 그들, 그녀, 그, 너(they, them, she, he, you)와 같은 말들이 포함되어 있다. 이러한 사람들은 종종 그들 자신의 삶에 변화를 일으키려는 시도에 무력감을 느낀다. 반전은 다른 사람이 했으면 하는 행동을 자신을 향해 취하는 행태를 의미한다. 이러한 행동적 충동은 적대적일 수도, 사랑스러울 수도 있다. 반전적 특성을 보이는 사람들(retroflectors)은 환경과의 상호작용을 제한한다. 편향 반응을 보이는 사람들(deflectors)은 요행에 의지하여 환경과의 상호작용을 추구한다. 그들은 환경과의 접촉 시도에 에너지를 쓰지 않거나 잘못된 곳에 초점을 맞춤으로써 환경으로부터 욕구 충족에 필요한 것들을 취하지 못한다. 융합을 추구하는 사람은 자신과 환경은 물론, 타인과의 경계를 구별하지 못한다. 융합은 종종 다른 사람과의 차이와 차별적 특징을 인정하고 가치를 부여하는 행위에 두려움을 느끼는 상태를 의미한다.

삶의 욕구를 충족하려는 시도 과정에서 사람들이 경험하는 또 다른 문제 영역으로는 미해결 과제(unfinished business)와 파편화(fragmentation)를 들 수 있다(Passons, 1975). 미해결 과제는 개인의 삶에서 충족되지 않은 욕구, 표현되지 않은 감정, 그 밖에 완수되지 않은 중요 사건을 의미한다. 미해결 과제에 대한 지나친 몰입은 종종 개인의 관심과 자각을 지배한다. 미해결 과제는 또한 삶의 다른 영역에 존재하는 욕구에 주의를 기울이는 능력에 지장을 초래하기도 한다. Tobin(1983, pp. 373-374)은 상사에 관한 어느 근로자의 감정 상태를 다룬 짤막한 일화(vignette)를 통해 미해결 과제의 예를 설명하였다.

미해결 과제의 간단한 예로, 상사에게 화가 났지만 해고당할까 봐 두려운 나머지 자신의 감정을 표현하지 않겠다고 결심한 직원의 경우를 생각해 볼 수 있다. 어떤 식으로든 분노를 표현하지 않는 한, 그 사람은 분노감으로 인한 신체적 흥분과 감정을 가라앉히려는 억제력 사이에서 갈팡질팡하며 육체적 긴장 상태를 벗어나지 못할 것이다. 그는 상사에게 호통을 치거나 상사가 교통사고로 죽어 버리는 상상을 한다든지, 그날 밤 집에 돌아가 아내와 아이들에게 화풀이를 하는 등의 간접적 방식을 통해 스스로가 처한 미결 상황의 타개를 시도할지 모른다. 무엇을 하든 관계없이, 그는 긴장감과 조바심 속에서 자신이 마땅히 취했어야 할 조치를 취하지 않았다는 사실에 관해 지속적으로 불안감을 표출할 것이다.

파편화는 삶의 본질적 욕구에 관한 부정이나 단절 혹은 사고, 특질, 가치, 행동과 같은 연속적 차원의 자기(self)가 양극화되어 나타나는 상태를 의미한다(Gilliland et al., 1994). 예를 들어, 자신 내부에 두 가지 성별 특징 모두가 존재한다는 사실을 자각하지 못하는 사람은 스스로를 오직 여성적이거나 남성적이라는 하나의 차원으로만 이해하려 할 것이다. Passons(1975, p. 19)는 다음과 같은 진술을 통해 이분법이 지니는 제한 효과를 설명하였다. "상반된 두 가지 특성 사이의 대비를 파악할 수 있을 정도로 스스로의 약점을 충분히 경험하지 못하는 한, 인간은 그 자신이 지닌 장점을 온전히 느낄 수 없다."

Fritz Perls는 본능(instinct)이 인간의 동기 부여 행동의 한 축을 담당한다는 신념하에, 환경 요소를 흡수하기 위한 동기를 부여하는 '굶주림' 본능을 강조하였다. 비록 게슈탈트 이론 지지자들이 이 같은 본능을 유기체를 움직이는 동력이라고 간주하였지만, 이들은 행동을 '선'과 '악'의 문제가 아닌 '효과적' 혹은 '비효과적'이라는 관점으로 보았다(Patterson & Welfel, 2000).

## 3. 상담 과정

게슈탈트 체계에서 상담의 목적은 개인적 성장을 독려하는 데에 있다. 간단히 말해, 게슈탈트는 실존주의에 뿌리를 둔 통합적 상담 접근이라는 의미다(Whitmore, 1991). 게슈탈트 치료는 반영적 경청(reflective listening)의 중요성을 강조하는 상담 접근과 비교해 볼 때, 내담자의 비언어적 행동을 중시하는데, 이는 내담자의 비언어적 행동이야말로 그가 진심으로 느끼고 믿는 바를 알려 주는 보다 신뢰할 만한 지표라는 가정에 기초한 것이다 (Seligman & Reichenberg, 2010). 게슈탈트 상담은 내담자의 감정을 중시하며, 내담자가 스스로의 대처 행동에 책임을 진다는 자각으로 인해 상담 이론 분류선상에서 정서적, 내담자 중심적 접근에 가까운 것으로 평가되고 있다(Patterson & Welfel, 2000). 게슈탈트 치료는 자기 성장과 자기 이해를 추구하는 사람들에게 가장 널리 사용되고 있다. 게슈탈트 치료는, "자신의 내면과 교감하고 현재를 인지하며 자기와 환경에 관한 정확하고 명료한 이해를 지닌 사람이라면, 무언가를 결정해야 할 상황에 직면했을 때 자신의 욕구와 자기 개념에 부합하는 결정을 내릴 수 있다."는 기본 전제에서 출발한다(Cottone, 1992, p. 142).

게슈탈트 접근에 따르면, 내담자는 자신의 삶이 불완전하며 욕구가 충족되지 않았다고 느끼기 때문에 도움을 청하고자 상담사를 찾는다고 한다(Allen, 1986). 사람들은 종종 삶의 방향에 관해 절망감을 품으며, 스스로를 도울 방법을 자각하지 못할 때가 있다(Passons, 1975). 개입의 중추적 내용은 감정, 인지, 신념, 지각과 과거, 현재, 미래의 사건을 동화시킴으로써 자기 자각 개발과 원하는 삶의 욕구 충족을 지원하는 것이다. 이러한 동화 경험하기 과정, 내담자의 미해결 과제 처리, 욕구 충족 방법 학습, 완전체(whole)가 되기 위한 노력을 통해 내담자는 '미완의 게슈탈트 완성'이라고도 부르는 상담 종결을 향해 나아가게 된다(Gilliland et al., 1994).

게슈탈트 치료의 핵심 가정은 내담자는 스스로의 행동과 삶의 선택에 관한 책임을 받아들이기 위한 학습이 필요하다는 것이다(Livneh & Sherwood, 1991). Passons(1975)는 Perls의 주장을 언급하면서, 책임이 내담자가 타인의 기대를 충족하려는 노력을 의미하지는 않는다는 점을 강조하였다. 책임을 진다는 것은 오히려 인생에서 원하는 바를 이루는 데 필요한 자신만의 고유하고 개별적인 능력에 관한 내담자의 이해를 의미한다. Perls(1969, p. 38)는 다음과 같이 진술하였다.

> 우리가 상담을 통해 이루고자 하는 바는 내담자가 스스로의 성장을 촉진하고 문제의 원인이 어디에 있는지를 이해하며, 문제적 증상이 무엇인지를 학습할 정도로 강해질 때까지 성격 가운데 부정된(disowned) 부분을 단계적으로 회복할 수 있도록 필요한 도움을 제공하는 것이다. 문제적 증상은 항상 회피(avoidance)라는 하나의 단어로 표현이 가능하다.

Allen(1986)은 게슈탈트 치료에서 책임진다는 것의 중요성을 나타내는 방법으로, 내담자가 감정과 경험을 이야기할 때, 그에게 그것(It)이나 너(You)보다는 나(I, me, my)와 같은 1인칭 대명사(personalizing pronouns)의 지속적 사용을 요청하라고 권고하였다. Allen은 2인칭이나 3인칭 대명사의 사용은 내담자로 하여금 자신이 처한 상황에 거리감을 느끼게 만들 수 있다고 제안하였다. Allenn은 또한 내담자에게 그가 한 질문 내용을 토대로 진술하도록 요청하면 자신의 신념 체계를 회복하고 책임질 수 있다는 점을 강조하였다.

게슈탈트 치료는 내담자의 책임 강조와 함께, 지금-여기(here-and-now)를 지향한다. 게슈탈트 치료는 내담자의 현재 행동과 접촉 기능이라고 부르는 자세, 호흡, 버릇, 몸짓, 목소리, 얼굴 표정 등을 통해 표현되는 의미를 중시한다(Polster & Polster, 1973). 예를 들어, 상담사는 머리를 숙이거나 주먹을 불끈 쥐는 등의 행동을 보이는 내담자에게 그러한(관찰된) 행동과 관련된 느낌을 자각하도록 촉구한다(Thomas et al., 1998). 상담사는 언어적 진술과 비언어적 행동 사이의 일관성을 추구해야 한다(예: "선생님은 상처받고 당황했다고 말씀하신 것 같은데, 지금 보니 웃고 계시네요."). 직면은 또한 내담자의 언어적 진술 중 모순된 부분과 경험의 수용 및 참된 자각에 보다 가까이 다가가기 위한 생략(내담자가 말하지 않은 것)에 대처하는 수단으로도 활용이 가능하다(Patterson & Welfel, 2000). 내담자가 비언어적 수단을 통해 전달하려는 내용에 초점을 맞추는 행위는 게슈탈트 치료에 대한 믿음에서 비롯되었다. 즉, 내담자는 종종 자신의 신체 기관이 실제와는 다른 의미를 전달할 수 있다는 점에 관한 적절한 자각 없이 지나치게 지적인 깨달음만을 추구하려는 경향을 보인다는 것이다(Seligman & Reichenberg, 2010).

내담자의 감각(sense)에 관심을 가지려는 태도는 상담 과정에 관한 내담자의 인지적, 감정적, 감각적, 육체적 참여를 중시하는 게슈탈트 치료의 전체 지향성(holistic orientation)이 지닌 주된 특징이다(Coven, 1978). 다시 말해, 게슈탈트 치료사들은 과거는 지나갔고 미래는 아직 도래하지 않았으므로, 현재야말로 가장 중요한 관심 영역이라고 믿는다. 게슈탈트 치료에서 상담사는 내담자로 하여금 과거와 미래의 사건을 현재의 언어를 사용하여 진술하도록 유도한다(Allen, 1986).

게슈탈트 치료에서 내담자와 상담사 관계의 본질은 '나와 너(I-thou)' 관계라고 부르는 역동적이고 양방향적 만남이라고 할 수 있다(Yontef, 1983). Simkin(1976)은 나-너의 관계에서 상담사는 내담자와 수평적 입장에서 상담을 진행해야 한다고 제안하였다. 나-너 관계의 수평적 본질을 기술하면서, Simkin(1976, p. 79)은 "나는 다수의 치료사들이 내담자에게 자신을 개방하지도 않고, 그들이 자신의 사생활(privacy)을 침해하도록 허용하지도 않는다는 사실을 여러 번 목격하였다. 수직적 관계 속에서의 '나(치료사)'는 사적이고 숨겨진 상태로 남아 있으면서 정작 내담자에게는 의도적이든 우연이든 관계없이, 의존성과 전이를 조장한다."고 진술하였다.

게슈탈트 상담은 해석을 활용하지 않는다(즉, 상담사는 내담자의 행동을 해석하지 않는다). 게슈탈트 상담사에게는 진실하기보다는 숨기고자 하는 목적의 방어적 시도를 깨달을 수 있는 충분한 진단 기술이 요구된다(즉, 내담자의 내적 상태를 정확히 반영하기 위해; Patterson

& Welfel, 2000). 게슈탈트 치료사들은 전통적 진단 방법보다 양상화(patterning)라고 부르는 평가 방법 활용을 선호한다. 이 방법은 내담자의 이야기 경청과 언어적 · 비언어적 몸짓 관찰 과정으로 설명이 가능한데, 이를 위해서는 치료사 본인의 과거 경험과 반응에 대한 자각과 함께, 치료 이론과 기술 간의 창의적 결합이 요구된다(Angermann, 1998). 상담사는 이 같은 관찰을 통해 내담자와 환경에 관한 이미지나 양상(예: 가족, 관계, 또래 집단)에 관한 정보를 파악할 수 있다.

Cottone(1992)은 게슈탈트 치료에서 최종 결정이나 해석은 존재하지 않지만, 상담사는 사람들과의 상호작용을 통해 그 자신과 내담자 모두의 인격적 성장 촉진을 위한 대화에 참여한다고 주장하였다. 치료 과정에서 상담사가 적극적 역할을 담당하지만, 사건, 경험, 꿈에 대한 해석은 오롯이 내담자의 책임이다. 내담자가 자신이 아닌 사람이 되기 위해 에너지를 낭비하는 대신, 자신의 참 모습을 찾고자 할 때 비로소 변화가 나타난다(Angermann, 1998).

## 4. 상담 전략

Fritz Perls는 기법(technique)이라는 용어가 사람들에게 조작적이고 통제적이라는 인상을 준다고 생각하였다. 하지만 현실에서의 그는 내담자의 참여를 촉진하고 내담자에게 영향을 미치기 위해 여러 가지 방법을 활용하였다(Cottone, 1992). Angermann(1998, p. 39)은 "게슈탈트학파(Gestaltists)는 '앞뒤가 꽉 막힌(stuffy)' 사람들이 아니다. 이들은 자기들의 치료 기법을 규칙과 게임이라고 부른다."는 입장을 견지하였다. 상담사는 게슈탈트 치료에서 상담 목표 달성의 일환으로, 다양한 실험적 기법을 구비한 상태에서 내담자의 치료에 임한다. 내담자는 안전이 담보된 치료적 관계하에서(James & Gilliland, 2003), 상담사와의 협업을 통해 자신 내부에 존재하며 삶의 욕구 충족을 가로막는 요인의 실체를 규명할 수 있다. 나아가, 실험은 미래의 목표 달성에 필요하며 내담자가 이미 지니고 있지만 전에는 미처 인지하지 못했던 기술과 능력의 설명에도 크게 기여한다(Polster & Polster, 1973). 게슈탈트 기법은 능동적 자각의 향상을 중시한다. 일반적으로 사용되는 경험적 기법들로는 꿈 작업(dream work), '질문에 집중하기(focusing questions)', 빈 의자 기법을 활용한 역할연기(role-playing), 과장 게임(exaggeration game), '나는 책임진다(I take responsibility)' 게임, 실연(enactment) 등이 있다.

게슈탈트 치료사들은 꿈을 자기(self)의 한 부분에서 다른 부분으로 옮겨 가는 실존적 메시지라고 간주한다(Appelbaum, 1983). 꿈은 또한 상담사와의 현재 관계는 물론, 집단 치료에 참여한 다른 구성원들과의 관계 학습에도 도움을 줄 수 있다(Polster & Polster, 1973). 꿈 작업에서, 상담사는 내담자에게 그가 꾼 꿈을 현재 벌어지고 있는 일인 것처럼 생각하며 설명해 달라고 요청한다. 내담자의 꿈에 관한 서술이 끝나면, 상담사는 꿈의 다양한 부분을 연기해 보라고 요청할 수 있다. 이는 내담자에게 꿈속에 나타난 자신의 일부와 대화를 시도해 보라는 요청을 통해 실현이 가능하다(Gilliland et al., 1994). '질문에 집중하기'는 "현재 선생님의 기분은 어떠신가요?" 혹은 "선생님은 지금 무슨 생각을 하고 계시나요?" 등과 같이 질문을 통해 내담자가 현재의 특정한 경험에 집중할 수 있도록 고안된 상담 기법이다(Cottone, 1992).

이름에 함축되어 있는 바와 같이, 빈 의자 기법(empty chair technique)은 내담자에게 빈 의자를 상대로 이야기를 하도록 유도하는 상담 기법이다. 빈 의자 기법은 내담자가 그동안 거부당했던 사건(예: 어린 시절 겪었던 신체적 학대)의 치유를 돕고, 고통스럽고 힘겨웠다고 생각되던 사건(예: 기억)을 자신에 관한 자각과 행복 증진에 활용하도록 지원하는 매우 유용한 상담 기법이다(Zinker, 1977). 빈 의자 기법은 개인의 성격 중 상반된 부분을 통합하거나 미해결 과제의 해결을 요하는 상황에 적용이 가능한 역할연기 전략이다. 예를 들어, 상담사는 빈 의자 기법을 활용하여 내담자가 어린 시절 사망한 부모를 향해 그가 미처 표현하지 못했던 분노의 감정을 전달하도록 도울 수 있다. 이러한 시나리오하에서, 상담사는 내담자에게 사망한 부모가 빈 의자에 앉아 있다고 상상하며 자신의 감정을 언어적으로 표현하도록 유도한다. 다음으로, 내담자를 빈 의자에 앉게 한 후 부모의 역할을 맡겨 자신의 아이(내담자 자신)에게 이야기하라고 요청한다. 상담사는 내담자에게 다양한 역할을 연기하도록 지시하는 '감독' 기능을 수행한다(Haney & Leisbsohn, 1999).

과장 게임에서 상담사는 내담자에게 그가 했던 표현 중 상담사가 보기에 방어적이라고 생각되는 견해를 과장하여 표현해 보라고 요구한다. 이 기법의 의도는 내담자에게 감정과 내용이 과장됨에 따라 자신의 오류를 발견하여 최초의 방어적 진술을 바로잡을 수 있도록 지원하는 것이다(Patterson & Welfel, 2000).

'나는 책임진다' 게임은 과장 게임과 유사한 방식으로 작동한다. 상담사는 내담자에게 의심스러운 진술을 반복하게 한 후, 계속하여 "나는 내가 한 말에 책임을 진다."는 진술을 하도록 요청한다. 내담자는 자기가 한 말을 되돌아본 후, 그것에 의심을 갖게 되면 원래의 진술을 변경해야 한다. 변경이 이루어지지 않으면, 내담자는 자기가 한 말에 대해 책임을 지지 못했다고 느낄 수 있기 때문이다(Patterson & Welfel, 2000).

　실연 기법을 활용하는 상담사는 내담자에게 자신의 한 측면을 연극이나 드라마처럼 표현해 보라고 요청한다(Polster & Polster, 1973). 실연은 종종 먼 과거로부터 최근 발생한 일에 이르기까지, 개인적 특성이나 미해결 과제와 관련된 문제를 다룬다. 이러한 연습을 통해 내담자는 종종 자신이 미처 의식적으로 자각하지 못했던 능력, 행동, 개인적 특성 등에 관한 새로운 통찰을 얻을 수 있다. Polster와 Polster(1973, p. 276)는 그들이 집단 상담에서 사용한 실연의 예를 소개하였다.

　　한 번은 Maeta라는 젊은 여성이 찾아와 온몸이 밧줄에 꽁꽁 묶인 것 같은 느낌에 시달리고 있다는 고민을 털어놓았다. 그래서 나는 그녀에게 실제로 자신의 몸을 밧줄로 꽁꽁 묶게 한 다음, 어떻게 느끼는지를 자세히 이야기하게 했다. 그랬더니, 그녀는 나의 요구대로 자신의 팔과 다리를 비틀어 가며 온몸을 밧줄로 꽁꽁 묶어 버렸다. 나는 그녀에게 "묶여 있는 기분이 어떠세요?"라고 물었고, 그녀는 "움직일 수도 없고 온몸이 꽉 조이며, 팽팽한 느낌이 든다."고 대답하였다. 그녀는 무엇을 하고 싶어 했을까? Meata가 풀려나고 싶어 했으므로, 나는 그녀에게 한 번에 한 곳씩 묶인 곳을 풀며, 한 군데가 풀릴 때마다 어떤 느낌이 드는지를 경험해 보라고 지시하였다. 밧줄 푸는 일을 수행하는 동안, 그녀는 자신이 속박 상태에서 풀려나는 것에 얼마나 큰 두려움을 느끼고 있었는지를 깨닫고 놀라움을 감추지 못하였다. 밧줄에 묶여 있는 상태가 아무리 불편하고 고통스러웠다 해도, 이는 적어도 그녀에게 일종의 정체성을 가져다주었던 것이다. 만약 그녀가 속박에서 완전히 자유로운 상태였다면, Meata는 자신이 누구이며 무엇이 되었을지 깨닫지 못했을지 모르겠다!

## 5. 재활 현장에 대한 적용

　심리치료와 상담 분야에서 게슈탈트 접근은 장애인을 대상으로 한 재활상담과 관련 서비스 제공에 유용한 이론적 모형을 제공한다. 게슈탈트 상담의 핵심 원리는 ① 자기(self)에 관한 전체론적 관점, ② 사람과 환경에 관한 이해(즉, 전경과 배경), ③ 지금-여기에 관한 시간적 강조(temporal emphasis), ④ 내담자와 상담사 간의 수평적 관계, ⑤ 지금-여기에 관한 자각이 변화를 가져다줄 것이라는 자각 등이다(Cottone, 1992). 이들 원리는 분명 재활상담 및 관련 직종의 전통적 가치와 일치하는 것으로 보인다.

다른 상담 접근에 비해 상대적으로 조명을 받지 못했음에도 불구하고, 다수의 재활 관련 문헌은 게슈탈트 이론과 상담이 장애인 내담자와의 상담에 효과적일 수 있다는 관점을 견지해 왔다(Allen, 1986; Coven, 1979; Grossman, 1990; Livneh & Sherwood, 1991; Thomas et al., 1998). 게슈탈트 이론은 전체론(Livneh & Sherwood, 1991)에 중점을 두고 있을 뿐 아니라, 자기 의식, 자기 완성(self-completion), 자기 통합(self-integration), 자기 책임(self-responsibility) 등도 중요시하는데, 이 같은 이유로 인해 장애인 내담자와의 상담에 특히 적합하다는 것이다. 상담에 임하는 내담자가 수행해야 할 과제 중 하나는 새로운 정체성의 구상, 개념화, 실현이라는 점에서(예: 만성질환 발병 또는 부상 발생 후), '게슈탈트'를 완성하기 위한 지속적 작업은 재활에 효과적일 수 있다. "치료 목표는 내담자가 과거로부터의 게슈탈트를 완성하고, 현재 자신과 다른 사람들에 대해 풍성한 경험을 가지며, 언제나 완전한 형태로 존재하며 새로운 의미로 가득 찬 미래를 열도록 지원하는 데 있다."(Berger, 1999, p. 33) 나아가, 게슈탈트 치료사는 내담자에 의한 자기 길 찾기의 중요성을 신봉하는데, 이는 장애인의 자기 결정권 존중이라는 재활상담의 이상과도 일치한다(Seligman & Reichenberg, 2010). 게슈탈트 치료의 이 같은 속성은 재활 효과의 향상에 필요한 잠재력 발현을 활성화한다.

Livneh와 Antonak(1997)은 재활 서비스의 잠재적 소비자라 할 수 있는 만성질환 혹은 장애를 가진 사람들은 일련의 심리적·정서적·사회적 스트레스를 경험할 가능성이 있다고 지적하였다. 이러한 스트레스의 원인으로는 장애·만성질환의 예후, 일상생활 활동 수행 능력, 장애·만성질환이 가족과 친구에게 미치는 영향, 자신에게 주어진 역할 완수 등을 들 수 있다. 비록, 게슈탈트 치료의 주된 목표가 내담자로 하여금 지지적 환경에 대한 지나친 의존 상태에서 벗어나 자립으로 나아갈 수 있도록 필요한 도움을 제공하는 것에 있기는 하지만, 게슈탈트 이론은 내담자도 때로는 자신이 속한 환경으로부터 건전하고 비조작적 지지를 원한다는 사실을 인정한다(Bull, 1997). 임상적 차원에서, 게슈탈트 치료는 재활 서비스 이용자들이 손상에 따른 결과에 적응할 수 있도록 도움을 제공한다(예: Imes, Clance, Gailis, & Atkeson, 2002).

게슈탈트 치료는 재활상담 관계에 적용이 가능한 다수의 경험적 기법을 제공한다. 이들 중 다수의 기법은 재활 서비스 이용자들이 분노(내적 분노와 외적 분노 모두 포함), 부정, 우울, 다른 측면의 장애 적응과 삶에 대처하는 데에 매우 효과적이다. 게슈탈트 치료 개입은 내담자가 장애인으로 산다는 것에 관한 자신의 감정뿐 아니라, 미래에 그들이 이루게 될 더 큰 행복과 성취감을 얻는 방법을 깨닫는 데 필요한 도움을 제공할 수 있다. 게슈탈트 치료에서 장애인 이용자의 상담에 특히 유용한 기법들로는 자기 책임과 1인칭 대명사(personalizing pronoun)의 사용, 미해결 과제, 과장, 대화 등과 같은 경험적 게임을 꼽을 수 있다(Livneh & Sherwood, 1991). 일례로, Grossman(1990)은 빈 의자 기법을 통해 내담자는 자신의 성격 중 손상된 측면과 그렇지 않은 측면 사이의 내적 갈등 유발에 기여했을 신체 일부[예: 절단된 팔·다리, 보주기, 환각지(phantom limb) 등]와의 대화를 시도할 수 있다고 주장하였다.

　게슈탈트 치료 개입은 내담자에게 장애로 인해 삶에서 박탈당했다고 느꼈던 것들에 관한 감정을 정리하고 상담을 종결하도록 돕는 일에 매우 효과적이다(Coven, 1978). 이는 내담자에게 잔존 능력만을 각인시키는 차원을 넘어, 그가 무엇을 상실했는지를 이해할 수 있도록 돕는다. 상담사는 '지금 내가 할 수 없는 것은……'과 '나는 …… 때문에 좌절했다.'와 같은 문장을 활용하여 내담자가 자신이 느끼는 상실감에 관해 이야기할 수 있는 기회를 제공한다(Coven, 1978, p. 145). 또한 Murdock(2013)은 여성을 상대로 게슈탈트 이론의 적용 가능성을 검토한 자신의 연구를 통해, 게슈탈트 치료가 다른 사람의 견해에 얽매이지 않는 이상적 성장과 가치를 촉진할 수 있다고 주장하였다. 마찬가지로, 게슈탈트 철학은 장애인이 어떻게 자신의 타고난 가치를 자각하게 되는지에 관한 함의를 내포하고 있다.

　게슈탈트 치료는 장애 적응 문제를 다루는 유용한 수단일 뿐만 아니라, 알코올 중독 치료(Clemmens, 1997), 집단 상담(Fedar & Ronall, 1980; Harman, 1996), 가족상담(Polster & Polster, 1973) 등 다른 재활 분야에서도 널리 사용되고 있다. 게슈탈트 상담은 또한 지적 장애, 정서 장애, 범불안 장애, 불편함, 정신신체 장애(psychosomatic disorders) 및 아노미, 아동과 청소년(Thomas et al., 1998), HIV/AIDS 감염자(Siemens, 2000), 섭식 장애(Angerman, 1998), 외상 후 스트레스 장애(PTSD; Cohen, 2003; Perera-Diltz, Laux & Toman, 2012) 등 다양한 유형의 장애 집단 치료에도 널리 활용되고 있다. Cohen은 그 자신이 외상 후 스트레스 장애의 성공적 치료를 위한 필수 요소라고 생각하고 있는 현재, 신체 움직임, 비언어적 행동을 중시한다는 점을 감안해 볼 때, 게슈탈트 치료는 중요한 처치 방법으로 간주될 필요가 있다고 주장하였다. 한편, Cohen은 치료 효과를 입증할 만한 연구가 거의 없다는 사실에 실망감을 표하기도 하였다.

　Siemens(2002)는 HIV/AIDS 감염자 상담에 게슈탈트 치료가 유용하다는 사실에 주목하였다. Siemens는 HIV 감염자들은 자신의 질병으로 인해 외부 세계에 관해 극도의 수치심을 품고 있다는 점에서, 사회 공동체에 대한 노출을 피하려는 방법의 하나로 반전 감정을 보일 가능성이 높다고 주장하였다. 하지만 AIDS가 불치병이 아니라 만성질환이라는 자각 확산은 자기 지지에 대한 기대에도 변화를 초래하였고, 이는 다시 직장과 가사로부터 단절되어 살아가던 HIV 감염자들에게 커다란 혼란을 불러일으켰다. 게슈탈트 치료는 반전 과정(즉, 자기를 향한 공격성)에 대처하고, 현재 상태에서 내담자가 보다 정확한 자아감(sense of self)을 실현할 수 있도록 격려할 수 있다.

Angermann(1998, p. 38)은 다음과 같이 섭식 장애가 있는 사람을 위한 몇 가지 상담 목표를 제시하면서, 게슈탈트 치료를 활용하면 이들의 효과적 해결이 가능하다고 주장하였다.

> ① 자기 내면의 신체적 · 정서적 상태 인지(신체적 지각, somatic perception), ② 내담자가 어떤 방식으로 환경과의 접촉을 회피하며, 경계 침해가 적응 기능에 어떤 영향을 미치는지에 관한 이해, ③ 자아 및 자아상을 하나의 전체로 통합(분열의 해소), ④ 현재 상황에 영향을 미치며 자각과의 통합을 저해하는 미해결 과제 검토.

이 같은 적용의 예로, 상담사는 내담자가 자신이 처한 현실적 환경과 머릿속에 맴도는 대화 간의 차이를 구별하게 도와줄 수 있다. 섭식 장애를 가진 사람에게 있어, 이 같은 이분법적 사고는 그 자신이 스스로를 바라보는 관점과 다른 사람들이 그에게 가졌다고 믿는 관점(예: 육체적으로), 그 자신이 스스로를 어떻게 생각하는지(예: 무가치함, 추함)와 다른 사람들이 그에 관해 품고 있다고 여겨지는 생각 등의 방식으로 표현된다(Angermann, 1998). 상담사는 과장 기법을 사용하여 내담자에게 자신이 내부의 여러 가지 망상에 오랜 시간을 허비함으로써, 현실의 삶을 등한시했다는 점을 일깨워 줄 수 있다. 또 다른 유용한 상담 전략으로, 결손 가정(알코올 중독자 부모)에서 태어나 어렸을 때부터 가족을 돌봐 오며 다른 사람들의 기대와 욕구에 매몰된 나머지 섭식 장애를 겪고 있는 내담자에게는 아동기의 자아와 성인기의 자아를 구분하여 역할놀이를 하게 지도하는 빈 의자 기법이 있다.

Coven(1978)은 게슈탈트 치료와 관련된 철학, 이론, 기법, 규칙이 장애인 이용자를 대상으로 하는 재활 서비스 제공에 활용될 수 있으며, 임상적 차원을 넘어 보다 광범위한 서비스 체계에도 확장이 가능하다고 제안하였다. Yontef(1997)는 게슈탈트 치료가 임상 슈퍼비전 제공에 매우 요긴하게 적용이 가능하다고 제안하였다. 임상 수준에서, 게슈탈트 관점은 개별 내담자의 과업 완수와 재활 과정 종결 지원, 자신이 직업적 · 개인적으로 부적합하다는 감정 대처, 개인-직업의 완전체(wholeness) 달성 과정 장려 등의 기능을 촉진할 수 있다. 임상 슈퍼비전에 제공에 있어, 숙련된 상담사는 훈련 과정에 있는 초보 상담사가 자각과 현재-초점(present-centeredness)을 바탕으로 자신의 감정을 깨닫고 이해하며 억누르고 절제하며 표현하는 데에 필요한 효과적 지원을 제공할 수 있다. 보다 광범위한 서비스 체계 수준에서, 게슈탈트 원리는 서비스에 관한 장애인 이용자의 선택권 확대, 이용자에 대한 재활 전문가들의 접근성 개선, 재활 과정에 소요되는 시간 단축 등에도 활용이 가능하다. 이러한 유형의 체계수준과 게슈탈트 기반한 아이디어는 자기 결정, 소비자 역량 강화, 정상화 등을 강조하는 장애인 이용자 대상 재활 서비스 제공 방식을 둘러싸고 등장한 최근의 여러 가지 변화와도 맥을 같이하고 있다(예: Degeneffe & Terciano, 2012). 특히 인간은 자신의 현실을 규정할 능력이 있고 개인이 지닌 총체적 욕구에 관심을 기울여야 한다는 게슈탈트 이론의 견해는 장애인 재활이 지향하는 철학적 가치에 부합한다.

게슈탈트 이론의 철학과 신념에 동조하거나 친숙한 재활 전문가들은 장애 서비스 분야에서 벌어지는 현대적 변화에 대해 보다 우호적인 태도를 보일 확률이 높다는 가정이 가능하다. 이 같은 변화는 내담자가 자신이 원하는 바가 무엇인지를 결정하며, 재활 서비스 선택과 활용 방식에 있어 의미 있는 참여와 책임을 느끼게 만드는 상담사와 내담자 간의 '나-너' 관계와 괘를 같이한다.

게슈탈트 치료에서 내담자는 상담사와의 협력적이고 때로는 긴장감 있는 관계 형성을 통해 분리 감정, 삶에 대한 즐거움 결핍, 충만한 삶을 누리지 못하고 있다는 느낌 등의 해소를 위해 노력해야 한다. 물론, 게슈탈트 상담이 재활 서비스를 받는 사람들 모두에게 적합한 접근 방식이라는 의미는 아니다. 게슈탈트 치료는 현실감이 떨어지는 내담자, 위기에 처한 내담자, 지엽적 문제나 욕구를 가지고 도움을 청하는 내담자 등에게는 적용에 한계가 있다(예: 자신이 종사하는 일에 불만을 가진 경우; Seligman & Reichenberg, 2010).

그러나 Arnfred(2012)는 문헌 검토와 덴마크에서의 임상 경험을 토대로, 게슈탈트 치료가 조현병을 가진 사람들에게 집단 치료에 참여한 동료 환자들과의 관계(접촉) 촉진과 성숙한 자기 의식 개발 지원 등에 효과적 활용이 가능하다고 주장하였다. 하지만 그녀는 상담사에 의한 행동 변화와 내담자의 정신세계 진입 정도, 행동화(acting-out) 실험과 실연 연습 활용 정도 등의 문제에 있어 이견이 존재한다고 보고하였다. Baalen(2010)은 또한 정신질환, 과잉행동, 불면증 등의 증상을 경험했던 조울증 여성을 대상으로 게슈탈트 치료를 활용한 포괄적 사례 연구를 제공하였다. Baalen은 인생의 상반된 측면, 삶의 현상학적 의미, 연인, 동료, 예술작업을 했던 공간과의 관계 등을 다루며 게슈탈트 치료를 활용한 여성 내담자와의 장기적 치료 관계를 기술하였다. 그는 내담자와의 치료 작업을 관계적이라고 설명하면서, 그녀가 약을 복용하지 않고 3년 동안 치료를 계속했으며 더 이상의 조울증 증상을 경험하지 않았다고 보고하였다.

# 사례 연구

John은 38세의 남성으로, 6개월 전 자동차 사고로 인해 척수장애인이 되었다. 그는 허리 아래가 마비된 채, 아파트에서 홀로 살고 있다. John은 부모님의 끈질긴 권유에 따라 상담을 받기로 동의하였다. 그의 부모는 아들이 장애 적응에 어려움을 겪는 것 같다는 우려를 표명하였다. John은 대부분의 시간 화가 난 것처럼 보였고, 가족과 친구들을 멀리하였다. 다른 사람들이 그에게 기분이 어떠냐고 물으면 John은 보통 모든 게 괜찮다고 대답하고는 이내 화제를 돌려 버린다. 다음 내용은 John과의 상담 중 일부를 발췌한 것이다. 여기서 John은 상담에 관한 자신의 소해와 부모와 자신의 현재 관계에 대해 이야기하고 있다.

상담사: 무슨 일로 상담을 받으러 오셨나요?

내담자: 부모님께서 저한테 상담이 필요하다고 생각하시거든요. 그분들은 사고를 당한 후로 제가 별로 잘 지내지 못한다고 걱정이 많으세요.

상담사: 아, 그렇군요. 오늘 여기 오시니 기분이 어떠세요?

내담자: 뭐, 그리 나쁘지 않은 것 같네요. 좋은 생각 같아요.

상담사: 방금 하신 이야기 다시 한번 말씀해 줄 수 있으신가요? 이번에는 '그것' 대신 '나'를 주어로 해서 상담을 받는 것에 관한 John 씨의 생각을 말씀해 주세요.

내담자: 왜 그러시지요? 그렇게 말하면 뭐 달라지는 거라도 있나요?

상담사: 아, 그거요? John 씨는 지금 상담에 대한 본인 자신의 생각을 말씀하셨잖아요. 그런데 John 씨가 쓰신 표현을 듣고 있자면 마치 자신의 것이 아닌 다른 사람의 생각을 대신 전한다는 느낌이 들었거든요.

내담자: 알겠습니다. 한 번 더 해 볼게요. 제 생각에는 상담을 받는 것도 좋은 방법인 것 같아요.

상담사: 두 가지 표현 사이에 어떤 차이가 있지요?

내담자: 아! 그러고 보니 두 번째 말할 때는 정말로 상담이 좋은 방법이라고 생각하지 않았던 것 같아요.

상담사: John 씨는 실제로 어떻게 생각하시나요?

내담자: 그분들이 왜 그러시는지는 알 것 같아요. 부모님은 제가 마냥 걱정스러우신 거지요. 그러실 수 있다고는 생각합니다.

(상담자는 John이 대답할 때, 오른손 주먹을 꼭 쥔다는 사실을 알아차렸다.)

상담사: 저의 질문에 답변하실 때 John 씨가 오른손으로 어떤 행동을 취하는지 알고 계시나요?

내담자: 주먹을 쥐었던 것 같은데요.

상담사: 그것이 무엇을 의미한다고 생각하시나요?

내담자: 잘 모르겠어요. 제가 그런 행동을 했다는 것조차 자각하지 못했는걸요.

상담사: John 씨, 10초 동안만 두 주먹을 쥐고 계셔 보실래요? 주먹을 쥐고 있으면 어떤 느낌이 드는지 집중해 보시고요.

상담사: (10초 후에) 지금은 어떻게 느끼시나요?

내담자: 좌절감도 들고 화도 납니다.

앞의 대화에서 우리는 John이 상담에 관한 자신의 느낌을 자각할 수 있도록 돕고자 하는 상담사의 노력을 엿볼 수 있다. 상담사는 John에게 자신의 한 첫 번째 진술을, '그것'이 아닌 '나'를 주어로 해서 다시 말하게 하고, 자신의 비언어적 행동을 환기시켜 줌으로써 John이 그 자신의 감정을 자기 것으로 만들고 이해하는 과정을 촉진하였다. 회기 후반부에서 상담사는 John을 상대로 부모님과 그의 현재 관계에 관해 이야기를 나눈다.

상담사: 부모님과는 어떻게 지내시나요?

내담자: 잘 지내는 편이에요. 때때로 제 삶에 지나치게 간섭하시긴 하지만요.

상담사: 어떤 식으로 간섭하시나요?

내담자: 매일 전화를 거시고, 집에 오셔서 먹을 것은 떨어지지 않았는지, 저의 활동지원사가 일을 제대로 하는지를 확인하시지요.

상담사: 부모님이 John 씨의 삶에 얼마나 많이 관여하고 있는지에 관한 선생님의 생각을 말씀드려 본 적은 있으신가요?

내담자: 아니요.

상담사: 어째서요?

내담자: 저를 도우려 애쓰고 계시는 그분들 면전에서 차마 그런 말을 할 수는 없었어요.

상담사: 우리 실험 한 가지만 해 볼까요? 저기 보이는 빈 의자에 부모님이 앉아 계시다고 상상하고 John 씨의 느낌을 한 번 이야기해 보는 겁니다.

내담자: 알겠습니다. 그런데 이건 조금 이상해 보입니다. 전에는 이런 일을 해 본 적이 없어서요.

상담사: 괜찮아요. 그냥 한 번 해 보세요.

내담자: 어머니, 아버지, 저를 위해 애쓰시는 거 항상 감사하게 생각해요. 하지만 저 스스로 살아갈 수 있게 내버려 두셨으면 좋겠어요. 제 나이도 벌써 서른여덟 살이잖아요. 혼자 힘으로 충분히 살아갈 수 있어요.

상담사: 부모님에게 화가 나시나요?

내담자: 예. 그래도 부모님이 왜 간섭하려 하시는지 이해할 수는 있어요.

상담사: 부모님의 감정은 생각하지 마시고요. John 씨가 어떻게 느끼고 있는지에 관해서만 집중하시고 당신의 분노를 표출해 보세요.

내담자: 어머니, 아버지. 두 분이 오셔서 냉장고를 열어 음식이 떨어지지나 않았는지 확인하실 때마다 제가 얼마나 당황스러운지 아세요? 제 도우미에게 일을 제대로 하고 있는지 꼬치꼬치 캐물으

실 때마다 제가 얼마나 화가 나는지 아시냐고요? (John의 얼굴은 상기되어 갔으며 언성도 점점 높아졌다). 부모님은 두 분의 인생을 사세요. 저는 좀 내버려 두시고요. 제게는 두 분을 만족시켜 드리기 위해 모든 게 잘 되고 있는 것처럼 보이는 일로 신경 쓸 여력이 없어요! 제 인생은 제가 알아서 하게 내버려 둬 주세요!

빈 의자 기법을 통해 John은 그가 부모님과의 관계에서 품게 된 감정을 큰 소리로 털어놓는 체험을 할 수 있었다. 그는 자기가 억누르려 노력했던 감정을 뚜렷이 느끼기 시작했고, 처음으로 그가 장차 부모님께 무슨 말을 해야 할 것인지를 경험할 수 있었다. 상담사는 회기 후반부에 John으로 하여금 그의 부모가 되어 왜 그들이 아들(John)의 삶에 그렇게 관여하려 했는지 이야기해 볼 것을 권하였다. John은 빈 의자 기법을 통해 자율성, 선택, 자립 등의 측면에서 그의 부모와 보다 우호적인 관계를 구축할 토대를 마련할 수 있었다. 그는 실제 접촉이 일어나기 전 자신의 감정을 자각하여 숙지한 다음 상처를 주지 않으면서 그것을 전달할 수 있는 방법—상처를 줄 경우 그것은 역효과를 낳을 수 있다—을 모색할 수 있게 되었다.

# 6. 주요 관련 연구

게슈탈트 치료 과정과 결과에 관한 초기 연구는 제한적이었고(Allen, 1986; Fagan & Shepherd, 1997; Simkin, 1976), 연구 방법론적 요인(Fagan & Shepherd, 1970; Thomas et al., 1998)과 철학적 관점(Allen, 1986; Livneh & Sherwood, 1991)의 차이로 인해, 다른 상담 이론을 대상으로 행해진 것만큼 폭넓거나 풍부하지도 않았다(Murdock, 2013). 앞서도 언급한 바와 같이, 게슈탈트 치료는 실존주의적 상담 및 심리치료의 한 형태로, 치료의 목표가 삶의 의미를 찾고 자기 지각의 내면에 초점을 맞춘다는 점으로 인해 치료 결과 측정에 여러 가지 어려움을 초래한다(May & Yalom, 1995). 이 같은 유형의 접근은 계량화가 거의 불가능하다. Fagan과 Shepherd(1970, p. 241)는 다음과 같은 내용을 강조하였다.

대부분의 경우, 통계적 데이터 확보에는 많은 어려움이 따른다. 중요한 변수들은 계량화 작업이 어렵다. 치료사, 환자, 그들 간의 상호작용 과정 속에 서로 얽혀 있는 복잡하고 다중적 변인들을 규명하는 것 또한 거의 불가능하다. 가용한 측정도구의 열악함과 제한성은 치료 과정의 미세한 측면을 적절히 반영할 수 없다.

이 같은 방법론적 어려움 외에도, 게슈탈트 치료사들은 전통적으로 개입 결과에 대한 공식적 검증에 관해 철학적 측면에서 저항하는 입장을 취해 왔다. Allen(1986)은 Simkin의 연구를 근거로, 게슈탈트 치료사들은 대부분 연구 방법론 혹은 공식적 심리 진단 평가의 이점을 보려하지 않는다고 보고하였다. 나아가, 게슈탈트 치료사들은 종종 내담자에 대한 치료 결과를 평가하는 가장 효율적인 도구는 임상적 판단이라는 믿음을 추종하고 있다. 이들은 치료 결과는 내담자의 전망 변화, 적절한 자기 표현, 언어적 수준으로의 자각 확장 능력, 책임감 등의 주관적 지표를 통해 평가가 가능하다고 생각한다(Livneh & Sherwood, 1991, p. 531).

최근 심리학 분야에서는 평가 가능한 게슈탈트 치료 구성요소와 이들의 적용에 근거를 제공하는 기존 방법의 확대 노력이 활발히 전개되고 있다. Thomas와 동료들(1998)은 최근 주류 심리학의 다양한 이론적·실증적 성과를 게슈탈트 치료 방식에 통합하려는 시도가 활발히 전개되고 있다고 보고하였다. Greenberg, Elliott 그리고 Lietaer(1994)는 양적 평가 중시 확대를 뒷받침하는 증거 제시를 통해 심리치료 성과, 치료 과정, 특정 치료 과제 개입 등에 관한 기존의 게슈탈트 치료 관련 연구를 검토하였다. 치료 성과와 관련하여 Greenberg와 동료들(1994)은 게슈탈트 상담이 우울증 치료에 있어 비지시적 치료와 독서 치료(bibliotherapy)에 견주어 대등한 효과를 보였다는 다수의 연구 결과를 제시하였다. 더욱이, 게슈탈트 치료는 내담자의 주된 호소 문제(target complaints), 개인적 성향, 적응 등의 측정을 활용한 내담자 치료 성과 측면에서 행동 치료와 견주어 유사한 정도의 효과를 보인 것으로 나타났다. 이들은 또한 심리치료 과정에 관한 연구를 통해, 게슈탈트 치료에서도 대다수 심리치료 이론과 마찬가지로 회기 내 조언(in-session advisement), 반영(reflections), 해석, 개방, 질문, 정보 제공 등과 같은 일반적 상담 전략이 활용된다고 보고하였다. 또한 심리치료 과정 변인 관련 연구에 따르면, 게슈탈트 치료사들은 주로 지금-여기, 경험, 감정에 관계된 문제를 중시했고, 내담자와의 상담에서 대부분 행동을 표현하는 동사(action verb)를 사용했다고 지적하였다.

끝으로, Greenberg 등(1994)은 게슈탈트 치료에서 가장 널리 활용되는 두 가지 개입이라 할 두 의자 대화 기법과 빈 의자 대화 기법에 관한 연구를 검토하였다. 그들은 두 의자 대화 기법과 비게슈탈트 치료 기법을 비교한 다수의 연구 검토 결과를 토대로, 두 의자 대화 기법이 두 개의 자기 양상 사이의 분열 혹은 갈등을 호소하는 내담자 상담에 탁월한 전략이라는 사실을 발견하였다. 두 의자 대화 기법은 내담자에게 체험의 깊이, 집중력(focusing ability), 결정 기술 향상 달성을 돕는 것으로 나타났다. 빈 의자 대화에 관한 연구 결과, 이 기법은 미해결 과제 해결에 효과적인 방법이 될 수 있음을 시사하였다.

　Strumpfel과 Goldman(2002)은 게슈탈트 치료에 관한 최근 연구 검토 결과를 토대로, 미시 과정(microprocesses; 즉, 게슈탈트 치료에서 상담사와 내담자 간의 상호작용 안에 존재하는 매 순간마다의 과정)과 장기적 거시 과정(macroprocesses; 즉, 다양한 사람을 대상으로 사용된 게슈탈트 치료 결과 데이터)을 다룬 60편의 관련 논문을 검토하였다. Strumpfel과 Goldman은 미시 과정 관련 연구가 임상 전문가들에게 게슈탈트 치료 기법의 적절한 활용과 내담자의 변화를 이끌어 내기 위한 최선의 방법을 알려 주는 모델을 제공했다고 제안하였다. 데이터와 관련하여, 이들이 검토한 연구 중 75%는 게슈탈트 치료 접근만을 사용했고, 나머지 25%는 다른 과정 경험 치료(process-experiential therapy) 기법과 게슈탈트 치료 기법을 병용하였다. Strumpfel과 Goldman(2002, p. 212)은 결과 지표 검토에 따른 결론을 다음과 같이 제시하였다.

　　성과 지표에 관한 연구는 게슈탈트 치료가 다양한 장애 유형을 대상으로 제공된 다른 치료 방법에 견주어 대등하거나 더 큰 효과가 있었다는 사실을 보여 주었다. 초기 연구의 방법론적 취약성이 치료 효과의 크기를 반감시킨 경우도 있기는 했지만, 최근 시행된 새로운 연구는 게슈탈트 치료가 정서 장애와 성격 장애 개선에 매우 효과적이라는 점을 입증하였고, 가장 최근에는 정신신체 장애와 물질 중독 치료에도 뛰어난 효과를 보인다는 사실을 보여 주었다. 나아가, 치료 종결 후 1~3년이 경과한 시점에서 실시한 후속 연구는 치료 효과가 안정적으로 유지되고 있음을 보여 주었다.

　지난 10년간에 걸쳐 게슈탈트 치료 전문가와 학자들은 초기의 이론적 토대로부터 진화를 거듭한 게슈탈트 치료가 증거 기반 상담 접근으로서의 유용성을 입증하기 위해서는 연구 비중을 높여야 한다는 점을 강조해 왔다. 현대 게슈탈트 치료 분야의 저명한 학자이자 임상의인 Philip Brownell은 이 같은 방향 설정이 필요한 이유를 다음과 같이 설명하였다.

　　지난 10년간, 게슈탈트 치료사들의 연구에 대한 관심은 증가 추세를 보이고 있다. 심리치료 전 영역에 걸쳐 확산 추세에 있는 실제적 치료 효과 지지에 필요한 증거 중시라는 시대적 흐름을 맞이하여, 게슈탈트 치료사들도 치료 효과를 뒷받침할 증거 산출 부담이 기존의 학술 연구 기관에 속한 실험심리학자와 연구원이 아닌 그들의 책임이 되었다는 사실을 깨닫기 시작했다. 인지 행동 치료의 지배적 패러다임(paradigm)은 그 같은 연구 대부분을 선점

하였으며, 현대 게슈탈트 치료에서 이(증거 기반 연구)의 중요성에 관한 자각은 아직 미흡한 실정이다. 연구 증거와 공공 정책 간의 연계 조사, 치료 지침 중시 경향 등의 추세로 인해 게슈탈트 치료는 주류에서 소외될 위험이 매우 높다. 우리는 정책이 계속 변하는 시대에 살고 있다. 이는 과학으로서의 심리학이라는 기조에 영향 받은 바가 매우 크다. 게슈탈트 치료 적용이 없어져 버린 독일의 상황은 게슈탈트 상담이 처한 냉정한 현실을 극명히 보여 주었다(Fisher, 2012, p. 5)

  실제적 행동에 대한 시대적 요구에도 불구하고, 일부 게슈탈트 상담 전문가들은 치료 효과성 입증에 지속적으로 저항하는 것처럼 보인다. 예를 들어, Cohen(2003, p. 49)은 외상 후 스트레스 장애 치료에 대한 게슈탈트 치료 관련 연구 부족 문제를 지적하면서, 다음과 같이 결론지었다. "물론, 이 같이 암울한 연구 결과가 게슈탈트 치료사들이 외상 후 스트레스 장애로 고통 받는 사람들을 치료할 수 없음을 의미하지는 않는다. 이들 연구는 게슈탈트 치료사들이 그들의 치료 작업을 보고하려고 애쓰지도 않고, 동료들과의 치료 과정 공유도 꺼려한다는 사실을 보여 줄 뿐이다."
  게슈탈트 치료에 관한 증거 기반 지식 축적에 더 많은 관심을 기울이겠다는 표현의 하나로, Brownell(2008)은 게슈탈트 치료에 관한 연구 필요성을 강조한 『게슈탈트 치료 이론, 연구, 실천 편람(Handbook for Theory, Research, and Practice in Gestalt Therapy)』이라는 책을 출간하였다. 이 책은 게슈탈트 치료의 유용성을 입증하는 양적ㆍ질적 기반 연구를 검토하고, 게슈탈트 치료 관련 연구에 관심을 가진 사람들을 위한 '연구 공동체' 설립에 단원(chapter)을 수록하고 있다. 아울러, 2013년 4월에는 게슈탈트 치료 증진 협회(Association for the Advancement of Gestalt Therapy)와 게슈탈트 국제 연구 센터(Gestalt International Study Center)가 공동 주관한 게슈탈트 치료 연구를 위한 국제회의가 개최되었다(Fisher, 2012).


## 7. 강점과 한계

  게슈탈트 치료는 전반적으로 상담과 심리치료 분야에 수많은 발자취를 남겼다(Gilliland et al., 1994). 게슈탈트 치료는 내담자의 언어적 진술과 인지 처리 과정은 물론, 치료와 내담자의 삶에서 벌어지는 사건을 둘러싼 내담자 자신의 실존적 이해에 대한 관심의 중요성을 확인하였다. 과정보다 기법을 강조하는 다른 유형의 치료법들과는 달리, 게슈탈트 치료사들은 내담자와의 만남 각각을 고유한 실존적 경험으로 간주함으로써, 심리치료에서 창의적 접근을 가능하게 해 주었다. 게슈탈트 치료사들은 내담자 각각이 지닌 욕구와 성격의 독특성에 초점을 맞추는 방식으로 내담자에 대응하려고 시도한다. 게슈탈트 치료는 장애 문제에 대한 적용 가능성 외에, 성별 문제, 위기, 빈곤, 상호작용 집단 등 다양한 유형의 욕구를 지닌 내담자 상담에도 매우 효과적이다. 마지막으로, 게슈탈트 치료는 중요한 치료적 의미가 내담자의 비언어적 행동과 언어적 진술을 통해 표현될 수 있다는 견해를 강조해 왔다.

　게슈탈트 치료는 신경증, 완벽주의, 불안장애, 비효율성, 우울증 등의 문제를 지닌 사람, 다시 말해 삶의 즐거움을 느끼지 못하는 사람과 내적 위축감, 과도한 사교성, 지나친 절제, 억압 등의 문제를 호소하는 내담자 상담에 가장 효과적이다(Shepherd, 1970). 게슈탈트 치료는 또한 Simkin(1976, p. 35)이 '머릿속이 복잡한' 사람이라고 불렀던, 이지적 내담자 상담에도 매우 효과적이다. 게슈탈트 치료를 경험한 내담자는 기꺼이 자신의 정서적, 인지적, 신체적 행동 변화를 받아들이고 그에 따른 책임을 질 수 있어야 한다(Passons, 1975). 한편, 게슈탈트 치료는 삶의 조직화(organized)에 어려움을 겪는 사람, 심각한 신경증 환자, 심각한 심리적 문제가 있는 사람 등에게는 그다지 효과가 없는 것으로 알려져 있다(Shepherd, 1970). 이 같은 한계로 인해, 게슈탈트 치료는 일부 재활 서비스 이용자들의 상담에 이용되지 않을 수 있다.

　게슈탈트 치료의 또 다른 제한점은 훈련의 일부로 예비 상담사가 내담자가 되어 치료에 참여하는 것을 포함하여, 전문가가 되기 위해 광범위한 훈련이 요구되는데, 이러한 과정은 재활상담사의 게슈탈트 기법 활용을 저해할 수 있다(Thomas et al., 1998). 내담자는 게슈탈트 치료의 역동적이고 경험적 특징에 다양한 반응을 보일 수 있는데, 이로 인해 전문가들에게는 치료 전반에 대해 광범위한 훈련이 요구된다. 따라서 상담사는 개별 내담자에게 정확히 어떤 치료법이 최선일지에 관해 명확히 이해할 필요가 있다(Passons, 1975).

　전술한 한계에도 불구하고, 재활 전문가들은 내담자에 대한 이해 및 그와의 상담에 있어 다양한 게슈탈트 기법, 철학, 중점 요인을 사용할 수 있다. 게슈탈트 이론은 재활 서비스를 받는 장애인 이용자에 대한 이해와 개개인의 성장과 자각 촉진을 목적으로 하는 내담자 중심적, 과정 지향적, 실존적 접근을 제공한다. 게슈탈트 철학과 이론은 대체로 재활 분야에서 오랫동안 유지되어 온 가치와도 일치하며, 상담에의 활용이 가능한 중요한 요소와 기법을 제공하기 때문이다.

## 집단 토의 과제

1. 개인이 특정 문제나 주제에 관해 양극화된 견해를 갖게 되는 삶의 영역은 무엇인가?

2. 자신의 삶을 되돌아 볼 때, 당신이 생각하는 '미해결 과제' 영역이 있는가?

3. 동기 강화 상담과 인지 행동 치료 등 장애인에게 적용할 수 있는 일반적 상담 접근과 비교해 볼 때 게슈탈트 접근 사용에 따른 강점과 한계는 무엇인가?

4. 당신은 게슈탈트 치료가 다른 상담 접근에 비해 연구 분야에서 관심을 덜 받은 이유가 무엇이라고 생각하는가? 다른 상담 접근에 비해 증거 기반 실증 연구가 부족하다는 사실은 게슈탈트 치료 활용에 관한 당신의 견해에 어떤 영향을 미치는가?

## 참고문헌

Allen, H. A. (1986). A gestalt perspective. In T. F. Riggar, D. R. Maki, & A. W. Wolf (Eds.), *Applied rehabilitation counseling* (pp. 148-157). New York, NY: Springer Publishing Company.

Angermann, K. (1998). Gestalt therapy for eating disorders: An illustration. *Gestalt Journal, 21*, 19-47.

Appelbaum, S. A. (1983). A psychoanalyst looks at gestalt therapy. In C. Hatcher & J. Aronson (Eds.), *The handbook of gestalt therapy* (3rd ed., pp. 753-778). New York, NY: Jason Aronson.

Arnfred, S. M. H. (2012). Gestalt therapy for patients with schizophrenia: A brief review. *Gestalt Review, 16*, 53-68.

Axelson, J. A. (1999). *Counseling and development in a multicultural society*. Pacific Grove, CA: Brooks/Cole.

Baalen, D. V. (2010). Gestalt therapy and bipolar disorder. *Gestalt Review, 14*, 71-88.

Berger, G. (1999). Why we call it gestalt therapy. *Gestalt Journal, 22*, 21-35.

Brownell, P. (2008). *The handbook for theory, research, and practice in gestalt therapy*. Newcastle, UK: Cambridge Scholars.

Bull, A. (1997). Models of counselling in organizations. In M. Carroll & M. Walton (Eds.), *Handbook of counseling in organizations* (pp. 29-41). Thousand Oaks, CA: Sage.

Clemmens, M. C. (1997). *Getting beyond sobriety: Clinical approaches to long-term recovery*. San Francisco, CA: Jossey-Bass.

Cohen, A. (2003). Gestalt therapy and post-traumatic stress disorder: The irony and the challenge. *Gestalt Review, 7*, 42–55.

Cottone, R. (1992). *Theories and paradigms of counseling and psychotherapy.* Boston, MA: Allyn & Bacon.

Coven, A. B. (1978). The Gestalt approach to rehabilitation of the whole person. *Journal of Applied Rehabilitation Counseling, 9*(4), 143–147.

Degeneffe, C. E., & Terciano, J. (2012). Rosa's law and the language of disability: Implications for rehabilitation counseling. *Rehabilitation Research, Policy, and Education, 25*, 163–172.

Fagan, J., & Shepherd, I. L. (Eds.). (1970). *Gestalt therapy now: Theory, techniques, and applications.* Palo Alto, CA: Science & Behavior Books.

Fedar, B., & Ronall, R. (1980). *Beyond the hot seat: Gestalt approaches to group.* New York, NY: Brunner/Mazel.

Fisher, S. L. (2012). Editorial: The gestalt research tradition: Figure and ground. *Gestalt Review, 16*, 3–6.

Gilliland, B. E., James, R. K., & Bowman, J. T. (1994). *Theories and strategies in counseling and psychotherapy* (3rd ed.). Needham Heights, MA: Allyn & Bacon.

Greenberg, L. S., Elliott, R., & Lietaer, G. (1994). Research on experiential psychotherapies. In A. E. Bergin & S. L. Garfield (Eds.), *Handbook of psychotherapy and behavior change* (4th ed., pp. 509–539). New York, NY: Wiley.

Grossman, E. F. (1990). The gestalt approach to people with amputations. *Journal of Applied Rehabilitation Counseling, 21*(1), 16–21.

Haney, H., & Leibsohn, J. (1999). *Basic counseling responses: A multimedia learning system for the helping professions.* Pacific Grove, CA: Brooks/Cole.

Harman, R. L. (1996). *Gestalt therapy techniques: Working with groups, couples, and sexually dysfunctional men.* Northvale, NJ: Jason Aronson.

Imes, S. A., Clance, P. R., Gailis, A. T., & Atkeson, E. (2002). Mind's response to the body's betrayal: Gestalt/existential therapy for clients with chronic or life-threatening illnesses. *Journal of Clinical Psychology, 58*, 1361–1373.

Kelly, T., & Howie, L. (2011). Exploring the influence of gestalt therapy training on psychiatric nursing practice: Stories from the field. *International Journal of Mental Health Nursing, 20*, 296–304.

Kogan, J. (1983). The genesis of gestalt therapy. In C. Hatcher & J. Aronson (Eds.), *The handbook of gestalt therapy* (3rd ed., pp. 235–258). New York, NY: Jason Aronson.

Livneh, H., & Antonak, R. F. (1997). *Psychological adaptation to chronic illness and disability.*

Gaithersburg, MD: Aspen.

Livneh, H., & Sherwood, A. (1991). Application of personality theories and counseling strategies to clients with physical disabilities. *Journal of Counseling and Development, 69*, 525-538.

May, R., & Yalom, I. (1995). Existential psychotherapy. In R. J. Corsini & D. Wedding (Eds.), *Current psychotherapies* (5th ed., pp. 262-292). Itasca, IL: Peacock.

Murdock, N. L. (2013). *Theories of counseling and psychotherapy.* Boston, MA: Pearson.

Passons, W. R. (1975). *Gestalt approaches in counseling.* New York, NY: Holt, Rinehart & Winston.

Patterson, L. E., & Welfel, E. R. (2000). *The counseling process* (5th ed.). Belmont, CA: Wadsworth/Thomson Learning.

Perera-Diltz, D. M., Laux, J. M., & Toman, S. M. (2012). A cross-cultural exploration of posttraumatic stress disorder: Assessment, diagnosis, recommended (gestalt) treatment. *Gestalt Review, 16*, 69-87.

Perls, F. S. (1969). *Gestalt therapy verbatim.* Lafayette, CA: Real People Press.

Perls, L. (1976). Comments on the new directions. In E. W. L. Smith (Ed.), *The growing edge of gestalt therapy* (pp. 221-226). New York, NY: Brunner/Mazel.

Polster, E., & Polster, M. (1973). *Gestalt therapy integrated* (3rd ed.). New York, NY: Brunner/Mazel.

Seligman, L., & Reichenberg, L. W. (2010). *Theories of counseling and psychotherapy: Systems, strategies, and skills* (3rd ed.). Boston, MA: Pearson.

Shepard, M. (1975). *Fritz.* New York, NY: Saturday Review Press.

Shepherd, I. L. (1970). Limitations and cautions in the gestalt approach. In J. Fagan & I. L. Shepherd (Eds.), *Gestalt therapy now: Theory, techniques, applications* (pp. 234-238). Palo Alto, CA: Science & Behavior Books.

Siemens, H. (2000). The gestalt approach: Balancing hope and despair in persons with HIV/AIDS. *Gestalt Journal, 23*, 73-79.

Simkin, J. S. (1976). *Gestalt therapy mini-lectures.* Millbrae, CA: Celestial Arts.

Strumpfel, U., & Goldman, R. (2002). Contacting gestalt therapy. In D. J. Cain & J. Seeman (Eds.), *Humanistic psychotherapies: Handbook of research and practice* (pp. 189-220). Washington, DC: American Psychological Association.

Thomas, K. R., Thoreson, R., Parker, R., & Butler, A. (1998). Theoretical foundations of the counseling function. In R. M. Parker & E. M. Szymanski (Eds.), *Rehabilitation counseling: Basics and beyond* (3rd ed., pp. 225-268). Austin, TX: Pro-Ed.

Tobin, S. A. (1983). Saying goodbye in gestalt therapy. In C. Hatcher & J. Aronson (Eds.), *The handbook of gestalt therapy* (3rd ed., pp. 371-385). New York, NY: Jason Aronson.

Whitmore, D. (1991). *Psychosynthesis counselling in action*. Newbury Park, CA: Sage.

Wulf, R. (1998). The historical roots of gestalt therapy. *Gestalt Journal, 21*, 81-92.

Yontef, G. (1997). Supervision from a gestalt therapy perspective. In A. E. Bergin & S. L. Garfield (Eds.), *Handbook of psychotherapy and behavior change* (4th ed., pp. 147-163). New York, NY: Wiley.

Yontef, G. M. (1983). The theory of gestalt therapy. In C. Hatcher & J. Aronson (Eds.), *The handbook of gestalt therapy* (3rd ed., pp. 213-222). New York, NY: Jason Aronson.

Zinker, J. (1977). *Creative process in gestalt therapy*. New York, NY: Brunner/Mazel.

# 제5장

# 인지 행동 치료

Elizabeth A. Boland, Timothy N. Tansey, and Jessica Brooks

### 학습목표

이 장의 주된 목적은 인지 행동 치료(Cognitive-Behavioral Therapy: CBT) 접근을 소개하고, 다양한 유형의 장애인을 대상으로 적용된 CBT 관련 연구를 요약·제시하는 것이다. 이 같은 목적을 달성하기 위해 다음과 같은 학습목표를 설정하였다.

① 일반적인 인지 행동 전략, 기법, 개입 방안을 이해한다.
② CBT와 관련된 성격 이론을 이해한다.
③ 다양한 유형의 장애인에 대한 CBT 적용 가능성 및 방법을 이해한다.
④ 증거 기반 실제로서의 CBT를 지지하는 과학적 근거를 알아본다.

## 1. 개관

CBT 접근은 1960년대 초반 처음 등장했을 때부터(Eills, 1962) 상담과 심리학의 지배적 학파에 혁신을 불러일으켰다(Hayes, 2004). CBT의 최초 판본(version)은 사고 수정의 직접적 결과로서 행동 변화 달성을 추구하였다(Kazdin, 1978). 다시 말해, CBT 개입은 내면의 사건을 행동이라고 가정하여 취급하였다(Pilgrim, 2011). 이는 당시의 지배적인 상담 접근이던 정신역동주의(Freud, 1923/1961) 및 행동주의(Wolpe, 1958)와 구별되는 사고방식(발상)의 극적 전환이었다. 인지심리학 분야의 획기적인 연구에서 영향받은 초창기 인지 행동 치료사(예: Beck, 1967)들은 다양한 내담자 집단 사이에서 발견되는 특정한 인지 오류에 관한 예리한 관찰을 통해 실제 치료에 대한 그들의 관심을 이끌어 내기 시작하였다. 그 후, 특이한 유형의 인지 왜곡과 이를 바로잡으려는 방법(Hayes, 2004) 규명을 시도했던 심리치료 연구의 새로운 영역이 형성되었다.

오늘날, CBT 접근은 주로 행동 변화라는 궁극적 목표를 수반하는 치료의 주된 방법으로서, 역기능적 믿음, 가정, 사고의 발견(detecting), 검증(testing), 변화(changing)에 주력한다(Dobson & Dozois, 2010). CBT는 상담사와 내담자가 공동으로 수행하는 협력적 탐구(investigation) 활동으로 개념화할 수 있다. 이 같은 협력 관계는 부적응 행동, 자신과 다른 사람에 관한 잘못된 믿음, 세상과의 관계 악화 등을 유발하는 개인의 사고 패턴과 믿음에 관한 탐구를 촉진한다(Beck & Weishaar, 2014; James & Gilliland, 2003). 대다수의 심리치료 이론과 마찬가지로, CBT 역시 새로운 적응 행동 목록(레퍼토리)을 구축하는 동시에, 개인의 정서적 건강 증진을 모색한다. CBT는 이론상 부적응적이고 잘못된 사고와 행동을 유발하는 인간의 사고 패턴과 인지적 가정에 관한 실증적 탐구를 중시한다(Beck & Weishaar, 2014).

## 2. 이론적 토대

CBT는 심리장애가 부적절한 학습과 부적응적 사고 두 가지 모두에서 비롯된다고 주장하는 인지심리학에서 파생된 이론적 개념에 기초하고 있다. 인지('알다 또는 배우다'를 의미하는 라틴어 cognito에서 유래하였음)의 광범위한 정신적 능력은 그 자체로서 자신이 처한 상

**표 5-1  인지 행동 치료의 원리**

| 접근 가설 | 우리는 생각의 내용과 과정을 알 수 있다. |
|---|---|
| 매개 가설 | 우리의 생각은 우리의 정서적 반응을 매개한다. |
| 변화 가설 | 우리는 정서적 반응의 매개와 인지 식별 능력으로 인해, 환경 속에서 벌어지는 사건에 대한 반응을 의도적으로 수정할 수 있다. |

황에 관한 결론을 이끌어 내는 정보처리 기능을 포함하는데, 이는 다시 인지에 의한 정서와 행동 통제로 이어진다. 근본적 차원(basic level)에서, CBT는 정보 적응 과정이 유기체의 생존에 매우 중요하다고 간주한다(Beck & Weishaar, 2014). 이 이론은 성격 발달에 관한 학습과 환경적 영향의 중요성을 신뢰하는 동시에, 심리 장애 형성과 치료에 있어 정보처리와 인지 매개의 중요성을 강조한다(James & Gilliland, 2003). CBT는 이러한 강조점을 바탕으로 개인의 인지 체계에 영향을 미칠 때 변화가 나타나고, 이는 다시 그 사람의 일상 경험에 대한 지각, 해석, 의미부여 방식을 변화시킨다고 주장한다(〈표 5-1〉 참조). Beck과 Weishaar가 설명한 바와 같이, 인지적 취약성이라 부르는 태도 또는 핵심적 신념은 인간을 일상생활 속에서 자신이 처한 상황을 편향적인 방식으로 해석하려는 성향으로 몰고 간다.

인간의 인지 체계는 다른 정보처리 체계(정서, 동기, 생리적 체계)와 상호작용하며, 물리적·사회적 환경으로부터 오는 정보(데이터)에 반응한다(Beck & Weishaar, 2014). 만약 반응이 부적응적 결론에서 비롯되었다면, 상담사는 그 같은 결론에 이르도록 만든 가설 검증을 지원한다. 현대 인지 이론에서, 모든 체계는 인지, 행동, 정서, 동기 도식 네트워크로 이루어진 양식(mode)으로서 동시에 작동하는데, 이들 도식(Schema)은 성격의 구성요소이자 삶의 경험을 해석하는 역할을 담당한다. 어떤 양식은 가장 원초적이며, 생존과 연관되어 있다. 하지만 그 같은 양식이 오해(misinterpretation)에 의해 유발되거나 과도하게 반응하면 부적응적인 것이 될 수 있다. 심리적 장애의 형성과 이에 반하는 긍정적 정서 반응 및 대처 행동 발달은 개인의 타고난 성향과 상호작용하는 환경적 자극을 둘러싼 그 자신의 평가와 인지적 취약성에 달려 있다고 간주된다. CBT에서, 상담사는 내담자와 협업하여 목적지향적 사고(purposeful thinking), 의도적 목표, 문제 해결, 장기적 계획 등으로의 대체를 통해 이러한 원초적 양식을 되돌리려 한다는 것이다.

인지 왜곡 혹은 추론의 체계적 오류는 심리적 문제와 장해를 겪는 과정에서 나타난다. Beck(1967)에 따르면, 인지 왜곡에는 ① 임의적 추론(arbitrary inference), ② 선택적 추상화(selective abstraction), ③ 과잉 일반화(overgeneralization), ④ 과장(magnification)과 축소

표 5-2 인지 왜곡 유형

| 유형 | 내용 | 예시 |
|---|---|---|
| 임의적 추론 | 어떤 사람이 결론을 뒷받침하는 근거가 없거나 자신의 결론을 반박하는 근거가 제시되었음에도 특정 결론을 도출하고자 시도할 때 발생함 | 어떤 사람이 아파서 직장에 결근했을 때 동료로부터 쾌유를 비는 카드를 받았음에도, 그 동료가 자신을 좋아하지 않는다고 믿음 |
| 선택적 추상화 | 어떤 사람이 다른 유용한 정보를 무시한 채 원래의 맥락과 무관한 특정 세부사항이나 관점의 중요성을 과장할 때 발생함 | 파티에 참석한 어떤 사람이 자신을 향한 단 한 사람의 불편한 시선에 집착한 나머지, 수많은 사람과 그날 밤 주고받은 일체의 긍정적 시선과 대화를 무시하며 자신이 진정으로 환영받지 못하였다고 생각함 |
| 과잉 일반화 | 어떤 사람이 한정된 횟수의 관찰을 통해 얻은 정보를 이용하여 보다 넓은 개념이나 믿음을 만들어 낸 다음, 이를 무관한 상황과 관계에 적용할 때 발생함 | 어떤 사람이 취업 면접에서 한 번 실패하였다는 이유에서 이후의 모든 면접을 잘 못볼 것이라고 믿음 |
| 과장 | 어떤 사람이 특정 사건이나 결과가 실제보다 훨씬 중요하다고 믿을 때 발생함 | 어떤 학생이 아파서 단 한 번 수업에 빠진 후, 교수가 자기를 싫어하게 될 것이고, 그 결과 기말 고사에서 낙제점을 받아 대학을 졸업하지 못할 뿐더러, 취업까지 어렵게 되어 자기 자신과 가족을 부양하지 못하게 될 것이라고 믿음 |
| 축소 | 어떤 사람이 특정 사건이나 결과가 실제보다 훨씬 덜 중요하다고 믿을 때 발생함 | 어떤 사람이 수업 평가에서 가장 중요한 기말고사에서 낙제점을 받은 후, 학기 중 어느 정도 가산점을 받았기 때문에 최종 성적에는 부정적 영향이 없을 것이라는 믿음 |
| 개인화 | 어떤 사람이 다른 사람의 행동이 그 같은 행동의 이면에 숨어 있는 실제 의도와 무관하게 자신에 대한 직접적이고 개인적 메시지 전달을 의도한 것이라고 생각할 때 발생함 | 식당 접객원이 어떤 손님의 무릎에 음식을 쏟았을 때 그 접객원이 자기를 좋아하지 않기 때문에 일부러 음식을 쏟았다는 손님의 믿음 |
| 이분법적 사고 | 어떤 사람이 결과나 사건을 두 가지 극단적 결론 중 하나로 분류할 때 발생함 | 회색 영역이 존재할 가능성이 크다는 점을 인식하지 못한 채, 인간은 완전히 정직하거나 전혀 믿을 수 없는 존재라고 생각함 |

(minimization), ⑤ 개인화(personalization), ⑥ 이분법적 사고(dichotomous thinking) 등 확연히 구별되는 여섯 가지 유형이 있다고 한다(〈표 5-2〉 참조). 임의적 추론은 별다른 증거가 없거나 증거에 정면으로 반하는 상태에서 결론을 도출하려는 행위를 포함한다. 선택적 추상화는 개인이 맥락과 무관한 한 가지 세부 사항에 근거하여 삶의 경험을 해석하고 과장할 때 발생한다. 과잉 일반화는 한 가지 또는 소수의 단편적 경험으로부터 전체적인 규칙을 만들어 모든 상황에 적용하려는 시도를 의미한다. 과장과 축소는 어떤 사람이 특정 상황을 실제보다 훨씬 심각하거나 덜 심각하다고 해석할 때 발생한다. 개인화는 어떤 사람이 인과관계를 입증하는 자료가 없는 상태에서 외적인 삶의 경험을 자신의 탓으로 돌릴 때 발생한다. 이분법적 사고는 개인이 특정 상황을 양극단 중 하나로만 분류하려는 경향을 의미한다.

　　CBT는 합리적 정서 행동 치료(REBT; Ellis, 1962), 행동 치료(Wolpe, 1968), 사회 학습 이론(Bandura, 1977) 등의 기법과 철학적 선호를 공유하는 몇몇 심리치료 체계와 중복되는 부분이 있다. CBT는 Kelly(1955)의 개인적 구성 개념으로부터 핵심적 관점의 일부를 가져왔고, 철학적 기초 형성(informing)에 있어 Sullivan(1953)의 대인관계 치료의 영향이 있었음도 인정한다. CBT는 또한 구성주의자들(constructivists)과도 기법과 관점의 일부를 공유한다(Ramsay, 1998; Winter & Watson, 1999). 비록 CBT가 앞서 언급한 다수의 이론적 지향으로부터 개발된 다수의 광범위한 기법을 사용하고 있지만, 이를 단지 '절충적인' 접근으로 볼 수는 없다. Beck(1993)의 주장에 따르면, "개별 질환의 특성인 역기능적 믿음과 정보처리상의 결함 수정을 목적으로 설계된 다양한 기법 활용을 동반하는 특정 장애에 대한 인지 모델 적용이야말로 인지 치료를 가장 잘 설명하는 표현일 것이다."(p. 194) 그러므로 인지 행동 치료사가 선택하는 기법은 내담자와 그의 치료 계획에 관한 상담사의 인지적 개념화를 바탕으로 구체적 목적을 위해 사용된다(Freeman, Pretzer, Fleming, & Simon, 1990).

## 3. 치료 전략과 기법

　　앞에서도 언급한 바와 같이, CBT는 다양하고 폭넓은 인지 전략과 행동 전략을 활용한다. 상담사는 개별 내담자의 상황이나 특성을 고려하여 수많은 개입 방안 중 내담자에게 가장 적절한 전략을 취사선택할 책임이 있다(James & Gilliland, 2003; O'Kearney 1998). 그러므로 상담사는 다수의 가용한 CBT 기법 중 적절한 것을 선택해야 하며, 특정 내담자를 대상으로 기법의 효능성과 유용성이 면밀히 검토된 증거 기반 실제(evidence-based practice) 를 사용하도록 노력해야 한다(Chan, Rosenthal, & Pruett, 2008). 상담사는 가능한 한 자주 특정 내담자 집단에 적용되어 효과가 검증된 전략과 기법을 사용해야 한다. 치료 요구에 있어서의 개인적 차이에도 불구하고, 모든 CBT 접근은 다음과 같이 대부분의 내담자에게 적용이 가능한 일련의 일반적 원칙에 근거하고 있다(Beck, Liese, & Najavits, 2005, p. 482).

- 치료는 환자 개개인의 고유한 인지적 개념화에 근거해야 한다.
- 강력한 치료 동맹이 필수적이다.
- 치료는 목표지향적이어야 한다.
- 치료 초기에는 현재에 초점을 맞추어야 한다.
- 치료는 시간 관련 사항을 민감하게 다루어야 한다.
- 치료 회기는 적극적 참여가 동반된 구조화가 필요하다.
- 내담자는 역기능적 사고 식별과 대응 능력을 학습해야 한다.
- 치료는 심리교육과 재발 방지에 역점을 두어야 한다.

이들 치료 원리는 상담사가 구체적인 CBT 전략과 기법을 결합시킬 수 있는 탄탄한 기초를 제공한다.

인지적 개념화란 현존하는 문제 및 이와 연관된 사고는 물론, 정서, 행동, 생리 반응에 관한 철저한 검토를 의미한다(Beck et al., 2005). 이러한 일반적 접근의 전체적 적용은 심리적 고통의 원인으로 개념화가 가능하며 뚜렷이 구별되는 인지적 문제에 초점을 맞추어야 한다(Dobson & Dozois, 2010). 치료사는 내담자가 자기 자신, 세계, 타인에 대해 품고 있는 기저의 역기능적 핵심 신념(예: "나는 멍청해"; Seligman & Reichenberg, 2010)을 파악할 수 있도록 자동적이고 순간적이며 지속되는 생각을 통해 드러나는 일정한 패턴을 찾도록 지원하는 것에서 출발한다. 그런 다음, 치료사는 내담자가 부정적 사고 대처에 사용한 부적응적 행동 패턴(예: 사교적 상황의 회피, 약물 남용 등)을 파악하도록 돕는다. Beck 등이 지적한 바와 같이, 인지 행동 치료사는 치료 시작 단계부터 긍정적이고 서로를 존중하며, 협력적이고 강력한 치료 동맹 발전을 위해 노력해야 한다. 이는 내담자가 치료사를 신뢰하고 자신을 개방할 수 있을지를 확인하는 데 도움을 주며, 치료사에게도 그로 인해 야기된 피드백과 여러 가지 유익한 사항을 제공한다.

인지 행동 치료사는 첫 번째 회기부터 치료 과정이 끝날 때까지, 내담자에게 "치료가 끝날 때 해결하고 싶은 문제는 무엇인가요?" 등과 같은 개방형 질문을 활용하여 구체적이고 현실적인 목표를 세우도록 요청해야 한다(Beck et al., 2005). 나아가, 치료사는 단기 목표 수립을 독려하고, 변화를 향한 내담자의 동기 수준이 어느 정도인지를 평가해야 한다. 인지 행동 치료사는 인간에게는 스스로의 생각과 행동을 통제할 능력이 있다고 가정하며, 내담자가 각자의 삶에서 능동적 주체가 되도록 허용한다(Dobson & Dozois, 2010). 이러한 목표지향적 치료는 초기에는 내담자가 당면 문제에 집중할 수 있도록 돕기 위해 그의 삶 속에 존재하는 현안 해결에 역점을 두어야 한다. 치료사는 소크라테스식 대화를 활용하여 내담자가 현재의 부적응적 사고 및 이와 관련된 문제를 발견하도록 도울 수 있다. 소크라테스식 대화는 교육적 질문하기(asking informative questions), 듣기(listening), 요약하기(summarizing), 획득된 정보를 내담자의 본래 신념에 적용하는 종합적 질문하기(asking synthesizing questions)로 이루어져 있다(Freeman et al., 1990).

　　CBT가 신속한 변화에 역점을 둔다는 점에서, 치료 기간은 시간에 대해 민감한 편이다. 다만, 치료 기간은 내담자의 필요에 따라 달라질 수 있다(Beck et al., 2005; Dobson & Dozois, 2010). 그 결과, CBT 회기는 효율성과 효과성의 최적화를 위해 적극적 참여를 강조하는 방향으로 세심하게 구조화된다(Seligman & Reichenberg, 2010). 치료사는 정기적으로 내담자로부터 피드백을 구하여 처치 방법에 관한 이해와 회기에서 다루어진 내용에 대한 관심 정도를 점검한다. 치료사는 솔직한 피드백을 받아, 내담자의 개인적 역량과 선호를 바탕으로 치료 전략과 기법을 수정할 수 있다. 나아가, 치료 과정에서 과제는 정기적으로 사용되며, CBT의 필수 구성요소로 간주된다. 다만 과제는 치료 종결 가능성과 적절성을 높일 수 있도록 내담자에게 맞추어져야 한다. 내담자는 흔히 CBT를 통해 급성 증상 감소와 기분 안정뿐 아니라, 적응 행동과 인지적 대처 전략[예: 자기 주장 기술, 이완, 명상(mindfulness), 관점의 재구성(reframing); Beck et al., 2005; James & Gilliland, 2003]의 습득을 발견한다. 치료사와 내담자는 증상 감소가 감지된 후부터 회기 수를 줄이는 실험을 시작할 수 있다. Seligman과 Reichenberg에 따르면, 복잡하지 않은 문제의 경우 치료 종결까지 필요한 회기 수는 대략 4회에서 14회 정도라고 한다.

　　CBT 접근을 관통하는 또 다른 공통점은 내담자의 역기능적 사고 파악과 이에 대한 반응 방법 학습 지원을 중심 목표로 삼고 있다는 점이다. 치료사는 각 회기마다 CBT의 이론적 가정을 강조함으로써 내담자가 부적응적 사고 패턴을 자체 점검하고 평가하며 수정하는 방법을 배우도록 돕는다(Beck et al., 2005). 내담자는 주어진 생각이 타당한지 혹은 부정확한지의 여부를 검토하게 되고, 그가 발견한 것이 무엇이냐에 따라 생각에 반응하는 방식으로 문제를 해결하거나 내적 사건의 결과로 나타난 함의를 수용할 수 있다. 치료사는 보통 설득 또는 경청 전략과 반대되는 방식으로, 질문(questioning)과 표준화된 도구[예: 사고기록지(thought records)]를 사용하여 내담자의 과학적 방법 활용을 지원할 수 있다. 어떤 인지 기법을 강조할 것인지의 문제는 자극에 대한 개인의 잘못된 해석에 달려 있으며, 이들이 실증적 혹은 논리적 검증이나 대안적 사고 패턴 파악에 실패할 때 잘못된 해석 검증, 이를 초래한 합리적 근거 검토, 잘못된 해석 수정을 위한 기제를 제공한다(Craighead, Craighead, Kazdin, & Mahoney, 1994; Shafran & Somers, 1998).

종합하자면, 이들 치료 원리는 모두 CBT가 심리교육과 재발 방지에 부여한 가치를 대표한다. 내담자의 치료 모델 학습과 새로운 기술 습득 지원은 CBT 회기를 이끄는 주된 동력인데, 치료사는 보통 개별 내담자의 요구에 따라 각 회기를 계획하고 수정한다(Swett & Kaplan, 2004). 더욱이, 효과적인 치료사는 대개 학습 곤란, 인지 장애, 또는 다른 문제들을 조절하기 위한 대안적 체계를 만들 것이다(Beck et al., 2005). 예를 들어, 치료사는 내담자에게 상담 회기 녹음 파일이나 간략한 요약 자료를 제공할 수 있다. 내담자는 치료 과정에 대한 학습과 CBT 개념 및 방법을 활용하여 혼자 힘으로 반복되거나 새로이 발생하는 문제에 대처가 가능한데, 이는 증상 재발 방지를 도울 수 있다(Dobson & Dozois, 2010). 치료사는 완성된 목표, 새로운 기술, 성공의 지속을 저해하는 잠재적 장벽 등에 대한 면밀한 검토를 통해 상담 마무리 단계(회기들)에서도 재발 방지를 거듭 강조한다.

매우 다양한 절차와 기법이 CBT 범주하에 포함되어 있다. 예측하는 바와 같이, 각각이 인지 이론 및 행동 이론과 상이한 수준의 연관성을 지닌 CBT 하위 체계들이 개발되었다(예: Beck, 1983; Ellis, 1979; Goldfried, 1980; Hayes & Strosahl, 2004; Meichenbaum, 1995; Nezu, 1987). 하지만 CBT를 실천하는 대부분의 임상 전문가들은 인지 전략과 행동 전략을 조합하여 사용한다(Spiegler & Guevremont, 1993; Tarrier et al., 1999). 인지 기법은 그 사람이 지닌 신념의 발견과 검증, 신념의 출처와 기초 조사, 실증적 혹은 합리적 검증에 반하는 신념 수정, 문제 해결, 명상, 수용 기반 전략 활용 학습 등을 강조한다(Beck & Weishaar, 2014). 이에 반해, 행동 기법은 부적응 행동 감소와 적응 행동 증가에 초점을 맞춘다(행동 전략에 관한 추가 정보는 이 책의 제7장을 참조하라).

## 4. 재활상담 맥락에서의 CBT

　실제로 재활상담에 참여하는 대부분의 장애인 이용자들은 다중적이며 육체적·정서적으로 서로 얽혀서 상황을 더욱 악화시키는 문제를 경험하게 되는데, 이는 자기 평가(self-appraisal), 개인적 가치에 대한 믿음, 사회적 지지, 문제 해결 성향 등에 의해 매개(mediating)가 가능하다. 재활상담사들은 CBT를 이 같은 욕구와 문제에 적용할 수 있다. 장애 적응에 있어 심리사회적 요인은 언제나 재활상담 철학과 실천의 주요 관심사였다.

　CBT는 심리사회적 적응을 장애와 관련된 부정적 인지의 식별과 변화에 역점을 두는 상담사와 내담자 사이의 협력적 과제로 간주한다(Beck & Weishaar, 2014). 장애 발생은 개인을 보편화된 부정적 자기 진술(예: "일을 할 수 없으니 나는 쓸모없는 사람이야.")에서 비롯된 우울증에 빠뜨릴 위험을 높일 수 있는데, 이는 자기 존중감, 기분, 행동에도 커다란 영향을 미친다. CBT 개입은 부정적 편견의 최소화, 긍정적 위험 부담 행동 증가, 일상생활 기술 발전, 내담자의 자기 평가에 대한 현실감 촉진 등에 집중되어야 한다.

　재활 연구 문헌에 따르면, 장애인을 대상으로 CBT 접근이 적용된 사례는 증가 추세에 있는데, 특히 조현병과 기타 정신 질환(예: Farhall & Thomas, 2013), 다발성 경화증(예: Hind et al., 2014), 만성 통증(예: Morley, Eccleston, & Williams, 1999), 지적장애(예: Nicoll, Beail, & Saxon, 2013) 등의 경우에는 CBT 적용이 매우 활발하게 이루어져 왔다. 다발성 경화증과 만성 통증을 가진 사람들의 경우, CBT 개입이 통증 감소와 기분 전환에 있어 눈에 띄는 개선을 보였다. 정신증적 장애를 가진 사람들 또한 CBT를 받은 후 기분의 긍정적 변화를 나타냈지만, 관련 연구는 이들이 조현병의 양성 증상과 음성 증상 모두에서 완화를 경험할 수 있음을 보여 주었다(예: Wykes, Steel, Everitt, & Tarrier, 2008). Lindsay(1999)는 지적장애인은 우울증, 불안감, 분노와 같은 심각한 정서장애와 행동장애에 취약하다는 강력한 근거를 언급하며, CBT 치료가 지적장애인 내담자의 장기적인 행동 변화에 긍정적 영향을 미쳤다는 사실을 입증하는 50가지 임상 사례를 제시하였다.

　지난 수십 년간에 걸쳐, 조현병을 가진 사람들에 대한 CBT 적용은 특히 재활 현장에서 약물 개입(pharmacological intervention)을 수반한 다양한 형태의 인지 행동적 기법과 전략의 형식을 빌어 제공된 증거 기반 치료로 자리매김하였다(Farhall & Thomas, 2013). 하지만 심각하고 지속적인 정신증적 장애를 가진 사람들에게 인지적 방법을 적용할 때는 치료를 변형하여 시행하는 노력이 필요하다는 점을 유념해야 한다(Morrison & Barratt, 2010). 예를 들어, 치료사는 대화 작업의 촉진을 위해 처음에는 망상 내용의 타당성에 관한 믿음을 유보해야 한다. 궁극적으로, 치료사는 내담자에게 대안적 가설을 고려하고 검증하도록 가르치는 한편, 망상을 유발한 특정 사건과 경험에 관한 설명을 좀 더 깊이 해석하도록 도울 수 있다. 정신 질환을 가진 사람들에게 적용되는 최근의 발전된 CBT 기법은 확률적 추론이나 부정적 사건을 외부 또는 개인의 책임으로 돌리는 편향 등과 같이, 정신증을 유발하는 여타 주요 기제의 표적화(targeting)를 포함한다(예: Moritz, Veckenstedt, Randjbar, Vitzthum, & Woodward, 2011; Ross, Freeman, Dunn, & Garety, 2011). 아울러, 또 하나의 새로운 연구 영역은 정신 질환을 가진 사람들을 대상으로 명상이나 수용 기반 전략과 같은 현대적 CBT 방법 적용을 포함한다(Morris, Johns, & Oliver, 2013).

새로운 증거의 등장에도 불구하고, 연구자들은 다양한 유형의 인지적 한계를 지닌 사람들에게 CBT를 적용하는 데 따른 잠재적 어려움을 이야기한다. 예를 들어, 뇌 손상, 지적장애, 학습장애, 뇌혈관 손상, 알코올 중독, 일부 정신 질환의 하위 유형 등과 같이 중추신경계 질환(central nervous system processing disorders)을 가진 사람들은 정확한 자기 평가, 타당한 자기 보고 제공, 추상적 개념 처리 등의 능력이 부족할 수 있다(Kroese, 1998). 이 같은 능력이 현저히 부족한 내담자는 CBT 개입에 적합한 후보자가 아닐 수 있다.

Oathamshaw와 Haddock(2006)은 그들의 최근 연구에서 이러한 견해를 확인할 수 있는 실증 사례를 제시하였다. 연구진은 지적장애와 정신 질환을 가진 사람들을 대상으로 CBT 참여에 필수적인 인지 기술을 평가하였다. 연구 결과, 참여자들 모두 인지가 개입된 과제 수행에 보다 큰 어려움을 보인 것으로 나타났다. 그렇지만 연구 참여자들은 행동, 사건, 감정 사이의 연관성 찾기와 같이 자기 점검이 요구되는 특정 과제는 수행이 가능하였다. 연구진은 인지적 한계를 지닌 사람들의 경우 일부 CBT 방법 활용이 효과를 보이기도 하지만, 인지적 방법(예: 인지적 매개, 생각 파악하기)만을 강조하는 과제 수행에는 어려움을 겪을 수 있다고 결론지었다.

CBT 적용을 위해 잘 개발된 개념 체계가 있기는 하지만, 재활 현장에서 CBT 활용을 뒷받침하기 위한 연구 기반은 아직 부족한 실정이다. 일반적으로, CBT를 장애인에게 적용하기 위해서는 이 이론의 효용성에 관한 보다 많은 연구가 이루어져야 할 것이다.

# 5. 증거 기반 실제로서의 CBT

CBT 이론과 그에 상응하는 기법들을 뒷받침하는 증거 확인은 이 이론의 유용성과 효능성에 대한 면밀한 검토를 가능하게 한다. 증거 기반 실제는 그것의 결정을 뒷받침하는 실증적 지지 존재 유무에 따른 증거의 위계에 달려 있다(Pruett, Swett, Chan, Rosenthal, & Lee, 2008). CBT에 대한 평가에는 무선 할당 실험 설계(randomized treatment design) 또는 비무선 할당 실험 설계(non-randomized treatment design)를 활용하거나 연구 결과에 대한 메타 분석을 통해 치료 성과를 무처치(no treatment), 다른 대화 치료, 약물 치료 등과 비교하는 방법이 이용되어 왔다.

## 1) CBT와 불안장애

CBT는 사회공포증, 강박장애, 외상 후 스트레스 장애(Hofmann & Smits, 2008) 등과 같이 다양한 유형의 불안장애를 가진 사람들을 위한 주된 증거 기반 치료법으로 간주되고 있다. 최근의 메타 분석 검토 결과(Hofmann, Asnaani, Vonk, Sawyer, & Fang, 2012)에 따르면, CBT는 치료를 받지 않거나 정제형 위약(pill placebo)을 복용한 집단에 비해 일반화된 불안 증상을 감소시킬 가능성이 훨씬 높았으며, 약물 치료, 이완 기법, 지지 치료 등과 동등한 정도의 효과를 보인 것으로 나타났다. 나아가, 불안의 즉각적 치료로서 인터넷 기반 또는 인터넷 안내를 통한 자조(self-help) CBT에 대한 증거 또한 속속 등장하고 있다(Coull & Morris, 2011; Öst, 2008).

사회공포증의 경우, CBT는 대기 목록 집단 및 다른 유형의 통제 집단에 견주어 불안 감소에 효과적이었으며(Gil, Carrillo, & Sánchez Meca, 2000; Gould, Buckminster, Pollack, Otto, & Yap, 1997; Oberlander, Schneier, & Liebowitz, 1994), 약물 치료와 비교해도 장기적 관점에서 우월한 성과를 보인 것으로 나타났다(Fedoroff & Taylor, 2001). 아울러, 다수의 메타 분석 연구에 의하면, CBT가 강박장애와 심각한 불안장애 치료에 유용한 것으로 확인되었다(예: Bruce, Spiegel, & Hegel, 1999; Butler, Chapman, Forman, & Beck, 2006; Hofmann & Smits, 2008; Hofmann & Spiegel, 1999). 무작위 할당 통제 실험 연구 결과, CBT는 강박장애 치료에 큰 효과를 보였으며, 항불안 약물(anxiety medications)과 유사한 정도의 효과성을 나타냈다(Eddy, Dutra, Bradley, & Westen, 2004; Ruhmland & Margraf, 2001). CBT는 또한 외상 후 스트

레스 장애 치료에 있어서도 하나의 선택지로 인정받고 있다(Meadows & Foa, 1999). 그 밖에도, CBT는 외상 후 스트레스 장애 치료에 있어 안구 운동 민감 소실 및 재처리 요법(eye movement desensitization and reprocessing: EMDR)이라는 새롭게 등장한 증거 기반 치료와 동등한 효과를 보이는 것으로 나타났다(Bisson & Andrew, 2007; Seidler & Wagner, 2006). 하지만 23편의 무작위 할당 통제 집단 실험 연구를 대상으로 수행된 체계적 검토 결과, CBT는 EMDR이나 지지 요법에 비해 관해율(remission rates)이 낮은 것으로 나타났다(Mendes, Mello, Ventura, de Medeiros Passarela, & de Jesus Mari, 2008).

## 2) 다른 정신장애 치료와 CBT

우울증 및 이와 관련된 기분장애는 1차적 또는 2차적 진단으로서, 장애인들 사이에서 흔히 발견되는 공통의 정신장애다. 우울증은 특히 뇌졸중(Lezak, Howieson, Bigler, & Tranel, 2012), 뇌손상(Dixon, Layton, & Shaw, 2005), 다발성 경화증(Rao, 1990) 등과 같은 신경병리학적 조건을 가진 사람들 사이에서 높은 발병률을 보인다. 기분장애는 또한 척수손상(Elliott & Frank, 1996), 만성 통증(Alexy Webb, Crismore, & Mark, 1996), 정신증적 장애(Bustillo, Lauriello, & Keith, 1999)를 가진 사람들 사이에서 더욱 흔히 발견된다. Devins와 Binik(1996) 또한 장애나 만성질환이 혼재된 집단에서 불쾌감(dysphoria)이 흔히 나타난다는 사실을 발견하였다. 따라서 우울증 치료를 목표로 하는 증거 기반 CBT 전략은 만성질환과 장애를 가진 집단의 치료에 유용할 가능성이 높다.

다수의 메타 분석 결과를 통해 볼 때, CBT는 전반적으로 통제 집단과 비교하여 일반 인구 집단에 대한 우울증 치료에 있어 동등한 효과를 보이지만, 우울증을 포함한 기분장애 치료에 사용되는 여타의 심리치료 방법에 비해 특별히 효과가 뛰어난 것은 아니라는 사실이 확인되었다(Baardseth et al., 2013; Hofmann et al., 2012; Wampold, Minami, Baskin, & Tierney, 2002). 아울러, CBT는 기분장애 증상 재발 위험 감소에도 상당한 효과를 보였다(Blackburn, Eunson, & Bishop, 1986; Miranda, Gross, Persons, & Hahn, 1998; Segal, Gemar, & Williams, 1999).

일부 연구자들은 기분장애 치료에 있어 CBT가 약물 치료나 다른 심리치료 체계보다 더 효과적이라고 주장한다(Bowers, 1990; Dobson, 1989). 하지만 통제가 잘 된 실험 연구는 이러한 주장을 전적으로 지지하지는 않는다(Hollon & Beck, 2013). 양극성 장애 치료의 경우, CBT는 경험된 증상 감소를 위한 개입 수단이자 약물 요법의 보조 치료 수단으로 평가되어 왔다. CBT는 양극성 장애를 가진 사람의 재발 빈도 감소에는 효과가 적었지만, 임상적 증상을 감소시키고 약물 복용 지침 준수를 향상시킨 것으로 밝혀졌다(Szentagotai & David, 2010). 잘 통제된 실험 연구를 활용한 최근의 메타 분석에 따르면, CBT는 조증 증상 완화에 작지만 중요한 효과를 보이는 것으로 나타났다(Gregory, 2010). 양극성 장애를 가진 사람의 조증 증상에 대한 CBT의 실질적 유의성을 뒷받침하는 증거 부족은 이에 대한 추가 연구 필요성을 일깨워 주었다.

조현병을 가진 사람들을 대상으로 CBT를 적용한 여러 편의 무작위 할당 통제 집단 실험 연구가 출간되었는데, 대부분의 연구 결과 치료 종료 후 5년이 경과한 시점에도 긍정적인 치료 효과가 관찰되었다(Turkington et al, 2008). 보다 구체적으로, 조현병의 양성 증상과 음성 증상 경험 빈도는 감소하였지만(Lawrence, Bradshaw, & Mairs, 2006; van der Gaag, Valmaggia, & Smitt, 2014), CBT 활용이 긍정적 결과를 이끌어 낼 때까지는 대략 16에서 20회 정도의 회기가 필요한 것으로 확인되었다(Sarin, Wallin, & Widerlöv, 2011). 나아가, 여러 연구에 따르면, 조현병을 가진 사람들에게 약물 요법의 보조 수단으로 CBT를 사용했을 때 이들의 사회적 기능과 업무 능력이 개선된 것으로 확인되었다(Bustillo et al., 1999; Chadwick & Lowe, 1990; Lysaker, Bond, Davis, Bryson, & Bell, 2009). 34편의 통제 집단 실험 연구를 대상으로 실시된 메타 분석 결과에 따르면, 사람들은 정신병적 증상 감소와 함께 기분 증상과 사회적 기능 개선을 경험한 것으로 확인되었다(Wykes et al., 2008). 최근에 진행된 또 다른 메타 분석 연구는 CBT가 일상적인 치료 개입에 비해 재입원율을 26% 감소시켰다는 사실을 입증하였다(National Collaborating Centre for Mental Health, 2009). 따라서 정신병적 장애가 있는 사람들을 대상으로 한 CBT 병용은 표준적 개입을 단독으로 사용할 때에 비해 치료 효과가 큰 것으로 보인다. 하지만 다른 심리치료 방법과 비교했을 때, CBT가 더 큰 효과성을 보인다는 점을 입증하는 증거(기록)는 아직 충분하지 않다(Lynch, Laws, & McKenna, 2010).

## 3) CBT와 지적장애

지적장애인을 대상으로 한 CBT 연구는 아직 부족하지만, 지적장애인 내담자 집단의 분노 문제 관련 연구에 대한 관심은 급속히 증가하고 있다. 지적장애인은 분노 조절 장애 발병 비율이 매우 높은데, 이는 급속히 인기를 얻고 있는 연구 분야다. 최근의 메타 분석에서는 9편의 연구를 평가했는데, 검토 결과 CBT는 분노 문제 치료에 큰 효과를 보이는 것으로 나타났다(Nicoll et al., 2013). 이 같은 연구 결과가 낙관적이기는 하지만, 분석에 포함된 연구에는 표본 크기가 작고 대조군 통제 결여와 같은 방법론적 한계가 있었다. 또 다른 최근의 연구는 무작위 할당 통제 집단 실험 설계를 엄격히 적용한 연구 방법을 채택하여, 경도에서 중등도 지적장애인들을 대상으로 집단 CBT를 적용하였다(Oathamshaw & Haddock, 2006). 그 결과, 12주 프로그램이 종료된 후 분노 조절 능력이 현저하게 개선되었음을 보여주었다. 이 연구 결과는 다른 연구 결과와 함께, 지적장애인도 인지 능력을 크게 강조하지 않는 기법을 포함하는 개량된 CBT 프로그램에 참여할 능력이 있음을 시사한다. 지적장애인을 대상으로 하는 개량된 CBT 프로그램의 잠재적 효용성을 탐구하기 위해서는 추가적인 연구가 필요하다.

# 사례 연구

　　Linda는 고졸의 45세 이혼 여성으로, 지난 7년간 실업 상태로 지내 왔다. 그녀는 이전에 의무기록사로 일한 경력이 있었다. Linda는 5년 전 류머티즘성 관절염과 함께 전신성홍반성루프스(SLE: 이하 루프스) 진단을 받았다. Linda는 자신의 장애에 적응하지 못했고, 재활상담사는 그녀를 상담 서비스에 의뢰하였다. Linda는 자신의 장애가 20년을 같이 산 남편과의 이혼에 기여한 요인이라고 진술하였다. 이혼 후 그녀는 사회보장장애보험(Social Security Disability Insurance) 혜택을 신청하여 승인받았다.

　　Linda는 치료사와의 첫 번째 면담에서 자신이 '쓸모없고' '무가치하며' '완전히 망가져 버렸다'는 느낌을 표출하였다. 그녀가 드러낸 전반적 감정 양상은 불안감, 우울한 기분과 정서(affect), 지속적인 죽음 소망이었지만, 자살에 대한 상상이나 의도는 발견되지 않았다. Linda는 같은 주에 사는 소수의 친구로만 이루어진 아주 작은 규모의 사회적 지지 네트워크만을 유지하고 있었는데, 그 친구들마저 가까이 살지 않는다고 밝혔다. 그녀의 부모님은 돌아가셨고, 유일한 혈육인 오빠는 멀리 떨어진 다른 주에 살고 있어 접촉이 거의 없었다. Linda는 성인이 된 두 명의 자녀 중 한 명과 정기적으로 연락을 유지하며 지냈고, 전 남편과는 '정나미가 떨어진' 관계였으므로 용건이 있을 경우 그와 직접 이야기하는 대신 딸을 통해 자신의 의사를 전달하였다. 초기 회기 동안, 그녀의 치료사는 Linda에게 인지적 해석에 역점을 둔 치료에 집중하면 유익할 것이라고 제안하였다. 임상 심리검사 결과, Linda는 언어적 추상화, 단기 기억, 정보처리 속도, 지능 등에는 별다른 어려움이 없는 것으로 나타났다.

　　초기의 CBT 개입은 Linda의 왜곡된 인지 확인과 그것이 후속되는 그녀의 부정적 감정 및 부적응 행동과 관계되었다는 사실에 중점을 두어 진행되었다. Linda는 처벌적이고 우울하였던 친정어머니로부터 "문제를 일으키지 않는 정숙한 여자가 되라."는 교육을 받았다고 진술하였다. Linda는 그 같은 메시지가 자신이 느끼는 불안감("저는 일을 하지 않아서 벌을 받을 거예요.")과 우울감("저는 아무런 기여도 하지 못하니까 쓸모가 없어요. 실제로 저는 정부로부터 돈을 뜯어내고 있는데, 그게 제 기분을 더 안 좋게 만들어요.") 유발에 일정 부분 책임이 있음을 인식할 수 있었다. 이 같은 메시지들은 Linda의 자기 대화 형성의 바탕이 되었으며, 로맨틱한 관계로의 발전을 원하는 남성 친구에 대한 자신감 결여에도 영향을 미쳤다("정숙한 여자는 남자에게 먼저 데이트를 신청하지 않아요." "저 같은 여자한테 누가 관심이나 가지겠어요?").

치료사는 Linda에게 자신의 생각을 의식적으로 점검하고, 부정적 자기 대화와 자주 사용하는 자기 비하적 표현 사례를 기록하도록 요청하였다. Linda가 자기 마음속에서 벌어지는 일들을 인식하게 되자, 치료사는 Linda에게 그 같은 생각을 중립적 혹은 긍정적 자기 진술로 바꾸어 보도록 지도하고, 그녀가 끊임없는 자기 파괴적 생각의 유해한 영향력을 줄이도록 격려하였다.

치료가 진행됨에 따라, Linda는 그동안 자신이 억눌러 왔거나 스스로의 부족함 때문이라고 잘못 생각하던 분노와 원망의 감정을 인식할 수 있게 되었다. 치료사는 다양한 심상 기법을 활용하여 그녀에게 다른 사람, 사건, 심지어 그녀 자신의 신체적 문제까지 마음속으로 직면하는 상상을 해 보도록 유도하였다. 그녀는 자기 자신이 '모든 문제의 근원'이라는 생각에서 벗어나, 일부 부정적 일상생활 사건 발생을 보다 합리적이고 현실에 기반을 둔 원인으로 재귀인할 수 있게 되었다.

심상 기법은 또한 Linda의 자기 주장성 증진에도 사용되었다. 그녀는 자신의 심각한 신체적 한계에도 불구하고, '사람들에게 다가가며 인생을 즐기는' 존재가 될 수 있다는 상상을 하게 되었다. 치료사는 또한 알고 지내는 남성에게 데이트 신청을 해 보도록 요청함으로써 정서적 우려 수용하기 연습을 반복하도록 지도하였다.

Linda는 치료 과정에서 배운 기술을 자신의 일상생활에 활용할 수 있게 되었다. 그녀는 자기 스스로를 장애로 인해 '인생의 쓰레기 더미로 내몰린 쓸모없는 사람'이 아니라, 여전히 '가치 있는 존재'로 인식하기 시작하였다. 그녀가 자신의 역기능적 인지에 성공적으로 맞서고, 이를 자기 긍정적이고 현실에 기반을 둔 생각으로 대체해 감에 따라, Linda는 자기에게 최선의 이익이 되도록 보다 자유롭고 직접적으로 행동할 수 있었다. 그녀는 전남편의 조롱 섞인 언급에 대해서도 보다 잘 방어할 수 있으며, 아들과도 보다 견고한 경계를 설정할 수 있다고 느꼈다.

Linda는 여전히 장애에 따른 부정적인 신체적 어려움을 경험하고 있지만, 그것들은 더 이상 그녀의 기분이나 자기 지각에 전적으로 영향을 주지는 않게 되었다. 여전히 자주 아프고 피로감을 느끼긴 하지만, 그녀는 이제 그 같은 경험과 자기 평가를 분리할 수 있게 되었고, 그 결과 분노, 불안, 우울 등을 느끼는 빈도와 강도가 크게 줄어들었다. 또한 그녀는 남성 친구(significant other)와의 관계를 즐기게 되었는데, 그녀가 데이트를 신청했을 때 그는 무척 감격하였다고 한다.

## 6. 맺음말

CBT는 재활상담 실제에서 확고한 위치를 점유하고 있다. 아울러, 점점 더 많은 연구와 다양한 일화적 사례의 설명(anecdotal accounts)들이 CBT가 재활 서비스 이용자의 장애 적응 지원에 효능성이 있음을 확증하였다. 하지만 CBT를 장애인에게 적용하는 과정에서 단점이 나타날 수 있음도 인지해야 한다. 왜냐하면 CBT는 원래 인지적 제약을 동반하지 않은 우울증 및 불안장애를 가진 사람의 치료에 사용되었는바, 이 방법은 재활 서비스 제공 대상에 속하는 특정 유형의 장애인 내담자에게는 그다지 유용하지 않을 수 있기 때문이다. 장애인 이용자, 특히 인지적 제약을 가진 사람들의 지원을 담당하는 재활상담사들은 CBT 전략과 기법의 선택, 구성, 실행을 알려 주는 가용한 연구 증거를 적극 활용해야 한다. 재활 현장에서 CBT 기법의 효과를 극대화할 수 있는 적용 시점, 적용 장소, 적용 대상, 적용 조건/상황 등에 관한 보다 명확한 이해를 얻기 위해서는 CBT에 대한 추가적 연구가 요구된다.

## 집단 토의 과제

1. 인지 왜곡 식별과 재조성은 CBT의 중요한 관심 영역 중 하나다. 만약 인지 왜곡이 가져다 줄 수 있는 유익이 존재한다면, 그것은 무엇이라고 생각하는가? 잠재적 실익이 있을 경우, 상담사는 자신이 다뤄야 할 왜곡을 어떻게 식별할 것이며, 상담 관계 속에서 그 같은 왜곡을 어느 시점에 다루어야 하는가?

2. CBT는 REBT, 행동 치료, 사회 학습 이론 등과 중첩되는 부분이 있다. CBT와 이들 이론적 접근법 사이에 존재하는 공통 요소는 무엇인가? CBT가 이들 이론과 다른 점은 무엇인가?

3. CBT 치료 과정에 관해 생각해 볼 때, 당신이라면 이러한 이론적 접근을 장애 특성과 관계없이 모든 내담자에게 사용하도록 권고할 것인가? CBT는 상이한 유형의 장애인 내담자에게 효과적인 치료법이라고 생각하는가? 만일 그렇다면, CBT는 어떤 유형의 장애인 이용자에게 가장 효과가 있으며, 그렇게 생각하는 이유는 무엇인가?

4. 당신이 최근 직장에서 해고된 신체장애인 여성 내담자와의 상담을 요청받았다고 가정해 보라. 내담자는 당신과의 첫 번째 회기에서 직장 동료 중 한 사람이 그녀를 헐뜯는 말을 하였다고 밝혔다. 다른 동료들이 언제나 그녀를 친절하게 대했고, 그와 비슷한 이야기를 한 적도 없었다는 기록에도 불구하고, 그녀는 자신을 헐뜯은 동료와의 상호관계에 근거하여, 이제는 모든 동료와 상사가 인종차별주의자라고 믿고 있다. 내담자는 이제 어떤 회사든 관계없이 고용주와 동료들이 자신을 차별하고 험담할 것이므로 더 이상 직장생활이 불가능할 것이라고 생각한다. 이 내담자가 겪고 있는 인지 왜곡은 무엇인가? CBT를 사용하여 이러한 왜곡을 식별하고 궁극적으로 해결할 방법에 관해 토론해 보라.

## 참고문헌

Alexy, W., Webb, P., Crismore, L., & Mark, D. (1996). Utilizing psychological assessment in rehabilitating patients with occupational musculoskeletal injuries. *Journal of Back and Musculoskeletal Rehabilitation, 7*, 41-51.

Baardseth, T. P., Goldberg, S. B., Pace, B. T., Wislocki, A. P., Frost, N. D., Siddiqui, J. R., … Wampold, B. E. (2013). Cognitive-behavioral therapy versus other therapies: Redux. *Clinical Psychology Review, 33*, 395-405.

Bandura, A. (1977). *Social learning theory*. Englewood Cliffs, NJ: Prentice Hall.

Beck, A. (1983). Cognitive therapy of depression: New perspectives. In P. Clayton (Ed.), *Treatment of depression: Old controversies and new perspectives* (pp. 191-233). New York, NY: Raven Press.

Beck, A. T. (1967). *Depression: Clinical, experimental, and theoretical aspects*. New York, NY: Hoeber. Republished as *Depression: Causes and treatment*. Philadelphia, PA: University of Pennsylvania Press [1972].

Beck, A. T. (1993). Cognitive therapy: Past, present, and future. *Journal of Consulting and Clinical Psychology, 61*, 194-198.

Beck, A. T., Liese, B. S., & Najavits, L. M. (2005). Cognitive therapy. In R. J. Frances, S. I. Miller, & A. H. Mack (Eds.), *Clinical textbook of addictive disorders* (3rd ed., pp. 473-501). New York, NY: Guilford.

Beck, A. T., & Weishaar, M. E. (2014). Cognitive therapy. In D. Wedding & R. J. Corsini (Eds.), *Current psychotherapies* (10th ed., pp. 231-264). Belmont, CA: Brooks/Cole.

Bisson, J., & Andrew, M. (2007). Psychological treatment of post-traumatic stress disorder (PTSD). *Cochrane Database of Systematic Reviews*, (3), CD003388.

Blackburn, I. M., Eunson, K. M., & Bishop, S. (1986). A two-year naturalistic follow-up of depressed patients treated with cognitive therapy, pharmacotherapy and a combination of both. *Journal of Affective Disorders, 10*, 67-75.

Bowers, W. (1990). Treatment of depressed in-patients: Cognitive therapy plus medication, relaxation plus medication, and medication alone. *British Journal of Psychiatry, 156*, 73-78.

Bruce, T., Spiegel, D., & Hegel, M. (1999). Cognitive-behavioral therapy helps prevent relapse and recurrence of panic disorder following alprazolam discontinuation: A longterm follow-up of the Peoria and Dartmouth studies. *Journal of Consulting and Clinical Psychology, 67*, 151-156.

Bustillo, J. R., Lauriello, J., & Keith, S. J. (1999). Schizophrenia: Improving outcome. *Harvard Review of Psychiatry, 6*, 229-240.

Butler, A. C., Chapman, J. E., Forman, E. M., & Beck, A. T. (2006). The empirical status of cognitive-behavioral therapy: A review of meta-analyses. *Clinical Psychology Review, 26*, 17-31.

Chadwick, P. D., & Lowe, C. F. (1990). Measurement and modification of delusional beliefs. *Journal of Consulting and Clinical Psychology, 58*, 225-232.

Chan, F., Rosenthal, D. A., & Pruett, S. R. (2008). Evidence-based practice in the provision of rehabilitation services. *Journal of Rehabilitation, 74*(2), 3-5.

Coull, G., & Morris, P. G. (2011). The clinical effectiveness of CBT-based guided self-help interventions for anxiety and depressive disorders: A systematic review. *Psychological Medicine, 41*, 2239-2252.

Craighead, L. W., Craighead, W. E., Kazdin, A. E., & Mahoney, M. J. (1994). *Cognitive and behavioral interventions: An empirical approach to mental health problems*. Needham Heights, MA: Allyn & Bacon.

Devins, G. M., & Binik, Y. M. (1996). Facilitating coping with chronic physical illness. In M. Zeidner & N. S. Endler (Eds.), *Handbook of coping: Theory, research, and applications* (pp. 640-696). New York, NY: Wiley.

Dixon, T. M., Layton, B. S., & Shaw, R. M. (2005). Traumatic brain injury. In H. H. Zaretsky, E. F. Richter III, & M. G. Eisenberg (Eds.), *Medical aspects of disability: A handbook for the rehabilitation professional* (3rd ed., pp. 119-150). New York, NY: Springer Publishing Company.

Dobson, K. S. (1989). A meta-analysis of the efficacy of cognitive therapy for depression. *Journal of Consulting and Clinical Psychology, 57,* 414-419.

Dobson, K. S., & Dozois, D. J. A. (2010). Historical and philosophical bases of the cognitivebehavioral therapies. In K. S. Dobson (Ed.), *Handbook of cognitive-behavioral therapies* (pp. 3-38). New York, NY: Guilford Press.

Eddy, K. T., Dutra, L., Bradley, R., & Westen, D. (2004). A multidimensional meta-analysis of psychotherapy and pharmacotherapy for obsessive-compulsive disorder. *Clinical Psychology Review, 24,* 1011-1030.

Elliott, T. R., & Frank, R. G. (1996). Depression following spinal cord injury. *Archives of Physical Medicine and Rehabilitation, 77,* 816-823.

Ellis, A. (1962). *Reason and emotion in psychotherapy.* New York, NY: Stuart.

Ellis, A. (1979). The practice of rational-emotive therapy. In A. Ellis & J. M. Whitely (Eds.), *Theoretical and empirical foundations of rational-emotive therapy* (pp. 61-100). Monterey, CA: Brooks/Cole.

Farhall, J., & Thomas, N. (2013). Cognitive and behavioural therapies for psychosis. *Australian and New Zealand Journal of Psychiatry, 47,* 508-511.

Fedoroff, I. C., & Taylor, S. (2001). Psychological and pharmacological treatments of social phobia: A meta-analysis. *Journal of Clinical Psychopharmacology, 21,* 311-324.

Freeman, A., Pretzer, J., Fleming, B., & Simon, K. (1990). *Clinical applications of cognitive therapy.* New York, NY: Plenum.

Freud, S. (1961). The ego and the id and other works. In J. Strachey (Ed. & Trans.), *The standard edition of the complete psychological works of Sigmund Freud* (Vol. 19, pp. 1-66). London, UK: Hogarth. (Original work published 1923)

Gil, P. J. M., Carrillo, F. X. M., & Sánchez Meca, J. (2000). Effectiveness of cognitive-behavioural treatment in social phobia: A meta-analytic review. *Psicothema-Oviedo, 12,* 346-352.

Goldfried, M. R. (1980). Toward the delineation of therapeutic change principles. *American Psychologist, 35,* 991-999.

Gould, R. A., Buckminster, S., Pollack, M. H., Otto, M. W., & Yap, L. (1997). Cognitive-behavioral and pharmacological treatment for social phobia: A meta-analysis. *Clinical Psychology: Science and Practice, 4,* 291-306.

Gregory, V. L. (2010). Cognitive-behavioral therapy for mania: A meta-analysis of randomized controlled trials. *Social Work in Mental Health, 8,* 483-494.

Hayes, S. C. (2004). Acceptance and commitment therapy, relational frame theory, and the third wave of behavioral and cognitive therapies. *Behavior Therapy, 35,* 639-665.

Hayes, S. C., & Strosahl, K. D. (Eds.). (2004). *A practical guide to acceptance and commitment therapy.* New York, NY: Springer Publishing Company.

Hind, D., Cotter, J., Thake, A., Bradburn, M., Cooper, C., Isaac, C., & House, A. (2014). Cognitive behavioural therapy for the treatment of depression in people with multiple sclerosis: A systematic review and meta-analysis. *BMC Psychiatry, 14,* 5-36.

Hofmann, S. G., Asnaani, A., Vonk, I. J., Sawyer, A. T., & Fang, A. (2012). The efficacy of cognitive behavioral therapy: A review of meta-analyses. *Cognitive Therapy and Research, 36,* 427-440.

Hofmann, S. G., & Smits, J. A. (2008). Cognitive-behavioral therapy for adult anxiety disorders: A meta-analysis of randomized placebo-controlled trials. *Journal of Clinical Psychiatry, 69,* 621-632.

Hofmann, S. G., & Spiegel, D. A. (1999). Panic control treatment and its applications. *Journal of Psychotherapy Practice and Research, 8,* 3-11.

Hollon, S. D., & Beck, A. T. (2013). Cognitive and cognitive-behavioral therapies. In M. J. Lambert (Ed.), *Bergin and Garfield's handbook of psychotherapy and behavior change* (6th ed., pp. 393-442). Hoboken, NJ: Wiley.

James, R. K., & Gilliland, B. E. (2003). *Theories and strategies in counseling and psychotherapy* (5th ed.). Boston, MA: Allyn & Bacon.

Kazdin, A. E. (1978). *History of behavior modification: Experimental foundations of contemporary research.* Baltimore, MD: University Park Press.

Kelly, G. (1955). *The psychology of personal constructs.* New York, NY: Norton.

Kroese, B. S. (1998). Cognitive-behavioral therapy for people with learning disabilities. *Behavioural and Cognitive Psychotherapy, 26,* 315-322.

Lawrence, R. R., Bradshaw, T. T., & Mairs, H. H. (2006). Group cognitive behavioural therapy for schizophrenia: A systematic review of the literature. *Journal of Psychiatric and Mental Health Nursing, 13,* 673-681.

Lezak, M. D., Howieson, D. B., Bigler, E. D., & Tranel, D. (2012). *Neuropsychological assessment* (5th ed.). New York, NY: Oxford University Press.

Lindsay, W. R. (1999). Cognitive therapy. *Psychologist, 12,* 238-241.

Lynch, D., Laws, K. R., & McKenna, P. J. (2010). Cognitive behavioural therapy for major psychiatric disorder: Does it really work? A meta-analytical review of well-controlled trials. *Psychological Medicine, 40,* 9-24.

Lysaker, P. H., Davis, L. W., Bryson, G. J., & Bell, M. D. (2009). Effects of cognitive behavioral therapy on work outcomes in vocational rehabilitation for participants with schizophrenia spectrum disorders. *Schizophrenia Research, 107,* 186-191.

Meadows, E. A., & Foa, E. B. (1999). Cognitive-behavioral treatment of traumatized adults. In P. A. Saigh & J. D. Bremner (Eds.), *Posttraumatic stress disorder: A comprehensive text* (pp. 376-390). Needham Heights, MA: Allyn & Bacon.

Meichenbaum, D. H. (1995). Cognitive-behavioral therapy in historical perspective. In B. M. Bongar & L. E. Beutler (Eds.), *Comprehensive textbook of psychotherapy: Theory and practice* (pp. 140-158). New York, NY: Oxford University Press.

Mendes, D. D., Mello, M. F., Ventura, P., de Medeiros Passarela, C., & de Jesus Mari, J. (2008). A systematic review on the effectiveness of cognitive behavioral therapy for posttraumatic stress disorder. *International Journal of Psychiatry in Medicine, 38,* 241-259.

Miranda, J., Gross, J. J., Persons, J. B., & Hahn, J. (1998). Mood matters: Negative mood induction activates dysfunctional attitudes in women vulnerable to depression. *Cognitive Therapy and Research, 22,* 363-376.

Moritz, S., Veckenstedt, R., Randjbar, S., Vitzthum, F., & Woodward, T. S. (2011). Antipsychotic treatment beyond antipsychotics: Metacognitive intervention for schizophrenia patients improves delusional symptoms. *Psychological Medicine, 41,* 1823-1832.

Morley, S., Eccleston, C., & Williams, A. (1999). Systematic review and meta-analysis of randomized controlled trials of cognitive behaviour therapy and behaviour therapy for chronic pain in adults, excluding headache. *Pain, 80,* 1-13.

Morris, E. M. J., Johns, L. C., & Oliver, J. E. (2013). *Acceptance and commitment therapy and mindfulness for psychosis.* New York, NY: Wiley-Blackwell.

Morrison, A. P., & Barratt, S. (2010). What are the components of CBT for psychosis? A Delphi study. *Schizophrenia Bulletin, 36,* 136-142.

National Collaborating Centre for Mental Health. (2009). *Schizophrenia: The NICE guideline on core interventions in the treatment and management of schizophrenia in adults in primary and secondary care (National clinical practice guideline, updated edition).* London, UK: Royal College of Psychiatrists & British Psychological Society.

Nezu, A. M. (1987). A problem-solving formulation of depression: A literature review and proposal of a pluralistic model. *Clinical Psychology Review, 7,* 121-144.

Nicoll, M., Beail, N., & Saxon, D. (2013). Cognitive behavioural treatment for anger in adults with intellectual disabilities: A systematic review and meta-analysis. *Journal of Applied Research in Intellectual Disabilities, 26*, 47-62.

Oathamshaw, S. C., & Haddock, G. (2006). Do people with intellectual disabilities and psychosis have the cognitive skills required to undertake cognitive behavioural therapy? *Journal of Applied Research in Intellectual Disabilities, 19*, 35-46.

Oberlander, E. L., Schneier, F. R., & Liebowitz, M. R. (1994). Physical disability and social phobia. *Journal of Clinical Psychopharmacology, 14*, 136-143.

O'Kearney, R. (1998). Responsibility appraisals and obsessive-compulsive disorder: A critique of Salkovskis's cognitive theory. *Australian Journal of Psychology, 50*, 43-47.

Öst, L. G. (2008). Efficacy of the third wave of behavioral therapies: A systematic review and meta-analysis. *Behaviour Research and Therapy, 46*, 296-321.

Pilgrim, D. (2011). The hegemony of cognitive-behaviour therapy in modern mental health care. *Health Sociology Review, 20*, 120-132.

Pruett, S. R., Swett, E. A., Chan, F., Rosenthal, D. A., & Lee, G. K. (2008). Empirical evidence supporting the effectiveness of vocational rehabilitation. *Journal of Rehabilitation, 74*, 56-63.

Ramsay, J. R. (1998). Postmodern cognitive therapy: Cognitions, narratives, and personal meaning-making. *Journal of Cognitive Psychotherapy, 12*, 39-55.

Rao, S. M. (1990). Multiple sclerosis. In J. L. Cummings (Ed.), *Subcortical dementia* (pp. 164-180). New York, NY: Oxford University Press.

Ross, K., Freeman, D., Dunn, G., & Garety, P. (2011). A randomized experimental investigation of reasoning training for people with delusions. *Schizophrenia Bulletin, 37*, 324-333.

Ruhmland, M., & Margraf, J. (2001). Effektivitat psychologischer Therapien von generalisierter Angststorung und sozialer Phobie: Meta-Analysen auf Storungsebene [Effectiveness of psychological therapies for generalized anxiety disorder and social phobia: Metaanalyzes on fault plane]. *Verhaltenstherapie, 11*, 27-40.

Sarin, F., Wallin, L., & Widerlöv, B. (2011). Cognitive behavior therapy for schizophrenia: A meta-analytical review of randomized controlled trials. *Nordic Journal of Psychiatry, 65*, 162-174.

Segal, Z. V., Gemar, M., & Williams, S. (1999). Differential cognitive response to a mood challenge following successful cognitive therapy or pharmacotherapy for unipolar depression. *Journal of Abnormal Psychology, 108*, 3-10.

Seidler, G. H., & Wagner, F. E. (2006). Comparing the efficacy of EMDR and trauma-focused cognitive-behavioral therapy in the treatment of PTSD: A meta-analytic study. *Psychological Medicine, 36*, 1515-1522.

Seligman, L., & Reichenberg, L. W. (2010). *Theories of counseling and psychotherapy*. Upper Saddle River, NJ: Pearson.

Shafran, R., & Somers, J. (1998). Treating adolescent obsessive-compulsive disorder: Applications of the cognitive theory. *Behaviour Research and Therapy, 36*, 93-97.

Spiegler, M. D., & Guevremont, D. C. (1993). *Contemporary behavior therapy* (2nd ed.). Pacific Grove, CA: Brooks/Cole.

Sullivan, H. S. (1953). *The interpersonal theory of psychiatry*. New York, NY: Norton.

Swett, E. A., & Kaplan, S. P. (2004). Cognitive-behavioral therapy. In F. Chan, N. L. Berven, & K. R. Thomas (Eds.), *Counseling theories and techniques for rehabilitation health professionals* (pp. 159-176). New York, NY: Springer Publishing Company.

Szentagotai, A., & David, D. (2010). The efficacy of cognitive-behavioral therapy in bipolar disorder: A quantitative meta-analysis. *Journal of Clinical Psychiatry, 71*, 66-72.

Tarrier, N., Pilgrim, H., Sommerfield, C., Faragher, B., Reynolds, M., Graham, E., ... Barrowclough, C. (1999). A randomized trial of cognitive therapy and imaginal exposure in the treatment of chronic posttraumatic stress disorder. *Journal of Consulting and Clinical Psychology, 67*, 13-18.

Turkington, D., Sensky, T., Scott, J., Barnes, T. R., Nur, U., Siddle, R., . . . Kingdon, D. (2008). A randomized controlled trial of cognitive-behavior therapy for persistent symptoms in schizophrenia: A five-year follow-up. *Schizophrenia Research, 98*, 1-7.

van der Gaag, M., Valmaggia, L. R., & Smit, F. (2014). The effects of individually tailored formulation-based cognitive-behavioural therapy in auditory hallucinations and delusions: A meta-analysis. *Schizophrenia Research, 156*, 30-37.

Wampold, B. E., Minami, T., Baskin, T. W., & Tierney, S. C. (2002). A meta-(re)analysis of the effects of cognitive therapy versus 'other therapies' for depression. *Journal of Affective Disorders, 68*, 159-165.

Winter, D. A., & Watson, S. (1999). Personal construct psychotherapy and the cognitive therapies: Different in theory but can they be differentiated in practice? *Journal of Constructivist Psychology, 12*, 1-22.

Wolpe, J. (1958). *Psychotherapy by reciprocal inhibition*. Stanford, CA: Stanford University Press.

Wykes, T., Steel, C., Everitt, B., & Tarrier, N. (2008). Cognitive behavior therapy for schizophrenia: Effect sizes, clinical models, and methodological rigor. *Schizophrenia Bulletin, 34*, 523-537.

# 제6장

# 합리적 정서 행동 치료

Malachy Bishop and Allison R. Fleming

## 학습목표

이 장의 목적은 합리적 정서 행동 치료(Rational Emotive Behavior Therapy: REBT)의 역사와 주요 개념을 소개하고, REBT 관련 상담 과정, 상담 관계, 상담 기법을 기술하며 재활상담에 대한 REBT의 적용에 대해 설명하고, REBT 관련 최신 증거 기반 연구를 검토하는 것에 있다. 또한 독자들은 REBT의 주요 이론 및 철학적 개념을 파악, 설명, 적용할 수 있을 것이다. 이 같은 목적을 달성하기 위해 다음과 같은 학습 목표를 설정하였다.

① REBT에서 정의한 합리성(rationality) 개념을 이해하고, 합리적 신념과 비합리적 신념을 설명하며, 비합리적 신념 형성에 영향을 미치는 생물학적·사회적 요인을 기술하고 정의한다.
② REBT 이론과 ABC 체제 내에 존재하는 인지, 행동, 정서 간의 상호관계를 기술한다.
③ 심리적 건강과 심리적 장해(disturbance) 개념을 정의한다.
④ REBT 상담 관계의 특성(nature)과 일반적으로 사용되는 기법 및 방법에 관해 기술한다.
⑤ REBT의 연구 현황과 방향을 논의한다.

## 1. 개요

REBT는 재활 전문가가 인지, 행동, 정서·정동 기법을 활용하여 인간의 건설적 변화 달성과 유지를 돕는 적극적–지시적 형식의 상담 및 심리치료다. 이러한 변화는 다음 사항에 관한 내담자의 이해 지원을 목적으로 하는 교육적 상담 과정을 통해 일어난다. ① 내담자의 심리적 어려움과 문제를 초래하는 주체는 대부분 본인 자신이다. ② 내담자는 비합리적 신념 유지를 통해 자신의 문제를 지속한다. ③ 내담자는 자신의 비합리적 신념이 비논리적이고 비건설적임을 탐지하고 의문을 품으며 도전하고 거부하는 것을 학습하고, '진실하고 분별력 있으며 건설적인' 합리적 신념을 발전시킴으로써 스스로의 문제를 다루고 극복할 수 있다(Dryden, 2005, pp. 322-323).

REBT의 핵심 원리(fundamental tenet)는 사건이나 사변(incidents), 역경 자체가 정서적 곤란을 초래하지는 않는다는 것이다. 그보다는 사람을 어려움에 빠뜨리고, 목표 달성을 저해하는 자기 패배적 감정과 역기능적 행동에 연루시키는 것은 그 같은 사건에 관해 사람들이 지니는 비합리적 신념, 독단적 당위(dogmatic musts), 강제적 요구(imperative demands)라는 것이다. 달리 말해, 사람들이 스스로의 정서적 문제에 일차적 책임을 지고, 그 같은 문제를 지지하는 비합리적 사고와 싸우기 위해 단호한 방식으로 작업할 수 있다면, 그 결과는 자기 패배로 인한 혼란의 최소화는 물론, 행복과 만족감 증진 기회로 이어질 것이다(Yankura & Dryden, 1994).

REBT가 개발된 지 수십 년이 지난 현재, 이는 인지 행동 상담과 심리치료 분야에서 중요하고 영향력 있는 이론과 방법으로 진화하였다(Weinrach, 2006). REBT의 여러 측면은 만성 질환이나 장애를 가진 내담자와 함께 작업하는 재활 현장에서의 활용에 적합하며 효과적이다.

## 2. 역사

Albert Ellis는 2007년 그가 사망할 때까지 REBT의 창립자이자 최고의 지지자였다. Ellis는 1913년 피츠버그에서 태어났고, 네 살 때 가족과 함께 뉴욕으로 이사한 후 그곳에서 여생을 마쳤다. Ellis는 세 명의 형제 중 맏이였다. 그는 아버지를 소소한 성공을 거둔 사업가로, 자주 집을 비웠고 자식들에 대한 애정을 거의 드러내지 않는 사람이었다고 묘사하였다(Ellis, Abrams, & Abrams, 2012). Ellis는 그의 어머니를 정서적으로 냉정하고 자신에게 몰입되어 있으며, 조울증적 감정을 보였다고 묘사하였다. Ellis는 어린 시절 스스로에 대한 자족감과 동생들에 대한 강력한 책임감을 발달시켰다. Ellis는 어린 시절 자주 아팠고, 주로 신장 질환으로 인해 여러 차례 병원에 입원한 경험을 가지고 있었다(Sharf, 2012). Ellis는 REBT 개발의 상당 부분을 그의 어린 시절 경험과 도전, 문제 해결을 위한 접근의 산물이라고 생각하였다. 예를 들어, 그는 19세였을 때 또래 여성들에 대한 수줍음을 극복하기 위한 노력의 일환으로 한 달 동안 100명의 여성에게 데이트를 신청했다고 한다. 비록 데이트 신청 노력은 성공을 거두지 못했지만, 그 같은 경험은 Ellis의 수줍음 극복에 도움을 주었고, 그가 두려움 해결을 위해 활용한 직접적 접근은 후에 내담자를 돕기 위해 그가 주창한 기법에 뚜렷하게 반영되어 있다.

그는 1934년 경영학과를 졸업하고 잠시 사업과 소설가로서 경력을 쌓은 후, 사람들의 성생활 분야에 관한 일반인 수준의 상담 기록을 포함하여 논픽션을 쓰기 시작하였다(Ellis et al., 2012). Ellis는 1943년 임상심리학 석사 학위를 취득했고, 1947년 컬럼비아 대학교 사범대(Teachers College)에서 박사 학위를 받을 때까지 사설 상담 센터에서 시간제 심리치료사로 근무하였다. 학위를 마친 후, 그는 정신분석 수련을 하고 그 자신의 개인 분석을 마쳤으며, Karen Horney 연구소 정신분석 전문가 훈련사의 감독하에서 활동을 시작하였다.

Ellis는 몇 년간 고전적 분석과 정신분석 지향에 따른 치료법을 행하였다. 이 기간 동안 그는 정신분석의 수동성, 비효율성, 비효과성에 점점 더 환멸을 느끼게 되었다(Ellis, 2005). 그는 내담자들이 유년기에 벌어진 사건에 관한 통찰이나 이해를 발전시켰음에도 그들의 증상이 좀처럼 완화되지 않는다는 사실에 주목하였다. 게다가, 내담자들은 새로운 증상을 만들어 내려는 경향을 계속 유지한다는 것이다. Ellis는 이러한 현상은 내담자가 어린 시절 형성했던 비합리적 신념 때문임과 동시에, 그 자신과 타인에 대한 역기능적 요구를 현재까지 지속하여 만들어 내고 이러한 비합리적 요구를 스스로에게 재주입하기(reindoctrinating) 때문이라고 제안하였다.

Ellis는 1953년 무렵, 정신분석적 접근을 거의 전적으로 거부하였다(Yankura & Dryden, 1994). 2년 동안, 그는 '수백 가지의 다른 방법들을 집중적으로 연구했으며', 이 연구와 그의 임상 경험을 바탕으로 1955년 합리 치료(rational therapy)를 개발하였다(Ellis, 1996, p. 5). 그 후 Ellis는 1961년에 합리적 이론이라는 명칭을 합리적 정서 치료(RET)로 변경하였고, 1993년에는 이를 다시 합리적 정서 행동 치료(REBT)로 개칭하였다. Ellis는 치료법의 명칭을 변경한 이유에 관해, REBT 이론 또는 실천 측면에서의 철학적 혹은 실제적 변화라기보다는 이론 속에 항상 존재했던 요소들의 명료화와 수용적 측면을 반영하고자 했기 때문이라고 주장하였다(Ellis, 1995a).

Ellis가 최초로 합리 치료를 공표한 것은 1956년 미국심리학회 연차 학술대회에서 발표한 논문을 통해서였다. 현재의 인지 또는 인지 행동 이론과 기법에 대한 폭넓은 수용과 대중적 사용으로 인해, REBT와 관련된 개념 및 견해 중 일부는 새롭게 추가된 개념에 대해서조차 매우 친숙해 보일 정도다. 하지만 Ellis가 REBT를 처음 소개할 당시만 해도 이 개념은 정신분석 접근과 내담자 중심 치료 등이 주류를 이루던 당시의 심리치료 분야에서 매우 혁신적이고 생소한 시도였다(DiGiuseppe, 2011).

Ellis는 REBT를 개발하는 과정에서 광범위하고 다양한 철학과 사상의 영향을 받아들였다(Ellis, 1995b, 1996, 2005). 여기에는 실존주의 철학이나 공자, 노자, 부처와 같은 동양 사상가 등 다양한 철학적 영향이 포함되었다. 스토아 철학은 REBT의 형성과 발전에 가장 큰 영향을 미쳤는데, Ellis는 특히 Epictetus, Seneca, Marcus Aurelius 등의 스토아 철학자들로부터 커다란 영감을 받았다고 한다. Seneca 등의 스토아 철학자들은 행복이나 불행은 사건 자체에서 비롯되는 것이 아니라 사건에 관한 지각(perception)과 생각에서 기인한다고 주장하였다. 행동주의 이론과 치료, Karen Horney의 '당위적 의무의 횡포(tyranny of the shoulds)'(Horney, 1965), Alfred Adler의 이론과 치료 또한 Ellis의 REBT 개발에 적지 않은 영향을 미쳤다(Ellis, 1973). Ellis는 Adler에 대해 인간 행동은 그 자신의 관념(ideas)에서 비롯된다는 사실을 깨닫게 해 준 선배이자 'REBT의 선구자이며 현대적 심리치료사'라고 칭송하였다(Ellis, 1995b, p. 167).

Ellis는 93세의 나이로 세상을 떠날 때까지 평생 동안 REBT 치료사 훈련과 저술 활동을 수행하며 자신의 임상 작업에서 탁월한 직업윤리를 유지하였다. Ellis는 75권의 저서와 거의 800편에 이르는 논문을 출간하였으며, 다수의 저서에 공동 저자로 참여하여 내용의 일부(장)를 집필하였다(Sharf, 2012). 1959년에는 합리적 생활 연구소(Institute for Rational Living)를 조직하여 훈련, 치료, 연구의 중심으로 활용하였다. 이는 1996년 Albert Ellis 연구소(Albert Ellis Institute)로 개칭되었다. Ellis는 2007년 사망할 때까지 이 연구소의 명예회장 직을 역임하였다.

## 3. 주요 이론적 개념

### 1) 인간 본성에 관한 견해

REBT 이론은 사람을 목표를 설정하고 추구하려는 강력한 경향을 지닌 유동적이고 복합적인 생물심리사회적 존재로 간주한다. 사람들은 자신이 중요하다고 생각하는 삶의 목적과 목표를 수립하고 이를 달성하고자 적극적으로 노력할 때 가장 행복하다고 한다 (Dryden, 2012, p. 1991). 근원적이고 보편적인 인간의 목적은 '생존, 고통으로부터의 상대적 자유, 삶에 대한 적정 수준의 만족감 추구' 등의 욕구를 포함한다(Ellis, 1991, p. 142). 좀 더 구체적인 하위 목표에는 ① 혼자서도 행복하게 살기, ② 친밀한 관계와 보다 넓은 사회적 관계 모두에서 다른 사람들과 행복하게 지내기, ③ 교육, 직업, 경제, 여가 활동을 통해 행복해 지기 등이 포함된다.

REBT 관점에 따르면, 인간은 무엇보다도 자신의 생존과 행복에 관심을 가진다는 점에서, 본질적으로 쾌락주의(hedonistic)적 존재라고 할 수 있다(Dryden, David, & Ellis, 2010). 다만, REBT는 사람은 단기적 쾌락보다는 장기적 쾌락주의를 지향해야 한다고 주장한다. 비록 단기 목표 중 일부의 달성이 중요하기는 하지만, REBT는 사람들에게 장기적 목표와 목적 달성을 향한 초점을 유지하고, 그들이 목표와 목적을 이루고자 하는 세계의 사회적 본질을 인식하도록 장려한다(Dryden et al., 2010, p. 229). 당장의 욕구에 대한 지나친 집중과 일시적 만족 추구는 장기적 목적 달성을 위한 능력을 억제하거나 위협하는 상황을 초래할 수 있다. 나아가, REBT는 사람들이 자신의 목표 달성을 위해서는 다른 사람들과의 협력이나 그들로부터의 지원이 요구되는 사회적 세상에 살고 있다는 점을 깨달아야 한다고 강조한다. 다시 말해, 사회적 관심과 다른 사람들의 목표에 대한 협력적 태도는 본인 스스로의 목표 추구와 달성을 촉진한다는 점을 이해할 필요가 있다는 것이다(Dryden, 2012; Dryden et al., 2010).

### 2) 합리성

합리성 개념은 REBT 이론과 실천에서 독보적 지위를 차지하고 있다. REBT의 관점에서, 합리성은 개인의 목적 또는 목표 달성을 돕고 건전한 결과를 가져다주는 상태로 정의된다. 이에 반해, 불합리성은 내담자의 목표 달성을 방해하고, 그 사람의 대인관계에서 불건전한 결과를 초래하는 상태를 의미한다(Dryden, 2012, 2013). 사람마다 각자의 고유한 목적과 목표를 지니고 있다는 점에서, 합리성의 정확한 의미는 개인과 그가 처한 상황에 따라 달라진다. 따라서 합리성은 절대적 의미로 정의할 수 없다(Dryden et al., 2010).

"REBT 이론에서, 합리적 신념은 심리적 건강의 핵심으로 간주되며, REBT의 일차적 목표는 내담자가 자신의 비합리적 신념을 합리적 신념으로 바꾸도록 돕는 것이다."(Dryden, 2013, p. 39) 합리적 신념은 논리적이고 유연하며, 현실에 부합하고 장기적 목적과 일치한다는 특징이 있다. 합리적 신념이나 기대는 우리가 바라는 것이나 일어나기를 원하는 바 또는 선호의 형태로 표현되는 동시에, 우리가 원하는 바를 가지지 못할 수 있다는 사실과 반드시 그것을 얻어내야 할 필요는 없다는 점을 이해하는 것이다. 합리적 신념과 기대를 가진 사람은 자신이 원하는 바를 이루었을 때는 긍정적 만족감을 경험하고, 그러지 못했을 경우에는 실망, 슬픔, 건강한 분노, 후회 등과 같은 건강한 부정적 감정을 경험한다(Dryden, 2012). 이들 건강한 부정적 감정은 개인의 궁극적 목표나 욕망 달성을 향한 지속적 노력에 동기를 부여하는 역할을 담당한다.

예를 들어, 일단의 합리적 신념을 유지한 채 취업 면접에 임하는 구직희망자는 스스로를 향해 다음과 같은 혼잣말을 할 수 있을 것이다. "다양한 이유에서 이 회사에 취직하면 좋겠지만, 나보다 더 숙련되거나 경험이 많은(또는 면접 실력이 더 뛰어난) 사람도 여럿 면접을 보고 있을 거야. 내가 인사권자(고용주)의 결정을 좌우할 수 없으니 그저 최선을 다하는 도리밖에 없어." 면접 후 그녀가 취직자리를 얻는 데 실패했다는 사실을 알게 되면, 그녀가 실망, 건강한 분노, 슬픔 등의 감정을 경험하는 것은 지극히 자연스러운 현상이다. 이러한 감정은 미래의 목표 추구를 가로막지 않는다는 점에서 건강하며, 그녀가 다음 면접을 좀 더 잘 볼 수 있는 방법을 강구하여 취업이라는 자신의 궁극적 목표에 도달할 수 있도록 노력하려는 태도 등에서 보듯 생산적인 행동을 취하도록 동기를 부여한다.

비합리적 신념은 완고하고(rigid) 비논리적이며, 자신의 장기적 목적과 불일치하고 건강하지 않다. 비합리적 신념은 요구(예: "모든 일이 내가 생각하는 방식대로만 진행되어야 해."), 당위성(예: "나는 원하는 것은 반드시 가져야 해."), 전부 아니면 전무(all-or-nothing), 절대성(예: "나는 언제나 부당한 대우를 받아." 또는 "나는 결코 성공할 수 없을 거야.") 등과 같은 형태로 표현된다. 다가올 면접에 관해 비합리적 신념을 품은 구직희망자는 "나는 반드시 이 회사에 취직해야만 해. 나는 무직인 채로 다음 주까지 지내는 것을 참을 수 없어. 나는 이 일을 할 자격이 충분해. 나보다 일을 더 잘할 사람도 없을 테니 사장은 반드시 나를 뽑아야 해."

와 같은 방식으로 스스로의 비합리적 신념을 표현할 수 있다. 만약 전술한 구직희망자가 자신이 원하던 회사(직장)에 취직하지 못한다면, 그는 우울, 불건전한 분노 또는 격노, 죄책감, 수치심과 같은 건강하지 못한 부정적 감정을 경험하게 될 것이다. 이들 건강하지 않은 부정적 감정이 그 사람의 건강한 대인관계에 부정적 영향을 미치는 행동[철회, 고립, 지연 행동(procrastination), 소극성(inactivity), 도피주의(escapism), 약물 남용 등]과 연관될 가능성이 높다는 점에서, 이는 그 사람의 장기적인 목표 추구와 성취를 촉진하기보다는 방해할 가능성이 높다.

합리적 신념과 비합리적 신념 간의 구별은 REBT만의 고유하고 핵심적 특징(focus)으로, 이에 관해서는 Ellis를 비롯한 여러 학자들이 방대한 저작을 남겼다(예: Dryden, 2013; Weinrach, 2006). REBT에 관한 그의 초기 저작에서 Ellis(1962, pp. 60-88)는 그 자신이 감정적 혼란(emotional upset)을 유발하는 가장 빈번한 원인으로 간주하는 구체적인 비합리적

---

**표 6-1  감정적 혼란과 연관 빈도가 높은 특정한 비합리적 신념**

1. 어떤 성인이 그가 속한 지역사회에서 중요한 사람 거의 모두에게 사랑 또는 인정을 받아야 한다는 극단적 생각

2. 스스로를 가치 있는 존재라고 여기려면 자신이 지극히 유능하고 적합하며, 가능한 모든 사람으로부터 존경을 받아야만 한다는 생각

3. 개중에는 나쁘거나 못된, 혹은 악랄한 사람이 있는데, 이런 사람들은 그들의 악행에 대해 극심한 비난과 처벌을 받아야 한다는 생각

4. 일이 자신이 원하는 바대로 진행되지 않을 경우 이를 끔찍하고 재앙적이라고 믿는 생각

5. 인간의 불행은 외적으로 발생하며, 인간은 자신의 슬픔과 심리적 장애를 조절할 능력이 부족하거나 전혀 없다는 생각

6. 만약 어떤 일이 위험성이 높고 공포를 초래할 확률이 있다면, 그에 관해 몹시 걱정해야 하고 그 일이 발생할 가능성에 관해 끊임없이 고민해야 한다는 생각

7. 삶의 어려움과 자기 책임을 마주하기보다 회피하는 것이 더 쉽다는 생각

8. 자신은 항상 다른 사람에게 의지해야 하며, 그가 의지할 사람은 자신보다 강한 사람이어야 한다는 생각

9. 자신의 과거가 현재의 행동을 결정짓는 가장 중요한 요인이며, 무언가가 한때 자신의 삶에 영향을 미쳤다면 그것은 앞으로의 일에도 비슷한 영향을 미칠 것이라는 생각

10. 다른 사람들이 혼란스러워하고 곤란해 하는 모습을 보면 자신도 커다란 혼란에 빠질 수밖에 없다는 생각

11. 인간의 문제에는 변하지 않는 바르고 정확하며 완벽한 해결책이 존재하는데, 이러한 해결책을 발견하지 못하는 것은 재앙이라는 생각

신념을 제시하였다. 〈표 6-1〉에는 이들 비합리적 신념이 제시되어 있다. 보다 최근의 저작에서 Ellis와 동료들은 비합리적 신념과 태도를 세 가지 주요한 '당위성' 또는 요구로 특징지을 수 있다고 제안하였다(Dryden, 1990, 2012; Ellis, 1994, 1996).

① 자신에 대한 요구: "나는 반드시, 그 어떤 경우라도 성공을 거두어야 해. 내가 하고자 하는(노력하는) 일에서 유능하다는 점을 보여 주어야 해. 내 인생에서 중요하다고 생각하는 사람들 모두에게 인정받아야 해." 이러한 신념은 종종 불안, 우울, 수치심, 죄책감 등의 감정과 회피, 철회, 약물 남용 및 중독 등의 행동을 유발한다.
② 타인에 대한 요구: "다른 사람들은 언제나 나를 깊은 이해심과 친절한 마음, 공정함과 애정을 가지고 대해야 해. 그들이 그렇게 하지 않는다면, 그것은 끔찍한 일이고, 그런 사람은 틀림없이 좋은 사람이 아닐 거야. 그런 사람들은 인생의 즐거움을 누릴 자격도 없어." 이러한 신념은 흔히 화, 격노(rage), 수동 공격성, 적개심/원한(resentment) 등의 감정과 공격적 혹은 폭력적 행동을 강화한다.
③ 세상 혹은 삶의 조건에 대한 요구: "나는 내가 원하는 것은 반드시 가져야만 해. 내가 살고 있는 곳의 생활 조건은 반드시 편안하고 쾌적하며 보상을 주는 것이어야 해. 만약 그렇지 않다면, 나는 그런 조건을 견딜 수 없고, 끔찍하게 느끼게 될 거야." 이러한 신념과 관련된 감정에는 격노, 자기 연민, 좌절에 대한 낮은 인내력 등이 있다. 이러한 신념으로 인해 나타날 수 있는 행동에는 철회, 지연 행동, 중독 등이 있다.

## 3) 인지, 행동, 감정 사이의 상호 관계

Ellis는 항상 생각, 감정(기분 또는 정동), 행동 과정은 분리되어 있는 것이 아니라 상호 연관되어 있고, 대개의 경우 동시적이며 중복된다고 주장했다(Dryden, 2012). Ellis(1996, P. 14)는 이들 세 가지 구성요소 간의 상호 관련성을 강조하기 위해 다음과 같은 예를 제시했다.

당신이 부정적으로 생각하면("그 사람의 인정을 받지 못하다니 나는 부족한 사람이야!") 기분이 나빠지고(예: 불안) 역기능적으로 행동하려는 경향을 보인다(예: 인정을 갈구하거나 그 사람을 피한다). 당신은 불안감을 느낄 때, 부정적인 생각을 하고 강박적 또는 회피적으로 행동하려는 경향이 있다. 당신이 강박적으로 행동할 때, 부정적으로 생각하고 느끼는 경향을 보인다.

이들 세 요소의 중복적 성질(overlaping nature)을 고려하면 가장 효과적인 치료 방법은 내담자를 세 가지 차원 모두에 관여하게 만드는 것이다.

## 4) 심리적 장해와 심리적 건강

심리적 건강에 관한 REBT의 견해는 정서적 혼란과 장해는 주로 자신의 삶 속에서 발생한 사건에 관해 개인이 지닌 비합리적 신념에서 비롯된다는 REBT의 근본 원리에 근거한다. 자신이 심리적으로 혹은 정서적으로 장해를 겪고 있는지 알고자 하는 사람은 먼저 그에 관한 평가를 내려야 하며, 고려 대상이 되는 사건, 관계, 상황에 관한 스스로의 신념을 바탕으로 상황이나 사건, 관계가 단순히 불편 또는 불쾌하거나 마음에 들지 않는지, 아니면 끔찍하고 무서우며 참을 수 없는 것인지 결론을 내려야 한다(Weinrach, 2006). REBT 이론에 따르면, 과도한 요구(demanding)와 '당위화(musturbation)'(모든 일이 자신이 원하는 대로 되어야 하며, 다른 사람들과 세상이 모두 그의 욕구를 충족시켜야 한다는 주장)라는 개인적 철학을 고집하는 사람은 자신의 경험에 관해 과장되고 극단적인 결론에 도달하는 경향을 보인다고 한다(Dryden et al., 2010). 이러한 극단적 결론에는 파국화(awfulizing), 좌절에 대한 낮은 인내력(low frustration tolerance), 자기 비하(self-depreciation) 등이 있다.

파국화는 어떤 일이 얼마나 나쁜지 과장하는 시도 또는 불편하고 불쾌하며 마음에 들지 않는 것은 끔찍하고 무시무시하거나 벌어질 수 있는 최악의 일이라고 믿는 것을 의미한다. 좌절에 대한 낮은 인내력은 자신이 원하는 시점과 방식대로 욕구가 충족되어야 한다는 믿음이 실현되지 않을 때 나타나는 좌절을 견딜 수 없다는 과장된 결론을 말한다. 자기 비하는 자기 자신, 타인, 세상에 대한 전반적 신념에 기초한 일반화되고 보편적인 자기 평가를 의미한다. 예를 들어, 중요한 시험을 망쳐 버린 학생이 비합리적 자기 관련 요구를 바탕으로 '나는 완전한 실패자야'라는 결론을 내렸다면, 이는 그 상황에 해당하는 자기의 일부가 아닌 자기 전체에 관해 전반적이고 자기 비하적 평가를 내린 것이다.

REBT는 심리적 장해를 자아 장해(ego disturbance)와 불편 장해(discomfort disturbance) 등 두 가지 범주로 분류한다. 자아 장해는 자신, 타인 그리고 세상에 대한 완고한 요구가 충족되지 않을 때 개인이 보이는 자기 비하 또는 스스로에 대한 전반적인 부정적 평가와 관련되어 있다. 불편 장해는 안락하고 편안한 환경에 대한 위협을 견디지 못하는 상태를 말한다(Dryden et al., 2010). 좌절에 대한 낮은 인내력이나 불쾌한 생활 환경에 대한 과잉 반응 등은 불편 장해의 대표적 사례다.

자기 자신과 타인, 그리고 세상에 관한 비합리적 신념과 독단적 요구가 심리적·감정적 혼란으로 이어지는 데 반해, 유연하고 합리적 신념의 개발과 유지 능력은 심리적으로 건강한 사람의 주된 특징이다. 건강한 성격을 가진 사람들은 논리적이고 유연한 사고를 유지하며 자기 향상적 신념을 촉진하고, 자신의 운명에 대한 지배력과 통제감을 가지고 있으며, 언제든 스스로의 생각을 바꿀 역량이 있다는 사실을 인식하고 있다(Dryden, 2011; Ellis, 1989). Ellis(1994)는 심리적 건강의 핵심을 이루는 유연한 신념을 비파국화 신념(nonawfulizing beliefs), 수용 신념(acceptance beliefs), 불편감 인내 신념(discomfort tolerance beliefs)으로 나누어 설명하였다.

비파국화 신념은 비독단적 욕망이나 선호가 충족되지 않아도 그 같은 상황을 극단적이지 않게 평가하려는 태도를 포함한다(예: "내가 원하는 바를 얻지 못한 것은 불행한 일이지만, 끔찍하지는 않아." 또는 "나쁜 일이지만, 벌어질 수 있는 최악의 상황은 아니잖아. 나는 계속 노력할 수 있어." 등). 수용 신념은 무조건적 자기 수용을 반영한다. 구체적으로, 이는 스스로에 관한 총체적인 부정적 평가를 거부하는 것으로, 인간은 너무 복잡하고 다차원적이며 유동적인 존재이므로 그러한 평가는 비현실적이고 비논리적임을 인식하는 상태를 의미한다. 이러한 신념은 사람은 누구나 실수를 할 수 있지만, 그 같은 실수가 사람 자체가 나쁘거나 무가치함을 의미하는 것은 아니라는 점을 인정하는 태도를 수반한다. 불편 장해에 대한 건강한 반응은 ① 때로는 우리가 원하는 바를 얻지 못하고 모든 결과를 통제할 수 없으며, ② 불편, 좌절, 원치 않는 상황 역시 삶의 일부이고 우리는 이 같은 상황을 견딜 수 있음을 수용하는 것이다. 하지만 수용은 체념(resignation)과는 구별되는 개념이다. 가능하다면 원하지 않는 사건이나 상황 변화나 수정 시도는 건강한 것이지만, 바꿀 수 없을 경우에 취해

표 6-2 | Ellis의 긍정적 정신건강에 관한 기준

1. 깨어있는 자기 관심
2. 사회적 관심
3. 자기 주도성
4. 모호함과 불확실성 수용
5. 과학적 사고
6. 주요 과제에 대한 적극적 참여와 헌신
7. 유연성
8. 계산된 위험 감수
9. 현실 수용

야 할 건강하고 합리적인 반응은 이 같은 현실을 수용하고 또 다른 목적에서 의미를 발견하고 추구하려는 노력을 지속하는 것이다(Dryden, 2011). 〈표 6-2〉는 Ellis(1979)가 제안한 긍정적 정신건강에 관한 기준의 포괄적 목록이다.

## 5) 발달에 관한 생물학적·사회적 영향

REBT의 근본 원리는 인간은 누구나 합리적(건전하고 논리적이며 건설적인) 생각, 감정, 행동은 물론 비합리적(해롭고 완고하며 패배주의적인) 생각, 감정, 행동에 대한 잠재력을 지니고 태어난다는 것이다. REBT의 이 같은 입장은 Abraham Maslow와 Carl Rogers의 인본주의 이론과 맥을 같이하는데, Ellis는 사람들은 자기 보존(self-preservation), 행복, 타인과의 교감, 자기실현에 대한 선천적 경향성을 가지고 있다고 주장하였다. 하지만 Ellis는 또한 사람들이 자기 패배, 자기 태업(self-sabotage), 자기 파괴, 완벽주의, 사고 회피, 지연, 성장 회피 등에 있어 선천적으로 타고난 1차적인 생물학적 경향성도 지니고 있다고 주장했다(Ellis, 1979, 2003).

Ellis는 비합리성에 관한 생물학적 기반의 경향성이 존재한다는 자신의 가설을 지지하는 다수의 논거를 제시하였다(Ellis, 1976, 1979). 〈표 6-3〉에는 선택된 예시가 제시되어 있다. 비합리성에 대한 타고난 생물학적 영향 강조에도 불구하고, REBT가 결정론적 이론이 아

---

**표 6-3 | 비합리성에 관한 생물학적 근거를 지지하는 증거**

1. 거의 모든 사람이 가족 배경, 문화, 출신 민족 등의 요인에 관계없이 자기 패배적 경향과 비합리성을 드러낸다. 비합리성은 역사를 통틀어 사회적·문화적 집단 사이에서 일관되게 관찰되어 왔다.

2. 상당수의 비합리적 신념은 부모, 교사, 그 밖에 사회적으로 영향력 있는 사람들의 가르침에 반하는 형태로 존재한다.

3. 일단의 비합리적 신념을 포기한 똑똑하고 유능한 사람조차도 일군의 새로운 비합리적 신념을 채택하려는 경향이 있으며, 합리적으로 생각하려는 경향을 보이는 사람도 때로는 비합리적 신념으로 되돌아갈 경우가 있다.

4. 본인 스스로의 비합리적 생각과 행동에 대한 통찰은 단지 부분적으로만 그것을 바꾸는 데 도움을 줄 뿐이다.

5. 사람들은 비합리적 행동과 생각을 극복하기 위해 열심히 노력한 후에도 종종 비합리적 행동과 생각으로 되돌아간다.

---

* 지지하는 증거는 Ellis(1976, 1979)에서 발췌하였음.

님에 주목해야 한다. REBT는 오히려 인본주의적 입장을 취하며, 사람을 유능하고 성장 지향적이며 생득적 가치를 지닌 존재로 간주한다(Dryden, 1990). REBT는 또한 사람을 자기 자신만의 생각에 관해 사고할 수 있는 고유한 능력을 지닌 존재로 간주한다. 이 같은 이유에서, 사람들은 대부분 자신을 장해와 곤란에 빠뜨리는 신념과 행동을 택한다는 사실은 물론, 그 같은 행동과 신념을 변화시킬 능력을 지니고 있다는 사실을 학습하고 이해할 수 있다. 습관은 내버려 두면 단지 습관으로만 남게 되지만, 자기 패배적이고 비합리적 신념은 의심 없이 받아들여질 때만 그 상태로 남아 있게 된다(Young, 1974).

REBT는 또한 비합리성과 정서적 장해에 관한 경향성이 가족 및 그 밖의 사회적으로 중요한 인물에 의해 영향받을 수 있다는 점을 인정한다(Ellis, 1993, 2003; Yankura & Dryden, 1994). 한 개인의 자아감(sense of self)은 그가 경험하는 복잡한 사회적 상호작용에 의해 커다란 영향을 받으며, 부모, 가족, 친구, 그 밖의 사회 집단은 개인의 신념과 기대 발달에 영향을 미친다. Ellis의 관점에서 볼 때 중요한 사실은 사회적 영향이 한 개인의 비합리적 신념 발달에 기여했을지는 몰라도, 이의 유지 여부에 관한 선택은 그 사람의 몫이라는 점이다. 그 결과, 개인은 자신이 처한 현재 상황에서 스스로에게 그 같은 비합리적 신념을 재주입한다(Walen, DiGiuseppe, & Dryden, 1992, p. 358). "타인으로부터 그러한 역기능적 신념을 받아들였을지라도, 사람들은 그것을 재구성하고 적극적으로 지속하려는 경향을 보인다. 사람들은 수년 후 그러한 신념을 수용했다는 사실이 아닌 그러한 신념을 공표하고 그에 따라 행동하려는 지속적 경향성에 의해 영향받는다."(Ellis, 2003, p. 221)

## 6) ABC 체제

사람들은 목표를 추구하는 과정에서 흔히 자신의 요구와 맞지 않는 상황이나 역경을 경험한다. ABC 모델은 사람들이 그러한 상황에서 어떻게 반응하는지에 관한 기제 이해에 필요한 REBT 체제를 제시한다(Ellis, 1977). ABC 모델에서, A는 목표 달성을 방해하는 선행사건(activating event)이나 역경을 의미한다. A는 어떤 사람에게 혼란스러운 감정을 경험하게 만든 상황일 수도 있고, 상황의 특정 부분에 대해 그 사람이 보이는 반응일 수도 있다(Dryden, 2012). B는 선행 사건에 관해 개인이 보유한 합리적 신념과 비합리적 신념을 나타낸다. C는 A에 관한 특정 신념 보유로 인해 비롯되는 감정적·행동적 결과를 의미한다(Ellis, 1991, 1996; Yankura & Dryden, 1994).

사람들은 보통 A가 자신의 감정 및 행동 반응 또는 결과에 해당하는 C의 직접적 원인이라고 믿지만, Ellis는 이 모델을 통해 인간의 감정 및 행동 반응을 결정하는 것은 역경이나 선행 사건이 아니라 이들(A)에 대한 개인의 신념인 B라는 점을 명백히 하였다. 역경이나 좌절된 목표 추구에 관한 개인의 신념과 기대가 합리적이라면(융통성 있고 논리적이며 선호, 희망, 바람으로 표현되는 것), 이 장의 앞부분에서 언급한 바와 같이 그 사람은 적절하고 건강한 부정적 감정을 경험할 것이다. 예를 들어, 불행한 사건이 실직이었다면, "실직하지 않았더라면 좋았겠지만, 난 실직했어. 불행한 일이지만 나는 분명히 나의 삶을 지속해 나갈 수 있고 결국 다른 직장에서 행복을 되찾게 될 거야."와 같은 자기 진술로 대응할 수 있다. 이에 반해, 어떤 사람의 신념과 기대가 비합리적일 경우(완고함, 절대적 당위 의무, 책임 등의 특징을 보임), 그 사람의 자기 진술은 다음과 같을 것이다. "나는 결코 직장을 잃지 말았어야 했어. 실직은 끔찍한 일이고, 내가 쓸모 없는 사람임을 입증하는 증거야."(Dryden, 1990; Ellis, 1996)

다수의 내담자에게 있어, 단순히 ABC 체제 배후에 있는 이론을 이해하는 것만으로도 치료적 통찰이 될 수 있다. ① 역경에 대한 자신의 감정 및 행동 반응은 외부 요인에 의해 결정되지 않으며, ② 생활 속에서 벌어지는 사건에 관한 비합리적 신념 보유와 이의 적극적 유지가 스스로의 심리적 곤란을 선택하게 만든다는 자각은 그 자체로서 치료적 통찰로 작동할 수 있다. 왜냐하면, 이러한 자각은 내담자가 자신의 신념을 수정함으로써 결과를 바꿀 수 있다는 역량 강화적 생각(idea)을 이끌어 낼 수 있기 때문이다.

ABC 모델이 처음 등장한 이래, Ellis와 동료들은 이 체제를 개념 모델과 상담 도구로서 끊임없이 평가하고 확장해 왔다. ABC 체제가 상당히 쉽고 단순해 보이지만(실제로 이는 모든 좋은 모델이 그러하듯이 내담자와 상담사에게 A, B, C 간의 관계를 나타내는 간단하고 효과적인 수단이다), 인간의 인지, 행동, 정서 사이에 존재하는 통합적이고 역동적 본질은 인간 경험의 실제 모습을 좀 더 복잡하게 만든다. 예를 들어, REBT는 사람이란 사건과 상황과 관련하여 스스로 장해를 겪게 만들기도 하며, 자기 자신을 장해 상태에 빠뜨린 스스로에 관해 장해를 느낄 수 있다는 점을 인정한다. 이 경우, 장해에 빠진 상태(being disturbed)가 선행 사건이 된다. 장해에 빠진 상태에 관해 장해를 느낀다는 이러한 역동(또는 생각에 관한 생각에 관해 생각하기)을 상위 장해(metadisturbance)라고 부른다(Dryden, 2012).

앞서 언급한 실직 여성의 상황을 고려해 보면 상위 장해 개념을 이해할 수 있을 것이다. 만약 그녀가 우울감을 호소하는 이유가 자기 직업의 중요성에 관한 비합리적 신념에서 비롯된 것이라면, 그녀는 아마 우울에 관한 그 자신의 비합리적 신념(예: "우울증은 약함을 의미하며, 우울을 느낀다는 사실은 내가 약한 사람임을 증명하는 거야.")으로 인해 우울해진 자신에 관해 장해를 느끼기 시작할 것이다. 그녀는 자신의 감정적 반응에 관해 스스로가 장해를 느끼는 동시에, 자신의 감정적 반응에 대한 행동이나 인지 반응에 대해서도 장해를 느끼기 시작할 수 있는데(Dryden, 2012), 이는 상위 장해의 잠재적 복잡성과 확장적 본질을 시사하는 것이다.

　　Ellis는 또한 ABC 모델에 D와 E를 추가하였다. D는 비합리적 신념에 대한 적극적 논박(disputing)을 의미하며, E는 효과적이고 새로운 철학, 감정, 행동을 나타낸다. REBT 상담에서 상담사는 보통 내담자에게 ABC 모델의 작동 원리를 설명한 후, 비합리적 신념에 대한 효과적 논박 과정을 지도한다. 여기에는 탐지하기(detecting), 정의하기(defining), 구분하기(discriminating), 토의하기(debating) 등 네 가지 요소가 포함된다(Ellis, 1977). 첫째, 내담자는 자신의 완고하고 극단적인 신념을 탐색 또는 식별하는 방법을 학습한다. 내담자는 그 같은 신념을 언급할 때 자신이 사용하는 언어에 초점을 맞춤으로써 그러한 신념을 정확하게 정의하는 방법을 학습한다. 내담자는 비합리적 신념의 본질과 특성(예: 완고하고 극단적이며 비논리적 요구)에 관한 이해를 통해 합리적 신념과 비합리적 신념을 구별하는 법을 학습한다. 다음으로, 내담자는 기저에 깔린 논리(logic)에 도전함으로써 비합리적 신념에 대한 효과적 토의 과정을 학습한다. 비합리적 신념에 관한 토의 과정은 이 장의 뒷부분에 자세히 설명되어 있다. 끝으로, E 단계에서 상담사는 내담자가 비합리적 신념을 대체할 보다 효과적이고 합리적이며 기능적인 철학을 개발하도록 격려한다.

## 4. 상담 과정

　　REBT 상담 과정은 본질적으로 내담자에게 비합리적 신념 파악과 효과적 논박에 필요한 기술을 가르치는 일종의 교육 프로그램이다. 변화는 내담자가 비논리적이고 비건설적인 그 자신의 비합리적 신념을 탐지하고 도전하며 논박함으로써 스스로의 문제를 극복할 수 있다는 인식과 자신의 목적 달성에 도움이 될 가능성이 높은 합리적 신념 개발을 골자로 하는 교육적 상담 과정을 통해 발생한다(Dryden, 2005). REBT의 최우선 목표는 내담자가 삶에서 보다 현실적이고 합리적이며 관대한 철학을 습득하도록 돕는 것이다(Ellis, 1995b).

　　REBT 상담사의 목표는 증상 완화나 내담자의 현재 문제 상황에 관한 단기적 대응 차원을 넘어, 내담자가 스스로의 힘으로 자신의 비합리적 신념을 논박하고 변화시키는 법을 습득하여 이를 토대로 보다 효과적이고 합리적인 개인 철학을 발전시켜 나가도록 지도하는 것이다. 이러한 장기적 시각은 비합리적 신념을 제거하기 힘든 '아주 끈질긴 잡초 같다'고 한 Ellis의 관점과 관련이 있다(Dryden, 2011). 개인의 신념을 바꾸기 위해서는 단호하고 열정적인 접근은 물론, 꾸준한 경계심과 인내가 요구된다.

REBT는 적극적-지시적이며 문제 중심적 치료다. 상담사는 시간이 절약되고 효율적인 도구를 자주 사용하는데, 여기에는 질문지나 자기 조력 기록지(self-help forms), 숙제(심리 교육적 자료 읽기나 동영상 시청) 등이 있다. 아울러, 표준 진단 검사(standard diagnostic tests) 등과 같은 특정 절차와 기법의 경우 비효율적이고 간접적인 것으로 간주되어 REBT 상담에서 거의 활용되지 않는다(Yankura & Dryden, 1994). 이에 더하여 REBT 상담사는 내담자의 문제와 관련된 과거사를 이야기하는 데 많은 시간을 할애하지 않으려는 경향이 있다. 이러한 '강박적 집착'은 비효율적이며, 내담자가 당면한 심리적 장해와는 별다른 관계가 없는 것으로 간주된다(Ellis, 1979, p. 95). 상담사는 내담자가 그 자신의 활성(activating) 경험을 상대적으로 간략하고 강박적이지 않은 방식으로 이야기하도록 격려해야 한다.

REBT 상담사는 내담자가 종종 치료 과정에서 변화를 가로막는 신념과 가치관을 보유한 상태로 상담에 임한다는 사실을 인지해야 한다. 따라서 상담사는 이러한 신념을 상담 과정 개시 후 즉각적으로 다루어야 한다. 이러한 신념은 흔히 원인과 책임을 외부 요인이나 통제가 불가능한 요인 탓으로 돌린다. 이와 관련된 예로는 자신의 현재 태도와 상태를 나쁜 양육 경험이나 비판적인 친구, 혹은 스트레스로 가득 찬 직무 환경 탓으로 돌리거나, 상담사 또는 단지 상담을 받았다는 경험만으로 어떻게든 내담자에게 마술과 같은 결과를 가져다줄 것이라는 기대를 품게 만드는 것 등이다. REBT 상담사는 내담자의 신념이 어디서 비롯되었든 관계없이 내담자가 비합리적 신념을 유지함으로써 스스로를 곤란에 빠뜨리고 상황 악화를 자초한다는 점을 이해하도록 도와야 한다. 내담자는 또한 자신의 신념을 바꾸는 과정이 어렵고 지속적인 노력을 필요로 한다는 사실을 이해해야 한다. Ellis는 효과적인 상담이 이루어지기 위한 선행 조건으로 상담사가 내담자에게 REBT의 세 가지 주요한 통찰을 전달해야 한다고 가정한다(Yankura & Dryden, 1994, p. 48).

① 당신의 생활에서 벌어진 불쾌한 사건에 관해 스스로를 장해에 빠뜨린 것은, 그것이 외부 요인의 영향일지라도 대체로 보면 당신이 자초한 것이다.

② 현재의 자기 패배적이고 자기 파괴적인 신념을 어떻게 또는 언제 습득했든 관계없이, 당신은 현재 그것들을 유지하기로 선택했고, 그로 인해 지금 곤란에 처해 있는 것이다. 당신의 과거사와 현재의 생활 상태는 당신에게 영향을 미치지만, 그것들이 당

신을 곤란하게 만들지는 않는다.

③ 당신이 스스로를 곤란에 빠뜨리는 성격과 경향성을 변화시킬 수 있는 마법 같은 방법
은 존재하지 않는다. 이 같은 변화는 끊임없는 실행과 훈련을 요구한다.

## 5. 상담 기법

다중 양식(multimodal) 치료로서, REBT는 기법과 절차 면에서 전문가에게 상당한 정도
의 유연성을 허용한다(George & Christiani, 1995). 상담사는 내담자와 상황에 적합한 인지,
감정, 행동 기법을 채택할 수 있다. 다음은 REBT 상담사가 사용할 수 있는 주요 기법에 관
한 설명이다.

### 1) 인지 기법

적극적 논박은 REBT 상담에서 가장 흔히 사용되는 인지 기법이다. 이는 특히 상담(개
입) 초기에 내담자의 비합리적 신념, 태도, 자기 대화(self-talk) 교정에 주로 사용된다. 다
음은 적극적 논박 기법 중 특히 효과적이며 도움이 된다고 알려진 네 가지 전략이다(Beal,
Kopec, & DiGiuseppe, 1996).

① 논리적 논박(logical disputes): 이 전략의 목표는 잘못된 논리 지적을 통해 비합리적 신
념을 향한 내담자의 친근감(affinity)을 약화시키는 것이다. 논리적 논박의 일반적 예
시는 다음과 같다. "그것이 선생님이 …… 말씀하셨던 것과 논리적으로 이어지나요?"
또는 "선생님께는 그것이 일관성 있어 보이나요?"

② 경험적 논박(empirical disputes): 상담사는 실증적 논박 전략을 활용하여 내담자에게
자신의 비합리적 신념에 관한 증거를 제시하도록 요청하고, 내담자의 신념이 실증적
현실과 불일치함을 보여 주려고 시도한다. 예를 들어 상담사는, "선생님이 무가치한
사람이라는 신념에 대한 증거가 어디에 있나요?"와 같이 질문할 수 있다.

③ 기능적 논박(functional disputes): 기능적 논박 전략의 목적은 내담자에게 비합리적 신
념 유지가 실용적이지 않다는 점과 그렇게 함으로써 자신이 감정적·행동적 대가를
치르고 있다는 사실을 보여 주는 것이다. 기능적 논박에 자주 이용되는 질문의 예로

는, "이러한 신념을 고수하면 선생님이 인생에서 원하는 바를 얻을 수 있다고 생각하시나요?" 또는 "그러한 신념의 결과로 선생님이 어떤 감정을 경험하고 있는지 말씀해 주실 수 있나요?" 등이 있다.

④ 합리적 대안 논박(rational alternative disputes): 논박을 통해 부적응적 신념 재구성이나 수정을 시도하는 상담사는 인간은 자신의 신념이 잘못되었다는 압도적 증거가 존재해도 동등 수준 이상의 가치를 지닌 대안이 제공되지 않는 한 스스로의 신념을 바꾸지 않으려 한다는 점을 유념해야 한다. 상담사는 내담자가 보다 논리적이고 경험적으로 더 건전하며, 감정적·행동적 대가가 적은 효과적이고 대안적인 신념을 발견하도록 격려해야 한다. 만약 내담자에게 그렇게 할 능력이 부족하다면, 상담사가 대안을 제시할 수도 있다. "그것을 얻지 못하면 매우 실망스럽겠지만, 그것이 끔찍하고 무시무시하거나 세상의 종말을 의미하지는 않을 겁니다." 또는 "그들이 저를 좋아하지 않는다니 참으로 안타깝네요. 그렇다고 제가 나쁜 사람이거나 쓸모 없는 사람이라는 뜻은 아닐 것입니다."와 같은 진술은 합리적 대안 논박의 대표적 예시다.

그 외에 REBT에서 주로 사용되는 인지 기법은 다음과 같다.

- 합리적 자기 진술(rational self-statements): 이는 내담자에게 문제의 극복을 위해 짧은 형태의 자기 진술을 통해 합리적 신념을 반복하여 스스로에게 상기시키는 기법이다. Dryden(2012)은 상담사는 인지적 논박을 수행할 만한 인지적·지적 기술이 없는 내담자에게 상담 회기 간에 합리적 자기 진술을 적은 메모 카드를 가지고 다니며 하루에 여러 번씩 이를 되풀이하여 읽어 보도록 격려해야 한다고 제안하였다.
- 참조 비교하기(referenting): 상담사는 이 기법을 활용하여 내담자가 특정 개념의 부정적이고 긍정적인 참조 대상을 파악하여, 이를 보다 총체적 관점 형성(발달)에 활용하도록 격려한다. 예를 들어, 내담자가 특정한 자기 패배적 행동의 긍정적 측면에 초점을 맞추고 있다면, 그는 이 기법 연습을 통해 부정적 결과 수용과 변화를 위한 동기 향상에 도움을 받을 수 있다.
- 다른 사람과 함께 REBT 활용하기: 친구 및 타인에게 REBT를 가르치고 이를 함께 사용하면 내담자와의 합리적 논박을 통한 사고 능력 강화와 훈련을 도울 수 있으며, 상담 회기와 회기 사이에 이루어지는 내담자의 학습을 강화시킬 수 있다(Dryden, 2012).
- 어의 정확성(semantic precision): 이 방법의 사용 목적은 내담자가 비합리적 신념 유

지에 기여하는 언어를 구사하고 있음을 자각하도록 돕는 것이다. 예를 들어, 상담사는 내담자에게 "나는 그것을 할 수 없어."라는 문구를 "나는 아직 그것을 해 보지 않았어."라고 바꾸어 진술하게 요청하는 방식이다. 마찬가지로, 상담사는 내담자에게 자신의 관점을 재구성하여(reframe) 상황을 보다 긍정적인 방향으로 재정의하도록 교육한다(예: 자신을 희생자로 간주하는 대신, 생존자로 보려는 관점을 선택할 수 있다).

## 2) 행동 기법

- 숙제: 숙제 부여는 REBT에서 특히 중요한 역할을 담당한다. 여기에는 상담사가 제공하는 자기 조력 기록지 완성하기, 다른 사람에게 REBT 기초 가르치기, REBT 관련 서적 읽기나 영상 자료 시청하기와 같은 심리교육적 방법 등이 포함된다.
- 기술 훈련(skills training): REBT 상담사는 적절한 기법을 활용하여 내담자가 사회적 기술, 자기 주장 기술, 면접 기술, 이완 기술 등을 습득하고 사용할 수 있도록 가르치고 도울 수 있다.
- 수치심 공격 연습: 이는 상담사가 특정 행동이나 행위를 방해하는 낭패감(embarrassment)이나 수치심으로 인한 공포의 비합리적 본질을 입증하기 위해 내담자에게 그가 지닌 특정 유형의 두려움과 직결된 과제를 부여한다. 예를 들어, 상담사는 내담자에게 낯선 사람에게 다가가 말 걸기, 수업 시간에 바보 같은 질문하기, 큰 소리로 노래 부르기 등과 같은 과업을 부여할 수 있다. 이 같은 과제 완수 과정에서 내담자는 다른 사람들의 반응이나 그들이 보일 잠재적 반응에 관한 두려움에 의해 지배되지 않도록 스스로를 훈련할 수 있다는 사실을 깨닫는다.
- 실제 노출법(in vivo exposure): 상담사는 역경을 직면하고 건설적으로 대처할 수 있다는 점을 깨달을 수 있도록 내담자를 두려운 사건이나 상황에 완전히 노출하도록 격려한다. 하지만 실제로는 내담자가 그러한 상황을 온전히 마주할 준비가 얼마나 되어 있느냐에 따라 상담사와 내담자는 점진적 절충점(compromise)을 협상할 가능성이 높다(Dryden, 2012).

## 3) 정서 기법

REBT 상담사는 당면 문제와 관련하여 내담자가 경험하는 감정 탐구에 그다지 많은 시간을 소비하지 않는다. 다만, 인지, 행동, 감정 사이의 상호 연관성으로 인해, 내담자의 역기능적이며 목적 달성을 가로막는 정서 반응 자각과 변화를 돕는 과정에서 선별적 정서 연습과 기법 활용은 가능하다. 이들 중 대표적인 것 몇 가지만 소개하면 다음과 같다.

- 합리적 정서적 심상: 내담자는 심상을 이용하여 실제 생활에서 그가 하고자 원하는 방식으로 생각하고 느끼며 행위하는 법을 정신적으로 반복 연습할 수 있다. 내담자는 또한 주어진 상황과 관련하여 일어날 수 있는 최악의 경우나 부적절한 감정 경험을 상상할 수 있고, 자신의 감정이 변화하는 모습과 보다 생산적 혹은 적절한 감정을 경험하는 모습을 정신적으로 상상할 수도 있다.
- 역할극: 상담사는 상담 시간 내에 행해지는 역할 연기(role-playing)를 이용하여 내담자에게 그 자신의 비합리적 신념이 대인관계와 정서에 미치는 영향을 보여 줄 수 있다. 내담자는 또한 이 방법을 활용하여 새롭고 더 효과적인 행동을 연습하고, 그 결과로 나타난 긍정적 감정을 경험할 수 있다.
- 유머: 유머는 내담자에게 그가 매사를 필요 이상으로 심각하게 여기는 것이 문제의 일부일 수 있다는 점을 보여 주는 데 사용된다. 극적 과장, 반어법(irony), 가식적 의심(feigned incredulity) 등은 REBT 상담사들이 주로 사용하는 유머 기술이다.

## 6. 상담사-내담자 관계

REBT 모델은 상담사와 내담자 사이의 관계를 명확하게 규정하고 있다. REBT 상담사는 주로 교육자 역할을 수행한다. Ellis(1973, 1980, 1994)는 REBT 상담사를 대부분의 내담자에게 적극적-지시적이고 위험을 감수하며(risk-taking), 지적이고 박식하며, 비합리적 생각 탐색과 논박에 정력적으로 임하고, 끈기 있고 공감 능력이 풍부하다는 특징을 가진 존재로 묘사하였다. Ellis는 적극적-지시적 접근 방식의 '강력한 적용'으로 유명하지만, 대다수의 REBT 상담사는 유연성을 장려하고, 특정 내담자를 위해 가장 효과적이고 적합한 것이 무엇인지에 따라 소극적 혹은 부드러운 접근 방식을 추천하기도 한다(Dryden, 2012, p. 1988).

REBT 상담사들은 자기 패배적 행동이나 비합리적 신념 유지 여부와 관계없이, 내담자를 실수를 범하기 쉬운 인간으로서 무조건적으로 수용하기 위해 노력한다(Dryden et al., 2010). 내담자에 대한 상담사의 수용은 언어로 표현이 가능한데, 상담 시간 중 상담사가 보이는 행동(내담자의 승인을 구하지 않기)은 상담사가 스스로를 수용하고 있다는 모범 사례로 비춰진다. REBT는 치료 동맹과 수용의 중요성을 강조하지만, 내담자의 의존성과 타인의 애정과 승인에 대한 욕구 강화를 초래할 수 있다는 점으로 인해 따뜻함(warmth)은 중요시하지 않는 편이다. REBT 상담사는 내담자와의 관계에서 개방적이고 격식에 얽매이지 않고 유머를 활용할 줄 알며, 사적인 경험의 공유와 학습이 내담자에게 생산적이고 적절하다고 판단될 때 기꺼이 자신을 개방한다.

## 7. 재활에 대한 적용

REBT는 여러 가지 면에서 재활상담 철학과 원칙에 부합한다. 여기에는 내담자에 대한 상담사의 무조건적이고 온전한 수용, 내담자가 지닌 본연의 가치 존중, 판단을 유보한 상태로 내담자의 세계관 경청, 내담자에 대한 판단을 배제한 현실 증강, 세상을 향한 내담자의 절대적 기대치 포기 지원(Baiter, 1997), 그리고 내담자의 변화 수용, 새로운 기술 습득, 새로운 관심사 참여 지원 등이 포함된다. Baiter(1997, p. 191)에 따르면,

> REBT 접근은 다른 치료 접근에서는 찾아볼 수 없는 신체적 장애와 만성질환에 대한 적응과 이 같은 상태로 생활하며 경험하는 문제 대처에 강점을 보인다. REBT는 내담자가 장애인으로 살아가며 겪게 되는 경미한 혹은 중대한 어려움의 재개념화를 돕는 한편, 가족, 친지, '좋은 의도를 지닌 다른 사람들'이 무심코 던지는 메시지를 과대평가하지 않도록 지원한다. REBT는 또한 내담자가 그 자신의 삶에서 담당하는 역할과는 별개로, 인간을 가치 있는 존재로 존중한다. 이는 분명 많은 사람이 이해하기 어려운 개념이지만, 장애인 이용자들의 장애 수용을 돕는 데는 매우 중요하다.

실제로, Ellis는 다섯 살 때부터 그 자신이 여러 가지 장애를 안고 살아온 결과, REBT를 발전시킬 수 있었다고 회고하였다. "내 자신의 신체적 제약을 가지고 스스로를 괴롭히기보다는, 장애에도 불구하고 행복을 유지할 수 있다는 철학의 개발에 몰두했다. 나는 이러

한 철학에서 영감을 얻어 1955년 1월 마침내 REBT를 창안할 수 있었다."(Ellis, 1997, p. 21)

초점적이고(focused) 적극적–지시적이며, 본질적으로 단기 형식을 취하는 치료법이라는 특성으로 인해(Ellis, 1996, p. 6), REBT는 연방–주 직업재활 시스템과 같이 단기간의 목표 지향적 상담을 중시하는 재활 기관 및 프로그램에 특히 적합하다. REBT 모델은 장애인을 '다른 형태의 불행(직업, 가정, 사랑하는 사람 등의 상실)을 경험하는 여느 사람들과 다르지 않은 존재'로 간주한다(Livneh & Sherwood, 1991, p. 32). 상담의 초점이 장애 그 자체일 때, 장애는 선행 사건으로 간주되는데, 이 경우 상담사는 내담자의 자기 수용에 집중하는 한편, 장애를 둘러싼 비합리적 신념과 태도를 식별하여 문제를 제기하도록 돕고, 내담자가 극복하기 힘들어 보이는 문제를 작고 관리가 용이한 단위로 세분화하도록 지원한다(Livneh & Sherwood, 1991).

다수의 연구자들은 REBT가 다문화, 교육적 배경, 지적 수준, 장애 유형 등 다양한 형태의 내담자들에게 적합하고 도움이 된다고 주장하였다(Baiter, 1997; Ellis, 1973, 1994, 1997; Gandy, 1995; Olevitch, 1995).

그러나 인지에 대한 강조, 그리고 자신의 신념과 태도 이해와 적극적 수정에 관련된 통찰 중시 경향으로 인해, 일부 연구자들은 REBT가 현실과의 접촉이 단절된 사람, 심각한 뇌손상 환자, 조중 환자, 심각한 정도의 지적장애인 등에게는 부적합하거나 그다지 도움이 되지 않을 수 있다는 점을 지적한다(Ellis & Harp, 1979; Ostby 1986). 하지만 이같이 광범위한 분류에 근거한 일반화는 적절하지 않을 뿐더러, REBT 이론과 기법도 지적장애, 의사소통 장애, 인지장애 등 다양한 유형의 장애인 이용자에게 충분히 원하는 효과를 거둘 수 있다. REBT 핵심 개념의 효과적 전달 방법과 REBT 기법의 창의적 보완 또는 적용 연구에 보다 많은 관심과 노력을 집중해야 한다.

만성질환과 장애 적응 과정은 재활 현장에서의 REBT 활용을 가로막는 잠재적 요인으로 인식되어 왔다. Mpofu, Thomas 그리고 Chan(1996)은 REBT의 특징적 가정이 인간은 비합리적 신념을 발전시키고 유지하려는 경향을 보인다는 점이라고 지적하였다. 또한 REBT 상담사는 심각한 장애와 관련된 상황 요인이 '진정으로 끔찍한 경험'을 초래할 수 있다는 사실을 이해하는 것이 중요하다고 지적했다(Mpofu et al., 1996, p. 104). 상담사는 내담자의 경험을 무심코 혹은 부적절하게 '비합리적'이라고 묘사하지 않도록 세심한 주의를 기울여야 한다. 만약 그렇지 않으면 내담자–상담사 관계를 위험에 빠뜨릴 수 있고, 문제 해결을 위한 효과적 전략 파악을 방해할 수도 있다.

적응 과정 초기에 REBT를 적용할 때 상담사가 부정(denial)과 같은 내담자의 반응에 논박을 가할 경우가 있다. 부인은 장애 적응 과정에서 내담자가 흔히 보이는 자연스러운 반응으로, 일시적이지만 심리적 웰빙 지지를 위해 필요한 측면이 있다. 이 같은 이유에서, Calabro(1990)는 적응 과정 초기와 같은 특정 시점에는 보다 지지적(supportive) 기법이 효과적일 경우가 있다고 지적하였다. 이에 반해 적극적-지시적 혹은 직면 방법은 적응 과정 후반부에 훨씬 효과적이라고 한다(Calabro, 1990; Livneh & Sherwood, 1991; Zabrowski, 1997).

Alvarez(1997)는 뇌졸중 회복 환자들을 대상으로 REBT와 지지적 치료 결합 방식을 적용한 사례를 제시하였다. 저자는 장애인 내담자가 적응과 대처 초기 단계를 거치며 불안, 우울, '다른 느낌'을 경험하고 나면, REBT 방법을 활용하여 내담자가 자신의 정서적 고통 유발 또는 재활 목표 달성을 가로막는 비합리적 신념을 파악하고 논박하도록 도울 수 있다고 제안하였다. 다음의 예시를 참고하라.

- 나는 아무것도 할 수 없어. 그러므로 나는 무가치한 존재야.
- 내가 벌을 받고 있으니 나는 나쁜 사람임에 틀림없어.
- 나에게 일어난 일은 너무 끔찍해. 나는 상황이 호전되기 전에는 행복해지지 못할 것 같아.
- 장애는 불공평하고 나에게 일어나지 말았어야 했어.( Alvarez, 1997, p. 241)

# 사례 연구

Samantha는 37세의 여성으로, 산업재해로 인한 장애 적응에 곤란을 겪고 있었다. Samantha는 환자를 들어올리려다 심각한 허리 부상을 당하기 전까지, 지역 병원에서 중환자실 간호사로 일했다. Samantha는 허리 수술에서 회복되었지만, 의사는 그녀가 중환자실 근무는 물론, 격심한 신체적 노동을 요하는 다른 형태의 간호 업무도 감당하기 어려울 것이라고 알려 주었다.

Samantha는 외래 진료 형식으로 재활상담사를 만나기로 동의하였다. 상담사는 Samantha가 우울하고 자존감이 부족하다는 사실을 금방 알아차렸다. 상담사는 REBT 체제를 활용하여 Samantha의 1차적 목표 파악에 주력하였다. Samantha의 경우, 직업적 만족과 자존감 회복이 그녀의 주된 관심사였다. 상담사는 주 1회 상담과 숙제로 이루어진 치료 방식을 채택하였다.

상담 시간 동안 재활상담사는 Samantha의 자기 패배적 진술과 비합리적 신념에 문제를 제기하였다. 상담사는 Samantha에게 ABC 모델을 소개했고, 그녀가 자신의 비합리적 신념과 그로 야기된 행동 및 감정적 결과를 확인하도록 도왔다. Ellis(1995b)에 따르면, REBT 전문가는 자신의 생각을 방어하려는 내담자의 시도에 문제를 제기하고, 내담자에게 그가 비논리적 전제를 가지고 있음을 알려 주며, 이 같은 비논리적 생각을 분석하여 적극적으로 논박하고, 어떻게 하면 이를 보다 합리적인 철학으로 대체할 수 있을지를 보여 주어야 한다. 나아가, 상담사는 내담자에게 자기 패배적 느낌과 행동으로 이어질 우려가 있는 비합리적 생각과 비논리적 추론이 나타날 때, 논리적 사고 채택을 통해 어떻게 하면 향후 발생할 잠재적 문제를 최소화시킬 수 있을지를 가르쳐야 한다. Samantha의 경우, 논의의 초점은 그녀의 직업적 미래에 관한 생각이었다.

내담자: 전 제 자신이 정말 역겨워요. 직장에 복귀하지 못하면 제 인생은 정말 끔찍할 것 같아요.
상담사: 중환자실 간호사로 복직할 수 없다는 사실이 왜 그렇게 끔찍한가요?
내담자: 중환자실 간호 업무는 제가 정말 보람 있는 일을 하게끔 해 주었거든요. 때로는 긴급한 환자의 생명을 구하는 일도 도왔고요.
상담사: Samantha 씨가 정말로 보람된 일을 할 수 있는 유일한 방법이 중환자실 간호 업무뿐이라고 말씀하시는 건가요?

질문의 의도는 Samantha가 처한 상황에 관해 그 자신의 경직되고 절대적인 생각에 도전하거나 이를 논박하려는 것이다. 상담사는 질문을 통해 Samantha가 파국화 신념을 파악하여 이를 좀 더 합리적인 대안적 신념("그만큼 보람 있는 일을 더 이상 할 수 없다는 점은 분명 안타까워요. 그래도 생각보다 끔찍하거나 견딜 수 없을 정도는 아니에요. 저는 사람들을 도울 수 있는 다른 보람된 방법을 찾을 수 있을 거예요.")으로 대체하게 도와야 한다. 사람들은 대개 비합리적 신념을 쉽게 포기하지 않는다. 그런 이유에서 상담사는 때때로 끈기를 발휘해야 한다. 이 사례에서 상담사는 다음에서 보듯 대안적 질문을 구사하였다.

상담사: 사람들의 삶에 변화를 가져다줄 기회가 제공되는 간호사나 건강관리 전문가로 근무할 수 있는 다른 방법이 있을까요?
상담사: 살아오는 동안 중요한 변화에 대처해 본 경험이 있나요?
상담사: 그러한 변화에 어떻게 대처하셨나요?

이 시점에서 상담사의 시도는 Samantha에게 그녀가 삶의 변화를 성공적으로 이끌어 낼 역량을 가지고 있다는 사실을 보여 주는 것이었다. 상담사는 Samantha의 과거 성공 경험을 활용하여 그녀에게 변화를 위해 충분한 역량이 있음을 입증하였다. 예를 들어, Samantha는 자녀들이 성장하고 독립심이 높아짐에 따라, 엄마로서의 역할도 변화해 갔다고 말하였다. 상담사는 변화된 부모 역할에 대한 Samantha의 수용을 강조하며 그녀에게 삶의 변화에 대처할 능력이 있음을 보여 주었다.

이어진 몇 차례의 회기에서, 재활상담사는 Samantha의 논리적 사고를 강화하기 위해 숙제를 내주었다. Samantha에게 주어진 숙제는 상담사가 추천한 REBT 관련 서적 또는 동영상을 읽거나 시청하고, 가족들을 대할 때 REBT 추론을 연습하며, 다른 부서에서 근무하는 간호사들과 대화를 나누는 것 등이었다.

몇 주가 경과하는 동안, Samantha는 생각, 감정, 행동 측면에서 보다 유연하고 합리적으로 변해 갔다. 주당 1회의 REBT 상담과 숙제는 한때 중환자 간호 업무로 복직할 수 없다면 자신의 삶이 충족되지 못할 것이라고 확신하던 Samantha에게 커다란 도움을 준 것으로 판명되었다. 끈기와 부단한 노력은 Samantha의 생각에 잠재되어 있던 비논리성과 자기 태업 경향을 점점 감소시켰다. Samantha는 건강관리 업무에 복직했고, 그녀의 새로운 직업과 생활에 성공적으로 적응할 수 있었다.

## 8. 연구 결과

David, Szentagti, Kallay 그리고 Macavei(2005)는 REBT에 관한 실증적 성과 연구가 1970년 이전, 1970~1990년 사이, 1990년 이후부터 현재까지의 세 단계에 걸쳐 발전해 왔다고 주장하였다. 1970년 이전에는 REBT 성과에 관한 실증 연구가 거의 없었다. 1970년에서 1990년 사이에는 몇몇 문헌 분석 연구와 일련의 성과 연구가 발표되었다. 하지만 이들 연구 대부분은 다수의 방법론적 결함을 노출하였다. 비임상적 모집단과 사례 연구가 주류를 이루던 REBT는 인지 행동 접근 중 최소 수준의 적정한 경험적 평가만을 받았다(Holon & Beck, 1994; Livneh & Wright, 1995). 1990년 이후에는 경험적 지지에 기반한 수정과 강화 노력이 전개되었다(Bernard, 1995; Hollon & Beck, 1994). Hollon과 Beck은 적절한 평가 부재를 효능의 결여와 혼동해서는 안 되며, 적절한 조작화가 이미 이루어진 연구에서는 REBT가 전반적으로 좋은 성과를 보였다고 지적했다. 나아가, 다수의 고품질 연구 결과는 REBT의 기본 이론에 대한 지지를 나타낸다(David et al., 2005).

David 등(2005)이 제시한 바와 같이, REBT 연구는 ① 기분과 직결된 비합리적 신념이나 심리적 고통, 행동, 인지를 나타내는 지표에 주안점을 둔 기초 연구와 ② 다른 개입 방안들과의 비교를 통한 REBT 관련 성과 및 REBT 효능을 다루는 응용 연구 등 두 가지 분야로 분류할 수 있다. David 등은 연구의 질적 수준에 관한 비판은 대부분 응용 연구를 향한 것이라고 지적하였다.

REBT는 과학적 평판 확보와 관련하여 ① 이론의 모호성(비합리적 신념의 본질), ② 다수의 REBT 연구에 존재하는 실험 설계상의 결함, ③ 대규모 임상 집단이 참여한 연구 부재, ④ 연구 가능한 문제 형태로 제시된 REBT 가설 형성 취약 등(Bernard, 1995)의 핵심 영역에서 방해를 받는 것으로 나타났다. 이러한 한계에도 불구하고, REBT의 효능과 임상적 효과를 지지하는 성과 연구를 검토한 대단위 문헌 연구가 이루어져 왔다.

　McGovern과 Silverman(1984)은 1977년부터 1982년 사이에 수행된 47편의 연구를 검토한 결과, 31편의 연구에서 REBT의 긍정적 효능을 나타내는 유의미한 결과가 보고되었다고 밝혔다. Silverman, McCarthy 그리고 McGovern(1992)의 89편의 성과 연구를 분석한 또 다른 문헌 검토 연구 역시 전술한 연구와 마찬가지로 긍정적 결과를 보였다. Lyons와 Woods(1991)는 70편의 REBT 성과 연구를 대상으로 메타 분석을 수행하였다. 그들은 REBT 성과를 기초선(baseline), 통제 집단, 인지 행동 수정(cognitive behavioral modification: CBM), 행동 치료, 기타 다른 심리치료 등과 총 236회에 걸쳐 비교 실험하는 연구를 수행하였다. 비교 결과, REBT를 받은 참가자들이 기초선 측정값과 통제 집단에 비해 치료 효과에 있어 유의한 향상을 보인 반면, REBT, CBM, 행동 치료 간의 비교에서는 유의미한 차이가 나타나지 않았다.

　REBT의 효과성에 관한 실증적 지지 제공을 가로막는 핵심적 장벽은 이를 다른 인지 행동 기법, 특히 인지 치료(cognitive therapy: CT)와 차별화하는 문제였다. REBT와 CT 간 비교를 위한 노력의 일환으로, David, Szentagtai, Lupu 그리고 Cosman(2008)은 매뉴얼화된 접근법을 이용하여 루마니아에 거주하는 우울증 환자들을 대상으로 REBT, CT, 약물 개입(Prozac) 간의 비교를 시도하였다. 비교 결과, 세 가지 치료 조건에 배정된 참가자들 모두 치료 종결 시점에 증상 감소를 경험했으며, 세 집단 사이에는 유의미한 차이가 발견되지 않았다. 하지만 치료 종결 후 6개월이 경과한 시점에 실시한 추적 평가 결과, 증상에 있어 REBT 집단과 CT 집단 사이에는 유의미한 차이가 없었던 반면, 약물 개입 집단과 REBT 집단 사이에는 상당한 정도의 차이가 관찰되었다. 이들 연구자들은 또한 세 가지 치료 접근의 비용 효과성을 비교하였다. 이들은 증상 감소라는 유사한 결과를 감안하여 비용 효과성 측정 지표로 '우울 증상 부재 일수'와 '질적-보정 수명(quality-adjusted life years)'을 활용하였다. 분석 결과, REBT와 CT가 약물 개입에 견주어 비용 효과성 면에서 좀 더 뛰어난 것으로 나타났다(Sava, Yates, Lupu, Szentagotai, & David, 2009).

　이러한 연구 결과는 투약 비용과 심리치료 비용 차이에서 보듯 건강보험 수가 차이에 민감한 영향을 줄 수 있으므로, 관련 변수 내에서 신중하게 고려되어야 한다. 연구자들은 세 가지 치료법 사이에 존재하는 변화 기제 차이를 발견하지 못했고, 세 가지 치료 접근 모두 참가자의 자동적 사고, 핵심 신념, 비합리적 사고에 영향을 미쳤다고 결론지었다. REBT의 영향이 차별적으로 부각된 유일한 집단은 비합리적 신념 평가에 직접적 방식 대신 지어낸

이야기(simulated story)와 같은 간접적 방식이 활용된 참가자들이었다. 연구자들은 CT, 약물 치료, REBT가 모두 핵심 신념, 자동적 사고, 비합리적 신념에 변화를 야기한 것처럼 보이지만, 치료 과정 중 언어를 통해 표현이 가능한 비합리적 신념에 대해서는 CT가 영향을 발휘할 확률이 높은 반면, 언어를 통한 표현이 어려운 비합리적 신념의 경우에는 CT의 효과가 높지 않다고 결론지었다. 세 가지 변화 기제(핵심 신념, 자동적 사고, 비합리적 신념) 모두 감소를 보였다는 결론은 비합리적 신념과 자동적 사고 사이의 관계에 관한 Ellis의 이론과도 일치하였다(David et al., 2008).

REBT의 효과를 평가하는 또 다른 방법은 비합리적 신념을 낮은 수준의 무조건적 자기 수용, 낮은 자존감, 정서적 적응 관련 문제와 연계하는 것이다(Davies, 2006, 2007; Munoz-Eguileta, 2007). REBT를 사용하여 비합리적 생각을 표적화하면, 내담자의 자존감, 무조건적 자기 수용, 정서적 적응 향상을 도울 수 있다. 아울러, 연구자들은 비합리적 신념 중 어떤 것이 가장 해로운지에 관한 이해 촉진 차원에서 비합리적 신념 사이의 구별을 시도하였다(Davies, 2007). Davies(2006, 2007)는 비합리적 신념과 자존감 사이에는 유의미한 부적 상관관계가 존재하였으며, 신념과 무조건적 자기 수용 사이에도 인과적 연관성이 관찰되었다고 밝혔다. Davies(2007)는 합리적, 비합리적, 중립적 진술이 치료 참가자의 무조건적 자기 수용 측정값에 영향을 미치는지의 여부를 결정하기 위해 점화(priming) 기법을 활용하였다. 조사 결과, 실험 전 단계와 실험 후 단계 모두 점화 유형(합리적/비합리적)과 자기 수용 측정값 사이에 유의미한 상호작용이 발견되었다. 즉, 합리적 신념에 관한 생각은 자기 수용을 증가시키는 반면, 비합리적 신념에 관한 생각은 자기 수용을 감소시켰다. 이는 REBT의 기본 원리를 지지하는 중요한 발견으로 보인다.

REBT는 아직 인지 및 인지 행동 접근에 준하는 증거 기반 연구 토대를 구축하지는 못했지만, 이론적 기초와 접근 방식의 효과를 뒷받침하는 경험적 증거는 상당수 존재한다(David et al., 2005). REBT는 적응과 극복 문제를 포함하여 장애와 관련된 현안 대처에 적용되어 왔다(Alvarez 1997; Zaborowski, 1997). 장애 관련 문제 상담에서 REBT 접근의 효능을 평가하기 위해서는 좀 더 많은 추가적 연구가 이루어져야 한다.

## 9. REBT의 강점과 한계

REBT 적용의 한계는 장애 적응 상담과 연구 분야에서 찾아볼 수 있다. REBT 적용에 있어 흔히 지적되는 또 다른 한계는 이 접근이 경험을 ABC 모델에 맞추는 과정에서 인간 경험의 중요한 측면을 지나치게 단순화하고 간과할 우려가 있다는 점이다(Livneh & Wright, 1995). 설득, 제안, 반복을 강조하는 경향으로 인해 실무에서 REBT를 사용하는 일부 재활상담사들이 자신의 가치와 기대를 내담자에게 이식할 우려도 지적되고 있다(George & Christiani, 1995). Weinrach(1996)는 다양성에 민감한(diversity-sensitive) 상담과 관련된 쟁점은 REBT에서 적절히 다루어지지 않았다고 지적하였다. REBT는 독립과 통찰 중시 경향, 적극적-지시적이며 교육적 접근 강조 등의 특징으로 인해 상담사에게 상호 의존과 가족, 지역사회 내의 공조를 중시하는 문화권 출신 내담자나 수동적 상호작용에 대한 선호와 기대가 높은 내담자의 가치관과 기대를 이해하려는 노력을 요구한다. 다만, REBT는 국제적으로 널리 활용되고 있으며, 광범위한 문화적·민족적 배경을 가진 내담자는 물론, 다양한 재활 및 기타 임상적 문제를 호소하는 장애인 이용자의 대처에도 효과적으로 활용되어 왔다(Dryden, 2012).

REBT는 상담과 심리치료 분야에 여러 가지 중요한 공헌을 남겼다. 그중 특히 두드러진 것으로는 합리성 개념에 대한 설명과 비합리적 신념에 관한 인간의 경향성 파악을 들수 있다(Gilliland, James, & Bowman, 1994). 정신분석 모델이 정신건강 전문가의 치료 관행을 지배하던 당시의 현상 유지 경향에 대한 Ellis의 도전은 인지 행동 치료의 혁신과 발전에 기여했고, 내담자와 상담사 관계의 본질에 도전하고 이를 변화시켰으며, 치료 관계에서 내담자의 역량과 책임 확대에도 기여하였다. 특히 인지, 행동, 감정 기법 사이의 절충적 조합, 당면 문제 중시에 따른 과거의 중요성 탈강조(de-emphasis), 치료의 교육적·예방적·수용적 본질, 상담사의 적극적-지시적 역할 개발 등은 REBT가 정신건강 분야에 가져다준 중요한 자산이다.

## 집단 토의 과제

1. 자신이 이해한 바를 중심으로 REBT의 전반적 목적을 기술하라.

2. 합리적 사고와 비합리적 사고 간의 차이는 REBT의 핵심 개념이다. 일상생활 환경에서 한 개인이 가질 수 있는 합리적 신념과 비합리적 신념의 예를 제시하라. (a) 학교 성적, (b) 친구 관계, (c) 취업

3. REBT의 관점에서 사건, 신념, 결과는 어떻게 상호 연관되어 있는가?

4. REBT를 중심으로 상담사의 역할을 기술하고, 이전에 배운 다른 이론과의 차이를 설명하라.

5. 이 장에서는 REBT와 다른 인지적 접근의 관계에 관해 논의하였다. REBT가 다른 인지적 접근과 구별되는 특징을 파악하여 기술하라.

6. REBT는 다양한 분야에 걸쳐 잠재적 적용이 가능하지만, 모든 내담자나 상황에 적합하지는 않다. REBT 적용이 유익하지 않을 수 있는 상황을 제시해 보라.

## 참고문헌

Alvarez, M. F. (1997). Using REBT and supportive psychotherapy with post-stroke patients. *Journal of Rational-Emotive & Cognitive-Behavior Therapy, 15*, 231-245.

Balter, R. (1997). Using REBT with clients with disabilities. In J. Yankura & W. Dryden (Eds.), *Special applications of REBT: A therapist's casebook* (pp. 69-100). New York, NY: Springer Publishing Company.

Beal, D., Kopec, A. M., & DiGiuseppe, R. (1996). Disputing clients' irrational beliefs. *Journal of Rational-Emotive & Cognitive-Behavior Therapy, 14*, 215-229.

Bernard, M. E. (1995). It's prime time for rational emotive behavior therapy: Current theory and practice, research recommendations, and predictions. *Journal of Rational-Emotive & Cognitive-Behavior Therapy, 13*, 9-27.

Calabro, L. E. (1990). Adjustment to disability: A cognitive-behavioral model for analysis and clinical management. *Journal of Rational-Emotive & Cognitive-Behavior Therapy, 8*, 79-102.

David, D., Szentagotai, A., Kallay, E., & Macavei, B. (2005). A synopsis of rational emotive behaviour therapy (REBT): Fundamental and applied research. *Journal of Rational-Emotive and Cognitive-Behavior Therapy, 3*, 175-221.

David, D., Szentagotai, A., Lupu, V., & Cosman, D. (2008). Rational emotive therapy, cognitive therapy and medication in the treatment of major depressive disorder: A randomized clinical trial. *Journal of Clinical Psychology, 6*, 728-746.

Davies, M. F. (2006). Irrational beliefs and unconditional self-acceptance. I. Correlational evidence linking two key features of REBT. *Journal of Rational-Emotive and Cognitive-Behavior Therapy, 24*, 113-124.

Davies, M. F. (2007). Irrational beliefs and unconditional self-acceptance. II. Experimental evidence for a causal link between two key features of REBT. *Journal of Rational-Emotive and Cognitive-Behavior Therapy, 26*, 89-101.

DiGiuseppe, R. (2011). Reflection on my 32 years with Albert Ellis. *Journal of Rational-Emotive & Cognitive-Behavior Therapy, 29*, 220-227.

Dryden, W. (1990). *Rational-emotive counselling in action.* London, UK: Sage.

Dryden, W. (2005). Rational emotive behavior therapy. In A. Freeman, S. H. Felgoise, C. M. Nezu, A. M. Nezu, & M. A. Reinecke (Eds.), *Encyclopedia of cognitive behavior therapy* (pp. 321-324). New York, NY: Springer.

Dryden, W. (2011). Albert Ellis and rational emotive behavior therapy: A personal refl ection. *Journal of Rational-Emotive & Cognitive-Behavior Therapy, 29*, 211-219.

Dryden, W. (2012). Rational emotive behavior therapy (REBT). In W. Dryden (Ed.), *Cognitive behaviour therapies* (pp. 189-215). London, UK: Sage.

Dryden, W. (2013). On rational beliefs in rational emotive behavior therapy: A theoretical perspective. *Journal of Rational-Emotive and Cognitive-Behavior Therapy, 31*, 39-48.

Dryden, W., David, D., & Ellis, A. (2010). Rational emotive behavior therapy. In K. S. Dobson (Ed.), *Handbook of cognitive-behavior therapy* (3rd ed.). New York, NY: Guilford.

Ellis, A. (1962). *Reason and emotion in psychotherapy.* Secaucus, NJ: Lyle Stuart.

Ellis, A. (1973). *Humanistic psychotherapy: The rational-emotive approach.* New York, NY: Julien.

Ellis, A. (1976). The biological basis of human irrationality. *Journal of Individual Psychology, 32*, 143-168.

Ellis, A. (1977). The basic clinical theory of rational-emotive therapy. In A. Ellis & R. Grieger (Eds.), *Handbook of rational-emotive therapy* (pp. 3-34). New York, NY: Springer Publishing Company.

Ellis, A. (1979). The practice of rational-emotive therapy. In A. Ellis & J. M. Whitely (Eds.), *Theoretical and empirical foundations of rational-emotive therapy* (pp. 61-100). Monterey, CA: Brooks/Cole.

Ellis, A. (1980). Rational-emotive therapy and cognitive behavior therapy: Similarities and differences. *Cognitive Therapy and Research, 4*, 325-340.

Ellis, A. (1989). Rational-emotive therapy. In R. J. Corsini & D. Wedding (Eds.), *Current psychotherapies* (4th ed., pp. 197-238). Itasca, IL: Peacock.

Ellis, A. (1991). The revised ABC's of rational-emotive therapy (RET). *Journal of Rational-Emotive & Cognitive-Behavior Therapy, 9*, 139-172.

Ellis, A. (1993). Fundamentals of rational-emotive therapy for the 1990s. In W. Dryden & L. K. Hill (Eds.), *Innovations in rational-emotive therapy* (pp. 1-32). Newbury Park, CA: Sage.

Ellis, A. (1994). *Reason and emotion in psychotherapy* (Rev. ed.). Secaucus, NJ: Birch Lane.

Ellis, A. (1995a). Changing rational-emotive therapy (RET) to rational emotive behavior therapy (REBT). *Journal of Rational-Emotive & Cognitive-Behavior Therapy, 13*, 85-89.

Ellis, A. (1995b). Rational-emotive behavior therapy. In R. J. Corsini & D. Wedding (Eds.), *Current psychotherapies* (5th ed., pp. 162-196). Itasca, IL: F. E. Peacock.

Ellis, A. (1996). *Better, deeper, and more enduring brief therapy: The rational emotive behavior therapy approach.* New York, NY: Brunner/Mazel.

Ellis, A. (1997). Using rational emotive behavior therapy techniques to cope with disability. *Professional Psychology: Research and Practice, 28*, 17-22.

Ellis, A. (2003). Early theories and practices of rational emotive behavior theory and how they have been augmented and revised during the last three decades. *Journal of Rational-Emotive & Cognitive-Behavior Therapy, 21*, 219-243.

Ellis, A. (2005). Rational emotive behavior therapy. In R. J. Corsini & D. Wedding (Eds.), *Current psychotherapies* (7th ed., pp. 166-201). Belmont, CA: Brooks/Cole.

Ellis, A., Abrams, M., & Abrams, L. (2012). *A brief biography of Dr. Albert Ellis 1913-2007.* Retrieved from http://www.rebt.ws/albertellisbiography.html

Ellis, A., & Harper, R. (1979). *A new guide to rational living.* Hollywood, CA: Wilshire.

Gandy, G. L. (1995). *Mental health rehabilitation: Disputing irrational beliefs.* Springfield, IL: Charles C Thomas.

George, R. L., & Christiani, T. S. (1995). *Counseling: Theory and practice* (4th ed.). Needham Heights, MA: Allyn & Bacon.

Gilliland, B. E., James, R. K., & Bowman, J. T. (1994). *Theories and strategies in counseling and psychotherapy.* Englewood Cliffs, NJ: Prentice Hall.

Hollon, S. D., & Beck, A. T. (1994). Cognitive and cognitive-behavioral therapies. In A. E. Bergin & S. L. Garfield (Eds.), *Handbook of psychotherapy and behavior change* (pp. 428-466). New York, NY: Wiley.

Horney, K. (1965). *Collected works.* New York, NY: Norton.

Livneh, H., & Sherwood, S. (1991). Application of personality theories and counseling strategies to clients with physical disabilities. *Journal of Counseling and Development, 69*, 525-538.

Livneh, H., & Wright, P. E. (1995). Rational-emotive therapy. In D. Capuzzi & D. R. Gross (Eds.), *Counseling and psychotherapy: Theories and interventions* (pp. 325-352). Englewood Cliffs, NJ: Prentice Hall.

Lyons, L. C., & Woods, P. J. (1991). The efficacy of rational emotive therapy: A quantitative review of the outcome research. *Clinical Psychology Review, 11*, 357-369.

McGovern, T. E., & Silverman, M. S. (1984). A review of outcome studies of rational-emotive therapy from 1977 to 1982. *Journal of Rational-Emotive Therapy, 2*, 7-18.

Mpofu, E., Thomas, K. R., & Chan, F. (1996). Cognitive-behavioural therapies: Research and applications in counselling people with physical disabilities. *Australian Journal of Rehabilitation Counselling, 2*, 99-114.

Munoz-Eguileta, A. (2007). Irrational beliefs as predictors of emotional adjustment after divorce. *Journal of Rational-Emotive & Cognitive-Behavior Therapy, 1*, 1-15.

Olevitch, B. A. (1995). *Using cognitive approaches with the seriously mentally ill: Dialogue across the border.* Westport, CT: Praeger.

Ostby, S. (1986). A rational-emotive perspective. In T. F. Riggar, D. R. Maki, & A. W. Wolf (Eds.), *Applied rehabilitation counseling* (pp. 135-147). New York, NY: Springer Publishing Company.

Sava, F., Yates, B., Lupu, V., Szentagotai, A., & David, D. (2009). Cost-effectiveness and costutility of cognitive therapy, rational emotive behavioral therapy and fluoxetine in treating depression: A randomized clinical trial. *Journal of Clinical Psychology, 1*, 36-52.

Sharf, R. S. (2012). *Theories of psychotherapy and counseling: Concepts and cases* (5th ed.). Pacific Grove, CA: Brooks/Cole.

Silverman, M. S., McCarthy, M., & McGovern, T. E. (1992). A review of outcome studies of rational-emotive therapy from 1982-1989. *Journal of Rational-Emotive and Cognitive Behavior Therapy, 10*, 111-175.

Walen, S. R., DiGiuseppe, R., & Dryden, W. (1992). *A practitioner's guide to rational-emotive therapy* (2nd ed.). New York, NY: Oxford University Press.

Weinrach, S. G. (1996). Reducing REBT's "wince factor": An insider's perspective. *Journal of Rational-Emotive & Cognitive-Behavior Therapy, 14*, 63-78.

Weinrach, S. G. (2006). Nine experts describe the essence of rational-emotive therapy while standing on one foot. *Journal of Rational-Emotive & Cognitive-Behavior Therapy, 24*, 217-232.

Yankura, J., & Dryden, W. (1994). *Albert Ellis.* Thousand Oaks, CA: Sage.

Young, H. S. (1974). *A rational counseling primer.* New York, NY: Institute for Rational-Emotive Therapy.

Zaborowski, B. (1997). Adjustment to vision loss and blindness: A process of reframing and retraining. *Journal of Rational-Emotive & Cognitive-Behavior Therapy, 15,* 215-221.

# 제7장

# 행동 치료

Jennifer L. Stoll and Jessica Brooks

## 학습목표

이 장의 목적은 행동 치료의 개관, 행동 치료의 주요 개념·상담 접근·상담 기법 서술, 관련된 성격 이론 설명, 재활상담에 대한 적용, 최근 행동 치료 증거 기반과 연구 검토 등에 있다. 이 장의 내용을 학습한 독자들은 행동 치료의 주요 이론적, 철학적 개념을 식별·설명·적용할 수 있을 것이다. 이 같은 목적을 달성하기 위해 다음과 같은 학습 목표를 설정하였다.

① 행동 치료에서 말하는 부적응 행동 개념을 이해하고, 환경과 맥락이 부적응 행동 발달에 미치는 영향을 이해한다.
② 행동 치료의 두 가지 주요 접근인 고전적 조건 형성과 조작적 조건 형성을 기술한다.
③ 일반적으로 사용되는 행동 치료 기법과 방법을 식별하고, 행동 치료 관계의 본질을 설명한다.
④ 명확하게 정의되고 객관적이며 측정 가능한 목표를 통한 행동 기법 효과 평가에 과학적 접근을 적용한다.
⑤ 장애인을 대상으로 사용된 행동 치료 접근 사례를 알아본다.
⑥ 행동 치료 연구 현황과 방향에 관해 논의한다.

## 1. 재활에서의 행동 치료

행동 치료는 부적절한 행동 감소와 적절한 행동 향상이라는 동일한 궁극적 목표 달성을 추구하는 세 가지 차별적 접근을 포괄한다. 여기서 말하는 세 가지 주요 접근이란 고전적 조건 형성, 조작적 조건 형성, 인지 행동 접근을 지칭한다(Craighead, Craighead, Kazdin, & Mahoney, 1994; Thieme & Turk, 2012). 고전적 조건 형성과 조작적 조건 형성에 관해서는 이 장에서 상세히 다룰 것이다. 한편, 인지 행동 접근은 이 책의 제5장에서 자세히 다루었다.

이 장의 목표는 재활 맥락에서 행해지는 행동 치료에 대한 전반적 설명을 제공하는 것이다. 이를 위해 모든 행동 치료 접근이 공유하는 주요 개념을 설명할 것이다. 양자 간의 명확한 구별을 위해, 고전적 조건 형성과 조작적 조건 형성을 역사, 핵심 원리, 각각의 접근에 기반한 치료 기법 등으로 나누어 별도로 논의할 것이다. 이 장은 또한 성격 이론, 상담 과정, 재활에의 적용, 사례 연구, 관련 연구 성과에 관한 정보도 수록하였다.

## 2. 행동 치료에 대한 접근

행동 치료는 부적응 행동 감소와 적응 행동 증가를 목적으로 사용되는 접근과 기법의 집합체다. 행동 변화 달성 방법에서 차이를 보이긴 하지만, 행동 기법은 다음과 같은 세 가지 공통된 특징을 지닌다. 첫째, 행동 접근은 과거 행동에 초점을 맞추기보다는 현재 행동의 중요성을 강조한다(Antony & Roemer, 2011; Corey, 1991; Wilson, 1995). 따라서 행동 치료 이론가들은 기저에 깔린 가정된 행동 유발 원인보다는 행동 자체를 다루는데, 이는 부적응 행동 발달과 발현에 기여하는 과거 또는 역사적 사건을 중시하는 전통적 심리치료 모델(예: 정신분석)과는 확연히 구별되는 행동 치료만의 특징이다. 둘째, 행동 치료는 명확하게 정의되고 객관적이며 측정 가능한 목표를 통한 행동 기법 효과 평가를 위해 과학적 접근을 사용한다(Corey, 1991). 모든 행동 치료 접근이 공유하는 세 번째 특징은 이들이 치료 과정 전반에 걸쳐 수행되는 다중 평가를 사용한다는 점이다(Corrigan & Liberman, 1994).

Rotgers(1996)는 앞서 언급한 세 가지 핵심적 공통 개념 외에, 다음과 같은 행동 치료의 일곱 가지 기본 가정을 확인하였다. ① 인간 행동은 주로 유전적 특징에 의해 결정되기보다는 학습된다. ② 부적응 행동을 생성하는 동일한 학습 과정은 이의 수정과 제거에도 활용이 가능하다. ③ 행동은 주로 상황적·환경적 매개체(mediator)에 의해 결정된다. ④ 생각이나 감정과 같은 내재적(은밀한) 행동도 학습 과정 실행을 통해 변화가 가능하다. ⑤ 특정 행동이 행해져야 할 맥락 속에서 실제로 새로운 행동을 수행하는 것이야말로 행동 변화의 핵심적 측면이다. ⑥ 내담자는 저마다 독특한 존재로, 부적절한 행동에 관해 개별화된 평가를 필요로 한다. ⑦ 철저한 행동 평가는 성공적 치료의 초석이다.

## 1) 고전적 조건 형성

고전적 조건 형성은 러시아의 생리학자 Ivan Pavlov(Kazdin, 1994)에 의해 시작되었다. Pavlov(1927)는 개의 소화 과정에 관한 연구를 진행하던 중, 실험에 사용된 개가 고기가루를 보거나 냄새를 맡거나 맛을 보면 타액을 분비하지만, 고기가루가 제시되지 않은 상태로 실험이 진행되는 방에 개를 들여보내도 타액을 분비한다는 사실을 발견했다. 그의 실험은 주로 타액 분비를 일으키지 않는 중성 자극을 자연스럽게 타액 분비를 유발하는 고기가루와 짝지어(pairing) 제시하는 것이었다. 여러 차례에 걸쳐 중성 자극을 고기가루와 짝지어 제시한 끝에, Pavlov는 중성 자극이 자체적으로 개의 타액 분비를 이르킨다는 사실을 알아냈다.

### (1) 핵심 원리

조건 형성 과정을 설명하기 위해 Pavlov(1927)는 일단의 새로운 용어를 도입하였다. 그는 자연적으로 원하는 반응을 일으키는 자극을 무조건 자극(unconditioned stimulus: UCS)으로, 이로 인해 자연적으로 발생하는 반응을 무조건 반응(unconditioned response: UR)이라고 명명하였다(Craighead et al., 1994). 그는 또한 표적 반응 생성을 위한 '조건을 형성'한 중성 자극을 조건 자극(conditioned stimulus: CS)이라고 불렀다(Thieme & Turk, 2012). 끝으로, 조건 반응(conditioned response: CR)은 조건 자극 제시 결과 나타나는 반응을 의미한다(Craighead et al., 1994). 한편, 조건 반응과 무조건 반응은 반응 달성 방식에서의 차이를 제외하면 동일한 반응이라는 점을 유념할 필요가 있다.

조건 자극과 조건 반응 사이의 관계가 확립된 후, 무조건 자극을 동반하지 않은 상태로 조건 자극만을 반복하여 제시하면 이들 간의 연합(association)이 사라지게 되는데, 이러한 과정을 고전적 소거(extinction)라고 한다(Antony & Roemer, 2011; Schloss & Smith, 1994). 고전적 조건 반응 유지를 위해서는 종종 무조건 자극과 조건 자극을 여러번 짝지어 주는 '보강하기(booster session)'가 필요하다(Mueser, 1993). 고전적 소거가 실제로 발생하면 조건 자극과 무조건 자극 간의 연합에 관한 재학습이 이루어지는데, 이는 해당 과제를 처음 학습할 때보다 훨씬 빠르게 진행된다(Schloss & Smith, 1994). 일반적으로, 소거는 한꺼번에 진행되지 않는다. 오히려, 소거로 인한 조건 자극과 무조건 자극 간의 짝짓기가 이루어지면, 표적 행동이 소거된 것으로 간주된 다음, 조건 자극에 대한 조건 반응의 표현으로 정의된 자발적 회복(spontaneous recovery)이 나타날 수 있다.

고전적 조건 형성의 장기적 효과는 수정 가능한 여러 가지 요인에 의해서도 영향받는다. 첫째로, 조건 자극과 무조건 자극의 순서(sequence)가 중요하다. 왜냐하면 고전적 조건 형성이 나타나기 위해서는 조건 자극이 무조건 자극에 선행해야 하기 때문이다. 고전적 조건 형성 효과에 영향을 미치는 두 번째 중요한 요인은 조건 자극 제시와 무조건 자극 제시 사이에 발생하는 지연(delay)이다(Kiernan, 1975). 셋째로, 시도 횟수 또한 고전적 조건 형성의 효과에 영향을 미친다. 일반적으로, 조건 반응의 강도와 지속성은 조건 형성 시도 횟수와 관련이 있는데, 시도 횟수가 많을수록 반응 강도가 높아진다. 끝으로, 무조건 자극과 조건 자극의 몇몇 특징들은 조건 형성 과정의 효과를 촉진 또는 방해할 수 있다. 일반적으로, 조건 반응 확립은 무조건 자극이 강력하고 신속한 반응을 유발할 때 훨씬 쉽게 이루어진다(Kiernan, 1975). 조건 형성 과정 이후 나타나는 조건 반응 강도는 반응 빈도와 강도, 조건 자극 제시 후 조건 반응이 나타날때까지 걸리는 시간, 조건 반응 지속성(무조건 자극 부재 상태에서 조건 자극에 의해 조건 반응이 나타날 때까지 걸린 시간) 등의 평가를 통해 결정된다.

조건 반응이 확립된 후, 개인은 조건 자극에 대한 반응으로 자극 일반화(stimulus generalization) 또는 자극 변별(stimulus discrimination) 중 한 가지를 보일 수 있다(Antony & Roenner, 2011). 자극 일반화가 나타났다면, 조건 자극은 물론 다른 유사 자극하에서도 조건 형성된 행동이 수행될 것이다(Schloss & Smith, 1994). 예를 들어, 최근 고관절 교체 수술을 받은 여성 환자가 물리치료를 받는다고 가정해 보자. 물리치료사는 치료 장비를 적절한 강도로 조정할 때까지 환자에게 자리에 앉아 있으라고 알려 주었다. 하지만 그 환자는 치료사의 지시에 반하여 자리에서 혼자 일어나려다 물리치료사가 미처 손을 쓸 틈도 없이 균형을 잃고 넘어져 버렸다. 그 후로, 그 환자는 물리치료를 받을때마다 불안 증상(호흡 곤란, 심박동수 증가, 발한)을 호소하였다. 환자의 불안 증세가 그녀가 넘어졌을 당시 그 자리에 함께 있었던 물리치료사에게 치료를 받을 때만 발생한다면, 이는 자극 변별로 볼 수 있다. 이에 반해, 치료사가 누구든 관계없이 물리치료를 받을 때마다 불안 증상을 경험한다면, 이는 자극 일반화가 일어난 것으로 볼 수 있다.

### (2) 치료 기법

고전적 조건 형성은 새로운 반응 학습을 수반하는 대신 기존 반응과 새로운 자극 사이의 연합 발달을 중시한다(Craighead et al., 1994). 이에 따라 고전적 조건 형성에 기반한 치료 기법은 주로 내담자가 특정 자극과 부적절한 행동 사이의 연합을 포기하거나 반대로 특정 자극과 적절한 행동 사이의 연계를 학습하도록 돕는 것에 주력한다(Papajohn, 1982).

체계적 둔감화(systematic desensitization)는 고전적 조건 형성에 기반한 대표적인 치료 기법 중 하나다. 이 기법은 내담자와 치료사가 하나의 특정한 공포 상황을 둘러싼 불안 유발 장면을 위계적으로 구성하도록 요청한다(Thieme & Turk, 2012). 치료는 내담자에게 자신이 가장 큰 불안을 느끼는 장면에 도달해도 이완 상태를 유지할 수 있을 때까지 위계 구조에 포함된 각각의 장면을 차례대로 상상하며 이완 상태를 유지하도록 요구한다(Emmelkamp, 1994). 홍수법은 고전적 조건 형성에서 파생된 또 다른 치료 기법이다(Emmelkamp, 1994). 홍수법은 내담자를 회피나 탈출이 불가능한 상태에서 공포 자극에 노출시키는 것이다. 내파 치료(implosive therapy)는 내담자가 자신이 탈출 기회가 없는 불안 유발 상황에 처해 있다고 상상한다는 점을 제외하면 홍수법과 유사하다(Papajohn, 1982). 끝으로, 혐오 치료(aversive therapy) 역시 고전적 조건 형성 원리에 기반한 치료 기법으로, 자연스레 불쾌한 반응을 야기하는 자극과 부적절한 행동 사이의 연결을 통해 부적절한 행동을 제거하려는 시도다. 예를 들어, 정맥 주사 약물 사용 치료에서 의사는 환자에게 정맥용 약물 주사를 놓은 후 메스꺼움을 일으키는 물질을 주입한다. 이렇게 하면 내담자는 정맥 주사 약물 사용과 메스꺼움을 연결시키게 되고, 결과적으로 문제적 행동을 중단하게 된다.

## 2) 조작적 조건 형성

조작적 조건 형성을 창안한 주도적 인물은 E. L. Thorndike와 B. F. Skinner다(Wilson, 1995). Thorndike는 그의 동물 대상 연구를 통해 몇 가지 학습 법칙을 개발하였다. 이들 중 효과의 법칙이 가장 중요한데, 이 법칙에 따르면 만족으로 이어지는 행동은 강화되는 반면, 만족을 가져다주지 않는 행동은 강화되지 않는다고 한다. Skinner 역시 Thorndike와 마찬가지로, 복잡한 행동은 그 행동의 결과로 인해 유기체가 환경과 상호작용하거나 환경에서 '작동하는' 방식의 산물이라고 믿었다(Corey, 1991).

### (1) 핵심 원리

조작적 조건 형성의 핵심 요소는 강화와 처벌이다. 강화는 특정 자극이 주어진 행동 빈도를 증가시킬 때 발생하는 반면, 처벌은 혐오스러운 결과가 부적응 행동 감소를 초래할 때 발생한다(Thieme & Turk, 2012). 강화는 긍정적 또는 부정적 신호를 포함한다. 정적 강화(positive reinforcement)는 좋은 행동에 대한 긍정적 보상의 관리와 관련되어 있다(Craighead et al., 1994). 이에 비해, 부적 강화(negative reinforcement)는 혐오 자극 제거를 통해 행동 빈도가 증가할 때 발생한다(Papajohn, 1982). 처벌제(punisher) 또한 정적 또는 부적일 수도 있다. 정적 처벌은 특정 자극 시행 후 원하지 않는 행동이 감소할 때 발생한다(예: 다른 이용자를 폭행하는 가해자에게 신체적 구속을 가하는 것; Craighead et al., 1994). 이에 반해, 부적 처벌은 원치 않는 행동에 따른 긍정적 자극이 제거될 때 발생한다(예: 주거형 약물 남용 치료 프로그램에 참여한 내담자가 직원에게 언어 폭력을 가해 외출 특권을 박탈당할 때; Kiernan, 1975).

강화제는 다양한 강화 계획(reinforcement schedules)을 통해 제공이 가능하다. 다만, 강화가 연속성 있는 계획에 따라 제공되어야만 일반적으로 보다 효율적인 행동 획득이 가능하다(원하는 행동이 발생할 때마다 내담자에게 강화를 제공한다; Thieme & Turk, 2012; Walker, Greenwood, & Terry, 1994). 예를 들어, 고정 간격 계획은 정해진 시간 간격 내에 원하는 행동이 몇 번이나 발생했는지와 관계없이 일정 시간이 경과하면 내담자에게 강화를 제공한다(예: 지원 고용 프로그램에 참여한 내담자는 2주마다 급여를 받는다). 마찬가지로, 고정 비율 계획은 내담자가 정해진 횟수만큼 원하는 반응을 보이면 강화를 제공하는 방식이다(예: 내담자가 열 상자의 배터리 포장 작업을 끝맞치면 5분간 휴식을 허용한다).

한편, 행동 습득이 이루어진 다음, 이의 유지를 돕기 위한 최선의 방법은 부분적 또는 간헐적 강화 계획을 통해서다(즉, 행동을 할 때마다 매번 강화받지는 못한다; Gilliland, James, & Bowman, 1994). 가변 시간 간격 강화 계획은 예측할 수 없는 시간 간격 후에 강화를 제공하는 방식이다(예: 소년원에 수감된 청소년들에게 연간 6회의 불시 방 점검이 있다고 알려 주지만 구체적인 점검 날짜는 알려주지 않는 경우). 끝으로, 가변 비율 강화 계획은 내담자가 바람직한 반응을 변동 시간 횟수만큼 보인 후에 강화를 제공하는 방식이다. 이 같은 유형의 강화 계획은 가장 높은 반응률을 보이는데, 이는 반응과 강화제 제공 사이의 관계가 예측 불가능하기 때문이다(예: 주거형 약물 남용 치료 프로그램에 참여한 내담자가 약물에 음성 반응을 보이는 소변 샘플을 제출하면 강화제를 받을 수 있지만, 내담자가 강화인자를 얻기 전에 2~6회까지 음성 테스트 실시 빈도가 변한다).

고전적 조건 형성과 마찬가지로, 조작적 조건 형성 또한 소거가 가능하다. 조작적 조건 형성에서 소거 과정은 원하지 않는 행동 감소 또는 제거를 위해 이전에 강화된 행동에 대한 강화제 제공을 보류할 때 발생한다(Wilson, 1995). 조작적 소거는 대개 즉각적으로 발생하지 않는다. 갑작스러운 강화 제거는 오히려 부적응 행동 빈도의 감소나 제거에 앞서 일시적으로나마 이를 증가시키는 경우가 적지 않기 때문이다(Corrigan & Liberman, 1994). 이 같은 부적응 행동의 일시적 증가를 소거 폭발(extinction burst)이라고 한다. 조작적 조건 형성이 지속적인 행동 변화를 촉진하기 위해서는 강화의 내용이 내담자에게 충분히 의미 있는 것이어야 한다(Mueser, 1993).

강화제는 1차 강화제와 2차 강화제 두 가지 유형으로 구분된다. 1차 강화제는 원래부터 타고난 강화를 의미하는 반면(Craighead et al., 1994; Gilliland et al., 1994), 2차 강화제는 학습과 경험을 통해 파생된 강화 수단(properties)를 의미한다(예: 토큰 경제에서 원하는 보상으로 교환이 가능한 토큰 획득; Craighead et al., 1994). 다음과 같은 여러 가지 요인이 정적 강화의 효능에 영향을 미칠 수 있다(Walker et al., 1994). ① 표적 행동 발현과 강화제 제공 간의 유관(contingent) 관계 존재 유·무, ② 원하는 행동 제시에 따른 강화제 제공의 즉시성, ③ 강화제의 크기 또는 강도, ④ 강화 제공 계획, ⑤ 행동 시연 가능성 향상을 위한 언어적/신체적 촉구 포함, ⑥ 표적 행동 일반화 가능성 또는 훈련으로의 전환 용이성.

치료에 있어 고려해야 할 또 다른 중요 사항은 때때로 행동이 환경의 특정 조건하에서만 발생한다는 점이다. 행동 발생을 위해 반드시 존재해야 하는 환경 요인을 긍정적 변별 자극(positive discriminative stimuli)이라고 한다(Kiernan, 1975). 이에 반해, 부정적 변별 자극이 있을 경우에는 원하는 행동이 발생하지 않는다. 행동 발현이 변별 자극이 주어질때마다 나타날 때, 그 행동은 자극 통제(stimulus control)하에서 발생하는 것으로 볼 수 있다(Kazdin, 1994). 자극 변별(stimulus discrimination)의 일례로 두부 손상을 입은 장애인 이용자가 재활 시설에서는 가스/전기 레인지를 이용하여 성공적으로 요리하는 방법을 학습했지만, 집으로 돌아가서는 난로를 켤 수조차 없었던 경우를 들 수 있다. 이는 특정 환경 조건하에서만 행동이 발생하는 자극 통제와 대비된다(Schloss & Smith, 1994). 때때로 유사한 자극이 동일한 행동 반응을 이끌어 내기도 하는데, 이러한 현상을 자극 일반화(stimulus generalization)라고 부른다(Craighead et al., 1994). 자극 일반화의 사례로는 지적장애인 이용자가 네 발 달린 동물을 모두 '개'라고 잘못 알고 있는 경우다.

## (2) 치료 기법

조작적 접근에 기반한 다수의 치료 기법은 처벌이나 정적 강화 활용을 통한 행동 빈도 증가에 기여할 수 있다(Antony & Roemer, 2011). 조작적 원리에서 파생되어 처벌을 통한 행동 감소에 사용되는 치료 기법에는 언어적 질책(verbal reprimand), 과잉 교정(over-correction, 긍정적 행동을 반복 실행하는 동안 부정적 행동을 과잉 교정함), 반응 대가(response cost, 원하지 않는 행동에 따른 강화제 상실), 타임아웃(time-out, 강화로부터 고립 배제시키기) 등이 있다(Craighead et al., 1994; Walker et al., 1994). 이 외에 정적 강화를 중시하는 치료 기법으로는 조형(shaping), 차등 강화(differential reinforcement; Walker et al., 1994), 행동 계약(behavioral contracts), 토큰 경제(token economy; Allyon & Azrin, 1968), 사회적 기술 훈련(social skills training: SST; Emmelkamp, 1994) 등이 있다.

조형은 원하는 표적 행동이 제시될 때까지 해당 행동의 근사값에 점점 더 가까운 강화 제공을 포함한다(Antony & Roemer, 2011). 이 기법은 자연적 환경에서는 목표 행동이 일어나지 않거나, 일어난다 해도 그 빈도가 매우 낮은 상황에 가장 유용하다(Craighead et al., 1994).

차등 강화는 표적 행동을 제외한 모든 행동에 정적 강화를 제공할 때 나타난다. 반응에 따른 강화 제공 보류를 포함한다는 점에서, 차등 강화 기법은 본질적으로 정적 강화와 소거의 조합이라 볼 수 있다. 예를 들어, 뇌손상을 당한 장애인 이용자가 식사 시간에 모든 음식을 손가락으로 집어먹는 행동을 지속한다고 가정해 보자. 이러한 상황에서 내담자가 식기를 적절히 사용하면 정적 강화를 제공하지만(예: 구두 칭찬), 손가락으로 음식을 집어먹으면 무시하거나 식탁에 홀로 앉아 있으라고 요구한다. 차등 강화는 행동 변화가 목적하는 바가 무엇이냐에 따라 다양한 방식으로 적용이 가능하다. 내담자가 음식을 먹을 때 식기를 사용할 경우(강화된 행동), 이는 음식을 손가락으로 집어먹는 행동과 양립할 수 없기 때문에, 전술한 사례는 양립 불가 행동 차등 강화(defferential reinforcement of incompatible behavior: DRI)에 해당한다. 이 기법의 다른 파생형에는 낮은 응답률(DRL) 차등 강화, 대안 행동(DRA) 차등 강화, 다른 행동(DRO) 차등 강화 등이 있다(이들 기법에 관한 보다 자세한 논의는 Craighead et al., 1994; Kazdin, 2000; Walker et al., 1994를 참조하라).

행동 치료사와 내담자 간의 합의를 골자로 하는 행동 계약을 통해서도 행동 수정이 가능하다(Kazdin, 2000). 여기서 계약은 수정이 필요한 행동 파악과 행동 수정에 도움이 되는 강화제와 처벌제를 포함하는 유관 진술(contingent statements)을 의미한다. 행동 계약 체결 과정에 대한 내담자의 참여가 계약의 효과를 향상시키지만, 효과적인 계약을 위해서는 다음과 같은 다섯 가지 추가적 요소가 필요하다. ① 강화제 파악, ② 표적 행동 파악, ③ 행동 변화 시도가 실패할 경우를 대비한 계약 변경 절차, ④ 계약에 명시된 조건의 일관된 준수를 위한 추가적 강화제 파악, ⑤ 행동 변화를 향한 내담자의 진전 상황에 관한 상시적 피드백 제공.

행동은 토큰 경제를 통해서도 수정이 가능하다(Ayllon & Azrin, 1968). 토큰 경제는 일반적으로 내담자가 원하는 강화제로 교환이 가능한 토큰을 사용하여 바람직한 행동을 강화하는 구조화된 환경에서 시행된다(Corrigan & Liberman, 1994). 효과적인 토큰 경제는 모두 다음과 같은 특징을 가지고 있다. ① 명확하게 식별되고 정의된 표적 행동, ② 원하는 행동 제시에 따르는 강화제 제공, ③ 토큰 경제의 효과에 관한 지속적 점검 및 평가 시스템 구축, ④ 장애인 이용자가 지역사회로 재통합할 때 토큰 경제 사용 없이 적절한 행동을 유지하도록 돕기 위한 계획 실행(Gilliland et al., 1994). 부적절한 행동에 따른 결과는 사용되는 토큰 시스템에 따라 차이를 보이는데, 바람직하지 않은 행동을 보일 때 토큰을 몰수하거나 [반응 대가(response cost)], 일정 기간 동안 추가적인 토큰 획득을 제한할 수 있다.

마지막으로, 사회적 기술 훈련을 통해서도 행동 수정이 가능하다(Emmelkamp, 1994; Marzillier, Lambert, & Kellett, 1976). 이 기법은 의사소통, 자기 주장, 문제 해결, 기타 원하는 사회적 기술 향상에 활용된다(Corrigan & Liberman, 1994; Mueser, 1993). 앞서 논의된 다른 행동 기법들과 달리, 사회적 기술 훈련은 조작적 조건 형성, 고전적 조건 형성, 사회적 학습 이론의 조합으로부터 효과를 이끌어 낸다는 점에서 독특하다 할 수 있다. 이러한 이유로, 사회적 기술 훈련을 실행할 때는 모델링, 코칭, 행동 시연, 피드백 제공, 강화, 숙제 등 다양한 기법을 적용할 수 있다.

## 3. 성격 이론

부적응 행동은 고전적 조건 형성 또는 조작적 조건 형성을 통해 학습될 수도, 버려질 (unlearn) 수도 있다(Antony & Roemer, 2011). 행동적 관점에서 보면, 부적응 행동이 처음 학습되었을 때, 특정 기능이 충족되었으며, 행동의 유지는 정적 강화(예: 부정적인 신체적·사회적 결과에 신경쓰지 않고 '고양감'을 경험하기 위해 헤로인을 계속 사용함) 또는 부적 강화 (예: 금단 증상 예방을 위해 아침부터 술을 마심)를 통해 이루어진다.

혐오 자극의 존재는 부적응 행동의 초기 발달뿐 아니라, 이의 유지에도 중요한 역할을 수행한다. 행동은 혐오 상황으로부터의 도피 또는 탈출을 통해 강화된다. 그럼에도, 조건 형성이 이루어지는 동안 상당수의 혐오자극이 존속한다면, 이러한 자극에 대한 지속적 회피는 혐오 자극이 없는 공상적 세계로의 철회(예: 극단적 학대와 혐오 상황과의 접촉에 대한 반응으로 해리성 성격장애를 보이는 내담자) 또는 두려움, 죄책감, 분노, 우울, 불안 등과 같은 정서적 문제로 이어질 수 있다(Gilliland et al., 1994). 예를 들어, 어떤 남자아이가 사소한 이유(예: 아침에 잠자리를 정리하지 않는 행동)로 인해 아버지로부터 부정기적으로 심한 신체적 처벌을 받았다고 가정해 보자. 매질 후 아버지가 그를 옷장에 가두기 때문에 처벌이 가해질 때 소년은 그 상황에서 탈출할 수 없다. 소년의 아버지가 그를 벽장에서 나오게 허용한 후 아이는 처벌 당한 이유를 둘러싼 혼란, 상황과 그에 따른 처벌을 통제할 수 없다는 사실에 대한 분노, 다시 처벌받을지 모른다는 두려움 등의 감정을 경험하게 될 것이다. 처벌이 계속된다면 아이는 분노, 우울, 죄책감, 불안 등과 같은 부적응 행동을 보이기 시작할 수 있다. 이와는 반대로, 아이는 처벌과 혐오스러운 결과가 존재하지 않거나 회피할 수 있는 공상적 세계로 숨어 버릴 수도 있다.

## 4. 상담 과정

　행동 치료 과정의 초점은 교정 학습으로, 여기에는 새로운 대처 기술 습득, 의사소통 증진, 부적응적인 정서적 갈등 극복이 포함된다(Antony & Roemer, 2011; Wilson, 1995). 행동 치료에서 행해지는 모든 학습은 구조화된 환경 속에서 이루어진다. 그렇지만 행동 치료사는 여건이 허락하는 한 내담자가 치료를 받는 동안 자신의 일상생활 공간에서 행동 변화에 영향을 미치도록 적극적 역할을 수행해야 한다는 점을 강조해야 한다(Wilson, 2000).

　Kuehnel과 Liberman(1986)은 행동 치료를 6단계 과정으로 설명한다. 첫 번째 단계에서는 부적응 행동 파악에 도움이 되는 행동 평가를 수행한다. 두 번째 단계에서는 효과적 치료 개입을 위한 발판 역할이 가능한 전략과 접근 파악을 돕는 내담자의 자산과 강점을 언급한다. 치료 과정의 세 번째 단계에서는 파악된 행동 혹은 표적 행동을 그것이 발생한 상황과 연결짓는다. 이를 위해 가능한 선행 행동과 그에 따른 결과를 특정한다. 네 번째 단계는 문제 행동 측정 과정 개발을 포함한다. 이는 기초선 기간(치료 시작 전) 동안 표적 행동 발생 빈도 평가를 통해 달성이 가능하다. 기초선은 치료 효과를 결정하는 기준점이 된다. 상담 과정의 다섯 번째 단계는 강화제 식별을 요구한다. 여기에는 치료에 대한 동기 강화와 치료 종결 후 원하는 행동 유지를 지원하는 사람, 사물, 활동이 포함된다. 상담 과정의 마지막 단계는 상담사와 내담자의 공동 작업을 통한 치료 목표 설정이다. 일반적으로, 내담자는 변화가 필요한 행동을 결정하는 반면, 치료사는 변화를 이끌어 낼 최선의 방법을 결정한다(Wilson, 1995).

Cormier와 Cormier(1985)는 다음과 같은 단계를 포함하는 치료 목표 설정 과정을 상세히 서술하였다. 첫째, 행동 치료사는 내담자에게 치료 목표 수립 의도를 설명한다. 둘째, 내담자는 상담을 통해 자신이 얻고자 하는 결과가 무엇인지를 파악한다. 셋째, 내담자와 치료사는 공동으로 그들이 원하는 결과가 내담자가 달성하고자 하는 결과와 동일한지의 여부와 치료 목적의 현실성 여부를 논의한다. 넷째, 상담사와 내담자는 공동으로 치료 목표의 장단점에 관해 논의한다. 끝으로, 치료사와 내담자는 연루된 행동, 변화 방법, 원하는 변화 정도 등을 공동으로 파악하여 치료 목표를 정의한다.

행동 치료는 대부분 단기 치료를 추구하지만, 치료 기간 설정 지침은 상당히 일반적이고 일관된 세 가지 과정으로 구성된다(Wilson, 1995). 첫째, 부적응 행동 평가를 시행하고, 표적 행동을 파악한다. 둘째, 가능한 한 신속하게 치료 개입을 실행한다. 마지막으로, 명확하고 객관적이며 측정 가능한 치료 목표에 따라 내담자의 진전 상황을 지속적으로 평가한다. 내담자마다 치료 목표와 처해 있는 상황이 다르다는 점을 고려해 볼 때, 치료 기간 및 필요한 회기의 수, 회기당 소요 시간 등은 내담자에 따라 다를 수 있다. 따라서 치료 기간은 내담자가 보이는 치료 목표 진행 정도(비율)에 의해 결정된다(Wilson, 1995).

## 5. 치료 관계

앞서 언급한 바와 같이, 행동 치료의 모든 측면은 치료사와 내담자 간의 협력에 의해 수행된다. 내담자는 치료 계획 수립 과정에서 적극적 참여를 통해 행동 변화에 더 많이 투자하고 목표 달성을 위해 더 많이 노력할 것으로 간주된다(Corey, 1991). 행동 치료사는 치료 목표 수립과 치료 계획을 실행하는 한편, 행동을 유발하는 근본 원인이 아닌 현재 행동에 초점을 맞춘다. 내담자의 과거에 관한 조사는 현재와 관련된 경우에 한해서만 의미를 지닌다고 간주된다.

행동 치료사는 내담자와의 상호작용에 있어 적극적이고 지시적이며, 주로 자문가이자 문제해결자의 역할을 수행한다(Wilson, 1995). 역사적으로, 행동 치료사는 행동 전문가로 여겨져 왔다. 하지만 행동 치료사의 역할에 관한 보다 최근의 견해는 내담자와 상담사 간의 협력 관계를 강조한다. 게다가, 행동치료사에게는 과거 무관심하고 기계적이며 조정 기술자(manipulative technicians)라는 고정관념이 따라다녔지만, 오늘날 이들은 대개 이해심 많고 친절하며, 배려와 개인적 친근감을 보이는 존재로 묘사되고 있다(Gilliland et al., 1994).

행동 치료가 비록 체계적이고 구조화된 접근을 사용하지만, 치료 관계는 중요하며 행동 변화 과정에 기여한다(Wilson, 1995). 치료 관계에서 내담자가 치료사의 능력을 신뢰하며 치료사가 정직하고 믿을 만한 존재라고 생각한다면, 내담자는 치료에 보다 몰입하게 될 것이다. 그럼에도 불구하고, Corey(1991)는 행동 변화를 가져오는 핵심 조건들(일체감, 수용, 공감)은 행동 변화의 필요조건이기는 하지만, 충분조건은 아니라고 주장하였다.

## 6. 재활에 대한 적용

행동 치료는 그것의 주요 기법들이 중요한 상담 이론으로 인정받기 훨씬 전부터 부적응 행동 치료에 널리 활용되어 왔다. 지난 수십 년 동안 행동 치료의 여러 기법들이 물질장애(Rotgers, 1996), 뇌손상 장애(traumatic brain injury: TBI; Giles, Ridley, Dill, & Frye, 1997; Horton & Barrett, 1988), 발달장애(Griffiths, Feldman, & Tough, 1997; Madle & Neisworth, 1990), 정신장애(Corrigan & Liberman, 1994), 조현병(Mueser, 1993), 우울증(Gloaguen, Cottraux, Cucherat, & Blackburn, 1998), 만성 통증(McCracken, 1997; Slater, Doctor, Pruitt, & Atkinson, 1997)과 같이 여러 유형의 장애인들이 지닌 다양한 부적응 행동 치료에 사용되어 왔다. 지면의 제한으로 인해 이 장에서는 행동 치료가 발달장애와 뇌손상 장애의 치료에 어떻게 활용되는지에 관한 내용만을 소개하고자 한다.

### 1) 발달장애

지난 30여 년간, 행동 치료는 발달장애인과 지적장애인의 부적응 행동 치료에 커다란 영향을 미쳤다. 행동 기법은 배변 훈련(toileting; Azrin & Foxx, 1971; Madle & Neisworth, 1990), 이식증(pica; Paisey & Whitney, 1989), 충동성과 자기 통제(Schwietzer & Sulzer-Azaroff, 1988), 그밖의 어려운 행동의 성공적 치료에 널리 사용되어 왔다.

배변 훈련은 행동 치료 연구자들이 커다란 관심을 보인 첫 번째 표적 행동 중 하나였다.

Azrin과 Foxx(1971)는 배변 훈련 완수를 위한 여러 절차를 동시에 실행한 결과를 최초로 보고하였다. 그들이 사용한 기법들은 모델링, 조형, 정적 강화, 처벌(예: 언어적 책망, 타임아웃) 등이었다. 지난 25년 동안, 배변 훈련에 관한 추가 연구가 수행되었는데, 이들은 Azrin과 Foxx(1971)가 제안한 방식 외에 여러 가지 프로그램이 존재하지만, 성공적인 훈련 성과를 거두기 위해서는 강화를 비롯하여 연쇄(chaining), 조형, 촉구(prompting), 처벌 등 구체적 행동 기법의 사용이 필요하다고 지적한다(Madle & Neisworth, 1990).

이식증은 먹을 수 없는 물질 섭취를 의미한다(Piazza et al., 1998). 이 행동은 지적장애인 중 약 25%의 사람들에게서 발견되는데(Danford & Huber, 1982), 불행히도 이 행동을 보이는 사람들은 대개 치료에 저항적이다(Piazza et al., 1998). 그렇지만 이식증은 다양한 강화제와 처벌제(Paisey & Whitney, 1989), 그리고 다른 행동 기법 사용을 통해 성공적 치료가 가능하다. Fisher와 동료들(1994)은 경험적으로 얻어진 결과를 토대로, 강화제와 처벌제 식별을 위해 행동 평가 결과를 사용하여 아동 세 명의 이식증 행동을 거의 없애는 효과를 거두었다고 보고했다. 또 다른 연구에서 Piazza 등(1998)은 이식증 아동 세 명의 기능분석을 수행하였다. 연구 결과, 한 명의 이식증 행동은 자동적 강화(구강 자극 경험)에 의해 유지되는 반면, 다른 두 명의 이식증 행동은 사회적 강화와 자동적 강화의 조합에 의해 유지되고 있었다. 연구진은 참여 아동에게 그들의 이식증 행동 기능과 대응(match) 또는 대응하지 않는 자극을 제공하였다. 이식증 행동의 감각적 구성요소와 상응하지 않는 자극이 주어졌을 때, 참여 아동의 문제 행동은 유지되었다. 이에 반해, 감각적 구성요소와 상응하는 자극이 주어졌을 때, 참여 아동의 이식 행동은 감소하였다.

행동 치료는 지적장애인의 자기 통제 학습과 충동성 감소에도 널리 활용되어 왔다. 자기 통제는 '즉각적 혹은 짧은 지연에 따른 작은 강화제를 가져다주는 충동적 행동이 아닌, 보다 장기적 지연에 따른 더 큰 강화제를 제공하는 행동'으로 정의되어 왔다(Schwietzer & Sulzer-Azaroff, 1988). Dixon 등(1998)은 세 명의 발달장애인을 대상으로 자기 통제 교육과 표적 행동 증가 수단으로 동시에 제공된 고정-간격 또는 점진-간격 강화 계획 효과 연구를 수행했다. 연구 결과, 더 많은 양의 강화제를 제시하기에 앞서 보다 긴 지연에 대한 참여자들의 노출 빈도를 점진적으로 늘리고, 이들에게 지연 과정에서 표적 행동을 입증하도록 요구하는 강화력(reinforcement history) 구축은 자기 통제 증가와 충동성 감소 두 가지 모두에 효과가 있다는 사실이 판명되었다. 이 같은 결과는 원하는 강화제에 대한 접근 지연을 점진적으로 늘리면 자기 통제를 높일 수 있다고 주장한 Schwietzer와 Sulzer-Azaroff(1988)의 연구 결과와 일치한다.

지적장애인을 대상으로 행동 치료의 다양한 적용이 논의되어 왔다. 한편, 행동 기법은 흔히 볼 수 있는 다수의 문제 행동 치료에도 성공적으로 적용되었다. 이러한 치료 개입은 다음과 같은 행동 교정에 촛점을 맞추고 있다. ① 일상생활 활동(식사 및 옷 입기; Madle & Neisworth, 1990), ② 말하기, 언어, 의사소통(Hagopian, Fisher, Sullivan, Acquisto, & LeBlanc, 1998; Lancioni, VanHouten, & Ten Hoopen, 1997), ③ 지역사회 적응 준비(Bourbeau, Sauers, & Close, 1986; Williams & Cuvo, 1986), ④ 공격적이고 파괴적인 행동(Lennox, Miltenberger, Sprengler, & Erfanian, 1988), ⑤ 수면 장해(Didden, Curfs, Sikkema, & de Moor, 1998), ⑥ 흡연 감소(Peine, Darvish, Blakelock, Osborne, & Jenson, 1998).

## 2) 외상성 뇌손상

외상성 뇌손상 후에는 흔히 부적응 행동이 나타난다(Horton & Barrett, 1998). 다행히도, 행동 치료 접근은 외상성 뇌손상 환자의 재활에 특히 적합하다(Eames & Wood, 1985; Giles et al., 1997). 외상성 뇌손상 환자의 행동 결함 보충이나 과잉 행동 감소를 위해 다양한 행동 접근이 시도되었는데, 여기에는 정적 강화, 타임아웃, 과잉 교정 등이 포함된다.

정적 강화는 내담자가 원하는 표적 행동을 보이면 그가 원하는 강화제를 제공하는 기법으로, 행동 관리 기법의 초석으로 간주되고 있다(Lewis & Bitter, 1991). Lewis와 Bitter(1991)는 외상성 뇌손상 장애인에 대한 정적 강화 효과를 높이기 위한 여섯 가지 지침을 제시하였다. ① 내담자가 원하는 반응을 보이면, 즉시 강화제를 제공한다. ② 내담자는 강화를 요하는 구체적 행동과 그렇지 않아도 될 행동을 알고 있어야 한다. ③ 내담자에게 강화제와 행동을 지정해 줄 때는 외상성 뇌손상 환자의 정보처리 능력 향상을 위해 말을 천천히 해야 한다. ④ 지시는 작은 단위로 쪼개어 제시되어야 한다. ⑤ 내담자가 특정 강화제에 싫증나지 않도록 다양한 강화제를 제공한다. ⑥ 치료 과정 전반에 걸쳐 외상성 뇌손상 환자가 행동과 그에 따르는 강화 간의 연관성 학습에 적지 않은 시간이 필요하다는 점을 감안해 볼 때, 강화는 지속적 계획에 따라 제공되어야 한다. 뇌손상 환자가 행동과 그에 따르는 강화 간의 연관성 학습을 끝내면, 간헐적 강화만으로도 원하는 행동을 보다 효과적으로 유지시킬 수 있다.

강화로부터의 타임아웃은 행위자가 부적응 행동을 보이는 즉시 그 사람을 일체의 강화로부터 격리시키는 조치를 포함한다. Marr(1982)는 외상성 뇌손상 환자를 대상으로 타임아웃 기법의 적용 효과를 높이기 위한 지침을 제안하였다. 첫째, 내담자가 부적절한 행동을 하면 그 즉시 타임아웃을 적용한다. 둘째, 내담자에게 자신의 어떤 행동이 타임아웃을 초래했는지 알려 주어야 한다. 셋째, 내담자가 타임아웃 상태에 머무르는 시간은 가능한 한 짧아야 하며, 5~10분 정도로 제한되어야 한다. 외상성 뇌손상 환자 대부분은 기억 곤란을 경험한다는 점에서, 타임아웃 지속 시간이 너무 길어질 경우 내담자가 자신이 타임아웃된 이유를 거의 혹은 전혀 기억하지 못할 수도 있다. 더욱이, 손상된 기억은 정적 강화 박탈에 따르는 좌절감으로 인해 내담자의 부적응 행동을 악화시킬 우려가 있다.

과잉 교정 정적 실행(positive practice)은 개인이 감소 또는 제거를 목표로 하는 행동과 양립할 수 없는 적절한 반응 또는 행동을 반복적으로 수행하도록 요구하는 것이다(Madle & Neisworth, 1990). 이 기법은 특히 내담자에게 여러 차례에 걸쳐 바람직한 행동을 반복하여 실습할 기회를 제공하는 동시에, 부적응 행동의 빈도를 감소시킨다는 점으로 인해 기억력이나 계획 능력에 손상을 입은 뇌손상 장애인에게 매우 효과적이다.

## 사례 연구

다음 사례는 정적 강화와 부적 강화, 처벌, 조형, 타임아웃, 토큰 경제, 자기 통제와 충동성, 협력적 내담자-치료사 관계를 포함하여, 이 장에서 논의된 행동 기법이 실제 상황에서 어떻게 적용되는지를 보여 준다.

Annie는 지적장애가 있는 18세의 백인 여성이다. 그녀의 IQ는 55~60 정도로, 9세까지 부모와 두 자매와 함께 살았다. Annie는 9세 때 심각한 행동 문제로 인해 집에서 2마일 떨어진 곳에 있는 8명이 함께 생활하는 그룹홈으로 옮겨 살았다. Annie는 매력적이며 매우 사교적이었으나, 부적절하고 공격적인 행동으로 인해 집을 떠나게 되었던 것이다.

Annie의 가족은 대개의 경우 그녀가 자기 멋대로 행동하도록 내버려 두었는데, 자신들의 그 같은 방조적 태도가 Annie의 문제 행동을 강화시켰다는 사실을 인식하지 못했다. Annie는 과거의 경험을 통해 언어적으로든 신체적으로든 공격적 모습을 보이면 자기가 원하는 바를 얻을 수 있다는 사실을 학습하였다. Annie의 가족 또한 그들이 Annie의 요구에 굴복하면 그녀의 언어적·물리적 공격성을 멈추거나 완전히 억제할 수 있다(부적 강화)는 사실을 알게 되었다. 그럼에도 불구하고, Annie는 계속 떼를 썼고, 가족 역시 계속 양보하였다.

Annie가 성장함에 따라, 그녀의 요구 또한 계속되었다. 가족들은 갈수록 더해 가는 Annie의 공격적 행동에 점점 지쳐 갔고, 수년 후 마침내 그녀의 행동이 통제 불가능한 상태에 이르렀다는 사실을 깨달았다. 가족들은 Annie에게 보다 적합한 주거 환경을 찾기 시작했고, 마침내 그룹홈이야말로 그녀를 위한 최선의 환경이라는 결론에 도달했다.

Annie는 '시험' 방문을 통해 그룹홈에서 하룻밤을 지내며 직원들과 다른 거주인들을 만났고, 그 과정에서 그룹홈 직원들은 Annie의 행동을 관찰할 기회를 가질 수 있었다. 그룹홈 직원들은 Annie의 행동이 성공적으로 교정되고 치료될 수 있다고 보았다. 이에 따라 그녀는 며칠 후 이사하였다. 그룹홈에서의 첫날, Annie는 그곳에는 한 가지 규칙, 즉 타인을 존중해야 한다는 규칙이 있다는 사실을 듣게 되었다. Annie의 행동 이력을 알고 있던 그룹홈 직원들은 그녀에게 존중받을 만한 여러 가지 행동의 예를 가르쳐 주었다(예: 다른 사람에게 감정적 · 신체적 해를 입히지 말 것, 주어진 집안일을 완수할 것, 허락 없이 다른 사람의 물건에 손대지 말 것 등). Annie는 그녀가 하루에 한 가지 존경받을 만한 행동을 하면, 그날 저녁 보상(예: 집에 전화를 하거나 아이스크림 먹기)을 선택할 수 있다는 말을 들었다.

그녀는 벽걸이 달력을 하나 받았고, 상을 탄 날마다 달력에 별 그림을 그려 넣어 그날 하루 자기가 적절한 행동을 했다는 사실을 기억하였다. 그룹홈 직원들은 보다 오랜 기간 동안 적절한 행동 유지를 독려하기 위해, Annie가 5개의 별을 획득할 때마다 더 큰 보상(외식 또는 쇼핑) 중 하나를 선택할 수 있다는 말도 해 주었다. 마지막으로, Annie에게 그녀가 다른 거주인이나 직원에게 존경받지 못할 행동을 하면 10분 동안 '조용한 방'에 들어가 자기가 저지른 행동에 관해 생각해야 한다(타임아웃)는 말도 해 주었다.

그룹홈에서의 처음 몇 달간 Annie의 행동은 좋아졌다 나빠졌다를 반복했다. 그녀의 달력은 Annie가 며칠간은 적절한 행동을 보이다가도, 다음 며칠간은 다른 사람에게 존경받지 못할 행동이나 공격적 행동을 취했음을 보여 주었다. 하지만 시간이 경과할수록 그룹홈 직원들은 Annie의 행동에 일정한 경향이 있음을 발견했다. 그녀가 좋은 하루에 대한 보상으로 가족에게 전화 걸기를 선택할 때는 꽤 오랫동안 존경받을 만한 행동을 보인다는 점이었다. 그룹홈 직원들은 이러한 관찰 결과를 토대로, Annie의 가족에게 그녀가 2주 연속으로 존경받을 만한 행동을 보여 주면 주말에 그녀를 집에 데리고 갈 생각이 있는지 물어보았다. 이를 위해 가족들은 Annie가 집에서도 그룹홈에서와 같은 행동 전략(정적 강화와 타임아웃)을 지켜야 한다는 데에 동의해야 했다. Annie의 가족은 이 같은 접근이 그녀가 추구해야 할 적절한 목표라는 점에 동의했고, 이 같은 시도가 자기 통제를 증가시키고 충동적 기질을 감소시켜 주기를 희망하였다.

그룹홈 직원들은 이러한 생각을 Annie와도 의논했는데, Annie는 주말을 가족들과 지낼 수 있다는 말에 매우 흥분하였다. Annie는 그룹홈에서 살게 된 이래 처음으로 괄목할 정도의 개선된 모습을 보여 주었고, 그 결과 직원들은 주말 동안 가정 방문이라는 생각을 실행에 옮기기로 결정하였다. 처음에는 Annie가 2주 연속 존중받을 만한 행동을 하는 데 거의 두 달이 걸렸다. 하지만 그룹홈에서 사는 시간이 길어짐에 따라 그녀의 부적절한 행동 빈도는 점차 감소하였다. 마침내 Annie는 정기적으로 한 달에 두 번 주말에 집에 갈 수 있게 되었다.

# 7. 연구 성과

행동 치료는 오랜 기간에 걸쳐 심리치료의 주요 형식으로 나름의 지위를 굳혀 왔으며, 행동 기법은 광범위한 심리 및 재활 관련 문제 대처에 활용되어 왔다(Wilson, 1995). Smith, Glass 그리고 Miller(1980)는 그들의 고전적 메타 분석을 통해 정신장애인 내담자를 대상으로 한 행동 치료와 인지 행동 치료의 개입에 관한 100여 편의 통제된 연구를 검토했다. 연구 결과, 행동 치료와 인지 행동 치료 모두 평균 효과 크기 범위가 .73에서 1.13으로 나타나 이들 두 접근이 위약 처치보다 효능 면에서 뛰어났던 것으로 판명되었다. 행동 치료에 관한 또 다른 메타 분석은 1977년부터 1986년 사이에 발표된 69편의 연구를 평가했다 (Bowers & Chum, 1988). Bowers와 Chum은 행동 치료의 효과가 불특정(nonspecific) 처치 효과의 두 배에 달했다고 밝혔다. 다른 초기 메타 분석 연구와 체계적 문헌 검토 연구 또한 광장공포증(예: Trull, Nietzel, & Main, 1988)과 강박장애(OCD; 예: Stanley & Turner, 1996; van Balkom et al., 1994) 등 특정 정신장애에 대한 행동 치료의 효과를 뒷받침했다. 강박장애의 치료 결과 연구의 경우, Stanley와 Turner는 행동 치료에 참여한 강박장애인 중 약 63%가 긍정적 혜택을 얻는 경향이 있다고 보고하였다.

세월이 경과함에 따라, 행동 치료 방법은 우울증(예: Dobson, 1989; Ekers, Richards, & Gilbody 2007; Gloaguen et al., 1998), 통증(Morley, Eccleston, & Williams, 1999), 불면증(예: Morin, Culbert, & Schwartz, 1994; Murtagh & Greenwood, 1995), 약물 남용(예: Dutra et al., 2008; Griffith, Rowan-Szal, Roark, & Simpson, 2000; Prendergast, Podus, Finney, Greenwell, & Roll, 2006) 등 여러 가지 건강 관련 문제 치료에 성공적으로 적용되었다. 우울증과 같은 건강 문제 치료에 있어 행동 치료가 인지 행동 치료에 준하는 효과를 보인다는 사실이 거듭 입증되었지만, 행동 치료는 재활 또는 의료 현장에서 통상적인 표준 치료로 추천되지는 않고 있다. 최신 연구들은 우울증 환자의 경우 오로지 행동 전략만으로도 포괄적 인지 행동 치료에 견주어 손색없는 영구적 치료 변화를 촉진한다는 사실을 제안하였다(Gortner, Gollan, Dobson, & Jacobson, 1998; Jacobson et al., 1996).

이러한 연구 결과는 주요 우울증 성인 치료에 관한 최근의 무작위 실험 연구를 통해 확장되었다(Dimidjian et al., 2006). 연구 결과, 행동 활성화 전략은 중증 우울증 환자에게 항우울증 치료제와 비슷한 정도의 효과를 보였는데, 행동 활성화 전략과 약물 치료 모두 인지 요법에 비해 훨씬 더 많은 이점을 가져다준다는 점을 입증하였다. 따라서 목표 설정, 자기 점검, 활동 계획 수립, 문제 해결 등과 같은 단도직입적 행동 전략을 통한 내담자 지원은 매우 가치 있는 시도라고 볼 수 있다. 종합하건대, 이러한 연구 결과들은 행동 치료 접근에 관한 임상적 관심을 재차 불러일으키는 데에 일조하였다(Ekers, Richards, & Gilbody, 2007).

행동 기법의 성공적 적용은 이제 의학, 교육, 재활을 포함한 다양한 분야에서 주목받기에 이르렀다. 재활 분야에 대해서는 다음에서 발달장애와 외상성 뇌손상을 중심으로 행동 치료 적용 프로그램의 성과에 관해 설명하고자 한다. 한편, 행동 치료는 정신질환(Corrigan et al., 1997), 조현병(Mueser, 1993), 만성 통증(McCracken, 1997; Slater et al., 1997) 등 다양한 유형의 장애인들에게 효과적으로 적용되고 있다.

## 1) 발달장애

현재까지, 임상 전문가들 사이에서 행동 치료는 발달장애 아동과 성인의 부적응 행동 치료에 유용하다고 인정받아 왔다. 행동 치료의 효과를 입증하는 메타 분석 연구 결과 역시 증가 추세에 있다. 예를 들어, Harvey, Boer, Meyer 그리고 Evans(2009)는 아동에 관한 다양한 행동 개입 연구 자료를 사용하여 메타 분석을 수행하였다. 연구진은 유의한 결과를 보고하였는데, 평균 효과 크기는 .24에서 .57에 이르렀다. 특히 기술 대체, 체계 변경과 결합된 결과 조작, 전통적인 선행 사건 개입이 가장 긍정적 결과를 산출하였다. 그러나 개별적 행동 치료 유형에 대한 임상적 효과 조사에서는 이용 가능한 증거가 부족한 것으로 나타났다. 다양한 임상 실험과 단일 대상 연구가 특정 유형의 행동 개입의 유용성을 평가해 왔지만, 이들 연구 대부분이 방법론적 한계를 지니고 있다(Virués-Ortega, 2010).

최근, Virués-Ortega(2010)는 상당히 엄격한 연구 방법을 사용하여 자폐성 장애 아동에 대한 ABA(응용 행동 분석) 개입의 장기적 효과 분석을 시도하였다. 연구 결과는 포괄적 ABA 개입이 지적 기능, 언어 발달, 일상생활 기술 습득, 사회적 기능 등에서 중간 혹은 높은 수준의 효과를 촉진시켰음을 보여 주었다. 보다 구체적으로, 자폐성 장애 아동은 수용 및 표현 언어 등 언어 관련 성과 영역에서 탁월한 효과를 보였는데, 효과 크기가 1.50에 근접하였다. 최근 수행된 체계적 문헌 연구(Spreckley & Boyd, 2009)는 미취학 자폐 스펙트럼 장애 아동을 대상으로 응용 행동 개입이라고 부르는 ABA 파생 모델의 효과를 검증한 여섯 개의 무작위 비교 집단 실험의 효과를 조사하였다. 연구 결과, 분석에 사용된 연구에서 도출된 증거가 응용 행동 개입의 효과를 지지할 만큼 충분치 못한 것으로 나타났다.

한편, 높은 인기를 구가하는 행동 치료 유형 중 하나인 조기 집중 행동 개입(early intensive behavior intervention: EIBI)의 효과에 관한 증거를 제공하려는 연구가 증가하고 있다(Eikeseth, 2009). 최근의 한 메타 분석(Reichow, 2012) 연구는 자폐 스펙트럼 장애 아동을 대상으로 제공된 EIBI의 효과를 다룬 5편의 기존 메타 분석 자료를 검토하였다. IQ 점수와 적응 행동 측정 모두에 대해, 결합된 메타 분석 결과는 각각 g=.38~1.19와 g=.30~1.09 범위의 평균 효과 크기가 있음을 보여 주었다. 나아가, 5편의 메타 분석 중 4편은 EIBI가 자폐 스펙트럼 장애 아동을 위한 효과적인 개입 모델이라고 결론지었다. 그러나 다수의 체계적 문헌 연구들은 EIBI가 일반적으로 자폐성 장애 아동에게 상당히 긍정적 결과를 가져다주었지만, 치료 반응에 있어서는 커다란 개인차가 존재하며 대부분의 아동들이 지속적인 전문 서비스를 필요로 한다고 결론지었다(Eikeseth, 2009; Howlin, Magiati, & Charman, 2009; Matson & Smith, 2008; Rogers & Vismara, 2008).

## 2) 외상성 뇌손상

20여 종 이상의 동료 심사 학술지에 후천성 뇌손상 장애인에게 행동 개입을 적용한 재활 연구 논문이 발표되었지만, 이 주제를 다룬 논문 발표 편수는 지난 수십 년에 걸쳐 낮은 수준으로 유지되어 왔다(Heinike & Carr, 2014). Gurdin, Huber 그리고 Cochran(2005)은 20편의 연구에 나타난 행동 개입의 효과를 평가한 후, 다양한 치료 환경에 걸쳐 뇌손상 장애 아동과 청소년의 문제 행동 감소나 적응 능력 향상을 위한 행동 개입 사용을 지지하는 결과를 보고하였다. 나아가, Ylvisaker 등(2007)은 외상성 뇌손상 발생 이후 행동장애 아동과 성인을 대상으로 65건의 행동 개입 실험(전통적 유관 관리, 긍정적 행동 개입과 지원, 이 둘의 조합)의 효과를 검토했다. 저자들은 각 연구에서 적어도 하나 이상의 표적 행동이 향상되었으며, 대부분의 문제 행동 감소 절차가 중요한 사회적 결과로 이어졌다고 지적하였다. Ylvisaker 등은 유관 관리 절차 또는 긍정적 행동 지원은 증거 기반 치료의 옵션으로 간주되어야 한다고 결론지었다.

마지막으로, Cattelani, Zettin 그리고 Zoccolotti(2010)는 ABA와 다른 행동 치료 옵션(행동 분석, 인지 행동, 종합적인 전체적 재활 접근)의 효과 조사를 통해 Ylvisaker 등(2007)의 문헌 검토 연구를 확장하였다. 저자들은 종합적인 전체적 재활 개입이 표준 치료로 실행되어야 한다고 결정한 반면, ABA와 인지 행동 치료는 후천적 뇌손상 발병 후 심리사회적 문제와 행동 문제를 보이는 성인에게만 증거 기반 치료 옵션으로 고려되어야 한다고 주장하였다.

보다 최근에, Heinike와 Carr(2014)는 뇌손상 관련 연구 검토 후, "행동 치료에서 사용하는 강화와 선행 사건 치료 기법은 기술 습득 개입 방안으로 굳건히 자리잡은 것으로 보이며, 자기 관리 기법은 뛰어난 효능을 보일 가능성이 높다."고 결론지었다. 나아가, 그들은 뇌손상 장애인에 대한 행동 감소 개입으로서 차등 강화, 선행 사건 개입, 처벌 등은 확고한 지위를 구축하였으며, 자기 관리와 소거 기법 역시 문제 행동 감소에 효능을 보일 확률이 높다고 결론지었다. 하지만 뇌손상 장애인 모집단을 대상으로 행동 치료를 적용한 임상 연구의 효과 크기가 매우 컸음에도 불구하고, 뇌손상 장애인에게 적용된 행동 개입 중 증거 기반 치료 방법으로 간주되는 것은 찾아보기 어렵다.

현존하는 재활 문헌을 살펴보면, 다른 행동 문제에 관한 행동 치료 적용을 다룬 연구는 제한적이었다. 그럼에도 최근 수행된 메타 분석(McGuire et al., 2014)은 뚜렛 증후군 환자와 만성 틱 장애인을 대상으로 포괄적인 행동 개입 및 습관 반전 훈련을 적용한 8편의 무작위 비교 집단 실험 연구 데이터를 검토하였다. 분석 결과, 행동 치료는 비교 집단으로 제시된 항정신병 약물 실험 메타 분석에 의한 치료 효과와 유사한 중간에서 상위 수준의 효과 크기를 가져다주었다. 중재 요인 분석 결과, 치료를 위한 접촉 빈도가 높고 주의력 결핍 과잉 행동 장애(ADHD) 동시 발생 빈도가 낮은 고령층 참가자에게서 더 큰 치료 효과가 관찰되었다. 나아가, 최근의 체계적 문헌 검토(Nye et al., 2013)는 말더듬 장애 아동의 치료를 다룬 8편의 실험 및 준실험 행동 개입 연구의 유용성을 평가했다. 연구 결과, 실험 집단이 비치료 대조 집단에 비해 약 1단위 표준편차 수준에서 통계적으로 유의한 긍정적 효과를 보였지만, 두 가지 적극적 행동 처치를 비교한 연구에서는 유의한 차이를 발견하지 못하였다.

요약하면, 행동 치료의 효과에 관한 그간의 연구 결과는 행동 치료가 최소한 다른 심리사회적 개입(예: Ekers, Richards, & Gilbody 2007)과 대등한 효과를 보이며, 우울 문제(예: Ekers et al., 2007), 통증(Morley et al., 1999), 불면증(예: Smith et al., 2002), 약물 남용(예: Dutra et al., 2008) 등의 건강 문제 치료에 특히 효과적이었다고 지적했다. 나아가, 예비적 성격의 경험적 연구들은 행동 치료가 발달장애 성인과 아동(예: Eikeseth, 2009), 외상성 뇌손상 환자(Heinicke & Carr, 2014) 등의 치료에 유용하다는 사실을 보여 주었다. 아직 이르긴 하지만, 행동 활성화 전략이 심각한 우울증을 호소하는 성인에게 인지 치료에 비해 더 유익할 수 있음을 보여 주는 희망적인 연구 결과도 보고된 바 있다(Dimidjian et al., 2006). 행동 전략이 기저에 깔린 인지 기제를 통해 작동하며 지속적 효과 산출로 이어질 수 있다는 점에서, 미래의 실증 연구는 장기간 지속되는 행동 변화 과정 탐구에 초점을 맞추어야 한다(Bandura, 1977).

## 집단 토의 과제

1. 인간 본성에 있어 개인차에 관한 행동주의 이론의 설명을 기술하라.

2. 행동주의 관점에서 볼 때, 선행 사건, 행동, 강화제는 어떻게 상호 연관되어 있는가?

3. 장애인의 부적응 행동을 효과적으로 감소시키기 위한 조작적 조건 형성 전략에는 어떤 것들이 있는가?

4. 체계적 둔감화를 시행할 때 일반화의 촉진을 위해 취할 수 있는 방법은 무엇인가? 불안 증상 재발 방지에 도움이 될 만한 방법은 무엇인가?

5. 이 장의 시작 부분에서 우리는 전통적인 행동 치료 접근과 인지 행동 치료 간의 관계를 언급했다. 인지 행동 치료와 대비되는 전통적 행동 치료(고전적 조건 형성 접근법 등)의 특징을 식별하여 설명하라.

6. 행동 치료는 누구에게나 적용이 가능하다고 간주되는 바, 문화적 다양성을 고려할 필요가 있다고 생각하는가? 당신의 견해와 그것을 뒷받침하는 논거를 제시하라.

## 참고문헌

Antony, M. M., & Roemer, L. (2011). *Behavior therapy.* Washington, DC: American Psychological Association.

Ayllon, T., & Azrin, N. H. (1968). *The token economy.* New York, NY: Appleton-Century-Crofts.

Azrin, N. H., & Foxx, R. (1971). A rapid method of toilet training the institutionalized retarded. *Journal of Applied Behavior Analysis, 4,* 89-99.

Bandura, A. (1977). Self-effi cacy: Toward a unifying theory of behavioral change. *Psychological Review, 84,* 191-215.

Bourbeau, P. E., Sowers, J. A., & Close, D. W. (1986). An experimental analysis of generalization of banking skills from classroom to bank settings in the community. *Education and Training of the Mentally Retarded, 21,* 98-107.

Bowers, T. G., & Clum, G. A. (1988). Relative contribution of specifi c and non-specific treatment effects: Meta-analysis of placebo-controlled behavior therapy research. *Psychological Bulletin, 103,* 315-323.

Cattelani, R., Zettin, M., & Zoccolotti, P. (2010). Rehabilitation treatments for adults with behavioral and psychosocial disorders following acquired brain injury: A systematic review. *Neuropsychology Review, 20,* 52-85.

Corey, G. (1991). *Theory and practice of counseling and psychotherapy* (4th ed.). Pacific Grove, CA: Brooks/Cole.

Cormier, W. H., & Cormier, L. S. (1985). *Interviewing strategies for helpers: Fundamental skills and cognitive behavioral interventions* (2nd ed.). Pacific Grove, CA: Brooks/Cole.

Corrigan, P. W., & Liberman, R. P. (1994). Overview of behavior therapy in psychiatric hospitals. In P. W. Corrigan & R. P. Liberman (Eds.), *Behavior therapy in psychiatric hospitals* (pp. 1-38). New York, NY: Springer Publishing Company.

Corrigan, P. W., McCracken, S. G., Edwards, M., Kommana, S., & Simpatico, T. (1997). Staff training to improve implementation and impact of behavioral rehabilitation programs. *Psychiatric Services, 48*(10), 1336-1338.

Craighead, L. W., Craighead, W. E., Kazdin, A. E., & Mahoney, M. J. (1994). *Cognitive and behavioral interventions: An empirical approach to mental health problems.* Needham Heights, MA: Allyn & Bacon.

Danford, D. E., & Huber, A. M. (1982). Pica among mentally retarded adults. *American Journal on Mental Deficiency, 87,* 141-146.

Didden, R., Curfs, L. M. G., Sikkema, S. P. E., & de Moor, J. (1998). Functional assessment and treatment of sleeping problems with developmentally disabled children: Six case studies. *Journal of Behavior Therapy and Experimental Psychiatry, 29,* 85-97.

Dimidjian, S., Hollon, S. D., Dobson, K. S., Schmaling, K. B., Kohlenberg, R. J., Addis, M. E., … Jacobson, N. S. (2006). Randomized trial of behavioral activation, cognitive therapy, and antidepressant medication in the acute treatment of adults with major depression. *Journal of Consulting and Clinical Psychology, 74,* 658-670.

Dixon, M. R., Hayes, L. J., Binder, L. M., Manthey, S., Sigman, C., & Zdanowski, D. M. (1998). Using a self-control training procedure to increase appropriate behavior. *Journal of Applied Behavior Analysis, 31,* 203-210.

Dobson, K. S. (1989). A meta-analysis of the efficacy of cognitive therapy for depression. *Journal of Consulting and Clinical Psychology, 57,* 414-419.

Dutra, L., Stathopoulou, G., Basden, S., Leyro, T., Powers, M., & Otto, M. (2008). A meta-analytic review of psychosocial interventions for substance use disorders. *American Journal of Psychiatry, 165,* 179-187.

Eames, P., & Wood, R. (1985). Rehabilitation after severe brain injury: A follow-up study of a behavior modification approach. *Journal of Neurology, Neurosurgery, and Psychiatry, 48,* 613-619.

Eikeseth, S. (2009). Outcome of comprehensive psycho-educational interventions for young children with autism. *Research in Developmental Disabilities, 30*, 158-178.

Ekers, D., Richards, D., & Gilbody, S. (2008). A meta-analysis of randomized trials of behavioral treatment of depression. *Psychological Medicine, 38*, 611-623.

Emmelkamp, P. M. (1994). Behavior therapy with adults. In A. E. Bergin & S. L. Garfield (Eds.), *Handbook of psychotherapy and behavior change* (4th ed., pp. 379-427). New York, NY: Wiley.

Fisher, W. W., Piazza, C. C., Bowman, L. G., Kurtz, P. F., Sherer, M. R., & Lachman, S. R. (1994). A preliminary evaluation of empirically derived consequences for the treatment of pica. *Journal of Applied Behavior Analysis, 26*, 23-36.

Giles, G. M., Ridley, J. E., Dill, A., & Frye, S. (1997). A consecutive series of adults with brain injury treated with a washing and dressing retraining program. *American Journal of Occupational Therapy, 51*, 256-266.

Gilliland, B. E., James, R. K., & Bowman, J. T. (1994). *Theories and strategies in counseling and psychotherapy* (3rd ed.). Boston, MA: Allyn & Bacon.

Gloaguen, V., Cottraux, J., Curcherat, M., & Blackburn, I. (1998). A meta-analysis of the effect of cognitive therapy in depressed patients. *Journal of Affective Disorders, 49*, 59-72.

Gortner, E. T., Gollan, J. K., Dobson, K. S., & Jacobson, N. S. (1998). Cognitive-behavioral treatment for depression: Relapse prevention. *Journal of Consulting and Clinical Psychology, 66*, 377-384.

Griffith, J. D., Rowan-Szal, G. A., Roark, R. R., & Simpson, D. D. (2000). Contingency management in outpatient methadone treatment: A meta-analysis. *Drug and Alcohol Dependence, 58*, 55-66.

Griffiths, D., Feldman, M. A., & Tough, S. (1997). Programming generalization of social skills in adults with developmental disabilities: Effects on generalization and social validity. *Behavior Therapy, 28*, 253-269.

Gurdin, L. S., Huber, S. A., & Cochran, C. R. (2005). A critical analysis of data-based studies examining behavioral interventions with children and adolescents with brain injuries. *Behavioral Interventions, 20*, 3-16.

Hagopian, L. P., Fisher, W. W., Sullivan, M. T., Acquisto, J., & LeBlanc, L. A. (1998). Effectiveness of functional communication training with and without extinction and punishment: A summary of 21 inpatient cases. *Journal of Applied Behavior Analysis, 31*, 211-235.

Harvey, S. T., Boer, D., Meyer, L. H., & Evans, I. M. (2009). Updating a meta-analysis of intervention research with challenging behavior: Treatment validity and standards of practice. *Journal of Intellectual and Developmental Disability, 34*, 67-80.

Heinicke, M. R., & Carr, J. E. (2014). Applied behavior analysis in acquired brain injury rehabilitation: A meta-analysis of single-case design interventions research. *Behavioral Interventions, 29,* 77-105.

Horton, A. M., & Barrett, D. (1988). Neuropsychological assessment and behavior therapy: New directions in head trauma rehabilitation. *Journal of Head Trauma Rehabilitation, 3,* 57-64.

Howlin, P., Magiati, I., & Charman, T. (2009). Systematic review of early intensive behavioral interventions for children with autism. *American Journal on Intellectual and Developmental Disabilities, 114,* 23-41.

Jacobson, N. S., Dobson, K. S., Truax, P. A., Addis, M. E., Koerner, K., . . . Prince, S. E. (1996). A component analysis of cognitive-behavioral treatment for depression. *Journal of Consulting and Clinical Psychology, 64,* 295-304.

Kazdin, A. E. (1994). *Behavior modification in applied settings* (5th ed.). Pacific Grove, CA: Brooks/Cole.

Kiernan, C. (1975). Behaviour modification. In D. Bannister (Ed.), *Issues and approaches in the psychological therapies* (pp. 241-260). New York, NY: Wiley.

Kuehnel, J. M., & Liberman, R. P. (1986). Behavior modification. In I. L. Kutash & A. Wolf (Eds.), *Psychotherapist's casebook* (pp. 240-262). San Francisco, CA: Jossey-Bass.

Lancioni, G. E., Van Houten, K., & Ten Hoopen, G. (1997). Reducing excessive vocal loudness in persons with mental retardation through the use of a portable auditory feedback device. *Journal of Behavior Therapy and Experimental Psychiatry, 28,* 123-128.

Lennox, D. B., Miltenberger, R. G., Sprengler, P., & Erfanian, N. (1988). Decelerative treatment practices with persons who have mental retardation: A review of five years of the literature. *American Journal on Mental Retardation, 92,* 492-501.

Lewis, F. D., & Bitter, C. J. (1991). Applied behavior analysis and work adjustment training. In B. T. McMahon (Ed.), *Work worth doing: Advances in brain injury* (pp. 137-165). Boca Raton, FL: CRC Press-St. Lucie Press.

Madle, R. A., & Neisworth, J. T. (1990). Mental retardation. In A. S. Bellack & M. Hersen (Eds.), *International handbook of behavior modification and therapy* (2nd ed., pp. 731-762). New York, NY: Plenum.

Marr, J. N. (1982). Behavioral analysis of work problems. In B. Bolton (Ed.), *Vocational adjustment of disabled persons* (pp. 127-147). Baltimore, MD: University Park Press.

Marzillier, J. S., Lambert, C., & Kellett, J. (1976). A controlled evaluation of systematic desensitization and social skills training for socially inadequate psychiatric patients. *Behavior Research and Therapy, 14,* 225-228.

Matson, J. L., & Smith, K. R. (2008). Current status of intensive behavioral interventions for young children with autism and PDD-NOS. *Research in Autism Spectrum Disorders, 2*, 60-74.

McCracken, L. M. (1997). "Attention" to pain in persons with chronic pain: A behavioral approach. *Behavior Therapy, 28*, 271-284.

McGuire, J. F., Piacentini, J., Brennan, E. A., Lewin, A. B., Murphy, T. K., Small, B. J., & Storch, E. A. (2014). A meta-analysis of behavior therapy for Tourette syndrome. *Journal of Psychiatric Research, 50*, 106-112.

Morin, C. M., Culbert, J. P., & Schwartz, S. M. (1994). Nonpharmacological interventions for insomnia. *American Journal of Psychiatry, 151*, 1172-1180.

Morley, S., Eccleston, C., & Williams, A. (1999). Systematic review and meta-analysis of randomized controlled trials of cognitive behavior therapy and behavior therapy for chronic pain in adults, excluding headache. *Pain, 80*, 1-13.

Mueser, K. T. (1993). Schizophrenia. In A. S. Bellack & M. Hersen (Eds.), *Handbook of behavior therapy in the psychiatric setting* (pp. 269-292). New York, NY: Plenum.

Murtagh, D. R., & Greenwood, K. M. (1995). Identifying effective psychological treatments for insomnia: A meta-analysis. *Journal of Consulting and Clinical Psychology, 63*, 79-89.

Nye, C., Vanryckeghem, M., Schwartz, J. B., Herder, C., Turner, H. M., & Howard, C. (2013). Behavioral stuttering interventions for children and adolescents: A systematic review and meta-analysis. *Journal of Speech, Language, and Hearing Research, 56*, 921-932.

Paisey, T. J. H., & Whitney, R. B. (1989). A long-term case study of analysis, response suppression, and treatment maintenance involving life-threatening pica. *Behavioral Residential Treatment, 4*, 191-211.

Papajohn, J. C. (1982). *Intensive behavior therapy: The behavioral treatment of complex emotional disorders*. New York, NY: Pergamon.

Pavlov, I. P. (1927). *Conditioned reflexes: An investigation of the physiological activity of the cerebral cortex* (G. V. Anrep, Trans. & Ed.). London, UK: Oxford University Press.

Peine, H. A., Darvish, R., Blakelock, H., Osborne, J. G., & Jenson, W. R. (1998). Non-aversive reduction of cigarette smoking in two adult men in a residential setting. *Journal of Behavior Therapy and Experimental Psychiatry, 29*, 55-65.

Piazza, C. C., Fisher, W. W., Hanley, G. P., LeBlanc, L. A., Worsdell, A. S., Lindauer, S. E., & Keeney, K. M. (1998). Treatment of pica through multiple analyses of its reinforcing functions. *Journal of Applied Behavior Analysis, 31*, 165-189.

Prendergast, M., Podus, D., Finney, J., Greenwell, L., & Roll, J. (2006). Contingency management for treatment of substance use disorders: A meta-analysis. *Addiction, 101*, 1546-1560.

Reichow, B. (2012). Overview of meta-analyses on early intensive behavioral intervention for young children with autism spectrum disorders. *Journal of Autism and Developmental Disorders, 42*, 512-520.

Rogers, S. J., & Vismara, L. A. (2008). Evidence-based comprehensive treatments for early autism. *Journal of Clinical Child & Adolescent Psychology, 37*, 8-38.

Rotgers, F. (1996). Behavioral therapy of substance abuse treatment: Bringing science to bear on practice. In F. Rotgers, D. S. Keller, & J. Morgenstern (Eds.), *Treating substance abuse: Theory and technique* (pp. 174-201). New York, NY: Guilford.

Schloss, P. J., & Smith, M. A. (1994). *Applied behavior analysis in the classroom.* Boston, MA: Allyn & Bacon.

Schweitzer, J. B., & Sulzer-Azaroff, B. (1988). Self-control: Teaching tolerance for delay in impulsive children. *Journal of the Experimental Analysis of Behavior, 50*, 173-186.

Slater, M. A., Doctor, J. N., Pruitt, S. D., & Atkinson, J. H. (1997). The clinical significance of behavioral treatment for chronic low back pain: An evaluation of effectiveness. *Pain, 71*, 257-263.

Smith, M. L., Glass, G. V., & Miller, T. I. (1980). *The benefits of psychotherapy.* Baltimore, MA: Johns Hopkins University Press.

Smith, M. T., Perlis, M. L., Park, A., Smith, M. S., Pennington, J., Giles, D. E., & Buysse, D. J. (2002). Comparative meta-analysis of pharmacotherapy and behavior therapy for persistent insomnia. *American Journal of Psychiatry, 159*, 5-11.

Spreckley, M., & Boyd, R. (2009). Effi cacy of applied behavioral intervention in preschool children with autism for improving cognitive, language, and adaptive behavior: A systematic review and meta-analysis. *Journal of Pediatrics, 154*, 338-344.

Stanley, M. A., & Turner, S. M. (1996). Current status of pharmacological and behavioral treatment of obsessive-compulsive disorder. *Behavior Therapy, 26*, 163-186.

Thieme, K., & Turk, D. C. (2012). Cognitive-behavioral and operant-behavioral therapy for people with fibromyalgia. *Reumatismo, 64,* 275-285.

Trull, T. J., Nietzel, M. T., & Main, A. (1988). The use of meta-analysis to assess the clinical signifi -cance of behavior therapy for agoraphobia. *Behavior Therapy, 19*, 527-538.

van Balkom, A. J., van Oppen, P., Vermeulen, A. W., van Dyck, R., Nauta, M. C., & Vorst, H. (1994). A meta-analysis on the treatment of obsessive-compulsive disorder: A comparison of antidepressants, behavior, and cognitive therapy. *Clinical Psychology Review, 14*, 359-381.

Virués-Ortega, J. (2010). Applied behavior analytic intervention for autism in early childhood: Meta-analysis, meta-regression and dose-response meta-analysis of multiple outcomes.

*Clinical Psychology Review, 30*, 387–399.

Walker, D., Greenwood, C. R., & Terry, B. (1994). Management of classroom disruptive behavior and academic performance problems. In L. W. Craighead, W. E. Craighead, A. E. Kazdin, & M. J. Mahoney (Eds.), *Cognitive and behavioral interventions: An empirical approach to mental health problems* (pp. 215–234). Boston, MA: Allyn & Bacon.

Williams, G. E., & Cuvo, A. J. (1986). Training apartment upkeep skills to rehabilitation clients: A comparison of task analytic strategies. *Journal of Applied Behavior Analysis, 19*, 39–51.

Wilson, G. T. (1995). Behavior therapy. In R. J. Corsini & D. Wedding (Eds.), *Current psychotherapies* (5th ed., pp. 197–228). Itasca, IL: Peacock.

Ylvisaker, M., Turkstra, L., Coehlo, C., Yorkston, K., Kennedy, M., Sohlberg, M. M., & Avery, J. (2007). Behavioral interventions for children and adults with behavior disorders after TBI: A systematic review of the evidence. *Brain Injury, 21*, 769–805.

# 제8장

# 특성 요인 이론과 상담 과정

John F. Kosciulek, Brian N. Phillips, and Michelle C. Lizotte

## 학습목표

이 장에서는 특성 요인 이론의 역사적 변천 과정과 핵심 개념에 관한 정의를 소개한 다음, 특성 요인 이론 기반 상담 과정과 이론적 가정을 소개하고자 한다. 또한 특성 요인 이론의 임상적 효과를 뒷받침하는 실증적 증거와 후속 연구가 필요한 영역을 제시할 것이다. 아울러, 특성 요인 이론이 재활 현장에서 실제로 적용된 구체적 사례를 제시할 것이다. 이 같은 목적을 달성하기 위해 다음과 같은 학습 목표를 설정하였다.

① 특성 요인 이론의 발전에 영향을 미친 중요한 역사적 사건을 살펴본다.
② 현명한 직업 선택에 커다란 영향을 미친다고 여겨지는 일반적 요인 세 가지를 알아본다.
③ 특성 요인 이론이 인간 환경 이론으로 진화해 가는 과정을 알아본다.
④ 재활상담 현장에서의 특성 요인 이론 적용에 필요한 조건을 이해한다.

## 1. 역사

특성 요인 이론은 인간은 서로 다른 특성을 지니고 있고, 모든 직업은 개인이 지닌 구체적 특성 사이의 조합을 필요로 하며, 효과적 진로 상담을 위해서는 개인의 특성과 특정 직업 수행에 필요한 요인 사이의 연계가 필수적이라는 가정에 기초하고 있다(Parsons, 1909). 장애인 내담자의 고용 지원에 효과를 보이는 것으로 판명된 이래(Dawis & Lofquist, 1984; Szymanski & Hershenson, 1998), 특성 요인 상담 이론은 재활상담 현장에서 널리 활용되고 있다(Kosciulek, 1993; Lynch & Maki, 1981; Schmitt & Growick, 1985; Thomas, Thoreson, Butler, & Parker, 1992).

특성 요인 이론의 기원은 인간의 직업 선택은 개인, 직업 환경, 그리고 이들 두 요인 간의 관계에 대한 이해가 필요하다는 Parsons(1909)의 주장까지 거슬러 올라간다. Parsons는 최초로 현대적 의미의 직업상담 이론을 개발하였다. 그에 따르면, 인간은 서로 다른 특성을 지니고 있으며, 모든 직업은 인간이 지닌 구체적 특성 간의 조합을 필요로 하므로, 효과적 진로 상담을 위해서는 내담자의 특성과 특정 직업 수행에 필요한 요인 사이의 연계가 필수적이라고 주장하였다. Parsons는 진로 지도의 목적을 개인의 특성과 특정 직업 수행에 필요한 요인 간의 연계라고 주장하였다. Parsons는 내담자에게는 본인 스스로의 장단점을 포함한 개인적 속성과 특정 직업에서의 성공을 위한 조건에 관한 철저하고 포괄적 이해가 필수적이라고 주장하였다. 그는 20세기 초반 미국 사회를 뒤흔든 극적인 사회, 정치, 경제적 격변에 대응하기 위해 이 같은 이론을 창안하였다. 특성 요인 상담은 직업 선택과 장애 적응 문제로 인해 어려움을 겪는 장애 청년들에게 실제적 도움을 제공한다(Swanson, 1996). Parsons의 주장은 특성 요인 이론에 관한 지속적인 연구와 상담 기법 개발을 위한 기폭제가 되었다(Kosciulek, 1993).

Parsons의 이론은 그의 사후에도 미네소타 대학교 소재 미네소타 고용 안정 연구소(Minnesota Employment Stability Research Institute) 소속의 여러 연구자의 노력을 통해 지속적으로 가다듬어지고 확장되었다. 미네소타 그룹 소속 연구자들은 차이 심리학에서 영감을 얻어 각종 심리검사와 심리 측정 도구를 개발하였다. 이들이 개발한 각종 검사 도구는 진로 상담사와 여러 유형의 내담자에게 효과적 진로 결정에 필요한 개인 능력 분석 도구를 제공하였다. 미네소타 그룹이 개발한 검사 도구는 대공황 기간 동안 실직자들의 직업능력 평가에 활용되었으며, 제2차 세계대전 기간에는 군의 인력 분류와 배치에 이용되었다. 오늘날, 진로 상담에 활용되는 대다수 직업 적성 검사 도구와 직업 정보 시스템(예: Minnesota Importance Questionnaire)은 미네소타 그룹 소속 연구자들이 수행한 작업의 직접적 산물이라 할 수 있다(Chartrand, 1991). 한편, 미네소타 그룹의 일원이었던 E. G. Williamson은 미네소타 이론(Minnesota point of view)을 대표하는 주요 학자로 부상하였는데, 이로 인해 미네소타 이론은 통상적으로 특성 요인 상담과 동일한 용어로 간주되고 있다.

특성 요인 이론은 1950년대 인간 중심 이론이 등장하기 전까지만 해도 진로 상담 분야에서 독보적 지위를 차지하였다(이 책의 제2장 참조). 1942년, Rogers가 출간한 『상담과 심리치료(Counseling and Psychotherapy)』에 최초로 소개된 인간 중심 이론은 특성 요인 상담은 물론, 진로 상담 자체의 전반적 퇴조를 초래하였다(Crites, 1981). Chartrand(1991)에 따르면, 발달 이론과 사회 학습 이론의 성장과 학문적 정교화 과정 또한 진로 상담 분야에서 독자적 위치를 차지하던 특성 요인 이론의 쇠퇴에 영향을 미쳤다.

## 1) 특성 요인 이론의 발전

치료적 변화를 이끌어 내는 수단으로서의 상담사와 내담자 간의 관계는 인간 중심 이론에 대한 선호 확산에 힘입어 차지하는 역할 비중이 확대되기 시작하였다. 이 같은 추세에 따라, 상담사가 누리던 전문가로서의 역할 또한 그 비중이 점차 감소하였다. 또한 특성 요인 이론은 지나치게 지시적이라는 인식과 비판에 직면하였다(Swanson, 1996). 나아가, 특성 요인 이론은 다양한 진로 관련 문제를 지닌 내담자 상담 과정에서 나타나는 복합적 요인을 지나치게 단순화하고, 상담사가 내담자의 욕구에 대응하여 필요한 서비스를 제공하지 못한다는 비판을 받았다(Krumboltz, 1994). 또한 Crites(1981)는 특성 요인 상담이 진로 선택 과정에서의 미결정(indecisiveness)과 비현실적 현실 인식(unrealism)으로 이어지는 의사결정의 심리학적 현실(psychological realities)을 간과한다고 논박하였다. 그는 특성 요인 이론의 성격에 대해 '세 번의 면담과 먼지구름'이라고 비아냥대곤 하였다.

그러나 약 20여 년간의 침체기를 지난 시점에서 Rounds와 Tracey(1990)는 특성 요인 이론에 대한 사망 선고는 지나치게 성급한 결론이었다고 주장하였다. 상당수의 저명한 연구자들이 Williamson(1965, 1972)의 연구에 대한 재조명 과정에서 그의 저작을 잘못 해석했으며, 관련 문헌을 충분히 연구하지 않은 상태에서 가설을 수립했다는 사실이 밝혀졌다. Brown(1990)은 Williamson 상담 모델의 단순화된 형태만을 적용한 상담사들은 그의 이론을 제대로 이해하지 못했을 가능성이 높다고 주장하였다. Brown은 나아가, Williamson

사후 수십 년이 지나도록 '특성 지향적' 이론을 대처할 수 있을 만큼 만족스러운 대안적 진로 상담 접근이나 이론은 아직 개발되지 않았다고 지적하였다. Rounds와 Tracey(1990) 역시 Holland(1973, 1985)의 연구와 이론은 인간과 직업 간의 연계를 골자로 하는 Parsons류의 가정을 확장하고 명료화한 것으로서, 이는 보다 유연하고 효율적이며 효과적인 현재의 특성 요인 이론으로 전승되었다고 밝혔다. Rounds와 Tracy는 오늘날 재활 현장에서 제공되는 직업 평가는 역사적으로 특성 요인 이론의 주요 개념과 밀접한 관계를 맺고 있으며, Parsons학파의 가설은 현재까지도 직업 평가 과정에 지속적인 영향력을 미친다고 주장하였다.

Zytowski와 Borgen(1983)은 특성 요인 상담이 Parsons의 발달 모델에서 일치도 모델(congruence model)로 진화해 온 과정을 상세히 기술하였다. 일치도 모델은 개인의 직업 성격과 직업의 특성 및 요구사항 간의 조화를 바탕으로 하는 연계와 선택 과정을 중시한다(Zanskas & Strohmer, 2010). Zytowski와 Borgen이 논의한 바와 같이, 이 모델의 주요 가정은 다음과 같다. ① 직업 적응에 성공한 사람들은 특정한 심리적 특성을 공유한다. ② 인간과 직업 사이에는 측정 가능한 실제적 차이가 존재한다. ③ 진로 상담 성과는 개인과 환경 간의 적합성의 산물이다. ④ 인간과 직업 특성은 장기적 진로 상담 결과 예측을 정당화하기에 충분한 시간과 상황에 대해 일관성을 입증한다.

## 2. 주요 개념

Parsons(1909)는 직업 선택이 고용 획득보다 더 중요하다는 신념을 지니고 있었다. 그는 현명한 직업 선택과 직결된 세 가지 일반 요인이 존재한다고 생각하였다. 첫 번째 요인은 자기 자신, 적성, 흥미, 야망, 자원, 한계에 대한 이해다. 두 번째 요인은 상이한 직업군에서의 성공을 위한 필수 요건 및 조건, 특정 직업의 장단점, 보상, 기회 및 전망에 대한 지식이다. 세 번째 요인은 이 두 가지 요인 사이의 관계를 정확히 추론하는 능력이다.

특성은 요인이라고 부르는 개인이 지닌 일군의 특징으로 통합 가능한 적성과 흥미 등의 범주를 통해 인간 행동을 규정한다. 특성과 이의 측정에 사용되는 평가 도구는 특성 요인 이론의 중요한 일익을 담당하는 첫 번째 구성요소다. 특성 요인 이론을 구성하는 두 번째 요소는 직무 요인 혹은 필수 요건으로서, 이들은 대개 직무 분석을 통해 얻어진다. 다음으로, 개인의 특성과 직무요인 사이의 비교를 통해 이들 간의 잠재적 연계 여부가 결정된다. 특성 요인 이론에서는 먼저 특성과 요인에 대한 정의와 조작화가 이루어진다. 다음으로, 다양한 사람과 직업 환경에 걸쳐 예측 가능한 결과로 이어지는 문제 해결적 연계 방안이 적용된다(Gilliland, James, & Bowman, 1994; McKay, Bright, & Pryor, 2005).

## 1) 기본 가정

Kosciulek(1993)이 지적한 바와 같이, 특성 요인 이론은 인간은 누구나 서로 다른 특성을 지니고 있으며, 직업 또한 특정한 근로자 특징의 조합을 필요로 한다는 가정에 근거하고 있다. 특성 요인 이론에서 말하는 효과적 진로 상담이란 개인의 특성과 특정 직업의 수행에 필요한 요인과의 연계다. 하지만 Parsons(1909)는 그의 이론을 형성해 가는 과정에서 직업 획득보다 진로 선택에 더 큰 비중을 두었다. 환경 요인에 대한 중요성은 특성 요인 이론의 후기 모델(예: Williamson, 1972)이 등장한 다음에야 비로소 주목받기 시작하였다.

특성 요인 상담 접근의 주요 가정을 살펴보면 다음과 같다. ① 모든 사람은 자기에게 걸맞는 직업에 적응할 수 있다. ② 내담자는 시간 낭비와 부적합한 직업 선택이라는 위험을 피하기 위해 진로 지도를 필요로 한다. ③ 적절한 직업 선택은 장기적으로 다양한 영역에 걸쳐 개인적 결정에 영향을 미친다. ④ 진로 결정은 생애 전반에 걸쳐 지속적으로 이루어진다. ⑤ 특성 요인 상담은 살아가는 동안 직면하는 여러 문제에 관한 정보를 제공한다. ⑥ 특별한 경우가 아닌 한, 삶은 예측이 가능하다. ⑦ 특성 요인 이론은 개인의 특성과 직무 간의 여러 가지 유용한 비교 제공과 함께, 행동을 위한 근거를 제공한다. 특성 요인 이론의 또 다른 핵심 가정은 내담자는 대개 개인적 문제를 해결하였거나 이미 자신의 통제 속에 두고 있다는 것이다(Schmitt & Growick, 1985). 그렇지만 직업 적응은 인생 전반에 대한 적응과 밀접한 관계가 있으며, 다수의 사람에게 있어 진로 관련 요인은 인생의 다른 분야에도 영향을 미친다는 사실 또한 널리 받아들여지고 있다(Gilliland et al., 1994).

이들 외의 다른 연구자들(예: Crites, 1981; Klein & Weiner, 1977) 또한 특성 요인 이론의 기본 가정을 검토하였다. 나아가, Brown(1992)과 Kosciulek(1993)은 특성 요인 이론의 기본 가정과 전제를 둘러싼 최근 경향을 다음과 같이 요약·정리하였다.

① 모든 사람은 타당하고 신뢰할 만하며 측정 가능한 일련의 고유한 특성을 지니고 있다.
② 비록 다양한 분야에 걸쳐 나름의 특기를 지닌 사람도 주어진 직업에서의 성공이 가능하기는 하지만, 모든 직업은 종사자에게 성공에 필요한 구체적 특성 구비를 요구한다.

③ 직업 선택은 지극히 단순한 과정으로, 개인의 특성과 직무 특성 간의 연계가 가능하다.
④ 개인의 특성과 직업적 요구사항 간의 일치도가 높을수록 해당 직업에서의 성공 가능
　성(생산성과 만족도) 또한 높아진다.

## 2) 상담 과정

　Williamson(1965, 1972)은 Parsons가 제시한 사람과 직업 환경 간의 연계 개념을 바탕으
로, 체험지향적 상담 과정을 제시하였다. Williamson은 진로 문제 및 개인의 특성과 관련
하여 정확하고 믿을 수 있는 평가의 중요성을 강조하였다. 그는 상담을 자기 이해, 현실적
계획 수립, 의사결정 기술 촉진이라고 생각하였다(Chartrand, 1991).

　Williamson(1972)은 분석, 종합, 진단, 예후, 상담, 사후조치로 이루어진 6단계 상담 과
정을 제시하였다. 상담 과정 전반부를 구성하는 세 단계에서는 신상 및 임상 정보 수집, 취
합된 정보 종합을 통한 내담자의 강점과 한계 파악, 강점과 발달적 욕구에 기반한 결과 도
출 등의 작업이 이루어진다. 진단은 진로 발달 혹은 진로 결정 문제의 본질과 원인 모두에
바탕을 두고 있다(Brown, 1990).

　다음으로, 상담사는 여러 가지 상이한 조건과 선택지를 바탕으로 내담자 적응 확률 평가
를 통해 예후를 정확히 판단한다. 예후의 다음 단계에서는 내담자의 진로 결정과 그에 수
반하는 사후 조치 등을 포함하여 합리적이고 문제 해결 중심적 상담을 제공한다. 특성 요
인 상담 과정에서 상담사는 내담자의 개인 교사나 조언자 역할을 수행한다. 전형적인 특
성 요인 상담 활동은 자신 또는 직업에 관한 내담자의 정보 수집 활동 지원, 대안적 선택과
행동 제시 및 논의, 내담자가 최선의 선택이나 결정에 도달할 수 있도록 돕는 지원 방안 모
색 등의 내용을 포함한다(Rounds & Tracey, 1990).

## 3. 재활상담에의 적용

　다수의 연구자가 재활상담 실제에서 특성 요인 이론이 지닌 효용성을 입증하였다.
Hershenson과 Szymanski(1992, p. 282)는 공공 부문은 물론, 민간 부문의 재활 기관에서도
특성 요인 이론이 널리 활용되고 있다고 밝혔다. 이들은 계속하여 직업 연계 시스템, 전이
가능 기술 분석(transferable skill analysis), 지원 고용에서 활용되는 생태학적 평가 과정 등

이야말로 재활 현장에서 특성 요인 이론이 폭넓게 사용되고 있음을 보여 주는 명백한 증거라고 주장하였다. 또한 Lynch와 Maki(1981)는 특성 요인 이론에 기반한 직업재활 서비스 구조를 제시하였는데, 여기에서 재활상담사는 내담자에게 최적의 기능적 자립 달성 지원을 목표로 하는 문제해결자로 인식된다.

특성 요인 이론에 있어 진로 선택의 어려움은 정보 부족과 효과적인 결정 능력 부재의 결과로 간주된다. 이처럼 재활상담에 있어 특성 요인 이론은 역량 강화와 소비자 선택이라는 재활 철학(Kosciulek, 1999)과 맥을 같이하며, 내담자의 문제 해결 및 의사결정 기술 향상을 통한 자기 결정 능력 촉진을 도모한다. 특성 요인 이론은 또한 내담자가 지닌 직업 및 성격 특성이 측정 가능하며 안정적이긴 하지만, 완전히 고착화된 상태는 아니라는 입장을 취한다. Lynch와 Maki(1981)는 내담자가 지닌 흥미, 적성, 기술에 관한 평가야말로 특성 요인 이론에 기반한 재활상담의 핵심이라고 인식하였다.

Schmitt와 Growick(1985) 또한 재활의 관점에서 특성 요인 이론을 검토하였다. 이들은 특성 요인 상담이 내담자의 자발적 변화 가능성이 희박하거나 전무한 상황에 가장 유용한 상담 접근이라는 입장을 보였다. 이들은 재활상담사가 특성 요인 이론 적용을 통해 진로 선택 과정에서 어려움이나 혼란을 겪는 정신, 신체, 또는 정서 장애인들에게 성공적인 상담 서비스를 제공할 수 있다고 주장하였다. 이들은 재활상담사를 직업 배치와 적응 과정을 촉진하는 중재자로 간주하였다.

Thomas 등(1998)은 특성 요인 상담이 여러 가지 면에서 재활상담사 대다수의 업무, 특히 연방-주 직업재활국의 업무와 유사점을 지녔다고 주장하였다. 넓은 의미에서 볼 때, 특성 요인 이론의 목표는 재활이 지향하는 궁극적 목적과 상당 부분 일치한다고 볼 수 있다는 것이다. Thomas 등에 따르면, 특성 요인 상담 기법은 대다수 재활상담사들이 요긴하게 활용하는 중요한 레퍼토리의 일원이며, 대부분의 재활 현장에서 적합한 것으로 받아들여지고 있다. 이처럼 현존하는 연구 문헌들은 특성 요인 이론이 장애인의 욕구 충족을 위한 재활상담에 있어 매우 유용하다는 사실을 명백히 보여 주고 있다.

미네소타 직업 적응 이론(Minnesota Theory of Work Adjustment: MTWA)의 타당성 검증 연구는 재활 분야에서 특성 요인 이론이 지닌 효용을 뒷받침하였다(Dawis & Lofquist, 1984). MTWA 자체가 장애인이 지닌 욕구에 대한 대처를 목적으로 개발되었다는 점에서, 이는 재활상담사에게 체계적이고 믿을 만한 특성 요인 상담 기법 적용 모델을 제공하였다는 것이다. MTWA는 통상적인 특성 요인 이론과 마찬가지로, 개인과 직업 환경 간의 연계를 강조한다. MTWA의 주창자인 Lofquist와 Dawis(1969, p. 46)는 직업 적응을 '직업 환경과의 일치와 유지를 추구하는 개별 근로자에 의한 지속적이고 역동적 과정'이라고 정의하였다. MTWA에서 말하는 직업 적응 과정은 개인의 능력과 직업 관련 욕구, 직업 환경에서 요구되는 직무 수행 능력과 강화 시스템 사이의 연계를 포함한다. 근로자의 능력과 직업 환경에서 요구되는 직무 수행 능력 간의 연계는 해당 근로자의 직무 수행 만족도(satisfactoriness), 즉 직무 수행 능력 수준을 결정한다. 근로자의 욕구와 직업 환경에서 요구되는 강화 시스템 사이의 연계는 특정 직업에 관한 근로자의 직업 만족도(satisfaction)를 결정한다. 직장 재직 기간은 직업 만족도와 직무 수행 만족도에 따라 결정된다(Hershenson & Szymanski, 1992).

MTWA는 장애인 대상 직업재활 프로그램의 이론적 토대를 제공하는 동시에, 장애 개념화, 필요한 직업 평가 정보 파악, 상담 절차 제안, 재활상담 효과 평가 방법 등을 제시한다(Dawis & Lofquist, 1984). 그렇지만 MTWA는 특성 요인 이론에 기반한다는 점으로 인해 종래의 특성 요인 이론이 직면하는 비판에 노출되기 쉽다.


## 4. 실증 연구

증거 기반 재활상담은 내담자 특성과 직업 선호도 속에서 가용한 최상의 연구 결과와 임상적 전문성 간의 통합을 의미한다(Kosciulek, 2010). 증거 기반 재활상담을 실천하는 재활 전문가는 가장 효과적인 재활 서비스 제공이라는 목표하에 과거와 현재의 관련 연구, 임상 지침, 그 밖의 정보 자원 등을 평가한다. 특성 요인 이론은 진로발달 이론 가운데 가장 많은 연구가 이루어진 관계로 방대한 양의 참고자료를 제공한다(Furnham, 2001). 일치도와의 상호 관련성이 예상되는 측정 결과는 직업 만족도(performance), 헌신(commitment), 웰빙, 정년 재직(tenure) 의사, 실제 재직 기간 등을 포함하는데, 이들 중 가장 활발한 연구가 이루어진 분야는 직업 만족도다.

비록 특성 요인 또는 인간 환경 이론이 전체적으로 볼 때 적합성을 중요시 여기지만, 대다수의 실증 연구는 적합성 결과의 조작화와 검증에 Holand가 개발한 여섯 가지 성격 프로필을 활용하였다. 이처럼 적합성 조작화의 한계로 인해 일치도와 직업 만족도 간의 상호 영향 정도는 연구자들이 기대했던 것만큼 강력하지는 않았다. 메타 분석을 활용한 다수의 연구 결과, 직업 만족에 있어 일치도의 설명력은 5%를 넘지 않는 것으로 나타났다(Assouline & Meir, 1987; Tranberg, Slane, & Ekeberg, 1993; Tsabari, Tziner, & Meir, 2005). 하지만 적합성 조작화와 측정에 있어 능력, 욕구, 가치관 등 하나 이상의 특징이 사용되었을 경우, 실증 연구는 여전히 인간 환경 적합성 이론의 일반 가설을 지지하는 것으로 밝혀졌다(Cable & DeRue, 2002; Furnham, 2001; Rehfuss, Gambrell, & Meyer, 2011; Verquer, Beehr, & Wagner, 2003).

앞에서도 언급하였듯이, 직업재활 과정은 거의 모든 영역에 걸쳐 적합성을 매우 중요하게 간주한다. 그렇지만 적합성을 둘러싸고 그간 이루어진 소수의 연구는 서로 상반된 결과를 제시하였다. Beveridge와 Fabian(2007)은 메릴랜드주에 거주하는 직업재활 서비스 이용자 171명을 대상으로 적합성 연구를 진행한 끝에, 일관된 직업 목표와 급여 사이에 밀접한 관계가 존재하지만, 직업에 관한 만족과는 유의미한 관계가 없다는 사실을 발견하였다. Bond, Campbell 그리고 Becker(2012)는 직업재활 서비스 종료 후 취업한 첫 번째 직장에서의 일치도와 직무 개시, 직업 만족도, 재직 기간 등의 측정 변인 사이에 유의미한 관계가 존재하지 않음을 발견하였다. 이처럼 불리한 연구 결과에도 불구하고, 적합성은 그다지 심각한 문제로 인식되지 않는 것으로 보인다. 오히려, 적합성과 성공적인 고용성과 사이의 관계에 관한 이해가 좀 더 필요하다는 인식이 지배적이다.

인간 환경 적합성 측정은 연구자들이 통상적으로 생각한 것보다 훨씬 복잡한 개념이라는 점은 명백해 보인다. 인간 환경 적합성에 관한 후속 연구는 현저한 환경 요인 측정 방법에 주목하면서 특정 맥락 안에서 가장 두드러지게 부각되는 개인적 특성과 환경 요인이 무엇인지를 집중적으로 다룰 필요가 있다. 상이한 조직에서 동일 직무를 대하는 두 가지 입장이 지각된 적합성에 영향을 미치는 방식에 있어 어떠한 차이를 보이는지에 관한 이해는 그다지 어렵지 않기 때문이다. 그리고 이들 차이는 『직업명 사전(Dictionary of Occupational Titles)』 등의 직업 분류 시스템 내에서는 인지되지 않는다. Arnold(2004)는 Holland의 이론을 바탕으로 일치도와 성공적 고용 결과 사이의 연계 관련 연구 향상을 위해 여러 가지 제언을 내놓았다. 여기에는 이론 확장을 통한 보다 많은 개념 수용, 환경 측정 개선, 일치도 측정치의 정확도 향상 등이 포함된다.

인간 환경 이론이 실제 상담 현장에 적용된 연구 사례는 매우 드문 실정이다. 직업재활 관련 문헌에서 예측 변인으로 인간 환경 이론을 활용하여 고용 결과를 측정한 연구 논문은 거의 찾아볼 수 없다. 현재까지 알려진 지식 수준을 감안해 볼 때, 실제로는 그렇지 않음에도 단순하다고 착각하기 쉬운 개인과 환경 간의 연계를 적용할 때는 각별한 주의를 기울여야 한다. 결정적인 일관성이 확인되고, 직업재활 현장에서의 적용 방법 검증이 이루어지기 전까지는 말이다.

## 5. 한계

다수의 연구자가 재활상담 현장에의 적용에 있어 특성 요인 이론이 지니는 한계를 지적한 바 있다. Hershenson과 Szymanski(1992)는 특성 요인 이론이 선천적 장애인의 부족한 초기 경험 보상이나 취업, 업무 수행, 직장에서의 자기 관리 등을 돕는 지지적 개입 제공 과정에 충분히 기여하지 못했다고 지적하였다. 그들은 또한 특성 요인 이론이 내담자가 현재 지닌 특성만을 중시한 나머지, 적합한 보조공학(assistive technology)적 지원과 직장 환경 개선(job modification)이 이루어진다면 중증 장애인이라 해도 대부분의 직무를 충분히 수행할 수 있다는 점을 간과하였다고 비판하였다.

Gilliland 등(1994)은 행위의 결과와 사실에 관한 정보가 주어지면 내담자가 '올바른 결정을 내릴 수 있다'는 특성 요인 이론의 가정을 반박하였다. Weinrach(1979)는 인간은 합리적 존재라는 Williamson(1972)의 가설에 대해 이는 인간이 지닌 정서적 단면을 제대로 이해하지 못한 상태에서 인지적 측면만을 지나치게 부각한 결과라고 주장하였다. 그는 또한 특성 요인 상담사들에 대해서도 지나치게 지시적이며 권위적이라는 비판을 제기하였다. 재활상담사가 통제적이며 일이 인간 정서에 미치는 영향을 경시한다면 장애인 내담자의 직장 환경에 대한 성공적 적응을 효과적으로 지원하기 어려워질 수 있다는 것이다 (Kosciulek, 1993).

Crites(1981)는 특성 요인 이론에 관해 이론적 토대가 빈약하고 지나치게 분석적이며, 파편적이라는 비판을 제기하였다. 재활상담사가 Crites의 표현대로 '세 번의 면담과 먼지구름'으로 이루어진 '검사해서 알려 주기' 식의 상담 방식에 경도되어 있다면, 그에게서 개별화되고 포괄적인 서비스를 제공받을 확률은 매우 낮다고 볼 수 있다는 것이다(Kosciulek, 1993). Hershenson과 Szymanski(1998)는 상담 과정에서 내담자의 동기를 고려하지 않는다면 특성 요인 이론이 어떻게 인간 성격의 모든 차원을 설명할 수 있을지에 관해 의문을 제기하였다. 끝으로, Kosciulek은 특성 요인 상담은 성공적 고용과 독립생활 달성에 필요한 핵심 변수라 할 장애인의 가족적, 사회적, 경제적, 정치적 속성 간의 상호작용을 간과하기 쉽다고 결론지었다. 요약하면, 특성 요인 이론이 지닌 포괄성 부족은 비판자들의 지속적인 공격 대상이 되고 있다.

그러나 다음에서 기술한 바와 같이, 특성 요인 이론의 최근 발전은 재활상담사에게 이 이론이 지닌 여러 가지 한계를 극복할 수 있는 새로운 상담 모델을 제시하였다. 인간 환경 적합성 모델(Person x Environment fit approach; Chartrand, 1991; Kosciulek, 1993; Rounds & Tracey, 1990)은 특성 요인 상담 이론의 최신 관점을 반영한 것으로, 개인의 능력과 직무 요인 평가 차원을 넘어 인간과 환경 사이에 발생하는 상호작용의 역동적 성격에 주목한다. 이에 따라 특성 요인 이론에 가해지던 기존의 비판 대부분은 더 이상 유효하지 않게 되었다.

## 1) 특성 요인 이론의 최근 경향: 인간 환경 적합성 모델

1990년대 들어, 재활, 상담, 심리학 등의 문헌에서 특성 지향적 관점으로부터 인간 환경 적합성을 중시하는 입장으로의 개념적 변화 움직임이 나타나기 시작하였다. 특성 요인 이론의 무게중심이 정적 연계에서 환경을 선택하고 조성하는 존재로서의 인간에 대한 보다 역동적 해석으로 이동하였던 것이다(Hershenson, 1996; Pervin, 1987; Tansey, Mizelle, Ferrin, Tschopp, & Frain, 2004). 인간 환경 적합성 모델의 관점에서, 재활상담의 방향을 선도할 질문은 ① 직업 선택과 적응 예측에 있어 가장 두드러지게 나타나는 개인적 혹은 환경적 요인은 무엇인가? ② 인간과 환경 간의 상호작용 과정을 가장 잘 특징짓는 방법은 무엇인가? 등으로 귀결되었다(Kosciulek, 1993).

Chartrand(1991)는 기존 특성 요인 직업 상담으로부터 인간 환경 적합성 모델로 이어진 세 가지 기본 가정에 관해 기술하였다.

첫째, 인간은 합리적 결정을 내릴 능력을 지닌 존재다. 인간은 정서적 과정을 간과하지 않으며, 오히려 인지 지향성은 개입 전략 탐색을 위한 지침을 제공한다. 재활상담 역시 학습 과정을 중시하는 인지적 접근으로 구체화된다(Kosciulek, 1993).

둘째, 인간과 직업 환경 사이에는 신뢰, 의미, 일관성 등의 측면에서 차이가 존재한다. 이 같은 가정은 장애인이 특정 직무를 선호하거나 더 잘 할 수 있음을 의미하는 것은 아니다. 오히려, 이는 사람과 작업 환경 조직화에 필요한 핵심적 직무 행태, 기술 패턴, 작업조건 등의 파악이 가능하다는 사실을 의미한다.

셋째, 가정은 개인적 특성과 직무 관련 요구사항 사이의 일치도가 높을수록 성공 가능성도 커진다는 것이다. 이는 인간과 환경 패턴에 관한 지식이 사람들에게 다양한 직업 현장에 대한 만족과 적응 확률 고지에 사용될 수 있음을 의미한다(Kosciulek, 1993). 인간 환경 적합성 모델은 일치도 가정을 넘어 동적인 상호작용 개념까지도 아우른다(Rounds & Tracey, 1990). 즉, 인간 환경 적합성 모델을 환경 조성자로서의 인간과 인간에게 영향을 미치는 행위자로서의 환경 사이에 존재하는 호혜적 과정으로 간주할 수 있다는 의미다.

인간 환경 적합성 모델에 기반한 상담 스타일은 대개 내담자의 정보처리 능력 수준을 고려하여 권장된 치료와 개입 유형을 바탕으로 지지적이고 교수적 접근을 활용한다. 교수적 접근은 무언가를 시도해 보려는 동기와 의욕은 있으나 변화에 영향을 미치는 기술, 이해, 능력, 신념 등이 부족한 내담자에게 매우 효과적이다(Chartrand, 1991).

인간 환경 적합성 모델에서는 내담자를 합리적 의사결정 능력을 지닌 존재로 간주한다. 또한 신뢰할 만하고 의미 있는 개인차에 관한 평가가 가능하며, 심리측정 도구를 개인적, 직업적 기준 예측에 적절히 활용할 수 있다고 가정한다(Chartrand, 1991). 시간적 제약이라는 현실적 압박을 고려해 볼 때, 특성 요인 혹은 인간 환경 적합성 모델은 주로 단기 치료 형태를 빌어 행해진다. 인간 환경 적합성 원리는 비용 대비 시간 효율성 측면에서 볼 때 집단 상담에 매우 적합할 것으로 보인다(Lunneborg, 1983). 인간 환경 적합성 모델이 재활 분야의 집단 상담에 적용된 구체적 사례로는 직업 개발과 직업 배치 서비스 제공을 골자로 하는 Job Club(Azrin & Besalel, 1980) 모델을 들 수 있다.

Job Club 모델이 보여 주듯이, 재활 현장에서 통용되는 특성 요인 상담은 대개 진로 상담과 직업 배치와 관련된 것으로 인식되어 왔다. 그러나 Rounds와 Tracey(1990)는 인간 환경 적합성 모델이 직업 문제뿐만 아니라, 보다 광범위한 영역에도 적용이 가능하다고 제안하였다. 구체적으로 의사결정과 정보처리 요소 간의 결합이라 할 인간 행동 적합성 모델의 문제 해결 구조는 상이한 욕구와 목표를 지닌 다양한 유형의 내담자에게 적용이 가능하다. Bluestein과 Spengler(1995)의 연구 역시 이 같은 입장을 뒷받침하고 있다. 이들은 인간 행동 적합성 모델 기반 진로 상담이 자기 개념(자존감과 대인관계 능력) 향상, 긍정적 태도 촉진, 내적 통제 증가, 불안 감소 등과 같은 유의미하고 긍정적인 비직업적 성과를 이끌어 냈다는 사실을 발견하였다. 이처럼 인간 환경 적합성 모델의 적용 확대는 개인적 요인, 대인 관계 요인, 환경 요인 사이의 상호관계를 포함하며, Lofquist와 Dawis(1991)가 개량한 확장적 미네소타 직업 적응 이론의 개념적 구조를 뒷받침하고 있다.

현재의 인간 환경 적합성 상호작용 모델은 기존 특성 요인 상담 이론의 외연을 크게 확장하였다. 인간 환경 적합성 모델은 초기 특성 요인 이론과 달리, 행동 예측에 있어 개인과 환경이라는 두 변수가 차지하는 역할을 동일한 비중으로 다루고 있다. 반면에, 특성 요인 이론은 주로 인간 중심적 특성의 역할을 중시하는 입장을 취한다(Chartrand, Strong, & Weitzman, 1995). 인간 환경 적합성 모델은 직업 세계와 그에 대한 인간의 적응 방식 이해에 있어 실제로 유용한 정보를 생성한다. 따라서 최근의 인간 환경 적합성 상담 모델은 장애인 재활상담을 포함하여 다양한 형태의 내담자에게 제공되는 유용한 직업 상담 모델이라고 볼 수 있다.

## 6. 맺음말

장애인은 자기 자신과 직장, 가정, 혹은 지역사회 환경 등과의 연계 촉진을 위해 재활 서비스를 받고자 희망한다. 특성 요인 이론은 이미 장애인 내담자의 고용 획득과 유지 지원에 효과적이라는 사실이 입증되었으며(Dawis & Lofquist, 1984; Hershenson & Szymanski, 1998), 재활상담 현장에서 널리 사용되고 있다(Lynch & Maki, 1998; Schmitt & Growick, 1985; Thomas et al., 1998). 그렇지만 적지 않은 진로 상담과 재활 관련 문헌이 특성 요인 이론의 한계와 단점을 지적하고 있는 것 또한 사실이다(예: Gilliland et al., 1994; Kosciulek, 1993). 이 장에서는 특성 요인 이론의 개량형이라 할 인간 환경 적합성 모델이 장애인 재활상담 현장에 매우 유용하다는 점을 알리고자 하였다. 이 모델은 개인과 환경 간의 역동적이고 호혜적 관계를 중시함으로써, 기존의 특성 요인 상담이 지닌 여러 가지 한계를 보완해 주었다. 장애인 내담자는 생태학적 인간 환경 적합성 상담을 통해 자신의 대인관계와 직업 생활 활동의 질을 극대화할 역량을 기를 수 있다.

## **집**단 토의 과제

1. 장애인의 진로개발과 진로 계획 수립에 특성 요인 이론을 적용했을 때 나타날 수 있는 강점과 한계는 무엇인가?

2. 오늘날의 노동시장과 특성 요인 이론이 세상에 등장했을 당시의 노동시장 사이에는 커다란 차이가 존재한다. 당신은 노동시장의 급속한 변화가 진로 선택을 둘러싼 특성 요인 이론 적용 가능성 증감에 어떠한 영향을 미칠 것이라고 생각하는가?

3. 잠시 동안 당신이 선택한 진로에 관해 생각해 보라. 집단 구성원들과 함께 어떤 요인이 서로의 진로 선택에 영향을 미쳤는지 토의한 후, 전개된 순서에 따라 특성 요인 이론의 세 단계를 파악하라. 특성 요인 이론과 무관한 요인 중 어떤 것이 당신의 진로 선택에 영향을 미쳤는가?

4. 진로계획 수립에 있어 특성과 요인 간의 강력한 연계가 높은 수준의 직업만족도를 보장하는지에 관해 토론하라. 당신의 주장/의견을 뒷받침할 근거를 제시하라.

5. 내담자가 인식하는 직업 연계가 능력, 가치관, 보수, 그 밖의 요인 등에 걸쳐 존재하는 괴리로 인해 상담사에게 문제로 인식될 상황이 발생했을 때 이를 타개할 방법에 관해 논의하라.

## **참**고문헌

Arnold, J. (2004). The congruence problem in John Holland's theory of vocational decisions. *Journal of Occupational and Organizational Psychology, 77*, 95–113.

Assouline, M., & Meir, E. I. (1987). Meta-analysis of the relationship between congruence and well-being measures. *Journal of Vocational Behavior, 31*, 319–332.

Azrin, N. H., & Besalel, V. A. (1980). *Job club counselor's manual: A behavioral approach to vocational counseling*. Austin, TX: Pro-Ed.

Beveridge, S., & Fabian, E. (2007). Vocational rehabilitation outcomes: Relationship between individualized plan for employment goals and employment outcomes. *Rehabilitation Counseling Bulletin, 50*, 238–246.

Blustein, D. L., & Spengler, P. M. (1995). Personal adjustment: Career counseling and psychotherapy. In W. B. Walsh & S. H. Osipow (Eds.), *Handbook of vocational psychology: Theory, research, and practice* (2nd ed., pp. 295–329). Hillsdale, NJ: Erlbaum.

Bond, G. R., Campbell, K., & Becker, D. R. (2012). A test of the occupational matching hypothesis for rehabilitation clients with severe mental illness. *Journal of Occupational Rehabilitation, 23,* 261-269.

Brown, D. (1990). Trait and factor theory. In D. Brown, L. Brooks, & Associates (Eds.), *Career choice and development* (pp. 13-36). San Francisco, CA: Jossey-Bass.

Cable, D. M., & DeRue, D. S. (2002). The convergent and discriminant validity of subjective fitperceptions. *Journal of Applied Psychology, 87,* 875-884.

Chartrand, J. M. (1991). The evolution of trait-and-factor career counseling: A person x environment fit approach. *Journal of Counseling and Development, 69,* 518-524.

Chartrand, J. M., Strong, S. R., & Weitzman, L. M. (1995). The interactional perspective in vocational psychology: Paradigms, theories, and research practices. In W. B. Walsh & S. H. Osipow (Eds.), *Handbook of vocational psychology: Theory, research, and practice* (2nd ed., pp. 35-65). Hillsdale, NJ: Erlbaum.

Crites, J. O. (1981). *Career counseling: Models, methods, and materials.* New York, NY: McGraw-Hill.

Dawis, R. V., & Lofquist, L. H. (1984). *A psychological theory of work adjustment.* Minneapolis, MN: University of Minnesota Press.

Furnham, A. (2001). Vocational preference and P-O fit: Reflections on Holland's theory of vocational choice. *Applied Psychology: An International Review, 50,* 5-29.

Gilliland, B. E., James, R. K., & Bowman, J. T. (1994). *Theories and strategies in counseling and psychology* (3rd ed.). Boston, MA: Allyn & Bacon.

Hershenson, D. B. (1996). Work adjustment: A neglected area in career counseling. *Journal of Counseling & Development, 74,* 442-446.

Hershenson, D. B., & Szymanski, E. M. (1992). Career development of people with disabilities. In R. M. Parker & E. M. Szymanski (Eds.), *Rehabilitation counseling: Basics and beyond* (2nd ed., pp. 273-303). Austin, TX: Pro-Ed.

Holland, J. L. (1973). *Making vocational choices: A theory of careers.* Englewood Cliffs, NJ: Prentice Hall.

Holland, J. L. (1985). *Making vocational choices: A theory of vocational personalities and work environments* (2nd ed.). Englewood Cliffs, NJ: Prentice Hall.

Klein, K. L., & Weiner, Y. (1977). Interest congruency as a moderator of the relationship between job tenure and job satisfaction and mental health. *Journal of Vocational Behavior, 10,* 91-98.

Kosciulek, J. F. (1993). Advances in trait-and-factor theory: A person x environment fit approach to rehabilitation counseling. *Journal of Applied Rehabilitation Counseling, 24*(2), 11-14.

Kosciulek, J. F. (1999). Consumer direction in disability policy formulation and rehabilitation service delivery. *Journal of Rehabilitation, 65*(2), 4-9.

Kosciulek, J. F. (2010). Evidence-based rehabilitation counseling practice: A pedagogical imperative. *Rehabilitation Education, 24,* 205-212.

Krumboltz, J. D. (1994). Improving career development theory from a social learning perspective. In M. L. Savickas & R. W. Lent (Eds.), *Convergence in career development theories: Implications for science and practice* (pp. 9-31). Palo Alto, CA: CPP Books.

Lofquist, L. H., & Dawis, R. V. (1969). *Adjustment to work: A psychological view of man's problems in a work-oriented society.* New York, NY: Appleton-Century-Crofts.

Lofquist, L. H., & Dawis, R. V. (1991). *Essentials of person-environment correspondence counseling.* Minneapolis, MN: University of Minneapolis Press.

Lunneborg, P. W. (1983). Career counseling techniques. In W. B. Walsh & S. H. Osipow (Eds.), *Handbook of vocational psychology: Applications* (Vol. 2). Hillsdale, NJ: Erlbaum.

Lynch, R. K., & Maki, D. R. (1981). Searching for structure: A trait-factor approach to vocational rehabilitation. *Vocational Guidance Quarterly, 30,* 61-68.

McKay, H., Bright, J. E. H., & Pryor, R. G. L. (2005). Finding order and direction from chaos: A comparison of chaos career counseling and trait matching. *Journal of Employment Counseling, 42,* 98-112.

Parsons, F. (1909). *Choosing a vocation.* Boston, MA: Houghton Mifflin.

Pervin, L. A. (1987). Person-environment congruence in light of the person-situation controversy. *Journal of Vocational Behavior, 31,* 222-230.

Rehfuss, M. C., Gambrell, C. E., & Meyer, D. (2011). Counselors' perceived person environment fit and career satisfaction. *Career Development Quarterly, 60,* 145-151.

Rogers, C. R. (1942). *Counseling and psychotherapy: Newer concepts in practice.* Boston, MA: Houghton Mifflin.

Rounds, J. B., & Tracey, T. J. (1990). From trait-and-factor to person-environment fit counseling: Theory and process. In W. B. Walsh & S. H. Osipow (Eds.), *Career counseling: Contemporary topics in vocational psychology* (pp. 1-44). Hillsdale, NJ: Erlbaum.

Schmitt, P., & Growick, B. (1985). Trait-factor approach to counseling: Revisited and reapplied. *Journal of Applied Rehabilitation Counseling, 16,* 100-106.

Swanson, J. (1996). The theory is the practice: Trait-and-factor/person environment fit counseling. In M. L. Savickas & W. B. Walsh (Eds.), *Handbook of career counseling theory and practice* (pp. 93-108). Palo Alto, CA: Davies-Black.

Tansey, T. N., Mizelle, N., Ferrin, J. N., Tschopp, M. K., & Frain, M. (2004). Work related stress and the demand-control support framework: Implications for the p x e model. *Journal of*

*Rehabilitation, 70,* 34-41.

Thomas, K. R., Thoreson, R., Butler, A., & Parker, R. M. (1992). Theoretical foundations of rehabilitation counseling. In R. M. Parker & E. M. Szymanski (Eds.), *Rehabilitation counseling: Basics and beyond* (2nd ed., pp. 207-247). Austin, TX: Pro-Ed.

Tranberg, M., Slane, S., & Ekeberg, S. E. (1993). The relation between interest congruence and satisfaction: A meta-analysis. *Journal of Vocational Behavior, 42,* 253-264.

Tsabari, O., Tziner, A., & Meir, E. I. (2005). Updated meta-analysis on the relationship between congruence and satisfaction. *Journal of Career Assessment, 13,* 216-232.

Verquer, M. L., Beehr, T. A., & Wagner, S. H. (2003). A meta-analysis of relations between person-organization fit and work attitudes. *Journal of Vocational Behavior, 63,* 473-489.

Weinrach, S. G. (1979). Trait-and-factor counseling: Yesterday and today. In S. G. Weinrach (Ed.), *Career counseling: Theoretical and practical perspectives* (pp. 59-69). New York, NY: McGraw-Hill.

Williamson, E. G. (1965). *Vocational counseling.* New York, NY: McGraw-Hill.

Williamson, E. G. (1972). Trait-factor theory and individual differences. In B. Stefflre &W. H. Grant (Eds.), *Theories of counseling* (pp. 136-176). New York, NY: McGraw-Hill.

Zanskas, S., & Strohmer, D. C. (2010). Rehabilitation counselor work environment: Examining congruence with prototypic work personality. *Rehabilitation Counseling Bulletin, 53,* 143-152.

Zytowski, D. G., & Borgen, F. H. (1983). Assessment. In W. B. Walsh & S. H. Osipow (Eds.), *Handbook of vocational psychology* (Vol. 2). Hillsdale, NJ: Erlbaum.

# 제9장

# 정신역동 치료

Hanoch Livneh and Jerome Siller

## 학습목표

이 장의 목적은 독자들에게 정신역동 심리치료(psychodynamic psychotherapy: PDPT)의 역사적 전개와 개념적 토대를 알리는 데 있다. 이 장에서는 특히 정신분석적 배경, 전개, 만성질환 및 장애(chronic illness and disability: CID)에 대한 정신분석의 적용, PDPT의 효과와 다양한 재활 및 CID 관련 욕구에 대한 정신분석적 접근 적용의 유용성을 다룬 연구 결과 등을 중점적으로 검토할 것이다. 이 같은 목적을 달성하기 위해 다음과 같은 학습 목표를 설정하였다.

① PDPT의 역사적 전개 과정을 알아본다.

② 성격 구조와 치료 과정에 관한 견해를 포함하여, PDPT의 주요 개념을 이해한다.

③ CID에 대한 적응과 이의 대처에 적용되는 방어기제의 역할을 이해한다.

④ CID가 신체상(body image)에 미치는 영향을 이해한다.

⑤ 상실 및 CID 발생에 따른 심리사회적 반응을 이해한다.

⑥ 장애인과 만성질환자에 대한 태도의 기저에 깔려 있는 정신역동을 이해한다.

⑦ 재활 맥락 안에서의 역할을 중심으로, 정신역동 이론과 개념을 지지하는 실증적 근거를 이해한다.

⑧ PDPT의 효과를 이해한다.

## 1. 역사

상담 및 심리치료 접근에서 정신역동 기반 개입은 초기 경험과 무의식적 정신 기능이 담당하는 역할의 중요성을 강조함으로써 다른 여러 상담 및 심리치료 이론과 구별된다. 다른 상담 및 심리치료 이론과 마찬가지로, 정신역동 치료 역시 가족, 사회, 직업을 포함하는 인간의 여러 측면에 관해 상당한 관심을 기울이고 있다. 정신역동 치료의 특이한 점은 정신역동적이지 않을 것 같은 '현실'(nonpsychodynamic 'realities')의 일들을 분석적으로 보려는 태도다. 정신역동 지향 치료는 대개 자기 이해 촉진에 주력하며, 성격 변화를 주된 목표로 삼고 있다. 증상 완화는 실제에 있어서는 인격적(characterological) 변화의 부산물로 간주된다. 성격 발달과 구조에 관한 정신분석 이론은 발달상의 왜곡, 갈등, 포획된(arrested) 성격 발달의 결과로 야기된 부정적 영향의 변화를 통해 자기 자각(self-awareness) 촉진에 필요한 개입 토대를 제공한다.

고전적 정신분석 이론과 그로부터 파생된 다양한 이론은 개념과 치료 절차에 있어 다수의 변종이 존재한다. 고전적 정신분석 치료는 통상적인 재활 환경에서는 적용이 쉽지 않지만, 다양한 정신역동 개념과 절차는 분명 재활상담 분야에서 일정한 역할을 담당한다. 정신역동 개념은 구체적인 재활 절차를 설명할 수 있는데, 이 중에는 딱히 정신역동적이라고 할 수 없는 것들(예: 애도 경험이 관여된 개입)도 포함되어 있다. 이러한 맥락에서, 다양한 정신분석 학파 사이 혹은 정신분석과 심리치료 간의 엄격한 구별은 그다지 필요하지 않다. 하지만 정신분석적 사고와 치료의 발달적 본질, 현재의 전개 양상을 이해하려면 정신분석의 역사적 관점에 대한 이해가 선결되어야 한다. 이는 정신분석학 본류의 역사적 변천을 살펴봄으로써 정신역동적 사고체계와 기법이 재활 현장에서 어떻게 적용되는지에 관한 이해가 가능하기 때문이다.

Pine(1988)은 임상 정신분석이 어떻게 인간의 정신 작용에 관해 개념적으로 분리된 네 가지 관점의 등장과 발전을 초래했는지 설명하였다. 즉, 추동심리학(psychologies of drive), 자아심리학(ego psychology), 대상관계 이론(object relation theory), 자기심리학(self psychology), 이들 네 가지 관점은 서로 중첩되며 이론과 임상적 치료에 관한 이해에 기여하였다. 또한 이들 관점의 표현은 상담 및 심리치료에 관한 정신역동적 혹은 비역동적 접근 모두에서 찾아볼 수 있다.

Freud의 추동 이론에 따르면, 인간의 정신 생활은 생애 초기 신체 및 가족에 대한 체험에 의해 조형된 충동 욕구(urge)와 희망으로부터 발생하는데, 이는 의식적, 무의식적 공상과 행동에 관한 동력(power)을 제공한다. 다수의 공상은 위험한 것으로 경험되며, 불안, 죄책감, 수치심, 억압, 증상 형성, 병리적 성격 등을 지니는 여러 가지 특징을 생성한다. 어린 시절의 신체 및 가족에 관한 경험은 성격 형성에 커다란 영향을 미치는데, Siller(1976)는 어린 시절 자신의 신체에 관해 지니게 되는 경험은 지체장애인의 성격 형성에 있어 특히 중요하다고 지적하였다. 추동 이론의 핵심 개념은 정상성 여부와는 관계없이 인간의 정신 생활을 지배하는 ① 보편 법칙에 관한 전제, ② 정신 결정론, ③ 에너지 체계로서의 인간 유기체, ④ 원초아 · 자아 · 초자아로 구성된 성격 구조, ⑤ 억압 · 저항 · 전이 · 사고 등의 일차 및 이차 과정 패턴을 수반하며, 능동적 무의식을 아우르는 긴밀히 연결된 여러 개념의 복합체(complex) 등을 포함한다. 추동 이론에서 비롯되어 광범위하게 쓰이는 용어로는 원초아(id), 정신 성욕(psychosexuality), 리비도(libido), 고착, 억압, 방어 기제, 자기애, 쾌락 원리, 메타 심리학 등을 꼽을 수 있다.

"원초아가 있던 곳에 자아가 있어야만 한다."(Freud, 1933/1964, p. 80)는 표어는 변화를 위한 힘(force)으로서 저항/전이의 분석과 무의식 과정의 힘에 대한 해석을 수반한 추동 이론 기반 치료의 목적을 특징짓는다. 순수 본능 이론을 뛰어넘은 발전적 입장은 자아심리학(ego psychology)의 도래를 촉진하였고, 불안의 신호 이론(Freud, 1923/1961)과 함께 구조 이론(Freud, 1926/1959) 도입에도 커다란 영향을 미쳤다. 인간의 정신세계를 의식적 체계와 무의식적 체계로 파악하려는 입장에 대해 Freud는 원초아, 자아, 초자아로 이루어진 새로운 구조를 제시하면서, 정신 내부의 갈등 속에서 이들 각자가 수행하는 역할에 관해 설명하였다. Freud에 따르면, 불안은 신경증의 근본적 현상이자 핵심 문제다. 그는 불안을 억압된 신체적 긴장(리비도) 방출(discharge)의 결과로 발생한다고 간주하던 초기의 입장을 더욱 확대 · 발전시켰다. 즉, Freud는 불안을 자아에 대한 위험 신호로 간주하며, 이를 현실적 불안, 신경증적 불안, 도덕적 불안 등 세 가지 유형으로 구분하였다. 이때 방어기제는 자아의 기능으로 개념화되었고, 정신분석적 치료는 그의 초창기 신체적 기본 가정으로부터 확장되었다. 아울러, 치료 목표로서 원초아의 힘을 의식 속에서 알 수 있도록 바꾸는 것과 함께, 자아 기능 분석이 강조되었다(Freud, 1926/1959).

자아심리학은 원초아 개념과 자아 개념의 탁월한 효용이 공유되기 시작한 1930년대 무렵 본격적으로 등장하였다. 자아의 기능은 적응, 현실 검증, 방어를 위한 능력으로 그 영역이 부각되기에 이르렀다. Hartmann(1939/1964)은 정신분석 이론의 체계화와 모순 해결을 시도하면서, 평균적으로 기대할 수 있는 환경 적응과 관련된 중요한 강조점을 소개하였다. 그의 개념은 자아 발달과 기능, 성격 전체에서 자아 구조가 차지하는 비중, 사람과 현실과의 관계 등의 측면에서 Freud 이론의 핵심적 주장과 배치되는 내용까지도 포함하였다. Hartmann은 원초아는 태어날 때부터 존재하고, 자아는 원초아로부터 발달한다고 생각하던 Freud의 개념에 덧붙여, 삶은 개인의 심리적 유산 전체로부터 자아와 원초아가 형성되는 미분화 단계에서 시작된다고 제안하였다. 자아의 발달은 유전과 성숙이 학습의 환경적 힘과 상호교류하는 생물학과 환경 간의 상호작용 기능으로 간주되었다.

자아심리학은 정신분석 이론 확장을 통해 정상 현상과 비정상 현상 모두를 그 영역에 포함시켰다. 정신역동 이론은 환경적 힘이 심리적 발달에 핵심적 역할을 담당한다는 입장에 대해 보다 수용적인(전향적인) 입장을 취하기 시작하였다. 의식(consciousness)과 인지(cognition)의 중요성이 부각되었고, 치료 개입은 의식적 자각에 따라 현재와 가까운 과거(recent past) 경험 중 적절하다고 간주되는 성격의 모든 차원에 걸쳐 이루어진다. 해석은 여전히 상징 단계에 머물러 있지만, 현재 상황, 욕구, 설명에 대한 관심이 높아짐에 따라 이러한 경향은 점차 옅어졌다. 대상관계 이론 역시 추동 이론과 본능 이론에서 파생된 정신분석적 사고의 발전을 계승하여 정신분석 이론과 개입 확장에 지대한 영향을 미쳤다. 대상관계 이론은 Harry Stack Sullivan, Karen Horney, Erich Fromm 등이 주장한 상호 교류 이론이나 대인관계 이론과는 확연히 구별된다. 후자의 입장은 인간관계의 사회적·상호작용적 본질을 강조하며, 정신내적 사건을 경시하는 경향이 있다. 이에 반해, 대상관계 이론은 정신적 사건과 정신내적 과정의 내재화에 집중한다. 인간 관계의 핵심(초점)은 사람들 사이의 실제 교류가 아니라, 타인에 관해 그 사람의 내면에 형성된 표상(representation)과 상징화(symbolization)라는 것이다.

Sandler와 Rosenblatt(1962)가 특징적으로 설명한 바와 같이, 대상관계 이론은 초기 아동기로부터 비롯된 의식적·무의식적 기억을 통해 각 개인이 하나 또는 그 이상의 역할을 실연(enact)하는 내적 드라마(internal drama)가 나타난다고 간주한다. 새로운 경험은 모두 새롭게 경험되는 것이 아니라, 어린 시절의 경험에 근거한 다양한 내적 심상(이미지)을 통해 가공·처리된다는 것이다. 이러한 내적 드라마는 유년 시절의 일차적 대상(primary object)과의 경험에 의해 지배되는데, 이는 정신분석적 접근과 일치되는 주장이다. 그러나 대상관계가 경험이 발생한 시점에 활성화된 감정과 희망에 의해 구조화된 기억들로 이루어졌다는 점에서, 어린 시절의 경험은 관계의 '참된' 표상이라고 볼 수 없다. 자아심리학과 마찬가지로, 대상관계 이론 역시 정신분석학의 중요한 한 축을 담당하며, 전이와 역전이, 초창기 심리 발달, 지속적인 주관적 상태 등과 같은 정신분석학 분야의 고전적 개념에 관한 통찰을 제공하였다. Pine(1988, p. 574)의 분류에 포함된 네 번째이자 가장 최근 등장한 정신분석 이론은 자기 경험(self-experience)을 중시하는 접근으로, 근래에 많이 주목받고 있다. "자기 경험의 심리학 영역에서 작업해야 할 것은 주관적인 경험으로, 구체적으로는 대상과의 관계에서 자아를 규정하는 감정을 둘러싼 주관적 경험이다." 이 영역에는 특히 경계, 연속성, 존중, 주관적 상태 내의 불균형에 대한 반응 등의 문제를 둘러싸고 개인을 지속적으로 변화하는 주관적 존재로 간주하는 견해가 포함되어 있다(Sandler, 1960). 이는 또한 자신과 다른 사람 사이에 존재하는 차이 정도, 경계 분리, 경계 상실 혹은 부재와 같은 주관적 상태가 갖는 중요한 특징에도 관심을 기울인다.

Heinz와 Kohut가 개발한 자기심리학은 통상적인 정신분석적 사고와 상당한 차이를 보인다. Kohut(1971, 1977)는 자기애적 발달의 관점에서 자기심리학에 접근하였다. 그는 새로이 부상하는 자아를 과장적이고(grandiose) 이상화된(idealizing) 발달 노선에 따라 구성된다고 개념화하였다. '이해심 많은(good-enough)' 부모의 공감 속에서 성장하며 발달 단계에 걸맞게 경미한 실패를 체험하는 아동은 건강한 발달을 경험할 것이다. 한편, 이상화하고 싶은 대상과 과장된 모습에 대한 동경(mirroring of grandiosity)에서 비롯된 아동의 욕구가 심각하고, 발달 단계에 적합하지 않으며, 만성적 좌절에 부딪히게 되면 자아발달은 방해받게 된다.

우리는 Pine(1988)의 분류 체계에 근거하여 이 장의 내용 구성에 사용된 네 가지 심리 이론 모두가 정통적인 정신분석학 범주에 포함되며, 이들 이론이 정신분석적 시각만이 제공할 수 있는 인간 내면의 기능에 관한 복잡하고 다면적인 관점을 필요로 한다는 입장을 지지한다. 앞의 네 가지 이론에 관한 고찰을 통해 우리는 각각의 이론이 어느 심리 영역을 관할하는지를 둘러싼 사소한 논쟁이 아닌, 정신역동 및 정신분석의 여러 관점을 사용하지 않는 현장 전문가들에게 정신역동적 접근에 내포된 유연성, 성장, 활력 등의 요인이 다양한 형태의 다면적 욕구가 상존하는 재활 현장에서 어떻게 적용될 수 있는지를 알려 주고자 하였다.

## 2. 주요 개념

정신역동 이론 체계가 고전적 정신분석과 이의 파생형들과는 여러 면에서 차이를 보이기는 하지만, 상당 부분 정신분석의 이론적 토대에 그 뿌리를 두고 있다. 정신분석에서 비롯된 기본적인 치료 기법과 개념은 특정 정신역동 지향의 취지에 따라 확장, 변형, 폐기될 수 있다. 정신분석적 상담 및 심리치료와 비교해 볼 때, 정신역동적 접근으로의 무게중심 이동은 정신분석적 치료에만 적합한 특정한 절차와 이로 인해 나타나는 제약을 완화시키고, 치료에 있어 보다 폭넓은 유형의 개입 방법을 고려할 수 있도록 만들어 준다.

초기 정신분석 이론을 형성하던 핵심 개념 중 정신역동 이론에까지 영향을 미친 것으로는 즐거움 추구와 고통의 회피를 골자로 하는 쾌락주의(hedonism)를 들 수 있다. Freud의 본능 이론에서, 삶의 추동이 되는 에로스(eros)는 쾌락 원칙에 지배를 받으며, 자기애, 타인에 대한 사랑, 유지되지 않는 쾌락 추구로 표출되는 일반적인 생물학적 에너지(리비도)의 형태로 존재한다. 이 같은 추동은 무의식 속에 자리 잡고 있으며, 원초아에 의해 표상화된다. 성격 발달의 핵심은 '쾌락 원리'와 '현실 원리'(만족을 추구하려는 행위 속에서 부모와 사회가 부가하는 요구, 제한, 의무의 구현) 사이의 타협에 도달할 필요에서 비롯된다. Freud가 제안한 두 번째 주요 추동인 타나토스(Thanatos), 즉 죽음의 추동은 널리 받아들여지지 않아 왔으므로 이 장에서도 논의하지 않으려 한다.

그 밖의 중요한 개념들로는 역동적 무의식 관념, 초기 발달 역사와 경험의 기본적 중요성, 억압의 최우선적 본질(preeminent nature) 등을 꼽을 수 있다. 이 장의 앞부분에서 이미 밝힌 바와 같이, 오늘날의 정신역동적 사조는 널리 알려진 정신성적(psychosexual) 발달 단계를 포함하여 리비도 이론의 여러 측면과 추동 에너지 이론을 수용하지 않는다. 따라서 리비도 이론과 정신성적 발달 단계는 정신역동 이론의 근본(핵심) 개념은 아니지만, 정신성욕과 인격 신경증(character neurosis) 개념은 매우 중요하다.

정신분석의 주요 관점은, ① 생물학적 발달을 강조하는 생리적 관점, ② 의식과 무의식의 내면적 심리 상태에 관심을 두는 심리적 관점, ③ 개인의 삶(심리적 현실)의 조성에 있어 어린 시절 및 가족 기반 경험의 중요성과 가족 및 아동 양육 관행에 대한 사회문화적 신념, 가치, 요구 사항, 기대 등의 영향을 포함하는 사회문화적 관점 등을 포함한다(Fine, 1973; Ford & Aban, 1998; Maddi, 1989). 현대 정신역동 모델이 초기 정신분석 이론으로부터 적지 않은 개념을 차용한 것은 사실이지만, 이는 주로 분리/자율 대 병합/독립 경향성(merger/

independence tendency), 사람들 사이의 교류, 태도 구조에 관한 Siller의 연구와 Shontz의 장애 적응 연구(장애 영역) 등과 같이 대인 혹은 사적 영역의 제한된 범위에만 초점을 두고 있다.

## 3. 성격 이론

Dewald(1978)가 특징적으로 묘사한 바와 같이, 성격 발달을 위한 기본 요소는 유아와 어린 아동이 그 자신이 처한 환경 속에서 가족 및 친지들과의 상호작용 과정에서 경험하는 불가피한 갈등으로부터 형성되며, 다양한 정신내적(intrapsychic) 기능과 정신(mental) 과정 내부에서 정교화된다. 체질적 결정인자는 매우 큰 영향을 미치며, 그러한 과정은 성격과 정신적 기능의 '핵심'을 확립하도록 이끌어 준다. 핵심적 정신 기능과 패턴의 조직화는 대다수 사람들의 경우 오이디푸스 단계를 통과하며 비교적 원만하게 확립되는데, 보통의 정신적 발달 과정에서 이러한 핵심적 정신 기능은 잠재기의 시작과 함께 억압을 경험하게 된다. Rappaport(1960, p. 536)에 이어 Dewald가 지적한 바와 같이, "'정신 구조'는 일단 확립되고 나면 진부하고 자동적이며, 무의식적 경향을 보이며, 느린 자발적 변화율을 띠는 특정 개인의 심리적 기능을 서술하고 정의하는 역할을 수행한다. 다시 말해, 핵심 구조는 조기에 확립되는 경향을 보이는데, 이는 유아기에 이어지는 성격 발달의 기본적 토대와 함께 크게 변하지 않은 상태로 남아 있게 된다."(p. 536)

Dewald(1978)는 오이디푸스 단계가 끝날 무렵 성격 발달이 멈춘다거나 성인의 정신적 기능과 유년기에 확립된 핵심적 정신 구조 간의 직접적 인과관계가 있다는 주장[유전발생적 오류(the genetic fallacy)라고 부름]을 단호히 거부하였다. Rappaport와 Gill(1959), Arlow와 Brenner(1964), Fine(1973) 등은 정신분석의 토대가 된 최소한의 가정을 확인함으로써 이의 이론적 구조를 조직하는 데에 크게 기여하였다. Greenson(1967, pp. 21-22)이 지적했듯이, 이 같은 개념화가 가져다준 임상적 시사점은 "정신적 사건의 철저한 이해를 위해서는 여섯 가지 관점[지형적(topographic), 역동적(dynamic), 경제적(economic), 유전발생적(genetic), 구조적(structural), 적응적(adaptive)]에서 이를 분석할 필요가 있다."

- 지형적 관점: 인간의 의식은 무의식(행동의 가장 중요한 결정요인으로 간주됨)으로부터 전의식, 의식에 이르기까지 복잡한 위계적 단층구조로 이루어져 있다. 무의식적 활동

이 일차적 사고 과정에 의해 지배되는 반면, 나머지 두 가지는 대부분 이차적 사고 과정의 영향을 받는다.

- 유전발생적 관점: 인간 행동은 어린 시절의 인생 경험이 현재의 성격을 설명할 수 있다는 시간적 과정을 따른다. 어린 시절부터 형성된 정신성욕적 발달 단계와 축적된 경험은 성격 특성과 신경증 증상을 포함한 현재의 행동을 결정한다. 유전발생적 관점은 생물학적−체질적 요인은 물론, 경험적 요인도 중요하게 간주한다.
- 역동적 관점: 이 관점에 따르면, 인간 행동은 역동적 충동(impulse)이나 추동 간의 상호작용에 의해 결정된다고 한다. 이러한 욕망은 대개 리비도적(성욕적) 추동과 공격적 추동으로 이루어져 있다. 본능적 추동, 방어, 자아 흥미, 갈등에 관한 가설은 이러한 관점에 기초하며, 역동의 예로는 양면성, 중복 결정(overdetermination), 증상 형성 등을 꼽을 수 있다.
- 경제적 관점: 인간 행동은 에너지를 필요로 한다. 마찬가지로, 인간 행동은 정신적 에너지에 의해 추출되고 활용되며 규제받는다. 이 에너지는 정신 구조와 과정을 기르는 중요한 자양분이다. 에너지의 결속 및 중화(해제) 과정은 (사람과 같은 대상에 대한) 고착[1]이라고 부른다.
- 구조적 관점: 인간 행동은 원초아, 자아, 초자아라는 세 개의 주요 성격 구조 간의 상호작용에 의해 결정된다. 이들 구조는 지속되는 기능적 단위다. 원초아는 모든 추동과 본능의 저장 창고다. 자아는 원초아에 대한 '불안 최소화' 방어기제를 포함하여 행동 조정과 조직을 담당하는 일군의 기능으로 구성된다. 초자아는 도덕적 · 사회적 가치의 산물이다. 자아의 주요 기능은 원초아, 초자아, 외적 현실로부터 비롯된 상충적 욕구에 대한 중재 역할 수행이다.
- 적응적 관점: 인간 행동은 외적 현실, 특히 사회적 현실의 요구에 순응해야 한다는 입장이다.

현대 정신분석 이론가들은 앞서 언급한 기본적인 메타심리학적 가정을 다양한 방식으로 다룬다는 점을 유념해야 한다. 예를 들어, 무의식적 동기 강화 인자(motivator)와 초기 발달 과정의 역할에 대해서는 모두가 동의하지만, 정신성욕적 단계와 대비되는 심리사회

---

1) 역자 주: cathexes, 심적 에너지가 특정 대상에 집중되는 현상으로 카텍시스라고도 한다.

적 단계의 가치나 원초아, 자아, 초자아의 심리 구조가 지닌 가치에 관해서는 학자에 따라 상이한 입장을 보인다.

앞에서 논의된 내용 외에, 다음과 같은 몇 가지 추가적인 관점이 제안되었다.

- 심리사회적(psychosocial): 사회적 힘, 특히 어린 시절의 가족적 맥락은 인간 행동에 강력한 영향을 미친다.
- 게슈탈트(gestalt): 인간 행동은 다면적이며 다중적 요인에 의해 결정된다. 지각, 운동, 인지, 정동 측면과 그것이 발생하는 공간적 · 시간적 맥락에 따라 개념적 분화를 보임에도 불구하고, 인간 행동은 궁극적으로 통합적이며 불가분의 성격을 지닌다.
- 유기체적(orgasmic): 인간 행동은 고립되어 수행되는 것이 아닌 전체 성격 중 하나의 반영이거나 구성요소다. 따라서 인간 행동은 총체적 성격의 구조적이고 기능적인 체제 안에서 설명되어야 한다. 임상적 관점에서 볼 때, 맥락이나 성격의 나머지 부분으로부터 분리되어 수행되는 행동은 대개 병리를 반영한다.

전제 또는 관점 자체의 엄청난 복잡성과 풍부함(메타심리학적 가정이라고도 부름)은 보다 쉽고 상세한 개념 서술을 통해 설명하는 것이 바람직하다. 서로 연관된 여러 가지 가정에 대한 완전한 설명은 거의 불가능하겠지만, 이는 실제 환경에서 살아가는 실제 인물에 대한 이해를 시도하려는 접근 방식을 표적으로 삼고 있다. 이러한 복잡성은 진단 영역에서 특히 두드러진다. 정신역동적 관점에서의 진단 평가는 인간의 심리 상태에 관한 이해를 제공한다. 정신역동적 접근은 성장, 경험, 가족, 사회, 자기(self), 관계, 정신내적 현상, 상징화, 주관성, 영성, 욕구, 인격, 방어, 행동 등 무수히 많은 심리적 차원을 다룬다. 이는 또한 체질, 기질, 유전적 특징뿐 아니라, 앞서 언급한 차원과의 상호작용 과정에서 이들이 수행하는 역할을 다룬다. 진단 평가는 반드시 평가 대상(사람)의 모든 영역을 포함하며, 대상자의 자아 강도(ego strength), 성격 스타일, 통찰력 등과 같은 차원에 초점을 맞추는데, 구체적인 상담 및 심리치료 내용이 결정되고 나면 이들 공식적이고 객관적인 명칭은 급속도로 무관하게 된다.

정신역동 접근과 다른 심리치료 접근 지지자들은 광범위하고 심지어 의무적으로 쓰이는 미국정신의학회(American Psychiatric Association)의 '정신질환의 진단 및 통계 편람(Diagnostic and Statistical Manual of Mental Disorders: DSM)'과 '국제 질병 분류(International Classification of Diseases: ICD)' 진단 체계에 대해 다수의 중대한 불만을 제기하였다. 비판

중 다수는 DSM과 ICD의 정신의학적 질환에 대한 반이론적이고(atheoretical) 순전히 기술적인(descriptive) 분류체계 개발 시도에 집중되었다. 정신분석 기관 연합의 협동 실무 회의(Collaboration Task Force of the Alliance of Psychoanalytic Organizations)는 인간 기능 및 역기능이 지닌 복잡성과 주관성을 반영하는 포괄적이고 체계적인 대안을 제안하였다. 협의체가 제시한 결론은 2006년 '정신역동 진단 매뉴얼(Psychodynamic Diagnostic Manual: PDM)'에 수록되었다. "…… PDM은 개인의 모든 기능 범위(감정, 인지, 사회적 패턴의 외양과 심층)를 특징짓기 위한 진단 체제다. 이는 개인적 차이와 함께 공통점 또한 강조한다. …… PDM은 최신 신경과학, 치료 성과 연구, 그 밖의 실증적 조사 연구에 기반하고 있다."(PDM Task Force, 2006, p. 1)

## 4. 정신역동 상담 과정

정신역동 상담은 정신분석 접근이나 이의 여러 파생형에 비해 전혀 손색없는 심리치료 개입으로 인정받고 있다. 정신역동 치료와 정신분석 치료는 각각 상이한 목적을 지니며, 통상 서로 다른 집단을 대상으로 한다. 고전적 정신분석 접근/치료에는 '적합성(suitability)'에 대한 매우 엄격한 기준(요건)이 요구된다. 예를 들어, Fenichel(1945)은 당대의 신경증에 관한 정신분석 이론의 정통한 설명을 통해, 정신분석적 치료에 적합한 증상(indications)과 금기(비적응) 증상(contraindications)을 제시하였다. Fenichel은 정신분석 치료가 부적합한 구체적 금기 증상의 사례로 나이, 불충분한 지능, 좋지 않은 생활 환경, 경미한 증상(triviality)의 신경증, 신경증 증상의 긴급성, 심각한 언어 장애, 합리적이고 협조적인 자아의 결여, 특정한 이차적 이득, 조현성 성격 등을 지적하였다. 정신분석 이론이 발전을 거듭함에 따라, 이러한 금기 증상(비적응증) 중 일부에도 효과를 발휘하는 진전이 만들어지고 있다. 예를 들어, 고령자들은 대부분의 경우 정신분석 개입에 적합한 것으로 밝혀졌다. 정신분석 기법 수정은 경계성(borderline) 성격장애, 조현성(schizoidic) 성격장애, 심지어 정신병(psychotic) 진단을 받은 사람에게도 분석적 접근 혹은 분석 기반 접근을 받을 기회를 열어 주었다. 오이디푸스 시기 전의 정신 상태에 관한 이해 측면에서 상당한 진전이 이루어졌으며, 그 결과 전이와 자기애적 신경증 간의 엄격한(hard-fast) 구별은 사라지고 있다.

정신분석 치료의 기본 개념은 (증상, 꿈, 공상, 방어, 성격 유형에 대한) 자유 연상(free association), 해제 반응(abreaction), 전이(transferrence), 저항(resistance), 해석(interpretation)

등을 포함한다. Greenson(1967, Chapter 1)은 이후 파생된 여러 유사 이론의 기초가 된 정신분석 치료 기법의 주요 구성요소들에 관한 설명을 제공하였다.

　자유 연상은 정신분석 치료에 사용되는 자료(material)를 생산하는 모든 방법 중 가장 높은 우선순위를 차지한다. 정신분석 상담 및 심리치료에서 자유 연상의 활용은 선별적으로 이루어져야 한다.

　Greenson(1967, p. 33)은 전이를, "현재 어떤 사람에 관해 경험하는 기분, 추동, 태도, 공상, 방어로서 그 사람에게는 부적절하며 원래는 유년 시절 친밀한 사람에 관해 품었던 반응의 반복이자 대치(displacement)"라고 정의하였다. 전이 반복은 다른 방식으로는 접근하기 힘든 중요한 자료를 분석 작업으로 가져다준다. Freud는 또한 정신분석 치료사와 정신분석 작업이 환자의 정서적 삶의 중심이 되며, 분석 상황에서 환자의 신경증적 갈등이 되살아나는 일군의 전이 반응을 설명하기 위해 전이 신경증(transference neurosis)이라는 용어를 사용하였다(Freud, 1914/1958). 한편, 통상적인 재활 목표 달성에 있어, 전이성 신경증 확립 필요성과 적절성은 인정되지 않는다.

　저항은 정신분석 작업 절차와 과정에 반하는 환자 내부의 모든 힘을 의미한다. 저항은 그 근원과 관계없이 의식적으로나 무의식적으로 자아를 통해 작동한다. 저항은 환자가 자신의 지난 삶에서 활용했던 모든 방어 작업 반복을 통해 제시된다. 정신분석 치료의 주요 과제는 저항을 철저하고 체계적으로 분석하여 내담자의 저항 방식, 내용, 저항이 발생하게 된 원인을 밝혀내는 것이다. 궁극적으로, 저항은 외상적인 상태를 방지하기 위한 노력이다.

　정신분석에서는 다양한 치료 절차가 사용되는데, 이들은 모두 자기 통찰 심화라는 직접적 목표를 지닌다. 그 밖에 다른 기법들은 통찰의 증가가 아닌 이의 획득에 필요한 자아 기능을 강화한다. Greenson(1967)은 비분석적 절차의 실례로 해제 반응을 활용하였는데, 이는 위험한 감정을 감소시키는 본능적 긴장의 충분한 방출을 허용하고, 분석 작용이 가능할 정도로 자아를 안전한 상태로 만들어 준다. 해석은 가장 중요한 분석 도구로, 다른 기법들은 모두 이론과 실제 모두에서 해석을 위한 보조적 역할을 담당한다. 다만, 해석의 독보적 위상에 대한 예외가 대두되었는데, 이는 특히 직접 경험 강조와 인지적 접근의 상대적 경시 측면에서 두드러진다.

　정신적 현상의 실제적 '분석'에서 요체(crux)는 통상 명확히 구별되는 네 가지 절차를 포함한다(Greeenson, 1967). 이들은 각각 직면(confrontation), 명료화(clarification), 해석(interpretation), 훈습(work through)이다.

- 직면은 정신 현상 분석의 첫 번째 단계다. 치료사는 의심 가는 정신 현상을 환자에게 분명히 자각시켜야 한다. 일례로 Greenson이 지적한 바와 같이, 정신분석 치료사는 환자가 치료를 빼먹는 현상을 평소 그에게서 발견되는 불쾌한 상황에 대한 꺼림 경향과 결부시켜 생각해 볼 수 있다. 직전 회기(치료에 불참한 회기를 기준으로)에서 환자가 자신의 잘못된 행동으로 인해 치료사가 화가 났다고 생각하게 만든 '논쟁적' 문제가 다루어졌다고 가정해 보자. 이러한 경우, 치료사는 그다음 회기에 환자가 자신이 처한 불쾌한 상황을 회피하려는 습관 속에 내포된 특정한 공포의 본질을 직면하도록 유도한다. "선생님은 잊어버린 게 아니라 제가 화를 낼 거라고 생각해서 미리 겁을 먹고 치료를 빼먹은 것 같은데요?"

- 명료화는 분석 대상이 되는 정신 현상의 내용과 의미를 명확히 설명하는 것을 목표로 하는 일련의 활동을 지칭한다. 치료사는 중요한 세부 내용을 파악하여 이를 외생적 문제와 분리해야 한다. 의심되는 정신 현상의 패턴과 형태는 별도로 분리하여 다루어야 한다. 예를 들어, Greenson은 환자에게 적개심에 의한 보복을 두려워하는 상황을 연상시키면 자신이 가진 분노 감정을 다른 사람에게 투사함으로써 그것을 회피하려는 환자의 성격을 이해할 수 있다고 지적하였다. 이처럼, 명료화는 환자가 자신이 느끼는 분노감을 어떻게 다른 사람에게 투사하는지와 이에 따르는 환자의 거부감에 관한 공포를 잘 보여 준다.

- 해석은 "다른 모든 심리치료와 정신분석을 구별하는 궁극적이며 결정적인 수단이자 절차다. …… 해석은 무의식적 현상을 의식 가능한 상태로 만드는 기법이다. …… 이는 주어진 정신적 사건의 무의식적 의미와 근원, 역사, 양식(mode), 원인을 의식 가능한 상태로 만드는 기법이다."(Greenson, 1967, p. 39) 앞서 언급된 환자에게는 아버지에 관한 정확한 이해와 왜곡된 이해 둘 다를 바탕으로, 그녀가 아버지를 향해 품고 있는 양가감정을 치료사에게 되풀이하여 표현하고 있다는 해석이 주어졌다. 특히 환자는 자신이 아버지를 반대한다면 아버지가 자신을 거부하거나 버릴지도 모른다는 무의식적 믿음을 가지고 있었다. 가족력과 아버지에 관한 회상을 통해 우리는 환자의 아버지가 자녀들에게 다소 엄격했다는 사실을 알 수 있었다. 그러나 사실 환자의 아버지는 그녀의 말처럼 그렇게 권위적이지는 않았다. 일반적으로, 연상의 흐름과 같은 환자의 반응을 활용하면 해석의 정확성과 적절성 여부를 가늠할 수 있다.

- 훈습은 분석 과정의 최종 단계다. 훈습이란 통찰을 얻은 후에 발생하는 일련의 복잡한 절차와 과정을 말한다. 통찰에 의한 변화 유도를 가능하게 하는 분석 작업이 훈습

이다. 이는 주로 통찰에 의한 변화 유도를 방해하는 저항에 대한 반복적이고 전향적이며 정교한 설명을 일컫는다(Greenson, 1967, p. 42). 변화는 실제로 훈습을 통해 일어난다. 앞서 언급된 환자의 경우, 훈습의 한 단면은 환자가 자신의 적대적 감정을 다른 사람, 특히 부모에게 투사하는 여러 상황의 실증을 포함한다. 보복적 처벌과 거부에 대한 기대는 이제 그녀 자신의 불순종과 고집스러움으로 인해 버림받을지도 모른다는 유아적 두려움으로 간주될 수 있다. 숨겨져 있던 많은 사실이 드러남에 따라, 치료사는 환자가 스스로의 적대적 감정을 마주하는 것을 피하는 수단으로서, 투사의 활용에 관한 통찰을 가지도록 도와야 한다. 자신이 버림받을지 모른다는 두려움이 감소함에 따라, 환자는 자기 확증(self-affirmation)을 이기심 및 적개심과 구별하기 시작한다.

상담사와 환자 사이의 전이 해결을 포함하여 치료가 의도했던 주요 목표 달성에 있어 만족할 만한 효과를 거두었다는 공감대가 형성되면 상담을 종결(termination)할 수 있다.

작업 동맹(working alliance)에 관한 설명으로 주요 분석적 개념과 과정을 다룬 이 단원을 맺고자 한다. "작업 동맹은 분석이 이루어지는 상황에서 환자가 분명한 목적을 가지고 임할 수 있는, 치료사와 환자 간의 상대적으로 비신경적이며 합리적인 관계를 의미한다. 작업 동맹은 신경증으로 인한 고통과 함께 분석 작업을 통한 치료 동기를 제공한다. 환자의 신경증적 전이 반응은 가공되지 않은 분석적 매개 대부분을 제공한다."(Greenson, 1967, pp. 46-47)

PDPT를 다른 심리치료 이론과 구별해 주는 특징은 무의식적 결정요인과 전이의 역할에 관한 강조다(Patton & Meara, 1992). 다른 상담 접근과 마찬가지로, 대처에 관한 즉각적 명령; 정동 반응 처리, 가족적·사회적·직업적·기능적 결과 협상; 낙인과의 싸움 등이 치료적 만남을 지배한다. 상실, 슬픔, 자아상, 수치심, 분노, 우울증 등에 관해 정신역동적 접근이 영향을 미치는 내용에 대해서는 —그것이 정신역동적 탐구에만 국한된 것은 아닐지라도—특별히 관심을 기울이는데, 이는 실용적이고 사회적으로 지향된 개입이 반드시 유익한 것만은 아니기 때문이다. 기능 회복에 초점을 둔 치료 절차는 손상된 대상으로 인식되는 신체 부위와 신체 상황 혹은 기능 상실로 인한 슬픔의 욕구와 역할을 상쇄할 수 있다.

통상적인 재활 상황은 정신분석을 통한 정교한 치료 활동을 정당화하지 않는다. 정신역동 이론과 상담 개념 간의 관계 이해에 대한 구체적 기여는 Bordin(1980), Gelso와 Carter(1985), Robbins(1989) 등의 연구에서 찾아볼 수 있다. Thomas와 Siller(1999, pp. 193-194)는 다음과 같이 언급하였다.

대다수의 재활 상황에서 장기적인 성격 분석은 현실적인 이유에서 실현 불가능하다. 단기적이고 집중적인 정신분석적 탐구가 그나마 재활 현장에서 가장 유용할 것이다……. 치료에 소요되는 기간(장기 대 단기) 문제는 별개로 하더라도, 탐색을 중시하는 입장에 견주어 성격에 대한 집중적 분석의 상대적 효율성을 둘러싸고 이론적 쟁점이 존재한다. 우선, 일반 인구 중 집중적인 성격 분석 기준을 충족하거나 욕구를 지닌 사람은 상대적으로 소수에 불과하다. 새로이 장애를 가지게 된 사람들의 경우 대부분 손상된 기능 회복이나 자신이 처한 의료적 상황 등의 현실적 어려움이 더 중요한 문제이기 때문이다. 이 같은 조건으로 인해 대부분의 경우 최근 장애를 가지게 된 사람들에게는 집중적인 성격 분석 개입이 적합하지 않다. …… 단기간에 제공 가능한 집중적 개입을 활용하면 장애 발생 시기나 장애 정도에 관계없이 모두에게 충분한 도움을 줄 수 있을 것이다. 집중적인 성격 분석은 한 개인의 전반적인 욕구와 성격의 중요성에서 장애의 존재가 부차적일 경우에 선택된다.

## 5. 재활에 대한 적용

재활과 장애 문제에 대한 정신역동 이론의 적용은 다음의 네 가지 커다란 영역으로 나누어 생각해 볼 수 있다. ① 심리사회적 적응 과정에서 장애인과 만성질환자들이 활용하는 방어기제, ② 장애가 신체상과 자기 지각에 미치는 영향, ③ 슬픔, 부인, 분노, 우울증으로 표출되는 상실, 외상, 장애 등에 대한 반응 관련 연구, ④ 장애인에 대한 태도의 구성요소와 의미.

### 1) 신체 장애에 대한 대처 맥락에서의 방어기제 관련 연구

방어기제에 관한 연구는 만성질환, 생명을 위협하는 조건, 신체/감각 장애 발생이 개인에게 어떤 영향을 미치는지를 이해함에 있어 정신분석과 자아심리학의 주요한 공헌 중 하나다. 방어기제는 자아가 불안과 다른 여러 유해한 감정을 막을 수 없거나 수용하기 힘든 충동에 대처할 수 없을 때 동원되는 무의식적 과정으로 간주된다(Freud, 1936/1946). 이렇게 내적 상태 약화를 완화시키기 위해 자아는 다음과 같은 여러 가지 심리적 방어 전략에 의존할 수 있다.

① 억압(repression): 정신내적 갈등과 고통스러운 경험의 의식적 자각을 축출하려는 시도[예: 가시적인 선천적 장애를 가진 사람이 어린 시절 일상생활에서 가까운 사람들(significant others)이 자신의 장애에 대해 보인 반응에서 비롯된 수치스러운 감정을 억압하려는 행위].

② 투사(projection): 무의식의 금지되고 수용할 수 없는 소망, 욕구, 충동을 몰아내고 외재화(externalizing)하며, 이를 다른 사람의 탓으로 돌리려는(귀인) 시도(예: 최근에 장애인이 된 사람이 재활 과정에 진전이 없는 것은 자신의 노력이 부족해서가 아니라 의료진이 무능하기 때문이라고 생각하는 현상, 장기간의 과다한 흡연으로 인해 폐암에 걸린 사람이 환경 조건을 탓하는 행위).

③ 합리화(rationalization): 이미 벌어진 사실을 활용하여 수용할 수 없거나 당황스러운 행동에 관여한 것을 허위로 정당화(false justification)함으로써 부정적 감정이나 결과를 방지할 수 있다는 생각(예: 다른 사람들과의 대화에 참여하지 못하는 청각장애인이 그 원인을 지루함이나 피로감 탓으로 돌리려는 시도).

④ 부인(denial): 부인에 관한 다수의 개념 정의 중, 정신분석학적 관점이 반영된 가장 유력한 주장은 다음과 같다. 부인은 내적 혹은 외적 고통(불안 유발적, 위협 유도적) 자극과의 대면을 제거, 왜곡, 거부하려는 정서와 인지 과정의 복합체를 의미한다(예: 오랜 기간 휠체어를 사용해 온 척수장애인이 여전히 자기가 다시 걸을 것이라고 주장하는 행위). 하지만 대개의 경우 현실을 무시하려는 뻔뻔스러운 부인보다는, CID의 숨은 의미를 최소화하거나 타인의 예상되는 태도에 동반된 염려가 주된 부인의 대상이다.

⑤ 승화(sublimation): 유익하고 사회적으로 승인된 행동을 채택하여 금지되고 사회적으로 수용하기 힘든 소망과 충동을 표출하려는 시도(예: 예기치 않은 정형외과적 장애를 당한 사람이 무관심한 사회를 향한 분노와 보복하려는 마음을 예술적 노력에 집중하거나 장애인이나 만성질환자 등 다른 사람에 대한 자선 행위로 돌리려는 행위).

⑥ 반동 형성(reaction formation): 금기시되는 감정이나 반응을 그것과는 상반된 감정과 반응으로 대치하여 표현하려는 시도(예: 심각한 신체적 기형을 지니고 태어난 아이에 대해 혐오와 거부감 대신 극단적 애정 행위와 과잉보호를 보이는 부모).

⑦ 퇴행(regression): 발달 단계 초기에 장애인 이용자가 처음 보였던 유아적 행동으로 되돌아가려는 시도[예: 최근 장애인이 된 사람이 자신의 바람이 즉각적으로 충족되지 않을 때 울화통(temper tantrum)을 터뜨리는 경우].

⑧ 보상(compensation): 장애를 촉발한 상실을 보충하기 위해 기능적으로 관련된(직접적

또는 일차적 보상) 또는 거의 관련이 없는(간접적 또는 이차적 보상) 활동이나 행동에서 탁월함을 추구하려는 시도(예: 어린 나이에 시력을 잃은 사람이 성공한 음악가가 된 사례)

재활 및 장애 연구의 맥락에서 앞에서 간략히 논의된 내용과 그 외의 방어기제는 Caplan 과 Shechter(1987), Castelnuovo-Tedesco(1981), Cubbage와 Thomas(1989), Grzesiak과 Hicok(1994), Kruger(1981-1982), Livneh(1986, 2009), Neiderland(1965) 등의 연구에서 확인 할 수 있다.

끝으로, 전통적 시각에서는 방어기제로 간주되지 않지만, 이와 관련된 개념으로 일차적 이득(primary gain)과 이차적 이득(secondary gain)이 있다. 일차적 이득은 스트레스 유발 정동(stress-inducing affect)의 완화와 직결된 증상 및 행동을 지칭한다. 이에 반해, 이차적 이득은 일종의 사회적으로 부당한 이득 추구(예: 가족이나 직업적인)를 지칭하는데, 개인에게 그가 이전에 수행하던 역할과 활동에 관여하지 않도록 허용한다(예: 상태가 호전되었음에도 사회보장 혜택의 중단이나 가사 노동 재개를 거부하는 요통 환자). 삼차 이득 또한 종종 관찰되는데, 이는 재정적 혜택이나 심리적 혜택 등과 같이 CID는 아니지만 이와 무관하지 않은 이득을 의미한다.

## 2) 장애가 신체상과 자기 지각에 미치는 영향

신체상은 자신의 몸에 대한 무의식적 표상으로 간주된다(Schilder, 1950). 최근 정의에 따르면, 신체상은 '개인적 · 환경적 요인에 의해 영향받는 자신의 신체 형태, 기능, 외모, 바람직한 상태(desirability)와 관련된 심리적 경험, 감정, 태도'의 기본 구조(fabric)라고 간주된다(Taleporos & McCabe, 2002, p. 971). Schilder는 인간은 자신만의 신체 구조에 대한 일단의 참조 모델(도식: schemata)을 생성한다고 제안한 Head(1920)의 초기 공헌을 토대로, 이들 옵션을 확장하여 신체상을 자아상, 자기 개념, 개인적 정체성의 핵심에 존재한다고 개념화했다. 이 같은 정신적 그림(mental picture)은 개인적 차원, 대인적 차원, 환경적 차원, 시간적 차원을 아우르는 상징적 · 정서적 중요성을 지닌 3차원적 이미지를 반영한다(Cash & Pruzinsky, 2002; McDaniel, 1976; Shontz, 1975).

만성질환과 장애는 신체상을 수정 또는 왜곡하고, 이는 다시 자기 개념에도 영향을 미친다. 왜냐하면 장애인은 자신에게 부과된 육체적 변화에 직면해야 하기 때문이다(Falvo, 2005). 나아가, 새로운 장애 관련 현실에서 생겨나는 문제[예: 고통, 외형 손상(disfigurement),

감각 및 이동 능력 제한, 인지 왜곡)는 모두 신체상의 안정성을 위협하고, 그의 구조, 지각, 역동적 조작 변화를 요구한다(Bramble, 1995). 장애 상태에 대한 성공적인 심리사회적 적응은 부과된 육체적 변화를 재구성된 신체상에 통합시킨 다음, 이를 다시 개인의 정체성으로 통합하는 과정을 포함한다. 이에 반해, 적응 실패는 종종 심인성 통증(psychogenic pain), 만성 피로와 에너지 고갈, 정서 불안 · 당황 · 수치심 · 자기 연민 · 우울 · 분노 · 사회적 위축; 관련 신체 부위 상실이나 기능 손상에 대한 부인 시도 등을 포함하는 신체적 경험과 정신의학적 증상을 주된 특징으로 한다.

정신분석 이론의 맥락에서, 만성질환이나 후천적 장애 발생은 심각한 자기애적 상처와 마찬가지다. 왜냐하면 자기애와 신체상 발달은 정상적인 인간 발달 과정에서 평행 경로를 달리며 진행되기 때문이다(Grzesiak & Hicok, 1994). 더욱이, 신체(또는 신체 일부분)는 자아 형성/발달(Siller, 1988; Szasz, 1957)에 의한 고착이 가장 먼저 진행되는 대상이라는 점에서, 신체상에는 원초적(archaic)이고 상징적인 의미가 부여된다. 그러므로 신체에 대한 상처(injury), 특히 발달 초기 단계에서의 상처는 흔히 정체성 혼란, 약화된 자존감, 정서적 고통을 초래한다(Greenacre, 1958; Thomas & Siller, 1999).

유사한 맥락에서, Neiderland(1965)와 Castelnuovo-Tedesco(1981)는 어린 시절 신체적 결함은 이에 따른 구체적 어려움, 영속성, 태생적 불안과의 연관성(예: 거세 공포중, 신체 해체 불안, 분리 불안)으로 인해, 자기애 손상(자기애적 자아 손상이라 부르기도 함)과 해결되지 않은 갈등으로 이어질 수 있다고 주장하였다. 이러한 해결되지 않은 자기애적 상처는 와해된(disrupted) 신체상을 초래하며, 이는 다시 종종 왜곡되긴 하지만 고도화된 예술적 · 인지적 창의성을 부여하는 비현실적 자기 개념을 이끌어 낼 수 있다. 자기애적 상처가 그 자체를 보상적 방식으로 표현할 때, 이는 증가된 공격성, 과도한 취약성, 손상된 대상관계, 자기 거대화(self-aggrandizement), 망상적 신념 등으로 이어질 수 있다(Catelnuovo-Tedesco, 1978, 1981; Grzesiak & Hicok, 1994; Krystal & Petty, 1961; Neiderland, 1965).

장애 발생 시점에서의 발달 단계는 매우 중요한 의미를 갖는다. 분리 개별화, 오이디푸스, 청소년 단계에서의 자기애적 상처는 개인을 신체상 왜곡, 자기 표상 불안정감, 자기 개념 외상화 등에 가장 취약하게 만드는 것으로 여겨진다(Castelnuovo-Tedesco, 1981; Earle, 1979). 신체 부위 상실이나 제거는 잠재적인 심리적 장해(disturbance)를 동반하며, 신체 일부 획득이나 추가(예: 장기 이식) 역시 유사한 정도로 혼란스러울 수 있다. 장기 기증인 대부분이 이미 죽은 사람이거나 신장의 경우처럼 장기 기증인이 생사가 위태로운 상태에 놓여 있을 가능성이 높다는 점에서, 장기 이식은 죽음에 대한 공포를 유발한다. 이는 또한 자신이 다른 사람의 생명 유지에 필요한 장기를 **빼앗았다**는 생각과 함께 자책, 죄책감, 처벌에 대한 두려움 등의 감정으로 이어질 수 있다(Castelnuovo-Tedesco, 1978). 장애 연구의 맥락에서 신체상의 역할에 관한 추가 논의는 Block과 Ventur(1963), Lussier(1980)의 연구에서 찾아볼 수 있다.

### 3) 상실과 장애에 대한 심리사회적 반응

수많은 이론과 임상적 접근이 장애 및 만성질환 발생에 대한 심리사회적 반응의 본질, 구조, 시간적 전개 과정 등의 설명을 시도하였다. 이들 이론은 모두 장애 발생 후 나타나는 개인의 대응, 대처, 수용 방식은 확연히 구별되는 일련의 순서에 따라 진행된다는 가정에 암묵적 동의를 나타낸다. Bellak(1952), Blank(1961), Cubbag와 Thomas(1989), Degan(1975), Engel(1962), Gunther(1971), Kruger(1981-1982), Krystal과 Petty(1961), Langer(1994), Neff와 Weiss(1961), Nemiah(1964), Pollock(1961), Siller(1976), Thomas (1994), Thomas와 Siller(1999) 등은 정신분석 이론에 영향을 받은 연구 논문을 발표하였다.

앞서 언급한 연구자 대부분은 CID 발생에 대한 심리사회적 적응 과정을 다음과 같이 설명한다. ① '정상적' 또는 '온전한' 신체의 소유('이전의 자아')에서 불완전한 혹은 완전하지 않은 신체 소유('현재의 자아')로의 상징적 이행(transition) 반영, ② 이전에 지녔던 신체적·심리적·사회적 자아 상실을 수용해야 하는 상태, ③ 성공적으로 종결될 경우, 장애인으로서의 새로운 자아상 재정립으로 이어질 수 있는 신체 일부 혹은 그 기능 상실에 대한 애도기간 설정, ④ 신체 부위와 CID에 관해 개인과 사회가 지닌 상징적 의미에 의해 결정됨(CID 발병에 따른 기능 손상은 물론 자기애와 자아 존중이라는 함축된 의미 양자 모두에서), ⑤ 거세 불안, 분리 불안, 사랑하는 대상 상실에 따른 두려움, 의존 요구 등을 포함하는 무의식적 소망, 욕구, 불안은 상당한 영향을 미침, ⑥ 손상된 자아와 외계로부터, 그리고 장애와 장애로 인한 변화 최소화를 위한 방어적 역할을 수행하는 부인 기간이 지난 후, 고착이 사라지고, 새로운 신체와 자아상, 대안적 욕구와 이의 충족, 장애 발생 결과로 새롭게 직면하는 현실과의 관계 재구축 등에 에너지가 재투입됨.

정신분석학 이론에 영향을 받은 다수의 문헌은 장애 적응 과정 중에는 다음과 같은 반응 (대부분의 경우 내부적으로 결정된 심리사회적 단계로 간주한다)이 나타난다고 지적한다. ① 충격, 불신, 무질서한 혼란(disruption), ② 불안(실명이나 절단과 같이 장애, 상실, 상해 등의 결과 어린 시절의 거세 공포가 다시 살아나는 듯한 불안), ③ 실제적 대상 상실에 대한 슬픔, 비탄,

우울 등과 자기애적 투자, 감정적 고착, 자아상의 필연적 변화, ④ 장애 또는 질병의 부인 (장애의 본질, 기능적 함의, 예후, 유형, 정도, 상태의 심각성 등과 관계된 감정 부인), ⑤ 분노와 공격성(내면을 향하여 죄책감과 수치심을 느끼거나, 밖으로 향하여 타인에 대한 비난과 보복 욕구를 일으킴), ⑥ 적응, 재통합, 복구[상실 대상 탈고착의 성공적인 해결 '애도 작업'과 자기상(self-image)의 재형성].

## 4) CID를 가진 사람들에 대한 태도

CID를 가진 사람들에 대한 태도의 기원, 형성 과정, 구조는 정신역동적 관점에서 광범위하게 다루어져 왔다. 초창기 정신분석 이론(관점)은 CID를 가진 사람에 대한 사회 전반의 부정적 태도는 다음과 같은 이유에서 비롯되었다고 가정한다. ① CID는 인간이 범한 나쁜 행동에 대한 '신성한' 처벌이라는 믿음, ② 보복당할 가능성이 최소인 CID를 가진 사람(정당하게 벌을 받은 사람)에게 수용할 수 없는 충동과 소망을 투사하려는 시도, ③ CID가 처벌로서 부당하게 가해졌을 경우라도 CID를 가진 사람은 부당한 행위에 대항하기 위해 악행을 저지를 동기가 있으므로 위험하며 피해야 한다는 인식, ④ 가시적인 CID를 가진 사람에게 노출되었을 때 '매력/끌림' 대 '혐오/회피'의 갈등을 유발하는 초기 정신성욕적 발달 단계에서 도시증(scopophilia)과 노출증에 관한 해결되지 않은 갈등(예: 미적 또는 미용적으로 신체적 손상이 있는 사람), ⑤ 장애인과 접촉하거나 교류하는 비장애인을 부적응자로 몰아가거나 사회적으로 배척하려는 경향, ⑥ 다른 사람이 가진 장애와 그로 인한 기능 손상 및 장애가 그 사람에게 미치는 영구적 영향을 목격한 다음, 자신이 장애인이 아니라는 데서 갖게 되는 미안함('살아남은 자의 죄책감'과 유사한 현상), ⑦ 상실과 장애는 죽음과 파괴를 나타내고, 이는 어린 시절의 죽음에 대한 공포를 연상시키며 인간은 필멸의 존재라는 사실을 부각시킨다는 점에서, 장애를 죽음에 대한 암시로 보는 관점, ⑧ 장애를 손상되지 않은 자신의 신체상에 대한 위협으로 간주하며, 어린 시절의 거세 불안과 흠 없는 육체의 손상에 대한 두려움을 환기시키는 매개로 보는 관점, ⑨ 관찰자의 부서지기 쉬운 외모에 대한 우려를 더욱 부채질하는 미적 · 본능적 혐오감에 의해 촉발된 불안, ⑩ 인체의 중요성과 신성함에 대한 비장애인의 깊게 뿌리박힌 가치와 신념의 보호 역할을 담당하는 온전한 육체 상실에 대한 '애도 요구'(Barker, Wright, Meyerson, & Gonick, 1953; Blank, 1957; Chan, Livneh, Pruett, Wang, & Zhang, 2009; Degan, 1975; Greenberg, Pyszczynski, & Solomon, 1997; Hirschberger, Florian, & Mikulincer, 2005; Livneh, 1982; Livneh et al., 2014; Siller, 1976, 1984;

Siller, Chipman, Ferguson, & Vann, 1967; Thomas, 1995; Wright, 1983).

　　Siller와 동료들(Siller, 1970, 1984; Siller et al., 1967)은 여러 유형의 장애인에 대한 태도를 다양한 각도에서 연구한 바 있다. Siller 등은 장애인에 대한 태도는 본질적으로 다차원적이며, 전형적으로 상호작용의 긴장, 친밀감 거부, 일반화된 거부, 권위주의적 미덕(virtuousness), 암시된 정서적 결과, 고통과의 동일시, 장애인 당사자에 대한 기능 상실 책임 전가 등의 요소를 반영하는데, 이들은 각각 상이한 발달적·성격적 뿌리를 지니고 있다고 결론지었다. 그는 또한 자신을 향한 다른 사람들의 반응을 자각하고 있는 장애인 또는 만성질환자는 사회적 상호작용의 긍정적 통제와 자기 존중(self-regard), 지지를 북돋아 주는 생산적 행위에 필요한 역량을 확보할 수 있다고 제안하였다. 이와 관련하여, Wright(1983)를 비롯한 다수의 연구자들이 제시한 대처 반응 대 굴복 반응(coping versus succumbing responses)에 관한 비분석적 관점은 장애인 또는 만성질환자의 자기 표상이 유의미한 사회적 상호작용을 위한 분위기 생성에 있어 중요한 결정요인이라는 점을 입증하였다.

# 사례 연구

　　J.B.의 변호사가 자신의 의뢰인인 J. B.에 대한 심리상담을 의뢰했다. 변호사는 J. B.에게 작업 중 발생한 상해에 대한 법률적 지원과 장애로 인한 정서적 고통을 타개할 수 있는 심리적 지지가 필요하다고 지적하였다. J. B.는 부속품의 기계적 결함으로 인해 앞으로 기울어지는 운반용 카트와 부딪혀 벽 사이에 끼는 사고를 당했다. J. B.에 대한 최초의 치료(회기)는 사고가 난 후 약 1년쯤 지난 시점에 시작되었다. 그는 뼈가 부서지는 바람에 왼쪽 무릎 윗부분에서 다리를 절단했고, 옆머리에도 몇 바늘 꿰메는 정도의 가벼운 찰과상을 입었다. J.B.의 신경심리 검사 결과는, '주의 및 집중상의 어려움, 정상 범위에 속하지만 다소 느린 운동 속도, 지각 기능 장애나 청각 장애 없음, 실어증을 의심할 만한 증거는 없으나 언어 구사 능력에 상당한 장해를 보임, 정상 범위에 속하는 지능(IQ)과 기억력 보유'인 것으로 나타났다. 인지 장애, 특히 주의력과 집중력 저하는 뇌진탕에 따른 후유 증상으로 보이는데, 이는 J.B.가 호소하는 기억력 장해의 주된 원인으로 여겨졌다. 그는 사고 발생 후 3개월이 지난 다음부터 의족을 착용했고, 첫 번째 상담 회기가 시작될 때까지도 계속하여 물리치료와 보행 훈련을 받고 있었다.

　　사고 당시 J. B.는 49세였고, 공구상에서 매니저로 일하고 있었다. 그는 그리스에서 태어나 성장했고, 사고를 당하기 10년 전 미국으로 이주하였다. 그의 아내와 두 아이는 여전히 그리스에 살고 있는데, J.B.는 가족과 떨어져 사는 생활에 익숙해져 있었다.

그는 실용적이고 성실하며 신중한 직장인이자 가족적인 사람으로 보였으며, 주어진 일을 체계적이고 독립적이며 책임감 있게 처리하는 능숙한 사람이라는 인상을 주었다. 상해의 여파는 심각했는데, 그는 의족 사용 훈련에 몰두함으로써 자신의 작업 능력을 회복하려 노력하였다. 수치심, 오명, 자존감 저하 등의 문제를 극복할 마땅한 대안이 없다는 점에서, 그의 감정 상태는 예상보다 훨씬 심각하였다. 그는 거의 6개월 동안 매주 한 번씩 심리상담을 받았다.

처음 다섯 회기 동안은 주로 산업재해로 인한 사고 경위, 현재의 재활 노력, 일상생활, 개인의 배경 등과 같은 정보 파악에 주력하였다. 치료의 초점이 '외적' 상황에서 미래에 관한 불안과 불확실성으로 옮겨감에 따라, 개량된 형태의 정신역동적 심리치료가 사용되었다. 즉, J.B.에게 꿈의 내용을 이야기하도록 독려하는 한편, 꿈의 해석에 관해서는 재활에 적절한 문제로 한정하는 등 신중한 입장을 취하였다. 의족을 활용한 기능 회복 훈련이 정체되고 J.B.가 기대했던 수준의 기능 회복에 도달할 수 없다는 사실을 깨닫게 되면서 감정적 고통의 심화가 나타났고, 이는 치료의 무게중심을 정신역동적 개입으로 옮기는 계기가 되었다. J.B.는 걷기 연습과 운동에 적극적이고 열심히 임했지만, 의족을 편안하고 효과적으로 사용해도 그것으로 도달할 수 있는 능력에 한계가 있다는 사실에 절망하였다. 그 무렵 J.B.가 보인 주된 저항은 다리 절단이 가져올 기능 제한에 관한 부인과 수치심을 감추려는 시도에서 비롯된 듯했다. 그는 또한 자신의 단기 기억력 문제에 대해서도 우려를 나타냈다.

여섯 번째 회기에서, 의족을 사용해도 사고 발생 전 지녔던 작업 능력을 완전히 회복할 수 없다는 사실을 깨닫고 혼란에 빠지게 됨에 따라, 상담의 본질에 변화가 나타났다. 치료사는 직면 기법을 활용하여 J.B.가 의족을 사용하여 자유롭게 원하는 곳으로 이동하거나 외지를 여행할 수 있음에도 불구하고, 의족이 지닌 효용성과 가치를 저평가하고 있다는 점을 지적했다. 상담사는 J.B.가 이미 사용한 바 있던, "저는 남자 구실을 제대로 못하고 있다는 느낌이 들어요."라는 표현에 대해, "선생님은 자신이 육체적으로나 성적으로 매력을 상실한 사람이라고 느끼고 있습니다. 또한 의족이 모든 것을 해결해 줄 거라는 환상이 선생님의 온 마음을 지배하고 있습니다."와 같은 해석을 제시하였다. 상담사는 치료의 주된 목표로 자존감 회복과 현실 속에서의 자기 능력 인식에 중점을 두는 방법을 제안하였다. 그의 정서적 고통은 상담 내용을 의족 사용과 기능 회복에서 자존감, 남자다움, 자신의 사회적 가치 등의 문제로 확장시켰다. 낯선 사람에게 자신의 감정을 드러내는 것을 주저하던 모습은 점점 사라져 갔으며, 새로운 국면이 시작되었다.

지나치게 오래 끌었으며 부분적인 성공에 그친 의족을 통한 신체적 기능의 완전 회복 노력은 새로운 자아상과 신체상에 대한 적응을 복잡하게 만들었다. 여러 차례에 걸쳐 의족의 소켓 조정을 시행했다. 환상 감각(phantom sensations)은 존재했지만, 주된 관심사는 아닌 것으로 보였다. 여섯 번째 회기에서, 그를 괴롭히는 문제가 있는지 물었을 때 J.B.는 "제가 가장 견디기 힘든 시간은 잠자리에 들기 직전입니다. 의족을 벗는 순간 저에게 다리가 없다는 사실이 생생히 느껴지거든요."라고 대답하였다. 수면과 다리의 절단 부위를 보아야만 하는 현실에 관한 대화는 그가 꾸는 꿈의 본질, 절단된 다리와 그로 인한 기능 상실에 관한 애도 과정이라는 두 가지 의문을 던져 주었다.

추락하는 듯한 느낌의 꿈을 되풀이하여 꾸기는 하지만, J.B.는 자신을 심각하게 괴롭히는 악몽을 꾸지는 않고 있었다. 그는 자신이 꾼 꿈의 내용이 무엇을 말하는지 탐구하는 일에 익숙하지 않았을뿐더러, 연상되는 경로를 추적할 능력을 지니고 있지도 못하였다. 상담사는 J.B.에게 사고를 당하기 전에도 유사한 꿈을 꾸었는지와 이들이 현재 자신의 장애와 관련이 있다고 느끼는지를 물어보았다. 그는 이전에 그런 꿈을 꾸었던 기억은 없지만, 자기의 꿈이 의족을 착용한 채 걷거나 균형을 유지하려는 시도와 관계가 있을지 모른다고 대답하였다. 양자 간의 관계가 존재할 가능성에 동의하는 한편, 신체적 불안을 넘어 전반적인 불안 심리에 관한 개입 전략이 계획되었다. 사실상, 치료의 방향은 기능적/신체적 영역에만 몰두함으로써 왜소해진 자신에 관해 느끼는 불쾌한 감정 조절을 발판으로, 저항에 대면하고 그것을 명료화하는 쪽으로 정해졌다. 상담은 전이와 저항에 기초하여 확장된 관점을 지닌 미래에 관한 두려움 및 낙인 찍기와 같은 보다 지능화된 수준에서 이미 언급된 문제로의 복귀를 꾀하였다.

이어진 회기에서, 상담사는 J.B.로 하여금 다리 절단 부위를 마주할 때 느끼는 감정을 심도 있게 토로하도록 독려하였다. J.B.에게서 자신의 장애에 관해 뒤섞인 감정이 감지되었고, 논의는 절망감과 사고 이전부터 알던 사람을 만났을 때의 당혹감 사이의 연관성에 집중되었다. 그는 자신이 형의 가족과 같이 있을 때 훨씬 편안해 한다는 점을 발견했고, 처음으로 치료 시간 거의 전체를 정서 문제를 다루는 데에 사용할 수 있었다.

장애 발생 전, 자신과 가족의 기대에 관해 지니고 있던 가치관은 이제 자신의 현재 상황에 적합한 새로운 가치 복원을 위해 수정될 필요가 있었다. 상담사는 치료 과정 초기에 잠깐 다루었던 '애도의 필요'로 돌아가, 다리 절단과 그로 인한 이동 및 자기 존중감 손상에 따른 슬픔을 심도 있게 논의하였다. 자신의 장애와 그로 인한 기능 손상에 점차 익숙해지고 방어기제 사용이 감소함에 따라, J.B.는 장애와 기능 상실 때문에 자신이 겪은 슬픔은 자연스러운 것으로, 유약함이나 남자답지 못한 것과는 전혀 상관이 없다는 사실을 받아들이기 시작하였다. 이즈음, J.B.에게는 잠재적 위험(풍랑으로 난파 직전인 배에 타고 있다든지 사고 당시의 상황이 자꾸 재현된다든지)을 내포한 악몽이 격화되기 시작하였다. 그의 과거 및 현재 감정 상태와 대인관계에 관한 대화와 꿈 해석 작업은 J.B.가 자신감을 회복하는 데 도움을 주었고, 악몽의 위협도 점차 줄어들기 시작하였다. 치료가 끝나갈 무렵, J.B.는 훨씬 적극적으로 바뀌어 있었고, 현재의 감정 상태를 이끌어 내는 데 그의 역할이 얼마나 중요했는지 충분히 이해하게 되었다.

20여 회의 상담 치료를 받은 후, J.B.는 그리스에 있는 가족을 만나러 떠났고, 보상 문제가 해결된 직후 영구 귀국하였다. 전화를 통한 추적 조사에서 J.B.는 가끔씩 불안하고 민감해지며 감정 기복을 경험하기는 해도, 자신의 상태가 예전에 비해 많이 좋아졌으며, 친구나 예전 직장 동료를 만나는 일도 한결 수월해졌다고 밝혔다. 악몽을 꾸는 횟수도 점차 줄어들었으며, 악몽을 꿀 때면 그것을 치료에서 했던 방식에 따라 해석한다고 말하였다. 또한 그는 자신의 의족을 매우 고맙게 여기게 되었다는 말도 잊지 않았다.

J.B.가 호소한 증상 대부분이 완화되었고, 의족에 관한 환상 교정을 통해 그것이 지닌 가치에 감사할 수 있게 해 주었다는 점에서 J.B.에 대한 상담 치료는 성공적이었다. 감정의 부인과 '남자다움'의 실체에 관한 해석은 장애로 인해 나타나는 정상적인 슬픔의 과정을 촉진했고, 이는 다시 의족을 통해 상실된 신체 기능을 회복할 수 있다는 환상에서 벗어나, 의족은 자신을 보조하는 중요한 수단에 불과하다는 인식을 가지도록 해 주었다. 기술적 측면에서, 변화의 중요한 매개는 전이의 이동에서 찾아볼 수 있다. 상담사를 객관적이고 감정 변화가 없는 '장애 관련 전문가'로 보는 대신, 감정을 지닌 인간으로서 자신을 도와주며, 스스로에 관한 의심과 두려움을 털어놓아도 자기를 폄하하지 않을 대상으로 간주하는 보다 긍정적인 전이가 형성되었던 것이다. J. B.의 치료에는 주로 꿈의 분석, 해석, 직면, 명료화, 통찰, 훈습 등의 분석 기법과 선별적인 저항 분석이 사용되었다.

## 6. 주요 관련 연구

이 장의 목적과 내용을 고려해 볼 때, 방대한 규모의 정신역동 이론 및 치료 관련 연구 모두를 소개하는 것은 적절하지 않다. 문헌에 나타나는 정신역동 이론 연구는 대략 다음 세 가지 경향으로 나누어 볼 수 있다. ① 방어 기제, 꿈의 본질과 기능, 무의식적 동기 등과 같은 정신분석 이론에서 파생된 개념 관련 연구, ② 정신역동 치료의 효과, ③ CID와 재활 적용 연구(예: 상실과 CID 발생의 상징적 의미, CID를 가진 사람에 대한 태도 구조, CID와 신체상).

### 1) Freud 이론 관련 연구

Freud는 정신분석 개념과 절차에 관한 경험적 연구가 지니는 가치에 대해 매우 회의적이었다. Freud에게 있어 각각의 회기는 그 자체가 실험이었는 바, 정신분석은 더 이상의 지지를 필요로 하지 않았던 것이다. 오랜 기간 동안, 정신분석 이론과 실천에 관한 연구는 Freud의 이러한 통념에 반하는 시도를 거의 하지 않았다. 최근 들어서야 현상의 실제적 특징을 반영하려는 연구가 시도되었고, 이는 정신분석 개념도 얼마든지 객관적 검증이 가능하다는 낙관적 사고의 증가로 이어졌다(예: Bornstein & Masling, 1998; Fisher & Greenberg, 1978, 1985; Westen, 1998). 그러나 여기에는 중대한 문제점이 존재한다는 사실을 인지할 필요가 있다. Freud 이론은 무의식적 현상을 강조하는 심리학적 특수성으로 인해, 정신분석은 행동적 실제 행위(behavioral acts)에 직접적으로 반영되지 않는 무의식의 파생물을 다룬다. 게다가, 다수의 정신분석 개념이 지닌 복잡성과 추상성은 이들에 대한 측정을 어렵게 만든다. 일부 개념에서 보이는 동어 반복적 본질 또한 이들의 존재 가치와 운용 효과에 관한 설명을 저해할 수 있다. 이 같은 문제에도 불구하고, 정신분석 이론과 실제에 관한 방대한 양의 실증 연구가 축적되었다.

이들 연구 결과는 여러 가지 모호한 측면을 지니고 있지만, 정신분석 이론에 관한 초기의 실증 연구를 비판적으로 검토한 후 Kline(1981)이 내린 결론에서 보는 바와 같이, ① 원초아, 죽음 본능, 쾌락 원칙 등 상당수의 메타심리학(Freud는 정신분석을 메타심리학 또는 초심리학이라고도 불렀음) 개념이 경험적 검증이 불가능하고 그로 인해 쉽게 논박하기 어렵다는 점에서 비과학적이며, ② 대부분의 정신분석 이론은 검증 가능한 경험적 명제로 구성되어 있고, 정신분석 이론의 핵심을 이루는 Freud의 개념 중 상당수에 대해서도 이미 검증이 이루어졌다(예: 억압, 투사, 오이디푸스 콤플렉스). Kline(1981, pp. 446-447)은 "우리는 이제 정신분석 이론의 현주소에 관해 명확한 입장을 취해야 한다. 철저하고 객관적인 연구를 통해 정신분석 이론 중 어떤 부분이 타당하고 어떤 부분에 오류가 존재하는지, 어떤 점이 수정을 필요로 하는지 등의 여부를 명확히 밝힌 다음, 정신분석 이론 중 적절한 부분만을 선별적으로 수용해야 한다."라고 결론지었다. 정신분석 이론 관련 경험 연구에 관해 좀더 자세히 알고자 하는 독자들은 Bornstein과 Masling(1998), Fisher와 Greenberg(1978, 1985), Ford와 Urban(1998), Maddi(1989) 등의 연구를 참조하기 바란다.

모호한 실증적 지지에도 불구하고, 정신역동 이론과 연구는 투사 기법을 평가의 주류에 도입케 함으로써 심리검사의 토양을 비옥하게 만들었다. 투사 검사 도구로는 Rorschach 잉크 반점 기법(Rorschach inkblot technique), 주제 통각 검사(Thematic Apperception Test: TAT), 인물화 검사(Draw-A-Person Test), 집–나무–사람 검사(House-Tree-Person Test), 다양한 단어 연상 검사(various word association procedures), 블래키(그림) 검사[Blacky (Pictures) Test], Rosenzweig 그림 좌절 검사(Rosenzweig Picture-Frustration Study), 방어 기제 검사(Defense Mechnisms Inventory: DMI; Gleser & Ihilevich, 1969), 억압 민감성(Repression-Sensitization: R-S) 척도(Byrne, 1961) 등이 있다. 따라서 Westen(1998)은 Freud의 과학적 공헌에 관한 논평을 통해 무의식 과정, 개인의 성향과 탈선(aberration)이 유년기 생활 경험에서 기원한다는 주장, 심리사회적 발달 과정의 역동, 자신과 타인에 대한 인지적 표상 등과 같은 Freud의 이론적 명제를 뒷받침하는 방대한 경험적 문헌이 축적되었다고 결론지었다.

## 2) 정신분석에서 파생된 정신역동 치료의 효과성 관련 연구

복잡성과 무수히 많은 관련 변인 통제가 불가능하다는 점 등의 이유에서, 정신분석적 접근을 지향하는 치료의 효과를 평가한 양질의 경험적 연구는 매우 드문 실정이다(Arlow, 2000). 더욱이, Fisher와 Greenberg(1985, p. 41)는 정신분석 치료와 다른 심리치료 접근 간의 효능 비교는 실패할 운명이라고 추측하였다. 왜냐하면 '여러 가지 증거가 정신분석 치료가 무엇인지에 관한 개념 부재를 가리키며', 다수의 분석가는 변화, 특히 행동 변화를 주된 치료 목표로 간주하지 않기 때문이다. 더욱이, 정신분석 기반 치료는 대체로 보다 좁은 범위의 정신의학적 조건(장기간의 인적·물적 자원 투입과 심층적 성격 변화를 추구하는 환자)에 적합하고, 충분한 영향력 확립을 위해서는 보다 장기간에 걸쳐 빈번한 회기가 요구되며, 엄격한 연구실(실험적) 조건에 쉽게 맞출 수 없는데, 이들은 모두 경험적 비교 연구가 갖추어야 할 필수 요건에 해당한다(Doidge, 1997; Fonagy 1982; Leichsenring, 2005; Messer, 2004; Milton, 2002).

Fenichel(1930)과 Knight(1941)의 초창기 노력과 미국정신분석학회(Arlow, 2000; Fisher & Greenberg, 1985)가 실시한 몇 차례의 연구에 따르면, 성공적인 치료 결과는 대체로 최저 25%(정신병 진단을 받은 환자의 경우)에서 최대 65%에서 75%(신경증 진단을 받은 환자의 경우)까지 다양했다고 한다. Prochaska(1984)는 그의 개괄적 연구를 통해 ① 정신분석 치료의 효능이 적절하게 평가되지 않아 왔으며, ② 다른 형식의 치료와 비교했을 때 정신분석 치료는 단시간을 요하는 다른 치료에 견주어 우월하지 않은 것으로 나타났다고 결론지었다.

1980년대와 1990년대에 시행된 비교 연구와 메타 분석 연구(Lipsey & Wilson, 1993; Prioleau, Murdock, & Brody 1983; Shapiro & Shapiro, 1982; Smith, Glass, & Miller, 1980)의 출현과 함께, 정신분석 치료와 그 밖의 정신역동 치료는 효과 면에서 인지 행동 치료에 비해 동등하거나 다소 처지는 것으로 판명되었다[효과성 연구는 대개 실제적 임상 조건하에서 수행되는 반면, 효능 연구에는 무작위 할당 통제 집단 실험(RCT)의 황금률이 적용된다. 다만, 대부분의 문헌에서 이러한 구별은 명확하지 않다].

정신역동 치료는 무처치 통제 집단과 비교했을 때 분명 효과가 뛰어나다는 사실을 입증하였다. 예를 들어, Bachrach, Galatzer-Levy, Skolnikoff 그리고 Waldron(1991)은 정신분석 치료의 장기적 효능 관련 연구는 대개 방법론적 결함이 존재한다고 결론지었다. 하지만 이들 연구와 다수의 일화성 임상 보고서를 통해 볼 때, 정신분석 치료는 스스로 치료를 선택한 내담자 대부분에게 유익한 것으로 보인다. Bachrach와 동료들은 그들의 주장을 뒷받침하기 위해 광범위한 증거를 인용했는데, 여기에는 메닝거 재단의 심리치료 조사 연구 프로젝트, 컬럼비아 정신분석 센터의 조사 연구 프로젝트, 보스턴 정신분석 연구소의 예측 연구, 뉴욕 정신분석 연구소의 연구 등 장기간에 걸쳐 진행된 다수의 저명한 임상 조사 연구 프로젝트가 포함되었다.

　방법론적 개선이 나타나고 적절한 평가와 조사 연구 성과가 보고됨에 따라, 정신분석 심리치료의 가치를 입증할 증거는 늘어날 것으로 기대된다. 전문 학술지인『정신분석 연구(Psychoanalytic Inquiry)』(Lazar, 1997)는 정신분석 치료의 비용 효과성, 임상적 효과성, 공중보건 등 다양한 측면을 지지하는 12편의 논문이 수록된 별책 부록을 발간하였다. 예를 들어, Doidge(1997)는 정신분석 치료와 정신분석에 관한 실증적 증거를 개관한 후, 이는 100가지 이상의 심리치료 유형 중 가장 널리 시행되고 있다고 지적하였다. 연구 결과는 적합한 환자군에게 사용되었을 때 정신분석 치료가 60~90% 사이의 개선율을 보인다는 점을 들어 이의 효과를 일관되게 확증하였다. 정신분석 치료의 효능에 관한 보다 상세한 문헌 검토 연구를 알고자 한다면 Fisher와 Greenberg(1985), Meltzoff와 Kornreich(1970), Prochaska와 Norcross(1994), Roth와 Fonagy(1996) 등의 저작을 참조하라.

　지난 15~20년간 RCT(무선 통제 실험)와 증거 기반 실천 접근에 의해 산출된 치료 개입에 관한 경험적 성과 연구의 기하급수적 성장과 함께, 연관된 메타 분석 연구의 수 또한 엄청나게 증가하였다. 심리치료의 효능에 관한 다수의 메타 분석 연구 중, 일정 부분은 PDPT와 정신분석 기반 치료의 성공 평가에 할당되었다. 이러한 메타 분석 연구는 성격장애[경계성 성격장애, 반사회적 성격장애, C군 성격장애, 우울, 불안, 외상 후 스트레스 장애(PTSD), 섭식장애(폭식증과 거식증)]를 포함한 광범위한 정신질환 치료에 걸쳐 있다.

　Leichsenring과 동료들은 일련의 연구(Leichsenring, 2001, 2005, 2009; Leichsenring & Libing, 2003; Leichsenring & Rabung, 2008; Leichsenring, 2004)에서 다음과 같은 결과를 지적하였다.

① 성격장애에 적용되었을 때, PDPT는 자기 보고 측정의 경우 1.08, 관찰자 평정 도구의 경우 1.79의 전반적 평균 효과 크기를 산출하였다. 이 같은 효과 크기는 치료 종료 후 15개월이 경과한 시점에서 성격장애 치료 효과를 측정한 결과 평균 59%의 회복률을 보였음을 의미한다.

② 단기 PDPT는 치료 종료 및 추적 조사에서 각각 1.39와 1.59라는 유의미한 효과 크기를 보였다. 더욱이, 이러한 효과 크기는 일반적인 정신과적 증상과 사회적 기능을 포

함한 다수의 성과 측정에 있어 유의미한 결과다. 이러한 효과 크기는 단기 PDPT의 성공률이 90% 이상임을 시사한다. 모든 비교에서, 단기 PDPT는 무처치 통제는 물론 통상적 치료(treatment-as-usual: TAU) 집단에 비해서도 뛰어난 효과를 보였다.

③ 복잡한 정신질환(성격장애, 만성 정신질환, 중다 정신질환)을 앓고 있는 환자의 경우, PAOT(정신분석 지향 치료)는 TAU 집단, 저용량 약물 치료 집단, 비치료 집단에 비해 훨씬 높은 효과 크기를 보였다. 이들 치료 또한 단기적인 PDPT 유형에 비해 효과 면에서 훨씬 뛰어났다.

④ 장기 PDPT는 단기 PDPT에 견주어 ⓐ 더 높은 전반적 치료 효과, ⓑ 표적 문제 감소, ⓒ 성격 기능 개선(대부분의 환자는 성격장애, 우울, 불안장애로 진단됨)을 보였고, 평균 효과 크기는 1.8로 나타났는데, 이는 장기적 PDPT가 다양한 비교 집단에 속하여 다른 유형의 치료를 받은 환자 중 96%에 비해 뛰어난 효과를 보였음을 의미한다. 더욱이, 이 같이 큰 효과 크기는 치료 종료 시점에 비해 추적 조사 시 유의하게 증가하였다.

Leichsenring(2009, p. 19)은 이러한 결과를 바탕으로 PDPT가 "위약 치료, (단순한) 지지 치료, TAU 등에 비해 더 효과적이며, 인지 행동 치료와 대등한 정도의 효과를 보인다."고 결론 지었다. 나아가, 장기적 PDPT는 복잡한 정신질환을 수반하는 환자 치료에 있어 일관되게 큰 효과 크기를 보였고, 무처치나 단기 치료 유형보다 우월하다는 사실이 입증되었다.

Fonagy, Rots 그리고 Higgitt(2005)는 PDPT에 관한 그들의 포괄적 문헌 연구에서 단기 PDPT(매주 한 번의 회기로 최대 20주 동안 진행되는 치료 유형)와 장기 PDPT에 관해 가용한 실증 기반 증거를 모두 조사하였다. 그들은 문헌 검토 결과를 토대로 다음과 같은 결론을 제시하였다. ① 단기 PDPT는 대기 목록 환자 집단 또는 일반 외래 진료 환자 집단과 비교했을 때, 우울 및 불안 수준 감소에 더 효과적이었다. ② 장기 PDPT는 독일 환자를 대상으로 한 6.5년의 추적 조사 결과, 최대 80%의 성공률(환자, 치료사, 독립적인 전문가의 평가에 의함)을 달성할 정도로 성공적이었다. ③ PAOT는 변증법적 행동 치료(dialectical behavior therapy: DBT)와 비교할 때, 경계성 성격장애 환자 치료 시 우울증 감소(자살 가능성 포함), 사회적 기능 증가, 전반적 기능 평가(GAF) 점수 증가 등에서 더 좋은 성과를 거두었다.

de Maat, de Jonghe, Schoebers 그리고 Dekker(2009)가 진행한 PDPT의 효과에 관한 또 다른 체계적 문헌 검토는 장기(최소 50차의 회기로 구성된 심리치료) PAOT에 초점을 맞추었다. 저자들에 따르면, 검토에 포함된 PDPT 연구(N=10) 대부분은 중등도의 혼합 증상을 가진 환자를 다루었다. 이들 연구는 큰 평균 효과 크기(치료 종료 시 .78, 추적 조사 시 .94)를 보였다. 보다 구체적으로, 증상 감소(예: 우울, 불안)의 경우 평균 효과 크기는 1.03이었고, 성격 변화의 경우에는 .54의 효과 크기를 보였다. 유사한 방식으로, 중등도/혼합된 병리적 측면에 초점을 맞춘 PAOT 연구(N=4) 또한 치료 종료 시 .87, 추적 조사 시 1.18의 비교적 큰 평균 효과 크기를 보였고, 증상 감소와 성격 변화에 대해서는 각각 1.38과 .76의 평균 효과 크기를 나타냈다. 저자들에 따르면, 이러한 효과 크기에서 추출된 성공률은 치료사에 따른 가중치 평균이 70%, 환자에 따른 가중치 평균이 73%로 나타났고, 전반적 성공률은 치료 종료 시 71%, 추적 조사 시 54%였다.

끝으로, Shedler(2010)는 PDPT의 효능에 관한 그의 최근 문헌 검토와 비평을 통해, "실증적 증거는 정신역동 치료의 효능을 뒷받침하며"(p. 98), "'실증적으로 지지'되며 '증거 기반'이라는 이유에서 적극적 활용이 장려되는 다른 심리치료와 대등한 수준의 효과 크기를 산출한다."(p. 107)고 결론지었다. 나아가, Shedler는 PDPT의 효능이 광범위한 정신질환과 환자에게 입증되었으며, 장시간이 경과해도 지속되는 치료 효과를 제공한다고 주장하였다. 그는 "PDPT가 더 풍요롭고 만족스러운 삶의 영위에 필요한 내적 잠재력과 자원을 증진시킨다."(Shedler, 2010, p. 106)는 진술을 통해 자신의 주장을 마무리하였다.

심리치료의 효능은 복잡하고 난감한 문제다. 정신역동 지향 치료는 즉각적이고 직접적이며 쉽게 식별 가능한 인과적 연결을 촉진하지 않고, 그의 효과는 보다 넓게 산재하며 성격과 관련된다. 행동 변화에 역점을 둔 목표와 성과는 전통적 RCT 연구에서 관례적으로 추구되는 바와 같이 인간 경험의 복잡한 본질 중 분리된 측면만을 설명할 뿐이다.

## 3) 장애와 재활에 대한 적용 연구

### (1) 신체상과 CID 적용

Druss와 그의 동료들(Druss, 1986; Druss, O'Connor, Prudden, & Stern, 1968; Druss, O'Connor, & Stern, 1969, 1972)은 대장암과 만성 궤양성 대장염 이후 인공 항문 시술(colostomy and ileostomy)을 받은 환자들의 신체상과 심리사회적 적응 변화를 탐구하였다. 저자들에 따르면, 환자들은 수술 직후 충격과 우울증 반응을 경험했다고 한다. 중요한 장기 상실, 불구가 되었다는 느낌, 높아진 신체에 대한 자각 등이 뚜렷이 나타났다는 것이다. 나아가, 이들의 연구는 환자들이 거세당한 듯한 느낌과 수술, 인공 기공(stoma)과 남근기적 상징(phallus)을 동일 선상에서 생각하고 있다는 주장을 뒷받침해 주었다. 척수 손상과 뇌손상(Arnhoff & Mehl, 1963; Fink & Shontz, 1960; Mitchell, 1970; Nelson & Gruver, 1978; Shontz, 1956; Wachs

& Zaks, 1960), 수족 절단(Bhojak & Nathawat, 1988; Centers & Centers, 1963; Gallagher, Horgan, Franchignoni, Giordano, & MacLachlan, 2007; Rybarczyk, Nicholas, & Nyenhuis, 1997; Rybarczyk, Nyenhuis, Nicholas, Cash, & Kaiser, 1995) 이후의 신체상 혼란에 관한 연구 또한 보고되었다.

### (2) 거세 불안, 죽음에 대한 불안, 대상 표상, 그리고 CID를 가진 사람에 대한 태도

다수의 연구자가 CID를 가진 사람에 대한 태도와 정신분석에서 파생된 일부 성격 구성 개념 간의 관계를 조사하였다. 일부 경험적 연구는 신체장애인의 거세 불안과 정신내적 지각(승인된 태도로 표현되는) 사이의 관계에 주목하였다. 이들 연구의 저자들(Baracca, 1991; Fine, 1973; Follansbee, 1981; Gladstone, 1977: Thomas & Siller, 1999에서 재인용)은 Siller 등(1967)이 개발한 장애 요인 척도 일반(Disability Factor Scales-General: DFS-G) 측정치를 사용하여 거세 불안과 대상 표상 수준이 CID를 가진 사람에 대한 태도에 미치는 영향을 조사하였다. 잠정적이긴 하지만, 연구 결과는 대략 다음과 같다. ① 거세 공포의 고조와 CID를 가진 사람에 대한 부정적 태도 사이에는 정적 상관관계가 존재하고, ② Blacky 검사에서 거세 불안 정도가 높게 나타나는 학령기 이전 아동들은 또래 아동들에 비해 장애인에 대해 보다 부정적 태도를 보였으며, ③ 자기애에 대한 취약성 증가와 부정적 태도 사이에 상관관계가 발견되었고, ④ 방어기제 측정 검사에서 완고한 방어기제를 보이는 사람일수록 신체 장애인에 대해 심한 거부감을 보이는 것으로 나타났다(대상관계 이론에서는 방어를 신체의 안전을 위협하는 불안과 스트레스를 통제하려는 자아의 중추적 기능으로 간주한다).

끝으로, 정신분석 이론에서는 신체 장애인에 대한 부정적 태도와 손상된 신체에 대한 모욕(예: 거세공포) 및 죽음에 대한 공포 사이에 연계가 있다고 가정한다. 실제로, 가시적 장애인의 존재와 같이 죽음을 상징적으로 상기시키는 상황은 신체 쇠약이나 죽음에 대한 원초적 두려움을 불러일으킨다고 생각되었다. Enders(1979), Fish (1981), Livneh(1985) 등의 연구는 이러한 견해를 경험적으로 뒷받침하였다. 또한 공포 관리 이론(Terror Management Theory: TMT) 관련 연구 결과에 의하면, 죽음과 관련된 인지와 감정은 장애인을 두려워하거나 그로부터의 철회를 야기하며, 사고로 심각한 상해를 입은 사람에게 더 큰 비난(부정적 태도)을 가하려는(귀인) 행동을 초래한다고 주장하였다(Hirschberger, 2006; Hirschberger et al., 2005). 따라서 이 같은 결과는 CID가 있는 사람에 대한 인지적 혹은 실제적 노출은 죽음에 관한 자각 증가와 장애인 집단에 대한 방어적이고 부정적인 태도를 유발한다는 주장을 확고히 뒷받침한다.

### (3) 상실, 애도, 장애

정신분석 이론은 애도 과정을 잃어버린 대상에 대한 정신적 표상과 감정적 투자의 점진적 탈고착(decathexis)으로 간주한다(Frankiel, 1994). 장애 관련 개념화는 소중한 사람의 죽음(대인적 상실)으로 인한 애도 과정과 신체 일부 혹은 기능 손상(개인적 상실)으로 야기된 애도 과정을 동일시한다. Parkes(1972a, 1972b, 1975)는 절단장애인과 미망인의 심리사회적 반응을 비교한 그의 연구에서 양자 모두 유사한 적응 단계(초기 충격, 부인, 우울, 분노, 수용)와 방어기제를 경험한다고 지적하였다.

## 7. 주요 강점과 한계

### 1) 일반적 강점

- 정신분석 접근에서 파생된 정신역동적 통찰은 치료를 비롯하여 꿈의 해석, 유머, 자녀 양육, 교육과 학습 경험, 진로 발달과 직업 선택, 역사, 종교와 신화, 예술, 음악, 문학, 정치와 사회 조직, 인류학, 심리검사(투사 기법), 일상적인 인간 경험(말실수, 몸짓, 문제적 행동) 등 실로 광범위한 분야에 적용되어 왔다.
- 정신분석 이론은 임상 전문가에게 인간의 감정, 인지, 행동에 관해 극도로 풍부한 관점을 제공한다. 이는 치료사에게 가장 심층적이고 복잡한 차원에서 인간의 기능을 탐구할 수 있는 기회를 제공한다.

### 2) 재활 관련 강점

- 정신분석 이론에서 파생된 정신역동 개념은 재활 현장에서 폭넓게 활용되고 있다(예: 방어기제, 대처 전략, 이차 이득, 신체상 등).
- 정신역동 관점의 채용을 통해 재활전문가들은 장애인 당사자나 가족의 입장에서 그들이 직면하고 있는 상실, 슬픔, CID가 지닌 주관적이고 고유한 의미에 집중할 수 있다.
- 정신역동 접근은 재활전문가들에게 삶의 전 단계에 걸쳐 나타나는 CID 적응 과정에 관해 역동적이고 발달론적 관점을 제공한다(Cubbage & Thomas, 1989; Thomas, 1994; Thurer, 1986).

## 3) 일반적 한계

- 동어 반복, 논박의 어려움, 실험 연구(controled research) 수행 제한 등의 문제점은 정신역동 이론과 개념에 관한 전반적 평가를 매우 어렵게 만든다. 합의된 보편적 이론이 존재하지 않으며, 비록 다양한 구성요소가 지지되고 있지만, 또 다른 것들은 그렇지 못하며, 여전히 다수의 개념이 적절하게 정의되거나 검증되지 않았다(예: 고착, 원초아, 리비도 등).
- 사례 연구로부터의 임상적 관찰은 종종 본질적으로 일화적이고, 편향성을 통제하기 어려우며, 일반적인 임상 전집을 대표하지 못할 수 있다.
- 거세 불안, 남근 선망, 리비도, 여성의 초자아 발달 같은 일단의 고전적인 정신분석 개념은 성차별적이라는 이유에서 강력한 비판을 받아 왔다.
- 정신역동 치료는 주로 정신내적 문제와 갈등을 중시한 나머지, 보다 폭넓은 사회적 맥락(예: 가족의 역기능, 사회 문제)은 종종 간과한다. 이 같은 한계는 특정 시점, 특히 과거에는 작동되었는지 몰라도, 현대 정신분석의 현실 앞에서는 원초적인 것으로 보인다. 가족과 사회의 역할은 본래부터 정신분석의 근본이었고, 리비도와 무관한 대상관계(nonlibidinal object relations), 자기 이론, 성인 관계 등은 현대 정신분석 이론과 임상 작업의 핵심 요인으로 각광받고 있다.
- 내담자의 감정 상태와 행동 평가 측정치는 타당도와 신뢰도가 낮다고 판명되었고(예: 투사 기법); 과도하게 주관적이며, 흔히 실시, 채점, 해석의 표준화가 결여되어 있다(Ford & Urban, 1998; Liebert & Spiegler, 1990; Maddi, 1989; Prochaska & Norross, 1994).

## 4) 재활 관련 한계

- 일찍이, 재활 현장에서 단기간의 집중적인 정신분석 치료가 필요한 근거를 제시한 바 있다. 하지만 시간 제약, 훈련된 인력 부족, 언어적 역량이라는 선결 조건 충족 불능, 저하된 개인적 통찰, 특정 인지장애(예: 지적장애인 내담자, 뇌손상 장애인, 심각한 정신질환자)에 의한 제약 등은 재활 현장에서 당면하는 현실적 어려움이다.
- 정신분석 접근에서 파생된 치료는 장기적, 추상적, 반영적, 통찰력 형성 과정, 점진적인 성격 재구성 등을 강조하는 반면, 재활은 단기적, '지금—여기', 구체적·실용적 목표에 주력함으로써 일상생활 활동과 직업적·독립적 생활 추구를 강조한다.

- 재활 현장에서 이루어지는 정신역동 치료의 목표는 성격 재구성, 방어기제 분석, 통찰력 획득, 미래를 향한 희망과 소망 투사가 아닌 증상 완화와 불안감 감소에 주력할 확률이 높다. Siller(1969, p. 294)가 언급한 바와 같이, "재활의 목표는 정체성의 심각한 단절에도 불구하고 장애인에게 새로운 자아 형성을 통해 삶을 지속해 나가는 데 필요한 지원을 제공하는 것이다. 구체적으로, 이는 결핍과 자신에 대한 경멸이 아닌 스스로의 가치를 존중하는 시각에 입각한 자아상 촉진을 의미한다." 임상적으로, 정신역동에 대한 자각은 CID를 가진 사람 중 스스로에 대한 긍정적 감정을 재구성할 수 있는 사람이 있는가 하면 그렇지 못한 사람이 있는지, 굴복이 아닌 대처를 중시하는 생활 양식을 택하는지의 이유를 이해할 수 있도록 돕는다.
- 재활은 팀 중심 환경 속에서 의료적 조치, 기술 습득, 교육, CID 적응 등을 한데 아우르는 보다 넓은 무대를 필요로 한다. 대상 상실이나 애도와 같은 무의식적 문제에 관한 정신분석적 민감성은 장애 발생으로 인한 적응 초기 단계에 처한 사람에게는 매우 중요하다. 따라서 정신역동 개입은 재활의 큰 틀 안에서 이루어져야 한다.

## 집단 토의 과제

1. 어떤 유형의 내담자가 PDPT에 가장 적합한지 혹은 가장 적합하지 않은지 논의하시오.

2. PDPT는 성공적인 치료 성과 평가에 어떤 기준을 사용하는지 논의하시오.

3. 갑작스러운 CID 발생에 대한 다양한 심리사회적 반응과 그들이 특정 조건(예: 척수 손상, 외상성 뇌손상, 절단, 심부전)에서 어떻게 나타나는지 논의하시오.

4. CID가 있는 사람에 대한 태도의 기원과 구조, 그리고 이들의 부정적 영향력 최소화 방법에 관해 논의하시오.

## 참고문헌

Arlow, J. A. (2000). Psychoanalysis. In R. J. Corsini & D. Wedding (Eds.), *Current psychotherapies* (6th ed., pp. 16-53). Itasca, IL: Peacock.

Arlow, J. A., & Brenner, C. (1964). *Psychoanalytic concepts and structural theory*. New York, NY: International Universities Press.

Arnhoff, F. N., & Mehl, M. C. (1963). Body image deterioration in paraplegia. *Journal of Nervous and Mental Disease, 134*, 88-92.

Bachrach, H., Galatzer-Levy, R., Skolnikoff, A., & Waldron, S. (1991). On the effi cacy of psychoanalysis. *Journal of the American Psychoanalytic Association, 39*, 871-916.

Barker, R. G., Wright, B. A., Meyerson, L., & Gonick, M. R. (1953). *Adjustment to physical handicaps and illness: A survey of the social psychology of physique and disability* (Rev. ed.). New York, NY: Social Science Research Council.

Bellak, L. (1952). Introduction. In L. Bellak (Ed.), *Psychology of physical illness* (pp. 1-14). New York, NY: Grune & Stratton.

Bhojak, M. M., & Nathawat, S. S. (1988). Body image, hopelessness, and personality dimensions in lower limb amputees. *Indian Journal of Psychiatry, 30*, 161-165.

Blank, H. R. (1957). Psychoanalysis and blindness. *Psychoanalytic Quarterly, 26*, 1-24.

Blank, H. R. (1961). The challenge of rehabilitation. *Israel Medical Journal, 20*, 127-142.

Block, W. E., & Ventur, P. A. (1963). A study of the psychoanalytic concept of castration anxiety in symbolically castrated amputees. *Psychiatric Quarterly, 37*, 518-526.

Bordin, E. S. (1980). A psychodynamic view of counseling psychology. *Counseling Psychologist, 9*, 62-70.

Bornstein, R. F., & Masling, J. M. (Eds.). (1998). *Empirical perspectives on the psychoanalytic unconscious*. Washington, DC: American Psychological Association.

Bramble, K. (1995). Body image. In I. M. Lubkin (Ed.), *Chronic illness: Impact and interventions* (3rd ed., pp. 285-299). Boston, MA: Jones & Bartlett.

Byrne, D. (1961). The repression-sensitization scale: Rational, reliability, and validity. *Journal of Personality, 29*, 334-349.

Caplan, B., & Shechter, J. (1987). Denial and depression in disabling illness. In B. Caplan (Ed.), *Rehabilitation psychology desk reference* (pp. 133-170). Rockville, MD: Aspen.

Cash, T. F., & Pruzinsky, T. (Eds.). (2002). *Body image: A handbook of theory, research, and clinical practice*. New York, NY: Guilford.

Castelnuovo-Tedesco, P. (1978). Ego vicissitudes in response to replacement or loss of body parts: Certain analogies to events during psychoanalytic treatment. *Psychoanalytic Quarterly, 47*, 381-397.

Castelnuovo-Tedesco, P. (1981). Psychological consequences of physical defects: A psychoanalytic perspective. *International Review of Psychoanalysis, 8*, 145-154.

Centers, L., & Centers, R. (1963). A comparison of the body images and amputee and nonamputee children as revealed in figure drawings. *Journal of Projective Techniques, 27*, 158-165.

Chan, F., Livneh, H., Pruett, S., Wang, C. C., & Zheng, L. X. (2009). Societal attitudes toward disability: Concepts, measurements, and interventions. In F. Chan, E. D. Cardoso, & J. A. Chronister (Eds.), *Understanding psychosocial adjustment to chronic illness and disability: A handbook for evidence-based practitioners in rehabilitation* (pp. 333-367). New York, NY: Springer Publishing Company.

Cubbage, M. E., & Thomas, K. R. (1989). Freud and disability. *Rehabilitation Psychology, 34,* 161-173.

Degan, M. J. (1975). The symbolic passage from the living to the dead for the visibly injured. *International Journal of Symbology, 6,* 1-14.

de Maat, S., de Jonghe, F., Schoevers, R., & Dekker, J. (2009). The effectiveness of long-term psychoanalytic therapy: A systematic review of empirical studies. *Harvard Review of Psychiatry, 17,* 1-23.

Dewald, P. A. (1978). The process of change in psychoanalytic psychotherapy. *Archives of General Psychiatry, 35,* 535-542.

Doidge, N. (1997). Empirical evidence for the efficacy of psychoanalytic psychotherapies and psychoanalysis: A review. In S. G. Lazar (Ed.), Extended dynamic therapy: Making the case in an age of managed care. *In Psychoanalytic Inquiry* (Suppl., pp. 102-150). Hillsdale, NJ: Analytic Press.

Druss, R. G. (1986). Psychotherapy of patients with serious undercurrents of medical illness (cancer). *Journal of the American Academy of Psychoanalysis, 14,* 459-472.

Druss, R. G., O'Connor, J. F., Prudden, J. F., & Stern, L. O. (1968). Psychological response to colectomy. *Archives of General Psychiatry, 18,* 53-59.

Druss, R. G., O'Connor, J. F., & Stern, L. O. (1969). Psychologic response to colectomy. II. Adjustment to a permanent colostomy. *Archives of General Psychiatry, 20,* 419-427.

Druss, R. G., O'Connor, J. F., & Stern, L. O. (1972). Changes in body image following ileostomy. *Psychoanalytic Quarterly, 41,* 195-206.

Earle, E. (1979). The psychological effects of mutilating surgery in children and adolescents. *Psychoanalytic Study of the Child, 34,* 527-546.

Enders, J. E. (1979). Fear of death and attitudinal dispositions toward physical disability. *Dissertation Abstracts International, 39,* 7161A (University Microfi lms No. 79-11825).

Engel, G. L. (1962). *Psychological development in health and disease.* Philadelphia, PA: Saunders.

Falvo, D. R. (2005). *Medical and psychosocial aspects of chronic illness and disability* (3rd ed.). Boston, MA: Jones & Bartlett.

Fenichel, O. (1930). *Ten years of the Berlin Psychoanalytic Institute (1920-1930).* Berlin, Germany: Berlin Psychoanalytic Institute.

Fenichel, O. (1945). *The psychoanalytic theory of neurosis*. New York, NY: Norton.

Fine, R. (1973). Psychoanalysis. In R. Corsini (Eds.), *Current psychotherapies* (pp. 1-33). Itasca, IL: Peacock.

Fink, S. L., & Shontz, F. C. (1960). Body-image disturbances in chronically ill individuals. *Journal of Nervous and Mental Diseases, 131*, 234-240.

Fish, D. E. (1981). Counselor effectiveness: Relationship to death anxiety and attitudes toward disabled persons. *Dissertation Abstracts International, 42*, 1488A (University Microfi lms No. 81-21927).

Fisher, S., & Greenberg, A. P. (1985). *The scientific credibility of Freud's theories and therapy*. New York, NY: Columbia University Press.

Fisher, S., & Greenberg, R. P. (Eds.). (1978). *The scientific evaluation of Freud's theories and therapy: A book of readings*. New York, NY: Basic Books.

Fonagy, P. (1982). The integration of psychoanalysis and experimental science: A review. *International Journal of Psychoanalysis, 9*, 125-145.

Fonagy, P., Roth, A., & Higgitt, A. (2005). Psychodynamic psychotherapies: Evidence-based practice and clinical wisdom. *Bulletin of the Menninger Clinic, 69*, 1-58.

Ford, D. H., & Urban, H. B. (1998). *Contemporary models of psychotherapy: A comparative analysis* (2nd ed.). New York, NY: Wiley.

Frankiel, R. V. (Ed.). (1994). *Essential papers on object loss*. New York, NY: New York University Press.

Freud, A. (1946). *The ego and the mechanisms of defense*. New York, NY: International Universities Press. (Original work published 1936)

Freud, S. (1958). Remembering, repeating, and working through. In J. Strachey (Ed. & Trans.), *The standard edition of the complete psychological works of Sigmund Freud* (Vol. 12, pp. 145-156). London, UK: Hogarth Press. (Original work published 1914)

Freud, S. (1959). Inhibitions, symptoms, and anxiety. In J. Strachey (Ed. & Trans.), *The standard edition of the complete psychological works of Sigmund Freud* (Vol. 20, pp. 75-173). London, UK: Hogarth Press. (Original work published 1926)

Freud, S. (1961). The ego and the id. In J. Strachey (Ed. & Trans.), *The standard edition of the complete psychological works of Sigmund Freud* (Vol. 19, pp. 3-66). London, UK: Hogarth Press. (Original work published 1923)

Freud, S. (1964). New introductory lectures on psychoanalysis. In J. Strachey (Ed. & Trans.), *The standard edition of the complete psychological works of Sigmund Freud* (Vol. 22, pp. 3-182). London, UK: Hogarth Press. (Original work published 1933)

Gallagher, P., Horgan, O., Franchignoni, F., Giordano, A., & MacLachlan, M. (2007). Body image in people with lower limb amputation: A Rasch analysis of the Amputee Body-Image Scale (ABIS). *American Journal of Physical Medicine and Rehabilitation, 86*, 205-215.

Gelso, C. J., & Carter, J. A. (1985). The relationship in counseling and psychotherapy: Components, consequences, and theoretical antecedents. *Counseling Psychologist, 13*, 155-243.

Gleser, G. C., & Ihilevich, D. (1969). An objective instrument for measuring defense mechanisms. *Journal of Consulting and Clinical Psychology, 33*, 51-60.

Greenacre, P. (1958). Early physical determinants in the development of the sense of identity. *Journal of the American Psychoanalytic Association, 6*, 612-627.

Greenberg, J., Pyszczynski, T., & Solomon, S. (1997). Terror management theory of selfesteem and cultural worldviews: Empirical assessments and conceptual refinements. In P. M. Zanna (Ed.), *Advances in experimental social psychology* (Vol. 29, pp. 61-141). San Diego, CA: Academic Press.

Greenson, R. R. (1967). *The technique and practice of psychoanalysis*. New York, NY: International Universities Press.

Grzesiak, R. C., & Hicok, D. A. (1994). A brief history of psychotherapy and physical disability. *American Journal of Psychotherapy, 48*, 240-250.

Gunther, M. S. (1971). Psychiatric consultation in a rehabilitation hospital: A regression hypothesis. *Comprehensive Psychiatry, 12*, 572-585.

Hartmann, H. (1964/1939). *Essays on ego psychology: Selected problems in psychoanalytic theory*. New York, NY: International Universities Press.

Head, H. (1920). *Studies in neurology* (Vol. II). London, UK: Oxford University Press.

Hirschberger, G. (2006). Terror management and attributions of blame to innocent victims: Reconciling compassionate and defensive responses. *Journal of Personality and Social Psychology, 91*, 832-844.

Hirschberger, G., Florian, V., & Mikulincer, M. (2005). Fear and compassion: A terror management analysis of emotional reactions to physical disability. *Rehabilitation Psychology, 50*, 246-257.

Kline, P. (1981). *Fact and fantasy in Freudian theory* (2nd ed.). London, UK: Methuen.

Knight, R. P. (1941). Evaluation of the results of psychoanalytic therapy. *American Journal of Psychiatry, 98*, 434-446.

Kohut, H. (1971). *The analysis of the self*. New York, NY: International Universities Press.

Kohut, H. (1977). *The restoration of the self*. New York, NY: International Universities Press.

Kruger, D. W. (1981-1982). Emotional rehabilitation of the physical rehabilitation patient. *International Journal of Psychiatry in Medicine, 11*, 183-191.

Krystal, H., & Petty, T. A. (1961). The psychological process of normal convalescence.

*Psychosomatics, 2*, 366–372.

Langer, K. G. (1994). Depression and denial in psychotherapy of persons with disabilities. *American Journal of Psychotherapy, 48*, 181–194.

Lazar, S. G. (Ed.). (1997). Extended dynamic therapy: Making the case in an age of managed care. In *Psychoanalytic Inquiry* (Suppl.). Hillsdale, NJ: Analytic Press.

Leichsenring, F. (2001). Comparative effects of short-term psychodynamic psychotherapy and cognitive-behavioral therapy in depression: A meta-analytic approach. *Clinical Psychology Review, 21*, 401–419.

Leichsenring, F. (2005). Are psychodynamic and psychoanalytic therapies effective? A review of empirical data. *International Journal of Psychoanalysis, 86*, 841–868.

Leichsenring, F. (2009). Psychodynamic psychotherapy: A review of effi cacy and effectiveness studies. In R. A. Levy & J. S. Ablon (Eds.), *Handbook of evidence-based psychodynamic psychotherapy* (pp. 3–27). New York, NY: Humana Press.

Leichsenring, F., & Leibing, E. (2003). The effectiveness of psychodynamic therapy and cognitive behavior therapy in the treatments of personality disorders: A meta-analysis. *American Journal of Psychiatry, 160*, 1223–1232.

Leichsenring, F., & Rabung, S. (2008). Effectiveness of long-term psychodynamic psychotherapy: A meta-analysis. *Journal of the American Medical Association, 300*, 1551–1565.

Leichsenring, F., Rabung, S., & Leibing, E. (2004). The efficacy of short-term psychodynamic psychotherapy in specific psychiatric disorders: A meta-analysis. *Archives of General Psychiatry, 61*, 1208–1216.

Liebert, R. M., & Spiegler, M. D. (1990). *Personality: Strategies and issues* (6th ed.). Pacific Grove, CA: Brooks/Cole.

Lipsey, M. W., & Wilson, D. B. (1993). The efficacy of psychological, educational, and behavioral treatment: Confirmation from meta-analysis. *American Psychologist, 48*, 1181–1209.

Livneh, H. (1982). On the origins of negative attitudes toward people with disabilities. *Rehabilitation Literature, 43*, 338–347.

Livneh, H. (1985). Death attitudes and their relationships to perceptions of physically disabled persons. *Journal of Rehabilitation, 51*, 38–41, 80.

Livneh, H. (1986). A unified approach to existing models of adaptation to disability: I. A model of adaptation. *Journal of Applied Rehabilitation Counseling, 17*(1), 5–16, 56.

Livneh, H. (2009). Denial of chronic illness and disability: Part I. Theoretical, functional and dynamic perspectives. *Rehabilitation Counseling Bulletin, 52*, 225–236.

Livneh, H., Chan, F., & Kaya, C. (2014). Stigma related to physical and sensory disabilities. In P.

W. Corrigan (Ed.), *The stigma of disease and disability: Understanding causes and overcoming injustices* (pp. 93-120). Washington, DC: American Psychological Association.

Lussier, A. (1980). The physical handicap and the body ego. *International Journal of Psychoanalysis, 61*, 179-185.

Maddi, S. R. (1989). *Personality theories: A comprehensive analysis* (5th ed.). Chicago, IL: Dorsey.

McDaniel, J. (1976). *Physical disability and human behavior* (2nd ed.). New York, NY: Pergamon.

Meltzoff, J., & Kornreich, M. (1970). *Research in psychotherapy*. Chicago, IL: Aldine.

Messer, S. B. (2004). Evidence-based practice: Beyond empirically supported treatments. *Professional Psychology: Research and Practice, 35*, 580-588.

Milton, M. (2002). Evidence-based practice: Issues for psychotherapy. *Psychoanalytic Psychotherapy, 16*, 160-172.

Mitchell, K. R. (1970). The body image barrier variable and level of adjustment to stress induced by severe physical disability. *Journal of Clinical Psychology, 26*, 49-52.

Neff, W. S., & Weiss, S. A. (1961). Psychological aspects of disability. In B. B. Wolman (Ed.), *Handbook of clinical psychology* (pp. 785-825). New York, NY: McGraw-Hill.

Neiderland, W. G. (1965). Narcissistic ego impairment in patients with early physical malformation. *Psychoanalytic Study of the Child, 20*, 518-534.

Nelson, M., & Gruver, G. G. (1978). Self-esteem and body-image concept in paraplegics. *Rehabilitation Counseling Bulletin, 21*, 108-113.

Nemiah, J. C. (1964). Common emotional reactions of patients to injury. *Archives of Physical Medicine and Rehabilitation, 45*, 621-623.

Parkes, C. M. (1972a). *Bereavement: Studies of grief in adult life*. New York, NY: International Universities Press.

Parkes, C. M. (1972b). Components of the reaction to loss of limb, spouse or home. *Journal of Psychosomatic Research, 16*, 343-349.

Parkes, C. M. (1975). Psychosocial transitions: Comparison between reactions to loss of limb and loss of spouse. *British Journal of Psychiatry, 127*, 204-210.

Patton, M. J., & Meara, N. M. (1992). *Psychoanalytic counseling*. New York, NY: Wiley.

Pine, F. (1988). The four psychologies of psychoanalysis and their place in clinical work. *Journal of the American Psychoanalytic Association, 36*, 571-596.

Pollock, G. H. (1961). Mourning and adaptation. *International Journal of Psychoanalysis, 42*, 341-361.

Prioleau, L., Murdock, M., & Brody, N. (1983). An analysis of psychotherapy versus placebo studies. *Behavioral and Brain Sciences, 6*, 275-310.

Prochaska, J. O. (1984). *Systems of psychotherapy: A transtheoretical analysis* (2nd ed.). Chicago, IL: Dorsey.

Prochaska, J. O., & Norcross, J. C. (1994). *Systems of psychotherapy: A transtheoretical analysis* (3rd ed.). Pacific Grove, CA: Brooks/Cole.

Psychodynamic Diagnostic Manual (PDM) Task Force. (2006). *Psychodynamic diagnostic manual.* Silver Spring, MD: Alliance of Psychoanalytic Organizations.

Rappaport, D. (1960). The structure of psychoanalytic theory. In *Psychological Issues* 6 (Vol. 2). New York, NY: International Universities Press.

Rappaport, D., & Gill, M. M. (1959). The points of view and assumptions of metapsychology. *International Journal of Psychoanalysis, 40*, 153–162.

Robbins, S. B. (1989). Role of contemporary psychoanalysis in counseling psychology. *Journal of Counseling Psychology, 36*, 267–278.

Roth, A., & Fonagy, P. (1996). *What works for whom? A critical review of psychotherapy research.* New York, NY: Guilford.

Rybarczyk, B. D., Nicholas, J. J., & Nyenhuis, D. L. (1997). Coping with a leg amputation: Integrating research and clinical practice. *Rehabilitation Psychology, 42*, 242–256.

Rybarczyk, B. D., Nyenhuis, D. L., Nicholas, J. J., Cash, S. M., & Kaiser, J. (1995). Body image, perceived social stigma, and the prediction of psychosocial adjustment to leg amputation. *Rehabilitation Psychology, 40*, 95–110.

Sandler, J. (1960). The background of safety. *International Journal of Psychoanalysis, 41*, 352–356.

Sandler, J., & Rosenblatt, B. (1962). The concept of the representational world. *Psychoanalytic Study of the Child, 17*, 128–145.

Schilder, P. (1950). *The image and appearance of the human body.* New York, NY: International Universities Press.

Shapiro, D. A., & Shapiro, D. (1982). Meta-analysis of comparative therapy outcome studies: A replication and refi nement. *Psychological Bulletin, 92*, 581–604.

Shedler, J. (2010). The effi cacy of psychodynamic psychotherapy. *American Psychologist, 65*, 98–109.

Shontz, F. C. (1956). Body-concept disturbances of patients with hemiplegia. *Journal of Clinical Psychology, 12*, 293–295.

Shontz, F. C. (1975). *The psychological aspects of physical illness and disability.* New York, NY: Macmillan.

Siller, J. (1969). Psychological situation of the disabled with spinal cord injuries. *Rehabilitation Literature, 30*, 290–296.

Siller, J. (1970). The generality of attitudes toward the disabled. In *Proceedings of the 78th Annual Convention of the American Psychological Association* (Vol. 5, pp. 697-698). Washington, DC: American Psychological Association.

Siller, J. (1976). Psychosocial aspects of disability. In J. Meislin (Ed.), *Rehabilitation medicine and psychiatry* (pp. 455-484). Springfield, IL: Charles C Thomas.

Siller, J. (1984). The role of personality in attitudes toward those with physical disabilities. In C. J. Golden (Ed.), *Current topics in rehabilitation psychology* (pp. 201-227). Orlando, FL: Grune & Stratton.

Siller, J. (1988). Intrapsychic aspects of attitudes toward persons with disabilities. In H. E. Yuker (Ed.), *Attitudes toward those with physical disabilities* (pp. 58-67). New York, NY: Springer Publishing Company.

Siller, J., Chipman, A., Ferguson, L. T., & Vann, D. H. (1967). *Attitudes of the nondisabled toward the physically disabled.* New York, NY: New York University School of Education.

Smith, M. L., Glass, G. V., & Miller, T. I. (1980). *The benefi ts of psychotherapy.* Baltimore, MD: Johns Hopkins University Press.

Szasz, T. S. (1957). *Pain and pleasure.* New York, NY: Basic Books.

Taleporos, G., & McCabe, M. P. (2002). Body image and physical disability: Personal perspectives. *Social Science & Medicine, 54*, 971-980.

Thomas, K. R. (1994). Drive theory, self-psychology, and the treatment of persons with disability. *Psychoanalysis and Psychotherapy, 11*, 45-53.

Thomas, K. R. (1995). Attitudes toward disability: A phylogenetic and psychoanalytic perspective. In J. Siller & K. R. Thomas (Eds.), *Essays and research on disability* (pp. 121-128). Athens, GA: Elliott & Fitzpatrick.

Thomas, K. R., & Siller, J. (1999). Object loss, mourning, and adjustment to disability. *Psychoanalytic Psychology, 16*, 179-197.

Thurer, S. (1986). A psychodynamic perspective. In T. F. Riggar, D. R. Maki, & A. W. Wolf (Eds.), *Applied rehabilitation counseling* (pp. 102-111). New York, NY: Springer Publishing Company.

Wachs, H., & Zaks, M. S. (1960). Studies of body image in men with spinal cord injury. *Journal of Nervous and Mental Diseases, 131*, 121-125.

Westen, D. (1998). The scientific legacy of Sigmund Freud: Toward a psychodynamically informed psychological science. *Psychological Bulletin, 124*, 333-371.

Wright, B. A. (1983). *Physical disability: A psychosocial approach* (2nd ed.). New York, NY: Harper & Row.

# 제10장

# Adler 치료

Mary O'Connor Drout, Rochelle V. Habeck, and Warren R. Rule

## 학습목표

이 장은 독자에게 Adler 상담 접근이 재활상담사와 관련 전문가를 대상으로 어떠한 현대적 연관성을 갖는지에 중점을 두고 Adler 이론의 주요 개념을 소개하고자 한다. 이 장에서는 특히 개인에 대한 전체론적 이해와 그가 처한 사회적 맥락의 중요성을 중점적으로 다루고자 한다. 이같은 목적을 달성하기 위해 다음과 같은 학습 목표를 설정하였다.

① 개인에 대한 전체론적 이해, 사회적 맥락의 중요성, 목적 지향적 행동, '생활양식'의 중요성 등 Adler 이론의 주요 개념을 이해한다.
② 상담 과정, 변화 촉진, 격려 제공 등 Adler 접근에 관한 상담사의 역할을 이해한다.
③ Adler 접근법에 관한 증거 기반 지지 수준을 이해한다.
④ 환경의 중요성, 환경에 존재하는 문제 개선 필요성, 사회적 정의에 대한 함의 등 재활상담에서 Adler 이론의 적절성을 알아본다.

## 1. 역사

Alfred Adler는 의사이자 심리학자, 교육학자였다. 그의 사상은 게슈탈트, 인본주의, 현실치료, 인간 중심 치료, 합리적 정서 행동 치료를 포함한 여러 심리치료 접근에 광범위한 영향을 미쳤다(Corey, 2005). '개인심리학'으로도 알려진 Adler 접근은 각 개인이 지닌 '불가분(indivisible)'의 본성을 강조한다. Adler는 또한 가족과 같은 사회적 단위 속에서 개인에 대한 이해의 중요성을 신봉하였다. Adler는 사회적 맥락과 분리된 상태에서 인간을 이해하는 것은 불가능하다고 주장하였다(Mosak & Maniacci, 1999). 인간이 지닌 사회적, 현상학적, 전체론적, 목적지향적 본성을 중시하는 Adler의 개척자적 시각은 오랜 시간에 걸쳐 여전히 높은 인기를 구가하며 다양한 분야에 적용되고 있다. 개인을 온전히 이해함에 있어 사회적 맥락이 차지하는 중요성과 완전체로서의 개인은 부분의 총합 이상이라는 통합체(unity)에 초점을 두었기에, Adler 접근은 재활 환경에서 장애인에 대한 적용에 특히 적합하다고 간주된다(Rule, 1984a).

개인심리학의 창시자이기도 한 Alfred Adler(1870~1937)는 오스트리아에서 의학을 전공하였다. Adler는 Freud의 정신분석학회에 10년간 참여했지만, 그가 발전시킨 전체론, 행동의 목적지향성, 사회·가족·문화적 영향의 중요성 등에 관한 신념으로 인해 Freud와 결별하였다. Adler는 인간의 창의적 능력을 신봉하였는데, 유전과 환경은 창의력 발달에 영향을 미치지만, 이를 공고히 조형하지는 않는다고 믿었다. 후대 학자들은 이러한 그의 접근을 '강성 결정론(hard determinism)'과 대비하여 '연성 결정론(soft determinism)'이라고 불렀다(Ansbacher & Ansbacher, 1956). 그 당시 심리치료 분야의 주류를 이루던 Freud학파와의 결별을 선택한 Adler의 시도는 커다란 반향을 불러일으켰는데, 이는 무의식적·생물학적 추동과 정신성적 발달을 중시하던 Freud 계열의 입장과 극명한 대비를 나타내는 중대한 사건이기 때문이었다.

Adler와 그의 동료들은 1912년 개인심리학회(the Society of Individual Psychology)를 결성하였다(Carlson & Englar-Carlson, 2012). 성격에 대한 사회적 맥락과 사회적 내장성(embeddedness)을 강조하는 Adler의 선구자적 입장을 반영하지 못했다는 점에서, 학회의 명칭은 다소 오해의 소지가 있다. '개인(individual)'이라는 용어의 선택은 라틴어의 '개별성(individuum)'에서 비롯된 것인데, 이는 성격의 불가분성 및 전체론(holism)을 반영하려는 의도에서 비롯되었다(Mosak & Maniacci, 1999).

Adler가 1935년 미국으로 이주했을 때, 그는 이미 교육 개혁과 가족 교육에 관한 업적으로 유명인사가 되어 있었고, 연설가로서도 다수의 초청을 받았다. 의사로서 '노동자 계층'을 위해 일했던 초기 경험과 이 시기 유대인으로 살았던 개인사는 분명 사회정의를 옹호하는 입장을 비롯하여 그의 가르침에 커다란 영향을 미쳤다. 1952년, Rudolf Dreikurs는 Adler의 업적을 더욱 발전시키기 위해 시카고에 최초의 Adler 연구소를 설립했는데, 이 기관은 현재 Adler 전문 심리학 학교(Adler University)로 알려져 있다. Adler 학교, 그 밖의 기관 및 학회, 『개인심리학 학술지(Journal of Individual Psychology)』 등은 광범위한 유형의 내담자, 관심사, 사회적 현안을 대상으로 Adler 접근 및 심리치료 적용에 관한 지침과 정보를 지속적으로 제공하고 있다. Adler는 그가 살았던 시대에 성공을 누렸고, 오늘날에도 그의 인기는 계속되고 있다.

## 2. 주요 개념과 성격 이론

### 1) 인간의 전체론적 본성

Freud가 원초아, 자아, 초자아의 삼원 구조로 개념화한 것과는 대조적으로, Adler는 인간 본성은 전체론과 불가분성을 통해서만 이해가 가능하다는 신념을 지니고 있었다. 이러한 Adler류의 개념은 '부분의 집합체'에 대비되는 총체적 '개인'으로서의 인간에 대한 이해를 촉진하였는데, 이는 전체론적 접근을 중시하는 장애인 재활의 관점과 맥을 같이한다. Adler는 인간의 총체성(wholeness)이나 전체론적 본성(holistic nature)은 환원이 불가하기 때문에, 성격의 부분부분을 별도로 떼어내어 고려하는 것은 태생적으로 개인에 대한 이해를 훼손시킨다고 믿었다. 개인이 스스로를 총체적 인간으로 조직화하는 방식은 그 자신과 타인에 관한 지각에 영향을 미치며, 자기가 설정한 삶의 목표와 다른 사람들과의 행동적 상호작용에 커다란 의미를 지닌다. 특정인의 삶을 관통하는 핵심적 패턴과 주제에 대한 어느 정도의 이해 상실 없이 그 사람이 지닌 성격의 일부를 해부할 수 없는데, 이는 그 사람의 행동을 이해하기 위해 반드시 필요하기 때문이다. 재활 분야에서, '사람 우선(person first)' 용어를 강조하는 입장은 '상지/하지 마비(para)' 또는 '사지 마비(quad)'와 같은 명칭에 반영된 불능(disabling) 상태라는 특징으로부터 알려진 어떤 사람과 그의 요구를 축소하여 다루는 방식이 아닌 총체적 인간에 관한 이해와 고려를 위한 전체론적 접근을 지지한다

(Wright, 1983). Adler는 이 같은 개념을 설명하기 위해 음악과 관련된 비유를 사용했는데, 각각의 음표만을 연구해서는 어떤 곡을 충분히 감상할 수 없으므로, 음정(melody)을 경험하기 위해서는 다른 음표의 맥락이 필수적이라고 지적하였다.

## 2) 사회적 관심과 사회적 맥락

Adler를 때때로 최초의 공동체(community) 심리학자로 일컫는데, 이는 그가 사회적 관심(독일어로 'gemeinschaftsgefühl'라고 함), 즉 그 자신의 웰빙은 물론 다른 사람 및 그들의 웰빙에 대한 내적 유대감의 중요성을 강조했기 때문이다. Adler에게 있어, 사회적 관심은 충분히 성숙한(발달된) 인간임을 보증하는 특징으로서, 소속감을 가지고 자신이 속한 공동체와 세계의 발전(개선)을 위해 다른 사람들과 함께 노력하며 참여하는 일체의 행위를 포함한다. Mosak와 Maniacci(1999, p. 113)는 "우리는 대개 인간과 삶에 대한 의무를 지니는데, 공동체 의식이 투철하다면 우리는 이를 실제 행동에 반영함으로써 후손에게 더 나은 세상을 물려줄 수 있다."고 진술했다. Adler의 견해에 따르면, 사회적 관심이 인간의 삶에서 차지하는 비중은 너무도 막대하여 정신건강과 동등한 것으로 취급될 정도다.

Ansbacher와 Ansbacher(1956)는 Adler 이론/접근을 '맥락' 심리학이라 부르는 것이 적절하다고 지적했다. Adler는 인간은 사회적 존재이며 행동은 사회적 맥락 속에서만 온전히 이해될 수 있다고 믿었다. 그는 기본적으로 개인의 문제를 사회적 혹은 대인관계상의 문제로 간주하였다. 성격에 내포된 사회적 본성의 핵심은 소속에 대한 열망과 욕구다. 인간은 누구나 다른 사람이 보기에 중요한 지위를 얻고자 분투한다. '인물 존재감 위치(place of somebodyness)' 획득 목적은 인간의 지각과 목표를 조성했던 초기 경험과 사회적 맥락에 따라 다르게 취급된다. 이 같은 견해에 따르면, 장애와 같은 삶의 도전은 사람에 따라 고유하게 다루어지는데, 이는 지각된 '인물 존재감 위치'와 사회적 맥락 또는 대인관계적 세계가 사람마다 다르기 때문이다(Rule, 2004).

인간은 그 자신의 욕구와 정체성 안에 사회적으로 뿌리내린 존재라는 점에서, 개인이 추구하는 목적과 그가 보이는 행동, 태도, 신념은 사회적 맥락 속에서 스스로를 향상시키고자 하는 타고난 욕구와 직결된다고 간주된다. 따라서 다른 사람을 이해하려는 시도 과정에서 던지는 근본적 질문은, "이 사람은 다른 사람에게 어떤 방식으로 알려지기를 원하는가?"가 된다. 이 질문에 대한 답변은 재활 과정에서 중요한 함의를 지닌다.

## 3) 가족 구도와 출생 순위

Adler는 또한 최초의 가족치료사 중 한 사람으로 간주된다. 그는 인간의 성격 발달과 형성에 있어 가족의 중요성을 인식하였으며, Freud와는 달리 아동 및 가족과 함께 작업하였고, 이들의 문제를 다룬 그 자신의 연구(작업)에 관해 연설과 집필 활동을 계속하였다(Mosak & Maniacci, 1999). 아동을 둘러싸고 있는 가족 구도(family constellation)는 가정의 분위기와 정서적 기조(emotional tone), 형제자매의 유·무, 나이 차, 출생 순위, 부모의 영향과 기대치, 양육 방식과 가족의 가치관, 이웃, 또래 등을 포함한다. Adler는 아동은 어린 시절부터 그가 삶에서 첫 번째로 접하는 사회적 집단과 관계된 경험에서 도출된 것으로 보이는 일종의 결론을 형성한다고 주장하였다. 이러한 결론(또는 믿음)은 유년 시절의 수많은 인상과 경험에서 비롯되며, 삶의 패턴의 근간을 이루는 목표가 된다. Adler는 이러한 어린 시절의 결론은 대략 6세나 7세 전에 형성되고, 개인의 삶의 패턴을 구성하는 어렴풋하나마 의식적인 목표 결정에 크게 기여한다고 믿었다. 이 나이가 지나면 개인은 자신의 첫 번째 사회적 집단인 가족으로부터 받은 영향의 범위를 다음 단계의 사회적 집단인 학교로 확장하기 시작한다.

가족은 아동이 접하는 최초의 사회적 집단이라는 점에서, 가족 집단 내에서 자기 중요성(self-significance) 또는 소속감을 달성하기 위해 자신만의 심리적 '영토'를 고수하려는 개인의 시도는 그가 성장하여 가족 외의 집단에서 어떠한 역할을 맡게 될지와 관련하여 중요한 함의를 지닌다(Carlson, Watts, & Maniacci, 2006). 따라서 Adler학파는 행동 패턴을 이해하는 수단으로서 가족 구도를 상당히 강조한다. 그러므로 심리치료에 있어 평가는 형제간의 연령 차이, 출생 순위, 성별, 편애(favoritism), 고유성, 동맹 집단, 형제의 발달 패턴 등과 같은 가족 구도와 자신의 지위에 관한 내담자의 느낌 등의 측면을 주의 깊게 고려해야 한다. Adler 학파가 출생 순위를 중요하게 생각하는 것은 사실이지만, 이의 심리적 지위, 즉 다른 사람들과의 관계에서 아동이 택한 역할을 단순한 실제 출생 순위보다 더욱 중요하다고 간주한다(Carlson et al., 2006; Corey, 2005).

Adler학파는 일반적으로 출생 순위를 토대로 다음과 같은 다섯 가지 심리적 지위를 인정한다. ① 독자: 독자로 태어난 아이는 다른 아이들과 협력하거나 공유하는 법을 배우지 못하고, 부모를 역할 모델로 이용하며, 높은 수준의 목표를 설정하는 완벽주의자 등의 특징을 보인다. ② 장남/장녀: 맏이로 태어난 아이는 한때는 유일했으며 첫째로 지내온 탓에 독립적이고, 신뢰할 만하며, 열심히 일하고, '옳은 일'을 하려는 경향을 보인다. ③ 둘째 아

이: 둘째 아이는 태어날 때부터 관심을 끌기 위해 맏이와 경쟁하며, 가끔씩 맏이와 반대되는 영역에서의 성공 달성을 추구한다. ④ 중간 아이: 중간에 태어난 아이는 형제들 틈바구니에 '끼어 있다'는 느낌을 가질 수 있다. 많은 이가 형제들 사이에서 중재자 또는 외교사절의 역할을 담당한다. ⑤ 막내 아이: 막내는 가족의 '아기'이며, 종종 형제자매가 아직 추구하지 않은 영역에서 자신의 길을 가려는 경향이 있다. 막내는 자극과 흥분을 열망할 수 있다(Carlson & Englar-Carlson, 2012; Corey, 2005).

## 4) 목적 지향성

Adler는 모든 행동(감정 포함)은 목적 지향적이라고 믿었고, 행동에 관한 합목적적(purposive) 또는 목적론적(teleological) 설명을 신봉하였다(Corey, 2005). 달리 말해, 인간이 행하는 모든 일에는 목적이 존재하는데, 이는 의식하든 어렴풋하게 의식하든, 미래에 얻게될 결과에 관해 그들이 지닌 관념(ideas)의 기능이라는 것이다(Rule, 2004). 그러나 사람들이 특정한 방식으로 생각하고 느끼며 행동하는 것을 자각한다 해도, 그것은 대부분의 시간동안 거의 의식하지 못하는 수준에서 작동하며, 일상생활의 모든 측면에 작용하는 목적을 인식하지는 못한다. 표면상 설명이 불가능해 보이는 행동이라 해도, 목적이나 목표가 밝혀진다면 보다 이해가 수월해진다.

Adler는 장기적 목표에 관한 개인의 패턴은 주관적으로 결정된 자기 이상 개념을 중심으로 조직된다고 믿었다. 이들 목표는 '사적 논리(private logic)'에 의해 식별이 가능하다. '사적 논리'란 앞에서 논의된 유년 시절의 경험에 대한 지각과 이해에 기초하며 뿌리깊이 확립된 신념을 지칭하는 용어로, 이는 아동이 자신의 경험을 일반화할 수 있는 유일한 '삶의 조각(slice of life)'을 구성한다(Carlson & Englar-Carlson, 2012). Adler는 누군가를 이해하고 그 사람의 기저에 깔린 목표를 구분하려는 시도 과정에서 "내가 이와 같이 하면 다른 사람들이 나를 주목할 거야."라는 느낌을 갖기 위해 그 자신이 설정한 심리적 영토를 이해하려는 시도를 상당히 중시한다. 인간은 어린 시절의 시행착오를 통해 그 자신이 중요하다고 인식하게 만드는 입지 확보를 도와 줄 최적의 목적이 무엇인지를 배우고, 목표 실행에 있어 가장 유용한 행동을 실험하기 시작한다. 당연하게도, 인간은 감정을 포함하여 스스로의 취약점과 자존감을 보호하는 생활 양식의 어렴풋이 의식된 목표(the dimly conscious goal)와 일치하는 행동을 학습한다. 일반적으로 말해, 목표의 이 같은 패턴은 개인에게 경험에 관한 평가, 이해, 예측, 통제를 허용한다(Mosak, 2005).

　인간은 끊임없이 자신의 사적 논리 속에서 이러한 자기 이상을 전반적 잣대로 삼고 인생을 살아가며, 어렴풋이 의식된 수준에서 자신이 상상하던 존재가 되고자 노력하는데, 이는 그가 다른 사람이 보기에 중요하다고 생각되는 것과 진정으로 안전하다는 느낌을 얻기 위해 필요하다고 믿는 바를 의미한다. 이러한 노력(striving)은 인간이 살아가는 동안 내내 열등감이나 대처 불가의 지위(position)에서 극복 및 대처 가능한 지위로 나아가는 데 필요한 동기를 부여하는 주된 추진력을 제공한다. Adler는 이러한 시도가 이상적 자아의 '가상적 최종 목표' 중심으로 조직되며, 삶 속에서 자신의 위치를 확보하기 위해 획득해야 할 보완적 목적 패턴을 야기한다고 믿었다. 나아가, 이러한 패턴은 사람들이 다양한 방식으로 목표를 향해 나아갈 때 통일된 방향 또는 '활동 노선(line of movement)'이라는 흐름을 형성한다(Mosak & Maniaci, 1999).

　따라서 이러한 자기 이상을 둘러싼 인간의 목적 지향적 행동, 감정, 인식은 경험에 대한 주관적 해석에 기초한다. 어린 시절의 경험이 조성되는 환경에 따라, 인간의 목적은 '오류적 논리(faulty logic)'에 의해 채워질 수도 있다. Adler(Mosak & Maniacci, 1999, p. 53에서 재인용)는 이의 중요성에 대해, "인간 본성에 관한 가장 큰 비극은 우리가 너무 어리고 무언가를 제대로 알지 못할 때 스스로와 세상에 관해 너무나 큰 결정을 내려야 한다는 점이다."고 언급했다.

## 5) 다섯 가지 생활 과업

　Adler는 개인의 온전한 발전을 달성하기 위해서는 사회적 관계(공동체) 문제에 대처하기, 일 관련 문제에 대처하기, 애정 관련 문제에 대처하기 등 세 가지 생활 과업이 필요하다고 주장했다. Adler학파는 나중에 자아(self) 대처하기와 실존(existence) 이해하기 등 두 가지 생활 과업을 추가로 제시했다(Mosak & Maniacci, 1999). Adler학파는 사람은 누구나 다양한 수준에서 성공 또는 실패를 경험하면서 이들 다섯 가지 생활 영역에 나름의 위치를 점한다고 믿는다.

　이들 다섯 가지 과업 중 어느 하나를 회피하면 결국에는 나머지 과업에도 어려움이 초래될 수 있다. 한두 가지 과업에서 효과적으로 작동하는 패턴일지라도 다른 과업에 적용하면 제대로 작동하지 않는 경우도 있다. 주요 생활 과업 수행에서의 실패는 정신병리적 증상을 초래할 수 있다. 즉, 생활 과업 충족 과정에서 접하는 문제(도전)는 사람들이 심리치료를 찾도록 만드는데, 이들 도전은 재활 과정에서 보다 낮은 성과 촉진을 위해 마주했을 경우에도 신중하게 고려되어야 한다.

## 6) 조직화 구조로서의 생활 양식

　　Adler 상담의 주요 개념과 성격 이론의 조직화 구조는 그가 주창한 용어인 '생활의 양식 (style of life)', 단축하여 '생활양식(life style)' 개념으로 요약이 가능하다. 이 같은 맥락에서 사용될 때, 생활양식이라는 용어는 이 단어의 현대적 사용이 전달하는 것보다 훨씬 더 중요한 무언가를 의미하는데, 이는 생활양식이라는 용어가 나타내고자 하는 Adler 사상과 접근의 중요한 개념에 대한 충분한 이해를 어렵게 만든다. 넓은 의미에서, 생활양식이란 '각 개인, 그 사람이 지닌 사고, 감정, 행동, 그 사람의 의식적 · 무의식적 상태, 겉으로 표현되는 성격의 단면에 존재하는 통합체(unity)'다(Ansbacher & Ansbacher, 1956, p. 175).

　　Adler학파는 성격은 현재와 미래의 삶 속에서 표현되며, 각 개인의 활동 노선에 반영된다고 믿는다. 생활양식은 인간이 다른 사람들과의 상호작용 및 자기 가치(self-worth) 측정에 사용하는 신념과 목표의 전체적 패턴(holistic pattern)으로 간주된다. 어떤 사람이 목표달성을 위해 노력하며 나아가는 특징적 방식은 그 사람의 생활양식에 기초한다는 것이다. 한편, 생활양식은 '생활의 길잡이(roadmap)' 또는 '인생 전략'(Corey, 2005)으로 설명이 가능한데, 이는 다시 인간이 목표 달성을 위해 노력하며 나아가는 특징적 방식을 대표한다.

　　생활양식이 인간의 현재와 미래를 조형하지만, 이 중 대부분이 6~7세 무렵에 형성이 완료된다는 점에서, Adler 이론가들은 유아기 동안의 경험이 매우 중요하다는 점을 인식했다. 따라서 Adler학파는 유년 시절의 회상(recollections)과 양육에 상당한 의미를 부여한다. "생활양식은 아동기에 환경과 자신의 신체로부터 얻은 자료를 이해하고 통제하려는 시도로서 발달이 이루어진다. 아동은 내부와 외부 양쪽에서 처리를 필요로 하는 정보를 수용한다."(Mosak & Manieci, 1999, p 33) 아동은 자신이 처한 내 · 외부 환경으로부터 얻는 단서/신호에 대응하는 한편, 그가 타고난 성장 동기를 가지고 앞으로 나아가려 시도한다. 아동은 이러한 시도 과정에서 자신의 '불완전성'을 인식하게 되고, 이는 대개 노력과 성장의 동기로 작용하는 열등감으로 이어진다. 아동은 주관적으로 느끼는 열등감 지위 (position)에서 우월성과 안전이라는 스스로가 고안한 가상적 목표(self-conceived/fictional goals)를 향해 나아가려는 행위의 중요성을 인식하려고 노력한다. 생활양식은 사적 논리 (private logic)을 토대로 구축되는데, 사람들은 대개 이 같은 사실을 인지하지 못한다. 하지만 사적 논리는 그 사람이 접하는 경험에 대한 해석을 관장한다. 어린 시절 힘들었거나 고통스러운 경험을 지닌 사람은 잘못된 결론을 근거로 오류적 논리(faulty logic)를 발전시키게 된다.

생활양식은 우리 모두의 일상에 깊숙이 스며들어 작동하고 있다. 앞에서 강조한 바와 같이, 생활양식은 대략적으로만 그 모습을 드러내며, 대개의 경우 어렴풋하게 의식될 정도로만 표출된다[예: 친구 사귀기, 직업, 연애 관계, 성공과 실패의 정의, 영성(spirituality), 자기존중, 차량 구매, 장애에 따른 한계를 보는 견해]. Adler학파는 생활양식을 가장 중요한 정신적 패턴(overriding mental pattern)을 한 개인이 거기에서 민감한 지위를 두는 핵심적 인지 차원(key cognitive dimensions)이 반영된 통합체로 간주한다(Rule, 2004). 이 같은 정신적 패턴은 개인의 주관적 관점에 의해 작동된다는 점에서 그 사람에게 매우 유용하다. 마차를 끄는 말에 눈가리개를 씌우면 시야(관점)가 집중되고 시계가 제한되어 혼잡한 교통 상황 속에서도 똑바로 길을 갈 수 있는 것과 마찬가지로, 선택적 지각과 목표는 인간이 살아가면서 마주하게 될 질곡을 통과하도록 돕는다. 이처럼 중요한 정신적 패턴은 살아가는 과정에서 직면하게 될 여러 가지 도전에 대한 반응에서 개인의 기분과 행동에 영향을 미친다. 따라서 이렇듯 고유한 사고 패턴인 생활양식은 내재된 한계를 동반하며 인간을 성공과 실패, 최고의 장점과 약점으로 이끌어 간다.

생활양식의 인지적 성질이 지닌 일관성으로 인해, 결정을 내려야 하거나 문제에 직면했을 때 이러한 고유한 생활양식 패턴에 대한 자각은 개인에게 큰 도움을 줄 수 있다. 이 같은 자각은 생활양식과 오랜 시간에 걸쳐 검증된 기본적 태도와 기대 패턴이 스트레스를 경험할 때 가장 두드러진다는 사실로 인해 더더욱 의미를 지닌다. 생활양식 개념뿐만 아니라 스트레스 상황에서의 외양 현상(appearance-under-stress)과 더불어 재활 전문가들에게 유용한 함의를 지닌다.

심리치료와 그 외의 치료적 경험 혹은 중요한 삶의 경험은 한 개인의 생활양식에 관한 확신(convictions) 변화를 가능하게 한다(Carlson & Englar-Carlson, 2012). Adler학파는 발달을 다음과 같이 규정한다. "발달은 인간이 자신을 만들어(또는 재창조) 가는 지속적 과정이다. 인간은 언제나 되어가는 과정(process of becoming) 속에 존재한다."(Mosak & Maniacci, 1999, p. 20)

## 3. 상담 과정

Adler 이론을 추종하는 치료사들은 인간은 누구든 성장하고 변화할 수 있으며, 이는 바람직한 현상이라고 믿는다. 따라서 그들은 낙관적 입장에서 내담자의 성장 및 변화 잠재력을 지지하며, 변화 과정을 내담자의 성장과 발전을 장려하는 통과의례 중 하나로 간주한다(Carlson & Englar-Carlson, 2012). 내담자가 난관에 봉착했을 때, 상담사는 변화가 필요한 부분이 무엇인지의 파악을 지원한 다음, 그 같은 어려움이 생성되는 과정에서 내담자는 어떤 역할을 담당했는지 이해하는 한편, 변화에 대해 책임감을 갖도록 도와줄 방법을 모색한다.

본질적으로, Adler식 상담의 목표는 주요 생활 과업에서의 성공적인 삶의 영위를 방해하는 인지 지도(cognitive map)에 잠재된 목적과 가정을 파악한 후, 이들을 소속감과 유용한 사회적 관심을 추구하는 방향으로 개조하도록 돕는 것이다. Adler식 상담 과정은 관계 발전, 내담자의 생활양식이나 인지 지도를 중시하는 평가, 자기 이해 촉진, 방향 재설정(reorientation)을 통한 변화 지원 등 4개의 광범위한 구성요소를 포함한다.

### 1) 관계

변화 과정은 긍정적 관계를 위한 토대 구축에 달려 있다. Adler식 접근은 상호 존중과 신뢰를 특징으로 하는 고도의 협력적·평등적·협동적 관계를 필요로 한다(Corey, 2005). 상담사는 전문가의 지위를 수용해서는 안 되며, 배움과 변화 전 과정에 걸쳐 내담자와 적극적이고 낙관적이며 지지적인 동반자 관계를 유지해야 한다. 관계는 후속 단계로의 발전을 위한 기초를 제공할 뿐만 아니라, 장애와의 관계에서 내담자의 자기 탐색 지원을 위한 안전한 환경(맥락)을 제공하며, 재활 과정에서 요구되는 정보(예: 의료적, 직업적, 절차적) 교환을 지원한다.

### 2) 생활양식 평가

평가 단계는 개인의 주관적 이해와 그 사람의 고유한 세계를 존중하는 한편, 그가 속한 사회적·문화적 맥락 속에서 개인에게 초점을 맞추어야 한다(Carlson & Englar-Carlson, 2012). 우리는 이 같은 과정을 두 부분으로 나누어 생각할 수 있다. 상담사는 주관적 면담에서, 내담자가 적극적 자세로 자신의 이야기를 하도록 돕고, 후속 질문을 통해 다섯 가지 생활 과업에 걸친 내담자의 기능 수준을 이해하며, 내담자가 생활 과업에 대한 접근 방식, 대처 과정에서 보이는 고유한 강점, 자신만의 맹점, 주요 관심 사항 등을 드러내도록 유도한다(Corey, 2005). 주관적 면담은 대개 '바로 그 질문'으로 마무리된다. '바로 그 질문'은 내담자에게 더 이상 문제가 존재하지 않는다면 그 자신의 생활이 어떻게 달라질 것 같은지를 묻는 것이다(Carlson et al., 2006). '바로 그 질문'에 대한 대답은 때때로 개인이 심각한 어려움을 겪고 있는 목적(이유), 그들이 물러서고 싶어 하는 생활 과업, 그들이 스스로를 방어하려는 요구나 위협은 무엇인지 등에 관한 정보를 암시한다.

평가 과정의 두 번째 부분에 해당하는 객관적 면담은 생활양식 평가와 함께, 현재의 우려 사항과 그것이 어떻게 시작되었는지에 관한 경위, 사회력, 생활 과업에 대한 대처 노력 등에 관한 정보 수집을 포함한다(Corey, 2005). 생활양식 평가 실시에 활용이 가능한 다수의 면담 양식이 존재한다. 예를 들어, 생활양식 성격 질문지(Lifestyle Personality Inventory; Wheeler, Kern, & Curlette, 1991)와 Shulman과 Mosak(1988), Powers와 Griffith(1995)가 개발한 지침서 등이 있다.

생활양식 면담의 핵심 구성요소는 한 사람의 유년 시절의 역사, 가족 구도, 초기 기억인데, 이를 통해 개인은 삶의 작동 방식에 관한 자기 자신의 견해 대부분을 얻을 수 있다. 나아가, 성 역할, 기대, 대인관계, 어린 시절의 삶을 지배한 권력(권위 또는 힘)과의 관계에서 그 자신의 지위, 생존에 필수적이라고 인식되는 목표에 도달하기 위해 그 사람이 채택한 방식 등 또한 다루어진다. 가족 구도에 관한 면담 질문은 솔직하며—출생 순위와 형제 관계, 경쟁 가능한 영역에서의 형제 간 서열(예: 지능, 만족스러움, 자신만의 방식, 운동, 외모, 성질 등), 형제간 상호관계, 부모 관계, 가족 가치, 문화적 맥락 등에 관해 질문하기—, 어린 시절 가족의 분위기와 조건에 관한 인식과 이들 사항이 자기 자신과 타인을 바라보는 방식에 어떻게 기여했는지를 밝히는 데 도움을 제공한다(Corey, 2005).

## (1) 구체적인 초기 회상 도출

생활양식 평가를 완성하는 과정에서, 상담사는 내담자의 구체적인 초기 회상을 중요시해야 한다. 왜냐하면 어린 시절의 회상은 자신과 타인에 관한 내담자의 믿음, 대처 패턴과 강점, 방해 가정 등에 대한 이해 방식이기 때문이다. Adler학파는 개인의 생활양식에 대해 유용한 정보를 제공하는 기억의 선택성을 신뢰한다. Adler학파는 회상은 자기, 타인, 삶에 관한 내담자의 현재적 관점과 일치하는 방식으로 기억된다고 믿는다. 따라서 인간의 초기 회상은 그 자신의 인지 지도에서 현재 작동 중인 것과 동일한 패턴을 반영한다. 즉, 어린 시절의 회상은 그 자신의 사적 한계와 상황에 대한 의미 부여가 이루어지는 회상 단서(reminders)다(Ansbacher & Ansbacher, 1956). 사람들은 대부분 학교 입학과 함께 더 큰 사회적 무대에 진입하는 6에서 7세 전부터 실제 사건과 상상의 사건을 기억할 수 있다. 기억된 사건에 관한 동반 감정의 맥락에서 고려해 볼 때, 각각의 초기 회상은 현재의 기대를 반영한다. Adler학파는 숨겨진 상징적 의미가 아닌 어린 시절의 기억 중 명백한 내용을 중시한다. 더욱이, 각각의 회상은 어린 시절의 다른 회상에 의해 반영된 전반적 관점을 보완하고 상세화한다. 기억된 어린 시절의 환경 속에 녹아 있는 주제는 내담자가 현재 사용하며 어렴풋이 의식 속에 남아 있는 관념과 목적을 반영한다.

### (2) 생활양식 정보의 다른 출처

Lombardi(1973)는 여타 개인 이력 관련 자료(내담자에 관한 지식)의 중요성, 표현 행동(내담자 관찰하기), 집단화(grouping) 과정(내담자와의 상호작용), 증상 행동(내담자의 숨길 수 없는 징후) 등 생활양식 정보의 보완적 출처에 관한 논의를 제공했다. 아울러, 내담자가 삶에서 회피하려는 일, 다른 사람에 대한 비판 내용 등을 통해서도 많은 것을 알 수 있으며, 괴테가 주장한 바와 같이 누군가를 웃게 만드는 일보다 그 사람을 더 많이 드러나게 만드는 행동은 없다(Rule, 2004).

## 3) 자기 이해 촉진

Adler학파는 생활양식 행동이 중요한 목적에 기여한다고 믿는다. 그들은 또한 상담사와 내담자는 향후 발생할 모든 변화의 기초가 될 생활양식의 목적을 파악하고 이해할 필요가 있다고 믿는다. 따라서 평가 결과를 해석하는 상담사는 직면의 시각에서 통찰 증진에 초점을 맞추어야 하는데, 이 과정에서 내담자는 본인의 행동이 기여하는 신념과 목표를 조사하게 된다(Carlson & Englar-Carlson, 2012). Adler학파는 생활양식이 어린 시절 자신과 함께한 경험에서 도출된 결론에 뿌리를 둔 타인과 세계와의 관계 속에서 그의 일차적 목표에 기여하는 방식으로 작동한다고 믿는다(Corey, 2005). 여기서 상담사가 유념해야 할 점은 다른 사람과의 관계 맺기와 자신이 중요한 사람이라는 느낌 달성의 주된 방식을 이해하는 데 필요한 생활양식 변화에 따른 관계 맺기 패턴인데(Corey, 2005), 이는 어린 시절의 결론에 근거한다. 이들 동일 패턴은 스트레스와 도전을 다룰 때 삶에 대한 대처와 자기 보존을 위해 내담자가 선호하는 방식(mode)을 드러낸다. 상담사는 내담자가 이들 결론과 패턴을 보다 깊이 자각하도록 돕고, 내담자의 생활양식이 형성에 관여한 목표가 어떻게 하여 그가 현재 경험 중인 난관에 기여하는지를 파악하기 위한 방안의 하나로 평가 정보를 활용하는 데 관심을 나타낸다.

상담사는 신뢰와 평등주의적 관계의 맥락에서 내담자의 투입과 논의를 장려하기 위해 잠정적인 용어로 제공된 해석과 권고를 수반하는 협력적 방식을 통해 평가 정보를 요약한 후 이를 내담자와 공유해야 한다. 재활 전문가는 내담자가 이끌어 낸 자신, 타인, 삶에 관한 결론이 무엇인지 보여 주는 생활양식 자료 활용을 통해 대처행동을 하는 중요한 인물이 되고자 노력하는 과정에서 자신이 사용했던 것으로 보이는 목표 파악을 도울 수 있다 (Carlson et al., 2006). 상담사는 폭넓고 중요한 목표 파악과 함께, 내담자가 장애 관련 문제와 같이 현재의 관심사와 관계된 구체적 신념을 파악하도록 도와야 한다.

내담자의 근원적 신념과 목표를 명료화하고, 무엇이 내담자의 당면 문제에 기여했고 이의 시정을 위해 그가 취할 수 있는 조치/행동이 무엇인지를 보다 정확히 이해하려면 평가를 통해 구축된 자각을 활용하여 내담자의 현재 행동과 상황에 집중해야 한다. 변화를 다루기에 앞서, 이 단계에서 이루어져야 할 핵심 과제는 내담자가 자신의 인지 지도의 일부로 고수해 오며 당면 문제 발생에 기여한 것으로 추정되는 잘못된 신념에 관한 통찰을 파악한 후 이를 획득하도록 돕는 것이다. 공통 행동 패턴, 제공된 목표(goals served), 이들의 잠재된 함정 등을 설명하는 다양한 용어가 제공된다(예: Mosak, 1971).

## 4) 방향 재설정(변화를 위한 지지)

방향 재설정은 교육과 변화를 강조하며, 내담자의 생활양식이나 인지 지도, 이들과 내담자의 현재 관심사 간의 관계에 대한 상담사와 내담자의 자각을 토대로 구축된다. 달리 표현하자면, 내담자와 상담사 모두 생활양식의 일상적 적용에 관한 통찰을 지니게 됨으로써 합의된 변화를 위한 발판을 마련할 수 있다는 의미다. 상담사와 내담자는 생활양식에 내포된 자기 패배적 특징을 파악하여 이의 극복을 위한 목표와 과제 전략을 구축할 수 있다. 나아가, 상담사와 내담자는 생각, 느낌, 행위 사이의 상호 관련성 탐구를 위해 보다 폭넓은 교육적 관점을 사용할 수 있는데, 이는 특히 생각이 행동에 활력을 불어넣는 감정의 근원에 존재하는 통상적 방식, 즉 자기 순위 설정(self-ranking)에 있어 다른 사람과의 비교 기능이 아닌 스스로의 중요성에 대한 믿음 장려, 타인을 향한 공감 확대나 사회적 관심 촉진 등에도 사용될 수 있다(Carlson et al., 2006). 이의 목표는 삶의 주요 과업에서 적응 기능을 방해하는 두려움, 생각, 패턴을 파악하여 적절히 대처함으로써, 내담자가 보다 완전하게 기능하는 삶을 향한 관점을 발달시키도록 돕는 것이다. 이 단계에서, 상담사는 내담자가 통찰에서 실행으로 이행하도록 지지하고, 격려 관계를 사용하여 동기 유지를 도우며, 내담자가 진정으로 원하는 목표에 보다 부합하는 선택을 내리도록 도울 수 있다(Carlson & Englar-Carlson, 2012).

이 단계에서 격려는 Adler 이론의 핵심 개념이며, 모든 전략의 주요 구성요소가 되어야 한다. 하지만 격려의 전달에도 불구하고, 임상 전문가는 주어진 상황에서 내담자가 자기만의 접근방식을 고집할 경우 그에 대한 책임을 지도록 유도해야 한다. 상담사는 코치 또는 교사 역할을 수행함으로써 내담자가 생활양식에서 보다 기능적 패턴을 만들어 가는 데 필요한 기술과 행동을 습득하도록 도와야 한다. 상담사는 행동이나 기분의 (미래 지향적) 목표에 대한 집중을 유지해야 한다. 왜냐하면 이러한 초점 유지는 내담자가 행동의 '이유' 또는 '원인'에 부담감을 느끼거나 자신에게 '이로운 점(advantage)'만을 활용할 가능성을 줄여 주기 때문이다.

'원인'이나 '이유를 묻는 질문'은 과거와 변경불가한 사유를 반영하는 데 반해, '목적'은 미래 지향적이고 변경 가능한 표적을 가리킨다. 이 같은 과정은 한 사람의 오래된 행동이 기여하고자 했던 목적에 대한 자각 증가를 창출한다는 점에서, 내담자는 이들 오래된 행동이 어떻게 자신에게 궁극적인 불이익으로 작동했는지를 인식함으로써 그러한 행동을 쫓을 가능성을 감소시킬 수 있다. Adler는 다음과 같은 잊을 수 없는 은유를 통해 이 점을 표현했다고 한다. "치료사가 내담자의 수프에 침을 뱉은 후에도 내담자가 그 수프를 계속 먹을 수는 있다. 그렇지만 그 수프의 맛은 전만큼 좋지는 않을 것이다."(Carlson et al., 2006)

Bitter와 Nicoll(2000)은 Adler식 단기치료 적용과 어떻게 이것이 단기간에 집중과 효과적 변화 제공에 활용될 수 있는지를 명료하게 설명하였다. Mosak와 Maniacci(1998)는 Adler식 치료 적용을 위한 다수의 맞춤형 상담 및 심리치료 상황 특화 절차를 제공하였다(이의 상세한 내용에 관심을 가진 독자는 Mosak와 Maniacci의 저서 『상담과 심리치료 전술(Tactics in Counseling and Psychotherapy)』의 탐독을 권한다). 이 단계에서는 다른 접근법(예: 합리적 정서 행동 치료, 게슈탈트 치료, 행동 치료, 인지 행동 치료, 가족치료)의 호환 가능한 전략과 기법 접목(통합)이 가능하다. Adler식 상담 접근은 내담자의 생활양식 자각 형성과 내담자의 생각과 행동에 내재된 생활양식 목표 인식을 돕는 과정에서 유머의 촉진적 사용을 매우 중시한다. 아울러, 우화, 비유, 은유, 만화, 영상 기록, 사진 등의 활용을 통해서도 자각 달성이 가능하다. 유머와 Adler 상담의 전술 및 전략 사용은 내담자의 가치, 수용, 독자성을 전달하는 진정한 격려(반드시 칭찬일 필요는 없음) 정신에 입각하여 다루어져야 한다.

## 4. 특별한 초점으로서의 격려

Adler는 내담자의 사회적 관심 발달을 포함하여 격려를 심리치료의 근본으로 간주하였다(Main & Boughner, 2011). 상담사의 역할은 내담자를 도와 모순된 행동을 목표 향상을 위한 실제 행동으로 바꾸어 줄 대안 창출을 발전·향상시키는 것이다. 이는 격려를 필요로 하는데, 격려는 내담자의 자원, 강점, 자산에 초점을 맞추고, 내담자의 노력과 긍정적 활동을 인정하며, 낙관적인 지위(position)를 채택하는 일련의 과정을 의미한다. Carlson과 Englar-Carlson(2012, p. 99)은 격려는 우리 문화에서 소외되고 끊임없는 실패(낙담)를 경험하는 집단에 속한 사람들에게 특히 유용하다고 지적하면서, "격려와 수용의 활용은 내담자와 치료사 모두에게 사회정치적 파급력이 큰 지극히 타당하며 지지적 과정이 될 수 있다."고 언급하였다. Adler가 격려 개념을 표현하기 위해 사용한 독일어 단어 'Ermutigung'는 '행동을 통한 격려'를 의미한다. 이 같은 맥락에서 치료사의 행위는 내담자가 공동체에 참여할 수 있도록 용기를 불어넣는 데에 일조한다(Main & Boughner, 2011). Adler는 "용기는 공동체를 발전시키는 삶의 측면에서만 찾을 수 있다."는 입장을 견지하였다(Ansbacher & Ansbacher, 1978, p. 399).

Adler가 채택한 독일어 단어 'Ermutigung'는 내담자에게 다른 사람들과 어울리며 공동체 활동에 참여하도록 동기를 부여해야 할 치료사의 적극적 역할과 책임을 강조하는데, 이는 상당 부분 재활 목표에 부합할 뿐더러, 이의 결과물이기도 하다. Adler에게 있어 격려는 이론 그 이상의 의미를 지니는데, Adler 상담 접근에서 격려는 긍정적이며 실제적 행동을 요구하는 방법이기 때문이다(Main & Boughner, 2011). 이의 달성을 위해서는 실행 가능한 희망과 가능성을 높여 줄 충분한 친밀감과 신뢰에 기반한 상담 관계 구축이 요구된다. 이 같은 관점은 Adler 이론 지지자들이 격려를 '치료의 정서적 측면'(Main & Boughner, 2011, p. 270)으로 규정하는 결과로 이어졌는데, Adler는 자신의 작업에서 격려를 구현했지만 그의 추종자들은 이의 전달에 상당한 어려움을 겪었다. Adler 이론을 추종하는 치료사들은 다양한 절충적 기법을 사용하지만, 이들은 모두 격려라는 개념 틀을 벗어나지 않는다.

재활 목표 달성과 내적·외적 장애물 극복은 용기를 필요로 하는데, 이는 두드러지는 않지만 반드시 필요한 상담사와 내담자의 핵심 과업이다. Adler는 용기를 쌓아 가는 과정이 직선적이지 않으며, 상담사 편에서 볼 때 상당한 인내와 헌신이 필요하다는 점을 인식했다. Main과 Boughner(2011)는 Adler 이론가들의 주장을 바탕으로, 격려의 유지는 ① 협력적이고 평등한 관계 구축, ② 내담자에 대한 성공 경험 귀인을 통한 자율성, 희망, 회복탄력성(resilence) 촉진, ③ 내담자의 행동과 목표 간의 불일치 발생 시 냉정함 유지와 내담자와의 충돌 회피, ④ 내담자의 실패나 반대를 접할 경우 신중한 입장 견지 등에 달려 있다고 정리했다. Adler는 장애물과 변화에 대한 내담자의 반응에 접했을 때 치료사가 격려를 유지할 수 있도록 돕는 직·간접적 상담 기법[예: 역설적, 추종 행동 기반(compliance-based), 실행 지향적]을 개발하였다. 내담자가 취해야 할 긍정적 행동과 변화는 소속감과 유용한 공헌을 하고자 하는 내담자의 욕구에 달려 있는데, 위에서 상담사와 내담자 모두의 각성을 필요로 한다. 그들은 변화를 위한 정서적 토대 구축은 내담자에게 그가 속한 공동체에 기여할 능력이 있다는 상담사의 깊은 신뢰와 내담자가 이러한 가능성을 신뢰할 때, 양자 모두 변화를 감수할 수 있을 것이라는 점을 강조한다. 변화를 위한 사례 유지(예: 재활 목표 달성)는 실행 가능한 희망에 대한 내담자의 접근성과 그들이 평등한 대접을 받고 있다는 믿음 정도에 따라 달라진다.

"격려를 받는 사람들은 위험을 감수하고 성장으로 이끄는 일을 기꺼이 하려고 한다." (Carlson & Englar-Carlson, 2012, p. 98) Carlson과 Englar-Carlson은 비하(discourage)를 소속감이 없거나 쓸모가 없다는 느낌이라고 설명하면서, 이는 가족 차원에서 사회적 차원에 이르기까지, 개인의 인지 내에서 혹은 개인 외부의 불우한 생활 환경 및 조건에서 발생할 수 있음을 지적하였다. 이러한 관점은 분명 사회적 장벽—구조적 혹은 정책적 장벽, 부정적 태도 등—이 내담자에게 미치는 영향과 이를 극복하기 위해 필요한 것이 무엇인지를 고려하는 것과 관련되어 있다. 내담자와의 연대와 격려를 통해, 그리고 그들의 어려움을 정상적인 상태로 회복시킴으로써 상담사는 가장 심각하게 낙담한 사람일지라도 도달 가능한 경로를 만들 수 있다. 격려와 권위에 바탕한 지시적 행동은 생활양식 평가와 연계되는데, 이를 통해 내담자와 상담사는 자신과 그의 생활에 관한 새롭고도 종합적인 상위적 관점(meta-perspective)을 획득할 수 있다. Main과 Boughner(2011, p. 274)는 Adler와 그를 따르는 학자들의 주장을 바탕으로, 내담자는 "동기, 결심, 변화를 위한 용기를 향한 갈망에 비해 정보에 대한 것은 그다지 크지 않다."고 지적했다.

재활에서, 내담자는 자신이 추구하는 목표를 어떻게 달성할 것인지와 자신이 할 수 있다고 믿는 것 사이의 균형을 유지할 수 있게 된다. Adler는 사람들이 자신의 삶의 경로를 바꿀 수 있다는 믿음과 희망을 가질 만큼 충분히 영감을 받는다면, 배움을 실행으로 옮기게 될 것이라고 믿었다. 격려의 역할에 관한 Adler의 명확한 설명은 재활상담에서 커다란 의미를 지닌다.

## 5. 재활에 대한 적용

격려 외에도, Adler 접근의 여러 측면은 긍정적 재활 접근의 현대적 관점과 일치한다. Adler 관점의 목표와 미래 지향성, 상담사와 내담자 사이에 역량 강화에 기반한 평등 관계, 인간에 대한 전체론적 이해의 가치, 사회적 관심 형성의 중요성 등이 특히 그렇다. Adler 접근이 강조하는 '목표에 대한 집중'과 '미래 지향성'은 재활의 목적 및 본질과 잘 어울린다. Adler 접근은 재활 과정과 마찬가지로 긍정적이고 희망적이며, 행동에 기반한다(Main & Boughner, 2011).

낙관적 접근으로 묘사되었다는 점에서 알 수 있듯이, Adler 이론을 따르는 사람들은 인간의 학습 및 변화 능력을 신뢰하며(Carlson & Englar-Carlson, 2012), 재활과 마찬가지로 기술 훈련과 치료를 위한 교육 모델의 중요성을 강조한다(Carlson & Englar-Carlson, 2012). 여기서 학습은 재활 과정의 근본적 측면이다(Shifron, 2010). 유년 시절의 사회적 맥락이 개인의 생활양식 조형에 상당 부분 기여한 것은 사실이지만, Adler는 '개인의 창조 능력'이 그 사람의 미래를 결정하는 기부 기관(giving agency) 역할을 할 수 있다는 강한 신념을 지니고 있었다.

Adler 상담에서 '평등주의적 관계'는 상담의 효과성을 담보하는 핵심 전제로서 매우 중요한 의미를 지닌다. 현대적 재활 시스템과 마찬가지로, Adler 상담 역시 내담자를 상담사와의 관계에서 역량 강화된 참여자이자 적극적 상호동반자로 간주해야 한다는 입장을 지지한다. 상담사는 격려의 틀 안에서 내담자가 보유한 자산과 강점에 집중하며, 목표 달성을 위한 문제 해결 개입 상황에서 이들을 활용하고 강화하도록 도와야 한다. 이 같은 접근은 최적의 재활상담이 지향하는 가치 및 방법과 상당 부분 일치한다.

Adler식 상담 접근의 핵심인 '개인에 대한 전체론적 이해'는 재활이 추구하는 '포괄적 관점'과 일치한다. 생활양식 분석과 같은 도구는 상담사에게 사회적 맥락 속에서 개인의 사적인 의미를 포함하는 고유한 방식의 포괄적 안목을 제공하는데, 이는 특정 상황에서 손상이나 장애가 그 사람에게 주는 중요한 의미가 무엇인지를 분별할 수 있도록 돕는다. 내담자의 생활양식을 이해하면 상담사와 내담자가 공언한 목표를 향한 계획 혹은 할당된 과제에 관한 내담자의 행동에 존재하는 괴리를 이해하는 데 도움이 된다. 생활양식을 분석하면 장애 적응 또는 재활에서의 성공을 저해하는 장벽(경쟁, 의존성, 자유 상실에 대한 두려움, 열등감, 권위에 대한 관점)으로 작용하는 생활양식 목표나 잘못된 믿음을 식별할 수 있다. Adler 이론은 이처럼 진보를 가로막는 방해 요인을 내담자의 동기 부족이나 저항으로 보는 대신, 행동을 생활양식의 관점에서 고찰하고, 그것을 대체 가능한 성장 촉진적 행동으로 창조하고 대체하며(Watts, 2000), 내담자가 다양한 방식으로 사회적 관심을 발달시키도록 지원한다. 이러한 방향 재설정 과정을 통해, 상담사는 적극적으로 관여하며 내담자의 성공을 가로막는 장해물 극복을 지원한다.

　장애의 심각성을 이해하기 위한 개인 중심적(individual-focus) 관점은 또한 '장애에 대한 굴복'과 관련된 참조 비교 체제(comparative frame of reference)에 대한 초점을 감소시킨다(Wright, 1983). 이 같은 인간 중심 접근은 내담자와 상담사가 개인의 목표와 강점, 자산에 집중하도록 도울 수 있다. 이렇게 되면 Adler 상담 접근은 장애에 관한 보다 완전한 고려와 일치하며, 개인의 장애 적응을 위한 관점을 촉진할 수 있는데, 이는 Wright가 제시한 대처 대 굴복(coping versus succumbing) 모형과도 일치한다. 상담사의 역할은 생활양식이 장애의 심각성과 재활 목표에 얼마나 영향을 미치는지를 고려하여 내담자가 자신의 진정한 목표 달성에 이 정보를 활용할 수 있도록 돕는 것이다. Adler 이론 지지자들은 적응이나 재활 과정에서의 진전을 병리적 관점에서 바라보기 보다는 일종의 과정으로 간주하며, 내담자의 곤경(impasse)을 비하(discourage)의 증거로 인식할 가능성이 높다. Adler는 인간이 우호적 상황에 처해 있을 때는 자신의 생활양식을 명확히 볼 수 없다고 설명했다. 하지만 어려움과 마주해야 하는 새로운 상황에 처하게 되면 생활양식은 급속히 가시화된다(Rule, 2004). 재활 맥락에서, 상담사는 생활양식이 기여한 방어기제를 내담자가 목표 달성 과정에서 경험하는 어려움으로 간주할 수 있다. 이러한 시각에서 볼 때, 상담사는 내담자가 어떻게 자신의 노력을 발전시키는지 이해하도록 돕고, 그들이 보다 효과적인 방식으로 자신의 목표를 이루도록 격려할 수 있다.

　우리의 삶에서 사회적 의미를 발견하는 것이 정신건강의 근간이라는 Adler의 가정은 직업재활 철학과 정책이 지지하는 가치와 매우 일치한다. 두 이론 모두 공동체와 직업에 대한 참여 증가는 삶의 근본적 가치이며, 이용자(내담자)의 웰빙과 공동체의 이익을 증진시킨다는 입장을 취한다. 사회적 의미에 대한 전제와 함께, Adler는 그의 환자들에게 다른 사람들과의 연계를 통해 공동체에 대한 기여 속에서 기쁨을 발견하도록 격려하였다(Main & Boughner, 2011). 사회적 참여와 생산적 관계 맺기라는 목표 달성을 중시하는 재활은 소속감과 의미 있는 기여에 대한 개인의 욕구를 강조하는 Adler 이론의 핵심 과정과 일치한다. 재활상담사는 그가 담당하는 장애인 이용자들이 유사한 도전에 직면한 사람들을 도울 수 있는 지지적 관계와 기회를 찾는 방법으로 동료 지지(peer support), 옹호(advocacy) 노력, 자립생활 센터 활동 참여 등을 장려해야 한다. 또한 재활상담사는 장애인 이용자에게 그가 속한 환경에서 개인 외부의 장벽을 없애거나 극복하도록 돕는다. Mosak(2005, p. 63)은 "Adler 이론 추종자들은 아픈 사람이나 사회를 치료하는 일보다는 개인을 재교육하거나 사회를 재조형하는 데 관심이 있다."라고 지적하였다. 재활과 Adler 접근의 목표는 개인의 장애 적응 욕구와 공동체의 목적에 동시에 기여하는 것이다.

# 사례 연구

상담을 받을 당시 Sally J.는 43세의 여성으로, 두 번째 결혼 후 2년이 경과한 시점에 자동차 사고로 인해 왼쪽 다리가 절단된 상태였다. 의족을 포함하여 의학적으로는 성공적 회복을 보였음에도, 그녀는 상담에 의뢰되었다. Sally는 우울감과 무가치하다는 기분을 호소하였다. 첫 번째 결혼에서 얻은 두 자녀는 집에서 멀리 떨어져 살고 있었다. 그녀의 현 남편은 가정의 유일한 수입원이었다.

탐색적 토의 결과, 내담자(Sally)는 자신의 불행 대부분을 교통사고 탓으로 돌렸고, 새 남편이 장애로 인해 그녀를 떠날지 모른다는 두려움에 사로잡혀 있으며, 우울 증세가 점점 심화됨에 따라 사회활동을 멀리하는 것으로 나타났다. 상담사는 Rule(1984b)가 개발한 단축형 생활양식 기록 양식지를 사용하여 Sally의 생활양식 관련 정보를 수집한 후, 대략 다음과 같이 이 과정을 소개하였다.

Sally 씨, 때로는 누군가의 삶의 주요 영역에 영향을 미치는 태도와 목표 전반에 대한 인식이 도움이 됩니다. 우리는 여기서 Sally 씨가 완전히 자각하지 못할지 모르지만 Sally 씨의 인생에 커다란 영향을 미쳤을 자신과 타인, 그리고 삶에 관해 Sally 씨가 습득한 중요한 신념에 대해 이야기를 나누자는 겁니다. 누군가가 이러한 신념을 파악하도록 돕는 과정에서 제가 발견한 매우 유용한 방법 중 하나가 그 사람이 계속하여 믿고 있으며 현재의 어려움에 일조했을지 모를 어린 시절의 기억과 인상을 살펴보는 것입니다. Sally 씨와 제가 당신의 어린 시절 인상에 관해 이야기를 나눈 후, 그것들이 현재 Sally 씨의 삶에 어떤 영향을 미치는지를 살펴보는 겁니다. 한번 시도해 보시겠어요?

Sally는 자신이 3남매 중 맏딸로, 세 살 아래의 남동생과 다섯 살 아래의 여동생과 함께 살았다고 말하였다. 그녀는 남동생과 사이가 좋지 않았는데, 남동생은 부려먹기를 좋아하고 남을 잘 속이며 어머니가 제일 좋아하는 아이였다고 회상하였다. Sally는 여동생과는 사이가 퍽 좋았는데, 그녀는 여동생이 귀엽고 매력적이며 형제들 중 아버지의 귀여움을 제일 많이 받던 아이로 기억하고 있었다. 그녀는 스스로를 수

줍음이 많고, 쉽게 상처를 받기는 하지만, 유머 감각이 풍부한 사람이라고 묘사했다. 그녀는 아버지를 다소 쌀쌀하고 위협적이며, 음주 문제를 가지고 있던 사람으로 기억하였다. 그리고 아버지는 그녀가 완벽하기를 기대했다. Sally는 그녀의 어머니를 매력적이고 느긋하며, 때에 따라 순종적이기까지 한, 만족시키기 쉬운 성격의 소유자였다고 묘사하였다. 어머니는 Sally에게 특별히 많은 것을 요구하지 않았다. Sally는 그녀 가족의 분위기를 긴장 상태에 놓인 채 어디로 튈지 모르는 상태였다고 회상했다. 다음은 Sally가 기억하는 어린 시절의 세 가지 회상에 관한 내용이다.

1. 3세. "제 남동생이 태어나던 때가 기억나요. 그날 오후, 엄마가 남동생을 팔에 안고 그 애의 얼굴을 바라보며 이마에 자꾸 뽀뽀를 해 주었어요. 전 주로 부엌에서 지켜보고 있었고요."
   감정 상태: 슬픔, 질투
   가장 생생한 기억: 엄마의 얼굴에 나타난 표정

2. 3세 6개월경. "하루는 저희 집 뒷마당 잔디밭에 누워 있었어요. 참 따스하고 맑은 날이었지요. 부드러운 바람이 불어와 제 얼굴을 어루만지는 것 같다고 느꼈어요. 저는 잔디밭에 누운 채로 여러 가지 모양의 구름이 흘러가는 걸 보고 있었어요."
   감정 상태: 만족감, 호기심
   가장 생생한 기억: 부드러운 구름의 모습

3. 5세 무렵. "유치원에 다닐 때였어요. Moore 선생님이 교실을 돌아다니시며 우리가 그린 크레용 그림을 유심히 보셨어요. 선생님이 제 그림을 집어서 보시고는, "참 잘 그렸네."라고 말씀해 주셨어요."
   감정 상태: 자랑스러움, 특별함
   가장 생생한 기억: 그림을 보는 Moore 선생님의 표정

앞에서 언급한 바와 같이, 상담사는 Sally의 뇌리에 선별적으로 남아 있는 오래된 기억을 자신, 다른 사람, 삶에 대한 현재의 기대치를 나타내는 표식(indicator)으로 간주한다. 상담사는 생활양식 정보를 통해, Sally가 자신의 지위를 상실할지 모른다는 점에 매우 민감하며 조용하고 유약하지만 완벽을 바라는 사람이라는 사실을 간파할 수 있었다. 자신이 인정받지 못하고 있고 스스로의 기대치를 충족하지 못한다는 데서 오는 민감성(sensitivity)은 그녀로 하여금 저자세를 유지하도록 만들었다. 그녀가 성장하는 사회적 맥락에서, 성별 차이에 따른 역할에 대해 Sally는 남자는 강하고 도전적이며, 여자는 수용적 태도를 요구받는다고 지적하였다. 상담사는 Sally의 생활양식 패턴에서 성공 지향적 태도, 삶을 시각적으로 형상화하려는 독특한 선호, 탁월한 유머 감각 등 상담 과정에서 요긴하게 활용할 수 있는 여러 가지 영역을 발견하였다.

Sally는 이 같은 문제들이 그녀를 과민하게 만들었다는 상담사의 해석에 동의를 표하였다. 상담사는 Sally의 생활양식에 나타난 민감성을 근거로 상담 전 과정에 걸쳐 다른 사람들이 그녀의 말을 경시한다고

느끼면 그 같은 감정을 솔직하게 표현하는 것이 중요하다는 점을 주지시키는 데 각별한 노력을 기울였다. [Rule(1984c)은 상담사의 자각과 맹점이라는 핵심적 문제를 내담자의 취약성과의 상호작용 요인으로 다룬 바 있다.] 이 같은 민감성이 그녀의 일상에 어떻게 작용하는지에 관해 심도 있는 논의가 이루어졌다. 특히 상담사는 이들 관념의 일부가 어떻게 해서 Sally에게 남편이 그녀를 떠나고, 다리 절단으로 인해 다른 사람들이 그녀를 받아들일 수 없을 것이라는 불합리한 기대를 가져다주었는지에 관해 집중적인 대화를 나누었다. 이러한 생활양식 관련 신념은 존재감 상실에 대한 과민 반응, 완벽 추구, 남자들은 도발적이며 쌀쌀맞다고 간주하는 경향, 겉으로 드러난 현상에 관한 지나친 중시 경향(예: 다리 절단) 등을 포함한다.

이러한 인지적 기대치에 대한 자각과 반박은 생활양식 변화나 방향 재설정을 위한 초기 전략 중 일부였다. 상담사는 Sally에게 생각이 감정을 지배한다는 점을 가르치기 위해 누름 버튼 기법(Mosak & Maniacci, 1998)을 사용하였다. 아울러, Adler식 접근과 상당 부분 병용이 가능한 Ellis(1994)의 A-B-C-D-E 기법을 활용하여 Sally를 격려하는 한편, 다른 사람, 특히 남편의 완전한 승인을 기준으로 자신을 평가하려는 경향 극복을 지원하였다. 무조건적 자기 수용 확대라는 Sally의 목표를 강화하기 위해 Ellis(1994)의 수치심 공격(shame-attacking) 연습과 그녀의 시각적 선호에 착안한 합리적 정서 행동 치료 중 심상 훈련이 시도되었다. Sally는 절단된 다리와 자신에 관한 다른 사람들의 거부에 따른 불안에 구애받지 않고, 있는 그대로의 자신을 받아들이는 모습을 상상해야 하였다. 이후, 상담사는 Sally에게 날마다 유머 감각을 활용하는 체계적 연습을 하도록 유도하였다. 이들 과제 수행 절차는 시각적 방법(Rule, 1979)과 청각적 자기 형상화 절차(Rule, 1977) 등에 의해 스스로 만들어 낸 유머를 활용하여 내적 통제 효과를 강화할 목적에서 Rule이 개발한 것이다.

Sally가 인지 전략을 통해 상당한 진전을 보인 후, 치료사는 그녀의 관심사에 대한 남편과의 소통을 포함하여 다른 사람들과의 관계에서 자기 주장 기술을 기를 수 있도록 역할놀이를 활용하였다. 합동 상담 참여를 꺼렸던 Sally의 남편은 시간이 경과함에 따라 그녀가 새롭게 발견한 의사소통 방식에 대체로 호의적인 반응을 나타내기에 이르렀다.

자기 이상의 강점을 유지하면서 자신의 입지를 확보하기 위한 선택의 폭을 넓히고, 내담자의 강점을 더욱 강화하기 위해, 상담사는 Sally의 예리한 시각적 정향을 탐색하였다. 평가 결과, Sally는 미술 분야에 적성과 강한 흥미 패턴을 드러냈다. Sally는 지역 내의 전문대학(community college)에서 회화와 조각에 관한 여러 과목을 수강한 후, 가까운 경로당에서 자원봉사자로 노인들에게 미술 실기를 지도하며 매우 만족스러운 삶을 되찾았다.

요약하면, 생활양식 상담 과정 적용은 감정, 생각, 행동 영역을 모두 포함한다. 다음과 같은 비유는 이를 극명히 보여 준다. "관계 요인들 간의 상호작용(감정 지향적)은 암실로 향하는 문을 여는 열쇠다. 생활양식에 대한 자기 이해(사고 지향적)는 암실에 불을 밝혀 준다. 그리고 생활양식 재설정 방식(행동 지향적)은 사용자의 희망에 따라 암실의 가구를 재배치하고 닦아 준다."

## 6. 주요 관련 연구

현재까지 인정되는 증거 기반 위계에 따라 이 접근을 평가할 경우, Adler 이론과 적용에는 다수의 난관이 따른다. Adler는 이론가라기보다는 실용주의자에 훨씬 가까웠다. 그 결과, Adler 이론은 종종 개념이 일반적이고 단순하여 정의와 조작화가 어렵다는 비판을 받아 왔다. Adler는 또한 생활양식 해석과 방향 재설정과 같은 상담 접근의 주요 측면에 관해 충분히 구체적인 절차를 제공하지 않았다는 비판을 받아 왔다. 학교와 같이 응용 장면에서 사용될 때, Adler 이론은 주로 다른 개입 방안(상담 접근)에 결합된 방식으로 사용되는바, 그 자체의 구체적 영향력을 평가하기란 쉽지 않다. Adler 이론에 대한 기존의 선호와 한계가 명확하다는 점에서, 이 이론에 관한 문헌 연구는 무작위 할당 통제 집단 실험과 같이 고도의 근거가 제시된 연구 적용은 제한적이다. 한편, Adler 이론 관련 문헌 검토 결과, 단일 대상 연구 기법이 선호되었음을 알 수 있다(Mosak, 2005). 그 결과, 다수의 연구자가 Adler식 접근에 기초한 광범위한 연구 조사(예: Stewart, 2012)를 언급했지만, 이러한 방법론상의 제한으로 인해 공인된 증거 위계 구조에서 높은 수준의 증거를 충족하는 Adler 이론 구성체(constructs)를 뒷받침하는 연구 성과는 제한적이다. 그럼에도 불구하고, 심도 있는 고려가 필요한 중요한 증거가 존재한다.

Adler 이론의 핵심적 구성개념인 생활양식은 폭넓게 연구되어 왔다. Kern, Gormley 그리고 Cullette(2008)는 Basic Adlerian Scales for Interpersonal Success-Adult Form(대인관계 성공 평가를 위한 성인용 아들러 기본 척도: BASIS-A)라는 자기 보고식 질문지를 이용하여 소속/사회적 관심, 실행(going along), 책임, 인정 추구, 조심성 등 다섯 가지 하위 척도로 이루어진 생활양식 주제에 관한 평가를 시도한 41편의 연구 결과를 요약했다. Kern 등은 BASIS-A가 실용적인 연구 및 임상 도구라고 주장한다. 그들은 문헌 검토 결과를 토대로 연구 적용 범위가 성격 측면에서부터 병리, 적응, 진로, 리더십, 조직 행동에 이르기까지 광범위하다는 사실을 발견했다. Kern 등은 또한 Adler 이론에 관한 실증적 지지 기반이 확대되고 있다고 주장한다.

일찍이 인간의 발달 과정에서 가족이나 교육과 같은 사회적 맥락(환경)이 지니는 중요성을 간파한 Adler는 그의 사상을 부모 교육, 교육 프로그램 수립, 학생 준비 등 다양한 분야에 걸쳐 오랜 기간 동안 다채롭게 적용할 수 있었다. Adler와 Dreikers가 수십 년 전 개발한 이론은 여전히 최고 수준으로 평가되는 다수의 현대적 부모 교육 프로그램의 기초를 형성한다. 즉, ① 아이들은 논리적 귀결을 자의적 결과와 대비하여 제시할 때 최고의 학습 성과를 보인다. ② 격려는 강력하다. ③ 아이들이 내면화된 규율을 기르고, 자기 가치를 느끼며, 공동체에서 입지를 확보하고 공동체의 가치를 인식하도록 돕는 행위 등은 긍정적 성과를 낳게 된다는 의미다. 이들 영역에서의 실증적 연구는 Adler 이론에 대한 지지를 제공하지만, 여전히 Adler 이론이 다른 상담 개입과 혼용되었을 때, 이 이론의 구체적 영향력을 구별해 내야 한다는 도전이 존재함도 보여 준다. 예를 들어, Brigman, Villares 그리고 Webb(2011)은 학생들의 학업 성취도와 행동을 개선하고 발달과 성장을 돕기 위해 개인심리학 접근을 적용한 메타 분석 기반 지지 연구를 인용하였다. 그들은 학생들의 강점, 사회적 관심, 소속감, 격려를 강조하는 개인심리학의 원리에 근거한 학교 기반 상담 프로그램을 개관하였다. 이들 원리는 분명 개인심리학의 내용을 반영한 것이지만, 그만의 고유한 특성은 아니며 다른 원리 또한 포함하고 있었다. Villares, Brigman 그리고 Peluso(2008)는 무작위 비교 집단 연구에 포함된 초등학교 저학년 학생들을 대상으로 개인심리학에 근거한 학습 준비(Ready to Learn: RTL) 프로그램을 실시한 결과, 참여 학생들이 듣기 능력과 학업 및 사회 기술 관련 행동에서 유의미하게 높은 점수를 받았다는 근거를 제공하였다. 전체적인 RTL 접근 개입에는 학생, 교사, 학교 상담사, 학부모가 포함되었다. RTL은 소속에 대한 욕구, 격려, 사회적 기술 등을 다루는 Adler 원리와 인지 기술에 대한 개입을 병용했다는 점으로 인해, 학생들의 성취도 향상 정도와 같은 RTL 시행에 따른 측정 성과를 오로지 Adler적 요소에만 귀속시키기가 쉽지 않다. Gfroerer, Kern 그리고 Curlett(2004)는 개인심리학의 부모 교육 모델에서 다루어진 민주적 양육 방식과 권위에 기반한(authoritative) 양육 방식의 영향력을 비교하였다. 그들은 Baumrind(1996)의 종단 연구에서 이 모델을 지지하는 결과를 발견하였다. 연구진에 따르면, 권위에 기반한 양육 방식과 긍정적 성과 사이에 연관성이 존재했으며, 청소년의 위기 감수 행동에 대해 공동체 의식(민주적 양식)의 보호 효과가 발견되었다고 한다. 이러한 발견은 소속감과 사회적 관심의 중요성에 관한 Adler학파의 주장을 뒷받침한다.

Adler의 출생 순위에 관한 고려 역시 연구 문헌에서 폭넓은 관심을 받았다. Stewart(2012)는 실증적 문헌 검토에서 수백 편의 출생 관련 연구 중 대다수가 심리적 출생 순위가 아닌 실제 출생 순위에 의존했다고 지적한다. 이러한 구분은 사회적 맥락과 발전의 조형은 실제 출생 순위에 따른 지위보다는 그 자신의 기능적 출생 순위의 결과물임을 강조하는 Adler 추종자들에게 있어 매우 심각한 문제다. 그러나 심리적 출생 순위 평가 도구는 Adler 시대 이래 꾸준히 진행된 가족 구조 변화로 인해 적용 가능성이 제한될 수 있다.

Stewart는 심리적 출생 순위 평가에 가장 널리 사용되는 도구인 White-Campbell 심리적 출생 순위표(Psychological Birth Order Inventory: PBOI; Campbell, White, & Stewart, 1991)는 한부모 가정의 전반적 증가가 미칠 영향력과 같이 가족 구조 변화를 반영하여 더욱 가다듬어질 필요가 있다고 지적한다.

사회적 관심이나 소속에 대한 욕구 등 Adler 이론의 핵심적 구성 개념에 관한 연구 조사는 그의 이론을 지지하는 연구 결과 생성에 있어 용어를 둘러싼 어려움을 제시한다. 예를 들어, Bass, Curlette, Kern 그리고 McWilliams(2002)는 Adler 이론을 따르는 사람들 사이에서 이론의 핵심 개념이라 할 '사회적 관심'의 구성요소에 관한 동의가 존재하지 않는다는 사실에 주목하며, Adler 문헌에서 발견된 사회적 관심을 측정하는 5개의 자기 보고 도구를 사용하여 사회적 관심을 조사하였다. 그들은 사회적 관심 척도들 사이에 낮은 상관관계가 존재한다는 사실을 발견했다. 마찬가지로, Gere와 MacDonald(2010)는 소속 욕구라는 Adler 개념에 대한 지지를 조사하기 위해 관련 문헌을 검토하였다. 비록 그들은 소속감이 인지, 감정, 행동에 미치는 강력한 긍정적 효과와 그것의 부재에 따른 부정적 효과에 대한 증거를 발견하였지만, 보다 심층적 조사를 요하는 다수의 불일치가 존재한다는 사실 또한 지적하였다.

## 7. 주요 강점과 한계

Corey(2005, pp. 118-119)는 Adler 접근의 강점에 관한 평가에서 다음과 같이 결론지었다.

> Adler는 그의 시대를 훨씬 앞서간 선구자였다. 대부분의 현대적 심리치료 이론은 적어도 그의 사상 중 일부를 실제 치료에 접목하였다. 개인심리학은 인간은 사회적 요인에 의해 동기가 부여되고, 스스로의 생각, 감정, 행동에 책임이 있으며; 무력한 희생자가 아닌 그 자신의 삶의 창조자이고, 과거보다 미래를 지향하며 목적과 목표에 의해 인도되는 존재라고 가정한다.

Adler 접근이 지닌 강점은 재활 분야에서도 상당한 반향을 불러일으키는데, 여기에는 ① 강점 중심적이고 창의적이며 긍정적인 관점, ② 개인에 대한 전체론적 이해의 중요성, ③ 병리적 상태가 아닌 건강 및 웰니스(wellness) 중시, ④ 개인이 속한 사회적 맥락이나 공동체의 중요성 강조 등이 포함된다. 가족은 인간이 태어나서 최초로 접하는 사회 체계로서, Adler는 가족 제도의 중요성을 인식한 선구자적 인물이었다. 이후 Adler학파는 가족 부양, 양육 과정의 효과성 증가, 가족을 위한 공동체의 지지 제공 등의 방법에 관해 폭넓은 관심을 보였다.

Adler 이론의 사회적 맥락 강조 기조는 다른 심리치료 이론보다 훨씬 앞서 다문화주의에 대한 고려로 이어졌다. Adler학파는 '사회적 내장성'이 자연스럽게 내담자가 속한 문화에 존재하는 고유한 측면에 관한 고려로 이어진다는 점을 인지하였다. Adler 치료의 실제적 적용은 다양한 집단에 유익한 도움을 제공하는데, Adler 치료사들은 민족, 성별, 인종 차별(racism), 성적 지향(sexual orientation), 장애, 사회적 평등 문제 등 다양한 현상을 다루어 왔다(Carlson et al., 2006).

장애 관련 문제 어디에 개입해야 하는지를 둘러싼 논란은 어째서 다문화주의가 Adler 접근의 강점이자 약점으로 비춰질 수 있는지를 보여 준다. 인간과 환경 간의 상호작용과 이에 상응하는 사회적 맥락을 중시하는 관점은, Wright(1983)가 주장했고 Hahn(1985)이 자신의 소수 집단 모델로 표현한 재활 및 장애 이해 접근의 재구성 작업에서 중요한 역사적 의미를 갖는다. 장애 개념화에 있어, 세계보건기구(WHO, 2001)의 '기능, 장애, 건강에 관한 국제 분류(International Classification of Functioning, Disability and Health: ICF)'는 사회적 맥락에 관한 Adler학파의 견해와 잘 맞아떨어진다. 예를 들어, 장애와 기능은 맥락 속에서 발생하므로 환경 요인이 중요하다는 것이다(Peterson, 2005).

Adler 접근이 다문화적이라는 찬사를 받기도 하지만(예: Ansbacher & Ansbacher, 1978; Carlson et al., 2006), '서구적' 시각에 편향되어 있다는 점에는 주의를 기울여야 한다(예: Carlson & Englar-Carlson, 2012; Corey, 2005). Adler 접근에서는 '자기'에 대한 의존이 변화의 핵심(focus)으로 해석될 수 있다. 그러나 환경의 중요성을 인정하는 ICF 모델은 사회 정책과 환경 조성 등 장애인의 참여와 수용 확대를 위한 환경 요인의 고려를 위한 잠재력을 제시한다. Adler 이론 추종자들에게 사회정의 문제에 관심을 기울여야 한다는 요구(예: Todman & Mansager, 2009)는 환경 수준에서의 변화를 위한 노력의 중요성을 인정한 것이다.

Adler 접근에 대해 가장 자주 제기되는 비판은 정의와 계량화가 어려운 일반적 개념을 강조하는 입장인데, Adler 이론의 개념 중 일부는 단순하고 상식적이라는 평가를 받아 왔다. Adler 접근의 적용 영역(예: 개인, 가족, 양육 과정, 사회적 맥락, 공동체의 중요성)은 너무 방대하여 개념 정의와 전제된 개념의 독자적 효능성 평가(특히 증거 기반 접근에서)의 어려움을 영구화할 가능성이 높다는 것이다. 실제로, Adler 접근의 주요 개념이 다른 심리치료 이론(예: 인지 행동 치료, 게슈탈트 치료, 실존주의 치료, 가족 이론)에서 자주 발견되었다는 사실은 Adler 이론의 기여도가 얼마나 높았는지를 입증하는 동시에, 이의 차별적 특징과 배타적 효능이 무엇인지에 관한 의문과 도전을 제기한다. 그럼에도 불구하고, Adler 접근의 주요 측면은 이 이론이 재활의 관점에 상당히 부합하며, 장애인이 공동체에 소속되어 자기 주도적인 삶을 살아가도록 돕는 재활 전문가들에게 많은 것을 제공할 수 있음을 시사한다 (Carlson & Englar-Carlson, 2012 참조).

### 집단 토의 과제

1. Adler 이론에서 유년 시절의 경험과 가족 구도의 중요성에 관해 논의하라.

2. 상담 과정에서의 모든 행동은 목표 지향적이라는 Adler의 신념에 내포된 함의를 설명하라.

3. 생활양식 구조의 조직화를 상세히 설명하라.

4. Adler 상담 접근을 단계별로 설명하고, 상담사의 역할을 자세히 설명하라.

5. 개인을 이해함에 있어 사회적 맥락의 중요성을 강조하는 Adler 심리학의 가치를 고려하라. 이를 사회적 맥락의 역할에 관한 다른 치료 접근의 견해와 대조하여 논의하라.

### 참고문헌

Ansbacher, H. L., & Ansbacher, R. W. (Eds.). (1956). *The individual psychology of Alfred Adler.* New York, NY: Basic Books.

Ansbacher, H. L., & Ansbacher, R. W. (Eds.). (1978). *Cooperation between the sexes: Writings on women, love and marriage, sexuality and its disorders.* Garden City, NY: Anchor Books.

Bass, M. L., Curlette, W. L., Kern, R. M., & McWilliams, A. E., Jr. (2002). Social interest: A metaanalysis of a multidimensional construct. *Journal of Individual Psychology, 58,* 4-33.

Baumrind, D. (1996). The discipline controversy revisited. *Family Relations, 45,* 405-414.

Bitter, J., & Nicoll, W. G. (2000). Adlerian brief therapy with individuals: Process and practice. *Journal of Individual Psychology, 56,* 31-44.

Brigman, G., Villares, E., & Webb, L. (2011). The efficacy of individual psychology approaches for improving student achievement and behavior. *Journal of Individual Psychology, 67,* 408-419.

Campbell, L. F., White, J., & Stewart, A. E. (1991). Relationship between psychological and actual birth order. *Individual Psychology: The Journal of Adlerian Theory, Research, and Practice, 47,* 130-140.

Carlson, J., Watts, R., & Maniacci, M. (2006). *Adlerian therapy: Theory and practice.* Washington, DC: American Psychological Association.

Carlson, J. D., & Englar-Carlson, M. (2012). Adlerian therapy. In J. Frew & M. D. Spiegler (Eds.), *Contemporary psychotherapies for a diverse world* (1st ed., pp. 87-129). New York, NY: Routledge/Taylor & Francis.

Corey, G. (2005). *Theory and practice of counseling and psychotherapy* (7th ed.). Belmont, CA: Cengage Brooks/Cole.

Ellis, A. (1994). *Reason and emotion in psychotherapy revised.* New York, NY: Carol Publishing.

Gere, J., & MacDonald, G. (2010). An update of the empirical case for the need to belong. *Journal of Individual Psychology, 66,* 93-115.

Gfroerer, K. P., Kern, R. M., & Curlette, W. L. (2004). Research support for individual psychology's parenting model. *Journal of Individual Psychology, 60,* 379-388.

Hahn, H. (1985). Toward a politics of disability: Definitions, disciplines, and policies. *Social Science Journal, 22,* 87-105.

Kern, R. M., Gormley, L., & Curlette, W. L. (2008). BASIS-A Inventory empirical studies: Research fi ndings from 2000 to 2006. *Journal of Individual Psychology, 64,* 280-309.

Lombardi, D. N. (1973). Eight avenues of lifestyle consistency. *Individual Psychologist, 10,* 5-9.

Main, F. O., & Boughner, S. R. (2011). Encouragement and actionable hope: The source of Adler's clinical agency. *Journal of Individual Psychology, 67,* 269-291.

Mosak, H. H. (1971). Lifestyle. In A. Nikelly (Ed.), *Techniques for behavior change* (pp. 77-81). Springfi eld, IL: Charles C Thomas.

Mosak, H. H. (2005). Adlerian psychotherapy. In R. J. Corsini & D. Wedding (Eds.), *Current psychotherapies* (7th ed., pp. 52-95). Belmont, CA: Brooks/Cole.

Mosak, H. H., & Maniacci, M. (1998). *Tactics in counseling and psychotherapy.* Itasca, IL: Peacock.

Mosak, H. H., & Maniacci, M. (1999). *A primer of Adlerian psychology: The analytic-behavioral-cognitive psychology of Alfred Adler.* New York, NY: Brunner-Routledge.

Peterson, D. (2005). International classification of functioning, disability and health: An introduction for rehabilitation psychologists. *Rehabilitation Psychology, 50,* 105-112.

Powers, R. L., & Griffi th, J. (1995). *The individual psychology client workbook.* Chicago, IL: American Institute of Adlerian Studies.

Rule, W. (1977). Increasing self-modeled humor. *Rational Living, 12,* 7-9.

Rule, W. (1979). Increased internal-control using humor with lifestyle awareness. *Individual Psychologist, 16*, 16-26.

Rule, W. (1984a). *Lifestyle counseling for adjustment to disability.* Rockville, MD: Aspen.

Rule, W. (1984b). Abbreviated lifestyle form. In W. Rule (Ed.), *Lifestyle counseling for adjustment to disability* (pp. 343-346). Rockville, MD: Aspen.

Rule, W. (1984c). Lifestyle self-awareness and the practitioner. In W. Rule (Ed.), *Lifestyle counseling for adjustment to disability* (pp. 319-330). Rockville, MD: Aspen.

Rule, W. R. (2004). Adlerian therapy. In F. Chan, N. L. Berven, & K. R. Thomas (Eds.), *Counseling theories and techniques for rehabilitation health professionals* (pp. 53-75). New York, NY: Springer Publishing Company.

Shifron, R. (2010). Adler's need to belong as the key for mental health. *Journal of Individual Psychology, 66*, 10-29.

Shulman, B., & Mosak, H. (1988). *Manual for lifestyle assessment.* Muncie, IN: Accelerated Development.

Stewart, A. E. (2012). Issues in birth order research methodology: Perspectives from individual psychology. *Journal of Individual Psychology, 68*, 75-106.

Todman, L. C., & Mansager, E. (2009). Social justice: Addressing social exclusion by means of social interest and social responsibility. *Journal of Individual Psychology, 65*, 311-318.

Villares, E., Brigman, G., & Peluso, P. R. (2008). Ready to learn: An evidence-based individual psychology linked curriculum for prekindergarten through first grade. *Journal of Individual Psychology, 64*, 403-415.

Watts, R. E. (2000). Adlerian counseling: A viable approach for contemporary practice. *TCA Journal, 28*, 11-23.

Wheeler, M. S., Kern, R. M., & Curlette, W. L. (1991). Life-style can be measured. *Individual Psychology: Journal of Adlerian Theory, Research & Practice, 47*, 229-240.

World Health Organization. (2001). *International classification of functioning, disability and health (ICF).* Geneva, Switzerland: Author.

Wright, B. A. (1983). *Physical disability: A psychosocial approach* (2nd ed.). New York, NY: Harper & Row.

제 **3** 부

# 기초적 상담 기술

제**11**장

# 기초적 상담 기술

Norman L. Berven and Jill L. Bezyak

## 학습목표

이 장의 초점인 기초적 상담 기술은 본질적으로 내담자를 둘러싼 환경과 함께, 그가 지닌 고민과 마음속 이야기를 이끌어 내기 위한 관계 구축 기술과 공감적 경청 기술을 포함한다. 따라서 기초적 상담 기술은 대처 가능한 방식을 동원하여 내담자가 지닌 고민과 문제의 파악과 개념화에 필요한 협력적 토대를 제공한다. 이는 또한 내담자와의 관계를 기반으로 문제의 대처에 필요한 상담, 재활 서비스, 개입 계획 수립 등을 지원한다. 이 장에서 다룰 상담 기술은 대다수의 상담 접근법에서 기초가 되며 상담사에 의한 문제의 개념화와 개입 전략 수립을 지원한다. 이 장의 궁극적 목적은 선호하는 상담이론이 무엇이든 관계없이 실제 임상 현장에서 적용 가능한 상담 기술 이해와 발전을 촉진하는 데에 있다. 이 같은 목적을 달성하기 위해 다음과 같은 학습 목표를 설정하였다.

① 상담 관계의 중요성에 관한 지식과 치료적 관계 및 내담자 격려 능력을 촉진시키는 기술 습득을 통해 그들의 이야기와 고민을 공유하고 정교화하는 능력을 기른다.
② 기초적인 주목 행동(attending behaviors)을 적용할 수 있도록 기술과 지식을 습득한다.
③ 다양한 형태의 질문 개발에 필요한 지식을 습득하고, 직·간접적 개방형 질문과 후속 질문 활용 기술을 연마한다.
④ 촉진자로서의 적극적 경청 반응과 재진술, 감정 반영, 요약 등의 활용에 필요한 지식과 기술을 습득한다.
⑤ 상담 회기 구조화를 위한 기초적 경청 기술 통합 전략을 습득한다.

# 1. 촉진적 관계와 의사소통 기술

## 1) 기초적 치료 조건

사실상, 현존하는 대부분의 상담 및 심리치료 이론은 내담자와의 강력한 치료적 또는 작업적 관계(therapeutic relationship)의 중요성을 강조한다. 인간 중심 이론으로 알려져 있는 내담자 중심 이론은 오래전부터 이 같은 관계의 중요성을 탁월하게 인지하고 있었다. Rogers(1942, 1951)는 공감, 진실성, 무조건적 긍정적 배려 등의 기초적 치료 조건은 상담 및 심리치료를 통한 건설적 변화를 이끌어내는 필요와 충분 조건이라고 주장하였다(Rogers, 1957) 모든 상담 및 심리치료 이론이 건설적 변화 달성 과정에서 기초적 치료 조건이 차지하는 비중을 인정하고는 있지만, 오늘날 이들은 필요조건일지언정 충분조건은 아니라는 입장이 전형적으로 인정되고 있다. 따라서 상담 및 심리치료적 개입 제공 시에는 전술한 기초적 치료 조건과 함께, 충분조건이라 할 상담 기술의 적극적 활용이 권장되고 있다. 이와 연관된 개념으로서, 작업 동맹(Working alliance)은 상담 관계에서 내담자와 상담사 간의 정서적 유대(bond)가 특히 중요하며, 치료 목표와 과업에 대한 양자 간의 동의를 강조한다(Bordin, 1994). 여러 연구가 사용된 개입과 처치 유형에 관계없이 성공적 상담에 있어 관계가 미치는 영향력 입증을 목적으로 하는 방대한 메타 분석을 통해 치료적 관계의 중요성을 뒷받침하는 과학적 증거를 제시하였다(Norcross & Wampold, 2011).

Rogers(1957, p. 99)는 공감을 "상담 관계 속에 존재하는 이해의 고유한 방식으로, 상담사가 내담자의 내면에 침투하여 내담자의 입장에서 그가 인식하는 경험을 이해하고, 스스로의 자아를 유지한 상태에서 내담자의 사적 영역을 자기 자신의 내면 세계인 것처럼 인식하려는 시도"라고 정의하였다. Rogers(1957, p. 98)는 무조건적 긍정적 존중을 "판단과 평가 없이 내담자에 대한 승인 여부와는 별개로, 내담자의 경험을 그의 일부로 그가 된 것처럼 따뜻하게 수용하는 체험"이라고 정의하였다. Rogers(1957, p. 97)는 진실성을 갖춘 상담사를 "상담 관계 속에서 실제와 다른 모습을 보이지 않으면서, 자기 자신에 대해 스스로의 감정을 부인하지 않는 일관성 있고 진실하며 원만한 성격의 소유자"라고 정의하였다.

Rogers(1957)는 계속하여 공감, 무조건적 긍정적 존중, 진실성 등의 기초적 치료 조건을 상담사가 몸소 체험해야 할 필수 덕목이라고 주장하였다. 그는 또한 상담사는 내담자가 자신이 체험한 공감과 수용적 태도를 느낄 수 있도록 이를 효과적으로 전달할 능력을 길러야 한다고 지적하였다.

## 2) 미시 상담 기술

기초적 상담 기술의 형태를 빌어 치료 조건의 효과적 전달을 촉진할 방법을 모색하기 위해 그간 다각적인 시도가 행해졌다. Hill과 Knox(2013)가 지적하였듯이, 상담사를 대상으로 한 이들 기술 훈련 분야 중 가장 널리 알려져 있으며 활발한 연구가 이루어진 영역은 인간관계학(human relation training: HRT; Carkhuff, 1969), 대인관계 과정 회상(interpersonal process recall: IPR; Kagan, 1984), 미시 상담(Ivey, 1971) 등 세 가지를 들 수 있다. Ridley, Kelly 그리고 Mollen(2011, p. 801)이 지적하였듯이, 미시 상담 기술(microcounseling or microskills)은 지난 40여 년 동안 상담심리학을 비롯한 정신보건 분야의 상담사 양성 과정에서 지배적 패러다임의 지위를 누렸다. Ivey, Ivey 그리고 Zalaquett(2014)가 그들의 저서 『의도적 면접과 상담(Intentional Interviewing and Counseling)』(제8판)에서 언급한 바와 같이, 미시 상담 기술은 1,000곳 이상의 대학 및 상담사 양성 프로그램에서 널리 애용되고 있다. 재활상담사 양성 학과의 경우만 해도, 해당 프로그램이 개설된 학과 중 83%에서 실습 과목 이수에 앞서 미시 상담 기술 훈련 과목 수강을 의무화하고 있으며, 또 다른 3%는 실습 과목에 미시 상담 기술 관련 내용을 포함하는 것으로 조사되었다(Dalgin, Bruch, & Barber, 2010). 시중에는 현재 Ivey 등의 저작을 비롯하여 기초적 상담 기술 훈련을 중점적으로 다룬 다수의 교재가 출간되어 있다(예: Cormier, Nurius, & Osborn, 2013; Egan, 2014; Evans, Hearn, Uhlemann, & Ivey, 2011; Hill, 2014; Ivey et al., 2014). 이들 교재에는 이 장에서 다루고자 하는 기초적 상담 기술과 고난도의 상담 기법이 수록되어 있다.

주의 기울이기(attending), 질문(questioning), 최소 격려(minimal encouragers), 재진술(paraphrases), 감정 반영(reflections of feeling), 요약(summarizations) 등이 장에서 다룰 구체적 기술은 상담 초기 단계에서 각별한 중요성을 지닌다. 상담 초기 단계에서 가장 중요한 목표는 강력한 치료적 관계 수립에 필요한 토대를 마련하고, 내담자의 마음속에 있는 고민과 내밀한 이야기를 파악하는 것이기 때문이다. 나아가, 초기 면접과 다양한 형태의 평가 및 임상 면접 등에서도 이들 기초적 상담 기술 활용을 중시한다(Berven, 2008, 2010). 한편, 이들 미시 상담 기술은 경청 능력을 요하는 상담의 여러 시점에 걸쳐 요긴하게 활용될 수 있다. 예를 들어, 과제 수행에 관해 자신의 체험담을 공유하기 원하는 내담자를 대하는 상담사라면 내담자로 하여금 스스로 이야기를 풀어 가도록 촉진자의 역할을 자임하는 태도를 취하는 것이 바람직하다.

본격적인 논의에 앞서 한 가지 짚고 넘어갈 점은 자기 개방(self-disclosure), 해석(interpretation), 재구성(reframing), 공감적 직면(empathic confrontation) 등의 미시 상담 기술은 이 장에서 다룰 기초적 상담 기술의 수준을 훨씬 능가한다는 사실이다(예: Ivey et al., 2014 참조). 나아가, Ridley, Mollen 그리고 Kelly(2011)는 미시 상담 기술의 범위는 상담 행동은 물론, 인지적 기술과 정서적 기술 등 다양한 영역으로의 확장이 가능하다고 제안하였다. Hill(2014)이 제안한 상담 모델에 따르면, 이 장에서 다룰 미시 상담 기술은 통찰과 실행(action) 단계에 선행하며, 집중, 관찰, 경청, 정서와 사고 탐색 등을 주된 목표로 하는 초기 탐색(exploration) 단계에서 특히 중요하다. 상담 초기 단계에서는 전형적으로 내담자의 마음속 고민과 내밀한 이야기를 최대한 경청하고 이해하려는 시도가 중시되기 때문이다.

Ivey 등(2014)에 따르면, 450편 이상의 실증 연구가 미시 상담 기술 훈련의 효과성을 입증한 바 있다. 이들은 의사소통 과정에서 언어적·비언어적 구성요소가 지닌 중요성을 강조한다. 비언어적 의사소통의 경우, 대화 내용만큼이나 주고받는 메시지의 형식과 전달 방식 또한 중요하기 때문이다. 내담자의 이야기를 주의 깊게 경청하고 이해하려는 노력이야말로 상담의 핵심이라 할 수 있다. 남의 말을 들어주기보다는 자신의 이야기를 하기가 훨씬 쉽다는 사실을 고려해 볼 때, 내담자의 이야기에 귀 기울이고 이해하고자 적극적 경청 기술을 기르고 가다듬으려는 노력의 중요성은 아무리 강조해도 지나치지 않다. 나아가, 다른 사람의 이야기에 귀 기울일 줄 아는 사람이 흔치 않다는 점에서, '누군가 내 말을 들어준다.'라는 느낌은 신선한 변화이자 생산적 상담 관계 수립을 돕는 강력한 도구다. 왜냐하면 이는 내담자에게 '상담사가 나의 이야기에 귀를 기울이고, 내가 전하려는 메시지를 이해하기 위해 고도의 집중력을 기울이는 것을 보니 저 사람이 나를 무척 염려하나 보다.'라는 신호를 전달하기 때문이다.

## 2. 주의 기울이기 기술

주의 기울이기 기술이란 공감이나 진실성 등의 기초적 치료 조건 표현, 상담사가 내담자와 그의 이야기에 주의를 기울이고 있다는 신호 전달, 치료적 협력 관계 촉진, 내담자의 지속적 소통 의지에 대한 격려와 보상 등에 활용되는 언어적·비언어적 상담 기술이다(Hill, 2014; Ivey et al., 2014). 앞에서 이미 지적한 바와 같이, 사람들 사이에서 이루어지는 모든 의사소통은 언어적 · 비언어적 통로를 포함한다. 비언어적 의사소통 통로는 동작적(kinesic) 요소와 준언어적(paralinguistic) 요소로 이루어져 있다. 동작적 요소는 눈맞춤(eye contact)과 신체 언어(body language)를 포함하는데, 신체 언어는 다양한 종류의 구체적 세부 동작으로 이루어져 있다. 준언어적 요소는 목소리의 크기, 고저(pitch), 속도, 유창성(fluency) 등 음성 특성 관련 요인으로 이루어져 있다. 앞에서도 언급하였듯이, 비언어적 통로는 미소, 벌게진 얼굴(red face), 큰 목소리와 빠른 말투 등과 같이 감정 상태 전달에 있어 커다란 비중을 차지한다. 벌게진 얼굴과 커다란 목소리로 손가락을 까닥거리면서, "나는 화나지 않았어."라고 말하는 사람의 경우에서 보듯, 내담자의 말과 비언어적 요소를 통해 전달되는 메시지의 내용이 어긋날 때, 사람들은 대개 비언어적 메시지에 더 높은 신뢰감을 나타낸다.

## 1) 구체적 주의 기울이기 기술

눈맞춤은 상담사가 내담자와 그의 이야기에 관심이 있다는 메시지를 전달한다는 점에서, 가장 중요한 주의 집중 기술 중 하나로 간주된다. 눈맞춤을 유지하지 못하는 상담사는 내담자에게 무관심, 자신 혹은 대화 주제에 대한 불편함/불쾌감, 주의 산만, 자신의 이야기가 아닌 다른 문제에 마음이 빼앗긴 듯한 모습 등으로 비춰질 수 있다. 촉진적 눈맞춤이란 상대방을 노려보거나 빤히 응시하지 않고, 자연스러운 시선으로 바라보는 행위를 의미한다. 한편, 상담사가 내담자에 대한 집중력을 유지한 채 이따금 다른 곳으로 시선을 향하는 행동은 지극히 자연스러운 모습으로 간주된다. 상담사는 말을 하는 동안에 내담자와의 눈맞춤을 유지할 확률이 더 높은데, 자신의 생각을 정리하거나 내담자가 건네는 이야기에 답을 할 때는 잠깐씩 다른 곳을 쳐다봐도 무방하다. 눈맞춤의 가장 중요한 기능은 대화 순서와 규칙을 정하는 것이기 때문이다. 즉, 자신의 차례가 되면 말을 하면서 가끔씩 시선을 돌려 다른 곳을 쳐다보고, 상대방이 말을 할 차례가 되면 시선을 되돌려 그 사람과 눈맞춤을 유지해야 한다. 사람들 사이의 의사소통에서 눈맞춤이 차지하는 높은 비중으로 인해, 일반적으로 얼굴을 마주 보고 대화를 나눌 때보다 전화 통화를 할 때 서로의 말을 방해하는 경우가 훨씬 많다. 이는 통화 상대방과 눈맞춤을 할 수 없다는 한계로 인해 원활한 대화 순서를 정하기가 어렵기 때문이다.

신체 언어와 얼굴 표정 또한 주의 기울이기 행동을 대표하는 핵심적 구성요소다. 내담자를 똑바로 바라보며 몸을 내담자 쪽으로 살짝 기울이는 자세는 촉진적 신체 언어의 전형이다. 이때 팔과 어깨는 똑바로 펴서 자연스럽고 편안한 자세를 취함으로써 내담자에게 엄격하다는 인상을 주지 않도록 해야 한다. 상담 회기 내내 부동 자세로 꼿꼿이 앉아 있기보다는 대화 내용과 흐름에 따라 자연스러운 몸짓을 구사하는 것 또한 촉진적 신체 언어에 해당한다. 적당한 정도의 미소와 고갯짓, 내담자에 대한 상담사의 집중과 관심을 전하는 표정 또한 촉진적 신체 언어의 사례다.

음성의 크기, 고저, 말하는 속도 등의 준언어적 요소 혹은 음성 특성(vocal qualities) 또한 중요한 주의 기울이기 행동의 요소이다. 촉진적 의사소통을 위한 준언어적 요건을 살펴보면 다음과 같다. ① 목소리는 너무 크거나 작지 않고 적당해야 한다. ② 말하는 속도가 지나치게 빠르거나 느려도 좋지 않다. ③ 대화 도중 강조할 대목이나 전달하고 싶은 메시지가 있을 때는 상황에 맞도록 음성의 고저를 조절한다.

반응 지연 시간(latency in responding) 또한 매우 중요한 준언어적 요소 가운데 하나다. 이는 내담자의 말이 끝난 후부터 상담사가 답변을 시작하기 전까지 걸리는 시간의 길이를 의미한다. 반응 지연 시간은 상황에 따라 매우 길어지기도 하고, 기다릴 필요가 없을 정도로 짧은 경우도 있다. 심지어는 내담자가 말을 다 끝맺기도 전에 끼어들어 의사소통을 방해하는 상담사도 적지 않다. 상담사의 반응 지연 시간이 너무 짧아 자신의 말이 방해받는다는 느낌을 받을 경우, 내담자는 이러한 행태를 보이는 상담사에 대해 성격이 급하거나 공격적 성향이 강하다는 인상을 받을 가능성이 높다. 이에 반해, 상담사의 반응 지연 시간이 필요 이상으로 길면 내담자는 이를 수동적 태도로 받아들인다. 나아가, 내담자가 보기에 상담사의 반응 지연 시간이 지나치게 짧거나 자신이 말하는 도중에 끼어들어 이야기를 방해하는 빈도가 잦은 상담사가 있는데, 이 같은 상담사들은 내담자의 말보다는 자기 자신의 이야기에 더 관심을 가진 것으로 비춰질 수 있다. 아울러, 내담자는 이러한 태도를 보이는 상담사에 대해 진심으로 자신의 이야기를 경청하지 않거나 관심이 부족하다고 여길 가능성이 높다. 말하는 속도가 느리고 무슨 말을 할지 고민하느라 대화가 끊기는 빈도가 잦은 내담자에게는 응답 지연 시간을 충분히 갖는 것이 바람직하다. 상담사가 내담자의 말이 다 끝났다고 착각한 나머지 이야기 도중에 끼어들거나 조급하게 대화를 이어 갈 경우 자칫 중요한 정보를 놓칠 수 있기 때문이다. 빠른 속도의 의사소통 방식에 익숙한 상담사에게 있어 반응 지연 시간을 길게 가져 가려는 시도는 결코 쉽지 않다. 하지만 이 같은 시도가 성공을 거둔다면 상담사는 경청 및 주의 집중 기술 향상, 내담자와의 면접을 통한 중요 정보 획득, 라포 형성 등에서 커다란 도움을 받을 수 있다.

대화 도중의 침묵은 상담사와 내담자 모두에게 불안을 가져다 줄 수 있다. 이 경우, 상담사는 침묵에서 벗어나기 위해 서두르며 조급한 반응을 보이려는 경향을 드러내곤 한다. 내담자가 무슨 말을 할지 고민한다고 여겨질 때는 그가 이야기를 끝맺었다고 생각될 때까지 차분히 기다리는 태도를 길러야 한다. 한편, 초보 상담사 중에는 자신이 무슨 말을 할지에 관한 생각에 몰두한 나머지, 내담자의 이야기에 온전히 집중하지 못하는 경우가 종종 있다. 효과적인 상담을 위해서는 온 마음을 다해 내담자의 이야기에 집중하려는 노력을 기울여야 한다. 그런 후에는 잠깐 침묵을 유지하며 내담자의 말을 곱씹은 다음, 알맞은 답변 내용을 결정하는 것이 좋다. 상담사라면 경우에 따라서는 짧은 침묵이 필요하다는 사실을 받아들여야 한다.

언어 추적(verbal tracking)은 가장 중요하지만 숙달이 가장 어려운 적극적 경청 기술 중 하나다. 언어 추적은 상담사의 응답 내용이 내담자의 이야기에서 비롯된 대화 주제와 동일하거나 직접적 연관성을 보일 때 발생한다. 즉, 내담자의 대화 내용과 무관한 주제의 응답에는 언어 추적 기술을 사용할 수 없다는 말이다. 언어 추적 기술을 효과적으로 활용하면 이런저런 주제를 오가는 중구난방식의 혼란을 피하고, 보다 체계적인 상담을 진행할 수 있다. 언어 추적 기술의 장점은 내담자에게 상담사가 그의 이야기에 귀를 기울인다는 인상을 심어 줄 수 있다는 것이다. 왜냐하면 내담자의 이야기를 경청하지 않고서는 언어 추적 기술을 활용할 수 없기 때문이다. 언어 추적 기술은 또한 특정 주제에 관해 충분한 탐구가 이루어질 때까지 대화를 지속함으로써, 내담자가 전달하고자 하는 메시지에 대한 이해를 촉진한다. 이처럼 언어 추적 기술 활용은 상담 과정에서 여러 가지 이점을 가져다주며, 다음 절에서 다룰 여러 가지 미시 상담 기술의 토대가 된다.

## 2) 주의 기울이기에 관한 일반적 고려사항

문제는 상담사가 이 같은 자질을 지니고 있다 해도 내담자가 이를 인식하지 못할 가능성이 있다는 사실이다. 따라서 상담사는 기초적 주의 기울이기 기술을 통해 내담자에게 배려, 관심, 온화감 등을 전달할 수 있다. 상담사는 기초적 주의 기울이기 기술을 활용하여 내담자와 그의 이야기에 관심이 있다는 사실을 밀어줄 수 있으며, 강력한 치료적 관계 수립 혹은 라포 형성을 꾀할 수 있다(Ivey et al., 2014). 주의 기울이기 기술은 자동차 바퀴에 기름을 치는 것과 같이, 내담자가 마음을 열고 그의 내밀한 이야기를 자세히 서술하도록 돕는다. 행동주의적 관점에서 볼 때, 주의 기울이기 기술은 상담사의 관심(attention)을 강화제로 활용하여 내담자의 의사소통을 촉진한다고 간주된다.

다수의 상담사가 상담이 진행되는 동안 컴퓨터로 정보를 입력하거나 손필기를 통한 메모를 이용하여 내담자 관련 노트를 작성한다. 이 같은 노트 작성 작업은 내담자와 그가 전달하려는 이야기에 대한 상담사의 주의를 분산시킬 우려가 있다. 그러므로 심층 면접이나 상담을 진행할 때는 될 수 있는 한 노트 필기를 자제하는 것이 바람직하다. 노트는 내담자와의 대화 내용에 관한 정보가 기억에 남아 있을 상담 회기 종료 직후, 잠깐 시간을 내어 작성할 것을 권한다. 초기 면접 혹은 상담 회기 도중 특정 시점에 작성을 요구하는 서식이나 내담자로부터 수집해야 할 정보가 있는 경우에는 우선 내담자에게 이야기할 기회를 충분히 제공한 다음, 회기 후반부가 되었을 때, "방금 전 나누었던 화제로 돌아가기에 앞서 오늘 내로 작성할 서류가 있습니다. 이 서류들 지금 작성하는 것이 어떨까요?"라는 식으로 양해를 구하는 것이 바람직하다.

앞에서도 논의한 바와 같이, 언어 추적은 주의 집중 기술 중 가장 익히기 까다롭다고 알려져 있다. 이는 언어 추적 기술이 내담자의 이야기를 듣고 거기에 담긴 의미를 파악해야만 사용할 수 있기 때문이다. 이따금 내담자의 이야기가 끝나지 않았음에도 상담사가 무슨 말을 할지 고민하느라 주의 기울이기를 잃어버리는 경우를 볼 수 있다. 상담사가 이 같은 주의 분산(detraction) 문제를 피하기 위해서는 온 마음을 다해 내담자의 이야기에 집중하며, 그가 말을 끝맺을 때까지 기다리는 습관을 길러야 한다. 그런 다음, 내담자의 이야기에 담긴 메시지가 무엇인지를 충분히 생각한 후, 같은 주제로 대화를 이어 갈 것인지 혹은 화제를 전환할 것인지를 결정하여 거기에 맞는 답변을 제시해야 한다. 모든 대화가 그러하듯이, 상담을 진행하다 보면 무슨 말을 해야 할지 몰라 곤란한 상황에 부닥칠 때가 있다. 앞에서 언급한 것처럼, 잠깐 대화를 중단한 채 내담자의 말을 곱씹어 본 다음, 그중 도움이 될 만한 내용을 취하여 대화를 이어 가면 난처한 상황에서 벗어나 무사히 상담을 끝마칠 수 있다.

기초적 주의 기울이기 기술의 효과적 활용은 상담사에 대한 내담자의 인식에 긍정적 영향을 미친다. 또한 기초적 주의 기울이기 기술은 내담자로 하여금 마음을 열고 자신의 이야기를 공유하며 그들이 지닌 고민을 토로할 수 있도록 돕는다. 나아가, 상대적으로 숙달이 어려운 언어 추적 기술을 제외하면 이들 주의 기술은 대부분 손쉽게 익힐 수 있다. Ivey와 동료들(예: Ivey et al., 2014)은 이들 주의 기술의 효과를 보여 주는 실증 자료가 포함된 교수 절차를 개발하였다.

## 3. 질문

사람들 사이의 거의 모든 상호작용 가운데서 질문이 차지하는 비중을 생각해 볼 때, 심층 면접과 상담 과정에서 질문이 갖는 중요성은 아무리 강조해도 지나치지 않다. 하지만 다른 유형의 기초적 상담 기술과는 달리, 질문에 대한 의존 정도와 질문 표현 방식은 상담사에 따라 커다란 차이를 보인다. 질문 표현 방식과 사용 빈도는 내담자의 반응은 물론, 상담사에 대한 인식과 치료적 협력 관계 혹은 라포 형성에도 커다란 영향을 미친다(Ivey et al., 2014).

### 1) 개방형 질문과 폐쇄형 질문

폐쇄형(Closed-ended) 질문과 개방형(open-ended) 질문은 질문 내용과 형식을 표현하는 두 가지 대표적 방식이다. "학교생활은 마음에 드니?"와 같은 폐쇄형 질문은 하나 혹은 몇 개의 단어만으로도 답변할 수 있다. 반면에, "학교생활 중 어떤 부분이 가장 마음에 드니?"와 같은 개방형 질문은 보다 구체적인 응답을 필요로 한다. 한편, 형식 면에서는 폐쇄형이지만, 기능과 요구되는 응답 방식에 있어서는 개방형으로 보아야 할 질문이 있음을 유념할 필요가 있다. 예를 들어, "학교생활에 관해 이야기해 줄 수 있겠니?"와 같은 질문의 경우, 기술적으로는 분명 폐쇄형이지만, 실제로 요구되는 응답 방식은 개방형 질문에 해당한다.

개방형 질문은 다시 직접 질문과 간접 질문으로 나뉜다. 직접 질문은 "너 요즘 학교생활은 어떻니?"와 같이, 물음표로 끝맺는 질문 형태를 의미한다. 이에 반해, 간접 질문은 "학교생활에 관해 말해 보렴."이나 "나는 너의 학교생활에 관해 좀 더 자세히 알고 싶어."와 같이, 형식 면에서는 평서문이지만, 내용상으로는 의문문에 해당하는 경우를 의미한다. "요즘 학교생활은 어떻니?" "학교생활은 마음에 드니?" "학교생활 중 어떤 것이 제일 마음에 드니?" 등의 질문에서 보듯, 개방형 질문의 경우 간접형이든 직접형이든 관계없이, 묻는 방식에 따라 응답 내용의 구체화 수준이 달라진다. 내담자들은 때때로 개방형 질문을 받고 어떤 내용을 얼마나 구체적으로 답해야 할지 몰라 난처해하곤 한다. 예를 들어, 상담사가 "선생님에 관해 이야기해 주세요."라는 간접 질문을 던졌을 때 "글쎄요, 무엇을 알고 싶으세요?"라고 반문하는 내담자가 있다고 가정해 보자. 이 같은 반응을 통해 우리는 내담자가 상담사의 질문에 어떻게 답해야 할지 몰라 난감해한다는 사실을 유추할 수 있다. 이처럼 곤란한 상황을 타개하고 상담의 원활한 지속을 위해서는, "예, 선생님의 가족에 관해 알고 싶습니다." 등과 같이 상대적으로 자기 개방 부담이 적은 대체 질문을 활용하는 것이 바람직하다.

폐쇄형 질문은 내담자에게 매우 구체적 방향을 제시한다는 점에서, 상담사가 얻고자 하는 구체적 정보 획득에 뛰어난 효능을 보인다(Cormier et al., 2013). 예를 들어, 내담자의 나이가 궁금하다면, "선생님에 관해 이야기해 주세요."라는 질문을 통해 내담자의 답변 중 나이에 관한 내용이 들어 있기를 기대하기보다는, "현재 나이가 어떻게 되시지요?"라고 직접 물어보는 편이 훨씬 효과적이다. 폐쇄형 질문은 특유의 효율성으로 인해 비교적 짧은 시간 내에 상당량의 구체적 정보 습득을 가능하게 한다. 나아가, 내담자 중에는 폐쇄형 질문을 덜 부담스럽게 여기는 이들이 적지 않다. 이는 폐쇄형 질문의 경우, 상담 관계 속에서 상담사가 감당할 책임과 역할이 상대적으로 크고, 내담자 역시 상담사가 건네는 직접적이고 구체적 질문에 간략히 답하기만 하면 되기 때문이다. 끝으로, 폐쇄형 질문은 상담사에게 내담자와의 관계는 물론, 내담자의 응답 내용에 대해 강력한 통제력을 허용한다. 폐쇄형 질문은 질문자에게 주어진 통제력으로 인해, "원고가 평소 본 사건의 희생자인 Jones 씨를 증오했다는 것이 사실 아닌가요?" 등에서 보듯 교차 신문을 행하는 변호사들 사이에서 널리 애용되고 있다.

개방형 질문 또한 여러 가지 장점을 지니고 있다. 비록 폐쇄형 질문을 통해서도 일정 수준 유의미한 정보 파악이 가능하지만, 내담자로부터 상세하고 구체적 답변을 이끌어내는 데는 주로 개방형 질문이 활용된다. 이처럼 개방형 질문을 적절히 활용하면 대개 상당량의 구체적 정보 파악과 상담사에 의한 후속 질문이 한결 쉬워짐은 물론, 내담자의 대화 참여 비중이 늘어나 상담사의 언어적 개입을 줄여 준다(Ivey et al., 2014). 개방형 질문은 또한 상담사와의 관계에서 내담자에게 상대적으로 많은 통제력을 허용함으로써, 내담자가 보다 자유로운 상태에서 자신의 이야기를 나눌 여건을 조성한다. 개방형 질문은 구체적 응답을 이끌어낼 수 있다는 점으로 인해, "Jones 씨와의 관계에 대해 진술해 주세요." 등과 같이 증인을 상대로 직접 신문을 행하는 변호사들 사이에서 널리 애용되고 있다.

## 2) 개방형 질문의 활용과 유형

### (1) 새로운 주제로 대화 개시하기

개방형 질문은 주로 상담의 개시에 사용된다(Ivey et al., 2014; 예: "선생님께서는 어떤 문제로 저와의 상담을 원하시나요?" "선생님에 관해 말씀해 주시기 바랍니다." "저는 선생님께 무슨 고민이 있는지 궁금합니다. 무슨 이야기부터 시작해 볼까요?"). 아울러, 일정 정도 상담이 진척된 시점에서, 회기를 시작할 때도 개방형 질문이 활용된다(예: "지난번 만남 이후 선생님 주변에 어떤 변화가 있었나요?" "직전에 만났을 때 마음에 쏙 드는 구인 정보가 있다고 하셨지요? 그동안 무슨 진전이 있었는지 궁금하네요."). 개방형 질문은 또한 하나의 주제에 관한 대화가 마무리 된 후, 새로운 주제로의 전환에도 널리 사용된다(예: "선생님이 처한 현재의 곤란한 상황과 관련하여 누나의 역할이나 영향이 있었다면 말씀해 주시기 바랍니다." "직장 내에서 다른 상사들과의 관계는 어떠신가요?").

### (2) 정보 획득

누가, 무엇을, 어디서, 왜 등의 질문은 내담자로부터 구체적 사실이나 정보를 이끌어내는 데에 매우 효과적이다(예: "선생님의 직장에서 그 같은 유형의 핵심 업무 처리는 주로 누가 담당하나요?" "직장에서 선생님이 가장 좋아하는 업무는 무엇인가요?"). '왜/어째서'로 시작하는 질문은 경우에 따라 도발적이라는 인상을 심어 주며, 상대방의 방어적 태도를 유발할 수 있다. 이는 "어째서 네 방은 항상 어질러져 있니?" "왜 나이 어린 여동생에게 잘해 주지 않는 거니?" "어째서 계속 나를 귀찮게 구는 거니?" 등의 경우에서 보듯, 우리가 어렸을 때부터 '왜/어째서'라는 질문으로 인해 겪었던 부정적 기억 때문인 것으로 보인다. "선생님은 직장에서의 현재 상황이 마음에 들지 않으시지요? 그렇다면 어째서 그 같은 상황을 타개하려고 노력하지 않으시나요?"와 같은 '왜/어째서'로 시작하는 질문을 "선생님은 직장에서의 현재 상황이 마음에 들지 않으시지요? 이 같은 상황을 타개할 대안에는 어떤 것들이 있을까요?"와 같이 '무엇'으로 시작하는 질문으로 바꾸어 제시하면 비교적 쉽게 '왜/어째서' 질문의 사용을 최소화하면서 이들 질문의 잠재적 문제를 피할 수 있다(Cormier et al., 2013).

### (3) 대화 주제에 관한 심층 탐구 목적의 후속 질문

개방형 질문은 특정 주제에 관한 대화 지속과 심층적 탐구를 목적으로 하는 언어 추적에도 널리 애용된다. 이 같은 목적은 "그것에 관해 좀 더 자세히 말씀해 주시겠어요?" "좀 더 이야기해 주세요." "그 문제에 관해 좀 더 깊이 있는 대화를 나눌 수 있을까요?" 등의 간단한 개방형 후속(following-up) 질문 사용만으로도 달성이 가능하다.

추가 설명을 끌어내기 위한 일반적 후속 질문과는 달리, "선생님의 이야기가 무엇을 뜻하는지 좀 더 구체적으로 말씀해 주실 수 있으신가요?" "그 여자분이 가끔 전투적으로 변한다고 말씀하셨는데, 전투적이라는 말이 무슨 의미인지 설명해 줄 수 있으신가요?"와 같이, 별도의 후속 질문을 활용하면 내담자의 이야기와 그 안에 담긴 의미의 상세한 파악이 가능하다. 후속 질문 중 가장 유익한 형태는 "직장에서의 통상적 일과에 관해 사례를 들어 말씀해 주실 수 있으신가요?" "그 사람이 하는 말 중 선생님을 기분 나쁘게 하는 내용이 무엇인지 구체적 사례를 들어 말씀해 주실 수 있으신가요?" 등과 같이, 구체적 사례를 제시해 달라는 부탁 조의 질문이다. 구체적 사례를 제시해 달라는 요청 질문은 내담자의 이야기와 그 안에 담긴 의미를 이해함에 있어 매우 효과적이기 때문이다(Ivey et al., 2014).

후속 질문은 언어 추적 기술과 마찬가지로, 특정 주제에 관한 대화 지속과 심층적 탐구에 활용된다. 하나의 주제에 관해 충분한 소통이 이루어지지 않은 상태에서 성급하게 화제를 전환하는 행위는 내담자와 그가 하고자 하는 이야기에 관해 피상적 정보만을 제공할 가능성이 높다. 상담사 역시 내담자가 호소하는 문제의 본질에 원하는 만큼 깊이 다가가지 못할 수 있다.

다음의 예시를 보면, 상담자가 내담자의 응답에 대해 후속 질문을 하는 대신, 새로운 화제로의 전환을 시도하고 있음을 알 수 있다.

> **상담사**: 아직도 직장을 알아보고 계시나요?
> **내담자**: 예. 하루도 빠짐없이 열심히 알아보고는 있는데, 도무지 마땅한 자리를 찾을 수가 없네요.
> **상담사**: 정말로 답답하시겠어요. 오랫동안 일을 하지 못하셨는데, 경제적으로는 어떠신가요?

다음은 화제를 전환하는 대신, 상담자가 내담자의 답변에 대해 후속 질문을 제시하는 방향으로 앞의 사례를 재구성한 것이다.

> **내담자**: 예. 하루도 빠짐없이 열심히 알아보고는 있는데, 도무지 마땅한 자리를 찾을 수가 없네요.
> **상담사**: 선생님의 구직 활동에 관해 좀 더 자세히 알고 싶은데⋯ 말씀해 주실 수 있으신가요?
> **내담자**: 글쎄요. 말씀드렸다시피 하루하루가 그저 고통스러울 뿐입니다.
> **상담사**: 예. 그러면 어제를 예로 들어 이야기를 나누어 보지요. 선생님께서 취직을 위

해 어제 무슨 일을 하셨는지 구체적으로 말씀해 주시겠어요?

**내담자:** 예, 그러지요. 어제도 여느 날과 특별히 다르지는 않았습니다. 평소에 하던 대로 아침에 일어나 커피를 한 잔 마시며 조간 신문의 구직광고를 훑어보았습니다. 다른 날과 마찬가지로, 쓸 만한 구직 정보는 눈에 띄지 않더라고요. 그런 식의 일을 하며 하루를 버텼습니다.

이 재구성된 사례에서 보듯, 상담사의 후속 질문은 성급하게 화제를 전환했던 본래의 사례와는 달리 내담자의 구직 활동과 관련하여 훨씬 구체적 정보 파악을 가능하게 한다.

## 3) 질문의 구성과 사용에 관한 기술 수립하기

### (1) 폐쇄형 질문과 개방형 질문 선택

일방적 질문과 답변으로 일관하는 대화 방식은 상담이 아니라 증인 신문에 가깝다고 할 수 있다(Ivey et al., 2014). '예-아니요' 식의 이분법적 혹은 단답형 답변 유도에 특화된 폐쇄형 질문의 과도한 사용은 이 같은 경향을 더욱 심화시킨다. 폐쇄형 질문의 과도한 사용은 또한 내담자의 대화 참여를 제한함으로써 내담자의 이야기에 대해 꼼꼼하고 깊은 이해를 어렵게 만들 수 있다. 폐쇄형 질문은 간단한 정보 파악과 신속한 화제 전환에서의 효율성으로 인해 일상적 대화에 주로 사용된다. 이 같은 이유에서 사람들은 일반적으로 개방형보다는 폐쇄형 질문 사용에 훨씬 능숙하며, 무의식적으로 폐쇄형 표현을 구사하려는 경향을 보인다. 따라서 상담사는 개방형 질문 활용 기술 습득에 각별한 노력을 기울여야 한다.

폐쇄형 질문을 개방형 질문으로 바꾸어 말하는 것은 그다지 어렵지 않다(예: "직업학교에 가고 싶니?" → "직업학교에 진학하는 문제에 관해 어떻게 생각하니?"). 일상생활 속에서 주고받는 대화를 활용하면 개방형 표현에 기초한 질문 구사 기술을 크게 향상시킬 수 있다. 즉, 질문을 하기에 앞서 묻고자 하는 내용에 대해 잠깐 생각해 본다. 개방형 혹은 폐쇄형 방식 중 어떤 것을 사용할 것인지 결정한 다음, 폐쇄형 질문일 경우 그것을 개방형 표현으로 바꾸어 말하는 훈련을 반복한다. 이 같은 훈련을 통해 이룰 수 있는 목표 중 하나는 폐쇄형 질문을 사용하지 않고 대화를 지속할 수 있는 능력 함양이다. 개방형 질문만을 활용하여 대화를 지속하는 행위가 폐쇄형 질문이 무익함을 의미하는 것은 아니다. 다만, 상담사라면 폐쇄형 질문만큼이나 개방형 표현 방식에 의한 질문 기술 활용에도 능숙해질 필요가 있다는 말이다. 상담사가 이 같은 질문 기술 활용에 능숙해지면 상담의 어느 시점이든 관계없이 원하는 목표 달성을 위해 개방형 질문을 자유자재로 구사할 수 있기 때문이다. 나아가, 개방형 간접 질문 활용 빈도를 높이면 개방형 직접 질문 구사 빈도가 높을 때와 달리, 심문을 받는다는 인상을 불식시켜 줌으로써 상담사와 내담자 사이의 대화 분위기를 부드럽게 만들 수 있다. 개방형 간접 질문 활용 훈련 또한 유사한 방식을 통해 습득할 수 있다. 즉, 개방형 간접 질문을 개방형 직접 질문으로 바꾸어 말하는 연습을 반복하는 것이다.

### (2) 후속 질문의 활용

효율성이 중시되는 일상적 대화에서 후속 질문 사용 빈도는 그다지 높지 않다. 하지만 상담 및 심리치료 분야의 경우, 효율성보다는 내담자와 그가 지닌 문제에 관한 심층적 이해가 훨씬 중요시되는데, 후속 질문의 폭넓은 활용은 이의 달성을 위한 필수 조건이다(Ivey et al., 2014). 개방형 질문을 활용하면 내담자의 이야기를 경청하고, 구체적인 정보 파악을 목적으로 하는 후속 질문 활용 훈련이 가능해진다(예: "그것에 관해 좀 더 자세히 말씀해 주시겠어요?" "그 사람이 상대하기에 까다롭다고 말씀하셨는데, 그게 무슨 의미인지 좀 더 구체적으로 말씀해 주실 수 있으신가요?" "그 사람이 상대하기 까다롭다고 하셨는데요…… 구체적인 사례를 하나 들어 주실 수 있나요?").

## 4. 적극적 경청 반응

적극적 경청 반응은 후속 질문과 언어 추적을 촉진한다는 이점으로 인해 질문의 대안으로 널리 활용된다. 대부분의 적극적 경청 반응은 내담자의 이야기에 주안점을 두며, 그 안에 담긴 메시지 중에서 상담사가 파악한 의미가 무엇인지를 보여 준다. 적극적 경청 반응은 내담자의 응답 내용이나 그 안에 담긴 감정적 요소에 주목한다. 내담자의 메시지에 효과적으로 대응하기 위해서는 상담사의 경청 능력이 필수적이라는 점에서, 적극적 경청 반응은 내담자에게 상담사가 자기의 이야기를 주의 깊게 경청하고 있음을 보여 준다(Ivey et al., 2014). 나아가, 적극적 경청 반응은 질문에 대한 의존도를 낮춰 줌으로써 상담사와 내담자 간의 대화에서 질문의 대체재로 널리 활용된다.

## 1) 격려

'고개 끄덕임(head nods)'과 '아하'는 대표적인 언어적 · 비언어적 격려 촉진의 전형이다 (Ivey et al., 2014). 최소 촉진은 다른 유형의 적극적 경청 반응과는 달리, 내담자에게 상담사가 들은 내용에 관한 피드백을 제공하지 않는다. 그렇지만 적극적 경청 반응은 내담자의 소통 의지를 북돋우고, 앞선 이야기를 이어 갈 가능성을 높여 준다. 언어적 촉진은 내담자의 이야기에 담긴 메시지를 대변한다고 생각되는 단어나 어구를 취하여 축약된 형태로 바꾸어 말하는 기술을 의미한다. 예를 들면 다음과 같다.

> **내담자**: 그의 말을 듣고 있으면 정말로, 무척 화가 나요.
> **상담사**: 그 사람이 하는 말이요?

이와는 달리, 내담자가 이야기한 내용 중 다른 부분에 초점을 맞출 수도 있다.

> **상담사**: 정말로 화가 나신다고요?

앞의 두 가지 예시와는 달리, 상담사가 질문하는 어조(questioning tone of voice) 대신 단정적 어조(definitive tone of voice)를 사용하였다면, 내담자는 아마도 "예, 그 사람이 하는 말이요." 또는 "맞아요. 화가 나요." 등과 같이 동의 여부만을 판별할 정도의 짧은 답변을 제시할 가능성이 높다. 하지만 앞의 두 예시에서 보듯, 상담사가 말끝(pitch)을 살짝 올리는 방식의 묻는 어조를 활용한 반응 태도를 보였다면, 답변 내용이 짧다 해도 내담자는 '그가 하는 말이요'(앞의 첫 번째 예시)에 대한 보충 설명을 제시하거나, '정말로 화가 나요'(앞의 두 번째 예시)를 통해 표출한 분노감을 보다 구체적으로 부연할 가능성이 높다.

다시 말해, 묻는 어조를 활용한 재진술(restatement) 형태의 촉진 반응은 내담자에게 상담사가 다른 방식으로 바꾸어 표현한 자신의 직전 응답 내용을 자세히 설명할 기회를 제공한다. 따라서 특정 단어나 어구를 활용한 상담사의 재진술은 "그 사람이 어떤 종류의 얘기를 하나요?"와 같이 내담자의 구체적 답변을 끌어내는 데에 사용되는 질문의 역할을 대신할 수 있다. 내담자의 이야기에 담긴 메시지 중 내용을 반영하는 핵심 단어나 어구의 재진술은 해당 내용에 대한 상세 설명을 촉진하는 반면, 정서 혹은 느낌을 표현하는 핵심 단어 혹은 어구의 재진술은 내담자가 전달하고자 하는 감정 상태에 관한 대화를 촉진한다. 실제로, 언어적 격려 기술을 위주로 한 대화만으로도 내담자의 의사소통과 스토리텔링 촉진에 기초한 생산적 상담 진행이 가능하다. 재진술 기법 활용 여부는 내담자의 응답 내용 경청, 심층적 탐색과 설명을 요구하는 핵심 단어 혹은 어구의 파악, 질문 어조를 통한 핵심어나 핵심 어구 재진술 등에 달려 있다.

## 2) 재진술

재진술(paraphrases)이란 상담사가 내담자에게서 들은 이야기를 토대로, 그 안에 담긴 메시지의 내용을 자신의 독자적 표현을 활용하여 요약 또는 바꾸어 말하는 상담 기술을 의미한다(Ivey et al., 2014). 재진술은 내담자의 이야기 속에 포함된 정서 혹은 감정적 요소를 재구성하여 되돌려 주는 감정 반영과는 차이가 있다. 재진술은 내담자의 이야기를 한두 개의 단어로 축약하여 가감 없이 반복하는 최소 격려와도 차이가 있다. 즉, 이는 내담자의 말을 앵무새처럼 따라 하는 행위가 아니라, 내담자의 메시지와 그 안에 담긴 생각의 명료화를 위해 독자적 표현을 활용하여 이야기에 담긴 핵심적 내용을 언급하는 상담 기술이다. 재진술의 목적은 내담자에게 상담사가 그의 이야기를 경청하고 있음을 알리고, 내담자의 응답 내용에 담긴 내용과 의미를 좀 더 구체적으로 풀어내도록 독려하는 데에 있다. 아울러, 재진술은 내담자의 이야기 중 군더더기를 뺀 핵심적 부분만을 강조함으로써 내담자가 자신의 생각을 명료화하도록 돕는다.

내담자 응답 내용 재진술은 여러 개의 구성요소로 이루어져 있다(Ivey et al., 2014). 우선, 상담사는 핵심적 표현을 중심으로 내담자 이야기를 주의 깊게 경청해야 한다. 다음으로, 상담사는 자신이 들은 이야기에 관해 충분히 생각하고 내용을 정리한 후, 재진술할 표현을 가다듬는다. 상담사가 재진술 기술을 구사할 때는 반듯이 자신의 독자적 표현을 활용하여 내담자의 이야기를 요약함으로써 그 안에 담긴 메시지의 핵심적 내용을 포착해야 한다. 다만, 재진술 기술을 활용할 때는 내담자의 이야기 중 핵심적 내용을 반영한다고 판단되는 표현 한두 가지를 차용할 수 있다. 재진술 기술 구사 시에는 또한 "그러니까, 선생님 말씀은……" "그러니까, 선생님이 보시기에는……" "제가 듣기에 선생님은 ……이라고 생각하시는 것 같은데요." 등과 같이 내용의 본질에 다가가기 위한 용도의 표현을 활용할 수도 있다. 끝으로, 재진술 기술을 활용할 때는 "제가 선생님 말씀을 정확히 이해한 건가요?"나 "제가 방금 하신 말씀에 대해 올바로 이해한 것 맞지요?" 등과 같이, 내용 이해의 정확도 점검용 질문을 포함하는 것이 가능하다.

재진술 기술을 사용하다 보면 이야기가 아무리 장황할지라도 내담자의 응답 내용 전체의 핵심을 한 번에 간추려 제시하려는 포괄적 접근을 취하고 싶은 욕구가 들 때가 있다. 이같은 경우, 특히 내담자의 이야기가 길고 장황할 때는 전체 응답 내용 중 상담사가 보기에 심층적 탐구를 필요로 하는 부분에 초점을 맞추어 내담자에게 해당 부분에 관해 구체적으로 이야기할 것을 독려하는 전략 구사가 효과적이다(Cormier et al., 2013). 다음의 예시를 살펴보자.

> **내담자**: 저는 도무지 뭐가 뭔지 잘 모르겠어요. 어떨 때는 새로운 직업 선택에 대한 가능성이 열려 있다는 사실이 정말 멋지다고 생각돼요. 다른 한편으로는 현재 하는 일도 나쁘지 않은 것 같고요. 맡은 일도 잘하는 편이어서 제 스스로 그만두지 않는 한 실직할 걱정도 없거든요. 다른 곳으로 이사를 가야 할 염려도 없고요. 아내 역시 이곳에서의 생활을 무척 좋아합니다.
> **상담사**: 그러니까, 새로운 직업과 관련하여 선생님의 관심을 끄는 측면이 있다는 말씀이시군요.

이 사례에서 상담사는 재진술을 통해 내담자에게 새로운 직업과 관련하여 그가 매력적이라고 생각하는 구체적 사항에 관해 좀 더 깊이 대화하며 상세히 탐색할 것을 독려하고 있다. 한편, 상담사는 앞의 내담자 호소 내용 중 다른 부분을 취하여 재진술 기술을 활용할 수도 있다.

> **상담사**: 그러니까, 현재의 직장에 머무르는 것도 여러 면에서 장점이 있다는 말씀이시지요.

앞의 예시에 사용된 재진술은 내담자에게 현재 직업과 관련하여 그의 마음을 끄는 점들에 관해 보다 구체적으로 이야기하고 깊이 탐색하도록 독려하고 있다. 또 다른 대안을 살펴보자.

> **상담사**: 그러니까, 부인께서도 선생님의 이번 결정에 관해 따로 의견이 있다는 말씀이신가요?

또 다른 대안으로는 앞의 세 가지 접근을 하나로 요약하여 재진술 형식으로 제시하는 것
이다.

　　상담사: 그러니까, 새로운 직장으로의 이직이 여러 면에서 무척 매력적이기는 한데, 그
　　　　　　렇다고 현재의 직장도 좋은 점이 많고…… 이 문제와 관련해서 부인께서도 나
　　　　　　름대로 생각이 있으시다…… 그런 말씀이신가요?

　상담사는 재진술 기술을 활용하여 내담자의 명시적 메시지에 집중하거나, 명시적으로
표현된 메시지의 기저에 숨겨진 함축적 의미를 추측하는 것이 가능하다. 다음 예시를 살
펴보자.

　　상담사: 그러니까, 안정성이 보장된 현재의 직장을 떠나 새로운 직장으로 이직하자니
　　　　　　여러모로 위험이 따른다는 말씀이시지요?

　상담사가 재진술을 활용하여 내담자의 이야기에 함축된 의미를 정확히 포착할 수 있다
면, 이에 대한 심층적 탐색 촉진이 한결 수월해진다. 하지만 재진술을 통해 내담자의 이야
기에 담긴 함축적 메시지를 정확히 포착한다 해도, 그에 대한 내담자의 자각이 선행되지
않으면 내담자는 다음번 응답에서 재진술 내용의 정확성을 부정하거나 방어적 답변 태도
를 보일 가능성이 높다.

　상담 과정에서 재진술 기술을 적절히 활용하면 여러 가지 이점을 누릴 수 있다. 앞에서
도 언급한 바와 같이, 응답 내용을 정확히 재진술하기 위해서는 내담자의 이야기를 주의
깊게 경청해야 한다. 따라서 재진술은 상담사가 내담자의 이야기를 주의 깊게 듣고 있음
을 보여 주는 명백한 증거가 된다. 더욱이, 내담자에게 상담사가 자기 말을 경청하고 있으
며 자신이 처한 상황을 이해하려 노력한다는 인식을 심어 주면 긍정적인 치료적 협력 관
계 수립과 라포 형성에 커다란 도움을 받을 수 있다. 나아가, 재진술은 내담자가 자신의 관
심사, 그것을 둘러싼 환경, 내면의 사고 등을 탐색하고 토로하며, 이를 발판으로 자신에 관
해 보다 깊고 구체적인 이야기를 나누도록 돕는다는 점에서, 질문의 대체재 역할을 담당한
다. 끝으로, 재진술의 목적 중 하나가 내담자의 메시지에 담긴 핵심적 내용 부각이라는 점
에서, 이는 내담자가 스스로의 생각을 명료화하도록 돕는다.

## 3) 감정 반영

감정 반영은 재진술과는 달리, 내담자의 응답 내용에 함축된 정서적 요소에 주목함으로써 메시지의 내용이 아니라 그 속에 담긴 감정 상태 전반에 대한 탐색을 촉진하는 기초적 상담 기술이다(Ivey et al., 2014). 느낌의 전달이 주로 비언어적 통로를 통해 이루어진다는 점에서, 응답 내용 중 언어적 요소가 내담자의 정서를 명백히 표현할 확률은 그다지 높지 않다. 내담자 역시 스스로의 감정을 정확히 자각하지 못할 가능성이 높다(Cormier et al., 2013). 상담을 찾는 이유 중 감정이 차지하는 중요성을 생각해 볼 때, 내담자의 감정 상태 탐색은 상담의 핵심적 구성요소 중 하나다. 예를 들어, 내담자는 갈등 해소나 무언가를 결정하기 위해 스스로의 감정을 추스를 필요가 있다고 토로한다. 이 경우, 감정 반영은 내담자가 호소하는 문제와 이를 둘러싼 맥락 이해에 있어 핵심적 역할을 담당한다. 나아가, 불안과 공포와 같은 역기능적 감정은 목표 추구와 달성을 저해하는 핵심적 장벽인 동시에, 상담을 필요로 하는 주요 문제기도 하다.

감정 반영 또한 여러 가지 요소로 이루어져 있다(Ivey et al., 2014). 재진술과 마찬가지로, 감정 반영 또한 상담사가 내담자의 이야기를 경청한 후, 자신이 들은 내용을 숙고하고 정리할 능력을 요구한다. 상담사는 감정 상태 전달에 있어 비언어적 통로가 차지하는 중요성을 고려하여 내담자의 응답 내용에 담긴 언어적 · 비언어적 요소를 총체적으로 검토해야 한다. 감정 반영은 항상 "화나셨나 봐요."나 "무척 낙담하신 것 같아요." 등의 사례에서 보듯, 이 같은 반응 유형을 규정하는 특징적 요소라 할 감정 표식(feeling label)을 동반한다. 나아가, 상담 과정에서의 감정 탐색이 과거보다는 '지금-여기(here and now)'로 대변되는 현재 상태를 중시한다는 점에서, 감정 반영을 구사할 때는 대개 현재형 동사를 사용하는 것이 좋다(예: "그가 했던 말 때문에 기분이 나쁘셨어요." → "그가 한 말 때문에 화가 나시는군요."). 감정 반영은 또한 그 같은 감정 형성에 기여한 맥락을 제시한다(예: "선생님은 _____에 관해 _____한 기분이시지요." "선생님은 _____ 때문에 기분이 _____하시지요.") 나아가, 재진술의 경우에서 살펴보았듯이, 감정 반영 또한 감정의 실체에 다가가기 위한 접근용 표현과 정확도 점검용 표현 활용이 가능하다. 끝으로, 상담 과정에서 상반된 감정 정리에 있어 이들 대립 감정이 중요한 역할을 수행한다는 점에서, 감정 반영을 활용한 이들 대립 감정의 부각 또한 가능하다(예: "그러니까, 한편으로는 _____한 기분이 드는데, 다른 한편으로는 _____한 느낌이다…… 그런 말씀이시지요.")

감정 반영은 내담자가 자신의 기분에 관해 심도 있는 대화와 탐색을 이어 가도록 촉진한다. 감정 반영 또한 재진술과 마찬가지로, 내담자의 이야기를 통해 표면적으로 드러난 내용 외에 비언어적 표현 속에 녹아 있는 감정 상태 추론에 있어 상당한 정도의 차이를 보인다. 비언어적 표현에 함축된 감정 상태 추론은 내담자의 현재 기분에 대한 심층적 탐색을 촉진한다. 재진술의 경우에서 지적하였듯이, 비언어적 통로를 통해 드러난 자기 자신의 내밀한 감정 상태를 자각하지 못하거나 현재 기분에 대한 상담사의 해석이 부정확하다고 판단할 경우, 내담자는 상담사가 전달하는 감정 반영의 내용을 수용하지 않거나 방어적 태도를 취할 가능성이 높다. 나아가, 감정 반영 또한 재진술의 경우에서 보듯, 내담자의 내밀한 감정 탐색을 독려한다는 점에서 질문의 대체재 역할을 담당한다. 끝으로, 내담자는 대부분 다른 사람에게 자신의 내밀한 감정을 드러내는 일에 익숙하지 않다. 그러므로 감정 반영 기술을 적절히 활용하면 상담사는 이해와 배려의 마음을 전하는 것이 가능하며, 이를 토대로 내담자와의 치료적 관계 수립을 증진시킬 수도 있다.

### 4) 요약

요약 또한 재진술이나 감정 반영과 유사한 경청 반응의 또 다른 형태로서, 내담자의 이야기에 담긴 내용이나 감정 중 하나 혹은 양자 모두에 대한 집중을 촉진한다(Ivey et al., 2014). 요약이 재진술이나 감정 반영과 다른 점은 감정 반응이 내담자의 직전 응답 내용에 주안점을 두는 데에 반해, 재진술은 이미 논의가 종료된 응답 내용에도 주의를 기울인다는 점이다. 요약 기술은 상담 과정에서 중요한 역할을 담당한다. 요약은 상담 회기가 끝나는 시점에서 상담 내용 전체를 개괄하고, 다음 회기 전까지 내담자가 특별히 기억하고 되새겨 보기를 원하는 과제를 강조하는 등의 용도로 활용된다. 같은 맥락에서, 상담사는 직전 회기의 내용 요약으로 새로운 회기를 시작한 후, 이를 발판으로 해당 회기의 상담을 이어 갈 수도 있다. 요약은 또한 새로운 화제로의 전환에 앞서 상담사와 내담자 사이에서 심도 있게 논의된 대화 내용 정리에도 활용할 수 있다. 아울러, 내담자의 이야기에 두서가 없다고 판단되거나 특정 주제에 대한 논의를 끝내고 새로운 화제로의 전환을 시도할 때도 요약을 활용할 수 있다. 요약은 말할 것도 없이 적극적 경청 반응의 하나로, 상담사가 내담자의 이야기에 귀 기울이는 동시에, 내담자가 호소하는 문제를 이해하고자 최선을 다한다는 사실을 보여 주는 명백한 증거다.

## 5) 일반적 면담 전략

적극적 경청 반응을 활용하면 체계화된 상담 진행에 필요한 일반 전략의 조직화가 가능하다. 이는 내담자가 지닌 문제와 이를 둘러싼 환경에 대한 이해 증진과 함께, 내담자의 대화 참여 촉진을 중시하는 상담 초기 단계에서 특히 유용하다. 상담사는 개방형 질문이나 대화 참여를 유도하는 개방형 초청 어구들을 활용하여 상담을 시작한다. 이를 위해서는 의뢰처 등과 같이 내담자에 관해 미리 파악해 두었거나 내담자에게서 직접 들은 사전 정보 요약 작업이 선행되어야 한다. 다음으로, 상담사는 후속 질문, 최소 격려, 재진술, 감정 반영 등의 기술을 활용하여 내담자의 문제를 심도 있게 탐구해야 한다. 상담사가 새로운 화제로의 전환 시점이 되었다는 판단이 들면 그때까지 나눈 대화 주제를 요약·정리한 후, 개방형 질문을 통해 새로운 화제로의 전환을 모색하는 것이 바람직하다.

일상적 대화에서도 그러하듯이, 상담을 진행하다 보면 종종 대답할 말을 찾지 못해 곤란한 상황에 처할 때가 있다. 이 같은 현상은 경험이 부족하고 침묵을 부담스럽게 여기는 초보 상담사들에게서 특히 두드러지게 나타난다. 이러한 상황을 타개하기 위해서는 잠시 생각할 시간을 가지면서, 내담자의 이야기 중 후속적 탐색을 필요로 하는 내용을 파악하려는 노력을 기울여야 한다. 이렇게 하면 내담자는 자신이 중요하다고 생각하는 문제를 자세히 설명할 기회를 얻을 수 있고, 상담사 또한 명확한 내용 이해를 바탕으로 적절한 반응 기술을 활용하여 상담을 원활히 진행할 수 있게 된다. 침묵을 유지하면서 충분한 시간을 가지고 자신의 생각을 정리한 후, 상담을 이어 가는 방법 또한 좋은 전략이다. 짧은 침묵은 상담 흐름을 방해하지 않을 뿐 아니라, 상담사가 취할 후속 대응 모색을 도울 가능성이 높다는 사실을 유념하기 바란다.

## 5. 실증 연구

지난 수십여 년에 걸쳐 여러 학자가 기초적 상담 기술, 특히 미시 상담 기술 훈련을 주제로 다수의 문헌 및 메타 분석 연구를 진행하였다(Alberts & Edelstein, 1990; Baker & Daniels, 1989; Baker, Daniels & Greely, 1990; Daniels & Ivey, 2007; Ford, 1979; Hill & Knox, 2013; Ridley, Kelly, & Mollen, 2011; Russell, Crimming, & Lent, 1984). 앞에서도 언급하였듯이, Ivey 등(2014)에 따르면, 450편 이상의 실증 연구가 미시 상담 기술 훈련의 효능을 입증한 바 있

다. Ridley 등(2011, p. 816)은 미시 상담 기술을 주제로 하여 시행된 문헌 연구 검토 결과, 이들 대부분이 연구 방법상의 한계, 단기 훈련 효과에 치우친 대상 문헌 선정, 과도한 초보 상담사 연구 참여 비중 등의 문제를 드러냈다고 지적하였다. 하지만 그들은 "단기 미시 상담 기술 훈련에 대한 실증적 효과를 다룬 문헌 연구는 대부분 여러 가지 결함에도 불구하고, 매우 인상적이다."라는 언급도 빠뜨리지 않았다. Ridley 등을 위시한 이 분야의 관련 문헌 연구자들에 따르면, 효과성 검증 연구 대부분이 학생들에게 제공된 단기 훈련과 대상 기술 활용 빈도 간의 상관관계 분석을 위주로 하였으며, 상담 기술 훈련이 내담자와의 실제 상담에 임하는 상담 전문가의 임상적 효능에 미치는 영향을 조사한 연구는 매우 드물다고 지적하였다.

다수의 실증적 사례를 통해 상담 및 심리치료의 효과성을 높이기 위해서는 치료적 협력 관계가 중요하다는 사실이 입증된 바 있다. Norcross와 Wampold(2011)는 24편 이상의 관련 연구 검토를 통해 도출한 증거를 바탕으로, 치료적 관계야말로 실제 상담 및 심리치료에 사용된 처치의 종류와 관계없이 임상적 치료 효과에 커다란 영향을 미치는 핵심 요소라고 결론지었다. 나아가, 이들은 구체적 치료 기법을 다루는 지침서나 매뉴얼을 통해 긍정적인 치료적 관계 촉진 행동을 보다 비중 있게 다룰 필요가 있다고 주장하였다. 이 장에서 중점적으로 다룬 행동과 기법은 모두 미시 상담 기술을 비롯하여 다방면의 지원 기술 훈련 프로그램의 핵심 구성요소로서, 긍정적인 치료적 관계 증진을 목표로 삼고 있다. 나아가, Daniels와 Ivey(2007)는 관련 연구 검토 결과, 미시 상담 기술 훈련 이수자로부터 치료를 받은 내담자들은, ① 상담사와 상담 서비스 전반에 대해 상대적으로 높은 만족감 표출, ② 상담사와 공고한 라포를 형성했다는 인식 보유, ③ 내담자의 대화 참여 증가와 이에 따른 상담사의 언어적 개입 부담 감소, ④ 내담자에 의한 자기 상황/문제와 감정 상태 관련 발언 증가, ⑤ 내담자의 자기 개방 참여 확대 등과 같은 특징을 보였다고 주장하였다. 이들 내용을 종합해 볼 때, 이 장에서 다룬 기초적 상담 기술은 소정의 치료 효과가 있음이 입증되었다. 다만, 이들 기술이 실제 상담 현장에서 어느 정도의 임상적 성과를 거두는지에 관해서는 좀 더 활발한 연구가 필요해 보인다.

## 6. 맺음말

앞에서 살펴본 바와 같이, 기초적 상담 기술은 내담자와의 효과적인 치료적 협력 관계 구축을 위한 토대 역할을 담당한다. 이들은 또한 Rogers(1951, 1957)가 제시한 공감, 무조건적 긍정적 존중, 진실성 등의 소통 도구로도 활용된다. Rogers가 주창한 촉진적 조건은 상담 관계의 필요조건으로 인정되고 있는데, 이 장에서 다룬 기초적 상담 기술 또한 상담 관계 수립에 있어 매우 중요한 역할을 수행한다.

주의 기울이기 기술은 기초적 치료 조건 전달을 돕고 내담자에 대한 집중력을 높여 지속적인 의사소통을 촉진한다. 질문은 내담자로부터의 정보 파악에 기여한다. 다양한 유형의 개방형 질문은 새로운 주제로의 대화 시작과 내담자로부터 파악한 정보에 관해 구체적이고 심층적인 탐색을 활성화한다. 적극적 경청 반응은 질문의 대체재 역할을 담당하며, 내담자에게는 특정 주제에 대한 상세 설명과 추가 정보 공유 기회를 제공한다. 최소 격려, 재진술, 감정 반영, 요약은 모두 내담자의 이야기 내용과 그 안에 녹아 있는 감정 상태에 관해 보다 많은 정보를 파악할 기회를 제공한다. 이 장에서 다룬 기초적 상담 기술은 선호하는 상담 이론이 무엇이든 관계없이, 관계 형성, 내담자의 이야기와 고민 경청, 치료/서비스 계획 수립을 위한 이해의 함양 등에 매우 유용하다. 아울러, 개방형 질문, 재진술과 감정 반영, 요약 등의 미시 상담 기술은 동기 강화 상담에서도 중요한 역할을 담당하는 것으로 평가되는 촉진적 상담의 핵심적 구성요소다. 증거 기반 임상 실제에서 실증적 검증이 이루어졌으며, 재활 현장에 대한 활용성 또한 상당한 것으로 평가된다(Miller & Rollnick, 2002, 2013; 이 책의 제12장 참조).

## 집단 토의 과제

1. Carl Rogers가 기술한 촉진적 치료 조건 세 가지를 검토한 후, 당신이 체험했던 무조건적 긍정적 배려 사례에 관해 이야기하라. 당신은 어떠한 경로를 통해 그 같은 체험을 할 수 있었는가? 무조건적 긍정적 배려를 체험했을 때 어떤 기분이 들었는가??

2. 거북하다고 느낄 정도로 장시간의 침묵을 경험한 적이 있다면 그때의 느낌을 떠올려 보라. 거북함을 느끼게 한 원인은 무엇이었나? 그 같은 체험적 지식이 상담 과정에서 침묵 활용에 어떠한 영향을 미쳤는가?

3. 상대방이 나의 이야기에 진심으로 귀 기울이고 있다는 느낌을 받았던 경험과 그와 반대되는 인상을 받았던 경험을 비교해 보라. 이들 두 경험 사이에는 어떠한 차이가 있었는가? 이들 각각에 대해 당신은 어떻게 느꼈는가?

4. 마지막으로 여러 사람과 집단적 대화를 나누었던 때를 떠올려 보라. 대화를 나누는 동안 당신이 가장 시선을 많이 준 사람과 이야기를 가장 많이 건넨 사람은 누구였는가? 왜 그렇게 되었다고 생각하는가?

5. 당신이 시청했던 텔레비전 토크쇼 중 정보 파악에 탁월했다고 느꼈던 인터뷰를 떠올려 보라. 당신은 무엇이 그 인터뷰를 효과적으로 만들었다고 생각하는가?

## 참고문헌

Alberts, G., & Edelstein, B. (1990). Therapist training: A critical review of skill training studies. *Clinical Psychology Review, 5,* 497–511.

Baker, S. B., & Daniels, T. G. (1989). Integrating research on the microcounseling program: A meta-analysis. *Journal of Counseling Psychology, 36,* 213–222.

Baker, S. B., Daniels, T. G., & Greeley, A. T. (1990). Systematic training of graduate level counselors: Narrative and meta-analytic reviews of three major programs. *Counseling Psychologist, 18,* 355–421.

Berven, N. L. (2008). Assessment interviewing. In B. F. Bolton & R. M. Parker (Eds.), *Handbook of measurement and evaluation in rehabilitation* (4th ed., pp. 241–261). Austin, TX: Pro-Ed.

Berven, N. L. (2010). Clinical interviews. In E. Mpofu & T. Oakland (Eds.), *Assessment in rehabilitation and health* (pp. 158–171). Upper Saddle River, NJ: Merrill.

Carkhuff, R. R. (1969). *Human and helping relations* (Vols. 1 & 2). New York, NY: Holt, Rinehart, & Winston.

Cormier, S., Nurius, P. S., & Osborn, C. J. (2013). *Interviewing and change strategies for helpers* (7th ed.). Belmont, CA: Brooks/Cole.

Dalgin, R. S., Bruch, L. A., & Barber, G. (2010). Rehabilitation counseling practicum: A national survey of design and implementation. *Rehabilitation Education, 24,* 75-84.

Daniels, T., & Ivey, A. (2007). *Microcounseling: Making skills training work in a multicultural world.* Springfield, IL: Charles C Thomas.

Egan, G. (2014). *The skilled helper: A problem-management and opportunity-development approach to helping* (10th ed.). Pacific Grove, CA: Brooks/Cole.

Evans, D. R., Hearn, M. T., Uhlemann, M. R., & Ivey, A. E. (2011). *Essential interviewing: A programmed approach to effective communication* (8th ed.). Pacific Grove, CA: Brooks/Cole.

Ford, J. (1979). Research on training counselors and clinicians. *Review of Education Research, 49,* 87-130.

Hill, C. E. (2014). *Helping skills. Facilitating exploration, insight, and action* (4th ed.). Washington, DC: American Psychological Association.

Hill, C. E., & Knox, S. (2013). Training and supervision in psychotherapy. In M. J. Lambert (Ed.), *Bergin and Garfield's handbook of psychotherapy and behavior change* (pp. 775-811). Hoboken, NJ: Wiley.

Ivey, A. E. (1971). *Microcounseling: Innovations in interviewing training.* Springfield, IL: Charles C Thomas.

Ivey, A. E., Ivey, M. B., & Zalaquett, C. P. (2014). *Intentional interviewing and counseling* (8th ed.). Belmont, CA: Brooks/Cole.

Kagan, N. (1984). Interpersonal process recall. Basic methods and recent research. In D. Larson (Ed.), *Teaching psychological skills: Models for giving psychology away* (pp. 229-244). Monterey, CA: Brooks/Cole.

Miller, W. R., & Rollnick, S. (2002). *Motivational interviewing: Preparing people for change* (2nd ed.). New York, NY: Guilford.

Miller, W. R., & Rollnick, S. (2013). *Motivational interviewing: Helping people change* (3rd ed.). New York, NY: Guilford Press.

Norcross, J. C., & Wampold, B. E. (2011). Evidence-based therapy relationships: Research conclusions and clinical practices. In J. C. Norcross (Ed.), *Psychotherapy relationships that work: Evidence-based responsiveness* (2nd ed., pp. 423-430). New York, NY: Oxford.

Ridley, C. R., Kelly, S. M., & Mollen, D. (2011). Microskills training: Evolution, reexamination, and call for reform. *Counseling Psychologist, 39,* 800-824.

Ridley, C. R., Mollen, D., & Kelly, S. D. (2011). Beyond microskills: Toward a model of counseling competence. *Counseling Psychologist, 39,* 825–864.

Rogers, C. R. (1942). *Counseling and psychotherapy.* Boston, MA: Houghton Mifflin.

Rogers, C. R. (1951). *Client-centered therapy.* Boston, MA: Houghton Mifflin.

Rogers, C. R. (1957). The necessary and sufficient conditions of therapeutic personality change. *Journal of Consulting Psychology, 21,* 95–103.

Russell, R. K., Crimmings, A. M., & Lent, R. W. (1984). Counselor training and supervision: Theory and research. In S. D. Brown & R. W. Lent (Eds.), *Handbook of counseling psychology* (pp. 625–750). New York, NY: Wiley.

# 제12장

# 동기 강화 상담

Trevor J. Manthey, Jessica Brooks, Fong Chan, Linda E. Hedenblad, and Nicole Ditchman

## 학습목표

이 장의 목표는 독자들에게 동기 강화 상담(Motivational Interviewing: MI)이 재활 현장에서 효과적인 상담 접근이라는 인식을 심어 주는 데에 있다. 따라서 이 장에서는 동기 강화 상담의 개요, 개념 구조, 상담 기법, 상담의 효과를 뒷받침하는 과학적 증거, 재활 현장에서의 적용 등의 내용을 살펴볼 것이다. 이 같은 목적을 달성하기 위해 다음과 같은 학습 목표를 설정하였다.

① 동기 강화 상담의 역사와 주요 개념에 관한 이해를 넓힌다.
② 동기 강화 상담에 관련된 핵심적 상담 기술의 활용, 원리, 과정, 언어 전략 등을 이해한다.
③ 동기 강화 상담의 효과를 뒷받침하는 실증 연구에 관한 이해를 넓힌다.
④ 재활 현장에서 동기 강화 상담의 실제적 적용에 관한 지식을 습득한다.

## 1. 동기와 상담

역사적으로, 내담자에게 동기는 효과적인 상담 서비스 제공을 위한 핵심 요인으로 간주되어 왔다(Chan, Shaw, McMahon, Koch, & Strauser, 1997; Cook, 2004; Thomas, Thoreson, Parker, & Butler, 1998; Thoreson, Smits, Butler, & Wright, 1968). 내담자의 동기 강화는 특히 성공적인 재활상담 서비스 제공 과정에서 핵심 역할을 담당한다는 사실이 입증되었다(Larson, 2008; Manthey, Jackson, & Evans-Brown, 2011; Wagner & McMahon, 2004; Wright, Smits, Butler, & Thoreson, 1968). Thoreson과 동료들(1968)은 직업재활 서비스 이용자들은 절망감과 수동적 태도, 비현실적 목표, 사회보장 급여 또는 기타 복지 혜택 상실에 대한 두려움, 불안정한 인력 시장 등의 요인으로 인해 동기가 부족하다고 지적하였다. 외부 요인이 내담자의 행동에 영향을 미치기는 하지만, 내재화된 그리고 내생적인 동기는 치료 참여와 호응에 더욱 강력한 영향을 미치는 것으로 나타났다(Edmunds, Ntoumanis, & Duda, 2006; Ng et al., 2012). 따라서 재활상담사와 정신보건 전문가들은 동기에 영향을 미치는 외부 요인의 힘 외에 행동 변화와 관련된 내담자의 감정 상태 및 가치관 평가에 각별한 주의를 기울여야 한다(Cook, 2004).

상담사는 종종 내담자가 재활상담 서비스 이용 과정에서 요구되는 과업 수행과 목표 달성에 필요한 내적 동기가 부족하거나 결여되어 있다는 인식을 보인다. 더욱이 직업재활 시스템은 주로 서비스 적격성 판정을 위해 이용자의 재활 프로그램 참여를 저해하는 장벽과 장해의 심각성 정도를 평가한다. 예를 들어, 미국의 연방-주 직업재활 프로그램의 적격성 판정 과정은 실제로 서비스를 받을 때까지 상당히 긴 대기 시간이 소요되기도 한다. 이 같은 적격성 평가와 상담사가 다량의 정보를 제공해야 하는 복잡한 상담 과정은 상담사에게 전문가적 조언 제공자 역할을 요구하며, 내담자를 상대적으로 역량이 축소된 지위에 놓이게 함으로써 궁극적으로는 내담자의 참여와 동기에 부정적 영향을 미친다. 따라서 내담자의 동기를 촉진하기 위해서는 그들의 의견과 시각을 적극적으로 반영할 필요가 있다(Cook, 2004).

내담자는 종종 재활 계획 수립과 관련하여 상반된 흥미와 가치관, 갈등을 표출한다. 따라서 상담사는 내담자가 보이는 양가감정을 탐색하고 효과적으로 해결할 수 있는 방법을 습득해야 한다. 최근 들어, 동기 강화 상담은 내담자의 양가감정 대처 지원을 중시한다는 점으로 인해 재활 현장에서 크게 각광받고 있다. 동기 강화 상담은 내담자 지원을 둘러싼 상담사의 태도 변화에 유용하며, 상담사에게는 내담자의 직업 목표와 성공적 재활 성과 달성에 필요한 동기 증진을 목적으로 하는 특정 기법 활용 틀을 제공한다(Manthey et al., 2011; Wagner & McMahon, 2004).

## 2. 역사

동기 강화 상담은 양가감정 탐색과 이의 해결을 통해 변화에 동기 증진을 목적으로 하는 내담자 중심적이자 지시적이며, 비대립적 상담 접근이다(Miller & Rollnick, 2002, 2013). 동기 강화 상담은 본래 알코올 중독 관련 증상 치료를 목적으로 설계되었으며(Miller, 1983), 당시의 물질 장애 치료에 만연했던 직면적이고 강압적 접근의 대안으로 주목받았다(Miller & Rollnick, 2002). 동기 강화 상담은 그 후 광범위한 분야에 걸친 건강 행동 관련 문제에 적용되었다(Miller & Rose, 2009). 동기 강화 상담은 1980년대에 처음 도입된 이래, 800여 편 이상의 관련 연구가 이루어졌다(www.motivationalinterview.org에서 동기 강화 상담 관련 참고문헌 목록을 확인할 수 있다). 동기 강화 상담 성과를 다룬 다수의 최신 메타 분석 연구는 동기 강화 상담이 물질 남용은 물론, 정신건강, 건강 증진, 치료 참여 유지 등의 문제를 지닌 내담자의 행동 변화 유도에 유용하다는 사실을 지지하고 있다(예: Burke, Arkowitz, & Menchola, 2003; Hettema, Steele, & Miller, 2005; Lundahl, Tollefson, Gambles, Brownell, & Burke, 2010; Rubak, Sandbaek, Lauritzen, & Christensen, 2005; Vasilaki, Hosier, & Cox, 2006). 이들 실증 연구는 또한 동기 강화 상담 접근이 여타의 심리사회적 개입에 비해 두드러질 정도로 효과가 탁월한 것은 아니지만, 상대적으로 단시일 내에 이들과 유사한 성과를 보이며(예: Burke et al., 2003 참조), 폭넓은 범위의 내담자 집단과 문제에 적합하다고 제안하였다(Lundahl et al., 2010). 즉, 동기 강화 상담은 재활 현장에서 속도감 있게 이루어지는 상담 서비스 제공에 필수적인 단기 개입이라는 것이다(Manthey et al., 2011; Wagner & McMahon, 2004).

William Miller와 Steven Rollnick은 동기 강화 상담이 장기간에 걸쳐 치료 개입으로 발전해 온 과정을 서술한 세 권의 책을 집필하였다. 그들은 첫 번째 저서에서 동기 강화 상담을 물질 남용에 관해 사람들이 지닌 양가감정 해결을 지원하는 방식이라고 설명하였다(Miller & Rollnick, 1991). 두 번째 저서에서는 동기 강화 상담을 사람들의 양가감정 해결과 다양한 환경에서의 변화를 향한 움직임을 지원하는 접근법이라고 정의하였다(Miller &

Rollnick, 2002). 세 번째 저서를 통해 최신 연구와 이론을 바탕으로 동기 강화 상담의 틀 안에서 개발된 새로운 기술과 과정을 서술하였다(Miller & Rollnick, 2013).

동기 강화 상담은 종종 초이론적 단계 모델(transtheoretical model)과 비교되기도 한다(Prochaska, DiClemente, & Norcross, 1992). 이는 행동 변화 과정의 숙고 전 단계와 숙고 단계 초기에 동기 강화를 비중 있게 다룬다는 데서 기인한다(Hettema et al., 2005). 동기 강화 상담을 둘러싼 여러 가지 오해가 광범위하게 퍼져 있기에, Miller와 Rollnick(2009)은 이 같은 잘못된 인식을 지적하였다. 예를 들어, 사람들은 흔히 동기 강화 상담을 Prochaska 등의 변화 단계 모델(stages of change model)과 하나의 쌍으로 간주한다는 것이다. 문제는, 상당수의 사람들이 이들 두 모델이 동일하다는 착각에 빠져 있다는 사실이다(Miller & Rollnick, 2009). 상담사가 동기 강화 상담 기술 습득 및 활용을 위해 변화 단계 모델을 배울 필요까지는 없다(Madson, Loignon, & Lance, 2009; Miller & Moyers, 2006). 왜냐하면 그 같은 행위는 일부 학습자들에게 혼란을 가져다줄 수 있기 때문이다(Miller & Rollnick, 2009).

그 외에도, 동기 강화 상담에 관한 잘못된 인식과 오해에는 배우기 쉽고, 다른 사람을 조정하거나 기만하는 방식이며, 평가 결과에 관한 피드백을 요구하는 인지 행동 치료와 같은 고도의 장단점 리스트 혹은 결정 균형과 유사하고, 내담자 중심 치료의 또 다른 형태이자 만병통치약이라는 신념 등이 있다(Miller & Rollnick, 2009). 동기 강화 상담은 이들 모두에 해당하지 않는다. 상담사는 오히려 동기 강화 상담을 사람들이 변화를 위한 자기 자신의 열망, 능력, 이유, 욕구 등을 표현하고 경청하는 형태의 전략적 대화 촉진을 통해 변화와 관련하여 내담자가 본인 내부에 존재하는 양가감정을 해결하도록 이끌어 주는 지원 수단으로 활용해야 한다. 변화 필요성에 대해 스스로가 생각하는 이유에 귀를 기울이면 변화를 위한 내담자의 동기와 몰입감이 증가하는데, 이는 결국 혼자 힘으로 긍정적 행동 변화를 이끌어 내겠다는 내담자의 결심으로 이어진다는 것이다(Miller & Rose, 2009). 상담사는 내담자가 스스로의 변화 과정에 주인 의식을 가지도록 돕는 과정에서 억압이나 직면을 피해야 한다(Miller & Rollnick, 2013).

## 3. 주요 개념

동기 강화 상담은 재활상담의 토대를 제공한 바 있는 인본주의적 상담 이론(예: Rogers, 1979)에서 출발하여 진화를 거듭하였다(Wagner & McMahon, 2004). Miller와 Rollnick(2002)

은 동기 강화 상담에 대해 '행동 변화 촉진을 목적으로 하는 일반적 상담 기법의 전략적 활용'이라는 설명을 제시하였다. 일반적 상담 기술은 내담자의 언어(client language)를 바탕으로 구체적 효과 도출에 활용된다. 이들 일반적 상담 기술의 전략, 활용, 적절한 구사 시점, 사용 비율 등은 습득하기 어려울 수 있는데(Madson et al., 2009), 이것이 동기 강화 상담을 다른 상담 기법과 구별 지어 주는 핵심적 차이다(Miller & Rollnick, 2013).

## 1) 동기 강화 상담의 정신

동기 강화 상담의 기본 원리 또는 정신은 저항 완화와 내담자 이해, 선택, 자율성 등의 증진을 목적으로 하는 상담사와 내담자 사이의 긍정적 관계 형성을 통해 달성이 가능하다(Manthey et al., 2011). 동기 강화 상담의 기본 정신은 협동 정신(partnership), 수용(acceptance), 연민(compassion), 유발(evocation) 등 네 가지 용어의 머리글자를 딴 PACE라는 약어를 통해 설명이 가능하다(Miller & Rollnick, 2013). 상담사는 내담자와 동등한 관계를 촉진하고, 직면 회피와 공감적 경청을 통해 내담자에게 자신이 인정/수용되고 있다는 인식을 갖도록 지원하며, 상담사에게 편리하거나 쉬운 것이 아닌 내담자에게 최선의 선택

표 12-1 동기 강화 상담 용어 설명

| 동기 강화 상담의 정신(PACE) | 동기 강화 상담에 활용되는 미시 상담 기술(OARS) | 동기 강화 상담의 일반 원리 | 동기 강화 상담 단계 | 언어(language) 유형 |
|---|---|---|---|---|
| 협동 정신 | 개방형 질문 (Open-questions) | 공감 표현하기 (Expressing empathy) | 관계 형성하기 (Engaging) | 불화 대화 (Discord talk) |
| 수용 | 긍정적 진술 (Affirmations) | 불일치감 형성하기 (Developing discrepancy) | 초점 맞추기 (Focusing) | 유지 대화 (Sustain talk) |
| 연민 | 반영 (Reflections) | 저항과 함께가기 (Rolling with resistance) | 유발하기 (Evoking) | 변화 대화 (Change talk) |
| 유발 | 요약 진술 (Summary statements) | 자기 효능감 지지하기 (Supporting self-efficacy) | 계획 수립하기 (Planning) | 결심 대화 (Commitment talk) |

* 세로줄은 개념을 집단화하기 위한 구분일 뿐이다. 가로줄이 동등성을 지적하는 것도 아니다.

이 무엇인지에 초점을 두며, 내담자 스스로가 변화에 관한 생각을 불러일으키도록 도와야한다(동기 강화 상담의 용어에 대한 설명은 〈표 12-1〉을 참조하라).

## 2) 동기 강화 상담의 정의

Miller와 Rollnick(2013)은 동기 강화 상담에 관한 그들의 최근 저서에서, 동기 강화 상담을 기본 정의(basic definition), 실제적 혹은 실용적 정의(practical or pragmatic definition), 기술적 혹은 '활용적' 정의(technical or 'how to' definition) 등 세 가지의 상이한 개념 정의를 사용하여 설명하였다. 이들 세 가지 정의는 각각 서로 다른 대상을 목표로 하며, 중요하게 여기는 요소 또한 차이가 있다. 각각에 대한 개념 정의의 내용은 다음과 같다.

① 동기 강화 상담은 내담자 스스로의 동기 촉진과 변화에 대한 결심(commitment)을 목적으로 하는 협력적 대화 방식이다.
② 동기 강화 상담은 변화와 관련하여 사람들이 경험하는 양가 감정이라는 공통 문제에 대처하기 위한 인간 중심적 상담 방식이다.
③ 동기 강화 상담은 내담자가 표현하는 변화의 언어에 대해 각별한 주의를 기울이는 협력적 · 목표 지향적 의사소통 방식이다. 이의 목적은 연민과 수용적 분위기 속에서 본인 스스로가 생각하는 변화 이유를 도출하고 탐색하는 과정을 통해 구체적 목표 달성을 위한 개인 차원의 동기와 결심을 촉진하는 데에 있다.

## 3) 동기 강화 상담에 사용되는 미시 상담 기술

동기 강화 상담에는 주로 네 가지의 일반적 미시 상담 기술이 사용된다. 이들은 각각 개방형(열린) 질문(open-ended questions), 긍정적 진술(affirmations), 반영(reflections), 요약 진술(summary statements)이다(MILLER & Rollnick, 2002). 이들 각각의 기술에 관한 상세한 설명은 이 장의 영역 밖에 해당한다(개방형 질문, 반영, 요약 등 기본적 미시 상담 기술에 관한 자세한 설명은 이 책의 제11장을 참조하라). 여기서는 다만, 동기 강화 상담에서 어떻게 하면 이들 네 가지 기술을 전략적이고 서로 다른 방식으로 활용할 수 있는지에 관한 설명만을 제공하고자 한다.

### (1) 개방형 질문

개방형 질문은 '예/아니요' 또는 간단한 대답만으로는 답변하기 어려운 사안의 조사에 주로 활용된다. 개방형 질문은 내담자에게 스스로의 문제에 관해 깊이 생각하고, 원하는 변화를 이끌어 내야 할 이유를 가다듬고 설명할 기회를 제공한다. 개방형 질문은 내담자에게 가능한 한 많은 말을 하도록 유도하고, 상담사에게는 내담자의 이야기를 주의 깊게 듣고 내용을 보완해 주는 역할을 부여한다. 개방형 질문에 대한 답변은 내담자의 입장에서 변화가 필요한지 또는 변화 추구가 바람직한지에 관한 이유를 제공한다(Levensky, Forcehimes, O'Donohue, & Beitz, 2007). 다음은 개방형 질문의 예시다.

- "선생님은 오늘 무슨 일로 저를 만나러 오셨나요?"
- "하시는 일과 관련하여 어떤 점을 좋아하시나요?"
- "선생님은 무슨 이유에서 직장 복귀를 고려하고 계신가요?"

### (2) 긍정적 진술

긍정적 진술은 내담자의 장점/강점을 인지하고, 행동이나 우려사항의 재구성을 내담자가 지닌 긍정적 기질의 증거로서 진술을 의미한다. 긍정적 진술은 칭찬, 인정, 혹은 감사의 형태로 표현된다. 긍정적 진술은 내담자의 자기 효능감을 지지하고, 라포를 촉진하며, 내담자의 노력을 강화하고, 개방적 자기 탐색을 격려한다. 긍정적 진술은 자기 효능감 지지라는 동기 강화 상담 원리를 촉진하는 열쇠다. 다음은 긍정적 진술의 예시다.

- "선생님께서 보다 독립적인 삶을 원하신다니 참으로 멋지시군요. 정말로 존경할 만한 목표를 세우셨습니다."
- "선생님께서 장애에 대처하면서 꿋꿋한 태도를 유지하기가 얼마나 어려운 일인지 충분히 이해하고 있습니다."
- "수많은 어려움 속에서도, 선생님께서 보여 주신 끈기에 경의를 표합니다. 선생님은 포기를 모르는 분 같으세요."

### (3) 반영

반영은 내담자가 직전에 표현했던 감정이나 대화 내용 일부를 상담사가 자신의 말로 재구성하여 내담자에게 되돌려 주는 상담 기술이다. 이는 종종 반영적 경청(reflective listening)이라는 용어로도 불린다. 반영적 경청은 동기 강화 상담의 성공적 실행을 위한 초석으로 간주된다(Miller & Rollnick, 2002). 반영적 경청은 단순히 내담자의 말을 되풀이하는 차원을 넘어, 내담자가 경험했지만 말로 표현하지 못한 내용을 통합하면서 내담자의 이야기 속에 감춰진 의미를 정확히 곱씹는 행위를 포함한다. 반영은 다목적적이며, 다양한 효과 달성을 위해 여러 가지 방식으로 활용이 가능하다(Miller & Rollnick, 2013). 예를 들어, 반영은 대화의 방향 설정, 내담자가 지닌 양가감정 중 한쪽 면 강조, 불일치 확대, 내담자가 미처 말하지 못한 내용의 논리정연한 표현 지원, 정서적 반응 증감, 공감 혹은 연민 표현, 강점의 파악, 자신감 또는 가치 증가, 내담자가 변화에 관해 좀 더 많은 이야기를 하도록 지원, 내담자에게 상담사가 그의 말에 귀 기울이고 있다는 사실 주지시키기 등 실로 다양한 목적으로 활용이 가능하다. 지적된 반영적 경청 전략은 필요에 따라 개별적으로 활용되며, 일반 상담 기법에 대하여 동기 강화 상담의 미묘한 특성(nuance)이 어떻게 전략과 목적을 제공하는지를 설명한다. 다음은 반영의 예시다.

- "한편으로는 지금 근무하시는 회사가 제공하는 복리 혜택을 상실할까 봐 걱정이 되기도 하지만, 다른 한편으로는 미래에 돈을 더 많이 벌 기회가 있을지 궁금하다는 말씀이시지요."
- "선생님은 가뜩이나 현재의 상태에 싫증이 나 있는데, 어머니가 여기 있어야 한다고 말씀하셔서 화가 났다는 말씀이시지요."
- "선생님은 장애를 가지고 산다는 게 어떤 것인지 이해하려고 노력하는 사람과 일하고 싶다는 말씀이시지요."

### (4) 요약 진술

요약 진술은 상담사에게 회기 전체 혹은 일부에서 다루어진 내용을 검토할 기회를 허용하는 반영의 한 유형이다. 요약 진술은 내담자가 공유한 여러 요소를 하나로 취합하는 기능을 담당한다. 요약 진술은 한 회기 동안 다루어진 여러 요소를 하나로 연계 혹은 취합하고, 새로운 주제로의 전환/이행 등에 활용이 가능하다. 요약 기법은 상담 과정에서 논의된 내용 종합과 보충에 매우 유용하다. 상담사는 변화에 대한 내담자의 욕구, 바람, 능력, 이유 등을 경청한 후, 그가 들은 내용을 선별 · 통합하여 자신이 유추한 의미(반영)를 두세 개의 문장으로 압축한 요약 형식을 빌어 내담자에게 전달한다. 요약을 관심과 배려심 소통, 변화에 대한 양가감정 부각, 불일치 파악 촉진 등에 활용하면 매우 효과적이다. 요약 진술은 때때로 내담자에게 피드백 제공 기회를 허용하는 초청의 말로 끝맺기도 한다. 다음은 요약 진술의 예시다.

- "제가 선생님이 말씀하신 내용을 제대로 이해했는지 한 번 보겠습니다. 선생님께서 스스로에 관해 말씀하시기를, 가족이 삶에서 최우선순위를 차지한다고 하셨지요? 자녀들에게는 긍정적 직업인으로서의 모범을 보일 수 있는 직장을 구하길 바라시고요. 내 집 장만이라는 꿈의 실현을 도와줄 무언가를 찾고도 싶으시고요."
- "아까는 회사에서 제공하는 복리 혜택 상실에 대한 두려움을 말씀하셨습니다. 그다음에는 나이 먹는 것에 대한 두려움을 이야기하셨고요. 지금은 차별에 대한 우려를 말씀하고 계시네요."
- "마음 한편에는 취업을 하게 되면 그간 누렸던 각종 복지 혜택을 받지 못할까 봐 걱정이기는 한데, 그와 동시에 삶에 대한 보다 높은 만족감, 자존감 향상, 어머니 집에서 나와 독립하기, 보다 많은 수입 등 이루고 싶은 것들도 많다는 말씀이시지요?"

동기 강화 상담 기술은 관계 형성하기(engaging), 초점 맞추기(focusing), 유발하기(evoking), 계획 수립하기(planning) 등 각 단계마다 서로 다른 전략 목표가 동시에 활용된다(Miller, 2012; Miller & Rollnick, 2013). 이들 기술은 다음 영역인 '동기 강화 상담 과정' 부분에서 보다 상세히 서술할 예정이다.

## 4) 동기 강화 상담의 원리

미시 상담 기술은 공감 표현하기(expressing empathy), 불일치감 형성하기(developing discrepancy), 저항과 함께가기(rolling with resistance), 자기 효능감 지지하기(supporting self-efficacy) 등 동기 강화 상담 원리의 지침을 뒷받침하는 데에 활용된다(Rollnick & Miller, 1995).

### (1) 공감 표현하기
상담사는 내담자에 대한 공감 표현을 통해 라포를 형성하고, 내담자에게 이해받고 있다는 인상을 심어 줄 수 있는 안전한 환경을 조성해야 한다. 상담사는 내담자가 처한 상황, 인식, 강점, 희망, 우려 사항 등과 관련하여 자신이 느끼고 이해하는 바를 공유해야 한다. 이 원리의 목적은 내담자와 상담사가 가용한 옵션을 인지할 수 있는 판단 유보적 환경하에서 내담자에게 상담사가 자신의 이야기에 귀 기울인다는 느낌을 심어 주는 데에 있다 (Wagner & McMahon, 2004).

### (2) 불일치감 형성하기

이 원리는 상담사에게 내담자가 바라는 미래와 그가 현재 보이는 행동 사이에 존재하는 불일치의 점진적 탐색을 지도한다. 이는 변화 중요성에 관해 상담사가 제시한 이유가 아닌, 내담자의 관점에 집중하는 방식을 통해 구현된다. 내담자에게 양자 간의 불일치를 환기시키면 내담자는 현재의 행동이 어떤 이유에서 자신이 바라는 미래로 이어지지 않을 수 있는지를 탐색해 볼 의사를 지니게 된다.

### (3) 저항과 함께가기

상담사는 내담자가 표명한 관점이 바람직해 보이지 않을 경우라도, 차분하고 지지적인 환경을 조성해야 하며, 내담자가 보이는 대립적 동기에 대항하거나 다투지 않아야 한다. 이는 특히 내담자가 논쟁적이거나 방어적 혹은 내성적일 경우 더욱 중요하다. 상담사가 개방적이고 차분한 태도를 유지한다면, 내담자의 문제 탐색 가능성은 그만큼 높아진다 (Miller, Benefield, & Tonigan, 1993).

### (4) 자기 효능감 지지하기

상담사에게는 내담자의 개인적 목표 달성 과정에서 내담자에게 자기 효능감 구축 기회를 제공할 책임이 있다. 내담자가 변화 필요성을 인정한다 해도 성공할 수 있다는 확신이 없는 한, 변화를 위해 노력하거나 헌신할 의사를 보이지 않을 수 있기 때문이다. 내담자의 자기 효능감 촉진은 변화를 이끌어 낼 수 있다는 자신감 향상으로 이어진다.

## 5) 동기 강화 상담의 언어 유형

동기 강화 상담사가 회기 중 논의한 내용에서 도움이 될 만한 과정적 단서를 찾기 위해서는 네 가지 유형의 내담자 언어에 주의를 기울여야 한다. 이들 네 가지 언어 유형은 각각 불화 대화(discord talk), 유지 대화(sustain talk), 변화 대화(change talk), 결심 대화(commitment talk)다.

### (1) 불화 대화

불화의 언어는 저항의 대화(resistant talk)라고도 부르며, 내담자가 상담사와의 관계에서 불만/어려움을 경험하고 있음을 암시한다. 불화는 주로 관계 측면에서 나타나는 정서적 문제에 기반한다(예: "선생님은 저에게 별로 관심이 없으시잖아요." "선생님은 제가 아무 데나 취업했으면 좋으시겠지요." "선생님이 그렇게 원하신다니 패스트푸드 식당에서 아르바이트나 하면 되겠네요." "선생님한테 장애가 없으니까 제 사정을 이해하지 못하시는 거예요."). 불화가 지속될 경우, 상담사는 관계 형성 단계로 돌아가 관계의 복원을 시도해야 한다.

### (2) 유지 대화와 변화 대화

유지 대화와 변화 대화는 각각 양가감정의 한쪽 면을 대표하는 동전의 양면에 해당한다. 유지 대화는 내담자가 자신이 어떤 이유에서 변화하기 힘들 것 같다고 느끼는지에 관해 이야기할 때 발견된다(예: "저는 복지 혜택을 상실할까 봐 무서워요." "너무 힘들어요."). 변화 대화는 내담자가 변화를 바라는 이유에 관해 이야기할 때 나타난다(예: "일을 하고 있으면 제 자신이 대견하다는 느낌이 들어요." "저는 제 자식들에게 좀 더 나은 삶을 물려주고 싶어요.").

상담사는 이들 두 가지 언어 유형 사이에서 균형을 유지하기를 원할 때가 있다. 관련 문헌에서는 이를 '평형(equipoise)'이라고 부른다(Miller, 2012; Miller & Rollnick, 2013). 그렇지만 동기 강화 상담의 목표가 변화를 주저하게 만드는 원인에 관한 이야기보다는 자신의 행동 수정을 바라는지에 관한 이야기를 이끌어 내는 데에 있다는 점에서, 변화 대화가 유지 대화에 비해 상대적 중요성이 크다고 할 수 있다. 상담사가 내담자에게 무슨 이유에서 변화를 원하는지 이야기하도록 돕는 기술을 숙달하면, 내담자가 제시한 변화 대화를 약속으로 통합하는 기술 습득이 가능하다.

### (3) 결심 대화

결심 대화는 내담자가 변화를 시도하겠다는 결심이 섰고, 적어도 그 순간만큼은 양가감정에 휘둘리지 않고 있음을 암시한다. 결심 대화는 자신이 원하는 변화를 이끌어 내기 위해 구체적 행동을 실행에 옮기려는 의도나 의지를 의미한다(예: "저는 이것을 해 보겠어요." "오늘 밤에 이력서를 업데이트 하겠습니다."). 상담사는 계획 수립 단계로 전환하여 자신감 형성과 장벽 대처를 위한 실제적 계획의 필요성을 통해 결심 대화를 공고히 할 수 있다.

## 4. 동기 강화 상담 과정

동기 강화 상담은 관계 형성하기(Engaging), 초점 맞추기(Focusing), 유발하기(Evoking), 계획 수립하기(Planing) 등 4개의 단계로 이루어져 있다(Miller & Rollnick, 2013). 이들 4개의 단계는 앞선 단계의 밑바탕이자 다음 단계로 나아가기 위한 선결 조건이다([그림 12-1] 참조). 동기 강화 상담의 4단계가 표면상으로는 선형 구조인 것처럼 보이지만, 실제로는 그렇지 않다. 왜냐하면 상담사는 내담자의 언어와 상황 등 필요에 따라 직전 단계로 돌아가는 것이 가능하기 때문이다(Miller & Rollnick, 2013).

[그림 12-1] 동기 강화 상담의 4단계

### 1) 관계 형성하기 단계

관계 형성하기 단계가 진행되는 동안 상담사가 이루어야 할 주요 목표는 내담자와의 작업 동맹(working alliance)과 기초적 관계 형성이다. 양자 간에 불화가 존재하거나 서로에 대한 신뢰가 결여되어 있을 때는 내담자와의 원활한 상담이 매우 힘들기 때문이다(Miller & Rollnick, 2013). 상담사는 관계 형성하기 단계 동안 내담자가 처한 상황이나 우려 사항에 공감을 표현하도록 노력해야 한다. 상담사는 또한 내담자가 보이는 저항을 반박하려는 태도를 지양해야 한다. 대신에 상담사는 내담자가 보이는 저항과 함께가기에 힘쓰고, 공감적 태도를 바탕으로 불일치나 저항을 탐색하여 내담자가 자기 자신의 근원적 문제를 명확하게 설명하도록 도와야 한다(Miller & Rollnick, 2002). 상담사는 내담자에게 대안적 관점 제시를 요청하되, 이를 강권해서는 안 된다. 관계 형성하기 단계의 주된 목표는 내담자로부터 변화를 이끌어 내는 것이 아니라, 미시 상담 기술을 활용하여 치료적 관계를 수립 혹은 재수립하는 데에 있기 때문이다.

## 2) 초점 맞추기 단계

초점 맞추기 단계에서는 상담 및 심리치료가 나아갈 방향에 대해 상담사와 내담자 간의 동의가 이루어진다. 초점 맞추기 단계에서는 그 같은 방향 설정이 주된 목표인데, 이를 토대로 보다 정확하고 달성 가능한 세부 목표를 수립하는 작업이 행해진다(Miller & Rollnick, 2013). 초점 맞추기 단계에서 상담사는 미시 상담 기술을 활용하여 치료 내용 및 일정 협의, 변화를 원하는 행동 주제 선별과 자기 소유권을 위한 내담자의 역량 강화, 대상 행동 파악 결과에 기초한 치료 내용 변경 혹은 기존 방향 유지 등의 과업을 수행한다.

## 3) 유발하기 단계

상담사는 변화를 요하는 대상의 행동을 파악하는 작업이 끝나면 내담자의 현재 행동과 그가 지닌 기본 가치 및 장기 목표 사이에 존재하는 불일치를 부각시켜야 한다(Miller & Rollnick, 2002). 이들 간의 불일치를 부각시키는 주요 수단 중 하나는 변화 대화를 유도하는 것이다. 변화 대화를 유도하려면 미시 상담 기술을 활용하여 내담자가 변화를 위한 열망, 능력, 이유, 욕구 등에 관해 최대한 많은 이야기를 하도록 독려해야 한다(Miller & Rollnick, 2013). 동기 강화 상담을 여타의 지지적 상담 및 심리치료와 구별짓는 주요 특징 중 하나는 내담자가 변화에 관해 이야기를 꺼낼 때까지 기다리는 대신, 내담자로부터 변화 대화를 이끌어 낸다는 점이다. 동기 강화 상담사는 좋은 생각/기억의 소환을 주된 특징으로 하는 상담 원리를 바탕으로 변화의 언어 유도와 이의 탐색 및 강화를 추구해야 한다. Miller와 Rollnick(2002)은 기억 유발 질문("변화가 어떤 측면에서 좋은 일일까요?")과 저항으로 이어질 확률이 높은 질문의 회피("선생님께서 여태껏 변화에 이르지 못한 원인은 무엇인가요?") 등 변화 대화를 이끌어내는 여러 가지 방법을 서술하였다. 변화 대화를 이끌어 낸 다음에는 반영, 긍정적 진술, 변화를 희망하는 이유에 대한 추가 설명 요구 등의 기술을 활용할 수 있다. 유발하기 단계의 목표는 변화 지체 또는 내담자가 변화를 원하지 않는 원인이 무엇인지를 파악(유지 대화)하는 데에 있지 않다. 이 단계의 주된 목표는 내담자에게 변화를 원하는 자신만의 이유가 무엇인지에 관해 가능한 한 많은 이야기를 하도록 돕는 것이다. 상담사는 유발하기 단계 전반에 걸쳐 변화에 관한 내담자의 생각에 우선순위를 부여해야 한다. 상담사는 변화가 필요한 이유에 관한 본인의 생각을 강요하는 대신, 유발하기 기법을 활용하여 내담자로부터 변화의 방향과 내용을 이끌어 내야 한다.

## 4) 계획 수립하기 단계

계획 수립하기 단계는 상담사와 내담자가 변화를 위한 실제적 행동을 취하기로 결정한 후에 시작된다. 소환 단계와 마찬가지로, 계획 수립하기 단계 또한 상담사가 생각하는 변화가 무엇인지보다는 내담자가 실현되기를 희망하는 변화의 내용과 방향이 무엇인지에 주안점을 두어야 한다(Miller & Rollnick, 2013). 동기 강화 상담을 진행하다 보면 다소 이른 시점에 계획 수립하기 단계로 진입하는 경우가 발생한다. 이 같은 경우에 처하면, 내담자는 반발하거나 오락가락하는 태도를 보이는데, 이는 상담사가 너무 일찍 계획 수립하기 단계로 이행했음을 알려 주는 단서다. 이 같은 단서가 포착되면 상담사는 직전 단계로 돌아가야 한다. 계획 수립하기 단계에서 상담사의 역할은 미시 상담 기술을 활용하여 내담자가 변화 도출에 필요한 자기 스스로의 계획을 설명하도록 돕는 것이다.

## 5. 성격 이론

동기 강화 상담은 개발 초기에만 해도 이를 체계적으로 뒷받침할 변화 혹은 성격 이론이 부재하였다. 동기 강화 상담은 오히려 상향식의 귀납적 추론 접근을 활용하여 상담 과정에서 변화를 유발하는 긍정적 움직임에 선행하는 행동 특성에 주위를 기울이는 작업을 통해 개발이 이루어졌다(Miller & Rollnick, 2002; Vansteenkiste, Williams, & Resnicow, 2012). 다시 말해, 동기 강화 상담은 상담 과정에서 원활히 작동하는 요인이 무엇인지에 집중하고, 동기 강화 상담의 특정 측면이 효과를 보이는 원인이 무엇인지를 규명하기 위해 다수의 이론을 접목하려는 시도를 토대로 형성되었다는 말이다(예: Apodaca & Longabaugh, 2009; Markland, Ryan, Tobin, & Rollnick 2005; Miller & Rose, 2009). 그 후, 동기 강화 상담 과정과 성과를 둘러싸고 다수의 연구가 진행되었고, 이는 동기 강화 상담 기제에 관한 이론 형성으로 이어졌다(Miller & Rose, 2009). 연구자들은 하나의 거대 이론을 통해 인간의 성격과 변화를 희망하는 원인 규명을 시도하는 대신, 동기 강화 상담의 기제와 다수의 상이한 이론 사이의 연계를 모색하였다(예: Hohman, 2012). 연구자들이 동기 강화 상담과 이의 접목을 시도한 성격 이론과 주요 개념들에는 갈등 및 양가감정(Orford, 1985), 반작용 반응(reactance; Brehm & Brehm, 1981), 인간 중심(person-centeredness; Rogers, 1951, 1957), 인지 부조화(cognitive dissonance; Festinger, 1957), 자기 결정(Ryan & Deci, 2002), 자기 지각(self-perception; Bern, 1972), 자기 긍정하기 진술(self-affirmation; Steele, 1988), 자기 효능감(Bandura, 1999), 가치 이론(Rokeach, 1973), 강점 관점(strengths perspective; Saleebey 2006) 등이 있다. 이들 성격 이론과 주요 개념 각각에 대한 구체적 고찰은 이 책의 영역을 벗어나는 작업이다. 여기서는 다만 동기 강화 상담의 여러 측면이 어떻게 이들 이론의 개념과 가설에 접목되는지를 알아보기 위해 전술한 이론과 개념을 간략히 요약·소개하고자 한다.

## 1) 양가감정

양가감정이란 사물이나 현상, 사람에 관해 두 가지 방식으로 느끼거나 생각하는 행위를 의미하며(Orford, 1985), 특정 태도의 강도를 예측하는 부정적 요인으로 개념화할 수 있다(Conner & Armitage, 2008). 동기 강화 상담의 주된 가정 중 하나는 변화를 둘러싸고 내담자가 보이는 양가감정은 지극히 정상적이라는 점이다(Miller & Rollnick, 1991). 변화를 꾀하려는 동기는 상담사와의 관계 중 상이한 시점에 걸쳐 내담자가 경험하는 양가감정의 강도에 따라 강화 또는 약화된다(Arkowitz, Westra, Miller, & Rollnick, 2008).

## 2) 반작용 반응

Brehm과 Brehm(1981)의 주장에 따르면, 내담자는 자율성(autonomy)과 자유(freedom)가 위협받는다고 인식되면 반작용 반응을 보인다고 한다. 내담자는 자신에게 주어진 변화 거부권과 상담사의 권고사항 거절 등의 방법을 통해 당면한 위협 감소를 모색한다. 동기 강화 상담의 관점에 따르면, 내담자의 변화를 이끌어 내기 위해 강요(pushing against), 직면(confronting), 회유(cajoling), 설득, 억압(coercing) 등의 방법을 활용하면 의도한 바와 정반대의 효과를 만들어내게 되고, 이는 다시 반작용 반응을 유발한다.

## 3) 인간 중심 이론

동기 강화 상담은 무조건적 긍정적 존중과 인간의 절대적 가치에 대한 신념 등과 같은 인간 중심 이론의 여러 요소를 포함한다(Rogers 1951, 1957; 이 책의 제2장 참조). 동기 강화 상담의 핵심 전재 중 하나는 내담자에 대한 수용이 변화를 촉진하는 반면, 변화를 둘러싼 지각된 기대치는 불화 또는 저항을 야기한다는 것이다(Miller & Rollnick, 2002). 인간 중심 상담에서 내담자는 스스로의 삶에 관해 최고의 전문가이며, 그 자신이 해결을 모색하는 문제를 둘러싼 개인적 · 환경적 맥락을 가장 잘 이해하는 존재로 간주된다(Rogers, 1957).

## 4) 인지 부조화

인지 부조화는 내담자가 자신의 내재적 가치에 반하는 행동에 관여할 때 나타난다 (Festinger, 1957). 인지 부조화에 따른 내적 갈등은 내담자의 행동 변화를 이끌어 내기도 하고, 갈등 행동 유지를 정당화할 때도 있다. 동기 강화 상담에서 공감적 반영에 기초한 불일치 부각 원리는 전략적 관점에서 볼 때 변화를 소환하는 방식으로 인지 부조화 증가에 활용된다(Dracott & Dabbs, 1998).

## 5) 자기 결정

자기 결정 이론에 따르면, 인간은 긍정적 성장을 경험하고자 노력한다고 한다(Ryan & Deci, 2002). 자기 결정 이론은 개인의 자율성, 능력, 관계에 대한 지지가 공고한 환경일수록, 내적 혹은 외적으로 내담자의 동기가 유발될 가능성이 높아진다고 주장한다. 동기 강화 상담에서는 동기 촉진, 자율성 지지, 자신감 향상, 긍정적 관계 수립 등을 위해 여러 가지 상담 기술이 활용된다(Markland et al., 2005).

## 6) 자기 지각

자기 지각 이론은 인간은 타인과의 상호작용 속에서 스스로의 목소리에 귀를 기울일 때 자기 자신에 관한 믿음을 보다 정확히 이해할 수 있다고 주장한다(Bern, 1972). 동기 강화 상담에서는 이 같은 관점을 매우 중요하게 받아들이며, 내담자가 현상에 고착된 원인보다는 변화를 원하는 이유에 관해 좀 더 많은 이야기를 하도록 도울 목적의 의도적 노력을 중시한다. 변화를 원하는 이유에 관한 스스로의 목소리에 귀를 기울일수록 본인 스스로가 그것을 믿게 될 확률이 높아진다는 것이다. 반대로, 변화를 원하지 않는 이유에 관해 스스로의 목소리에 귀를 기울일수록 그에 대한 믿음은 반감될 가능성이 높다. 이 같은 이유에서, 동기 강화 상담은 상담사가 변화를 지지하는 대화 소환을 통해 내담자가 스스로의 문제에 관해 이야기하도록 도울 방법을 모색한다는 점에서 다분히 의도적이다.

## 7) 자기 긍정하기

자기 긍정하기 이론에 따르면, 인간은 스스로의 자존감(self-worth)을 지키고, 무능감에 대한 저항적 반응을 피하기 위해 자기 자신을 유능한 존재로 인식할 필요가 있다고 한다 (Steele, 1988). 동기 강화 상담 전반, 특히 관계 형성 단계를 통과하는 상담사는 내담자와의 신뢰관계 수립을 통해 내담자가 스스로를 소중하고 유능하며 이해받는 존재라고 느끼게 만드는 일에 노력을 기울여야 한다(Miller & Rollnick, 2013).

## 8) 자기 조절

자기 조절(self-regulation) 이론은 내적 통제에 의한 조절이 이루어지지 않을 경우 인간은 장기적 목표 달성을 저해할 수 있는 즉각적 충동을 지녔다고 가정한다(Kanfer, 1987). 내적 목표에 의한 견인 정도는 내담자 본인과 그가 처한 환경에 대한 충동 통제 확률을 결정한다(Fenton-O'Creevy, Nicholson, Soane, & Willman, 2003). 동기 강화 상담은 의도적으로 내담자의 변화를 이끌어 내기 위한 목표 달성을 지원한다. 왜냐하면 내담자가 스스로의 목표를 중요하게 인식할수록, 즉각적 만족감에 대한 열망이 더 강화되고 지속될수록 좀 더 강력한 자기 통제를 행사하기 때문이다.

## 9) 자기 효능감

사회 인지 이론은 자기 효능감(주어진 과업을 완수할 수 있다는 지각된 자신감)이 내담자의 행동 변화 달성 여부에 커다란 영향을 미친다고 주장한다(Bandura, 1999). 자기 효능감이 낮은 사람은 변화를 위한 노력을 회피한다. 반면에, 높은 수준의 자기 효능감을 경험한 사람은 고난도의 행동 변화를 시도하여 성공할 확률이 높다(Bandura, 1999; Chou, Ditchman, Pruett, Chan, & Hunter, 2009). 동기 강화 상담에서 자기 효능감은 긍정적 진술, 자신감 형성, 변화를 향한 현실적 단계 설정 등의 전략적 활용을 통해 뒷받침된다(Miller & Rollnick, 2013).

## 10) 가치 이론

가치 이론을 관통하는 핵심적 주장에 따르면, 인간은 선천적으로 자기 삶의 근간을 이루는 기본 가치에 부합하도록 행동하고자 노력한다(Rokeach, 1973). 동기 강화 상담에서는 내담자가 본인의 행동이 스스로의 신념에 얼마나 부합하는지의 여부를 파악할 수 있도록 그가 지닌 핵심 가치에 각별한 주의를 기울인다(Miller & Rollnick, 2002).

## 11) 강점 관점

강점 관점 이론의 핵심은 문제와 결점을 강조하는 시스템 또는 관계하에서는 내담자가 변화하거나 회복할 가능성이 낮다는 것이다(Saleebey 2006). 대신에, 강점 관점은 보다 강력하고 효과적인 지지적 관계 수립이 내담자로 하여금 스스로가 지닌 강점을 인지하고 이야기하며 활용하도록 돕는 상담사의 능력과 직결된다고 가정한다. 동기 강화 상담은 강점 기반 임상 실제로 간주된다(Manthey, Knowles, Asher, & Wahab, 2011). 내담자가 변화를 향한 희망, 바람, 능력을 논하는 대신, 미래의 변화를 가로막는 문제와 장해물에 관해 보다 많이 이야기할수록 변화를 선택할 가능성은 점점 더 낮아진다(Amrhein, Miller, Yahne, Knupsky & Hochstein, 2004; Amrhein, Miller, Yahne, Palmer, & Fulcher, 2003).

동기 강화 상담은 임상 상호작용의 틀 안에서 긍정적 성과 도출 요인에 관한 집중적 관찰을 통한 귀납적 접근을 토대로 발전을 거듭하였다. 그러므로 동기 강화 상담의 발전을 견인한 지배적 성격 이론은 존재하지 않는다. 대신에, 다수의 이론이 동기 강화 상담이 효과를 보이는 원인에 직간접적 영향을 미친다. Hohman(2012, pp. 27-28)은 다음과 같은 진술을 통해 전술한 다수의 이론을 한데 엮어 동기 강화 상담이라는 개념으로 통합하였다.

> "이들 이론의 취합 결과, 우리는 내담자에게 능력, 연계, 자율성에 대한 욕구가 있음을 확인하였다(자기 결정 이론). 내담자는 자존감 또는 자율성이 위협받는다고 느낄 때(반작용 반응 이론과 자기 긍정하기 이론), 이들을 보존하려는 방식으로 반응하려는 경향을 보인다(유지 대화 혹은 저항). 내담자는 스스로의 목소리에 귀기울이며, 자신이 변화하기 어려울 것 같다는 이유를 설명하려 시도하는 한편, 문제의 심각성을 축소하려 한다(자기 지각 이론, 인지 부조화 이론). 자신이 존중받고 있고 상담사와 긴밀한 관계를 가졌다고 느끼는 내담자일수록(내담자/인간 중심 이론) 스스로를 유능하고 책임감 있는 존재로 인식하며(자기 효능감 이

론, 자기 지각 이론), 변화가 필요한 이유에 관한 논의에 보다 개방적 자세를 보일 확률이 높다(변화 대화). 관련 연구에 따르면, 변화에 관한 내담자의 대화량이 증가할수록 실제적 변화로 이어질 확률이 높아진다고 한다."

　동기 강화 상담은 억압, 자아상에 대한 위협, 병적 신념, 이차적 이득(secondary gain) 등과 같은 정신분석적 개념 사용을 중시하지 않는다(Arkowitz et al., 2008). 동기 강화 상담에서는 또한 왜곡된 믿음, 과제 할당(homework assignments), 상담 관계에서 상담사만을 전문가로 인정하려는 태도 등도 중시하지 않는다(Arkowitz et al., 2008). 동기 강화 상담의 주된 관심사는 변화를 둘러싸고 양가감정을 호소하는 내담자의 현재와 미래 가치, 목표, 행동 등이다. 변화와 관련하여 내담자가 보이는 양가감정이 지극히 정상이라는 가정이야말로 동기 강화 상담의 핵심이다(Miller & Rollnick, 2002). 동기 강화 상담에서는 내담자를 상대로 변화를 설득하려는 시도나 논쟁을 지양한다. 왜냐하면 이 같은 접근은 대개 내담자에 의한 언어적 현상 유지와 부적응 행동 강화를 초래하기 때문이다. 동기 강화 상담에서는 변화를 위한 동기 촉진이라는 목표 달성을 위해 내담자가 지닌 양가감정에 관한 의도적 탐색을 시도한다. 상담사의 주된 역할은 내담자의 목표와 가치관을 탐색하여 행동 변화를 뒷받침하는 진술, 사고, 감정을 이끌어 내는 것이다(Miller & Rollnick, 2002).

　상담사는 내담자가 스스로의 양가감정을 해결하도록 지원할 목적으로 직면이나 강요를 택하는 대신, 양가감정 이해를 통해 내담자에게 본인이 추구하는 궁극적 목표와 가치관을 설명하도록 도와야 한다. 다시 말해, 상담사가 단점을 포함하여 내담자를 있는 그대로 받아들이지 않는다면, 대다수의 내담자는 행동 변화에 관한 문제 제기 또는 요구에 크게 저항할 것이다. 마찬가지로, 상담사가 있는 그대로의 자신을 받아들인다고 느끼는 내담자는 행동 변화에 전향적 태도를 보일 확률이 높다. 내담자의 행동 변화 촉진이야말로 상담사의 주된 역할과 책임이라고 믿는 사람에게 있어 이는 분명 역설이다. 동기 강화 상담에 임하는 상담사는 내담자로 하여금 자신이 있는 그대로 받아들여진다고 느끼게 만들 수 있는 기술을 연마하고, 내담자가 자신은 무가치하며 변화를 강요받는다고 느끼게 만들 여지가 있는 분위기를 만드는 것을 회피해야 한다. 동기 강화 상담은 또한 목표로 삼은 의사소통 전략을 활용하여 내담자가 변화에 대한 본인 스스로의 내적 이유를 설명할 수 있도록 지원해야 한다. 변화를 희망하는 이유에 관한 자기 내면의 목소리에 귀를 기울일수록, 행동 변화를 향한 내담자의 의지는 높아진다(Miller & Rollnick, 2012). 그렇게 되면 상담사는 동기 촉진이 이루어진 내담자를 상대로 행동 변화 의지를 강화하고, 이의 달성을 위한 점진적 단계를 밟아 나갈 수 있다.

## 6. 재활 현장에 대한 적용

재활상담 현장에서도 증거 기반 임상의 활용 빈도를 높여야 한다는 목소리가 힘을 얻고 있다(Chan, Tarvydas, Blalock, Strauser, & Atkins, 2009). 동기 강화 상담은 증거 기반 임상 실제의 대표적 사례로 인정되고 있다(Chan et al., 2011). 동기 강화 상담의 주요 목적은 내담자의 양가감정 해결과 긍정적 행동 변화를 위한 동기 증진 지원에 있기 때문이다. 동기 강화 상담은 대인 서비스 및 상담 영역 전반에 걸쳐 광범위하게 적용되고 있다. 최신 실증 연구에 따르면, 동기 강화 상담은 물질 남용(Vasilaki et al., 2006), 헬스케어(Britt, Hudson, & Blampied, 2004; Rollnick, Miller, & Butler, 2008), 법의학/심리학(forensics; McMurran, 2009), 외래 환자 대상 정신 보건 프로그램(Cleary, Hunt, Matheson, & Walter, 2009) 등 재활과 보건을 포함하여 다양한 내담자 집단을 대상으로 하는 여러 분야에 걸쳐 성공적으로 활용되고 있다.

동기 강화 상담은 근로 장벽 제거와 진로 가치 부각을 통해 재활 프로그램 성과 향상에 기여할 수 있다. 직업재활 서비스 이용자들은 직장에서의 차별 등과 같이 구직 활동 과정에서 겪었던 체험을 부정적으로 간주할 때 이를 장해물로 인식한다(Cook, 2004). 하지만 사회 공헌 등과 같은 진로 관련 성과는 내담자에게 긍정적 가치를 지닌다. 동기 강화 상담은 장애인 구직희망자의 진로 탐색과 진로 선택에 필요한 여러 가지 유용한 기법을 제공한다. 예를 들어, 동기 강화 상담 과정에서 불일치가 대두될 때, 재활상담사는 긍정적 성과 기대치와 부정적 성과 기대치 간의 비교를 통해 내담자의 진로 결정상의 득실 파악을 도울 수 있다.

직업재활 현장에서 동기 강화 상담의 효과성을 입증하려는 연구 사례가 보고된 적은 없다. 그렇지만 연구자들은 동기 강화 상담이 고용 획득 및 유지와 직결된 동기 향상에 유용할 것으로 추정하고 있다(Manthey 2009; Manthey, Jackson, & Evans-Brown, 2011; Wagner & McMahon, 2004). Wagner와 McMahon은 건강 문제 관리, 신체 및 인지장애 적응, 심리사회적 기능 증진, 직업 복귀 등 동기 강화 상담 활용에 적합한 재활 프로그램을 제시하였다. 직업 복귀를 주제로 한 실증 연구는 동기 강화 상담이 진로 코칭(Brooks, 2005), 지원 교육(Manthey, 2011), 지원 고용(Larson, 2008), 고용 평가(Graham, Jutla, Higginson, & Wells,

2008), 고용 중심적 자기 효능감 수립(Chou et al., 2009) 등 다양한 재활 프로그램의 보조 수단으로 활용이 가능하며(Vong, Cheing, Chan, So, & Chan, 2011), 장애인 내담자의 구직 활동 참여에도 적합하다고 주장하였다(Mannock, Levesque, & Prochaska, 2002). 동기 강화 상담은 또한 마약을 복용한 소년범(Leukefeld et al., 2003), 정신장애인(Lloyd, Tse, Waghorn, & Hennessy 2008), 지적장애인(Rose, Saunder, Hensel, & Kroese, 2005), 윤락업 종사자(Yahne, Miller, Irvin-Vitela, & Tonigan, 2002), 저소득층(Muscat, 2005) 등의 고용 중재에도 활용이 가능하다.

# 사례연구

다음의 간략한 사례를 통해 동기 강화 상담의 주요 개념이 재활 현장에 어떻게 적용되는지를 살펴보도록 하자.

Brian은 28세의 남성으로, 직업재활상담사의 도움을 받고 있다. Brian은 학습장애를 가지고 있으며, 우울증과 요통을 호소하고 있다. Brian은 재활상담사와 취업 문제에 관해 논의하는 것을 달가워하지 않는다.

### 관계 형성하기 단계

상담사: Brian 씨 반갑습니다. 오늘 방문해 주셔서 감사합니다. [긍정적 진술]

내담자: 글쎄요. 선생님과의 만남이 반가운 일인지 잘 모르겠네요.

상담사: 저랑 만나는 것이 즐겁지 않으신 모양이네요. 왜 그런지 말씀해 주실 수 있으신가요? [반영, 개방형 질문]

내담자: 특별한 이유가 있는 건 아니고요. 단지 엄청난 시간 낭비가 될 것 같다는 예감이 들어서요.

상담사: 저와의 상담이 어떤 방향으로 진행될지 상상하기 어렵다는 말씀이신가요? [반영]

내담자: 맞아요. 제 아내와 엄마 역시 제가 다시 일하기를 바라고 있어요. 문제는, 요즘 들어 그들이 제가 하는 모든 일에 간섭하려 든다는 거예요.

상담사: 아내와 어머니께서 Brian 씨를 무척 걱정하기는 하는데, 이래라 저래라 하면서 지나치게 간섭하니까 참기가 어렵다는 말씀이시군요. [반영]

내담자: 맞아요. 저도 두 사람 다 저를 무척 걱정한다는 건 알겠어요. 하지만 제가 보기에 그들이 정말로 걱정하는 이유는 제가 집에서 빈둥거리는 모습인 것 같아요.

상담사: 그러니까, 어머니와 아내로부터 심한 압박감을 느끼는 마당에 저까지 Brian 씨에게 감나라, 배나라 강요할까 봐 걱정이라는 말씀이시네요. [반영]

내담자: 그게 말이지요…… 다른 사람들한테 직업재활 기관에 관해 좋지 않은 얘기를 많이 들었거든요.

아시는지 모르겠지만, 취업에 도움을 받고자 이곳을 찾았던 사람들 대부분이 나중에는 패스트 푸드 식당에서 아르바이트로 일하는 것을 보았습니다.

상담사: Brian 씨는 보람을 느낄 만한 직장에서 일하고 싶다는 말씀이시네요. [반영]

내담자: 맞아요! 억지로 떠밀려서 패스트푸드 식당이나 중고품 판매점, 트럭 짐칸에서 박스나 옮기는 것 같은 일은 하고 싶지 않거든요. 그런 일을 해야 한다면 제 자신이 무척 비참할 것 같아요. 저도 자존심이 있지요.

상담사: 다른 사람들에게 억지로 떠밀리다시피 하여 무의미하다고 느끼는 일을 하고 싶지 않다는 Brian 씨의 심정 충분히 이해합니다. [반영]

내담자: 이해해 주신다니 반갑고 고맙습니다. 그것이야말로 제가 정말로 하기 싫은 일이거든요.

상담사: 그래요. 저는 이 문제는 순전히 Brian 씨가 하기 나름이라고 생각합니다. 지침이 없는 것은 아니지만, 진로와 관련하여 어떤 길을 택하고 어느 곳에서 일할지의 결정은 오롯이 Brian 씨의 뜻에 달려 있다는 말씀입니다. 상담사의 입장에서 저 역시 사기가 꺾일 만한 직장에 고객을 취업시키는 일만큼은 피하고 싶거든요. [긍정적 진술과 정보 제공]

내담자: 이해해 주신다니 감사합니다. 지옥 같은 곳에서 일하고 싶지는 않거든요.

상담사: 원치 않는 직장에서 일하게 될지 모른다는 두려움에도 불구하고 저와의 상담을 위해 찾아와 주신 거군요. 가족들의 재촉도 Brian 씨가 저를 찾으신 이유 중 하나이고요. 어머니와 아내가 직장에 관해 무슨 말씀을 하시던가요? 그분들이 가지고 있는 걱정은 무엇인가요? [반영과 개방형 질문]

내담자: 글쎄요…… 아내와 어머니는 제가 하루 종일 컴퓨터 게임이나 하면서 인생에 도움이 될 만한 일은 하나도 하지 않는다고 걱정하는 것 같아요.

상담사: Brian 씨는 그것에 관해 별로 걱정하지 않고 계시고요. 어머니와 아내의 걱정이 다소 지나치다고 느끼시는 거군요. [반영]

내담자: 글쎄요…… 그들의 걱정이 지나친지 아닌지는 잘 모르겠어요. 저 스스로도 좀 더 의미 있는 일을 해야 한다는 사실은 이해하고 있으니까요. 그러니까, 제가 컴퓨터 게임만 하며 시간을 낭비하는 것만은 아니라는 말씀입니다. 하지만 그것 역시 저에게는 최선이 아닌 모양입니다.

상담사: 그러니까, 마음 한편에서는 가족들이 Brian 씨의 노력을 몰라주는 것 같아 속상한데, 다른 한편으로는 취직도 나름대로 의미 있고 시간을 보낼 좋은 방법이라는 생각이 든다는 말씀이시네요. [반영]

내담자: 예, 맞아요. 저도 얼마 동안은 직장에 취업하는 문제에 관해 진지하게 고민해 보았습니다. 그런데 제가 당장 일을 할 수 있을지 확신이 안 서는 거예요. 저한테 과연 주어진 업무를 감당할 체력이 있을지 잘 모르겠더라고요.

상담사: 무슨 일이 있으셨나요? [개방형 질문]

내담자: 지붕의 홈통을 청소하던 중 사다리에서 떨어져 다리가 부러지고 세 개의 척추 디스크가 탈골
되는 사고를 당한 적이 있었어요. 다리는 거의 다 나았지만, 허리는 아직도 무척 아픕니다.

상담사: 허리 통증 때문에 전에 했던 일을 더이상 할 수 없게 되었다는 말씀이신가요? [반영]

내담자: 그런 셈이지요. 건설 현장에서 일하며 육체적으로 고된 작업은 안 해 본 것이 없었습니다. 육
체적으로 아무리 고된 일을 해도 다음 날이면 거뜬했거든요. 그런데 지금은 고작 5분만 서 있
어도 온몸이 피곤하고 허리가 쑤시기 시작합니다. 요즘에는 불과 9kg짜리 물건도 들어 올리지
못하겠어요.

상담사: 부실한 몸 상태로 인해 취직을 하지 못할까 봐 걱정하고 계셨네요. 그런데도 오랜 시간 동안
직장을 구할 방법을 고민하고 계셨고요. [반영]

내담자: 맞아요. 최근까지 꽤 오랫동안요.

관계 형성하기 단계에서의 목표는 신뢰관계 수립을 위해 상담사가 내담자에게 자신의 입장을 이해하
고 자신의 이야기에 귀를 기울이고 있다는 느낌을 심어 주는 것이다. 저항이나 불화가 나타나면 대립하거
나 반박하기보다는 그것의 실체를 탐색하고, 공감적 반영을 통해 새로운 관점을 수용해야 한다. 동기 강
화 상담에 임하는 재활상담사는 미시 상담 기술의 전략적 구사를 통해 Brian과의 대립을 피하고, 그에게
자기 이야기를 할 수 있는 기회를 제공함으로써 취업에 관해 그가 지닌 우려를 표현하도록 도와야 한다.

### 초점 맞추기 단계

상담사: Brian 씨는 억지로 이곳에 오셨다고 느끼고 계시지요. 허리 통증 때문에 어려움을 겪고 계시고
요. 저와의 만남에서 무슨 일이 벌어질까 걱정도 되시지만, 마음 한편으로는 직장을 구하는 문제로 진지
하게 고민하고 계시기도 하고요. 취직이 보람 있다는 생각에서 어떤 일을 하면 좋을지 요즘도 고민 중이
시고요. 이들 모두를 감안해 볼 때, Brian 씨가 오늘 저와 함께 하고자 하는 일이 무엇인지 궁금합니다. 무
엇이 Brian 씨에게 도움이 된다고 생각하시나요? [요약 진술과 개방형 질문]

내담자: 글쎄요…… 솔직히 말씀드려서 잘 모르겠어요. 이런 경험은 지금껏 한 번도 해 보지 못했거
든요.

상담사: 이 모든 것이 처음이시군요? [반영]

내담자: 그런 셈이죠. 이곳에서 서비스를 받은 친구들이 있기는 하지만, 제 경우는 직업재활 서비스가
처음입니다.

상담사: 혹시 Brian 씨와 유사한 상황에 처해 있던 분들과 제가 해 드렸던 이야기를 공유해도 괜찮을까
요? [내담자의 양해 구하기와 폐쇄형 질문]

내담자: 그럼요.

상담사: 그러니까…… 저희를 찾아오시는 분들 중에는 직장으로의 복귀가 본인에게 올바른 선택인지, 혹은 직업재활 서비스가 자신의 적성에 맞는 옵션인지 등에 관해 혼란스러워 하시는 분들이 계세요. 그런 분들을 위해서는 주로 직업재활 과정에 대해 이야기를 나누고, 취직이 그분들의 삶에 어떤 변화를 가져다줄지에 관해 대화를 합니다. 어떤 분들은 기존에 미처 생각하거나 시도해 보지 않았던 직업 영역 발견을 목적으로 적성검사나 흥미검사를 통해 도움을 받기도 합니다. 또 다른 분들은 직업재활 서비스 외의 수단을 통한 취업 가능성을 모색하기도 합니다. 솔직히 말해, 직업재활 서비스가 맞지 않는 분들도 계시거든요. 직업재활 서비스를 받으실지의 여부는 순전히 Brian 씨에게 달려 있습니다. Brian 씨가 염두에 두었던 옵션 중 제가 말씀드리지 않은 사항이 있다면 그것에 관해 이야기하는 것도 좋습니다. 어떻게 생각하시나요? [다양한 선택지를 활용한 정보 제공과 개방형 질문]

내담자: 제가 다시 취직을 해야 할지 말지를 결정하도록 도와주시는 일부터 시작하면 좋을 것 같습니다. 흥미검사도 재미있을 것 같고요. 하지만 그 길로 들어서기 전에 먼저 취직 여부를 결정해야 할 것 같아요.

초점 맞추기 단계에 접어든 상담사는 내담자에게 대화의 소유권 갖게하기, 상담 방향을 둘러싼 공감대 형성, 회기별 의제 설정 등을 지원한다. 동기 강화 상담 과정 전체를 관통하는 핵심 목표는 내담자가 스스로의 생각과 아이디어 유발을 통해 상황을 이끌어가도록 돕는 데에 있다. Brian의 경우, 이 같은 목표는 승낙 구하기, 다양한 선택지 제공, 그날 그날의 대화 주제 탐색 지원을 위한 미시 상담 기술(OARS) 활용 등을 통해 달성이 가능하다.

### 유발하기 단계

상담사: 그러니까 다시 취직을 해야 할지 말지에 관한 이야기부터 하고 싶다는 말씀이시지요. 좋은 생각이네요. 다시 취직을 한다는 것이 어떤 느낌일지에 관해 최근에 어떤 생각을 해 보셨나요?

내담자: 글쎄요…… 방금 전에도 말씀드렸다시피, 제 몸이 어떻게 느낄지 걱정입니다. 저의 현재 몸상태로는 강도 높은 육체노동을 감당할 수 있을 것 같지 않거든요.

상담사: 맞아요. 그 문제에 관해 여러 차례 말씀하셨지요. Brian 씨는 몸에 무리가 가지 않을 만한 직업을 구하고 싶으신 것이잖아요.

내담자: 그렇지요. 하지만 그보다 더 근본적인 고민이 있어요. 저에게는 학습장애도 있습니다. 그래서 건설업에 취업한 거예요. 사무 업무는 감당할 자신이 없었거든요. 저에게는 서류를 읽거나 행정 업무를 익히는 일이 무척 어렵습니다. 맞춤법도 엉망이고요. 그런 이유에서 건설 노동자가 제게는 유일한 옵션이라고 생각했어요. 그런데 더이상 그 일을 못 하게 됐으니 제게는 아무런

선택지도 남아 있지 않다는 느낌만 듭니다.

상담사: 그러니까 Brian 씨는 허리에 부담을 주지 않으면서도 다른 사람들 앞에서 다량의 문서 작성 업무를 하지 않아도 되는 직장에 관심이 있다는 말씀이시네요.

내담자: 맞아요. 저도 맞춤법 체크를 비롯하여 전에는 없던 여러 가지 기술적 도움을 받을 수 있다는 사실은 알고 있습니다. 여러 사람들 앞에서 문서를 작성하는 일만 아니라면 그렇게 나쁘지 않을 것 같기도 합니다.

상담사: 허리에 무리를 주지 않으면서 다른 사람들 면전에서 문서 작성 업무를 하지 않아도 되는 직업이 있다면 어떤 느낌이 들 것 같으세요?

내담자: 글쎄요…… 끝내줄 것 같은데요. 그럴수만 있다면 얼마나 좋겠어요. 제 말은…… 학습장애가 다른 측면에서 여전히 부담스럽기는 해요. 하지만 그런 직장에 다닐 수 있다면 저는 무척 행복할 것 같아요.

상담사: 그것과 관련하여 무엇이 Brian 씨를 행복하다고 느끼게 할 것 같나요?

내담자: 글쎄요…… 그렇게만 된다면 '나도 다시 가치 있는 존재가 되었구나'라는 느낌이 들 것 같습니다. 지금은 주변 사람 모두에게 짐만 되는 것 같거든요. 어머니와 아내가 스물여덟 살이나 먹은 성인 남자를 돌봐야 하는 상황까지는 생각해 보지 않았을 테니까요. 어머니는 더이상 제 문제로 힘들어하지 않아도 될 테고, 아내 역시 그녀가 원하는 삶을 살 수 있게 되겠지요. 허구헌날 빈둥거리며 우울감에 빠져 지내려고 결혼한 것은 아니거든요. 제 말은…… 누가 그런 인생을 원하겠어요?

상담사: 그러니까…… 일을 하지 못하게 된 것이 Brian 씨의 우울감에 상당 부분 영향을 미쳤네요.

내담자: 전부요. 제가 고정관념에 사로잡혀 있다고 생각하실지 모르겠지만…… 저는 남자로서 가족의 생계를 책임져야 한다는 생각을 가지고 있습니다. 다른 사람에게 기대어 산다는 느낌…… 정말로 끔찍합니다.

상담사: 다시 일을 하게 되면 우울감도 줄어들고 행복해질 것 같다고 생각하시는 건가요? 좀 더 독립적이게 될 것도 같고요.

내담자: 그럴 것이라고 생각합니다. 다시금 저희 집을 가질 수 있으면 정말로 좋을 것 같아요. 결혼 후에도 어머니 집에 얹혀 산다는 게 얼마나 비참한 일인지 모르실 겁니다.

상담사: 어머니로부터 독립하여 사생활이 보장된 보금자리를 마련할 수 있는 일자리를 찾는 것이 Brian 씨에게는 무척 중요하겠네요.

내담자: 바로 그거예요!! 어머니랑 한 집에 살면서 부부간에 친밀감을 유지하기가 얼마나 어려운데요.

상담사: 그러니까, 부인과 좋은 관계를 유지하는 것도 중요하다는 말씀이시네요. Brian 씨는 부인에 관해 여러 차례 언급하셨는데요…… 취직에 성공하면 부인과의 관계에도 도움이 될거라고 생각

하시나 보네요.

내담자: 글쎄요…… 오해는 마십시오. 때때로 속상하게 만들기도 하지만, 아내는 제가 힘들 때 함께 있어 주었습니다. 사고가 났을 때도 그렇고요. 어머니 집으로 들어갈 때조차도 저를 떠나지 않았으니까요. 아내에게 보답할 수 있다면 정말 기쁠 것 같습니다.

상담사: 그리고, Brian 씨는 아픈 허리에 심각한 부담을 주지 않으면서 학습장애로 인한 걱정으로부터도 자유로운 직장에 취업하는 것이야말로 아내에 대한 보답이라고 생각하시는 거지요.

내담자: 저도 그렇게 생각합니다. 전에는 이 문제에 관해 그렇게까지 생각해 보지 못했습니다만…… 선생님 말씀이 맞는 것 같습니다.

상담사: 다시 직장을 구하지 못한다면 지금부터 5년 후 Brian 씨는 어떤 모습일 것 같습니까? Brian 씨에게 그것은 어떤 느낌일까요?

내담자: 그렇지요…… 어떤 면에서는 그렇게 하면 한숨 돌리는 셈이 되겠지요. 다시 직장을 구하는 일이 무척 힘들 것이라는 느낌은 듭니다. 또 다른 면에서 보면, 지금 제 모습은 제가 바라는 바와 정확히 반대입니다. 음…… 그게 아닐지도 모르겠네요. 아내가 얼마나 더 오래 제 곁에 머물지 모르겠어요. 제가 계속 이대로 있으면 언젠가는 아내가 떠날지도 모르지요.

상담사: Brian 씨, 정말로 아내를 사랑하시나 봐요. 무언가 변하지 않으면 아내가 Brian 씨의 삶에 함께하지 않을까 봐 무척 걱정이시네요.

내담자: 글쎄요…… 단지 그것만은 아니에요. 다시 직장을 구해야 하고, 우울감에서도 벗어나야 하고…… 제가 주변 사람들을 힘들게 하고 있다는 사실 잘 알고 있습니다.

상담사: 사고를 당하고 일을 할 수 없게 된 후로 심각한 우울증에 시달리셨군요.

내담자: 예. 항상이요. 도무지 떨쳐 버릴 수 없을 것 같아요.

상담사: Brian 씨는 일이 잘 안 풀린다고 생각하고 계시는군요. 다시 취직을 하고, 한편으로는 우울증 치료에 힘쓰면 여러모로 도움이 될 거라고 믿고 계시고요.

내담자: 선생님 말씀이 맞는 것 같습니다.

상담사: Brian 씨가 가장 원하지 않는 바는 스스로를 무가치하다고 느끼게 만들 직장에 취업하는 것이네요. 일을 시작해도 허리에 무리가 가지 않을지, 학습장애 문제는 어떻게 될지도 걱정이시고요. 동시에, 허리 통증과 학습장애 문제로부터 자유로운 직장을 구할 수만 있다면 본인에게는 보람이 되고 아내와의 관계도 좋아질 것 같다고 느끼시는 거고요. 독립했다는 느낌도 들 것 같고, 부족하나마 아내에 대한 보답에도 보탬이 될 듯 싶고…… 일을 하지 못함으로 인해 느끼는 고통 또한 달갑지 않으시고요. 직장을 구하면 우울증 문제 해결에도 도움이 된다고 생각하고 계시고요.

내담자: 정확하십니다. 그게 바로 제 생각이거든요. 상황이 영원히 현재와 같을 수는 없잖아요.

상담사: 그러니까, 직업재활 서비스를 통해 다시 취직을 시도할지의 여부는 오로지 Brian 씨의 결정에 달려 있습니다. Brian 씨에게는 고려해야 할 점들이 많이 있습니다. 현재 상태가 만족스럽지 않다는 생각을 포함해서 말이지요.

내담자: 그래요…… 직업재활 서비스 한 번 받아 보겠습니다.

유발하기 단계에서의 전략은 내담자가 어째서 변화를 주저하는지 토로할 때 상담사가 자신의 이야기를 들어주고 공감해 준다는 느낌을 갖도록 돕는 것이다. 이 경우 상담사는 내담자가 변화를 원하는 이유에 관해 이야기하도록 돕는 방향으로 대화 주제를 전환해야 한다. 동기 강화 상담에 임하는 상담사는 미시 상담 기술을 활용하여 내담자로 하여금 변화를 위한 스스로의 열망, 능력, 이유, 욕구 등을 토로하도록 지원해야 한다. Brian의 사례를 보면, 상담사는 내담자가 허리 부상이나 학습장애에 관한 우려를 이야기할 때 반영적 경청 기술을 통해 공감을 표현하였다. 다음으로, 상담사는 개방형 질문과 반영을 적절히 활용하여 Brian이 변화에 대한 바람과 이유에 관해 심도 있는 이야기를 하도록 대화의 초점을 전환하려 하였다.

### 계획 수립하기 단계

상담사: 그거 멋진데요, Brian 씨. Brian 씨와 함께 일하게 되기를 진심으로 고대하고 있겠습니다. 아까 말씀하시기를 흥미검사와 적성검사에 관심이 있다고 하셨지요? 그 밖에 직업재활 서비스를 받는 동안 무슨 일에 관심이 있으신가요?

내담자: 글쎄요. 사실 잘 모르겠어요. 이력서 작성에 도움을 받았으면 좋겠습니다. 사고를 당한 후로는 한 번도 들여다보지 않았거든요.

상담사: 그러니까, 어떤 유형의 직업을 시도해 볼 것인지에 관한 아이디어가 생기니까 이력서 수정과 업그레이드에 관심이 생기셨군요.

내담자: 예. 맞아요.

상담사: 그거 정말 좋은 생각이네요. 좋은 이력서는 취업 시장에서 매우 큰 도움이 되거든요.

내담자: 감사합니다.

상담사: 다른 장애인 분들이 주로 이용하는 직업재활 서비스와 과정에 관해 말씀드려도 괜찮을까요?

내담자: 그럼요.

상담사: 그러시군요. 우선, 몇 가지 서류를 작성한 후 학습장애나 허리 통증 등 Brian 씨의 취업을 방해하는 요인이 무엇인지 평가해 봅시다. 그다음에는 재훈련, 시험 고용 체험 등 다양한 선택지를 검토해 보지요.

> 계획 수립하기 단계의 목적은 스스로의 목표 달성을 어떻게 인식하는지에 관해 내담자로부터 정보를 이끌어 내는 것이다. 상담사는 다양한 선택지 제시를 통해 내담자의 양해를 구하고, 필요한 정보를 제공해야 한다. 상담사는 이때 Brian에게 앞으로 그가 받게 될 직업재활 서비스를 상상해 보도록 도와야 한다. 상담사는 동기 강화 상담에 특화된 미시 상담 기술을 활용하여 Brian이 상담사와의 관계에서 자율적이라는 느낌을 갖도록 유도해야 한다.

## 7. 연구 성과

Miller와 Rollnick(1991)의 동기 강화 상담에 관한 고전적 저서가 출간된 이래, 관련 분야 연구는 급속도로 증가하고 있다. 현재까지 250편 이상의 동기 강화 상담 성과 관련 연구가 출간되었으며(Wagner & Conners, 2010), 100여 편의 무작위 통제 집단 실험 연구, 다수의 메타 분석 연구 및 문헌 연구가 이루어졌다(예: Burke et al., 2003; Hettema, Steele, & Miller, 2005; Westra, Arkowitz, & Dozois, 2009). 동기 강화 상담은 증거 기반 치료로서의 지위를 확고히 하였으며, 현재는 전미 증거 기반 실제 및 프로그램 등록 명부(National Registry of Evidence-Based Practices and Programs, 2012)에 올라 있다.

### 1) 동기 강화 상담의 효과

동기 강화 상담의 효과를 둘러싼 실증 연구를 다룬 최초의 체계적인 문헌 연구는 그때까지 가용한 증거를 토대로 동기 강화 상담이 물질 남용 문제, 고혈압, 폭식증, 당뇨병 처치에 따른 부작용 등의 치료에 효용이 있다는 결론을 제시하였다(Burke, Arkowitz, & Dunn, 2002; Dunn, DeRoo, & Rivara, 2001; Noonan & Moyers, 1997). 동기 강화 상담이 금연, 운동, 다이어트 등에 미치는 영향 검증을 시도한 연구는 상반된 결과를 보여 주었다. 한편, HIV에 따른 위험 행동 개선에 있어서는 동기 강화 상담 적용이 별다른 효과를 보이지 못하는 것으로 나타났다(Burke et al., 2002). Burke와 그의 동료들은 후속 연구를 통해 동기 강화 상담이 효과를 보이는 이유, 방식, 대상에 관한 보다 정확한 이해를 시도하였다. Burke 등(2003)은 동기 강화 상담의 효과 검증을 목적으로 하는 30편의 통제 집단 기반 임상 실험 연구를 대상으로 최초의 메타 분석을 진행하였다. 이들의 메타 분석에 포함된 연구 결과를 보면 알코올 중독, 약물 남용, 다이어트와 운동 등에 대해서는 동기 강화 상담 적용 집단이 위약(placebo) 적용 집단이나 무처치(no treatment) 적용 집단에 비해 상당히 높은 효과 크기(Cohen's d .25~.57)를 보인 반면, 흡연이나 HIV 위험 행동의 경우에는 세 집단 사이에 별다른 차이가 발견되지 않았다. 또한 이 연구에 따르면, 동기 강화 상담과 현존하는 여타의 상담 접근 사이에는 치료 효과 측면에서 유의미한 차이가 존재하지 않았다. 그렇지만 동기 강화 상담은 여타의 심리사회적 개입에 비해 상대적으로 짧은 치료 기간(3~4주)에도 불구하고, 이들과 유사한 수준의 치료 효과를 보였다. 분석 결과 검증력(power)이 낮기는 했지만, 이는 상이한 동기 강화 상담에 대해 유의미한 정도의 개입 효과가 있음을 보여 주었다(즉, 물질 남용 치료 관련 연구에서 동기 강화 상담을 다른 임상 기법의 보조 수단으로 활용한 결과 보다 높은 치료 효과가 나타났음).

알코올과 물질 남용 분야에서 동기 강화 상담의 입지가 강화됨에 따라, 임상 보건 전문가들도 이들 증거 기반 접근을 다양한 건강 관련 행동 문제 치료에 접목하려는 시도에 관심을 보이기 시작하였다(Knight, McGowan, Dickens, & Bundy, 2006). Rubak 등(2005)은 메타 분석과 체계적 문헌 검토를 통해 생리 질환과 심리 질환 등의 건강 문제에 대한 동기 강화 상담의 치료 효과를 평가하였다. 이들은 동기 강화 상담의 효과 규명을 목적으로 하는 72편의 무작위 통제 집단 실험 연구를 대상으로 메타 분석을 실시하였다. 분석 결과, 신체 수용력 지수, 혈중 콜레스테롤 수치, 최대혈압, 혈중 알코올 농도, 표준 에탄올 성분(standard ethanal content) 등의 성과 지표에 대해서는 상당한 정도의 효과 크기 추정치를 보였지만, 일간 흡연량과 당화혈색소(glycated hemoglobin) 등의 문제에 대해서는 매우 낮은 효과 크기를 보였다(통합 효과 크기 0). 나아가, 회기당 15분으로 치료 시간을 단축하여 실시한 동기 강화 상담 또한 분석에 포함된 64%의 연구에서 유의미한 효과 크기가 발견되었다. 또 다른 체계적 문헌 연구에서도 헬스케어 현장에서의 동기 강화 상담 개입의 효능을 평가하였다(Knight et al., 2006). 이 연구는 당뇨병, 천식, 고혈압, 고지혈증, 심장 질환 등에 대한 동기 강화 상담의 효과를 검증한 8편의 연구 결과를 검토하였다. 평가에 포함된 대다수의 연구에 따르면, 동기 강화 상담은 심리 변화, 라이프 스타일 변화 등에 긍정적 영향을 미치는 것으로 나타났다. 건강 행동 문제 개선을 위한 동기 강화 상담 활용 연구는 앞으로도 계속 추진될 필요가 있다. 하지만 현재까지 시도된 연구 결과를 종합해 볼 때, 동기 강화 상담은 임상 치료 현장에서 행해지던 기존의 조언 제공 방식에 비해 뛰어난 효과를 보였다.

Lundahl, Kunz, Brownell, Tollefson 그리고 Burke(2010) 등이 실시한 최신 메타 분석

연구는 25년에 걸쳐 축적된 실증적 증거를 바탕으로 동기 강화 상담과 다른 상담 개입 간의 효과를 비교하였다. 이들의 메타 분석에는 물질 남용(담배, 알코올, 약물, 마리화나), 건강 관련 행동(다이어트, 운동, 안전한 성생활), 도박, 치료 참여 등의 성과를 망라한 총 119편의 연구가 포함되었다. 분석 결과, 연구자들은 상대적으로 낮은 수준의 효과 크기를 발견하였다[$g=.22$(95% 신뢰 구간, .17-.27)]. 비록 동기 강화 상담이 인지 행동 치료나 12단계 중재(알코올 중독자 치료 프로그램) 등의 전통적 상담 접근과 비교하여 치료 효과 면에서 특별히 뛰어난 것은 아니지만, 이는 대체로 유사한 정도의 치료 효과 창출에 상대적으로 짧은 시간(100분 이상의 치료 시간 단축)이 소요되며, 2년 이상이 경과한 후에도 치료 효과가 유지되는 것으로 나타났다. 동기 강화 상담은 또한 내담자의 치료 참여도 증가와 변화 의지에도 효과를 보였다. 평가 피드백, 치료 시점, 시행 지침 정도, 치료 방법(집단 상담, 개인상담), 내담자의 인종 등 다양한 치료 및 내담자 변인들도 치료 효과에 커다란 영향을 미쳤다. 알코올 중독 치료를 위한 심리치료 기법의 효과에 관한 체계적 검토를 시도한 최근 논문 역시 동기 강화 상담의 개량형이라 할 동기 향상 치료(motivational enhancement therapy: MET)의 강점을 부각하였다(Martin & Rehm, 2012). 이 연구에 따르면, 동기 향상 치료와 인지 행동 치료, 그 밖의 단기 치료 등의 효과를 지지하는 증거가 가장 두드러졌다. 물리치료와 동기 향상 치료의 병행은 요통 환자의 신체적 기능 향상에도 효과를 보이는 것으로 나타났다(Vong et al., 2011).

동기 강화 상담이 다문화적 배경을 가진 내담자에게도 적용이 용이하다는 증거 또한 점차 증가하고 있다. 미국에서 진행된 다수의 임상 연구 검토 결과를 살펴보면, 동기 강화 상담의 효과 크기는 소수 민족 출신 내담자 집단을 대상으로 했을 때 백인 내담자 집단에 비해 두 배 이상 큰 것으로 나타났다(Hettema et al., 2005; Lasser et al., 2011). 다른 연구들은 흑인(Hettema et al., 2005; Resnicow et al., 2001, 2005)과 미국 원주민(Foley et al., 2005) 등 다양한 집단을 대상으로 제공된 동기 강화 상담의 효과를 입증하였다. 다문화 출신 내담자를 다룬 관련 연구가 아직 충분하지 않지만, 다양한 문화적 배경을 가진 내담자에 대한 동기 강화 상담의 효용성은 매우 유망하다.

메타 분석 기법 등과 같은 엄정한 과학적 방법 활용은 다양한 분야에 걸친 건강 및 행동 문제 치료에 있어 동기 강화 상담의 효능 확립에 크게 기여하였다(예: Hettema, 2006; Lundahl & Burke, 2009). 하지만 동기 강화 상담이 어떤 방식으로 효과를 창출하는지에 대해서는 아직 규명되지 않은 부분이 적지 않다. Apodaca와 Longabaugh(2009)가 시행한 체계적 문헌 연구는 동기 강화 상담을 통한 변화의 핵심적 기제를 뒷받침하는 실제적 증거를 분석 · 요약한 최초의 의미있는 시도였다. 이들 두 사람은 최소한 1개 이상의 인과관계 모델 파악이 가능한 데이터를 제공하는 19편의 동기 강화 상담 성과 관련 연구를 검토하였다. 이 연구에 사용된 이론적 모형은 다양한 임상 전문가와 내담자 변인을 조사하였다. 네 가지의 임상 전문가 행동 관련 변인은 정신, 일관된 행동, 부조화 행동, 임상 전문가가 활용하는 구체적 기법 등이었다. 또한 다섯 가지의 내담자 행동 관련 변인으로는 변화 대화/의도, 변화 준비도, 참여, 저항, 불일치 등이었다. 연구 결과에 따르면, 인과관계가 파악된 대다수의 연구는 혼합된 효과 크기를 보인 것으로 나타났다. 내담자 변인의 경우 변화 대화와 불일치 경험 관련 데이터만이 신뢰성을 보였는데, 이들은 치료 효과 향상과 밀접한 관계를 나타냈다. 한편, 임상 전문가 관련 변인들 중에는 부조화 행동만이 높은 신뢰도를 보였는데, 이는 치료 효과 저하와 관계가 있었다.

## 2) 충실성

동기 강화 상담의 역사에서 충실성은 매우 중요한 요소로 인식되어 왔다. 스스로를 동기 강화 상담사라고 주장하는 사람은 많지만, 진정한 의미의 동기 강화 상담을 실천하는 경우는 드물다(Miller & Rollnick, 2009). 마찬가지로, 동기 강화 상담이라는 이름을 가진 개입 효과 규명 연구 중 일부는 기술적으로 볼 때 전혀 다른 치료 기법을 대상으로 삼고 있다 (Miller & Rollnick, 2013). 문제는, 상담사나 연구자가 동기 강화 상담 과정과 절차를 과도하게 매뉴얼화 했을 때, 치료 효과가 반감된다는 점이다(Miller & Rollnick, 2013). 최상의 동기 강화 상담 학습 방법에 관한 연구에 따르면, 상담사는 일정 형태의 지속적 충실성 측정법을 학습하고, 적절한 동기 강화 상담 기술을 습득 · 유지해야 한다(Madsen et al., 2009). 하지만 동기와 관련하여 충분한 대화가 결여된 상태에서 매뉴얼이나 서식 제작 등과 같이 동기 강화 상담을 엄격히 적용할 경우 치료 효과는 반감될 가능성이 높다(Miller & Rollnick, 2013). 따라서 동기 강화 상담을 배우기 원하는 재활상담사는 충실성 측정과 코칭 기법 습득과 함께, 매뉴얼에 대한 과도한 의존을 삼가해야 한다.

## 8. 주요 강점과 한계

동기 강화 상담의 주요 강점 중 하나는 다방면에 걸쳐 쓰임새가 많다는 점이다. 동기 강화 상담은 내담자의 양가감정 해결, 동기 촉진, 구체적 행동 변화에 대한 책임 확대 등의 지원을 목적으로 하는 강점 중심적 개입 전략이다(Manthey et al., 2011). 양가감정은 삶에 대한 중대 변화를 고민하는 사람이라면 누구나 경험하는 통상적 문제로서(Prochaska et al., 1992), 다양한 집단, 환경, 상담 개입 등을 망라하는 여러 분야에서 동기 강화 상담 채택 요인으로 작용한다(Miller & Rollnick, 2013). 재활상담을 하다 보면 양가감정과 관련하여 시급한 해결을 필요로 하는 문제(예: 장애 발생 후 스스로의 경쟁 고용 유지 능력에 관한 양가감정, 재취업할 경우 장애 관련 복지 혜택 상실에 관한 양가감정)가 있는가 하면, 사소한 문제(예: 취업 면접에 입고 갈 복장에 관한 양가감정)에 당면하기도 한다. 동기 강화 상담의 효과를 재활 현장에서 벌어지는 특수한 상황에도 확대할 수 있을지에 관해서는 여전히 충분한 후속 연구가 필요하지만, 재활 과정에서 대두되는 양가감정과 동기 결핍 등의 문제를 해결해야 할 상담사의 입장에서 이는 분명 유용한 기술이다.

대인 서비스 분야의 연구 성과가 고무적이긴 하지만, 재활상담 및 직업재활 현장에서의 구체적 효과를 뒷받침하는 실증 연구 부족은 재활 실제에서 행해지는 동기 강화 상담의 중요한 한계 중 하나다. 양가감정 해소와 동기 촉진을 위한 상담만이 재활상담사가 활용할 수 있는 유일한 도구이기 때문이다(Wagner & McMahon, 2004). Miller조차도 동기 강화 상담에서의 최고 수준의 숙련도는 사용 시점 결정 능력과 동기 강화 상담과 다른 개입 전략 사이를 자유롭게 넘나들 수 있는 능력이라고 서술했을 정도다(Miller & Moyers, 2006). 동기 강화 상담이 모든 문제의 해결을 돕는 만병통치약은 아니다. 예를 들어, 동기 강화 상담은 경기 하강 국면에서 대다수 장애인을 위해 비효율적 서비스 전달체계를 개선하거나 취업 기회를 창출하는 등의 용도로 개발되지는 않았다. 이처럼 규모가 큰 문제의 해결에는 별도의 도구와 기술이 필요하다. 동기 강화 상담은 또한 특정 장애나 증상의 직접적 치료에 항상 사용되지도 않는다(Miller & Rollnick, 2013). 대신에, 동기 강화 상담은 주로 내담자가 장애나 그와 관련된 증상 해소에 필요한 지원 추구와 직결된 양가감정 해소를 돕는 착수 전략으로 활용된다. 즉, 이는 정신장애인 내담자의 약물 복용을 둘러싼 양가감정 해소(Manthey, Blajeski, & Monroe-DeVita, 2012), 대학의 장애 학생 지원 담당자에게 자신의 장애를 이야기할지의 여부에 관한 학습장애인 내담자의 양가감정 해결, 우울증 치료를 받을지를 둘러싼 결정, 실패 종결로 이어진 동기 결핍과 변화에 대한 열망 부족으로 잘못 판명된 예전의 양가감정 해소 등의 지원에 보조적 촉진 전략으로 활용된다는 의미다.

이 밖에도, 전술한 실증 연구는 동기 강화 상담의 여러 강점을 제시하였다. 동기 강화 상담의 효과를 다룬 연구 결과에 따르면, ① 이는 위약이나 무처치에 비해 유익하고(Burke et al., 2003), ② 다른 상담 접근과 동등한 정도의 효과를 보이며(Burke, Dunn, Atkins, & Phelps, 2004), ③ 상대적으로 짧은 기간에 유사한 치료 효과를 거두었고(Vasilaki et al., 2006), ④ 광범위한 영역의 중독 및 건강 관련 문제에 효과적이며(Hettema & Hendricks, 2010; Lundahl et al., 2010), ⑤ 치료 초기에 사용할 경우 효능 증가를 기대할 수 있다(Miller & Rose, 2009). 나아가, 피드백을 통한 동기 촉진이나 동기 강화 상담과 인지 행동 치료의 조합 등과 같이 여러 상담 기법을 변형 또는 통합한 미래의 개입 전략은 희망적 결과를 입증하였고, 동기 강화 상담의 다양한 적용을 지지하는 심층적 증거를 제공하였다(Hettema et al., 2005; Westra et al., 2009).

요약하자면, 동기 강화 상담은 최근 재활상담 현장에서 요구되는 시간 단축형 상담 접근에 적합한 단기 치료 전략이다. 동기 강화 상담은 변화를 향한 내담자의 자기 대화 촉진을 통해 양가감정 해결을 돕는 강점 기반 상담 개입이다. 이 같은 목적은 관계 형성, 집중, 소환, 계획 수립 등 내담자를 이끌어 주는 4단계의 동기 강화 상담 과정과 개방형 질문, 반영, 긍정적 진술, 요약 진술 등의 의도적 활용을 통해 달성이 가능하다. 상담사는 내담자의 언어에 관심을 기울임으로써 4단계의 동기 강화 상담 각각에 대한 적용 시점을 파악하고, 내담자가 어째서 변화를 원하는지를 명확히 설명하도록 돕는다. 동기 강화 상담은 여러 한계를 가지고 있기는 하지만, 재활상담 현장에서 당면하는 여러 문제의 대처에 효율적인 상담 기법이다.

## 집단 토의 과제

1. 당신은 어떻게 하면 관계 형성, 집중, 소환, 계획 수립 등 동기 강화 상담의 각 단계마다 적합한 미시 상담 기술을 구사할 수 있다고 생각하는가?

2. 당신은 이 장에서 다룬 동기 강화 상담의 증거가 재활상담 현장 적용에 있어 어떤 시사점을 제시한다고 생각하는가?

3. 당신은 재활상담 서비스 이용자의 욕구 충족을 지원함에 있어 동기 강화 상담을 어떻게 활용할 수 있다고 생각하는가?

4. 당신은 임상 실제에 기반하여 귀납적으로 형성된 중재 기법의 강점과 한계가 무엇이라고 생각하는가?

5. 당신은 어떤 방법을 통해 동기 강화 상담 기술을 습득할 수 있다고 생각하는가?

# 참고문헌

Amrhein, P. C., Miller, W. R., Yahne, C. E., Palmer, M., & Fulcher, L. (2003). Client commitment language during motivational interviewing predicts drug use outcomes. *Journal of Consulting and Clinical Psychology, 71*(5), 862-878.

Amrhein, P. C., Miller, W. R., Yahne, C., Knupsky, A., & Hochstein, D. (2004). Strength of client commitment language improves with therapist training in motivational interviewing. *Alcoholism: Clinical and Experimental Research, 28*, 74A.

Apodaca, T. R., & Longabaugh, R. (2009). Mechanisms of change in motivational interviewing: A review and preliminary evaluation of the evidence. *Addiction, 104*, 705-715.

Arkowitz, H., Westra, H. A., Miller, W. R., & Rollnick, S. (2008). *Motivational interviewing in the treatment of psychological problems.* New York, NY: Guilford.

Bandura, A. (1999). *Self-efficacy: Toward a unifying theory of behavioral change.* New York, NY: Psychological Press.

Bem, D. J. (1972). Self-perception theory. In L. Berkowitz (Ed.), *Advances in experimental social psychology* (Vol. 6, pp. 1-62). New York, NY: Academic Press.

Brehm, S. S., & Brehm, J. W. (1981). *Psychological reactance: A theory of freedom and control.* New York, NY: Academic Press.

Britt, E., Hudson, S. M., & Blampied, N. M. (2004). Motivational interviewing in health settings: A review. *Patient Education and Counseling, 53*, 147-155.

Brooks, K. (2005). "You would think…": Applying motivational interviewing and career coaching concepts with liberal arts students. *Journal of Career Planning and Employment, 65*, 28-36.

Burke, B. L., Arkowitz, H., & Dunn, C. (2002). The efficacy of motivational interviewing. In W. R. Miller & S. Rollnick (Eds.), *Motivational interviewing: Preparing people for change* (2nd ed., pp. 217-250). New York, NY: Guilford.

Burke, B. L., Arkowitz, H., & Menchola, M. (2003). The efficacy of motivational interviewing: A meta-analysis of controlled clinical trials. *Journal of Consulting and Clinical Psychology, 71*, 843-860.

Burke, B. L., Dunn, C. W., Atkins, D. C., & Phelps, J. S. (2004). The emerging evidence base for motivational interviewing: A meta-analytic and qualitative inquiry. *Journal of Cognitive Psychotherapy, 18*, 309-322.

Chan, F., Shaw, L., McMahon, B. T., Koch, L., & Strauser, D. (1997). A model for enhancing consumer-counselor working relationships in rehabilitation. *Rehabilitation Counseling Bulletin, 41*, 122-137.

Chan, F., Sung, C., Muller, V., Wang, C. C., Fujikawa, M., & Anderson, C. A. (2011). Evidence-based practice and research utilization. In D. Maki & V. Tarvydas (Eds.), *The professional practice of rehabilitation counseling* (pp. 391-412). New York, NY: Springer Publishing Company.

Chan, F., Tarvydas, V., Blalock, K., Strauser, D., & Atkins, B. (2009). Unifying and elevating rehabilitation counseling through model-driven, diversity sensitive, evidence-based practice. *Rehabilitation Counseling Bulletin, 52,* 114-119.

Chou, C. C., Ditchman, N., Pruett, S., Chan, F., & Hunter, C. (2009). Application of self-efficacy related theories in psychosocial interventions. In F. Chan, E. Cardoso, & J. A. Chronister (Eds.), *Understanding psychosocial adjustment to chronic illness and disability: A handbook for evidence-based practitioners in rehabilitation* (pp. 243-276). New York, NY: Springer Publishing Company.

Cleary, M., Hunt, G. E., Matheson, S., & Walter, G. (2009). Psychosocial treatments for people with co-occurring severe mental illness and substance misuse: Systematic review. *Journal of Advanced Nursing, 65,* 238-258.

Conner, M., & Armitage, C. J. (2008). Attitudinal ambivalence. In W. D. Crano & R. Prislin (Eds.), *Attitudes and attitude change* (pp. 261-286). New York, NY: Psychology Press.

Cook, D. W. (2004). Counseling people with physical disabilities. In F. Chan, N. L. Berven, & K. R. Thomas (Eds.), *Counseling theories and techniques for rehabilitation health professionals* (pp. 328-341). New York, NY: Springer Publishing Company.

Dracott, S., & Dabbs, A. (1998). Cognitive dissonance 2: A theoretical grounding of motivational interviewing. *British Journal of Clinical Psychology, 37,* 355-364.

Dunn, C., Deroo, L., & Rivara, F. P. (2001). The use of brief interventions adapted from motivational interviewing across behavioral domains: A systematic review. *Addiction, 96,* 1725-1742.

Edmunds, J., Ntoumanis, N., & Duda, J. L. (2006). A test of self-determination theory in the exercise domain. *Journal of Applied Social Psychology, 36,* 2240-2265.

Fenton-O'Creevy, M., Nicholson, N., Soane, E., & Willman, P. (2003). Trading on illusions: Unrealistic perceptions of control and trading performance. *Journal of Occupational and Organisational Psychology, 76,* 53-68.

Festinger, L. (1957). *A theory of cognitive dissonance.* Evanston, IL: Row, Peterson.

Foley, K., Duran, B., Morris, P., Lucero, J., Jiang, Y., & Baxter, B. (2005). Using motivational interviewing to promote HIV testing at an American Indian substance abuse treatment facility. *Journal of Psychoactive Drugs, 37,* 321-329.

Graham, V., Jutla, S., Higginson, D., & Wells, A. (2008). The added value of motivational interviewing within employment assessments. *Journal of Occupational Psychology, Employment and Disability, 10*, 43-52.

Hettema, J., Steele, J., & Miller, W. R. (2005). Motivational interviewing. *Annual Review of Clinical Psychology, 1*, 91-111.

Hettema, J. E. (2006). *A meta-analysis of motivational interviewing across behavioral domains.* Albuquerque, NM: University of New Mexico. Retrieved from ProQuest.

Hettema, J. E., & Hendricks, P. S. (2010). Motivational interviewing for smoking cessation: A meta-analytic review. *Journal of Consulting and Clinical Psychology, 78*, 868-884.

Hohman, M. (2012). *Motivational interviewing in social work practice.* New York, NY: Guilford.

Kanfer, F. H. (1987). Self-regulation and behavior. In H. Heckhausen, P. M. Gollwitzer, & F. E. Weinert (Eds.), *Jenseits des Rubikon* (pp. 286-299). Heidelberg, Germany: Springer-Verlag.

Knight, K. M., McGowan, L., Dickens, C., & Bundy, C. (2006). A systematic review of motivational interviewing in physical health care settings. *British Journal of Health Psychology, 11*, 319-332.

Larson, J. E. (2008). User-friendly motivational interviewing and evidence-based supported employment tools for practitioners. *Journal of Rehabilitation, 74*, 18-30.

Lasser, K. E., Murillo, J., Lisboa, S., Casimir, A. N., Valley-Shah, L., Emmons, K. M., ... Ayanian, J. Z. (2011). Colorectal cancer screening among ethnically diverse, low-income patients: A randomized controlled trial. *Archives of Internal Medicine, 171*, 906-912.

Leukefeld, C., McDonald, H., Staton, M., Mateyoke-Scrivner, A., Webster, M., Logan, T., & Garrity, T. (2003). An employment intervention for drug-abusing offenders. *Federal Probation, 67*, 27-31.

Levensky, E. R., Forcehimes, A., O'Donohue, W. T., & Beitz, K. (2007). Motivational interviewing: An evidence-based approach to counseling helps patients follow treatment recommendations. *American Journal of Nursing, 107*, 50-58.

Lloyd, C., Tse, S., Waghorn, G., & Hennessy, N. (2008). Motivational interviewing in vocational rehabilitation for people living with mental ill health. *International Journal of Therapy and Rehabilitation, 15*, 572-578.

Lundahl, B., & Burke, B. L. (2009). The effectiveness and applicability of motivational interviewing: A practice-friendly review of four meta-analyses. *Journal of Clinical Psychology, 65*, 1232-1245.

Lundahl, B. W., Kunz, C., Brownell, C., Tollefson, D., & Burke, B. L. (2010). A meta-analysis of motivational interviewing: Twenty-five years of empirical studies. *Research on Social Work Practice, 20*(2), 137-160.

Lundahl, B. W., Tolefson, D., Gambles, C., Brownell, C., & Burke, B. (2010). Meta-analysis of motivational interviewing: Twenty five years of research. *Research on Social Work Practice, 20*(2), 137-160.

Madson, M., Loignon, A., & Lance, C. (2009). Training in motivational interviewing: A systematic review. *Journal of Substance Abuse Treatment, 36*, 101-109.

Mannock, T., Levesque, D. A., & Prochaska, J. M. (2002). Assessing readiness of clients with disabilities to engage in job seeking behaviors. *Journal of Rehabilitation, 68*, 16-23.

Manthey, T. (2009). Training motivational interviewing in a vocational rehabilitation context. *MINT Bulletin, 15*(1), 9-13.

Manthey, T. (2011). Using motivational interviewing to increase retention in supported education. *American Journal of Psychiatric Rehabilitation, 14*, 120-136.

Manthey, T. J., Blajeski, S., & Monroe-DeVita, M. (2012). Motivational interviewing and assertive community treatment: A case for training ACT teams. *International Journal of Psychosocial Rehabilitation, 16*, 5-17.

Manthey, T. J., Knowles, B., Asher, D., & Wahab, S. (2011). Strengths-based practice and motivational interviewing. *Advances in Social Work, 12*, 126-151.

Manthey, T., Jackson, C., & Evans-Brown, P. (2011). Motivational interviewing and vocational rehabilitation: A review with recommendations for administrators and counselors. *Journal of Applied Rehabilitation Counseling, 42*(1), 3-14.

Markland, D., Ryan, R. M., Tobin, V. J., & Rollnick, S. (2005). Motivational interviewing and self-determination theory. *Journal of Social and Clinical Psychology, 24*, 811-831.

Martin, G. W., & Rehm, J. (2012). The effectiveness of psychosocial modalities in the treatment of alcohol problems in adults: A review of the evidence. *Canadian Journal of Psychiatry, 57*, 350-358.

McMurran, M. (2009). Motivational interviewing with offenders: A systematic review. *Legal and Criminological Psychology, 14*, 83-100.

Miller, W. R. (1983). Motivational interviewing with problem drinkers. *Behavioural Psychotherapy, 11*, 147-172.

Miller, W. R. (2012). Equipoise and equanimity in motivational interviewing. *Motivational Interviewing: Training, Research, Implementation, Practice, 1*(1), 31-32. doi:10.5195/mitrip.2012.10

Miller, W. R., Benefield, R. G., & Tonigan, J. S. (1993). Enhancing motivation for change in problem drinking: A controlled comparison of two therapist styles. *Journal of Counseling and Clinical Psychology, 61*, 455-461.

Miller, W. R., & Moyers, T. B. (2006). Eight stages in learning motivational interviewing. *Journal of Teaching in the Addictions, 5*(1), 3-17.

Miller, W. R., & Rollnick, S. (1991). *Motivational interviewing: Preparing people to change addictive behavior.* New York, NY: Guilford.

Miller, W. R., & Rollnick, S. (2002). *Motivational interviewing: Preparing people for change* (2nd ed.). New York, NY: Guilford.

Miller, W. R., & Rollnick, S. (2009). Ten things that motivational interviewing is not. *Behavioral and Cognitive Psychotherapy, 37,* 129-140.

Miller, W. R., & Rollnick, S. (2013). *Motivational interviewing: Helping people change* (3rd ed.). New York, NY: Guilford.

Miller, W. R., & Rose, G. S. (2009). Toward a theory of motivational interviewing. *American Psychologist, 64,* 527-537.

Muscat, A. (2005). Ready, set, go: The transtheoretical model of change and motivational interviewing for "fringe" clients. *Journal of Employment Counseling, 42,* 179-192.

National Registry of Evidence-Based Practices and Programs. (2012). *Motivational interviewing.* Substance Abuse and Mental Health Services Administration. Retrieved from http://www.nrepp.samhsa.gov/

Ng, J. Y., Ntoumanis, N., Thogersen-Ntoumani, C., Deci, E. L., Ryan, R. M., Duda, J. L., & Williams, G. C. (2012). Self-determination theory applied to health contexts: A meta-analysis. *Perspectives on Psychological Science, 7,* 325-340.

Noonan, W. C., & Moyers, T. B. (1997). Motivational interviewing. *Journal of Substance Use, 2,* 8-16.

Orford, J. (1985). *Excessive appetites: A psychological view of addictions.* New York, NY: Wiley.

Prochaska, J. O., DiClemente, C. C., & Norcross, J. C. (1992). In search of how people change: Applications to addictive behaviors. *American Psychologist, 47,* 1102-1144.

Resnicow, K., Jackson, A., Blissett, D., Wang, T., McCarty, F., & Rahotep, S. (2005). Results of the Healthy Body Healthy Spirit trial. *Health Psychology, 24,* 339-348.

Resnicow, K., Jackson, A., Wang, T., De, A. K., McCarty, F., & Dudley, W. N. (2001). A motivational interviewing intervention to increase fruit and vegetable intake through black churches: Results of the eat for life trial. *American Journal of Public Health, 91,* 1686-1693.

Rogers, C. R. (1951). *Client-centered therapy.* Boston, MA: Houghton Mifflin.

Rogers, C. R. (1957). The necessary and sufficient conditions of psychotherapeutic personality change. *Journal of Consulting Psychology, 2,* 95-103.

Rogers, C. R. (1979). The foundations of the person-centered approach. *Education, 100,* 98-107.

Rokeach, M. (1973). *The nature of human values.* New York, NY: Free Press.

Rollnick, S., & Miller, W. R. (1995). What is motivational interviewing? *Behavioural and Cognitive Psychotherapy, 23*, 325-334.

Rollnick, S., Miller, W. R., & Butler, C. C. (2008). *Motivational interviewing in health care: Helping patients change behavior.* New York, NY: Guilford.

Rose, J., Saunder, K., Hensel, E., & Kroese, B. (2005). Factors affecting the likelihood that people with intellectual disabilities will gain employment. *Journal of Intellectual Disabilities, 9*, 9-23.

Rubak, S., Sandbaek, A., Lauritzen, T., & Christensen, B. (2005). Motivational interviewing: A systematic review and meta-analysis. *British Journal of General Practice, 55*, 305-312.

Ryan, R. M., & Deci, E. L. (2002). Overview of self-determination theory: An organismic-dialectical perspective. In E. L. Deci & R. M. Ryan (Eds.), *Handbook of self-determination research* (pp. 3-33). Rochester, NY: University of Rochester Press.

Saleebey, D. (2006). *The strengths perspective in social work practice* (4th ed.). New York, NY: Longman.

Steele, C. M. (1988). The psychology of self-affirmation: Sustaining the integrity of the self. In L. Berkowitz (Ed.), *Advances in experimental and social psychology* (Vol. 21, pp. 261-302). San Diego, CA: Academic Press.

Thomas, K. R., Thoreson, R., Parker, R., & Butler, A. (1998). Theoretical foundations of the counseling function. In R. M. Parker & E. M. Szymanski (Eds.), *Rehabilitation counseling: Basics and beyond* (pp. 225-268). Austin, TX: Pro-Ed.

Thoreson, R. W., Smits, S. J., Butler, A. J., & Wright, G. N. (1968). *Counselor problems associated with client characteristics (Wisconsin studies in vocational rehabilitation).* Madison, WI: University of Wisconsin Regional Rehabilitation Research Institute.

Vansteenkiste, M., Williams, G. C., & Resnicow, K. (2012). Toward systematic integration between self-determination theory and motivational interviewing as examples of topdown and bottom-up intervention development: Autonomy or volition as a fundamental principle. *International Journal of Behavioral Nutrition and Physical Activity, 9*, 2-11.

Vasilaki, E. I., Hosier, S. G., & Cox, W. M. (2006). The efficacy of motivational interviewing as a brief intervention for excessive drinking: A meta-analytic review. *Alcohol and Alcoholism, 41*, 328-335.

Vong, S. K., Cheing, G. L., Chan, F., So, E. M., & Chan, C. C. (2011). Motivational enhancement therapy in addition to physical therapy improves motivational factors and treatment outcomes in people with low back pain: A randomized controlled trial. *Archives of Physical Medicine and Rehabilitation, 92*, 176-183.

Wagner, C. C., & Conners, W. (2010). *Motivational interviewing: Motivational interviewing bibliography 1983-2007*. Virginia, VA: Mid-Atlantic Addiction Technology Transfer Center.

Wagner, C. C., & McMahon, B. T. (2004). Motivational interviewing and rehabilitation counseling practice. *Rehabilitation Counseling Bulletin, 47*, 152-161.

Westra, H. A., Arkowitz, H., & Dozois, D. J. (2009). Adding a motivational interviewing pretreatment to cognitive behavioral therapy for generalized anxiety disorder: A preliminary randomized controlled trial. *Journal of Anxiety Disorders, 23*, 1106-1117.

Wright, G. N., Smits, S. J., Butler, A. J., & Thoreson, R. W. (1968). *A survey of counselor perceptions*. Madison, WI: University of Wisconsin, Regional Rehabilitation Research Institute.

Yahne, C. E., Miller, W. R., Irvin-Vitela, L., & Tonigan, J. S. (2002). Magdalena pilot project: Motivational outreach to substance abusing women sex workers. *Journal of Substance Abuse Treatment, 23*, 49-53.

# 제13장

# 집단 상담 및 절차

Nicole Ditchman, Eun-Jeong Lee, and Ruth A. Huebner

## 학습목표

이 장에서는 증거 기반(evidence-based) 관점에 기초하여 재활상담 현장에서 활용되는 집단 상담 및 개입 절차의 내용을 살펴보고자 한다. 구체적으로, 이 장에서는 ① 상담, 심리치료, 심리교육 등 다양한 재활 현장에 대한 집단 개입 절차의 적용, ② 집단 상담 이론, ③ 집단 개입 절차의 효능을 뒷받침하는 실증 연구 검토 등의 내용을 다룰 것이다. 이 같은 목적을 달성하기 위해 다음과 같은 학습 목표를 설정하였다.

① 집단 개입 절차의 치료 효과를 입증한 선행 연구를 이해한다.
② 집단 개입 프로그램에 적용 가능한 이론적 접근을 이해한다.
③ 집단 리더십 스타일과 기법에 관한 실제적 지침을 이해하고, 집단 구성과 절차적 고려사항에 관해 실증적으로 검증된 지침을 이해한다.
④ 집단 상담 과정에 영향을 미치는 윤리적·법적 문제를 이해한다.

## 1. 주요 개념

인간은 언제나 상실의 시기에는 다른 사람의 위로를 구하고, 위협을 느낄 때는 주변 사람들의 안전을 걱정하며, 변화에 시기가 도래하면 현자의 지혜를 좇고, 축하할 일이 있을 때는 다함께 기쁨을 나누는 사회적 존재였다. 이 같은 이유에서 집단 개입 절차들은 다양한 재활 현장에서 제공되는 치료 및 서비스의 일부로 널리 활용된다. 집단 개입 절차들은 종종 독립적인 치료 프로그램으로 운영되기도 하지만, 대개의 경우에는 개별 치료, 상담, 약물 치료 등을 아우르는 포괄적 치료 계획의 일익을 담당한다.

집단 개입은 다양한 목표를 추구하는 여러 유형의 내담자를 상대로 치료와 교육 모두에 활용이 가능하다. 오늘날, 재활상담사와 정신보건 전문가들 사이에서는 집단 개입의 효능에 관한 인식이 확산되고 있다. 단기간에 비용 대비 효과가 높다는 점에서, 집단 상담과 집단 심리교육 프로그램은 미국의 관리의료(managed-care) 기반 건강보험 시스템에 매우 적합한 형태로 간주되고 있다. 실제로, 최근 경향을 살펴보면, 개인의 성장을 도모하는 체계화되지 않은 집단 프로그램은 급감하는 데에 반해, 특정 계층의 내담자를 대상으로 특수한 문제의 중재 또는 예방을 목적으로 하는 단기 집단 치료는 급증하고 있다(Corey & Corey, 2006). 더욱이, 집단 프로그램은 나름의 고유한 치료 및 교육적 장점을 지니고 있다(Corey, 2012). 선행 연구에 따르면, 집단 개입은 치료 효과가 뛰어나고, 치료에 따른 혜택이 오랫동안 유지되며, 효율적인 프로그램 운영과 긍정적 성과 사이에 상관관계가 존재한다고 한다(Barlow, 2008; Bednar & Kaul, 1994).

오늘날, 집단 상담은 전문적 치료로 받아들여지고 있다. 한편, 미국심리학회(American Psychological Association: APA)나 미국상담학회(American Counseling Association: ACA)에서 공인한 집단 상담사/전문가 자격 인증 기관은 아직 없다(Cottone & Tarvydas, 2007). 그렇지만, 이들 두 학회에는 집단 상담 분야 연구와 실천을 주된 활동으로 하는 자학회를 운영하고 있다. APA의 49분과인 집단 심리 및 집단 심리치료(Society of Group Psychology and Group Psychotherapy)와 ACA의 집단 상담사 협회(Association for Specialists in Group Work: ASGW)가 바로 그것이다. 이들 단체와는 별도로, 미국 집단 심리치료 협회(American Group Psychotherapy Association: AGPA)는 집단 심리치료사 자격제도를 운영하고 있다. 이들 세 단체는 모두 집단 작업을 시행하는 상담사와 심리학자를 대상으로 실제적 지침과 자원을 제공한다.

## 1) 집단의 정의

ASGW(2000, pp. 329-330)는 집단 작업에 대해 다음과 같이 정의하였다.

집단 작업은 개인 내적, 직업 관련, 혹은 대인관계 등에서 공통의 문제를 가진 사람들이 상호의존적 입장에서 서로의 목표 달성을 지원하기 위한 집단 촉진적 지식과 기술 적용을 포함하는 폭넓은 전문 서비스'이며 집단 작업의 목표는 직장, 교육, 개인적 혹은 다른 사람과의 갈등 해결, 정서적·정신적 장애로부터의 회복, 자기 개발(personal development) 등과 직결된 과업 달성을 포함한다.

현장에서 널리 활용되는 집단에는 과업 및 업무 집단, 심리교육 집단, 상담 및 심리치료 집단, 자조 모임, 동료지지 모임 등 다양한 형태가 존재한다(Corey & Corey, 2006). 집단 유형 간 차이는 구조화 정도, 과업 및 목표의 구체성, 집단 구성원의 특징 등에 따라 결정된다. 집단 상담은 유형과 성격에 관계없이 자기 탐색, 자아 성장(personal growth), 내적 자원 구축 등과 같은 공통 목표를 가지고 있다. 요컨대, 집단 구성원들은 공동 참여와 협력을 바탕으로 규범과 기대치를 공유하는 사회 시스템을 만들고, 서로 간 혹은 리더와의 상호작용을 모색한다.

집단 상담에서, 집단 맥락과 집단 과정은 처치 개입을 구성한다. 치료 효과는 다른 사람의 존재가 자기 탐색, 학습, 그리고 개인상담과는 구별되는 특유의 응집력(cohesion) 등을 함양할 기회를 제공한다는 기본 가정에 근거한 집단 맥락에서 비롯된다. 다수의 고전 및 현행 연구들이 집단 상담의 전반적 치료 효과에 관해 서술하였는데(Corey & Corey, 2006; Posthuma, 1998; Yalom & Leszcz, 2005), 집단 상담의 치료 효과는 적용되는 이론적 접근이 무엇이든 관계없이 집단 과정과 밀접한 관계를 지닌다고 한다.

## 2) 일반적 치료 요인

다수의 상이한 이론이 전문가가 집단을 이끄는 방식에 영향을 미치겠지만, 엄격한 절차를 거친 다수의 연구가 집단 상담의 효능과 직결된 공통 요인을 입증하였다(Corey & Corey, 2006; Posthuma, 1998; Yalom & Leszcz, 2005). Yalom과 Leszcz(2005)는 대다수의 집단 치료에 공통으로 존재하는 변화 기제에 관한 실증 데이터와 전문가의 임상 관찰을 검토하였다. 연구자들 사이에는 집단 응집력이야말로 집단 상담의 핵심이며, 치료적 관계를 규정하는 최적의 요인이라는 공감대가 확산되고 있다(Bernard et al., 2008; Burlingame et al., 2002; Yalom & Leszcz, 2005). 집단 응집력은 구성원과 구성원(member-to-member), 구성원과 집단(member-to-group), 구성원과 리더(member-leader) 간의 관계 등과 같이 집단 내에 존재하는 여러 형태의 잠재적으로 가능한 동맹의 기능이다(Burlingame et al., 2002). 다수의 연구에 따르면, 집단 응집력과 집단 참여에 따른 임상 성과 사이에는 긍정적 상관관계가 존재한다고 한다(Tschuschke & Dies, 1994). 〈표 13-1〉에는 Yalom과 Leszcz(2005)가 제시한 치료 요인과 장애인 내담자를 위한 구체적 고려사항이 수록되어 있다.

## 2. 집단 개입 절차에 대한 상담 이론 적용

개인상담에 적용된 다수의 이론적 접근과 기법은 집단 상담에도 활용이 가능하다(Bednar & Kaul, 1994). 집단 상담에서 하나의 이론만을 고수하는 경우는 매우 드물다. 오히려, 다수의 상담사는 그들 고유의 세계관에 일치하는 통합적이며 지속적으로 발전하는 이론적 접근을 선호한다(Norcross & Goldfried, 2005). 여기서는 이론 사이의 핵심적 차이를 설명하기 위해 네 가지 주요 범주에 속한 이론의 개념을 소개하고자 한다.

### 1) 정신역동적 접근

정신역동적 접근은 정신분석, 대상관계, 대인관계 이론 등의 개념을 포함한다(이 책의 제9장과 제10장 참조). 정신역동 집단의 목표는 무의식적 갈등을 자각의 장으로 옮기는 과정을 통해 내담자의 성격을 재구조화하는 데에 있다. Wolf와 Schwartz(1963)는 자유 연상, 꿈의 해석, 전이 등 정신역동 이론의 핵심 기법을 집단 상담에 적용하는 방법을 개발하였다. 정신역동 이론의 목표는 내담자가 가족 구성원이나 친지 등과의 관계를 다시금 경험할 수 있는 환경 제공에 있다. 이 과정에서 정신역동 집단 치료는 전이와 방어기제를 이끌어 내기도 한다. 예를 들어, 집단 구성원 A는 구성원 B에게 어머니, 아버지, 친한 친구, 혹은 권위적 인물을 떠올리게 만들 수 있다.

대다수의 사람들이 그러하듯이, 장애인들 또한 관계, 감정적 고뇌, 문화적 차이, 학대 등 다양한 문제를 경험한다(Patterson, McKenzie, & Jenkins, 1995). 장애는 그 사람이 지닌 능

표 13-1 일반적 치료 요인과 재활상담에 대한 실제적 적용

| 치료 요인 | 정의 | 재활상담에의 적용 |
|---|---|---|
| 보편성 (universality) | 집단 구성원이 유사한 생각, 감정, 고민/어려움을 공유하고 있다는 인식 | 보편성 효과는 만성질환이나 장애에 관해 구성원들 각자가 느끼는 감정을 정상적인 반응으로 받아들이도록 태도를 촉진함으로써, 장애나 만성질환이 제앙 또는 수치라는 인식을 완화시켜 준다. |
| 희망 심어주기 (instillation of hope) | 집단 구성원이 다른 구성원의 성취를 소중히 여기며, 자기도 성공할 수 있다는 낙관적 태도를 기름 | 재활 현장에서 희망은 죽추장애 등과 같이 충격적 사건/사고로 인해 장애가 발생한 사람, 양극성 기분장애(bipolar mood disorder) 등과 같이 만성질환을 경험한 사람, 장기간의 만성적 실업상태를 벗어나 제취업(return to work)을 모색하는 사람 등에게 특히 중요하다. |
| 이타적 태도/이타심 (altruism) | 집단 구성원들이 서로에게 도움의 손길을 내미는 행위를 통해 자존감을 높여 가는 과정 | 집단 구성원들은 상담 과정에서 도움을 주고 받는 기회를 통해 다양한 역할 수행을 경험할 수 있다. 이타적 태도는 만성질환 등으로 인해 다른 사람에 대한 의존적 성향이 심화된 사람을 정상적인 역할 기능 수행자로 변화하도록 지원하는 데 심적 기제다 (Holmes & Kivlighan, 2000). |
| 정보 제공 (imparting information) | 집단 리더 혹은 구성원들에 의한 조언이나 교육 제공 | 재활 과정에서 교육적 측면이 갖는 중요성을 감안해 볼 때, 정보 제공은 재활 현장에 적용되는 대다수 집단 상담의 해심 요소다. 구성원들이 공통의 문제를 어느 정도까지 공유하느냐를 둘러싼 새로운 정보는 종종 토론, 해결 방안 제시, 희망 제공 등을 촉진한다. |
| 모방 행동 (imitative behavior) | 다른 구성원의 발전된 모습 관찰과 주변적 학습(vicarious learning)을 통해 지식과 기술을 학습함 | 장애인 내담자에게 있어 자신과 유사한 고민을 가진 집단 구성원을 통한 학습은 가별한 의미를 지니며, 만성질환 등의 자기 관리를 촉진한다. |
| 대인 학습 (interpersonal learning) | 집단 구성원들 간의 피드백 교류를 통한 개인과 학습 습득 | Wright(1983)는 집단 상담은 문제에 관한 새로운 해결, 가치 변화, 기본적 기대치 변화 등을 이끌어낸다고 주장하였다. 이는 장애가 발생한 지 얼마 되지 않은 사람이 장애가 자신의 삶에 미칠 영향을 이해하는 데에 매우 유익하다. |

| 요인 | | |
|---|---|---|
| 응집력<br>(cohesion) | 집단 구성원들이 경험하는 소속감, 신뢰, 연대감(togetherness) | 집단 구성원들 사이에 공유하는 수용과 상호 존중은 장애인 내담자의 재활에 있어 커다란 비중을 차지하는 자기 수용을 촉진한다. 이와 함께, 유사한 장애를 가졌거나 비슷한 상황에 처한 사람들과의 유대는 공동체 의식, 소속감, 역량 강화 등을 촉진한다. |
| 사회화 기술 개발<br>(development of socializing techniques) | 집단 맥락은 구성원들에게 적응적이고 효과적인 의사소통 촉진이 가능한 환경을 제공함 | 치료적 집단 구성원들은 서로를 향한 건설적 피드백 제공을 주저하지 않는다. 이는 장애인 내담자의 사회적 기술과 자기 효능감을 강화시켜 준다. |
| 가족 경험 복원<br>(recapitulation of the family experience) | 집단 상담을 통한 구성원들의 인생 초기 경험 재구성을 위한 교정적 정서 체험을 제공 | 장애는 가족, 역할 기대, 대인관계 등에 커다란 영향을 미친다. 집단과정은 광범위한 전이 경험을 자극하고, 상호 감동을 통한 훈습과 새로운 기술 및 관계에서의 건전한 기대 형성에 필요한 안전한 환경을 제공한다. |
| 감정의 정화<br>(catharsis) | 과거 혹은 현재 경험에 관한 강렬한 감정 해방 | 집단 상담은 내면 깊숙이 가라앉아 있는 정서적 경험을 표면으로 이끌어 낸다. 장애로 인한 영향으로 축소됐던 구성원의 왜곡된 자기 지각(self-perception)과 마주볼 가능성이 높다. 관련 연구에 따르면, 집단 상담을 통한 감정 표출과 자기 개방은 심리적 고통 감소는 물론, 삶의 질과 건강 상태 향상에 기여한다고 한다(Bower et al., 1998; Stanton et al., 2000). |
| 실존적 요인<br>(existential factors) | 삶에 영향을 미치는 중대 결정에 관한 책임 수용 | 자기 효능감은 어떻게 살아갈 것인지에 대한 자신의 책임이라는 인식에서 비롯된다. 이는 장애 적응의 해심 요소다. |
| 자기 이해<br>(self-understanding) | 정서 반응과 행동의 이면에 내포된 심리적 동기 부여에 관한 구성원의 통찰력 습득 | 자기 수용과 이해는 긍정적 장애 적응을 판별하는 해심 지표로 인식되고 있다(Linkowski, 1971). 이는 특히 중도 장애인의 상황에 매우 중요하다. 왜냐하면 정체성 및 가치관 변화 수용과 스스로에 대한 이해는 장애 수용의 해심 요인이기 때문이다. |

력에 관한 과소 평가, 장애로 인한 어려움을 삶의 모든 영역에 확대 적용하려는 태도, 적응
을 둘러싼 기대치 하향, 장애인과 거리 두기 등과 같이 비장애인들의 고정관념 반응을 야
기한다(Marshak & Seligman, 1993). 유능한 집단 상담 리더라면 구성원에게 사회성 기술 함
양 촉진을 위한 대안적 대처 방법을 실천할 기회를 제공해야 한다. 정신역동 집단 상담은
구성원이 처한 상황과 인지 수준(인지 능력에 장애가 있는 경우, 감정 공유와 표현에 어려움을
지닌 경우, 집단 상담 초기 단계 등)에 따라 비구조화된 접근을 띠기도 하고, 고도로 구조화된
형태를 취하기도 한다. 정신역동 집단 상담에서는 어린 시절의 추억과 장애 발생 초기 경
험 공유, 사진 제시, 인생의 여러 단계에 대한 콜라주(collage) 작성, 인생 시간표 작성, 미
술 작품 창작, 자기 이미지 형상화 작업 참여 등의 활동을 통해 구성원들의 자기 인식을 활
성화를 지원한다. 구성원들 사이에서 통찰 향상을 목적으로 행해지는 이들 경험의 공유와
분석 작업은 정신역동적 집단 상담의 핵심 구성요소다.

## 2) 경험주의적 접근과 인본주의적 접근

경험주의적 접근과 인본주의적 접근은 게슈탈트 치료, 의미 치료, 실존 치료, 인간 중심
치료 등의 핵심 개념을 포함한다(이 책의 제2~4장 참조). 경험주의적 집단 상담의 주된 목
표는 스스로에 대한 이해 촉진과 함께 변화와 삶에 관한 책임감 함양을 돕는 집단 구성원
들의 역량 강화에 있다. 경험주의적 집단 상담에서 집단은 구성원들이 서로에 대한 수용
을 체험하면서 광범위한 영역에 걸쳐 스스로의 감정 상태 탐색이 가능한 안전한 환경을 제
공한다. 여기서 비언어적 행동은 감춰진 감정 상태의 단서로 간주된다. 예를 들어, 스스
로의 삶이 괜찮다고 말하는 내담자가 있다고 가정해 보자. 하지만 집단 구성원들은 시선
을 밑으로 내리깐 채 다른 사람을 외면하며 손가락을 쥐어짜는 듯한 모습을 통해 그 사람
의 말이 실제와는 다르다는 점을 간파할 수 있다. 이 같은 상황에 대한 집단의 효과적인 대
처는 해당 구성원이 보이는 불일치를 지적하는 한편, 그에게 현재 경험하고 있는 감정 상
태를 좀 더 많이 표현하도록 돕는 것이다. '지금-여기(here and now)' 경험의 집중적 활용
은 정서적 자각 촉진, 감정 정화 제공, 행동과 정서 간의 조화를 도모할 수 있다(Yalom &
Josselson, 2011).

경험주의적 혹은 인본주의적 집단 상담에서는 역할극, 공감적 집단 반응(emphatic group
responses), 반영(reflection), 모델링, 그 밖의 다양한 적극적 연습 등을 활용하여 감정 유인
과 체험을 이끌어 낸다. 빈 의자 기법(empty chair technique)을 활용하면 집단 구성원에게

장애를 애도하고, 장애 이전의 자아에게 작별을 고하며, 특정인에게 자기의 감정을 표현하고 거부되었던 자아의 일부를 받아드리는 등의 행위를 격려할 수 있다. 높은 수준의 구조화를 요하는 집단의 경우, 구성원에게는 다른 구성원에 대해 느끼는 감정을 기록하게 한다음, 그것을 표현하거나 짝을 이루어 서로 간에 면담을 하도록 조치한다. 집단 구성원들에게는 부인(denial), 권리(entitlement), 분노 등의 감정을 직면하게 한 후, 그 같은 감정과 행동에 대한 책임을 인정, 소유(own), 수용하도록 격려한다.

## 3) 인지 행동적 접근

인지 행동적 집단 개입에서는 행동 치료, 합리적 정서 행동 치료, 인지 행동 치료, 현실 치료, 해결 중심 치료 등의 핵심 개념을 혼용한다(이 책의 제5, 6, 7장 참조). 인지 행동적 집단 상담의 목표는 부적응 행동과 사고를 적응 행동 및 합리적 인식으로 대체하는 것이다. 집단 리더와 구성원들은 적응 행동 및 사고를 강화하고, 부적응 반응 소거를 추구하며, 직접적, 간접적 학습을 촉진한다. 인지 행동적 집단 상담은 협력을 촉진하고, 현재의 문제에 집중하며, 구체적 목표를 중심으로 구조화되어 있고, 비용 환급을 위한 서류 작업이 용이하다는 점 등으로 인해 재활 현장에서 널리 각광받고 있다(Bowers, 1988). 한편, 인지 행동적 접근을 적용한 다수의 임상 연구 문헌이 보고되었다. 예를 들어, 집단 역할극과 구조화된 체험(structured experiences)은 도움 요청에 필요한 사회적 기술, 활동지원인 훈련, 보조공학 기기/장비 시연, 취업 면접 등의 교육에 활용이 가능하다(Liberman, DeRisi, & Mueser, 1989). 집단을 활용하면 "저는 장애인으로 살아갈 수 없어요." 등과 같이 장애 발생으로 인한, 특정 인지 왜곡을 장애 적응 향상을 통해 보다 적응적 반응으로 재구성하는 것이 가능하다(Sweetland, 1990).

인지 행동적 접근에서 주로 활용되는 개입 전략은 구조화 정도가 높고, 구체적인 행동 목표를 수반하는 경향을 보인다(Burns & Beck, 1999). 즉, 역할극, 체계적 둔감화, 이완, 명상, 자기 주장 및 시간관리 훈련, 워크북 및 독서 과제, 그 밖의 다양한 기법 활용이 가능하다. 집단 구성원들은 주간 목표를 설정하고, 다른 구성원들과 이들 목표를 다른 구성원들과 공유하며, 목표 달성 방법을 궁리하고, 자신이 거둔 성과와 이 같은 과정을 통해 몸소 체득한 효과적 전략을 공유한다. 토큰이나 스티커와 같은 유형적 강화(tangible reinforcement)를 활용하면 상담을 통해 거둔 성과의 가시적 파악이 가능하다.

## 4) 심리교육적 접근

심리교육적 집단 개입은 교육 집단, 지지 집단, 자조 집단 등과 같이 특정 주제를 중심으로 조직된 형태를 포함한다. 심리교육적 집단 개입의 목표는 지식 습득, 실용적 극복 대처 전략 개발, 유사한 경험을 지닌 사람들과의 사회적 지지체계 구축 등이다. 한편, 계획 수립과 지지 모임 운영 과정에서 리더가 적극적 역할을 수행하기도 한다. 구성원들이 돌아가며 리더 역할을 맡는 경우도 있으며, 공식적 리더를 두지 않기도 한다. 매 회기마다 구성원이 바뀌는 경우가 있는가 하면, 처음부터 끝까지 동일한 구성원들로 유지되는 집단도 있다. 구성원 각각은 서로에게 지지와 지식의 근원이자, 문제 해결에 필요한 실제적 방안과 행동의 출처가 된다.

재활 현장에서 활용되는 심리교육적 집단 개입에는 입원 환자, 외래 환자, 직업 프로그램 등이 있다. 심리교육적 집단 개입은 질병 및 장애에 관한 정보 제공과 자기 관리 기술 교육 등의 주제를 중심으로 조직된다. 이들 집단은 심장 질환, 관절염, 뇌질환 등과 같이 특정 질병 또는 장애를 주제로 구성된다. Job club(구직자 집단)은 구조화되고 집중적인 직업탐색과 훈련과정을 통해 만성 실업 상태에 처한 사람들을 지원한다(Salomone, 1996). 집단 개입은 또한 학교에서 직장으로의 전환 프로그램 대상자를 위한 구체적 직무 관련 기술 훈련에도 활용된다(McWhirter & McWhirter, 1996).

## 3. 집단 개입의 절차와 과정

집단 과정은 상담 시작에서 종결에 이르는 기간에 걸쳐 집단이 발전하고 진화해 가는 방식을 의미한다. 집단 과정은 집단 내에서 구성원들 사이에 존재하는 역동(dynamics)과 관련되어 있다. 이 절에서는 ASGW와 AGPA, 그리고 관련 서적(예: Corey & Corey, 2006; Yalom & Leszcz, 2005) 등 다수의 자료를 바탕으로 집단 형성, 절차, 과정에 관한 구체적 지침과 권고사항을 제시하고자 한다.

## 1) 집단의 형성

구성원의 욕구와 환경적 제약은 일정 부분 집단 상담에 활용되는 이론적 접근과 특정적 기법 결정에 영향을 미치는 주요 구성요소다. 예를 들어, 치료 비용 억제로 인한 여러 형태의 압박은 입원 환자 집단에 대해 집단 구성과 리더십의 급격한 변화 및 이질적 환자 집단이라는 특징으로 이어졌다. 다수의 관련 문헌에서는 운영되는 집단 유형에 관계없이 공통으로 적용이 가능한 집단 형성 기본 지침을 제시하고 있다(예: Bernard et al., 2008; Corey & Corey, 2006; Thomas & Pender, 2008; Yalom & Leszcz, 2005). 〈표 13-2〉에는 집단 규모, 구성, 만남 장소, 회기당 적정 시간과 횟수, 장애인 내담자를 위한 특수 고려사항 등에 관한 내용이 제시되어 있다.

## 2) 집단에서의 실제적 고려사항과 내담자의 권리

대부분의 환경에서 집단은 자발적이며, 잠재적 참여자들은 도움을 받을 권리와 원하는 속도에 맞추어 자기 개방을 할 권리를 가진다. 잠재적 집단 참여자를 선정할 때는 세심한 검정 작업이 이루어져야 한다. 리더는 내담자가 집단 상담에 참여할 준비가 되어 있는지의 여부와 함께, 정보 제공과 집단에 관해 잠재적 내담자가 품고 있을지 모를 우려 사항 탐색 등을 평가해야 한다. 집단 상담을 운영하는 재활전문가는 여건이 허락하는 한, 잠재적 참여자(구성원)의 욕구와 목표가 집단의 그것에 부합하고, 집단 과정을 방해하지 않으며, 집단 상담 참여 경험으로 인해 웰빙이 위험에 처하지 않는지의 여부 평가 등과 같은 기준을 고려하여 구성원을 선정해야 한다. 집단 상담을 통해 의미 있는 성과를 거두는 내담자의 특징을 살펴보면 집단의 목표와 유사한 개인적 목표를 지니고 있다는 점, 집단을 통해 동기 강화가 이루어진다는 점, 집단 과정에 매력을 느낀다는 점 등을 꼽을 수 있다(Seligman, 1995).

집단을 운영하는 재활전문가는 구성원 모두에게 상담 과정, 활용할 기법, 비용, 예상되는 위험 등에 관한 정보를 고지해야 하는 것이 바람직하다(Bernard et al., 2008). 내담자의 입장에서 볼 때, 집단의 시작은 불안감을 초래하는 경험으로 인식될 수 있기 때문이다. 따라서 재활전문가는 개시 시점에 만남 장소, 만남 일시, 개별 회기의 길이, 만남의 빈도와 횟수, 집단 규모 등 집단의 구성과 구조에 관한 설명을 제공해야 한다. 불참 고지, 상담 도중 음식 섭취 가능 여부, 탈퇴 등에 관한 방침 또한 명백히 고지해야 한다. 집단 구성원들에게는 첫 번째 만남에 앞서 상담 절차와 내용 전반에 걸쳐 개별적 오리엔테이션을 제공한다. 재활전문가는 내담자의 서명과 함께 집단 관련 세부 사항, 비밀보장 원칙과 이의 제한 상황, 집단 상담 참여에 따른 잠재적 위험, 출석 및 규칙 엄수를 위한 서약 등의 내용을 골

표 13-2 **집단 구성을 위한 기본 지침 및 고려사항**

| 구성시 고려사항 | 일반 지침 | 재활 관련 추가 고려사항 |
|---|---|---|
| 만남 장소<br>(meeting place) | 만남 장소를 선정할 때는 사생활 보호(privacy), 면대면 대화의 용이성, 입지조건(attractiveness) 등을 고려해야 한다. 주위를 분산시키는 요소가 적고, 정리·정돈이 잘 되어 있는 공간이면 대체로 무난하다. | 만남 장소를 결정할 때는 구성원들의 접근성과 이동 수단(transportation) 관련 욕구를 고려해야 한다. |
| 자리 배치<br>(seating arrangement) | 좌석은 편안해야 한다. 좌석을 원형으로 배치하면 집단 구성원들에게 서로를 마주보며 몸을 자유롭게 움직일 수 있는 자유를 제공한다. 리더가 두 명일 경우에는 두 사람의 자리를 대각으로 배치하여 리더와 구성원 사이에 피리감을 유발할 가능성이 있는 분위기를 피해야 한다. | 만남 장소는 장애인을 위한 물리적 접근성을 갖추어야 하며, 휠체어 이용·장애인을 위한 공간이 있어야 한다. 집단 구성원들 중에는 좌석과 관련하여 특수한 편의 제공을 필요로 하거나 주변을 돌아다니며 위치 등의 조정 기회가 필요한 사람이 있을 수 있다. |
| 집단 규모<br>(group size) | 집단 규모는 여러 요인에 따라 달라질 수 있다. 대개의 경우, 성인 대상 집단 상담은 6~8명, 아동을 대상으로 할 경우에는 3~4명이 적당하다고 간주된다. | 장애적으로 출현율이 낮은 장애인 대상 집단 상담의 경우, 구성원 모두의 지리적 거리를 고려해 가며 적정 인원을 유지하기가 쉽지 않다. |
| 개방형 집단 대 폐쇄형 집단<br>(open vs. closed group) | 리더는 어떤 유형이 집단의 목표 충족에 유리할 것인지를 고려해야 한다. 개방형 집단은 기존 구성원의 이탈 시 새로운 사람으로의 대체가 용이하다는 점에서 새로운 자극 투입이 수월하다. 그렇지만 개방형 집단은 구성원의 잦은 교체로 인해 결속력 저하 및 발생 가능성이 있고, 신참자의 경우 이전 회기에 참여하지 못한 데서 비롯된 적응상의 어려움을 경험할 수 있다. | 리더는 신참자의 사전 준비 지원을 통해 이들이 기존 구성원들과 융합하도록 도울 수 있다. |

| | | |
|---|---|---|
| 동질적 집단 대 이질적 집단 (homogeneous vs. heterogeneous) | 이는 집단 상담을 통해 이루고자 하는 구체적 목표가 무엇인가에 따라 달라진다. 유사한 특징을 공유하는 동질적 집단의 경우, 구성원들이 지닌 특정적 욕구에 집중하는 것이 보다 적절하다. 구성원들 사이의 유사성은 또한 집단 응집력 강화에도 기여한다. 한편, 이질적 집단은 외부 사회구조를 보다 정확히 반영하며, 구성원 모두가 다양한 관점이 반영된 피드백을 제공할 기회를 허용한다. | 같은 장애 유형이라 해도 그 안에는 다양한 차이가 존재한다는 점은 동질적 집단 형성을 더욱 어렵게 만든다. |
| 회기당 만남 시간 (length of session time) | 외래 환자 대상 집단 상담의 경우 회기당 만남 시간은 보통 90분 정도가 적당하다. 입원 환자를 대상으로 할 경우에는 회기당 만남 시간이 상대적으로 짧다. 기능 수준이 양호한 성인 대상 집단 상담은 대개 1주일에 한 번씩 만나되, 회기당 만남 시간은 2시간을 넘지 않는 것이 바람직하다. | 장애인 구성원의 경우, 회기 중간에 휴식시간을 제공하면 상담 효과를 높일 수 있다. |
| 만남 횟수 및 간격 (frequency of meetings) | 일반적으로, 집단은 주당 1회의 만남을 원칙으로 한다. job club이나 입원 환자 등이 집단은 매일 만나는 것도 가능하다. | 장애인 구성원들에게 있어 가용한 교통수단 유무는 중요 고려사항이다. |
| 기간 (duration) | 집단 상담은 단기 혹은 장기 상담 모두 가능하다. 폐쇄형 집단이라면 상담 개시 시점에 종료 일자를 정해 둘 것을 권장한다. 장기간을 필요로 하는 집단은 대개 12주에서 1년가량의 기간이 소요된다. 대학에 따라서는 한 학기(총 15주)에 걸쳐 매주 제공되는 집단 상담 프로그램을 운영하기도 한다. | 장기간을 요하는 집단 상담의 경우, 의료적 처치, 입원, 거주지 변경 등이 일부 구성원의 정기적 참여 능력에 영향을 미친다. |

자로 하는 고지된 동의 문서(일종의 안내문과 동의서 등)를 구비해야 한다. 체계적 형태를 갖춘 문서를 통해 집단 상담 지침을 상세히 제공하면 이 같은 정보를 쉽고 명확하게 전달할 수 있기 때문이다. 시간 제약을 받는 다수의 집단 상담에서 활용이 가능하며 전술한 목적에 부합하는 고지된 동의서 작성 매뉴얼이 개발되어 있다(예: Munoz & Miranda, 2000).

## 3) 집단 개입 절차와 관련된 잠재적 위험

긍정적이고 끈끈한 집단 역동 창출은 집단 리더에게 부여된 가장 중요한 임무 중 하나다. 하지만 여기에는 항상 잠재적 위험이 도사리고 있다. 신중한 구성원 선별과 오리엔테이션, 계약서 작성, 구성원들과의 지속적 대화, 리더의 기술 등을 활용하면 상당수의 잠재적 위험을 최소화할 수 있다. 집단의 리더는 자신이 속한 직능 단체의 윤리 규약(예: 2010년 CRCC 제정 재활상담사 윤리 규약)을 엄수하고, 그것이 허용하는 범위 내에서 행동해야 한다. 집단의 리더는 그들의 업무 행위에 영향을 미치는 관련 법률의 내용을 이해하고, 규정 개정에 관한 최신 정보의 확보를 위해 노력해야 한다. 집단 상담과 관련된 구체적 위험 요인 중 대표적 사례 몇 가지만 소개하면 다음과 같다.

- 비밀보장 원칙에 대한 위협(threats to confidentiality): 집단 상담은 법정에서의 특권적 의사소통(privileged communication: 법정에서 증언을 강요당하지 않을 권리), 사생활 침해, 비밀보장 등의 문제와 관련하여 복잡하고 독특한 윤리적 문제를 야기할 수 있다 (Cottone & Tarvydas, 2007). 예를 들어, 관련 분야 면허나 자격을 보유한 전문가가 리더로 참여하여 상담 과정에서 내담자(구성원)와 나눈 대화 내용에 관해 비밀을 유지한다 해도, 구성원 중 일부가 이 같은 원칙을 위반하거나 대화 내용 등의 정보를 외부로 유출할 가능성을 배제할 수 없다. 리더와 다른 구성원들이 비밀 유지를 요구해도 이같은 위험을 완전히 없애기는 사실상 쉽지 않다. 구성원들은 비밀보장 원칙이 제한되는 경우가 있다는 사실을 이해해야 한다. 따라서, 집단 리더는 구성원들에게 비밀보장의 중요성을 지속적으로 환기시켜야 한다(CRCC, 2010).
- 자기 개방에 따른 위험(risks in self-disclosure): 자기 개방은 집단 응집력과 생산성에 직접적 영향을 미칠 가능성이 높다. 자신의 문제를 드러내지 않은 채 구성원들이 안고 있는 문제를 해결하거나 목표를 달성하기는 쉽지 않기 때문이다. 하지만 자기 개방 이슈가 적절히 다루어지지 않거나, 리더 또는 다른 구성원들이 자기 개방을 통해

드러난 문제를 무시할 경우, 내담자가 느낄 고통이나 절망감은 심화될 것이다.

- 희생양 만들기/책임 전가(scapegoating): 희생양은 집단 구성원 전체가 한두 명의 구성원을 따돌릴 경우에 발생한다. 집단 리더의 역할은 잠재적 문제 행동을 관찰한 후, 그 같은 행동을 보이는 개별 구성원의 보호와 집단 응집력 및 긍정적 집단 역동 유지를 위한 전략을 적용하는 것이다.

- 문화적 이슈: 문화적 차이는 불필요한 오해를 불러일으키곤 하는데, 이는 집단 역동을 해칠 수 있다. 따라서 집단 상담의 리더는 자기 스스로가 지닌 편견과 고정관념 자각, 집단 과정에 내재된 문화적 쟁점 인지, 구성원 각자가 지닌 가치관과 신념 존중 등에 각별한 주위를 기울여야 한다. 문화적 차이로 인한 문제가 대두될 경우, 리더는 구성원 전체가 참여하는 공개 대화를 통해 문제를 해결하고 집단 전체가 성장할 수 있는 기회를 제공해야 한다.

## 4) 리더의 특성과 기능

집단의 리더는 매 회기마다 개인적 자질, 훈련을 통해 습득한 지식, 가치관, 인생 경험 등과 함께 사적인 편견과 가정을 품은 상태에서 상담에 임한다. 리더는 자기 자신이 성장 지향적 삶의 모범을 보여야 하며, 자기 반영(self-reflection)에 관해 개방적 태도를 가져야 한다. Lieberman, Yalom 그리고 Miles(1973)는 요인 분석을 활용한 그들의 고전적 연구를 통해 리더는 네 가지 기본적 역할을 수행한다고 지적하였다. 리더에게 요구되는 첫번째 역할은 집단 구성과 한계 설정, 지침과 규칙 확립, 집단 유지 등 행정가의 역할이다. 리더의 두 번째 역할은 돌봄으로, 이는 구성원의 복리 향상과 함께, 치료에 활용되는 개입의 효과성 향상에 대한 헌신을 의미한다. 세 번째 역할은 정서적 자극으로, 리더는 구성원들에게 서로의 감정과 가치관을 공유하고 표현하도록 격려해야 한다. 리더의 마지막 역할은 의미 귀인(meaning attribution)으로, 이는 구성원들이 자기 자신과 다른 사람에 대한 이해 능력 개발에 필요한 도움 제공을 의미한다(Lieberman et al., 1973). Corey와 Corey(2006) 또한 적극적 경청, 재진술하기, 요약 등과 같이 효과적 리더십 발휘에 필요한 일련의 핵심적 기술과 역할을 상세히 기술하였다. 이들 대부분은 개별 상담에서도 비중 있게 활용되는 기초적 상담 기술이다(이 책의 제11장 참조).

리더는 또한 다수의 관련 연구 문헌에 제시된 치료적 변화를 이끌어내는 핵심 부분(key block) 파악에도 각별한 노력을 기울여야 한다(예: Posthuma, 1998; Yalom & Leszcz, 2005).

숙련된 리더라면 집단 치료 과정을 견인하는 핵심 부분이야말로 구성원들의 변화를 지원하는 기회가 된다는 점을 인식할 것이다. 구성원 모두가 리더십을 공유하기 위해 리더에게 요구되는 역할은 집단 구성원에 대한 통제권 포기, 구성원 각자가 스스로의 삶을 이끌어 나갈 능력이 있다는 믿음, 다른 사람의 역량 강화 등이다. 구성원에 대한 통제권 포기로 대표되는 복종적 반응(submissive response)은 재활전문가들이 받아들이기에 다소 어려울 수 있다(Huebner & Thomas, 1996). 둘 이상의 리더가 공동으로 운영하는 집단 상담이 효과를 거두기 위해서는 리더 사이에 상담 절차와 갈등 해결 모델을 둘러싼 합의가 선행되어야 한다(Posthuma, 1998).

다수의 연구가 집단 상담 리더의 자기 개방을 핵심적 주제로 다루었다(Bednar & Kaul, 1994; Kiesler, 1996; Yalom & Leszcz, 2005). 효과적인 자기 개방의 목표는 집단 구성원들이 모방할(따라한) 모범적 행동을 제시하고, 리더의 인간적 면모를 드러내는 데에 있다(Posthuma, 1998). 현명한 자기 개방은 내담자를 향한 관심을 유지한 상태에서 적정 수준의 디테일을 제공하는 것이다(Rachman, 1990). 비록 집단 리더들이 기꺼이 자신에 관한 것을 공유하는 한계 기준은 다를 수 있겠지만, 집단 상담의 리더는 자세(body posture)와 목소리 억양(voice inflection) 등과 같은 비언어적 방법을 통해서도 얼마든지 자신의 속내를 표현할 수 있다는 사실을 인지할 필요가 있다. 실제로, 집단의 리더는 개별상담에 비해 내담자에 대한 노출 정도가 상대적으로 높은 편이다. 이는 구성원 모두를 상대로 서로가 지닌 정체성의 상이한 단면을 표출하는 여러 유형의 사람들이 교류해야 하는 리더 고유의 임무에 기인한다(Bernard et al., 2008).

## 5) 동료주도형(peer-led) 집단과 동료지원형(peer-assisted) 집단

소정의 자격을 갖춘 전문가가 리더로서 집단을 이끄는 방식이 주류이기는 하지만, 최근 들어서는 구성원과 공통의 경험을 지니고 살아가는 동료 집단 촉진자의 역할과 기여를 인정해야 한다는 움직임이 활발히 전개되고 있다. 이 같은 모델은 12단계로 구성된 단주동맹프로그램과 정신장애인을 위한 동료 주도형 회복 집단 등에서 쉽게 찾아볼 수 있다. 체계화된 자조 집단과 동료 주도형 집단을 결합한 집단 상담 프로그램의 사례로는 웰니스 회복 행동 계획(Wellness Recovery Action Planning: WRAP; Copeland, 1997), 회복을 위한 워크북(Recovery Workbook; Spaniol, Koehler, & Hutchinson, 1994), 회복으로 가는 길(Pathways to Recovery; Ridgway, McDiarmid, Davidson, Bayes, & Ratzlaff, 2002) 등이 있다.

## 6) 집단 개입의 단계

관련 문헌을 보면, 집단 개입의 단계별 분류와 개념화를 시도한 다수의 모델이 존재한다. 여러 가지 차이에도 불구하고, 이들 모델 사이에는 집단은 예측 가능하며 발달적 과정을 통해 진화해 간다는 공감대가 형성되어 있다. Corey와 Corey(2006)는 Tuckman(1965)의 집단 발달에 관한 고전적 연구를 바탕으로, 다음과 같은 네 개의 단계로 나누어 설명하였다.

- 개시 단계(initial stage): 이 단계의 주된 특징은 구성원들이 서로 간 혹은 집단에 적응해 가는 과정에서 보이는 머뭇거림 혹은 조심스러움이다. 구성원들은 자신의 길을 발견하고, 서로 간의 관계 형성 및 집단 내에서의 처신 방법을 학습하며, 리더 및 서로에 대한 신뢰를 갖기 시작한다. 따라서 이 단계의 주요 목표는 오리엔테이션과 탐색에 있다.
- 이행 단계(transition stage): 이 단계에 접어들면, 구성원들은 집단의 틀 내에서 문제 해결을 가로막는 저항에 도전한다. 구성원들은 또한 보다 많은 위험 부담을 지기 시작한다. 구성원들은 자기의 성장을 저해하는 저항, 갈등, 불신 등을 극복하는 과정에서 경험하는 여러 가지 감정과 어려움을 표현한다.
- 작업 단계(working stage): 이 단계가 되면, 구성원들은 문제 해결을 위한 활동에 능동적으로 참여하고, 목표 달성을 시도한다. 구성원들은 또한 문제 탐색과 처리에 전념하고 있음을 드러내는 한편, 집단 역동에 몰입한다. 상황이 이상적으로 전개된다면, 리더십과 책임 공유, 집단 안정성, 집단 활동에 대한 적극적 참여 등을 특징으로 하는 집단 응집력이 나타난다.
- 최종 단계(final stage): 최종 단계는 집단 상담의 틀 밖에서도 변화를 이끌어 낼 수 있도록 그때까지 거둔 성과를 공고히 하고, 그간에 학습한 내용의 실제적 적용에 노력을 기울이는 시기다. 집단이 해산되면, 구성원들은 상실에 대한 슬픔 등을 포함하여 일종의 유예 기간을 경험할 가능성이 있다.

비록 대다수의 집단에서 이들 단계의 활용 빈도가 높기는 하지만, 장애인 대상 집단 과정에서는 이와는 다른 단계가 적용되기도 한다(Marshak & Seligman, 1993). 예를 들어, 기능 상실을 슬퍼하는 과정은 전형적인 경우에 비해 상대적으로 높은 수준의 분노와 의존적 태도를 유발할 수 있다.

## 7) 장애 관련 고려사항

재활 현장에서 집단은 다양한 정도의 기능적 제한과 여러 유형의 장애를 가진 사람들로 구성된다는 점에서, 집단 절차의 변형이 요구되기도 한다(Patterson et al., 1995). 관련 문헌은 장애 및 잠재적 정당한 편의 제공과 관련하여 집단을 구성하는 재활상담사가 고려해야 할 여러 변수를 제시하였다.

앞으로의 연구는 장애 관련 요인의 관리 방안을 탐구하고, 집단 구성원 전체의 완전한 참여를 촉진할 효과적 전략을 제시하는 등의 분야에 역량을 집중해야 한다.

### (1) 집단 이질성

집단은 대부분 이질적 형태를 띤다. 이는 나이, 성별, 소득 등 구성원들의 배경이 다양하고, 그들이 지닌 능력에 차이가 존재한다는 점에서 기인한다. 집단을 운영하는 재활상담사는 계획 단계서부터 이질적 집단 관리 전략을 고려해야 한다. 다음은 집단 구성원 전체의 참여 촉진을 위해 시도해 볼 만한 조치들이다.

- 상호보완적인 기술을 가진 구성원들로 이루어진 동료(buddy) 시스템이나 협력적 하위 집단(collaborative subgroups)을 구성한 후, 기능 수준이 높은 구성원에게 상대적으로 기능 수준이 낮은 구성원을 도와주도록 격려함.
- 집단 절차에 협력적 변형을 가하여 가르치기와 이타적 태도 체험을 촉진하고, 기능 수준에 있어 커다란 차이를 보이는 구성원 각각의 필요를 고려하여 맞춤형 관심을 제공함.
- 집단 목표에 저촉되지 않는 범위에서 자기 스스로가 달성한 성과 점검을 허용하되, 집단의 최종 목표에 부합하는 개인적 목표를 설정함.

### (2) 인지 장애(제한)

인지 능력에 제한이 있는 구성원들의 경우, 리더가 보다 구조적 접근을 취할 때 유의미한 효과를 거둘 확률이 높다. 그렇지만 집단의 리더는 사람들에게는 누구나 자기 자신과 스스로의 삶을 돌볼 최소한의 잠재적 능력이 있다는 신념을 바탕으로, 집단 운영 전반에 대한 통제력 축소에 힘써야 한다. 집단의 예측 가능성의 증가는 리더로서의 역할 수행에 필요한 역량 강화에 기여한다. 이에 따라, 제공 가능한 정당한 편의를 살펴보면, ① 일관성 있는 구조와 안건 사용, ② 쉽고 간단한 지침 제공, ③ 보다 많은 시각적 신호와 감각/운동 활동 통합, ④ 피드백과 구체적 사례 제공 빈도 확대 등이 있다(Stein, 1996).

### (3) 의사소통 장애(제한)

집단의 초점이 구두 언어에 의한 정보 및 감정 공유에 맞추어져 있다는 점에서, 구두 언어를 통한 의사소통 장애는 집단 운영에 있어 상당한 정도의 지장을 초래할 수 있다. 다양한 형태의 언어적·비언어적 과제를 활용하면 구성원 모두에게 집단 활동 참여 기회를 제공하는 것이 가능하다. 보완대체 의사소통 기구나 수어, 몸짓, 그림, 문서 등의 대체 의사소통 수단 또한 제공 가능한 정당한 편의에 해당한다. 리더가 비언어적 신호에 대한 관심도를 높이면 의사소통 장애가 있는 구성원들의 감정 파악 및 탐색 욕구를 암시하는 중요 순간의 포착이 한결 쉬워진다. 구성원들이 말이 어눌한 사람의 이야기를 끝까지 기다려 주고, 자기들 사이에서 오가는 비언어적 의사소통 내용을 관찰하며 이에 적절히 대응하면 여러모로 유익하다(Marshak & Seligman, 1993).

### (4) 주의력 결핍 및 행동 장애와 만성 피로

집중력 유지에 어려움을 겪는 사람이나 통증 혹은 만성 피로를 호소하는 사람은 장시간에 걸쳐 진행되는 상담 회기 참여에 어려움을 느낄 수 있다. 이 같은 유형의 사람들에게는 회기당 시간은 짧게 하고 빈도는 늘리는 방식이 효과적이다. 아울러, 구성원들에게는 특정 행동 통제와 일정 수준의 피로감 극복 기술을 가르칠 필요가 있다. 능동적 활동과 수동적 활동 간의 균형 유지는 구성원들의 집단 상담 과정 참여를 촉진한다. 비협조적 혹은 회피적 행동을 보이는 구성원들은 안건 설정이나 활동 운영 등과 같은 과제를 주도하도록 유도하는 것이 좋다.

### (5) 지체 혹은 감각 장애

지체장애인이나 감각장애인 내담자는 집단 상담 참여 시 산소호흡기, 휠체어, 수축 도구(traction devices) 등과 같은 보조기구를 동반하곤 한다. 리더는 구성원 모두가 서로를 마주보며 원활한 상호작용이 가능한 방식으로 이들 보조기기 사용자들을 배려해야 한다. Marshak와 Seligman(1993)은 보조기기 사용자들을 배려할 목적으로 구성원들의 자리를 임의로 배치할 경우 집단 내의 상호작용과 개별 구성원의 통제감을 저해할 수 있다고 경고한다. 청각장애인 내담자가 있을 때는 그 사람을 똑바로 쳐다보며 말하기, 청각장애인 구성원이 흐름을 놓쳤을 경우를 대비한 집단 과정/내용 요약하기, 수어통역사나 속기사 등의 참여 허용 등과 같은 편의를 제공할 수 있다. Miller와 Moores(1990)는 미국 수어(American Sign Language: ASL)를 사용하는 청각장애인 대상 집단 상담에 유익한 권고사항을 제시하였다. 그들은 의사소통 장벽을 최소화하려면 리더가 수어의 능숙한 구사를 통해 상황 전반에 걸쳐 적절히 대처할 수 있는 능력을 갖춰야 한다는 점을 강조하였다. 시각장애인 내담자의 경우, 다른 구성원들의 비언어적 메세지를 놓치거나 자신의 발언 순서가 언제인지를 파악하지 못할 가능성이 있다. 리더는 문서 확대나 청력 향상 등의 기능을 가진 보조공학 기기 활용을 적극 권장해야 한다(지체장애인과 감각장애인 집단 상담 접근에 관해서는 Livneh, Wilson, & Pullo, 2004를 참조하라).

## 4. 재활 현장에 대한 적용

재활 현장에서 행해지는 집단 개입의 목적은 장애인 내담자가 당면한 최대 현안에 대처하는 것으로, 여러 가지 상이한 이론적 접근이 활용된다. 예를 들어, 인지 행동적 접근에 기반한 집단 개입은 다발성경화증 환자의 우울 증상 완화(예: Forman & Lincoln, 2009), 중증 지적장애인의 공격 행동 감소(Rose, 1996), 만성질환 성인의 신체적·정신적 기능 향상(Subramanian, 1991) 등에 효과를 보이는 것으로 나타났다. 전인적 집단 재활 프로그램(예: Nilsson, Bartfai, & Lofgren, 2011 참조)과 자기 개념 변화에 주안점을 둔 집단 심리치료(Vickery, Gontkovsky, Wallace, & Caroselli, 2006)를 병행한 결과, 뇌손상 장애인에게서 긍정적 치료 효과가 있었다.

또 다른 실증 연구들은 집단 치료에서 자주 활용되며 인지 행동적 접근과 심리교육적 접근에 기초한 사회적 기술 훈련의 효용성을 강력히 지지하였다. Bolton과 Akridge(1995)는 메타 분석 기법을 활용하여 직업재활 프로그램 이용자를 대상으로 개발된 소집단용 사회적 기술 훈련 중재를 다룬 실험 연구 결과를 요약한 후, 이들 프로그램의 활용이 장애인 내담자에게 매우 유익했다는 사실을 뒷받침하는 강력한 증거를 발견하였다. 집단 개입은 또한 여성 장애인의 안전 인식과 행동 변화 촉진(Hughes et al., 2010), 지체장애 여성의 자존감 형성과 우울 증상 감소(Hughes, Robinson-Whelen, Taylor, Swedlund, & Nosek, 2004),

HIV/AIDS 감염자의 직업복귀 지원(Martin et al., 2012), 자폐 스펙트럼 장애 청년의 독립적 여가 활동 개선(Palmen, Didden, & Korzilius, 2011) 등에도 성과를 보이는 것으로 나타났다.

재활 현장에서 집단 개입은 또한 장애인 또는 만성질환자 가족 구성원의 문제 해결에도 널리 활용되고 있다. 예를 들어, Shechtman과 Gilat(2005)는 학습장애 자녀를 둔 95명의 어머니들을 대상으로 인본주의적 단계 모델을 토대로 총 12회기(회기당 90분)에 걸쳐 시행된 집단의 성과를 분석하였다. 연구 결과에 따르면, 학습장애아의 부모는 지지적이고 치료적 환경을 통해 스트레스 강도를 낮추고, 보다 효율적이고 지속적인 스트레스 관리에 필요한 식견을 습득하였다(Shechtman & Gilat, 2005). 정신장애인 재활 프로그램 이용자 가족을 대상으로 한 심리교육 또한 내담자의 기능 향상 및 간병인(caregiver)의 스트레스 감소와 긍정적 상관관계가 있는 것으로 조사되었다(Dixon et al., 2001).

# 사례 연구

Job Club은 심리교육적 접근, 인지 행동 이론, 사회 학습 이론 등에서 상당 부분 내용을 차용한 개입 전략으로, 재활 현장에서 활발히 적용되는(Salomone, 1996) 사회 서비스다(Sterrett, 1998). Job Club은 Azrin, Flores 그리고 Kaplan(1975)이 최초로 시도하였으며, 고도로 구조화된 집단 개입 프로그램이다. Job Club의 교육과정은 천편일률적인 범용(one-size-fits-all) 접근 방식을 지양하고, 정보, 훈련, 구체적 직업 탐색 실습 기회 제공을 통해 구직 희망자의 역량 강화를 돕는 개별화 방식을 추구한다. 구조화된 Job Club의 교육 내용과 절차(protocols)의 목적은 직무 준비도 개발, 관심 직종 파악, 구직 출처 확인, 고용주 접촉, 취업 지원서 작성, 취업 면접 기술 연마 등을 통해 장애인 구직희망자의 고용 획득을 지원하는 데에 있다. 집단 상담 과정은 팀 구성, 명료한 목표, 기술 훈련, 동료 시스템, 집단 실습 등을 통해 Job Club 참여자들의 자기 효능감과 역량 강화를 촉진한다. Job Club에서는 직업 획득을 전일제 활동으로 간주하는데, 이에 따라 Job Club 참가자들은 날마다 만남을 갖는 경우도 적지 않다.

Job Club의 성과를 검증한 대다수 연구 결과는 매우 고무적이다. Job Club 모델은 정신장애인(Corbiere, Mercier, & Lesage, 2004; Corrigan, Reedy, Thadani, & Ganet, 1995), 복지 혜택 수급 대상자(Sterrett, 1998), 유학생(Bikos & Furry, 1999) 등 다양한 이용자 집단의 고유한 문제 해결에 널리 활용되고 있다. Job Club의 성과에 관한 최초의 보고서(Azrin & Philip, 1979)에 따르면, 프로그램 참가자 중 95%의 장애인 구직희망자가 취업에 성공하였다. Salomone(1996)은 전술한 연구 방법과 결론은 비판하면서도, 강도 높은 Job Club이 취업 성과를 촉진할 확률이 높다는 점은 인정하였다.

# 5. 연구 성과

다수의 연구가 집단 개입 절차 사용이 치료 효과 증진에 기여한다는 사실을 실증적으로 뒷받침하고 있다. Burlingame, MacKenzie 그리고 Strauss(2004)는 100편 이상의 실증 연구와 14편의 메타 분석 연구 검토 결과를 토대로, 집단 접근법이 정신장애의 치료에 상당한 효과가 있다는 사실을 강력히 지지하는 다수의 증거를 발견하였다. 나아가, 이들이 검토한 대다수 연구에 따르면, 개별과 집단 처치는 동일한 정도의 치료 효과를 보이며, 다른 치료와 병용할 때나 단독으로 시행할 때 모두 신뢰할 만한 수준의 효과를 보이는 것으로 조사되었다(McRoberts, Burlingame, & Hoag, 1998). 그러나 관련 연구에 따르면, 집단과 개별 처치는 일정 부분 서로 다른 기제를 통해 원하는 결과를 달성한다(Holmes & Kivlighan, 2000). 집단 참여자들은 개별 처치를 받는 내담자에 비해 높은 수준의 관계, 환경, 그 외에 중요시되는 과정 등을 변화의 원인으로 인식하는 경향이 강하였다(Holmes & Kivlighan, 2000). 하지만 집단 접근법에 내재된 행동 변화와 적응을 촉진하는 구체적 기제를 좀 더 정확히 이해하기 위해서는 심층 연구가 필요하다. 또 다른 우려는 집단 접근법의 효능을 입증한 연구 대부분이 인지적 접근 또는 행동적 접근에 기반하고 있음에 반해, 정신역동적 접근과 경험적 접근에 기반한 집단 접근법의 효과를 검증한 연구는 상대적으로 드물다는 사실이다(Klein, 2008).

집단 응집력은 연구자들이 폭넓게 다루는 핵심 요인이다. 다수의 연구자들이 집단 응집력과 임상 성과 사이의 긍정적 관계를 실증하였다(Tschuschke & Dies, 1994). 높은 수준의 집단 응집력은 또한 증상 완화(Budman et al., 1989), 조기 탈락률 감소(MacKenzie, 1987), 재직 기간 증가(Yalom & Leszcz, 2005), 자기 개방 확대(Tschuschke & Dies, 1994) 등과 밀접하게 관련되어 있다는 사실이 입증되었다. 응집력과 성공적 집단 상담 및 심리치료 성과 간의 연계를 밝히려는 연구가 진행됨에 따라, 집단 응집력을 촉진하는 요인 설명은 그 중요성이 증가하고 있다(집단 응집력을 둘러싼 증거 기반 원리에 관해 보다 상세한 내용을 원한다면 Burlingame et al., 2002의 문헌 연구를 참조하라).

집단 상담과 심리치료에 관한 최신 연구는 집단 개입 프로그램을 통해 보다 긍정적 성과를 거둘 확률이 높은 내담자 집단과 구조적 특징 규명에 있어서도 나름의 성과를 거두기 시작하였다. 예를 들어, 집단 참여를 위한 사전 준비 작업은 잠재적 구성원은 물론, 집단 전체에도 매우 유익하다는 공감대가 형성되었다(Burlingame et al., 2002; Yalom & Leszcz,

2005). 문제는 어느 정도의 준비 작업이 적정한지와 이를 통해 예상되는 구체적 이익이 무엇인지 등이 분명하지 않다는 점이다(Piper & Ogrodniczuk, 2004). 내담자 요인 또한 집단 과정에서 중요한 역할을 담당한다. 예를 들어, 최근 시도된 메타 분석 결과에 따르면, 외래 환자와 입원 환자 모두에서 기분장애 집단이 외상 후 스트레스 장애 환자(Burlingame, Fuhriman, & Mosier, 2003)와 조현병 환자 집단(Kosters, Burlingame, Nachtigall, & Strauss, 2006)에 비해 효과 크기가 더 큰 것으로 나타났다.

## 6. 주요 강점과 한계

집단 접근법의 주요 장점은 다음과 같다. 우선, 유사한 문제를 공유하는 구성원들로부터의 지지와 격려를 허용함으로써 내담자의 고독감 완화에 기여한다(Dies, 1993). 나아가, 구성원들은 서로를 위한 역할 모델이자 지지 제공자 역할을 수행한다. 집단은 또한 개별 구성원이 안전한 환경 속에서 특정 행동을 연마할 수 있는 안전한 조건을 제공한다(Manor, 1994). 아울러, 집단은 리더나 재활상담사에게 내담자가 다른 사람에게 어떤 식의 반응을 보이며 사회적 상황에서 어떤 행동을 취하는지 등에 대한 직접 관찰을 가능하게 함으로써 요긴하고 각자에게 특화된 피드백 구상 환경을 제공한다. 집단 작업은 또한 상이한 이론적 접근의 활용과 통합이 가능하다. 끝으로, 집단 상담은 비용 대비 효과가 높다는 점에서 상담사가 보다 많은 내담자에게 시간과 자원을 할애할 여건을 허용한다.

집단 개입 절차에는 재활상담사가 유념해야 할 한계도 존재한다. 첫째로, 내담자들은 개별적 관심을 받고자 하는 열망과 욕구를 가질 수 있다. 이 같은 경향은 집단 작업이 유일한 선택지일 때 특히 두드러진다. 둘째로, 구성원들의 비밀보장 원칙 위반 가능성이 상존한다. 집단 상담에 참여하는 재활 서비스 이용자들은 장애 유형과 정도면에서 커다란 편차를 보인다. 특히 발생 빈도가 낮은 장애의 경우 그러한 장애를 가진 사람들의 욕구 대처를 목적으로 하는 집단 구성 작업은 매우 어렵다. 셋째로, 구성원 모두의 일정과 겹치지 않는 만남 시간과 접근성이 확보된 장소 선정 작업이 매우 어렵다. 끝으로, 집단 접근법의 효과를 입증하는 연구 성과가 증가하고 있기는 하지만, 재활 과정 중에 있는 장애인 이용자 대상 집단 과정과 성과에 영향을 미치는 요인을 보다 명확히 파악하기 위해서는 더 많은 실증 연구가 필요하다.

## 집 단 토의 과제

1. 재활 현장에서 활용 가능한 여러 형태의 집단 상담에 관해 논의하라.

2. 집단 상담의 각 단계별 주요 특징에 관해 논의하라.

3. 공동 리더가 진행하는 집단 작업의 장점과 단점에 관해 논의하라.

4. 집단 상담 과정에서 대두될 수 있는 윤리적 문제와 내담자의 위험에 관해 논의하라.

5. 집단 작업에서 내담자의 진전을 어떻게 평가할 것인지 논의하라.

## 참고문헌

Association for Specialists in Group Work (ASGW). (2000). Professional standards for the training of group workers, 2000 revision. *Journal for Specialists in Group Work, 25*, 327-342.

Azrin, N. H., Flores, R., & Kaplan, S. J. (1975). Job-finding club: A group-assessed program for obtaining employment. *Behavior Research and Therapy, 13*, 17-27.

Azrin, N. H., & Philip, R. A. (1979). The job club method for the job handicapped: A comparative outcome study. *Rehabilitation Counseling Bulletin, 23*, 144-155.

Barlow, S. H. (2008). Group psychotherapy specialty practice. *Professional Psychology: Research and Practice, 39*, 240-244.

Bednar, R. L., & Kaul, T. (1994). Experiential group research: Can the canon fire? In A. E. Bergin & S. L. Garfield (Eds.), *Handbook of psychotherapy and behavior change* (pp. 631-663). New York, NY: Wiley.

Bernard, H., Burlingame, G., Flores, P., Greene, L., Joyce, A., Kobos, J., ... Feirman, D. (2008). Clinical practice guidelines for group psychotherapy. *International Journal of Group Psychotherapy, 58*, 455-542.

Bikos, L. H., & Furry, T. S. (1999). The job search club for international students: An evaluation. *Career Development Quarterly, 48*, 31-44.

Bolton, B., & Akridge, R. L. (1995). A meta-analysis of skills training programs for rehabilitation clients. *Rehabilitation Counseling Bulletin, 38*, 262-273.

Bower, J. E., Kemeny, M. E., Taylor, S. E., & Fahey, J. L. (1998). Cognitive processing, discovery of meaning, CD4 decline, and AIDS-related mortality among bereaved HIV-seropositive men. *Journal of Consulting and Clinical Psychology, 66*, 979-986.

Bowers, W. A. (1988). Beck's cognitive therapy: An overview for rehabilitation counselors. *Journal of Applied Rehabilitation Counseling, 19*, 43-46.

Budman, S. H., Soldz, S., Demby, A., Feldstein, M., Springer, T., & Davis, M. S. (1989). Cohesion, alliance, and outcome in group psychotherapy. *Psychiatry, 52*, 339-350.

Burlingame, G. M., Earnshaw, D., Hoag, M., Barlow, S. H., Richardson, E. J., Donnell, I., & Villani, J. (2002). A systematic program to enhance clinician group skills in an inpatient psychiatric hospital. *International Journal of Group Psychotherapy, 52*, 555-587.

Burlingame, G. M., Fuhriman, A. F., & Mosier, J. (2003). The differential effectiveness of group psychotherapy: A meta-analytic review. *Group Dynamics: Theory, Research, and Practice, 7*, 3-12.

Burlingame, G. M., MacKenzie, D., & Strauss, B. (2004). Small group treatment: Evidence for effectiveness and mechanisms of change. In M. J. Lambert (Ed.), *Bergin and Garfield's handbook of psychotherapy and behavioral change* (pp. 647-696). New York, NY: Wiley.

Burns, D. D., & Beck, A. T. (1999). *The new mood therapy*. New York, NY: Harper.

Commission on Rehabilitation Counselor Certification (CRCC). (2010). *Code of professional ethics for rehabilitation counselors*. Schaumburg, IL: Author.

Copeland, M. E. (1997). *Wellness recovery action plan*. Brattleboro, VT: Peach Press.

Corbiere, M., Mercier, C., & Lesage, A. (2004). Perceptions of barriers to employment, coping efficacy, and career search efficacy in people with mental illness. *Journal of Career Assessment, 20*, 1-18.

Corey, G. (2012). *Theory and practice of group counseling*. Belmont, CA: Brooks/Cole.

Corey, M. S., & Corey, G. (2006). *Groups: Process and practice* (7th ed.). Belmont, CA: Thomson Brooks/Cole.

Corrigan, P. W., Reedy, P., Thadani, D., & Ganet, M. (1995). Correlates of participation and completion in a job club for clients with psychiatric disability. *Rehabilitation Counseling Bulletin, 39*, 42-53.

Cottone, R. R., & Tarvydas, V. M. (2007). *Counseling ethics and decision making* (3rd ed.). Upper Saddle River, NJ: Pearson Prentice Hall.

Dies, R. R. (1993). Research on group psychotherapy: Overview and clinical applications. In A. Alonso & H. I. Swiller (Eds.), *Group therapy in clinical practice* (pp. 473-518). Washington, DC: American Psychiatric Press.

Dixon, L., McFarlane, W. R., Lefley, H., Lucksted, A., Cohen, M., Falloon, I., … Sondheimer, D. (2001). Evidence-based practices for services to families of people with psychiatric disabilities. *Psychiatric Services, 52*, 903-910.

Forman, A., & Lincoln, N. (2009). Evaluation of an adjustment group for people with multiple sclerosis: A pilot randomized controlled trial. *Clinical Rehabilitation, 24,* 211-221.

Holmes, S. E., & Kivlighan, D. M. (2000). Comparison of therapeutic factors in group and individual treatment process. *Journal of Counseling Psychology, 47,* 478-484.

Huebner, R. A., & Thomas, K. R. (1996). A comparison of the interpersonal characteristics of rehabilitation counseling students and college students with and without disabilities. *Rehabilitation Counseling Bulletin, 40,* 45-61.

Hughes, R. B., Robinson-Whelen, S., Pepper, A. C., Gabriella, J., Lund, E. M., Legerski, J., & Schwartz, M. (2010). Development of a safety awareness group intervention for women with diverse disabilities: A pilot study. *Rehabilitation Psychology, 55,* 263-271.

Hughes, R. B., Robinson-Whelen, S., Taylor, H. B., Swedlund, N., & Nosek, M. A. (2004). Enhancing self-esteem in women with physical disabilities. *Rehabilitation Psychology, 49,* 295-302.

Kiesler, D. J. (1996). *Contemporary interpersonal theory and research.* New York, NY: Wiley.

Klein, R. H. (2008). Toward the establishment of evidence-based practices in group psychotherapy. *International Journal of Group Psychotherapy, 58,* 441-454.

Kosters, M., Burlingame, G. M., Nachtigall, C., & Strauss, B. (2006). A meta-analytic review of the effectiveness of inpatient group psychotherapy. *Group Dynamics: Theory, Research, & Practice, 10,* 146-163.

Liberman, R. P., DeRisi, W. J., & Mueser, K. T. (1989). *Social skills training for psychiatric patients.* Boston, MA: Allyn & Bacon.

Lieberman, M., Yalom, I. D., & Miles, M. (1973). *Encounter groups: First facts.* New York, NY: Basic Books.

Linkowski, D. C. (1971). A scale to measure acceptance to disability. *Rehabilitation Counseling Bulletin, 14,* 236-244.

Livneh, H., Wilson, L. M., & Pullo, R. E. (2004). Group counseling for people with physical disabilities. *Focus on Exceptional Children, 36,* 1-18.

MacKenzie, K. R. (1987). Therapeutic factors in group psychotherapy: A contemporary view. *Group, 11,* 26-34.

Manor, O. (1994). Group psychotherapy. In P. Clarkson & M. Pokorny (Eds.), *The handbook of psychotherapy* (pp. 249-264). New York, NY: Routledge.

Marshak, L. E., & Seligman, M. (1993). *Counseling for persons with physical disabilities.* Austin, TX: Pro-Ed.

Martin, D. J., Chernoff, R. A., Buitron, M., Comulada, W. S., Liang, L., & Wong, F. L. (2012).

Helping people with HIV/AIDS return to work: A randomized controlled trial. *Rehabilitation Psychology, 57,* 280-289.

McRoberts, C., Burlingame, G., & Hoag, M. (1998). Comparative efficacy of individual and group psychotherapy: A meta-analytic perspective. *Group Dynamics: Theory, Research and Practice, 2,* 101-117.

McWhirter, P. T., & McWhirter, J. J. (1996). Transition-to-work group: University students with learning disabilities. *Journal for Specialists in Group Work, 21,* 144-148.

Miller, M., & Moores, D. (1990). Principles of group counseling and their application to deaf clients. *Journal of the American Deafness and Rehabilitation Association, 23,* 82-87.

Munoz, R. F., & Miranda, J. (2000). *Group therapy manual for cognitive-behavioral treatment of depression.* Santa Monica, CA: RAND.

Nilsson, C., Bartfai, A., & Lofgren, M. (2011). Holistic group rehabilitation: A short cut to adaptation to the new life after mild acquired brain injury. *Disability and Rehabilitation, 33,* 969-978.

Norcross, J. C., & Goldfried, M. R. (Eds.). (2005). *Handbook of psychotherapy integration* (2nd ed.). New York, NY: Oxford.

Palmen, A., Didden, R., & Korzilius, H. (2011). An outpatient group training programme for improving leisure lifestyle in high functioning young adults with ASD: A pilot study. *Developmental Neurorehabilitation, 14,* 297-309.

Patterson, J. B., McKenzie, B., & Jenkins, J. (1995). Creating accessible groups for individuals with disabilities. *Journal for Specialists in Group Work, 20,* 76-82.

Piper, W. E., & Ogrodniczuk, J. S. (2004). Brief group therapy. In J. Delucia-Waack, D. A. Gerrity, C. R. Kolodner, & M. T. Riva (Eds.), *Handbook of group counseling and psychotherapy* (pp. 641-650). Beverly Hills, CA: Sage.

Posthuma, B. W. (1998). *Small groups in counseling and therapy: Process and leadership* (3rd ed.). Boston, MA: Allyn & Bacon.

Rachman, A. W. (1990). Judicious self-disclosure in group analysis. *Group, 14,* 132-144.

Ridgway, P., McDiarmid, D., Davidson, L., Bayes, J., & Ratzlaff, S. (2002). *Pathways to recovery: A strengths recovery self-help workbook.* Lawrence, KS: University of Kansas.

Rose, J. (1996). Anger management: A group treatment program for people with mental retardation. *Journal of Developmental and Physical Disabilities, 8,* 133-149.

Salomone, P. R. (1996). Career counseling and job placement: Theory and practice. In E. M. Szymanski & R. M. Parker (Eds.), *Work and disability* (pp. 365-420). Austin, TX: Pro-Ed.

Seligman, M. E. P. (1995). The effectiveness of psychotherapy: The *Consumer Reports* study. *American Psychologist, 50,* 965-974.

Shechtman, Z., & Gilat, I. (2005). The effectiveness of counseling groups in reducing stress of parents of children with learning disabilities. *Group Dynamics: Theory, Research, & Practice, 9,* 275-286.

Spaniol, L., Koehler, M., & Hutchinson, D. (1994). *The recovery workbook: Practical coping and empowerment strategies for people with psychiatric disability.* Boston, MA: Center for Psychiatric Rehabilitation, Boston University.

Stanton, A. L., Danoff, S., Cameron, C. L., Bishop, M., Collins, C. A., Kirk, S. B., … Twillman, R. (2000). Emotionally expressive coping predicts psychological and physical adjustment to breast cancer. *Journal of Consulting and Clinical Psychology, 68,* 875-882.

Stein, S. M. (1996). Group psychotherapy and patients with cognitive impairment. *Journal of Developmental and Physical Disabilities, 8,* 263-273.

Sterrett, E. A. (1998). Use of a job club to increase self-efficacy: A case study of return to work. *Journal of Employment Counseling, 35,* 69-78.

Subramanian, K. (1991). Structured group work for the management of chronic pain: An experimental investigation. *Research on Social Work Practice, 1,* 32-45.

Sweetland, J. D. (1990). Cognitive-behavior therapy and physical disability. *Journal of Rational-Emotive Therapy and Cognitive-Behavior Therapy, 8,* 71-78.

Thomas, R. V., & Pender, D. A. (2008). Association for specialists in group work: Best practice guidelines 2007 revisions. *Journal for Specialists in Group Work, 33,* 111-117.

Tschuschke, V., & Dies, R. R. (1994). Intensive analysis of therapeutic factors and outcome in long-term inpatient group. *International Journal of Group Psychotherapy, 44,* 185-208.

Tuckman, B. W. (1965). Development sequence in small groups. *Psychological Bulletin, 63,* 384-399.

Vickery, C. D., Gontkovsky, S. T., Wallace, J. J., & Caroselli, J. S. (2006). Group psychotherapy focusing on self-concept change following acquired brain injury: A pilot investigation. *Rehabilitation Psychology, 51,* 30-35.

Wolf, A., & Schwartz, E. K. (1963). *Psychoanalysis in groups.* New York, NY: Grune & Stratton.

Wright, B. A. (1983). *Physical disability: A psychosocial approach.* New York, NY: HarperCollins.

Yalom, I., & Leszcz, M. (2005). *The theory and practice of group psychotherapy* (5th ed.). New York, NY: Basic Books.

Yalom, I. D., & Josselson, R. (2011). Existential psychotherapy. In R. Corsini & D. Wedding (Eds.), *Current psychotherapies* (9th ed., pp. 310-342). Belmont, CA: Brooks/Cole.

# 제14장

# 재활 및 보건 전문가를 위한 가족체계 및 사회 생태학적 관점

Maria-Cristina Cruza-Guet, Robert A. Williams, and Julie A. Chronister

## 학습목표

이 장의 목적은 재활 및 보건 분야 전문가들에게 가족체계와 사회 생태학적 관점을 통한 장애인 가족 구성원의 이해, 장애인과 관련된 특정 가족체계와 사회 생태학적 개입에 대한 계략적 이해, 장애인 가족의 삶에 영향을 미치는 문화적·사회적 배경에 대한 감수성 고취, 장애인 가족의 욕구 대처를 위한 사회 생태학적 접근 소개, 가족체계와 사회 생태학적 치료의 한계, 재활 및 보건 전문가 양성과 서비스 실천을 위한 함의 제시 등에 적용 가능한 일련의 도구(이론적 구성요소)를 제공하는 데 있다. 이 같은 목적을 달성하기 위해 다음과 같은 학습 목표를 설정하였다.

① 재활 서비스 실천 과정에서 가족체계 이론(family systemic theory)의 기본 원리를 활용할 수 있다.
② 재활 및 보건 분야에서의 가족체계 치료 활용의 적절성 여부를 설명할 수 있다.
③ 전통적 가족체계 치료 모델과 현대적 가족체계 치료 모델을 구분하고, 이러한 구분이 장애인 가족에게 어떻게 적용되는지를 설명할 수 있다.
④ 사회생태학적 관점에서 장애인 가족을 개념화할 수 있다.
⑤ 장애인 가족의 욕구 해결에 있어 전통적 가족체계 치료와 현대적 가족체계 치료, 사회생태학적 접근이 지니는 문제점을 비판할 수 있다.
⑥ 가족체계 이론의 적용과 관련하여 재활 및 보건 분야 전문가 양성과 서비스 실천에 관한 현재의 문제점을 논의할 수 있다.

## 1. 장애와 가족체계

오늘날, 장애는 개인과 환경 사이의 상호작용을 반영하는 생물·심리·사회적 현상 (biopsychosocial phenomenon)을 의미하는데, 여기서 가족체계는 매우 중요한 구성요소 다. McGoldrick과 Gerson(1985)에 따르면, 가족은 개인이 소속된 가장 강력한 체계로, 가족체계에 속한 구성원 모두는 서로의 행동과 경험에 따라 영향을 받는다고 한다(Lynch & Morley, 1995). 오랜 기간 동안, 재활 분야 연구자들은 가족 제도 내에서 장애 관련 경험에 대한 이해의 중요성을 인정해 왔다(예: Accordion, 1999; Cottone, Handelsman, & Walters, 1985; Dew, Phillips, & Reiss, 1989; Gilbride, 1993; Herbert, 1989; Lynch & Morley, 1995; Power & Dell Orto, 1986, 2004; Reagles, 1982; Sutton, 1985). 가족치료 분야의 학자들 또한 가족체계 구조 안에서 장애 관련 문제를 어떻게 다루어야 할지에 관한 이해를 시도하였다(예: Chenail, Levinson, & Muchnick, 1992; Fohs, 1991; Rolland, 1999; Stavros, 1991; Woody, 1993; Zarski, Hall, & DePompei, 1987). 나아가, 가족체계를 활용한 개입이 장애인과 그 가족에게 유익하다는 점을 보여 주는 여러 가지 실증적 증거 또한 존재한다(예: Becerra & Michale-Makri, 2012; Marshall & Ferris, 2012; Pitschel-Walz, Leucht, Bauml, Kissling & Engle, 2001; Webb-Woodward & Woodward, 1982). 실제로, 장애인을 위한 장기적인 의료 지원 자원 (health care resources)과 돌봄/간병 책임(caregiving responsibilities)을 지닌 가족 구성원을 위한 지원이 부족하다는 점을 고려해 볼 때, 재활 및 보건 전문가들은 장애와 가족 기능 사이에서 오고가는 양방향적 영향을 이해할 필요가 있다.

이 분야에서 현재도 계속되는 학문적 기여에도 불구하고, 장애인을 대상으로 하는 심리사회 및 직업재활 개입은 여전히 개인에게 집중되어 있다. 이러한 현상은 부분적으로 재활상담사 양성 프로그램에서 가족체계 관련 교과목을 경시하는 학위 과정 인증 (accreditation) 및 주정부의 전문 인력 면허 발급 기준(licensure standards)과 함께, 재활 서비스 전달 체계 내에 존재하는 구조적 장벽(예: 연방-주 직업재활 기관의 가족 개입을 위한 예산 부족)에 기인한다. 그럼에도 불구하고, 건강에 문제가 있는 사람에게 있어 손상이 장애로 악화될지의 여부는 실제로 가족체계 기능과 무관하지 않고, 이는 다시 재활 서비스를 통한 성과 달성에 영향을 미친다. Cottone과 동료들(1986, p. 39)이 오래 전 지적했고, 현재까지도 여전히 유효한 다음의 진술을 살펴보자.

비록 전문적 훈련을 받지 않은 재활상담사의 가족치료 제공 시도를 권장할 수는 없지만 재활상담사들은 실제로는 문제의 본질이 대처 가능한 가족 문제의 표출임에도, '운영 실패 (failure to operate)' 또는 '장애가 너무 심각함(too severely disabled)'이라는 이유로 사례를 종결하지 않도록 가족체계 문제를 파악할 능력을 갖추어야 한다. 나아가, 심리내적 혹은 개별 치료 접근 모델(individual model approach)에서 파생된 상담 기법은 가족이 재활 과정에 적극적으로 영향력을 행사하려 할 경우, 체계적인 개입에 비해 비생산적이거나 덜 효과적일 가능성이 높다.

## 2. 기본 원리

가족은 체계로서 작동되며, 혈연관계 또는 소정의 법적 절차(예: 결혼, 입양, 위탁 보육 등)에 의해 묶인 둘 또는 그 이상의 개인으로 이루어진 집단을 의미한다(Substance Abuse and Mental Health Services Administration[SAMHSA], 2004). 체계는 전체로 작동하며, 상호 연결되어 있고 상호 의존적인 요소(가족 구성원)로 이루어진 조직 단위(organized unit) 또는 유기체를 의미한다. 좀 더 구체적으로 설명하자면, 체계는 '부분의 총합' 이상이며, '가족체계는 전체 단위로서 개별 구성원과 각 구성원이 담당하는 기능의 합을 반영한다'는 비유와 일치한다(Brown & Christensen, 1999). 가족체계는 또한 보다 큰 사회문화적 체계 안에 포함되어 있으며, 그것과 상호작용한다(Bronfenbrenner, 1989a).

가족체계 이론은 일반 체계 이론(general systems theory), 사회 생태학 모형(social ecology model), 사이버네틱스(생명체, 기계, 조직 간의 조합을 통해 통신과 제어를 연구하는 학문), 사회 구성주의(social constructionism) 등에 뿌리를 두고 있으며, 개인의 심리사회적 기능은 가족체계가 반영된 것으로 간주한다. 그에 따라, 개인의 행동은 그가 경험하는 어려움의 표현이 아니라, 전체로서의 가족 기능 문제 표출(manifestation)이다. 따라서 개인이 아닌 가족 단위는 체계 구조(frame) 안에서 '확인된 내담자(identified client)'이자 상담의 중심이 된다(Foley, 1984). 이러한 관점에서 볼 때, 개인이 호소하는 어려움은 건강하지 못한 가족 기능을 반영하며, 이는 ① 가족 내에서 구체적인 보호 역할 수행(Nichols & Schwartz, 2004; Vogel & Bell, 1960), ② 스트레스 대처나 발달적 이행의 진로 안내 등에 관한 가족의 접근 반영, ③ 세대 간 전파 등의 문제로 언급된다(Bitter & Corey, 1996).

가족체계 이론가들은 가족은 안정적이고 비교적 일관된 '현상 유지(status quo)' 조건 또는 항상성(homeostasis) 유지를 통해 안정성 보존을 추구하는 데 필요한 조직화된 규칙과 경계를 지니고 있다고 주장한다(Jackson, 1959). 이 같은 역동적 균형 상태 유지 능력은 체계 이론뿐 아니라 사이버네틱스(체계의 자기 조절 기제에 관한 연구)의 영향을 반영한다(Jackson, 1959). 가족체계 이론가들은 사이버네틱스 개념을 활용하여 가족의 상호작용 패턴이 선형적이기보다는 순환적(circular) 형태에 가깝다고 설명한다. 이는 Nichols와 Schwartz(2004, p. 92)가 "각 요소(가족 구성원)는 마지막 요소가 누적된 효과(cummulative effect)를 순환구조(cycle)의 첫 번째 부분으로 환류(feeds back)할 때까지 다음 요소에 영향을 미친다."고 말한 바와 같다. 가족은 피드백 순환 고리(feedback loop)로 알려진 이 순환 메커니즘을 통해 구성원과 환경에 관한 정보를 습득한다. 피드백 순환 고리는 가족의 안정성과 항상성을 유지하거나 필요할 때 변화를 가능하게 한다. 온도 조절 장치가 미리 설정된 온도보다 높거나 낮은 온도에 반응하는 방식과 마찬가지로(Nichols & Schwartz, 2004), 안정성이나 완전성(integrity)에 대한 위협을 인식할 때 가족이 보이는 즉각적 반응은 기존의 항상성 상태를 복원하려는 방식으로 가족 구성원을 동원한다. 가족 안정성에 대한 위협을 가리키는 피드백 순환 고리는 부정적이라고 부르는 반면, 변화 필요성을 알려 주는 피드백 순환 고리는 긍정적이라고 부른다.

자폐가 있는 여자아이와 부모 사이의 역기능적 상호작용을 생각해 보자. 여자아이가 요리와 같은 자립생활 참여 능력을 보여 줄 때마다 아버지는 딸이 화상을 입을까 봐 두려운 마음에서 아이에게 처벌을 가한다(부정적 피드백 순환 고리). 아버지의 엄격한 훈육 방식에 대응하여 어머니는 아이를 위로하지만, 딸을 위해 식사 준비를 대신 해 주며 자립생활 영위를 허용할 수 없다는 아버지의 메시지를 강화한다. 이러한 순환적 상호작용(딸에게서 아버지로, 아버지에게서 어머니와 딸로, 부모로부터 딸로)의 결과, 여자아이(딸)는 부모에 대한 의존 상태에 머물게 되고, 가족 전체는 긍정적 변화 발생을 허용하지 않음으로써 건강하지 못한 항상성 상태에 머무르게 된다. 이와는 달리, 만약 부모가 상담사의 제안에 따라 아이가 스스로 보다 많은 일을 할 수 있게 허용하기로 결정한다면(긍정적 피드백 순환 고리), 세 명의 가족 구성원 사이의 상호작용은 새롭고 좀 더 건강한 상태를 수용하며 변화할 가능성이 높아진다.

가족체계 이론가들은 또한 가족은 항상성 유지라는 특징에도 불구하고, '개방 체계 현상(open system phenomenon)'을 통해 지속적인 진화와 성장을 경험한다고 가정한다. 일반 체계 이론(체계 이론으로 살아 있는 유기체에만 적용되는 이론; von Bertalanffy, 1950)에 따르면, 개방 체계는 살아 있는 모든 유기체와 마찬가지로 그 자신을 폐쇄 체계(기계)와 구별해 주는 독특한 특징을 가지고 있다. 그 중 몇 가지만 소개해 보면, ① 개방 체계는 성장(thrive)하려는 자연적 성향을 지니고 있다[다시 말해, 개방 체계는 자극에 대한 반응뿐 아니라, 선제적(proactive)이고 창의적 경향을 보인다]. ② 개방 체계는 등결과성(equifinality)이라는 이름의 능력으로 알려진 상이한 수단을 통한 동일 목표 달성이라는 특성을 가진다. ③ 개방 체계는 환경과의 자원 및 정보 교환을 통해 생존이 가능하다(Davidson, 1983; von Bertalanffy, 1950). 불가피하거나 바람직한 교환 상황에 직면하면 가족체계 항상성은 방해받으며, 기존의 조건을 회복하려고 시도하거나 새로운 정보와 상태를 수용한다. 건강한 가족은 한편으로는 변화에 대한 초기 노력에 저항을 보이지만, 다른 한편으로는 변화를 추구하고 이에 적응해 나가려는 개방 체계적 특징을 나타낸다(Davidson, 1983; von Bertalanffy, 1950). 이러한 변화 또는 그의 결여가 발생하는 기제(mechanism)는 다음에서 기술된 바와 같이, 이론적 모형에 따라 그 정도가 다양하다. 이 장에서는 먼저 전통적 가족체계 모형을 살펴본 후, 현대 또는 21세기 모형으로 알려진 내용을 기술하고자 한다.

## 3. 전통적 가족체계 이론

### 1) 세대 간 가족치료

Murray Bowen은 정신분석 이론(특히 애착 개념)에 관한 연구와 조현병을 가진 구성원을 둔 가족을 대상으로 한 연구를 바탕으로, 가족치료 접근을 발전시켰다(Nichols & Schwartz, 2007). 그의 이론은 모든 체계 이론 가운데 본질적(in nature)으로 가장 이론적이며, 인간 행동에 관해 가장 포괄적인 설명을 제공하는 것으로 간주되고 있다. Bowen(1966)은 개인의 행동이 가족 구성원들로 이루어진 세대 간 네트워크(intergenerational network)와의 관계에 달려 있고, 그에 대한 반응이라고 생각하였다. 실제로 그의 관점에서 볼 때, 가족은 적어도 3세대 분석(three-generation analysis) 맥락을 통해서만 이해가 가능하다(Bitter & Corey, 1996). 그의 이론에 따르면, 가족 간 상호관계는 연대(togetherness: 함께하기)와 개별성(individuality: 따로 하기)이라는 서로 상반되고 균형을 이루는 두 개의 내적 동력에 의해 조절된다고 한다. 연대는 가족 구성원들 간의 친교(companionship)와 친밀감(closeness) 속에서 살아가야 할 필요성을 의미하는 반면, 개별성은 자립 욕구를 지칭한다(Nichols & Schwartz, 2007). 따라서 개인의 행동은 정서적 융합(emotional fusion), 즉 공생적 상태

(symbiotical state)에서 분화(differentiation)로 이어지는 연속선상에 놓여 있다고 할 수 있다. 개인이 이러한 연속선상 어디에 위치하는가의 문제는 그 사람이 얼마나 안전한 가족 애착(secure familial attachments) 관계를 구축해 놓았는지와 스스로의 감정, 특히 불안 관리 방법을 얼마나 잘 학습했는지에 달려 있다고 할 수 있다.

Bowen은 자기 분화(differentiation of the self)라는 용어를 사용하여 개인이 어떤 과정에 의해 대인관계 상황 및 심리내적 상황 속에서 스스로의 정서 상태(emotionality, 즉 애착 관련 불안) 관리 방법을 학습하는지, 그리고 내적 혹은 외적 자극에 의해 야기된 불안 유발 상황을 이해하고 지혜, 유연성, 자발성, 자제력 등을 동원하여 이를 적절히 대처해 가는 과정을 언급하였다. 분화된 개인(differentiated individuals)은 자신의 감정과 사고를 구분할 수 있고, 스스로의 반응에 대해 통제력을 발휘할 수 있다(Kerr & Bowen, 1988). 이에 반해, 분화되지 않은 개인은 불안 관련 상황이 닥치면 예민하고 충동적인 성향을 보이며, 과도한 정도의 순종적 태도나 반항심을 드러낸다.

불안이 증가할 때, 가족 구성원들은 분화 유무에 관계없이 자연스럽게 서로에 대한 인내력이 감소하고, 서로 간의 차이를 더 심각하고 극단적인 형태로 경험하며, 주변 사람들로부터 친밀감 혹은 거리감을 느낀다(Guerin, Fogarty, Fay, & Kautto, 1996). 이러한 긴장 상태가 일정 수준(threshold)을 넘어설 때, 그리고 대인관계에서 오는 차이 해결이나 특정한 어려움(예: 장애) 대처를 목적으로 하는 대화나 지지적 교류가 불가능하게 될 때, 한 쌍의 가족 구성원(예: 남편과 아내) 가운데 한 명 또는 두 명 모두는 제삼자(예: 자녀 가운데 한 명의)와의 동맹을 통해 연민을 추구하려는 경향을 보인다. 이러한 시도는 긴장을 두 사람 사이의 관계가 아닌 삼자 간 관계로 분산시켜 고조된 감정을 관리하고 어떻게든 문제를 해결하려는 수단으로 사용된다. Bowen은 한 쌍 혹은 두 사람 사이의 관계에서 발생하는 긴장과 불안 감소를 위해 제삼자를 동원하는 행위를 삼각관계(triangle)라고 불렀다.

삼각관계는 세 사람 사이의 관계 이상의 의미를 지닌다. 즉, 그들은 서로에게 불가분의 영향을 미치는 일단의 관계다. 예를 들어, 장애인 배우자(아내)의 돌봄 책임 대부분을 떠맡아 살면서 간병인으로서의 소진을 경험하고 있는 남편의 경우를 생각해 보자. 남편은 아내와의 관계에서 거리를 두는 한편, 아들에게 접근하여 정서적 지지와 간병에 대한 도움과 함께 아내의 증가하는 요구에 따른 그 자신의 정서적 반응을 표현할 공간을 구하려 할 수 있다. 돌봄 책임을 둘러싼 아버지와 아들 사이의 새로운 동맹은 부부관계는 물론, 부자 관계와 모자 관계에도 영향을 미칠 것이다. 부자 관계가 남편의 소진을 줄이고 부부 사이의 대화 촉진에 도움이 된다면, 이들 사이의 삼각관계는 일시적이고 잠재적 갈등은 해결된 것으로 볼 수 있다. 이에 반해, 부자 관계가 남편의 문제 해결과 아내와의 관계 재건에 필요한 에너지 투자 가능성을 감소시키면, 이들 사이의 삼각관계는 습관적이고 고착화되어 결국 건강한 결혼 생활 유지를 위협하게 된다.

### (1) 변화 과정과 재활 및 보건 전문가의 역할

Bowen의 이론을 지지하는 사람들은 가족 문제가 구성원들과의 분화가 이루어지지 않을 때 발생한다는 입장을 취한다. 따라서 가족상담 맥락에서 치료는 가족 구성원 개개인이 윗 세대에서 다음 세대로 전달된 해결되지 않은 정서적 애착 문제를 극복하고, 가족으로부터의 분화와 가족에 대한 소속감 사이에서 균형감을 획득하도록 돕는 데에 중점을 두어야 한다(Bitter & Corey, 1996). 구체적으로 말해, 치료의 초점은 이중적(twofold) 목적 달성에 맞추어져 있다. Bowen 이론에서 말하는 치료란 구성원 각각이 가족 역동(family dynamics) 안에서 자신이 맡은 역할에 관한 이해를 가지도록 지원하는 것인데, 이러한 인식 능력을 자기 초점(self-focus)이라고 부른다. 한편, Bowen의 이론을 따르는 치료사의 역할은 가족 구성원들이 사고와 감정을 구분하고, 불안을 감소시킬 수 있도록 지원하는 데에 있다. 불안은 건강한 가족 기능과 가족 구성원의 자기 개별화(self-individuation)에 있어 장애물로 인식되기 때문이다.

Bowen의 세대 간 가족치료 접근을 재활 현장에 적용해 보면, 장애를 가진 구성원이 일련의 가족 관계(constellation of family relationships)에 영향을 미치는 기제와 어떻게 이들 세대 간 관계 각각이 개인의 행동에 서로 영향을 미치는지에 관해 가족이 이해하도록 돕는 과정에서 전문가의 적극적 개입이 중시된다. 나아가, 이 접근을 실천하는 재활 및 보건 전문가는 자신이 습득한 기술을 활용하며 가족 구성원들 사이에 존재하는 불안을 줄일 수 있다. 불안 감소는 비난 행동 감소로 이어지며, 이는 다시 수많은 장애인을 곤경에 빠뜨리는 삼각관계 양상(triangulation patterns) 완화를 이끌어 낼 수 있다. 이같은 경우, 이 접근의 목표는 가족 역동성과 장애를 가진 구성원에 대한 돌봄 제공에 부정적 영향이 미치지 않도록 내담자를 그 자신이 속하지 않은 하위체계의 틈에 끼지 않게 하는 탈삼각화(detriangulate)가 되어야 한다(예: 앞의 사례에서 부자간 동맹 해체).

자기 인식(self-awareness) 향상, 불안 감소, 가족 구성원의 탈삼각화 과정 등을 돕기 위해 Bowen 이론을 따르는 치료사들은 과정(즉, 반응 패턴)과 구조(즉, 가족 내에 존재하는 삼각관계망)라는 두 가지 요소에 주목하면서, 상담 과정에서 적극적이고 중립적인 역할을 수행한다. 이는 사고력 증진과 정서 반응 감소를 목적으로 하며, Bowen 이론의 핵심이라 할 과정 질문(process questions) 활용을 통해 달성 가능하다. 가족 구성원들은 특히 이러한 과정 질문을 통해 가족 내의 다른 구성원에 대한 자신의 반응뿐 아니라, 구성원들과의 상호작용에서 자신의 관여(involvement) 여부나 정도에 관해 이야기하도록 자극받는다. 이러한 과정은 가족 구성원들이 스스로의 행동에 책임질 수 있게 만든다. 치료사가 반드시 기억해야 할 사실은 가족 구성원 가운데 어느 한 사람의 편을 드는 행위를 피함으로써 삼각관계 형성의 위험성을 줄일 필요가 있다는 점이다.

## 2) 전략적 가족치료

1970년대 중반과 1980년대, 가족체계는 치료에 포함된 가족 구성원의 저항과 협력 부족에도 불구하고 가족 기능에 상당한 변화를 가져다줄 잠재력이 있는 것으로 알려진 치료 모형에 의해 커다란 영향을 받았다. 그 같은 명성에 걸맞게, 전략적 가족치료(strategic family therapy; Haley, 1991)는 치료사의 입장에서 계획된 혹은 전술적이라고 간주되는 개입 활용으로 유명해졌다. 이러한 개입 방법은 캘리포니아주의 팰로앨토에 있는 정신건강연구소(Mental Research Institute: MRI) 소속이던 Gregory Bateson, Milton Erickson, Jay Haley의 공동 작업으로부터 시작되었다. 서로 다른 분야(인류학, 정신의학, 의사소통)를 전공했던 이들 세 명의 연구자는 조현병 환자 가족들 사이에 이루어지는 의사소통 패턴 해석에 관심이 많았다. 의사소통 현상을 연구하는 과정에서, 그들은 새롭고 영향력 있는 가족치료 방법을 개발하였는데, 이는 의사소통 원리를 사이버네틱스와 체계 이론의 융합적 적용에 도입한 것이다(Nichols & Schwarz, 2007).

의사소통 전문가들에 따르면, 모든 행동은—의도하지 않았든, 무의식적이든, 성공하지 못했든 관계없이—사람들 사이의 상호작용 과정에서 표현 기능을 수행한다(Watzlawick, Beavin, & Jackson, 1967). 더욱이, 메시지에는 보고(report)와 명령(command) 기능이 담겨 있다. 즉, 보고는 분명한 정보 또는 내용을 담고 있는 데 반해, 명령은 발신자와 수신자 사이에 존재하는 관계의 본질에 관한 진술이다(Haley, 1991). 명령은 명백할 수도(즉, 진술된) 혹은 암시적일 수도(즉, 진술되지 않은) 있다. 후자는 가족 구성원 간 상호작용의 청사진이 된다. 즉, 암시적 명령은 가족 구성원 간의 통상적인 의사소통 교류(transaction) 또는 규칙(틀)으로 변형된다. 전략적 가족치료사들은 '규칙'이라는 용어가 가족 구성원 간 상호작용의 '규칙성(regularity)'을 나타내기 위해 사용된다는 점을 강조하는데, 그 이유는 이러한 상호작용을 자극과 반응에 의한 순환 방식으로 연결된 규칙적인 의사소통적 교류 사슬로 보왔기 때문이다. 이러한 교류 사슬은 피드백 순환 고리의 의사소통 버전을 구성하는데(이에 관해서는 앞의 '기본 원리' 절의 사이버네틱스 관점에서 자세히 설명하였음), 이는 가족 내에서의 현상 유지 역할을 담당한다(Nichols & Schwartz, 2007). 따라서 전략적 가족치료 지지자들은 근원적 동기 파악을 목적으로 하는 일체의 시도를 피하며, 가족 문제 설명을 위해 순환적 인과관계(circular causality)에 집중한다.

　전략적 가족치료사들은 가족이 처한 곤경(impasses)과 가족이 겪는 문제를 구별한다. 즉, 곤경은 가족 구성원들이 정기적으로 경험하고 성공적으로 관리 가능한 데 반해, 문제는 가족 구성원들이 건강한 방법으로 해결할 수 없는 어려움을 의미한다. 치료사들은 곤경이 문제로 발전할 수 있다고 설명한다. 왜냐하면 대개의 가족은 곤경이 닥치면 새롭고 보다 적응적인 교류(긍정적 피드백 순환 고리에 대한 반응) 방식을 사용하기보다는, 가족을 지배하는 암묵적 규칙에 의해 결정된 일상적이고 경직된 방식(부정적 피드백 순환 고리에 대한 반응)으로 대응하기 때문이다. 그 결과, 가족은 항상성 유지 역할에는 도움이 되지만, 문제 대처와 극복에 필요한 변화 적응 능력을 방해하는 악순환에 빠지게 된다.

　예를 들어, 현재 이혼한 전부인이 바람을 피운 후부터 폭음을 시작한 아버지와 사춘기를 앞둔 딸로 이루어진 가족체계를 생각해 보자. 딸과 아버지의 아침 일상 혹은 가족의 규칙은 알람 시계가 아버지를 깨우면 아버지가 다시 딸을 깨우는 것을 포함한다. 그러나 딸이 아버지의 귀가가 늦어진다는 점을 알아챘을 때, 그녀는 아버지가 밖에서 술을 마시고 있다는 사실을 깨닫게 되는데, 이는 그녀가 이제는 아침에 혼자 힘으로 잠에서 깨어나야 하며 그 때문에 학교에 지각할지 모른다는 사실을 의미한다. 역기능적 방식이기는 하지만, 이 역시 가족의 안정적 규칙이라고 할 수 있다. 만약 이 가족에서 사춘기를 앞둔 딸이 자신만의 알람시계를 사용하기로 결정한다면, 이는 그녀가 가족체계에 새로운 정보를 도입하고 기존의 규칙을 바꾸려고 시도하는 것으로 해석할 수 있다(긍정적 피드백 순환 고리). 아버지가 이러한 변화에 동의한다면, 이 가족은 새로운 전환에 잘 적응하였다고 볼 수 있다(곤경). 반대로, 아버지가 딸의 자립 요청을 위협으로 받아들이고 그녀의 행동을 자신에 대한 거부로 해석한다면, 이는 전부인의 부정(infidelity) 행위와 관련된 정서적 고통을 일깨울 수 있다(부정적 피드백 순환 고리). 결과적으로, 아버지는 가족의 오래되고 친숙한 아침 일과를 유지하고 싶다는 마음에서 딸의 알람시계 사용을 거부할 수 있고, 이는 딸에게 손해로 작용한다. 위협을 느낌에 따라, 아버지의 음주 문제는 악화되고 딸은 계속해서 학교에 지각할 가능성이 있는데, 이는 다시 아버지에 대한 딸의 좌절감과 자립하고 싶다는 욕구를 증가시킨다. 이러한 일련의 교류 방식은 가족의 문제를 영속화시킬 수 있다.

MRI의 체계 이론 개발자들에 따르면, 순환적 문제(cyclical problems)는 가족 구성원 간 상호작용이 표면상 바꾸기 힘든 지배 규칙(governing rules)을 따른다는 점으로 인해, 변화에 '저항적(resistant)'이라고 한다. 그럼에도 불구하고, 전략적 가족치료 개발자들은 변화가 가능하다고 생각했으며, 일시적 변화와 영구적 변화 사이에 중요한 차이가 있다고 주장하였다. 이들의 관점에서 볼 때, 가족의 상호작용 패턴 변화를 주도하는 것은 의사소통적 교류(행동)나 규칙의 변경이다. 전략적 가족치료 개발자들은 기존의 가족 규칙 내에서 발생하는 행동 변화를 1순위 변화(first-order change)라고 부른다(Nichols & Schwartz, 2007). 앞에서 예로 든 가족의 경우, 일차적 변화는 과음하는 아버지의 딸이 삼촌을 자신과 아버지 사이에 완충 지대(buffer)로 만들어 저녁 식사에 그를 초대함으로써 아버지의 음주를 막기로 결심할 때 관찰할 수 있다. 그러나 행동만으로는 현상 유지를 목적으로 하는 가족의 암묵적 규칙에 도전할 정도로 충분히 강력하지 않다는 점에서, 이러한 유형의 행동 변화 시도는 일시적인 경향이 있다. 비록 아버지가 자신의 형제 앞에서 술 마시는 행위를 불편하게 느낄 수 있을지 모르지만, 그는 여전히 과음이 가능한 다음 기회를 고대할 가능성이 있다. 따라서 삼촌이 문제 해결 과정에서 제외될 경우, 아버지는 자신의 오래된 음주 습관으로 되돌아갈 가능성이 높다. 이에 반해, 2순위 변화(second-order change)는 규칙이 수정될 때 발생하는데(Nichols & Schwartz, 2007), 이는 주로 가족체계 밖의 인물, 이상적으로는 상담사에 의해 이루어지는 것이 좋다. 이 경우, 가족체계가 규칙 수정을 통해 새로운 교류 발생을 허용하였다는 점에서, 영구적 변화가 나타났다고 볼 수 있다.

### (1) 변화 과정과 재활 및 보건 전문가의 역할

전략적 가족치료는 광범위한 개입을 포함하는데, 이는 MRI에서 개발한 세 가지 치료 모형 각각이 뚜렷이 구별되는 전략적 모형이기 때문이다. 이들은 MRI의 단기 치료 모형(Watzlawick, Weakland, & Fisch, 1974), Hayley와 Madanes가 개발한 전략적 치료 모형(Haley, 1991; Madanes, 1984), 밀라노 체계 모형(Selvini Palazzoli, Boscolo, Cecchin, & Prata, 1978)을 포함한다. 여기서는 세 모형에 공통으로 포함되어 있거나 전략적 가족치료 접근의 전형이라 할 개입에 관해 기술하고자 한다.

전체적으로 보아, 전략적 가족치료 접근은 최소 지향적(minimalistic), 행동적이며, 의도적(deliberate)이다. 자신을 전략적이라고 생각하는 가족치료사들은 치료를 받는 가족의 당면 문제 해결에 집중하려는 경향이 강하다. 그들은 가족이라는 맥락 속에서 정상성(normality) 기준에 따라 정의된 심리내적 설명이나 목표에 집착하지 않는다(Fisch, 1978;

Selvini Palazzoli, Boscolo, Cecchin, & Prata, 1980). 그들의 치료 목표는 스스로를 변화 과정과 그 결과에 책임을 져야 할 존재로 인식하면서 문제를 해결하고 가시적 변화에 도달할 수 있도록 안내하는 것이다. 전략적 가족치료사들은 치료 과정에서 발생하는 일체의 상황에 대한 책임이 치료사 자신에게 달려 있다는 믿음으로 인해, 협력 여부에 관계없이 변화를 위한 개입 과정에 의도적으로 가족 구성원을 동원하는 개입 방법을 사용한다(Haley, 1963).

시련(ordeals)과 역설 명령(paradoxical injunctions) 처방은 전략적 가족치료사들이 애용하는 대표적 개입 방법이다. 시련은 치료사가 가족 구성원이 호소하는 증상 제거를 목적으로 해당 증상의 후속 결과를 능가하는 일종의 명령(directive)을 내리는 개입 전략이다(예: 불면증에 시달리는 사람에게 한밤중 특정 시간대에 일어나 귀찮은 일을 끝마치도록 요청하는 행위; Haley, 1984). 역설 명령 또한 시련과 유사한 기법으로, 스스로 통제할 수 없다고 주장하는 행동을 스스로 통제 가능한 것으로 만들기 위한 증상 처방에 사용된다(예: 분노 조절 문제가 있는 청소년에게 특정 자극이 주어지지 않은 상황에서 공격적으로 행동하라고 지시하는 행위; Haley, 1993). '시련' 혹은 '역설 명령'의 결과, 개인과 가족 구성원들은 결국 자신이 이른바 증상에 대한 통제력을 가지고 있다는 사실을 발견하게 된다. 외견상 반직관적인 것처럼 보이는 이들 개입의 효과는 전략적 가족치료가 관련 분야(가족치료)에서 차지하는 지위를 현저히 격상시키는 데 크게 기여하였다. 하지만 전략적 가족치료의 태생적 특징이라 할 의도성은 결국 비판의 대상이 되어 조종적(manipulated)이라고 간주되었다.

전략적 가족치료 관점에서 볼 때, 치료사의 역할은 가족의 의사소통 패턴 개선 달성을 통해 그들이 변화하는 환경에 효과적으로 적응할 수 있도록 지원하는 것이다. 좀 더 구체적으로 말하자면, 치료사는 '① 문제를 존속시키는 긍정적 피드백 순환 고리 파악, ② 그러한 상호작용을 뒷받침하는 규칙 혹은 구조 결정, ③ 이러한 규칙의 변화 방법 발견' 등을 시도한다(Nichols & Schwartz, 2007, p. 153). 따라서 전략적 가족치료사들은 기존의 가족체계 항상성에 도전하며, 가족 규칙이 작동하는 안전지대 밖에서 치료를 수행한다. 이 절의 앞부분에 소개한 사례의 경우, 치료사는 이 가족을 악순환 고리 속에 가둬 둔 두 가지 특정한 암묵적 메시지 또는 구조—① 아버지는 자신이 학교에 제시간에 도착하고 보다 독립적이 되려는 생각을 원하지 않을 것이라는 딸의 가정과 ② 딸의 행동을 자신에 대한 거부로 이해하는 아버지의 태도—를 변화시킬 방법을 찾아 줌으로써 사춘기를 앞둔 딸과 음주 문제가 있는 아버지를 도와주려 시도한다.

이 사례에 대해 전략적 가족치료사들 사이에 널리 알려져 있고 효과적으로 사용되는 재구성(reframing) 기법을 적용하면 가족 규칙 수정이 가능하다. 재구성은 부정적 가정을 긍정적인 것으로 전환함으로써 가족 구성원들이 가족 관계를 둘러싼 암묵적 해석을 수정해 가는 과정을 의미한다. 앞의 가족 사례에서, 치료사는 딸에게 아버지가 그녀와 가깝게 지내고 싶어 하며 떨어져 사는 것을 두려워한다는 점을 이해하도록 돕는 한편, 아버지에게는 딸의 요청을 학교생활을 더 잘해 보고 싶다는 욕구로 재해석하도록 도울 수 있다. 재구성이 인지 과정이라는 점에 주목하라. 다만, 재구성은 행동 변화 촉진을 위해 가족상담에 동원되기도 한다.

## 3) 구조적 가족치료

Salvador Minuchin은 아르헨티나 출신 아동 정신과 의사로, 1970년대 이래 가장 널리 사용되고 있는 가족치료 접근 가운데 하나인 일명 구조적 가족치료 모델을 개척하였다. Minuchin은 대인 정신의학(interpersonal psychiatry) 분야에서 공식적인 정신분석 임상 실습, 특히 필라델피아 소아 정신 병원(Philadelphia Child Guidance Center)의 여러 동료와 협업을 바탕으로 자신의 이론을 정립하였다. Minuchin은 동료들과의 협업을 통해 가족 구성원들에 대한 서비스 제공과 치료를 진행하면서, 그들이 실천할 수 있는 일련의 이론적 원칙과 치료 전략 발명이 포함된 실무적 접근 방법을 채택하였다(Nichols & Schwartz, 2007). 이들 원칙과 전략은 가족 구성원 혹은 가족 구성원 하위 집단(subset of family members) 간의 반복적 패턴이나 교류 순서의 의미를 체계적으로 확인하고 도표화하여 이해할 수 있는 구조를 제공하는데, 이는 Minuchin의 말을 빌리자면 기능적 측면에서 가족 구조를 형성한다고 한다. Minuchin과 동료들에 따르면, 구조 혹은 가족의 전반적 구성은 하위체계(subsystems), 경계(boundaries), 위계적 관계(hierarchical relationship) 등 3개의 상호 연관된 개념으로 이해할 수 있다(Minuchin, 1974; Minuchin & Fishman, 1981).

하위체계는 세대, 성별, 기능을 바탕으로 보다 규모가 큰 체계와 스스로를 분화하는 두 명 이상의 가족 구성원 간 연합으로 구성된다. 예를 들어, 부모는 '부모 하위체계'를, 두 명 이상의 아이들은 '형제 하위체계'를, 부모와 자녀 사이의 연합은 '부모 자녀 간 하위체계' 또는 '세대 간 연합(cross-generational coalition)'을 구성한다. 하위체계는 대인관계적 경계(interpersonal boundaries)로 설명되며 보호받는다. 즉, 이 경계는 하위체계에 포함된 사람과 체계 밖에 있는 사람을 규정하는 보이지 않는 제약 또는 장벽을 의미한다. 경계는 경직에서 모호에 걸친 연속선상의 한 지점에 놓여 있다. 경직된 경계(rigid boundaries)는 불침투성이라는 특징을 지니며, 하위체계 혹은 개별 구성원이 가족 안팎의 다른 하위체계와 상호작용하는 것에 제한을 가한다. 비록 경직된 경계가 자율성을 촉진할 가능성이 있기는 하지만, 이는 또한 이탈(disengagement) 또는 정서적 단절(emotional cutoff), 비지지적 교류(unsupportive transactions), 고립(isolation) 등의 부정적 결과를 초래할 가능성이 높다. 연속선상의 반대편 끝에 위치한 모호한 경계(diffuse boundaries)는 가족 구성원 및 하위체계 간 친밀감을 촉진하며, 상당한 정도의 애정, 지지, 다른 구성원의 욕구에 대한 순응(accommodation) 등을 제공한다는 장점이 있다. 하지만 이러한 종류의 경계는 애매하고, 그에 따라 관계 형성 능력(relationship-building competencies) 부족뿐 아니라, 밀착성(enmeshment) 혹은 의존성, 침투적 관계(intrusive relationships)로 이어질 수 있다(Nichols & Schwartz, 2007). 이들 두 가지 유형의 경계 사이에는 명확하고 일관된 경계, 즉 건강한 경계가 위치하는데, 이는 경직된 경계와 모호한 경계의 혼합을 통해 형성된다. 이러한 혼합은 가족 구성원들에게 자신의 개인적 정체감과 가족에 대한 소속감 사이에서 균형을 유지하려는 노력을 허용한다(bitter & Corey, 1996). 문제적 경계인지 혹은 건강한 경계인지에 대한 평가는 모호성이나 경직성이 가족 구성원 모두의 웰빙을 어느 정도까지 지지하는지에 대한 판단을 통해 가능하다.

하위체계 사이의 상호작용은 규칙의 지배를 받는데, 규칙은 암묵적일(즉, 무언의) 수도, 명시적일 수도 있다(Minuchin, 1985). 규칙은 가족 구성원 각각의 행동과 역할, 구성원 사이의 상호작용 패턴에 관해 확립된 기대치를 토대로 형성된다. 예를 들어, 알람시계가 부모를 깨우면 부모가 다시 자녀를 깨워 등교 준비를 시키는 아침 일과는 부모의 역할 수행을 돕는 단순하고 명백하며 안정적인 규칙 또는 일상이다. 규칙은 현상 유지와 가족 구조 강화를 목적으로 한다. 이렇게 되면, 행동 순서(sequences of behavior)는 자기 영속적(self-perpetuating) 경향을 띠게 되고, 그 결과 자력에 의한 행동 변화는 어려워진다(Nichols & Schwartz, 2007). 구조적 가족치료 관점에서 볼 때, 가족 구성원과 그 하위체계 또한 위계적 방식으로 조직된다. 예를 들어, 부모는 자녀에 대한 권위를 가질 것으로 기대되는 바, 그에 따라 부모의 역할은 자녀에게 규칙을 따르도록 가르치는 것이다. 부모에게는 또한 상호보완적 혹은 호혜적(reciprocal) 역할이 기대된다. 예를 들어, 부모 가운데 한쪽이 자녀 양육이나 장애 자녀 돌봄 책임으로 인해 부담감을 느낄 때 다른 쪽 부모가 이에 지지적 반응을 보인다면, 후자의 행동은 단합된 부모 연대 형성에 기여하고, 이는 건강한 가족 기능 촉진으로 이어질 것이다.

건강하지 못한 가족 기능은 가족 구성원(가족 구조) 간 교류 패턴이 지나치게 경직된 상태로 조직된 나머지, 가족 구성원들과 가족 전체가 기대(예상)되는 생애 주기 변화(예: 아들의 청소년으로의 성장), 갈등(예: 재정적 결정 문제를 둘러싼 부부 사이의 의견 불일치), 예측하지 못한 사건(예: 심각한 질병 진단을 받은 어머니) 등에 대한 수용을 허용하지 않을 때 발생한다. 예를 들어, 최근 다발성 경화증(multiple sclerosis) 진단을 받은 한 어머니를 생각해 보자. 그녀는 과도한 업무로 인해 시간을 낼 수 없는 남편으로부터 지지를 받을 수 없지만, 9세인 외아들과 친밀한 관계를 맺고 있다. 최근의 다발성 경화증 진단에 따른 스트레스에 대처하기 어렵다고 느낀 어머니는 아들에게 부탁하여 남편의 역할을 대체하도록 조치함으로써 그녀가 필요로 하는 지지를 획득한다. 이 사례의 경우, 아들은 어린이라는 하위체계로부터 부모 혹은 배우자 하위체계로 경계선을 넘었다고 볼 수 있다. 이 같은 세대 간 연합의 결과, 구조적 가족치료 상담사는 집이나 학교에서 아들의 행동 악화가 나타날 수 있다고 예상할 것이다.

건강한 가족 구조와 공동체는 일반적으로 변화에 직면하면 순조로운 전환(transition)을 이루어 낸다(Nichols & Schwartz, 2007). 예를 들어, 특정 가족에서 학습장애를 가진 자녀의 출현은 다음과 같은 현상을 통해 가족 유대를 강화할 수 있다. ① 부모가 힘을 합쳐 자녀가 과제를 하도록 돕게 만들어 줌(부모 하위체계 강화), ② 학습 촉진을 위한 발판은 제공하지만, 자녀의 과제를 세세하게 관리하지는 않음(지지는 제공하지만, 지나치게 간섭하지 않는 건강한 경계 채택), ③ 일관된 과제/숙제 일정을 집행함(긍정적 행동을 격려하는 규칙 개발), ④ 학교 상담사에게 지원을 요청하여 자녀의 장애 관리 과정에 필요한 교육을 받음(환경과의 정보 교환 및 변화에 대한 적응). 그러나 적지 않은 가족들이 종종 그들이 지닌 자원만으로는 감당하기 힘든 스트레스 상황(stressors)에 직면하게 되는데, 이들 스트레스 인자가 바로 가족에게 위기를 초래한다(예: 장애 자녀를 돕기 위해 부부가 하나의 팀으로 함께 일할 수 없게 됨). 위기에 직면한 가족의 대응 중 하나는 전문적 도움을 구하는 것으로(앞의 사례에서 부부치료)., 이는 가족을 긍정적 방향으로 이끄는 데 도움을 줄 수 있다. 이에 반해, 어떤 가족들은 갈팡질팡하다가 구성원들 간의 고립이 발생하여 적응에 실패함으로써, 역기능과 현상 유지라는 결과를 겪기도 한다.

### (1) 변화 과정과 재활 및 보건 전문가의 역할

구조적 관점을 지지하는 치료사들은 가족 규칙 강화, 경계 수정, 하위체계 재정비 등을 통해 가족 구성원들 사이의 상호작용 패턴을 재구성하려고 시도한다. 이러한 수단을 통해, 구조적 가족치료 상담사들은 가족 내에서 건강한 위계적 질서 회복을 추구한다. 다발성 경화증 진단을 받았던 앞 사례의 어머니이자 아내의 경우를 떠올려 보자. 이 사례에서 치료 목표는 두 개의 단계로 이루어져 있다. 첫 번째 단계는 아내(어머니)와 남편(배우자) 간 정서적 교류 기회 증가로, 이는 두 사람 사이의 긍정적인 의사소통 확대와 서로에게 유의미한 시간을 가짐으로써 배우자 하위체계와 부모 하위체계 강화를 통해 달성이 가능하다(두 사람 사이의 경계 이완). 두 번째 단계는 어머니가 남편이 아닌 아들로부터 지지를 받으려는 시도와 행위를 단념하게 만듦으로써 부모 자녀 간 연합을 해체하여 아들을 어른의 책임에서 해방시키는 것이다. 상담사는 가족 구조 변화를 통해 아홉 살짜리 아들의 개선을 기대해 볼 수 있다.

전술한 치료 목표에 도달하고 가족 구조를 재구성하기 위해 구조적 가족치료사들은 일련의 단계적 조치를 시행한다. 첫 번째, 그들은 공감과 수용을 표현함으로써 각각의 가족 구성원과 공고한 작업 동맹을 수립하는데, 이는 가족 구성원들의 불안을 감소시키고 방어기제를 낮추는 효과가 있다. 이들의 첫 번째 과정을 합류(joining)라고 부른다. 합류 과정 다음에는 자신의 상담 스타일을 가족의 스타일, 즉 가족의 상호작용 패턴에 적응시키려는 치료사의 노력이 뒤따른다. 치료사는 이들 두 단계를 수행함으로써 재구조화 작업을 시작하기에 충분한 수단(leverage)을 확보할 수 있다(Nichols & Schwartz, 2007).

구조적 가족치료의 특징은 치료 회기 동안 실연(enactments) 기법을 사용한다는 점이다. 실연은 지금-여기(here and now) 안에서 가족의 하위체계, 규칙, 경계가 무엇인지 관찰할 목적에서 치료사가 의도적으로 촉진하는 가족 구성원 사이의 교류를 의미한다. 이들 실연 기법은 치료 장면 밖에서 이루어지는 가족 구성원 사이의 관계 맺기 방식을 대변하는 것으로 간주되며, 치료사에게 그때그때 발생하는 가족 구성원 간의 교류를 관찰하고 재구성할 기회를 제공한다. 전체 가족체계 및 그것과 가족 밖 체계와의 연계 파악을 위한 계획 수립이 끝나면, 치료사는 이를 합리적인 하위체계로 분리하여 체계 구성원 사이에 존재하는 문제적 연합과 단절 조사 작업을 시작할 수 있다.

구조적 가족치료는 20세기 중반의 핵가족적 세계관을 대표하는 구세대적 제도에 근거를 두고 있다는 비판을 받아 왔다. 핵가족적 세계관이란 이성애자 부부에 의한 자녀 양육 책임을 정상적 규범(norm)으로 간주하는 가족 제도다. 현대 세계는 다양하고 복잡한 가족 형태를 인정하는데, 여기에는 동성 부부, 의붓 부모 · 위탁 보육 부모(foster parent) · 입양 부모, 홀로 거주하는 한부모 가정과 다세대 가구(대가족)의 일부로 생활하는 한 부모 또는 기혼 부모 등이 포함되어 있다. 더욱이, 오늘날의 가족은 더 크고 문화적으로 이질적인 사회환경 속에서 가족 외의 다른 사람들과 깊거나 얕은 인간관계를 맺으며 살고 있다. 이 같은 비판에도 불구하고, 구조적 가족치료가 지닌 보편적 매력은 다양한 모형에 걸쳐 적용

(범용성)이 가능하다는 점이다. 나아가, 구조적 가족치료는 핵심적 구성요소와 적용 가능성을 뒷받침하는 강력한 이론과 실증적 연구 데이터로 인해 영향력 있는 치료 접근으로 간주되고 있다.

## 4) 인본주의적 경험적 가족치료

인간의 상호작용이 지닌 표현적 본성, 개인적 자유 개념, 경험의 즉시성에 흥미를 느꼈던 Carl Whitaker와 Virginia Satir는 Carl Rogers의 개인적 인본주의 심리학을 근간으로 삼고 게슈탈트 심리학에서 유래된 보완적 회화기법, 예술치료, 심리극 등에서 사용되는 기법을 보조 수단으로 하는 가족치료 모형을 발전시켰다. 1960년대에 탄생한 이 접근은 건강한 심리적 기능 조절에 있어 정서적 표현(emotional expressiveness)의 중요성을 강조한다. 이러한 유형의 가족치료 지지자들은 인본주의적 경험적 전통과 일관되게, 삶을 충분히 경험하고 광범위한 정서 상태를 표현할 수 있는 기회가 허용되는 한, 인간은 선천적인 자기실현 경향을 보인다고 주장한다(Nichols & Schwartz, 2007). 따라서 건강한 가족은 구성원의 정서적 경험을 지지하고 인정할 수 있을 정도로 충분히 안전하다. 이에 반해, 건강하지 않은 가족은 두려움을 보이는(frightened) 경향이 있다. 구체적으로, Satir가 설명한 바와 같이, 건강하지 않은 방식으로 기능하는 가족 구성원들은 낮은 수준의 자기 존중감 경험으로 인해 진실되지 않은 방식(예: 비난하기, 회유하기, 무관심하기, 스스로에 대해 과도하게 비합리적/초일치적 행동 보이기)으로 의사소통한다(Satir, 1972; Satir, Stachowiak, & Taschman, 1975). 그 결과, 건강하지 않은 가족은 구성원의 정서와 충동 표현을 제한함으로써 구성원의 행동을 통제하려 시도하는데, 이는 방어적 태도뿐 아니라 감정 억압과 회피로 이어진다.

### (1) 변화 과정과 재활 및 보건 전문가의 역할

인본주의적 경험적 가족치료의 목표는 가족 구성원 각각의 능력을 길러 스스로의 감정과 욕망을 지각할 수 있도록 돕는 데에 있다. Whitaker에 따르면, 치료사의 역할은 이러한 과정을 촉진하는 동시에, 가족 구성원 사이의 응집력(cohesion)을 높이는 것이다. Satir에 의하면, 이는 의사소통 능력 개선을 통해 달성이 가능하다. Whitaker와 Satir는 모두 건강하지 않은 가족은 구성원들의 내적 갈등에 의해 가족 기능이 마비되는데, 이는 주로 차갑고 의례적인(ritualistic) 가정 환경 속에서 나타난다는 점에 동의한다. Whitaker와 Satir에 따르면, 이러한 가정 환경 속에서 생활하는 가족 구성원은 서로에 대한 인식과 배려 능력이 부족한데, 그에 따라 모두가 외로움을 느끼고 가족 외의 문제에 집착하려는 경향을 보인다고 한다(Satir, 1972; Whitaker & Keith, 1981). 이 같은 맥락에서, 치료 목적은 가족 구성원들이 편안한 상태에서 상호작용할 수 있고, 깊고 내밀한 정서적 상태를 마주하며, 치료 중 상담 사와 이들 정서를 공유하고, 다른 구성원들과 진실된 결합을 이룰 수 있도록 따뜻하고 보살 핌이 가득한 경험을 갖게 하는 것이다. 이 같은 목적은 실존적 만남(existential encounters)을 통해 달성이 가능한데, 치료사에게는 가족 구성원들과 서로의 감정(당혹감, 혼란, 무력감 등) 을 교환하는 과정에 적극적으로 참여할 것이 기대된다(Kempler 1968, p. 97). 이렇게 함으로 써, 실존주의적 가족 이론가들은 치료사에게 자발적이고 유연하며 배려하는 태도가 필요 하다는 점을 강조한다. 궁극적으로, 가족치료사들은 이러한 방법을 통해 가족 구성원이 덜 방어적이고 보다 유연한 태도를 가지며 구성원 각각이 가족 내에서 자기 충족적 역할(self-fulfilling role)을 정의하도록 허용하는 한편, 가족 관계 내에서 보다 독립적이고 친밀한 감정 을 느끼게 도울 수 있다(Napier & Whitkaer, 1978).

인본주의적 경험적 가족치료사들에게 있어, 개별 구성원의 자기 표현(individual self-expression)은 가족 기능 향상을 위한 선결 조건이다. 발목 절단 수술을 받은 젊은이의 경 우를 예로 들어 설명해 보면, 재활 및 보건 전문가는 그에게 자신의 감정을 탐색하고 표현 하도록 격려하는 동시에, 가족 구성원들에게도 유사한 연습에 참여하도록 지원한다. 이러 한 연습의 목적은 가족 구성원 각각으로 하여금 발목 절단이 그 사람(절단 수술을 받은 구성 원)의 삶에서 어떤 의미를 가지는지 경험해 보게 함으로써 개인적 차이를 존중하고 공통적 반응과 감정을 강조하는 데에 있다. 이러한 이중적 과정은 개인적 성장, 가족 구성원 간의 친밀감, 발목이 절단된 구성원과의 적절한 지지 교환 방법 파악 등을 촉진한다.

인본주의적 경험적 가족치료 접근은 개별성과 전체성(wholeness) 사이의 긴장을 내 포하는데, 이러한 특징으로 인해 비평가들로부터 체계 이론으로 보기에 미흡하다는 비 판을 받고 있다. 실제로, 가족치료의 한 분야로서 인본주의적 경험적 접근이 지니는 매 력은 상당 부분 이를 창시한 사람들의 카리스마에서 비롯되었다고 할 수 있다(Whitaker 의 대담하고 관습에 얽매이지 않는 성격과 Satir의 따뜻하고 포용적인 성격). 이러한 이유에서, 두 사람이 사망한 후 이 모형이 인기를 상실한 것은 그다지 놀랄 일도 아니다(Nichols & Schwartz, 2007). 하지만 최근에는 두 가지의 새로운 인본주의적 경험적 접근—정서 중심 부부치료(emotionally focused couples therapy; Greenberg & Johnson, 1988; Johnson, Hunsley, Greenberg, & Schindler, 1999)와 내적 가족체계 모형(internal family systems model; Schwartz, 1995)—에 대한 관심과 수용도가 높아지고 있다. 이들 두 접근은 개인적 경험을 중시하는 입장과 가족체계 이론의 핵심 개념을 정교하게 통합하려는 노력을 기울이고 있다.

John Bowlby(1969)의 영향을 받아, 정서 중심 부부치료사들은 배우자 사이의 순환적 갈등은 종종 서로에 대한 또는 배우자 가운데 한 사람의 불안정한 애착 문제에서 비롯된 것이라고 가정한다. 이러한 문제의 극복을 위해 정서 중심 부부치료사들은 두 가지 과제에 집중한다. 첫째, 치료사는 배우자 각각에게 자신의 해결되지 않은 개인적 관계 소망(relationship longings)을 이해하도록 돕는다. 둘째, 치료사는 부부에게 방어기제가 그들 사이의 관계에서 어떻게 분노나 철회 등의 감정을 유발하는지 파악하도록 돕는다. 이를 통해 치료사는 부부에게 분노나 철회 등의 부정적 감정이 대개의 경우 상대방으로부터 진심으로 원하는 것, 즉 친밀감과 긍정적 인정(affirmation)과는 반대의 결과를 유발한다는 사실을 이해시킨다. 이러한 과제가 달성되고 부부가 자신의 취약성(즉, 두려움, 외로움, 불안)을 이해하고 소통할 수 있게 되면, 새롭고 서로를 배려하는 형태의 관계 형성이 나타난다(Greenberg, James, & Conry, 1988).

내적 가족체계 모형은 가족 문제가 구성원 각각이 문제적인 가족 간 상호작용으로 번질 수 있는 스스로의 내적 갈등을 파악하도록 돕는 과정에 의해 이해와 해결이 가능하다고 주장한다. 내적 가족체계 치료사들이 사용하는 핵심 개입 방안은 가족 구성원 각각이 어떻게 자신의 일부 혹은 하위 인격(subpersonality)이 다른 구성원의 일부 또는 하위 인격에 부정적으로 반응하거나 이를 촉발하는지 인지하도록 돕는 것이다. 특정 구성원의 전부가 아닌 그 사람의 성격 중 일부에 존재하는 갈등 재구성은 방어기제를 줄이고 극단적 대립을 감소시키며, 전체적인 성격 측면에서 그 사람이 건강하다는 점을 강조한다. 구성원들이 연결(관계)을 회복하고 가족이 처한 곤경을 물리칠 수 있는 힘은 이처럼 보다 건강한 요소에 기초한다. 모든 형태의 실존주의적-인본주의 가족치료(existential-humanistic family therapy)와 마찬가지로, 이 접근 역시 인간은 근본적으로 건강하며, 타고난 자아 실현 경향을 가지고 있다는 전제에 기반한다(Schwartz, 1995).

## 4. 현대적 가족체계 이론

최근 수십 년 동안, 20세기에 출현한 다수의 가족치료 이론은 다음과 같은 세 가지 주된 이유에서 비난의 대상이 되었다. 첫째, 이들 이론은 '원형적인 가족(prototypical families)'과 관련된 문제에 지나치게 사로잡혀 있다. 다시 말해, 전통적 가족체계 이론은 ① 이성애적 관계만을 중시하고, ② 남성과 여성의 역할을 엄격하게 구분하며, ③ 백인 중산층 가족 문제 해결에 편중되고, ④ 서양 문화에 근거하고 있다는 것이다. 그 결과, 기존 이론들은 장애인 구성원을 둔 가족을 포함하여 문화적으로 다양한 집단에 속한 가족 문제 대처에 부적합하였다. 둘째, 전통적 가족체계 이론은 가족들 사이에 존재하는 역사적·사회적·정치적·경제적 불평등과 이들 거시적 체계가 가족 역동에 미치는 영향을 간과하였다. 셋째, 이들 이론은 치료사와 가족 구성원 간 명확한 권력 차이가 존재하는 본질적으로 위계적인 치료 관계에 가족을 참여시켰다(Silverstein & Goodrich, 2003).

그러나 21세기에 등장한, 여성주의와 다문화 가족치료 이론 및 모형은 전통적 가족치료 접근에 도전하였다. 이들도 또한 장애인 구성원을 둔 가족을 포함하여 문화적 다양성을 지닌 가족 문제에 어떻게 대처할지를 둘러싼 건강한 관심에도 문호를 개방하였다. 구체적으로, 이들 이론은 체계 모형에 걸쳐 경계가 모호해지고, 기술적·이론적 측면에서의 절충주의에 자리를 양보하는 등의 변형 과정을 경험하였다. 이러한 변화는 가족치료사들에게 다양한 문화적 배경을 가진 가족의 독특한 욕구 충족을 위해 그들의 접근방법을 맞추도록 허용하였다. 더욱이, 20세기 가족치료의 대표적 특징이라 할 천편일률적 접근의 종원은 중요한 권력 역동(power dynamic)상의 변화를 가져왔다. 이러한 변화는 치료사의 역할을 고정된 것이 아닌 가족의 자원을 강화하는 과정에서 동반자적 협력자로 기능하도록 변화시킴으로써, 치료사와 가족 간 기존의 위계적 관계를 제거하였다(Nichols & Schwartz, 2007). 이러한 전환적 맥락에서, 21세기 가족치료라고 알려진 새롭고 영향력 있는 몇몇 접근이 탄생하였는데, 여기에는 여성주의 가족치료(feminist family therapy), 이야기 및 구성주의 가족치료(narrative and constructivist family therapy), 해결 중심 가족치료(solution-focused family therapy)가 포함된다.

## 1) 여성주의 가족치료

1960년대 여성주의 운동의 등장과 함께 탄생한 이 접근은 전통적 형태의 가족치료 이론에 깊숙이 뿌리박혀 있던 가부장적 가치를 폭로했을 뿐 아니라, 체계 이론의 근거가 된 일부 핵심 원리에 정면으로 도전하였다(Hare-Must, 1978 참조). 구체적으로 말해, 여성주의 가족치료는 건강하지 않은 기능은 주로 결함 있는 가족 간 상호작용에서 비롯된다는 사이버네틱스 개념을 반박한다. 여성주의 가족치료 지지자들은 기존의 입장/이론이 가족 구도에 부정적 영향을 미치는 사회적·경제적·정치적 불평등과 같은 맥락적 요인이 가지는 영향력을 무시하였다고 주장한다(Avis, 1988). 나아가, 여성주의 가족치료 이론가들은 가족을 사이버네틱스로 특성화하려는 시도에 대해 끊임없이 되풀이되는 피드백 순환 고리가 개인의 행동을 통제하는 체계라고 비판한다. 그들에 따르면, 어려운 상황에 처한 가족 구성원들은 그들이 변화를 원한다 해도 그것을 촉진할 정도로 충분한 개인적 통제력을 발휘할 수 없으며, 그에 따라 가족이 당면한 특정 문제에 대해 동등한 책임을 공유한다고 보기 어렵다고 주장한다. 여성주의 이론가들은 전통적인 체계 이론가들이 '피해자를 비난하고 현상을 합리화하려는 극도로 복잡한 설명'을 제시해 왔다고 주장하는데(Goldner, 1985, p. 33), 이는 오늘날에도 가족 내에서조차 다양한 유형의 학대(강간, 근친상간, 구타)를 경험하며 그 같은 상황을 유발한다는 비난을 받고 있는 다수의 여성들에게 해로운 영향을 미친다는 것이다(James & MacKinnon, 1990).

　여성주의 가족치료는 기법 활용에 무게를 두기보다는 가치 지향적 입장을 추구하며(Friar Williams, 1977), 노골적 혹은 은밀하게 존재하면서 가족과 사회에서 여성을 억압하는 편견과 차별적 관행을 해체함으로써 그들의 역량을 강화하고 경험을 정당화하려 노력하는데, 가족치료 회기 내에서 이러한 점에 주목해야 한다고 주장한다. 이러한 목적을 달성하기 위한 방안으로 Peggy Papp, Olga Silverstein, Marianne Walters, Betty Carter 등 여성주의 가족치료 접근 주창자들은 묵시적이며 광범위하게 퍼져 있는 가부장적 규범의 존재—가정, 직장, 사회 전반에 걸쳐 여성에게는 인정되지 않고 남성만이 누리는 특권—를 강조하는 치료 모형 채택을 제안하였다. 그들은 또한 '전형적인 문제적 가족(지나치게 관여하는 신경질적 어머니, 무관심해 보이지만 심리적으로 건강한 아버지, 증상이 있는 자녀로 이루어진 가족)'을 병리학적 시각에서 바라보는 기존의 접근에 문제를 제기하였다.

　다양한 유형의 장애를 동반한 학습장애 아동을 대상으로 서비스를 제공하는 재활 및 보건 전문가들은 이와 같은 가족 구조를 자주 목격할 것이다. 학습장애 자녀를 둔 전통적 구조의 가족 안에서 어머니는 치료와 관련된 일체의 일을 떠맡는 경향을 보이면서 자녀의 장애에 관해 죄책감을 경험하는 반면, 아버지는 자신은 이미 치료비를 부담하는 등 경제적 책임을 담당하고 있으므로 치료 과정에 개입하는 것이 불필요하다고 주장하면서 자녀를 돌보는 치료사와의 만남에 저항감을 보일 가능성이 높다. 여성주의자들은 전형적인 문제적 가족에 묘사된 가족 구성원의 역할은 각각 여성과 남성의 타고난 결함과 장점만으로 설명하기 어렵다고 주장한다. 대신에, 이들은 이러한 문제적 양상을 전통적으로 남성과 관련된 자질(qualities)은 바람직하고 여성과 관련된 자질은 호의적이지 않게 보는 역사적·사회정치적 과정의 부산물이라는 맥락으로 이해한다.

**(1) 변화 과정과 재활 및 보건 전문가들의 역할**

여성주의 가족치료사들은 그들의 작업에 수많은 심리학 이론을 활용한다. 그 결과, 여성주의 가족치료에서만 통용되는 독점적 변화 과정과 일련의 치료 개입의 윤곽을 제시하는 일은 결코 쉽지 않다. 그렇지만 여성주의 가족치료사들은 모든 성별(남성, 여성, 성전환자)이 상담 장면 안팎에서 동등한 정치적 권력을 누려야 한다는 철학에 근거한 공통의 목표를 공유한다. 이러한 세계관은 그들의 작업(상담)을 특징짓는 치료 환경의 유형과 협력적 역할 조성에 영향을 미친다(Bitter & Corey, 1996).

무엇보다도, 여성주의 가족치료사들은 가족, 특히 부부(parental couple) 사이에서 여성의 목소리와 관점을 중시하는 평등한 관계 구축을 지원하려 노력한다. 이처럼 중요한 목표는 사회정치적 · 문화적 시각을 통해 구성된 문제 개념화와 개입에 의해 달성된다. 이들은 핵가족, 확대 가족, 사회 전반에 걸쳐 가족이 속해 있는 각각의 가부장적 체계의 맥락에서 여성이 억압받고 있다는 점을 강조한다. 이러한 목표를 달성하기 위해 여성주의 가족치료사들은 가족 구성원을 대상으로 그가 속한 가족의 규범, 규칙, 경계가 어떻게 가부장적 규범에 영향을 받고 있는지 이해시키려 시도한다. 이들은 또한 이혼과 같은 생활 사건이 남성과 여성의 삶에 미치는 영향 정도가 다르다는 점을 강조한다. 이들은 나아가, 성별에 따른 고정관념에 도전하며 가족 구성원들이 가족 내에서 그들의 역할과 책임에 대해 성중립적 태도를 가지도록 유도한다.

예를 들어, 앞에서 언급한 학습장애 아동 사례에서, 여성주의를 따르는 가족치료사는 아버지의 참여가 아이의 재활 과정에 어떠한 유익을 가져다줄 수 있는지에 관해 구체적인 예시를 제시함으로써 아버지를 치료 과정에 참여시키려 시도한다. 또한 여성주의 가족치료사들은 자녀를 돌봄에 있어 어머니의 역할(예: 아이의 문제를 돌보는 데 기울이는 관심)과 아버지의 역할(예: 경제적 책임)이 비중 면에서 동등하게 기여한다는 점과 성별에 따른 역할의 중요성에 관한 인식 차이가 사회정치적 · 경제적 현실에 근거한다는 사실을 강조한다.

## 2) 이야기 및 구성주의 가족치료

여성주의 가족치료가 성적 불평등을 수용할 수 없다는 시각에서 출발한 데 반해, 이야기 가족치료와 구성주의 가족치료는 모두 치료사의 객관성을 확보할 수 없다는 인식에 대한 대응에서 비롯되었다. 1980년대와 1990년대에 걸쳐, Harlene Anderson, Harry Goolishian, Lynn Hoffman 등이 이끌었던 일군의 심리학자들은 가족 구성원 각각이 가족 내에서 벌어지는 사건과 문제에 부여하는 의미를 이해하는 것이 가족 구성원 간 상호작용 패턴에 내재된 복잡성 해석에 초점을 맞추는 방법보다 훨씬 유익하다는 사실을 깨달았다. 그들은 인간의 경험은 언제나 모호한데, 이들 경험의 질과 중요성은 관찰자에게 달려 있는 것이 아니라, 그 같은 경험을 했던 사람 또는 그러한 경험에 대해 가족 구성원이 부여하는 해석에 따라 달라진다는 점을 인식하였다. 해석학(hermeneutics: 해석에 대한 그리스어에서 파생된 용어로 성경 내용의 해석 이론에서 기원하였음)의 도입에서 기원한 이 같은 인식은 앞서 소개한 새로운 세계관을 추종하는 가족치료사들이 그들 자신을 상담 진행 과정을 촉진하는 주체라고 생각하게 만들었는데, 이 과정에서 가족 구성원들은 가족 문제 해석 및 해결을 돕는 이야기(narratives)를 탐색하고 조직하며 구성하는 역할을 수행한다는 것이다.

얼마전까지 가족의 생계를 책임지던 아버지가 예후가 매우 나쁜 폐암 판정(예: 생존 기간 최대 2개월)을 받아 인생의 결말에 관한 결정을 앞둔 가족의 경우를 살펴보자. 이와 같은 상황에서 구성주의 가족치료사가 가족 구성원 각각의 의견이나 입장을 고려하지 않은 채 가족 문제에 관한 개념화 작업을 진행하기란 쉽지 않을 것이다. 실제로, 구성주의 접근을 따르는 가족치료사들은 문제를 이해함에 있어 전체로서의 가족은 물론, 구성원 각각이 제공하는 이야기의 설명과 분석에 의존한다. 이 사례에서 보는 바와 같이, 가족 이론에서 가족 이야기로의 초점 이동은 가족 구성원(치료사가 아닌)이 전문가로 기능하는 민주적인 치료 관계를 동반한다(Nichols & Schwartz, 2007).

### (1) 변화 과정과 재활 및 보건 전문가의 역할

이처럼 해석적이고 협력적인 접근은 의미의 구성과 치료사의 편에서는 알 수 없는(not knowing) 입장에 초점이 맞추어져 있다(Anderson, 1993). 따라서 구성주의 치료사들은 그들이 상담을 제공하는 내담자에게 그 어떤 정보도 숨기지 않는 근면하고 비판단적 청취자가 될 것을 요구받는다. 심지어 한 방향만 볼 수 있는 반투명 거울로 상담 과정을 관찰하는 심리치료사/상담사까지도 대화에 참여하여 그가 받은 인상을 치료사 및 가족 구성원들과 공유하도록 초대받는다(Anderson, 1991). 의미의 공동 구성은 가족 관계에 관한 질문 활용을 통해 달성이 가능한데, 이는 구성원 각자가 가족 문제와 그만의 고유한 경험에 관한 자신의 견해를 공유하도록 유도한다. 이렇듯 질문을 강조하는 시도는 구성원 각각이 가족 전체 혹은 다른 사람 앞에서 자신의 목소리를 내며 역량을 강화하고, 가족을 위한 새로운 가능성과 해결책 탐색 수단을 제공하는 데 그 목적이 있다(Bitter & Corey, 1996). 따라서 구성원의 죽음이 예상되는 가족을 대상으로 상담을 제공하는 구성주의 치료사는 아버지의 임박한 사망에 관해 가족 구성원 각각의 경험을 공유하도록 요청할 수 있다(앞 사례의 폐암 판정을 받은 아버지가 있는 가족). 치료사의 목표는 가족 구성원 각각이 자신의 가족이 처한 상황을 긍정적으로 바라보도록 허용하는 대화에 참여시키고(예: 아버지의 죽음을 그가 겪는 고통의 끝이라고 재구성함), 그들이 지닌 문제에 관해 새로운 해답(예: 어려운 시기에 서로를 지지할 수 있는 적절한 방법을 파악함)을 검토하는 것이다. 비록 치료사가 가족의 과거에 관해 질문하고 그간의 사건/상황의 전개 과정을 언급하는 것은 가능하지만, 치료사의 주된 역할은 현재와 미래 지향적 대화를 촉진하는 것이다.

## 3) 해결 중심 가족치료

해결 중심 가족치료는 1990년대 후반 포스트모더니즘 혁명과 관리 의료(managed-care) 확대 적용에 따른 건강보험 재정 긴축 추세에 대응하기 위해 등장하였다. 이름이 암시하는 바와 같이, 해결 중심 가족치료 접근은 실용적이고 정해진 계획에 따라 아주 구체적인 문제 해결을 목표로 한다. 해결 중심 가족치료의 창시자인 Steve Shazer와 그의 동료들은 가족에게 문제보다 해결 방안에 관해 이야기를 나누게 하면 그들의 관심을 부정적 문제에서 긍정적 대안으로 옮기도록 도울 수 있는데, 그렇게 하는 것만으로도 어려움 제거에 도움이 된다고 주장하였다. 해결 중심 관점에 따르면 가족 문제의 원인을 논하려는 시도 자체가 부적절하므로 그것을 탐색하거나 설명할 필요가 없다는 것이다. 더욱이, 해결 중심 가족치료사는 각각의 가족은 이미 문제 해결에 필요한 일체의 자원을 지니고 있다는 전제하에 (치료) 작업을 진행한다.

### (1) 변화 과정과 재활 및 보건 전문가의 역할

해결 중심 가족치료 접근을 활용하는 상담사들은 자신의 역할을 다음과 같은 두 가지 매우 구체적인 과정에 가족을 참여하게 이끄는 촉진자라고 생각한다. 우선, 그들은 가족의 문제 파악을 돕는다. 그들은 특별한 사안이 주어졌을 때, 가족 구조 재조직화나 가족 문제의 맥락화에는 관심이 없다. 치료사의 목적은 가족에게 그들이 바꾸고 싶어 하는 것에 관한 이해와 특정 조건을 충족하는 목표 선택을 돕는 것이다. 구체적으로, 해결 중심 치료사는 가족이 특정 기간 내에 구체적이고 현실적이며 달성 가능한 목표를 향해 나아가도록 돕기 위해 노력한다. 이들 조건하에서, 치료 목표는 대개 무난한 편이다. 예를 들어, 결혼 후 심각한 불화를 겪고 있으며 백혈병 진단을 받은 11세 아들을 둔 부부가 해결 중심 가족치료사에게 상담을 요청하였다고 가정해 보자. 이때 해결 중심 가족치료사는 부부가 화학 요법(chemotherapy)을 받아야 하는 백혈병 아들을 돌볼 수 있도록 6개월 간의 지원 전략 수립을 돕는다. 장기간 지속된 결혼생활의 어려움과 임박한 이혼 문제를 다루는 대신, 부부는 해결 중심 가족치료사의 도움을 받아 아들의 치료와 재활 촉진을 위해 그들이 함께 일할 수 있는 단기 목표 수립 결정을 내린다.

해결 중심 가족치료사는 특정 문제에 초점을 맞추는 접근에 더해, 가족 구성원에게 그들이 이미 지니고 있는 기술과 자원을 인식 및 활용하고, 그 같은 잠재 능력을 활성화할 수 있도록 도움으로써 변화를 촉진한다. 앞서 기술한 사례를 예로 들면, 해결 중심 가족치료사는 부부에게 그들이 한 팀이 되어 효과적으로 일할 수 있는 분야를 파악하기 위한 질문을 할 수 있다. 이렇게 함으로써 치료사는 가족에게 그들이 처한 현실을 부정적이고 결손에 초점을 맞추던 것에서 벗어나 낙관적이고 강점에 기반한 방향으로 재구성할 수 있도록 지원할 수 있다. 해결 중심 접근을 지지하는 사람들은 이러한 의사 전달 변경만으로도 긍정적 변화를 이끌어 내고 해결책을 찾기에 충분하다고 주장한다.

## 4) 통합적 가족체계 접근: 재활 및 보건 전문가를 위한 사회생태학적 모형

Bowen(1978)과 Minuchin(예: Minuchin, Rosman, & Baker, 1978)과 같은 가족치료 분야 선구자들은 가족체계 내에서 신체적 건강 관련 문제와 욕구를 다루는 것이 중요하다고 주장하였다. 그럼에도 불구하고, 대부분의 전통적 가족체계 이론은 주로 가족 구성원의 정신건강과 심리사회적 역동에 치중해 왔다(Pisani & McDaniel, 2005). 이에 반해, 현대 가족치료 접근은 장애나 만성질환뿐 아니라 그 밖의 특정한 임상적 맥락에 주목한다. 그러나 그들은 가족 구성원에게 장애나 만성질환이 발생할 경우, 가족이 어떻게 기능하고 변화하는지를 설명하는 폭넓은 계획이나 이론에 별다른 관심을 기울이지 않은 채, 이들 문제를 실용적 관점에서만 다루려는 입장을 보여 왔다(Lebow, 2005). 따라서 우리는 의료적 가족치료 모형(medical family therapy model)의 철학(McDaniel, Hepworth, & Doherty, 1992)과 생태학 기반 가족치료 원리(Lindblad-Goldberg & Northey, 2013; Szapocznik & Williams, 2000)를 통합한 재활 및 보건 전문가를 위한 사회생태학적(social-ecological) 모형을 제안한다. 이들 두 보완적 접근을 통합하는 목적은 전통적 가족체계 모형과 현대적 가족체계 모형의 기본 개념을 통합하고 재활 및 보건 전문가에게 유용하고 특화된 '메타 구조(metaframework)'를 제공하기 위함이다.

재활 분야를 위한 사회생태학적 모형은 재활 및 보건 전문가들이 곤경에 처한 장애인 가족 구성원의 치료 과정에 영향을 미치는 일체의 개별적 관계에 집중하는 과정으로 정의될 수 있다. 사회생태학적 접근은 재활 돌봄(rehabilitation care)을 최대한의 범위에서 장애인이 재활 및 보건 전문가와 그 자신이 상호 교류를 유지하는 비공식적인 사회적 지지체계 구성원을 포함하여, 가족 경계 밖에 있는 다른 하위체계를 탐색하는 일련의 개입으로 개념화한다([그림 14-1] 참조). 또한 이 모형은 보다 광범위한 건강보험 체계 및 장애인이 속한 문화와 사회의 영향에 주의를 기울일 필요가 있다는 점을 강조한다.

사회생태학적 모형은 이들 하위체계 모두가 개인의 재활 과정에 직·간접적 영향을 미친다는 점에서 중요하다고 가정한다. 실제로, 사회생태학적 관점에서 볼 때, 장애인은 각각의 하위체계에 포함된 미시체계의 구성원이다(Bronfenbrenner, 1989a). 더욱이, 사회생태학적 접근 채택은 재활 및 보건 전문가들에게 장애인을 둘러싼 사회적 네트워크와 가족의 활용 또는 활성화(체계적 용어로 말하자면)를 통해 건강 손상 관리와 직결된 보다 실용적인 목표 설정을 가능하게 한다. 나아가, 사회생태학적 접근이 지니는 다맥락적 특징(multicontextuality)은 대부분의 다문화 이론과 일치하는데, 이는 다양한 문화적 변인에 걸쳐 개인의 정체성에 대한 고려의 중요성을 강조하며(Ancis & Ladany, 2001), 앞서 설명한 포스트모더니즘 형태의 가족치료(21세기 가족치료)의 특징을 대표한다.

의료적 가족치료는 일반 체계 이론에 뿌리를 둔 비교적 새롭고 실용적인 접근으로(von Bertalanffy, 1950), 가족체계 이론(Bowen, 1978)과 보건 분야의 생물심리사회적 모형(Engle, 1977)의 원리를 결합한 형태를 띠고 있다. 이러한 형태의 가족치료는 가족 및 광범위한 보건 의료 체계의 맥락 안에서 건강, 장애, 질병 사이의 양방향적 관계와 장애인 가족 구성원의 개인적 역동성에 주목한다(McDaniel & Pisani, 2012; Pisani & McDaniel, 2005). 의료적 가족치료는 치료받지 못할 가능성이 높은 개인과 가족의 정신건강 욕구 해결에 있어 1차 진료 기관 활용이 가져다줄 잠재적 이익을 인식하기 시작한 1970년대 이후 실용적 선택으로 등장하였다(Pisani & MaDaniel, 2005). 의료적 가족치료 접근과 기타 유사한 접근은 통합 건강보험 제도(integrated health care)의 도래와 함께 관심이 고조될 가능성이 높으며, 장애인과 그들의 욕구를 다루는 데 있어 재활 및 보건 전문가의 역할을 확대할 것으로 기대된다.

마찬가지로, 생태학 기반 가족치료(ecologically based family therapy)는 가족을 관심의 중심 영역으로 개념화하는 차원을 넘어, 환경에 포함된 모든 층위를 고려한다(Engel, 1977). 이러한 방식으로, 생태학적 가족치료 접근은 일반 체계 이론(von Bertalanffy, 1969)과 사회

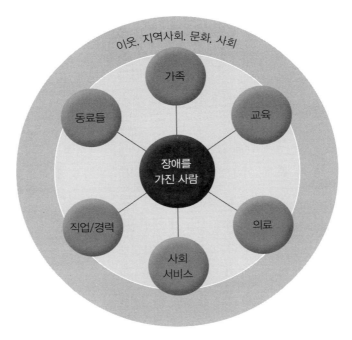

[그림 14-1] 장애인의 사회생태학(social ecology of persons with disabilities)

생태학에 관한 Bronfenbrenner(1989b)의 작업을 혼합함으로써, 치료사에게 개인의 행동과 장애에 대한 태도를 그 자신의 생물학적 특성과 가족 및 사회적 영향(예: 정치적, 경제적, 문화적; Okun, 2002)의 부산물로 개념화하고, 생태 체계 내에서 다단계에 걸친 개입을 허용한다.

두 모형은 세 가지 핵심적 공통 개념을 공유한다. 첫째, 장애인의 경험(체계 안의 부분)은 가족 구성원과 의료인(전체로서의 체계; [그림 14-1])이 어떻게 함께 작업하는지에 관한 이해가 존재할 때만 이해가 가능하다(Brown & Christensen, 1999). 둘째, 비록 장애인 구성원을 둔 가족은 그 자체로도 체계지만, 이는 또한 공식적인 그리고 비공식적인 사회적 지지를 제공하는 사람들로 구성된 공동체에 속한 하위체계로, 하위체계 및 체계 안팎에서 이루어지는 상보적 영향(순환적 인과관계)을 초래한다(Brown & Christensen, 1999; [그림 14-2]). 더욱이, 체계는 항상성 또는 현상을 유지하려는 방식으로 작동하는 경향이 있다. 이러한 경향은 집단으로서의 재활 및 보건 전문가 팀에게도 적용이 가능하며, 장애인, 친척, 대규모 재활 기관 등이 속한 생태 체계 내에서 하위체계를 형성한다.

항상성 상태를 유지하기 위해 체계 구성원 각각은 특정 역할(예: 할아버지)이나 기능(예: 재활 및 보건 전문가)을 수행하며, 그와 같은 특정 체계의 본유적(intrinsic) 규칙을 따른다.

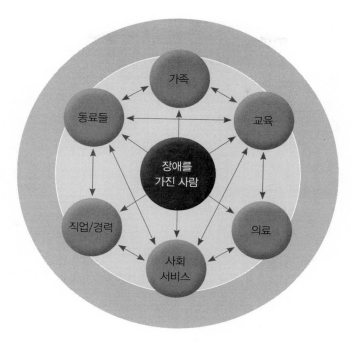

[그림 14-2] 장애인의 사회생태학 내 체계 간 연결성

예를 들어, 뇌성마비 소년의 일차적 양육자이자 손자를 작업치료사와의 정기 치료에 데려
갈 책임을 맡은 할아버지의 사례를 생각해 보자. 작업치료사는 소년이 학교에서 독립적으
로 생활하는 방법을 배우도록 돕는 한편, 소년 및 할아버지뿐 아니라 재활 과정을 조정하
는 다른 전문가들과 수시로 상호작용한다. 손자와 할아버지는 그들의 돌봄 관계와 어떻게
작업치료사와의 매주 방문 약속을 준비할 것인지에 관한 암묵적 계약을 맺고 있다. 일련
의 체계 규칙에 의해 정의된 이 같은 계약은 체계 구성원 간의 경계를 기술하며(예: 앞의 사
례에서 할아버지 또는 돌봄 하위체계), 전체적으로 이들 무언의 역할, 규칙, 경계는 모든 체계
구성원 사이의 상호작용을 조형하는 구조를 이룬다(Nichols & Schwartz, 2004). 앞의 사례에
서, 소년은 할아버지가 교통수단을 제공하고 치료를 받는 동안 그의 곁에 머물러 있는 한
치료에 순응할 것이다. 그렇지 않다면, 소년은 아무것도 하지 않으며 치료사에게 저주를
퍼부을 수 있다. 체계 이론가들이 규정한 바와 같이, 이러한 증상(즉, 비협조적 행동)은 체계
구조의 평형 유지 역할을 담당한다. 소년은 할아버지와의 친밀성을 확보하기 위해 버릇없
이 행동할 수 있는데, 이와 같은 행동은 소년이 최근 아버지를 잃은 슬픔을 극복하도록 돕
는다. 동시에 할아버지는 은퇴 후 홀아비가 된 이래 낯선 경험이 되어버린, 사랑받고 소중
히 여겨진다는 느낌으로 인해 손자의 행동을 용인한다.

### (1) 변화 과정과 재활 및 보건 전문가의 역할

앞에 제시된 통합적 접근의 맥락에서, 치료의 주요 목표는 장애인 가족 구성원의 대인 관계의 질적 향상과 의료 서비스 제공자를 포함하여 환경을 구성하는 상이한 하위체계와의 연결성을 높이는 것이다. 구체적으로, 의료적 가족치료 관점에서 치료의 최우선 목표는 장애인이 매개체(agency)와 교감(communion) 사이에서 균형을 달성할 수 있도록 돕는 것이다(Bakan, 1969; Pisani & McDaniel, 2005). 매개체는 장애의 존재에도 불구하고, 개인이 스스로의 건강관리에 관한 선택이 가능하다는 개념을 말하는데, 이를 통해 장애인 가족 구성원은 스스로가 역량이 강화되었으며 가능한 한(장애 정도와 사회정치적 · 경제적 요인의 영향에 달려 있음) 자신이 처한 상황을 책임지고 있다는 느낌을 받게 된다. 이 접근의 지지자들은 개인의 자율성은 각자의 가족, 친구, 건강관리 시스템으로 이루어진 사회적 네트워크와 함께, 정서적이고 영적 소속감 또는 교감이 수반될 필요가 있다고 주장한다. 실증 연구에 따르면, 매개체와 교감 사이의 불균형은 고립 또는 의존 촉진에 따른 좋지 못한 건강 상태와 밀접한 연관성을 지닌다고 한다(Helgeson, 1994).

교감 개념은 재활 및 보건 전문가의 역할을 가족 내에서의 변화 촉진자에서 가족과 가족 밖 체계 간의 협상 촉진자로 확장시킨다(Liddle, Rodriguez, Dakof, Kanzki, & Marvel, 2005). 이러한 의미에서, 이 접근은 재활 및 보건 전문가들이 사회 변화를 위한 대행자(agent) 역할을 하도록 허용하는데, 이는 장애인과 같이 사회적 차별이나 낙인을 경험하는 집단을 대상으로 서비스를 제공할 때 특히 유용하다.

이 같은 접근이 성과를 거두기 위해서는 장애인의 전반적 기능을 사회의 권력 역동성에 영향을 받으며, 환경 내의 다른 하위체계(예: 가족, 학교, 동료 집단, 문화)와의 연결 정도에 따라 개념화해야 하는데, 이러한 전반적 기능은 관계의 질에 따라 강할 수도 혹은 약할 수도 있다. 강력하고 확증적인 연결은 삶의 질과 같이 긍정적인 건강 성과 지표와 직접적인 상관관계를 보이는 것으로 밝혀졌다(Szapocznik & Williams, 2000). 따라서 성공적인 재활 성과를 이끌어 내기 위해서는 강력한 가족 유대 촉진만으로는 충분하지 않다. 오히려, 가족 구성원 간의 연계와 함께 건설적인 방식으로 장애인과 연결된 서로 다른 사회생태학적 체계(예: 재활 및 보건 전문가 팀) 사이의 강력한 유대관계가 존재해야 한다. 마찬가지로, 재활상담사는 장애인에게 부정적 혹은 해로운 영향을 미칠 수 있는 하위체계와의 연계를 억제할 필요가 있다(예: 장애 관련 문제에 편견을 드러내거나 괴롭히는 행동을 취하는 친구). 예를 들어, '긍정적인 비공식적 사회 지지 네트워크와 공식적 서비스 전달 체계와의 연계 확대를 목적으로 하는 전략과 [영향받은 사람을] 손상된 관계로부터 단절시키려는 의도를 지닌 전략'(Szapocznik et al. 2004., p. 291) 등과 같은 경계 변경 전략(boundary-shifting strategies)
은 양질의 연결을 강화하는 유용한 전략이다.

비공식적 사회 지지 네트워크 및 공동체와의 건전한 연결을 촉진하는 또 하나의 효과
적인 전략은 장애인 가족 구성원이 도움을 필요로 하는 사람들에게 사회적 지지를 제공할
수 있는 기회를 만들어 주거나 이를 파악하는 것이다. 관련 연구에 따르면, 사회적 지지 제
공(즉, 다른 사람에 대한 사회적 지지 제공)은 심리적 고통 감소와 관계를 보인 반면, 고령 인
구와 다른 인구 집단에서 사회적 지지를 받은 사람들(즉, 다른 사람으로부터 사회적 지지를
받음)은 심리적 고통이 증가하는 것으로 나타났다(Cruza-Guet, Spokane, Caskie, Brown, &
Szapocznik, 2008). 나아가, 우리는 전문가들로 구성된 보건 재활 팀에 동료 전문가(장애인
당사자 등)를 포함시킬 것을 제안한다. 여기서 말하는 동료 전문가는 장애인으로 살아가며
매개체와 교감 사이에서 건강한 균형을 달성했고, 자신의 과거사를 적절히 활용하여 다른
장애인에게 희망을 심어 주고 보다 독립적이며 개인 및 공동체와 사회적으로 연결되도록
돕는 학습 과정을 안내하는 데 필요한 훈련을 받은 사람을 의미한다(Davidson, Chinman,
Sells, & Rowe, 2006). 공동 노력이 장애인의 건강 손상 관리 지원에 효과적으로 사용될 수
있는 것은 바로 이 같은 다층적 관계의 맥락 때문이다.

통합적 가족치료 접근이 지닌 또 하나의 중요한 요소는 2순위 사이버네틱스(second-
order cybernetics) 개념의 채택이다(Keeny, Inman, Rawls, Meza, & Brown, 2002에서 재인용).
2순위 사이버네틱스 관점에서, 치료사는 단지 상담 회기 동안 벌어지는 사건을 지켜보는
관찰자가 아니라, 양방향의 변화를 유도하는 공동 생산자다(Inman et al., 2002). 치료사의
이 같은 위치(position)는 치료적 관계 내에 존재하는 권력 위계의 잠재적 위해 효과 제거를
시도한다. Inman 등(2002, p. 155)이 언급한 바와 같이, "이러한 [위계적] 관계 또는 환경은
유색 인종이나 장애인 등이 매일 직면하는 불평등한 권력 차이에서 비롯된 여러 가지 도전
과 매우 유사하다는 점에서, 장애인이나 유색 인종을 대상으로 성공적인 서비스를 제공하
는 데 필요한 문화적으로 지지적인 환경 조성을 촉진할 수 없다."

실제로, 재활 장면에서 효과적인 가족체계 상담은 사회문화적 현안, 특히 권력과 특권
이 다루어지는 정도를 고려해야 한다. 예를 들어, 나이, 성별, 인종, 민족, 성적 지향, 사회
적 계급 등은 가족과 개인, 집단, 사회 전반에 대해 사회적으로 구조화된 의미를 지니는데,
이는 가족과 치료 관계 속에서 구현된다. 이들 문화 관련 변수는 장애인 구성원을 둔 가족
의 맥락 안에서 고려되어야 한다. 구체적으로, 이들 요인은 가족을 위해 장애와 건강의 의
미, 즉 도움 요청 행동, 편견·차별·소외(marginalization) 경험, 개인과 가족에게 있어 장

애 및 다른 문화적 요인의 전반적 특징 등에 관한 가족의 시각을 알려 준다. 그러므로 재활 및 보건 전문가들은 장애인, 가족, 돌봄 제공 인력(careprovider)에게 그들의 문화적 정체성 이 재활 과정에 어떠한 영향을 미치는지에 관한 개방적 대화에 참여하도록 공동의 노력을 기울일 것을 권고한다. 또한 장애인과 그 가족은 이러한 문화 관련 현안(예: 동성애 관계에 있는 배우자에 대한 건강보험 혜택 제공 부족)을 해결하고 사회적 태도, 낙인, 그 밖의 소소한 공격적 행동(즉, 겉으로 드러난 모습을 토대로 특정인에게 일상적으로 가해지는 사소한 공격)에 대응하기 위해 그들이 지닌 자원과 강점을 활용함에 있어 지원이 필요할 수 있다.

## 5. 한계

이 장에서 우리는 전통적 가족체계 이론과 현대적 가족체계 이론을 서술하였다. 우리는 또한 재활 및 보건 전문가들에 의한 잠재적 적용을 목적으로 통합적 가족치료 모형을 제시 하였다. 이 절에서는 가족체계 치료가 지니는 일반적 한계와 장애 관련 현안 대처 과정에 서 나타나는 이 접근의 특징적 한계를 다루고자 한다. 비록 다수의 전문가들이 통합적 의 료 서비스 체계 맥락에서 사회생태학적 모형을 차세대 가족치료의 대표주자라고 주장하 지만, 이 모형이 실제적 대안으로 자리잡기 위해서는 몇 가지 한계점이 고려되어야 한다는 점 또한 분명하다.

첫째, 이론적 수준에서 여성주의와 다문화적 비판을 고려해 볼 때, 재활 현장에 대한 기 존의 가족치료 적용에 따른 의문이 존재한다. 각 모형은 Ault-Riche(1986: Silverstein, 2003, p. 21에서 재인용)가 그녀의 전통적 가족치료 모형에 관한 평가에서 제기한 다음 공통 질문 에 답해야만 한다. "핵가족을 이상화하는가? 가정생활과 더 큰 사회생활 사이의 교류를 인 정하는가? 남편과 아내 사이에 존재하는 불평등한 권력 관계를 인정하는가?" 여성, 비전통 적 가족, 유색인종, 동성애자, 장애인, 비서구 문화권에 속한 사람 등의 소외 문제 대처에 있어 전통적 가족체계 이론의 실패는 정확히 21세기 가족체계 치료의 발전을 위한 원동력 으로 작동하였다.

전통적 가족치료 접근과 제안된 모형(21세기 가족치료)은 장애인 가족과 이 가족이 속한 체계 사이에 권력 차이가 존재한다는 점을 인정한다. 그러나 대부분의 포스트모던 가족치 료 접근은 물론, 우리가 앞서 제안한 치료 모형은 인간의 삶 모든 측면에 관한—이 경우 장애 유형에 관한—권력의 역할을 보다 분명히 표현하고 이에 집중함으로써 강화될 수 있다. 예를 들어, 일부 장애 유형은 다른 장애 유형에 비해 주류 문화에 의한 수용도가 높고 낙인에 대한 노출 정도가 상대적으로 낮은데(예: 난독증 대 AIDS 관련 만성 장애), 이는 가족 기능 및 가족 구성원과 서비스 제공자 간 상호작용에 차별적으로 영향을 미친다.

임상 연구 관점에서, 권력 차이와 관련된 중요한 한계점은 바로 모든 형태의 가족치료 구성 과정을 특징짓는 '하향식(top-down)' 접근에 내재되어 있다. 불행하게도, 장애인과 그 가족을 포함하는 서비스 수혜자와 지역사회는 이들 모형의 가정과 실제를 견인하지 못한다. 오히려, 전문가와 연구자들이 다른 인구 집단을 대상으로 이들 치료 모형을 발전시키고 검증한 후, 검증된 모형을 지역사회로 가져오는데, 그 결과 모형의 창출과 실천에 대한 장애인과 그 가족의 목소리는 제대로 반영되지 못하는 실정이다. 우리가 앞 절에서 제안한 통합적 치료 모델 역시 마찬가지다. 따라서 가족체계 치료 모형 개발에는 관련 당사자라 할 지역사회의 참여 비중과 연구자들의 참여 비중을 최대한 균등하게 맞추는 지역사회 중심 참여 연구 방법론을 활용할 필요가 있다. 재활 분야에서 이 같은 접근은 장애인 당사자를 그 자신의 욕구 기술 과정에 포함시킴으로써, 지역사회 중심 욕구 사정과 그들이 대변하는 욕구 충족을 위한 가족체계 개입 모형 공동 개발에 관한 연구자와의 협업을 촉진한다.

가족체계 접근의 또 다른 한계점은 『정신질환의 진단 및 통계 편람 제5판(Diagnostic and Statistical Manual of Mental Disorders: DSM-5)』(American Psychiatric Association, 2013)에 규정된 정신과적 진단을 받은 구성원을 둔 가족에 대한 관심과 치료 기법 적용 노력이 부족하였다는 점이다. 건강과 장애를 다루는 현대적 이론[예: 세계 보건 기구(World Health Organization: WHO)의 기능, 장애, 건강에 관한 국제 분류(International Classification of Functioning, Disability and Health); WHO, 2001]을 고려하고 DSM 진단 체계에 속해 있지 않은 정신질환을 포함하는 가족치료 연구는 그동안 충분한 주목을 받지 못하였다. 비록 '진단'이 가족체계 업무에서 강조되고 있지는 않지만, 다수의 연구와 이들 치료 모형의 적용은 정신과적 증상 또는 진단을 관리하는 가족의 맥락 속에서 설명되어 왔다.

가족체계 이론의 마지막 한계는 체계 간 상호 의존적 특성을 고려해 볼 때, 성과 연구 수행에 내재적 어려움이 따른다는 점이다. 가족체계 연구자들은 어떻게 체계적 접근이 삶의 질, 고통 감소, 고용 등과 같은 결과물에 영향을 미치는지와 이들 결과물이 장애인 구성원을 포함하는 체계 사이의 다양한 연결과 어떤 관련성이 있는지를 결정하기 위한 연구를 설계해야 한다. 연구자들은 이를 바탕으로 장애인뿐 아니라 가족 구성원 각각의 삶의 질 향상에 유익한 체계적 또는 사회생태학적 개입을 발전시킬 수 있을 것이다.

## 6. 재활 전문가 양성과 실천에 대한 함의

건강과 장애 문제를 다루는 현대적 이론은 장애인과 그들을 둘러싼 맥락 간 상호작용의 중요성을 강조한다(WHO, 2001). 이들 접근은 오랜 기간 동안 재활 보건 분야 직군에 강력한 영향을 미치는 철학적 개념이었다(예: Wright, 1983; Lewin, 1935). 그럼에도 불구하고, 장애인 구성원을 둔 가족체계 문제를 다루려는 시도는 여전히 다수의 재활 훈련 및 실제적 맥락에서 도전으로 남아 있다. 이는 부분적으로 가족체계를 덜 중요시하는 전문 인력 양성 인증 기준 및 상담사 면허법과 재활 및 보건 전문가의 가족상담 업무 수행 범위를 제한하는 고용 환경 및 자원 부족 때문이다. 예를 들어, 비록 재활상담사 양성 프로그램 인증 기관인 재활교육위원회(Council on Rehabilitation Education: CORE, 2012)가 가족체계와 관련된 지식 영역과 학습 성과를 지정해 놓았지만, 이들 양성 기준은 개인의 기능과 직결된 훈련에 대한 CORE의 전반적 강조 기조에 비해서는 매우 미흡하다. 실제로, 대학원에 개설된 대다수 재활상담사 양성 프로그램은 가족상담(체계)을 다루는 별도의 정규 과목 이수를 요구하지 않는다. 대신에, 이들 프로그램은 가족체계 관련 내용(원칙)을 일부 재활 관련 교과목에 포함시키거나, 학생들에게 가족체계 관련 과목을 선택과목으로 수강할 수 있는 옵션을 제공한다.

특히, CORE(2013)와 상담 및 교육 관련 프로그램 인증 위원회(Council for Accreditation of Counseling and Related Educational Programs: CACREP)가 공동으로 시행한 새로운 임상 재활상담 프로그램 기준은 인증 기준 매뉴얼에서 가족체계를 두 번밖에 언급하지 않았을 정도로 이 문제를 매우 낮은 비중으로 다루었다. 구체적으로, 양성 기준은 '상담, 예방, 개입 영역'에서 "학생들은 장애인 대상 서비스 제공과 치료에 있어 가족, 사회적 네트워크, 지역사회의 중요성을 인식해야 한다."라고 언급하였고, '평가와 진단 영역'에서는 "이용자와 가족에게 동반되는 장애의 영향을 인식해야 한다."라고 진술하고 있다(CORE, 2013). 이러한 내용 포함은 올바른 방향으로의 발전이다. 그렇지만 이들 기준은 재활상담사의 가족체계 훈련에 관한 욕구 충족에는 여전히 불충분하다.

각 주의 상담사 면허 관련 법률 또한 재활 서비스 제공에 있어 가족체계 접근 학습과 실천에 대한 구조적인 훈련 및 실제적 장해물로 작용할 수 있다. 미국 전역에 걸친 다수의 상담사 면허 관련 법률[예: Licensed Professional Counselor(LPC), Licensed Professional Clinical Counselor(LPCC), Licensed Mental Health Counselor(LMHC)]은 가족체계 관련 교과목 이수를 요구하지 않는다. 대개의 경우, 가족체계 교과목 및 훈련은 결혼, 부부, 가족(marrage, couple, and family: MCF) 상담사 양성 프로그램에만 포함되어 있으며, 관련 분야 면허 취득에만 요구된다. 예를 들어, CACREP(2009)는 MCF 상담사 양성 프로그램을 포함하고 있다. 그렇지만 이는 재활상담사 양성과는 별도의 차별적 훈련 프로그램이다. 두 가지 전문 분야(MCF와 재활상담)를 제공하는 대학의 상담사 양성 프로그램은 재활을 전공하는 학생들이 가족체계 훈련을 받을 기회를 제공할 가능성이 보다 높은데, 이를 위해서는 추가적인 시간과 자원이 요구된다. 안타깝게도, 이는 다수의 프로그램에 적용되지 않는다. 그럼에도 불구하고, 우리는 이러한 변화 필요성에 대처하는 상담사 양성 프로그램의 능력에 관해 낙관적 입장을 품고 있다.

현행 상담사 양성교육 과정은 가족체계 훈련에 관한 인증 기준과 면허 관련 법률이 부과한 장해물을 반영하고 있다. 구체적으로, 대다수 CORE와 CACREP 인증을 받은 상담사 양성 교육과정은 개인 환경 간 상호작용의 중요성을 인정함에도 불구하고, 개인의 기능 중심 구조와 기술을 중시한 나머지, 체계 이론을 특정 가족체계 교과목으로 강등시켰다. 유사한 맥락에서, 이상심리학 또는 심리 진단과 관련된 필수 교과목은 대개 정신질환 발생에 있어 맥락적 문제가 수행하는 역할에 관한 고려 없이 정신질환을 이해하는 구조로 DSM-5를 활용하는 의료 모형 접근에 깊숙이 뿌리박혀 있다.

가족체계 훈련에 관한 이들 체계적, 프로그램적, 교육과정 측면에서의 장벽에 대한 대응으로, 상담교육과정 전반에 체계적 접근 또는 생태학적 접근을 포함하는 방안이 제시되었다. 사회생태학적 관점 추가는 재활상담을 전공하는 학생들에게 정신건강 기능과 진단에 관해 색다르고 보다 풍부한(맥락적, 여성주의적, 다문화적) 시각을 획득할 기회를 허용하는데, 이는 학생들에게 보다 폭넓은 상담 개입 선택지를 제공함으로써 이들이 장애인과 그 가족의 다양한 욕구에 가장 효과적으로 대처할 수 있도록 만들어 준다. 실제로, 사회생태학적 관점에서 개인의 기능을 바라보려는 시도는 상담사 양성 프로그램, 인증 기준, 사회 전반에 팽배한 개인주의적 가치관 등에 존재하는 개인의 기능을 중시하는 뿌리 깊은 경향을 고려해 볼 때, 현장에서 실천하기 힘든 패러다임상의 변화다.

건강과 질병의 생물심리사회적 그리고 생태학적 개념 구조를 반영하는 대규모의 현재 진행 중인 헬스케어 시스템의 변화와 패러다임의 변화(완전 통합 형태의 헬스케어 시스템 시행)에 발맞추어, 학생과 현장에서 일하는 재활 및 보건 전문가들은 서비스 수혜자들의 욕구를 충족시키기 위해 체계적 또는 생태학적 방식의 관리로 이행할 필요가 있다(Rivera, 2012). 오늘날, 기존 공공 부문의 직업재활 영역뿐 아니라 관련된 다수의 민간 재활 기관은 대개 가족체계 개입을 다루거나 관련 서비스를 제공할 준비가 부족한 실정이다. 예를 들어, 대부분의 연방-주 직업재활 기관들은 가족 기능이 재활 성과에 커다란 영향을 미친다는 점을 인정함에도 불구하고, 가족상담이나 지지 서비스 제공에 할당된 공식적 서비스나 비용 지불 구조를 갖추고 있지 못하다. 나아가, 직업재활상담사들은 대개 가족 대상 서비스 제공을 그들의 훈련과 역량을 넘어서는 것으로 간주하고 있다. 이러한 입장은 가족 대상 서비스 제공을 업무 가운데 일부라고 밝힌 재활상담사의 주장과 배치된다. 실제로, 다수의 상담사들은 가족치료 기법을 활용하기 위해서는 가족치료사가 되어야 한다는 인식을 가지고 있다(Zingora, 1983).

이러한 어려움에도 불구하고, 직업재활상담사와 재활 및 보건 전문가들은 재활 분야에서 가족 기능과 맥락이 차지하는 영향력을 감안하여 서비스 수혜자들과 관련된 가족 및 보다 큰 체계적 현안에 대처할 필요가 있다. 이 같은 이유에서, 연방-주 직업재활 기관과 민간 재활 시설은 재활 과정에서 가족과 대규모 체계가 차지하는 역할을 아우르는 조직적 변화를 추구해야 한다. 아울러, 장애인을 위한 가족체계 실천과 연구에 관한 국가 차원의 보건 정책을 개발할 필요가 있다. 이상적으로 말해, 재활 맥락 안에서의 가족 대상 서비스 제공은 '관리 표준(standard of care)'이 되어야 한다.

구체적으로, 이 장의 끝에 제시된 통합적 접근(재활 및 보건 전문가를 위한 사회생태학적 모형)은 도움이 될 것으로 기대된다. 통합적 접근은 재활 및 보건 전문가들의 욕구에 특화된 메타 구조를 제공하기 위해 의학적 관점(McDaniel et al., 1992)과 생태 기반 관점(Lindblad-Goldberg & Northey, 2013; Szapocznik & Williams, 2000)의 주요 원리를 채택함으로써 전통적 가족체계 치료와 현대적 가족체계 치료의 핵심 개념을 종합적으로 포용했기 때문이다. 이 모델은 재활의 근본 철학과 장애를 생물심리사회적 현상, 즉 개인과 환경 간의 상호작용에 따른 기능으로 간주하는 장애 및 건강에 관한 현대적 개념(예: WHO의 기능, 장애, 건강에 관한 국제 분류에 제시된 정의)과 일치한다.

나아가, 이 접근은 세계보건기구(WHO, 2007)와 공동 위원회(The Joint Commision, 2010)가 수립한 최신 가족 중심 관리 정책과도 맥을 같이한다. 생태 기반 가족치료는 의료 기반 가족치료와 함께 장애인과 그의 재활치료사 간의 관계에서 개인과 가족 및 보다 큰 사회적 맥락 사이의 관계에 이르기까지 다층적 관계 수준에 초점을 맞출 수 있는 수단을 제공함으로써, 다양한 문화적 배경을 지닌 사람들에 대한 통합적 구조 적용을 촉진한다.

# **사**례 연구

John은 45세의 이성애자 흑인 남성으로, 14세 때 인슐린 의존성인 1형 당뇨병 진단을 받았다. 그는 현재 현직에서 은퇴한 70대 아버지와 함께 살고 있다. John의 어머니 또한 70대로 혼자 살고 있다. 그의 부모는 약 30년 동안 서로 떨어져 살아 왔다. John은 삼남매 중 막내이다. 한 명의 누나는 독신으로 그와는 먼 곳에 살고 있고, 다른 누나는 해외에 거주하고 있다. John은 흑인 아내와 결혼을 했지만, 현재는 별거 상태다.

John이 당뇨병 진단을 받은 후, 두 명의 누나는 인슐린 복용과 적절한 식이요법 준수에 관해 잔소리꾼 역할을 자임하였다. 그러나 John의 어머니는 누나들이 그에게 너무 가혹하다고 느꼈다. 그녀는 이에 대응하여 John에게 매일 인슐린 복용과 식이요법에 관한 내용을 상기시켜 주었고, 혈당량 체크가 필요할 때마다 학교나 그의 방 등 어느 곳이든 인슐린과 포도당 측정기를 가져다주었다. 그녀의 이러한 노력에도 불구하고, John은 정해진 시간에 인슐린 주사 놓는 것을 잊어버리곤 했고, 비상 상황 발생 시 먹을 수 있는 음식물 준비에도 태만하였다. John의 아버지는 걱정했지만, 자기 아들을 돌보는 일에는 참여하지 않았다. 대신에, 그는 아들의 게으른 습관을 비판하며 지지를 제공했고, 아내(John의 어머니)에 대해 아들을 망치고 있다며 비난하였다.

John은 18세 때 어린 시절의 연인과 결혼했는데, 당시 그는 당뇨병으로 인한 주요 합병증 증상을 보이지 않았다. 결혼생활 동안 John의 아내는 그의 상태 관리를 도우려고 시도했지만, 고압적인 태도를 보이는 경향이 있었다. John은 결혼생활 동안 아내가 지나치게 통제적이라는 사실을 경험했고, 그녀가 당뇨병 관리를 강요한다고 느꼈다. 따라서 그는 아내의 노력을 믿을 만한 것으로 여기지 않았다. 결혼생활 동안, John은 누나들과 정기적인 연락 관계를 유지했는데, 누나들은 그보다 그의 당뇨 상태를 더 잘 알고 있다고 말하며 언제나 '큰 누나(골목대장)' 같은 행동을 보였다. 이러한 상황은 그의 누나 중 한 명이 의료 산업에 종사하고 있다는 사실로 인해 더욱 악화되었다.

한편, John의 어머니와 아버지는 그의 의학적 상황 관리에 대해 계속하여 서로 다른 방식을 고수하였다. 그의 어머니는 언제 인슐린을 복용해야 하는지나 의사와의 진료 예약일 등에 관한 것을 알려 주는 역할을 자원했고, 그의 아버지는 딸들에게 스스로의 건강을 돌보지 못하는 John의 무능함에 관해 말하곤 하였다. 시간이 지남에 따라, John의 아내는 결혼생활에 불만을 품기 시작하였다. 30세가 되었을 때, John의 아내는 그에게 '나가 달라'고 말하였다. 그러나 두 사람은 이혼까지 가지는 않았다. 그 후 John은 아버지의 집으로 들어가 함께 살기 시작하였다. 그 시점에 John의 건강은 급격히 악화되었다. 그는 두 차례나 당뇨병성 케토산증(diabetic ketoacidosis)에 걸려 병원에 입원하였다. 35세 무렵부터 그의 시력은 나빠지기 시작했고, 40세에 법적 맹(legally blind) 진단을 받았다.

직업적으로, John은 학사 학위가 요구되는 물리치료사 훈련을 받았다. 그는 시각장애가 발생한 35세까지 전일제 물리치료사로 일하였다. 그때부터 John은 사회보장 장애 보험 급여(Social Security disability payments)와 부모의 재정적 지원에 의존하여 생활비를 충당하였다. John은 그가 취업하기 어렵다고 생각하며, 그의 가족 또한 John에게 취업 기회를 찾아보라는 부담을 주지 않으려 한다. 사회생활 측면에서 볼 때, 그는 매우 고립된 상태다. 어머니와 아버지가 그의 사회적 연결과 지지의 주요 자원이다. 대략 몇 개월마다 그의 고등학교 및 대학 친구들이 집에 들르곤 한다. 시각장애에도 불구하고, 그는 비교적 적극적으로 페이스북에서 활동하는데, 이는 그에게 집 밖에서의 사회적 활동 기회를 가능케 해 주었다.

## 7. 맺음말

결론적으로 말해, 모든 형태의 가족체계 치료는 장애인과 그 가족의 복잡한 욕구에 대처해야 할 재활 및 보건 전문가들에게 유용하고 필요한 도구다. 장애인들은 다양한 체계 안에 존재하는데, 이 체계는 상호작용을 통해 장애 수준에 영향을 미친다. 따라서 재활 및 보건 전문가들은 개인, 가족, 그리고 장애인들이 삶을 영위하는 더 큰 맥락을 고려하는 통합적 혹은 체계적 치료 및 개입 접근을 담아 낼 수 있는 보다 거시적 시각을 기를 필요가 있다. 비록 가족체계 이론에 대한 전문적 훈련이 이상적이긴 하지만, 이 장에 포함된 개념과 모형, 그리고 재활 관련 사례는 재활 및 보건 전문가들에게 체계적 관점과 생태학 기반 관점을 바탕으로 장애 관련 문제를 이해하고 이의 성공적 관리에 필요한 출발점을 제공할 것이다.

## 사례 연구 토의 과제

이 장에서 제시한 통합적 모형을 바탕으로 다음 문제에 답하시오.

1. John이 성장해 감에 따라 가족 구성원 간 상호작용은 어떻게 변화했으며, 그럼에도 불구하고 이 같은 변화가 어떻게 John의 형편없는 당뇨 증상 관리를 계속 지지했는가?

2. John의 결혼생활에서 어떤 가족 패턴이 반복되었는가?

3. John의 빈약한 당뇨 증상 관리에 대한 가족의 계속적 지지가 가족 구성원 각각에게 어떤 유익을 가져다주었는가?

4. John은 부모님은 결국 돌아가실 것이고 부모님으로부터 물려받을 재산도 크지 않다는 사실을 알고 있으므로 독립하고 싶다는 소망을 표현한다. 여러분은 John과 John의 새로운 이야기에서 가족 구성원 각각의 역할에 관한 가족의 이야기를 어떻게 변화시킬 것인가?

5. 흑인 문화, 개인의 성별, 그가 속한 사회적 계층 등은 John에 대한 당신의 이해 방식과 그에 대한 치료/개입 접근 방식 결정에 어떤 역할을 담당하는가?

## 집단 토의 과제

1. 가족체계 치료는 당신이 친숙하게 여기는 개인 치료/상담과 어떻게 다른가? 장애 관련 문제에 대한 적용과 관련하여 최소한 다섯 가지 차이점을 제시하라.

2. 전통적 가족치료에서 발견되는 세 가지 공통 요인(threads)을 확인하고, 현대적 가족치료의 관점에서 이들 세 가지 공통 요인을 비교·대조하라.

3. 전통적 가족치료와 현대적 가족치료가 이 장에 제시된 사회생태학적 모형과 어떻게 다른지 논의하라.

4. 이 장에 소개된 서로 다른 두 가지 가족체계 모형을 선택해 보라(하나는 당신이 동의하는 것, 다른 하나는 당신이 동의하지 않는 것). 그 모델을 선택한 이유를 설명하라. 두 모형 간 유사점과 차이점은 무엇인가?

5. 이 장에서 학습한 모든 치료 모형에 관해 생각해 보자. 어떤 모형이 재활 분야에 적용할 때 당신이 선호하는 상담 이론 및 치료 접근에 가장 잘 어울린다고 생각하는가? 그 이유를 설명하라.

6. 장애인 구성원을 둔 가족의 욕구 해결에 있어 다음 모형이 지니는 한계점을 최소한 두 가지 방식으로 파악·논의한 후, 그 이유를 제시하라.
   - 전통적 가족체계 치료
   - 현대적 가족체계 치료
   - 사회생태학적 치료

7. 재활 및 보건 전문가로서 당신의 역할을 생각해 볼 때, 이 장을 읽은 후 당신은 어떤 부분에서 다르게 행동할 것인가? 다시 말해, 가족체계 이론과 사회생태학적 접근에 관해 당신이 획득한 지식은 당신에게 어떤 영향을 미칠 것인가?
   - 사례 개념화?
   - 상담 개입?
   - 재활 분야에서 가족체계 이론의 포함 및 적용과 관련하여 현재의 훈련 정도와 실천 문제에 관한 태도?

# 참고문헌

Accordino, M. (1999). Implications of disability for the family: Implementing behavioral family therapy in rehabilitation education. *Rehabilitation Education, 13,* 287–293.

American Psychiatric Association. (2013). *Diagnostic and statistical manual of mental disorders* (5th ed.). Washington, DC: Author.

Ancis, J. R., & Ladany, N. (2001). A multicultural framework for counselor supervision. In L. J. Bradley & N. Ladany (Eds.), *Counselor supervision: Principles, process, and practice* (pp. 63–90). New York, NY: Brunner-Routledge.

Anderson, H. (1991). *The reflecting team.* New York, NY: Norton.

Anderson, H. (1993). On a roller coaster: A collaborative language systems approach to therapy. In S. Friedman (Ed.), *The new language of change.* New York, NY: Guilford.

Avis, J. M. (1988). Deepening awareness: A private study guide to feminism and family therapy. In L. Braverman (Ed.), *Women, feminism, and family therapy.* New York, NY: Haworth Press.

Bakan, D. (1969). *The dual reality of human existence.* Chicago, IL: Rand McNally.

Becerra, M. D., & Michael-Makri, S. (2012). Applying structural family therapy with a Mexican-American family with children with disabilities: A case study of a single-parent mother. *Journal of Applied Rehabilitation Counseling, 43,* 17–24.

Bitter, J. R., & Corey, G. (1996). Family systems therapy. In G. Corey (Ed.), *The theory and practice of counseling and psychotherapy* (5th ed., pp. 365–443). Pacific Grove, CA: Brooks/Cole.

Bowen, M. (1966). The use of family theory in clinical practice. *Comprehensive Psychiatry, 7,* 345–374.

Bowen, M. (1976). Theory in the practice of psychotherapy. In P. J. Guerin, Jr. (Ed.), *Family therapy: Theory and practice* (pp. 42–90). New York, NY: Gardner Press.

Bowen, M. (1978). *Family therapy in clinical practice.* New York, NY: Aronson.

Bowlby, J. (1969). *Attachment and loss: Attachment* (Vol. 1). New York, NY: Basic Books.

Bronfenbrenner, U. (1989a). The ecology of the family as a context for human development: Research perspectives. *Developmental Psychology, 22,* 723–742.

Bronfenbrenner, U. (1989b). Ecological systems theory. *Annals of Child Development, 6,* 187–249.

Brown, J. H., & Christensen, D. N. (1999). *Family therapy: Theory and practice.* Pacific Grove, CA: Brooks/Cole.

Chenail, R. J., Levinson, K., & Muchnick, R. (1992). Family systems rehabilitation. *American Journal of Family Therapy, 20,* 157–167.

Cottone, R. R, Handelsman, M. M., & Walters, N. (1986). Understanding the influence of family systems on the rehabilitation process. *Journal of Applied Rehabilitation Counseling, 17,* 37–40.

Council for Accreditation of Counseling and Related Educational Programs (CACREP). (2009). *2009 CACREP accreditation manual.* Alexandria, VA: Author.

Council on Rehabilitation Education (CORE). (2012). *Accreditation manual for rehabilitation counselor education programs.* Rolling Meadows, IL: Author.

Council on Rehabilitation Education (CORE). (2013). *Clinical rehabilitation counseling.* Rolling Meadows, IL: Author. Retrieved from http://www.core-rehab.org/Files/Doc/PDF/Clinical%20 Rehabilitation%20Counseling%20Standards.%20FINAL.pdf

Cruza-Guet, M. C., Spokane, A. R., Caskie, G. I. L., Brown, S., & Szapocznik, J. (2008). The relationship between social support and psychological distress among Hispanic elders in Miami, FL. *Journal of Counseling Psychology, 55,* 427–441.

Davidson, L., Chinman, M., Sells, D., & Rowe, M. (2006). Peer support among adults with serious mental Illness: A report from the field. *Schizophrenia Bulletin, 32,* 443–450.

Davidson, M. (1983). *Uncommon sense: The life and thought of Ludwig von Bertalanffy.* Los Angeles, CA: J. P. Tarcher.

Dew, D., Phillips, B., & Reiss, D. (1989). Assessment and early planning with the family in vocational rehabilitation. *Journal of Rehabilitation, 55,* 41–44.

Engel, G. L. (1977). The need for a new medical model: A challenge for biomedicine. *Science, 196,* 129–136.

Fisch, R. (1978). Review of problem-solving therapy by Jay Haley. *Family Process, 17,* 107–110.

Fohs, M. W. (1991). Family systems assessment: Intervention with individuals having a chronic disability. *Career Development Quarterly, 39,* 304–312.

Foley, V. (1984). Family therapy. In R. J. Corsini (Ed.), *Encyclopedia of psychology.* New York, NY: Wiley.

Friar Williams, E. (1977). *Notes of a feminist therapist.* New York, NY: Dell.

Gilbride, D. D. (1993). Parental attitudes toward their children with a disability: Implications for rehabilitation counselors. *Rehabilitation Counseling Bulletin, 36,* 139–150.

Goldner, V. (1985). Feminism and family therapy. *Family Process, 27,* 17–33.

Greenberg, L. S., James, P., & Conry, R. (1988). Perceived chance processes in emotionally focused couples therapy. *Journal of Family Psychology, 1,* 1–12.

Greenberg, L. S., & Johnson, S. M. (1988). *Emotionally focused therapy for couples.* New York, NY: Guilford.

Guerin, P. J., Fogarty, T. F., Fay, L. F., & Kautto, J. G. (1996). *Working with relationship triangles: The one-two-three of psychotherapy.* New York, NY: Guilford.

Haley, J. (1963). *Strategies of psychotherapy*. New York, NY: Grune & Stratton.

Haley, J. (1984). *Ordeal therapy: Unusual ways to change behavior*. New York, NY: Jossey-Boss.

Haley, J. (1991). *Problem-solving therapy*. New York, NY: Wiley.

Haley, J. (1993). *Uncommon therapy: The psychiatric techniques of Milton H. Erikson, M.D.* New York, NY: Norton.

Hare-Mustin, R. T. (1978). A feminist approach to family therapy. *Family Process, 17*, 181-194.

Helgeson, V. (1994). Relation of agency and communion to well being. Evidence and potential explanations. *Psychological Bulletin, 116*, 412-428.

Herbert, J. T. (1989). Assessing the need for family therapy: A primer for rehabilitation counselors. *Journal of Rehabilitation, 55*, 45-51.

Inman, A. G., Rawls, K. N., Meza, M. M., & Brown, A. L. (2002). An integrative approach to assessment and intervention with adolescents of color. In F. W. Kaslow, R. F. Massey, & S. D. Massey (Eds.), *Comprehensive handbook of psychotherapy* (Vol. 3, pp. 3-33). New York, NY: Wiley.

Jackson, D. D. (1959). Family interaction, family homeostasis, and some implications for conjoint family therapy. In J. Masserman (Ed.), *Individual and family dynamics*. New York, NY: Grune & Stratton.

James, K., & MacKinnon, L. (1990). The "incestuous family" revisited: A critical analysis of family therapy myths. *Journal of Marital and Family Therapy, 16*, 71-88.

Johnson, S. M., Hunsley, J., Greenberg, L., & Schindler, D. (1999). Emotionally focused couples therapy: Status and challenges. *Clinical Psychology: Science and Practice, 6*, 67-69.

Kempler, W. (1968). Experiential psychotherapy with families. *Family Process, 7*, 88-89.

Kerr, M., & Bowen, M. (1988). *Family evaluation*. New York, NY: Norton.

Lebow, J. L. (2005). Family therapy in the 21st century. In J. Lebow (Ed.), *Handbook of clinical family therapy* (pp. 1-16). Hoboken, NJ: Wiley.

Lewin, K. (1935). *A dynamic theory of personality*. New York, NY: McGraw-Hill.

Liddle, H. A., Rodriguez, R. A., Dakof, G. A., Kanzki, E., & Marvel, F. A. (2005). Multidimensional family therapy: A science-based treatment for adolescent drug abuse. In J. Lebow (Ed.), *Handbook of clinical family therapy* (pp. 128-163). New York, NY: Wiley.

Lindblad-Goldberg, M., & Northey, W. (2013). Ecosystemic structural family therapy: Theoretical and clinical foundations. *Contemporary Family Therapy, 35*, 147-160.

Lynch, R. T., & Morley, K. L. (1995). Adaptation to pediatric physical disability within the family system: A conceptual model for counseling families. *Family Journal: Counseling and Therapy for Couples and Families, 3*, 207-217.

Madanes, C. (1984). *Behind the one-way mirror*. San Francisco, CA: Jossey-Bass.

Marshall, K., & Ferris, K. (2012). Utilizing behavioral family therapy (BFT) to help support the system around a person with intellectual disability and complex mental health needs: A case study. *Journal of Intellectual Disabilities, 16*, 109-118.

McDaniel, S., Hepworth, J., & Doherty, W. (1992). *Medical family therapy: A biopsychosocial approach to families with health problems*. New York, NY: Basic Books.

McDaniel, S. H., & Pisani, A. R. (2012). Family dynamics and caregiving for an individual with disabilities. In R. Talley, R. McCorkle, & B. Walter (Eds.), *Caregiving and disability* (pp. 11-28). Oxford, UK: Oxford University Press.

McGoldrick, M., & Gerson, R. (1985). *Genograms in family assessment*. New York, NY: Norton.

Minuchin, P. (1985). Families and individual development: Provocations from the field of family Therapy. *Child Development, 56*, 289-302.

Minuchin, S. (1974). *Families and family therapy*. Cambridge, MA: Harvard University Press.

Minuchin, S., & Fishman, H. C. (1981). *Family therapy techniques*. Cambridge, MA: Harvard University Press.

Minuchin, S., Rosman, B. L., & Baker, L. (1978). *Psychosomatic families: Anorexia nervosa in context*. Cambridge, MA: Harvard University Press.

Napier, A. Y., & Whitaker, C. A. (1978). *The family crucible*. New York, NY: Harper & Row.

Nichols, P., & Schwartz, R. C. (2004). *Family therapy: Concepts and methods*. Boston, MA: Pearson/Allyn & Bacon.

Nichols, P., & Schwartz, R. C. (2007). *The essentials of family therapy*. Boston, MA: Pearson/Allyn & Bacon.

Okun, B. F. (2002). *Effective helping: Interviewing and counseling techniques*. Pacific Grove, CA: Brooks/Cole.

Pisani, A. R., & McDaniel, S. H. (2005). An integrative approach to health and illness in family therapy. In J. LeBow (Ed.), *Handbook of clinical family therapy* (pp. 569-590). New York, NY: Wiley.

Pitschel-Walz, G., Leucht, S., Bauml, J., Kissling, W., & Engel, R. R. (2001). The effects of family interventions on relapse and rehospitalization in schizophrenia: A meta-analysis. *Schizophrenia Bullletin, 27*, 73-92.

Power, P. W., & Dell Orto, A. E. (1986). Families, illness and disability: The roles of the rehabilitation counselor. *Journal of Applied Rehabilitation Counseling, 17*, 41-44.

Power, P. W., & Dell Orto, A. E. (2004). *Families living with chronic illness and disability: Interventions, challenges, and opportunities*. New York, NY: Springer Publishing Company.

Reagles, S. (1982). The impact of disability: A family crisis. *Journal of Applied Rehabilitation Counseling, 13*, 25-29.

Rivera, P. A. (2012). Families in rehabilitation. In P. Kennedy (Ed.), *The Oxford handbook of rehabilitation psychology* (pp. 160-170). New York, NY: Oxford University Press.

Rolland, J. S. (1999). Parental illness and disability: A family systems framework. *Association for Family Therapy, 21*, 242-266.

Satir, V., Stachowiak, J., & Taschman, H. A. (1975). *Helping families to change.* New York, NY: Jason Aronson.

Satir, V. M. (1972). *Peoplemaking.* Palo Alto, CA: Science & Behavior Books.

Schwartz, R. (1995). *Internal family systems therapy.* New York, NY: Guilford.

Selvini Palazzoli, M., Boscolo, L., Cecchin, G., & Prata, G. (1978). *Paradox and counterparadox.* New York, NY: Aronson.

Selvini Palazzoli, M., Boscolo, L., Cecchin, G., & Prata, G. (1980). Hypothesizing-circularity-neutrality: Three guidelines for the conductor of the session. *Family Process, 19*, 3-12.

Silverstein, L. (2003). Classic texts and early critiques. In L. B. Silverstein & T. J. Goodrich (Eds.), *Feminist family therapy: Empowerment in social context* (pp. 17-35). Washington, DC: American Psychological Association.

Silverstein, L. B., & Goodrich, T. J. (Eds.) (2003). *Feminist family therapy: Empowerment in social context.* Washington, DC: American Psychological Association.

Stavros, M. K. (1991). Family systems approach to sexual dysfunction in neurologic disability. *Sexuality and Disability, 9*, 69-85.

Substance Abuse and Mental Health Services Administration (SAMHSA). (2004). *Substance abuse treatment and family therapy. Treatment Improvement Protocol (TIP) Series No. 39.* Retrieved from http://www.ncbi.nlm.nih.gov/books/NBK64269/

Sutton, J. (1985). The need for family involvement in client rehabilitation. *Journal of Applied Rehabilitation Counseling, 16*, 42-45.

Szapocznik, J., Feaster, D., Mitrani, V. B., Prado, G., Smith, W., Robinson-Batista, C., … Robbins, M. S., (2004). Structural ecosystems therapy for HIV-seropositive African-American women: Effects on psychological distress, family hassles, and family support. *Journal of Consulting and Clinical Psychology, 72*, 288-303.

Szapocznik, J., & Williams, R. A. (2000). Brief strategic family therapy: 25 years of interplay among theory, research, and practice in adolescent behavior problems and drug abuse. *Clinical Child and Family Psychology Review, 3*, 117-135.

The Joint Commission. (2010). *Advancing effective communication, cultural competence, and patient-and family-centered care: A roadmap for hospitals.* Oakbrook Terrace, IL: The Joint Commission Resources.

Vogel, E. F., & Bell, N. W. (1960). The emotionally disturbed child as a family scapegoat. In N. W. Bell & E. F. Vogel (Eds.), *A modern introduction to the family* (pp. 382–397). Glencoe, IL: Free Press.

von Bertalanffy, L. (1950). An outline of general system theory. *British Journal of the Philosophy of Science, 1,* 134–165.

von Bertalanffy, L. (1969). *General systems theory.* New York, NY: George Braziller.

Watzlawick, P., Beavin, J., & Jackson, D. (1967). *Pragmatics of human communication.* New York, NY: Norton.

Watzlawick, P., Weakland, J., & Fisch, R. (1974). *Change: Principles of problem formation and problem resolution.* New York, NY: Norton.

Webb-Woodward, L., & Woodward, B. (1982). A case of the blind leading the "blind": Reframing a physical handicap as competence. *Family Process, 21,* 291–294.

Whitaker, C. A., & Keith, D. V. (1981). Symbolic-experiential family therapy. In A. Gurman & D. P. Kniskern (Eds.), *Handbook of family therapy.* New York, NY: Brunner/Mazel.

Woody, R. H. (1993). Americans with Disabilities Act: Implications for family therapy. *American Journal of Family Therapy, 21,* 71–78.

World Health Organization (WHO). (2001). *International classification of functioning, disability and health (ICF).* Geneva, Switzerland: Author.

World Health Organization (WHO). (2007). *Regional committee resolution. People at the centre of care initiative.* Manila, Philippines: WHO Western Pacific Region.

Wright, B. (1983). *Physical disability: A psychosocial approach.* New York, NY: Harper & Row.

Zarski, J. J., Hall, D. E., & DePompei, R. (1987). Closed head injury patients: A family therapy approach to the rehabilitation process. *American Journal of Family Therapy, 15,* 62–68.

Zingaro, J. C. (1983). A family systems approach for the career counselor. *Personnel and Guidance Journal, 62,* 24–27.

# 제15장

# 진로 및 직업 상담

David R. Strauser, Timothy N. Tansey, and Deirdre O'Sullivan

## 학습목표

이 장의 목표는 치료적 개입으로서의 일의 개념을 소개하고, 취업을 희망하는 장애인 내담자의 직업준비도에 관한 이론을 제시하는 데에 있다. 이 같은 목적을 달성하기 위해 다음과 같은 학습 목표를 설정하였다.

① 인간의 욕구 충족 과정에서 일이 지니는 중요성을 알아본다.
② 일 중심성(work centrality)이 어떤 방식으로 진로 및 직업 개발의 토대가 되는지에 관해 알아본다.
③ INCOME 이론을 구성하는 여섯 가지 상태(status)의 명칭과 내용을 이해하고, 장애인 진로 상담에서 상태가 단계보다 적절한 이유가 무엇인지 설명한다.
④ 재활상담 과정에서 널리 활용되는 진로 및 직업적 개입에 관해 알아본다.

## 1. 역사

### 1) 장애인 재활에서 일이 지니는 의미

역사적으로, 장애인과 만성적 건강 문제를 가진 사람의 진로 발달, 고용, 직업 적응 촉진은 재활상담의 주된 관심사 중 하나로 인식되어 왔다(Patterson, Szymanski, & Parker, 2005; Wright, 1980). 이처럼 장애인 재활상담에서 진로와 직업에 각별한 의미를 부여하는 이유는 과거는 물론이거니와, 미래에도 일이 인간의 삶을 구성하는 핵심 요소로 간주되기 때문이다. 나아가, 장애인과 만성질환자의 삶에서 일이 차지하는 비중은 지난 50여 년간에 걸쳐 변화를 거듭하였으며, 앞으로도 계속 진화할 것으로 예상된다(Maytal & Peteet, 2009; Strauser, 2014). 그 결과, 재활상담의 근간을 이루는 핵심 원리는 일이야말로 인간의 삶에서 근원적이고 중심적 구성요소이며, 인간이 사회 속에서 스스로의 정체성을 규정하는 주된 수단이라는 것이다(Blustein, 2008; Gottfredson, 2002; Super, 1969; Szymanski & Hershenson, 2005). 일, 사회, 개인 사이의 복잡한 상호작용에 관한 이해는 재활상담사가 적절하고 효과적인 직업재활 서비스 제공을 통해 장애인과 만성질환자의 진로 발달, 고용, 전반적 직업 적응 등의 촉진과 극대화를 도모하기 위한 핵심 요건이다. 재활상담사는 일 중심성이라는 이론적 근거를 통해 일, 사회, 개인 사이에 존재하는 복잡한 상호작용을 이해할 수 있다. 일 중심성은 일이야말로 모든 사회의 중심이며, 개인의 삶을 규정하는 주요 특징이라는 인식이다.

재활상담사는 일 중심성이라는 핵심 원리 외에도, 긍정적 행동 변화, 독립/자립 능력 극대화, 내담자와의 관계 중시 등의 원리에 근거하여 서비스를 제공해야 한다. 이들 핵심 원리 간의 상호작용은 장애인 내담자의 긍정적 진로 발달, 구직 행동, 취업 등에 있어 핵심적 역할을 담당한다. 재활상담 과정에서 장애인 내담자가 선택한 환경하에서의 개인적 기능 극대화에 대한 집중은 독립과 선택이라는 상호 연관된 개념에 기초한다. 장애인 내담자는 변화를 이끌어 내겠다는 열망을 가져야 하며, 본인 스스로의 삶에서 변화의 주체가 되기 위해 필요로 하는 역량을 갖추어야 한다. 따라서 진로 발달과 취업 촉진 전략은 내담자 참여, 역량 강화, 목적 지향성에 역점을 두어야 한다. 그렇지만 장애인 내담자의 역량 강화에 역점을 두는 행위가 진로 상담 과정에서 재활상담사의 역할을 수동적으로 제한하는 것은 아니다. 재활상담사는 오히려 변화의 촉진자로서, 이상적으로는 내담자의 역량 강화를 통해 개인적 발전 촉진을 위한 변화 파악과 선택을 지원해야 한다. 장애인 내담자와의 신뢰에 기반한 관계는 효과적이고 긍정적 변화를 이끌어 내려는 재활상담사라면 반드시 갖추어야 할 핵심적 도구이기 때문이다.

장애 및 직업재활 분야의 연구는 강력한 작업 동맹이 효과적 재활 성과 촉진에 미치는 영향을 뒷받침하는 다수의 비중 있는 증거를 제시하였다(Lustig, Strauser, Weems, Donnell, & Smith, 2003). 그러므로 강력한 작업 동맹 구축과 이의 지속적 유지는 장애인 내담자를 위한 효과적 진로 발달 촉진과 취업 기회 극대화에 있어 핵심적 역할을 담당한다. 상담 이론 전반을 다룬 여러 문헌에서 논의된 바와 같이, 동기 강화 상담(이 책의 제12장 참조) 등의 증거 기반 치료는 최적의 선택이며, 적합한 진로 선택과 증가된 구직 활동 촉진을 위한 적정 수준의 격려와 방향성을 제시하는 한편, 내담자 참여 극대화에 강점을 보인다.

변화, 자립, 증거 기반, 임상 실제, 작업 동맹 등은 진로 발달과 구직 활동 촉진을 위한 핵심 요소다. 이들 개념과 구성요소는 이 책의 다른 장과 상담 전반을 서술한 다수의 문헌에서 다루어졌으므로, 이 장에서는 그 내용을 상세히 서술하지 않을 것이다. 여기서는 다만, 장애인 내담자를 대상으로 하는 진로 및 직업 상담의 내용을 개관하고, 노동시장 진입을 돕는 지지적 노력과 직결된 증거 기반 직업적 개입에 관한 정보를 제공하고자 한다.

## 2. 일 중심성

일은 과거에서 현재까지, 미래에도 계속하여 인류 사회의 근간을 이루는 중심 가치다. 일은 사회 전반의 발전, 사회적 지지체계에 관한 접근, 자기 표현과 자기 결정 기회 제고 가능성을 높여 준다는 점에서 육체적·정신적 건강과 밀접한 관계를 지닌다(Blustein, 2008; Neff, 1985). 기초적 차원에서, 일을 한다는 자체가 건강한 활동을 의미하며, 치료적 효과를 제공한다. 하지만 장애인이 비장애인에 비해 상대적으로 심각한 사회적 격리, 낙인, 경제적 궁핍 등의 어려움을 겪는다는 점을 고려해 볼 때, 일을 통해 장애인이 얻게 될 이익은 훨씬 크다고 볼 수 있다(Blustein, 2008; Strauser, O'Sullivan, & Wong, 2010). 장애인 내담자는 만성질환 또는 장애 발생에 따른 경제적 궁핍이라는 통상적 경험에 더하여, 사회적으로 고립되고, 장애 또는 만성질환자로 진단받는 과정에서 비롯된 자기 존중감 저하를 경험한다. 취업은 소득, 사회적 교류, 지지, 건강 및 퇴직 보험 혜택 등을 영위할 기회 제공을 통해 장애나 만성질환에 따른 불이익과 부정적 경험을 상쇄한다. Neff(1985)에 따르면,

대부분의 직장에서는 근로자에게 다른 사람들과의 교류, 유의미한 의례와 관습 이행, 성장 기회 제공 등을 필요로 하는 사회적 환경을 제공한다. 이들이야말로 장애인 근로자의 육체적·정신적 건강을 지탱하는 주요 활동이다(Blustein, 2006, 2008).

일을 통해 얻을 수 있는 다수의 육체적·정신적 건강상의 유익에도 불구하고, 일은 경우에 따라서는 위험하거나 해로울 수 있으며, 근로자에게 부정적 영향을 미치기도 한다. 즉, 인간 환경 적합성이 담보되지 않을 경우, 일은 고도의 우울감과 스트레스를 유발할 수 있다는 말이다(Neff, 1985; O'Sullivan & Strauser, 2010). 인간 환경 적합성 결여 또는 부족은 장애인 근로자 개인의 업무 처리 방식, 성격, 가치관 등이 그가 몸담고 있는 직장 환경과 맞지 않거나 불일치함을 의미한다(Hershenson, 1981; Holland, 1985; Neff, 1985). 상당수의 장애인이 종사하는 서비스 업종의 직장 환경이나 떠들썩하고 더러우며 극한 날씨 가운데서 장시간의 노동이 요구되는 열악한 근로 조건 또한 스트레스 증가로 이어진다(Szymanski & Parker, 2010). 모호한 직무와 역할, 투입 혹은 통제 부재, 고도의 책임성을 요하는 직무 수행에 따른 지원 부족, 낮은 임금 등의 요인은 장애인 근로자의 정신건강 저하에 기여한다(Neff, 1985; Strauser et al., 2010).

직장에서의 스트레스는 심리학과 경영학 분야에서 중요하게 다루는 관심 주제로서, 직장 환경 전반에 걸쳐 상당한 정도의 부정적 영향을 미친다(Baron & Greenberg, 1990; Kahn & Byosiere, 1990; Quick, Quick, Nelsom, & Hurrell, 1997; Szymanski & Parker, 2010). 장애인 근로자에게 있어, 그가 종사하는 직업과 직장 스트레스 간의 관계는 매우 복잡하다(Tansey, Mizelle, Ferrin, Tscliopp, & Mizelle, 2004). 장애 혹은 만성질환의 존재는 직장에서의 스트레스 관리 능력을 더욱 복잡하게 만든다. 장애인 근로자의 직무 관련 스트레스 관리는 진로 발달과 직업 개발 과정에서 재활상담사가 고려해야 할 중요한 요인 중 하나다.

생애주기 전반에 걸쳐 일이 차지하는 비중과 인간의 복리에 미치는 영향을 고려해 볼때, 중도 장애와 같이 인생에 중대 변화를 초래하는 사건 또는 선천적 질환 발생 후 근로자의 직업 적응 방식에 관한 이해는 재활상담사가 반드시 고려해야 할 중요한 요인이며, 재활상담 연구가 다루어야 할 핵심 주제다. 취업은 이를 통해 얻게 될 금전적 이익 외에도, 자존감과 정신건강 증진에 기여한다(Blustein, 2008). 그 결과, 취업은 육체적·심리적 건강 향상으로 이어질 가능성이 높다. 우선, 취업은 사회적 지위 향상으로 이어지는 안정적 소득과 사회적 역할을 보장한다(Wolfensberger, 2002). 이는 또한 양질의 주거 환경, 의료 혜택, 영양상태 개선, 안전한 지역사회, 우수한 교육 여건, 범죄로부터의 안전, 가족 관계 향상 등의 결과로 이어진다(Blustein, 2008; Bond et al., 2001; Larson et al., 2007).

이에 반해, 시카고 도심을 중심으로 진행된 연구에 따르면, 고용 상실은 약물 중독, 폭력, 범죄율 증가 등과 같은 삶의 질 저하로 이어졌음이 실증적으로 밝혀졌다(Wilson, 1996). 동일한 연구에서는 또한 가족 간의 불화, 지역사회 내의 폭력, 교육 여건 저하 등의 예측에 있어 고용 상태가 빈곤에 비해 중요한 변인이라는 사실이 밝혀졌다. 나아가, 고용 율이 높고 빈곤율이 낮은 지역사회에 거주하는 가구는 실업율과 빈곤율이 높은 지역사회에 거주하는 가구에 비해 다양한 형태의 사회적 문제를 경험할 확률이 낮다.

개인적 관점에서 보자면, 고용 상실은 높은 수준의 불안, 우울, 약물 남용과 밀접한 관계가 있으며(Blustein, 2008), 건강 상태와 복리 저하와도 긴밀히 관련되어 있다. 재취업이 이루어진 후에도 이들의 건강 상태와 전반적 웰빙은 실직 전 수준으로 회복되지 못하는 것으로 나타났다(Blustein, 2008; Blustein, Kenna, Gill, & DeVoy, 2008). 이 같은 결과는 재취업이 이루어진 후에도 부정적 측면에서 실업으로 인한 육체적·정신적 영향이 오랫동안 지속된다는 사실을 의미한다.

## 3. 일과 인간의 욕구

일은 일 중심성과 육체적·정신적 건강에 미치는 긍정적 영향으로 인해 인간의 욕구 충족을 위한 토대로 인식되어 왔다. Blustein(2006, 2008)과 Blustein 등(2008)에 따르면, 일은 ① 생존과 권력, ② 사회적 연계, ③ 자기 결정과 웰빙 등 인간이 지닌 세 가지 기본적 욕구 충족을 위한 수단을 제공한다. 장애인 내담자의 관점에서 교육 경험, 일에 대한 인식, 근로 경험, 가족 및 문화적 배경, 장애 관련 요인 등이 전술한 세 가지 기본적 욕구에 어떠한 영향을 미치는지에 관한 이해는 직업재활 서비스 제공에 있어 매우 중요하다.

일이 이 세 가지 기본적 인간 욕구에 어느 정도 영향을 미치는가에 대한 이해는 또한 근로 행위가 재활상담 개입 효과 측정에 있어 인간의 경험과 다차원적 성과에 관한 필요의 복잡한 작동 방식을 부각한다. 고용 달성 유무에 기반한 종래의 직업재활 성과 측정 방식은 장애인의 삶에서 일이 가지는 다차원적 영향의 이해에는 불충분하다. 취업 유무만으로는 내담자가 일을 하고 있다는 사실을 알 수 있을 뿐, 고용의 질, 사회환경에 대한 개인의 통합 정도, 그 사람의 자율적 기능 수행 정도 등에 관한 정보 파악에는 한계가 있기 때문이다. 따라서 일이 개인의 욕구 충족 능력에 어떠한 영향을 미치는지에 관한 분석은 매우 중요하다. Blustein(2008)에 따르면, 일은 생존, 권력, 사회적 연계, 자기 결정 등의 욕구 해결을 가능하게 한다.

## 1) 생존과 권력에 대한 욕구

일은 장애인에게 생존과 권력 추구를 위한 수단을 제공한다(Blustein, 2006; Blustein et al., 2008). 현대 노동시장에서 생존은 개인의 기본적 욕구 충족 능력과 동일시된다. 이상적으로 말해, 고용은 장애인에게 가장 기초적 욕구 충족에 소요되는 충분한 소득과 혜택을 제공한다. 그러나 관련 연구에 따르면, 장애인은 비장애인에 비해 고용률이 훨씬 낮고, 좀더 나은 진로나 복리 혜택을 기대하기 어려운 직업에 종사할 가능성이 높으며, 불완전 고용(underemployed) 상태에 놓여 있고, 임금 수준이 낮은 직장에 취업할 확률이 높다고 한다(Lustig & Strauser, 2007). 더욱이 장애인, 그중에서도 실업 상태에 처한 여성 장애인은 주거와 식료품 획득 과정에서 심각한 스트레스를 경험할 확률이 훨씬 높다.

장애와 빈곤 사이에는 상호적 관계가 존재하는데, 장애인들이 당면한 높은 실업률과 불완전 고용은 이 같은 관계를 크게 악화시킨다(Edgell, 2006; Lustig & Strauser, 2007). 세계화와 노동시장 변화는 장애인의 빈곤 탈출을 더욱 어렵게 만들었다(Szymanski & Parker, 2010). 그 결과, 대다수의 장애인은 스스로의 힘만으로 인간의 가장 기본적 욕구를 충족할 능력이 없으며, 이는 다시 양질의 진로 및 직업 목표 달성이라는 실제적 희망이 결여된 의존 상태를 심화시킨다.

심리적·사회적·경제적 권력 획득을 향한 인간의 욕구는 기본적 욕구 충족과도 밀접하게 관련되어 있다(Blustein, 2006). 장애인 내담자에게 있어, 노동은 사회 내에서 개인의 역량 증대에 필요한 물질적·사회적 자원을 제공한다. 요컨대, 일은 개인에게 사회환경 전반에 걸쳐 요구되는 자원과 삶에 대한 목표를 제공한다는 의미다. 직업을 가진 사람들은 보다 많은 사회적 책임을 감당하며, 이는 결국 심리적·사회적·경제적 권력 획득 능력 배가로 이어지기 때문이다(Wolfensberger, 2002). 하지만 구조적 장벽과 문화적 차이는 장애인 구직희망자들에게 양질의 고용 획득을 어렵게 만들고, 이는 다시 낮은 수준의 직업적·사회적 역할 수행자라는 제약을 초래하며, 궁극적으로는 이들의 역량 저하를 야기한다(Szymanski & Parker, 2010). 이처럼 역량 저하와 낮은 수준의 역할만이 허용되는 직업의 영위는 개인, 제도, 프로그램 등에 대한 종속을 영속화하며, 개인의 사적 욕구 충족을 저해한다(Strauser, 2014).

재활상담사는 그들이 서비스를 제공하는 장애인 이용자들에게 생존과 권력을 향한 생득적 욕구가 있다는 점과 직업의 영위는 이 같은 욕구 충족을 위해 매우 중요하다는 사실을 인지시켜야 한다. 직업 및 진로 상담은 사회적 가치 향상을 높일 수 있는 고용 획득 기회의 증가를 통해 개인의 부양 능력과 사회적 지위 향상 능력 극대화에 맞추어져야 한다. 〈표 15-1〉은 생존 및 권력에 대한 개인의 욕구 충족 능력 측정에 활용할 수 있는 잠재적 성과 지표 목록이다.

## 2) 사회적 연계에 대한 욕구

인간은 자신이 속한 사회 전체와의 연계와 의미 있는 대인관계 수립을 필요로 하는 사회적 존재다(Blustein, 2006; Bowlby, 1982). 일과 관계된 활동 참여는 장애인들에게 다른 사람들은 물론, 그들이 속한 사회적·문화적 환경과의 교류 기회를 제공한다(Blustein, 2008). 이상적으로 말해, 일은 개인에게 직무 관련 스트레스 관리와 자기 정체성 개발 촉진에 필요한 지원을 제공하는 긍정적 관계 형성 기회를 증진시킨다(Blustein, 1994; Schein, 1990). 이에 반해, 고립감, 단절감, 과도한 스트레스 등과 같은 부정적 노동 환경에 처한 사람은 웰빙 저하로 이어질 확률이 높은 직무 수행 능력 감퇴와 직업 적응 잠재력 저하를 경험할 가능성이 높다(Tansey et al., 2004). 끝으로, 직업 영위는 장애인들에게 사회 전반에 걸쳐 경제적으로 이바지할 기회를 제공함으로써, 그들이 속한 사회 및 외부 세계와의 유대감 형성 기제를 제공한다(Blustein, 2006). 안정적 소득 획득과 성실한 납세자로서의 의무 이행을 통한 사회적 복리 기여는 인간에게 요구되는 중요한 사회적 역할로 인식되기 때문이다(Strauser, 2014).

재활상담사는 장애인 구직희망자들의 취업 지원에 힘쓰는 한편, 고용 획득과 유지가 이들의 사회통합 수준 향상에 어떠한 영향을 미치는지에 관해서도 면밀히 살펴야 한다. 재활상담 현장에서 이루어지는 장애인 이용자의 취업과 사회화 지원 서비스는 대개 직장 환경 및 동료들과의 사회적 관계 증진에 집중되어 있다. 하지만 Blustein(2008)은 직업 획득과 유지가 가져다줄 사회적 영향과 이익은 직장 차원을 넘어, 장애인 근로자가 속한 지역사회 전체를 아우른다는 점을 강조하였다. 따라서 재활상담사는 장애인 이용자의 사회화를 돕기 위한 자신의 노력이 직장 환경은 물론, 직업이 한 개인이 영위를 희망하는 역할과 참여를 원하는 지역사회에서의 전반적 사회통합 수준 향상에 어떠한 영향을 미칠지에 관한 고려를 포함하도록 조치해야 한다. 〈표 15-1〉은 개인의 사회적 연계 수준 측정을 위한 잠재적 성과 지표를 수록하였다.

표 15-1 재활상담 성과와 직결된 욕구, 개념, 구체적 성과 영역

| 욕구 | 성과 개념 | 구체적 성과 영역 |
|---|---|---|
| 생존 및 권력 욕구 | 보상 | 급료 |
| | | 복리 혜택 |
| | | 성과급 |
| | | 간접 보상 |
| | 근로자 개발 | 내부 개발 |
| | | 외부 개발 |
| | 지각된 직위 | 낮은 직위 |
| | | 높은 직위 |
| 사회적 연계 욕구 | 전반적 통합 | 동조성 |
| | | 수용 |
| | | 지향성(orientation) |
| | 사회적 지지 | 친밀한 대인관계 |
| | | 관계 확장 |
| | 여가 | 여가 활동 |
| | 독립 생활 | 개인의 삶의 환경 |
| 자기 결정과 웰빙 욕구 | 웰빙 | 삶의 질 |
| | | 삶에 대한 만족도 |
| | | 육체적 건강 상태 |
| | | 심리적 건강 상태 |
| | 자기 결정 | 자율 |
| | | 관련성 |
| | | 역량/유능성 |
| | | 가치관과 목표 |

## 3) 자기 결정과 웰빙에 대한 욕구

　인간은 자기 결정, 자기 표현, 웰빙 등의 촉진을 돕는 환경을 추구하려는 욕구를 가지고 있다. 재활상담사는 만성질환이나 장애를 가진 사람들의 육체적·정신적 웰빙을 증진하는 노동 환경 조성과 이의촉진 과정에서 중요한 역할을 담당한다. 장애인 구직희망자를 안전이 담보되고, 근무 유연성과 이동권 등의 정당한 편의 제공이 보장되며, 장애나 만성질환 악화 방지를 위한 작업 환경과 업무 개량이 가능한 직장에 취업시키려는 노력은 효과적인 직업재활 서비스 제공의 전형적 사례다. 비록 이들 구성요소 모두가 장애인 구직희

망자의 웰빙 달성을 위한 필수조건이기는 하지만, 이들만으로는 충분하지 않다.

　이상적으로 말해, 장애인 구직희망자는 자신이 가진 기술과 흥미에 부합하는 직업에 종사함으로써 스스로의 웰빙을 촉진하는 한편, 자기 결정권과 자기 표현 능력을 발휘할 기회가 보장된 환경에서 근무하기를 희망한다. 문제는, 장애인 구직희망자들 중 극소수만이 자신이 보유한 기술 및 흥미와 일치하는 직업에 종사할 기회를 가지며, 대개의 경우 소득 획득과 같은 비본질적 목적 달성을 위해 직업을 추구한다는 사실이다(Blustein, 2008). 선행 연구에 따르면, 처음에는 비본질적 이유에서 취업을 희망했다 하더라도, 자율성, 관련성, 능력 등의 증진을 통해 일과 직결된 자기 결정과 웰빙을 향상시키는 것이 가능하다고 한다(Ryan & Deci, 2000). Blustein(2008)은 또한 구직희망자의 개인적 가치와 목표가 취업을 원하는 조직의 그것과 일치하고, 근로환경이 성공적인 직무경험 촉진에 유익한 자원과 지지를 제공할 때 웰빙이 개선된다고 주장하였다.

　자율성, 관련성, 유능성(competence) 등의 증진이 이루어진다고 해서 저임금과 높은 수준의 스트레스, 열악한 근무 환경 등으로 대표되는 비숙련 직업에서 높은 만족도와 뛰어난 근무 조건이 보장된 양질의 직업으로 이행이 이루어지는 것은 아니라는 점이 중요하다. 그보다는 본인의 흥미와 능력에 맞지 않는 직장에 근무하는 장애인 근로자를 대상으로 자율성, 관련성, 유능성 등의 개선을 통해 보다 나은 직무 경험 촉진에 주력해야 한다. 직업 상담을 제공할 때는 어떻게 하면 장애인 구직희망자가 취업을 통해 삶의 의미를 발견할 수 있을지에 관한 분석을 시도해야 한다. 의미 도출 방식에 대한 이해는 재활상담사들에게 가족과 본인의 생계를 목적으로 저임금, 승진 기회 제한, 복리 혜택 부재 등으로 대표되는 열악한 직업을 감내해야 하는 대다수 장애인 근로자들의 경험을 특징짓는 근로 조건 개선에 필요한 지식을 제공한다(Blustein, 2008). 〈표 15-1〉은 자기 결정과 웰빙 측정에 활용 가능한 잠재적 성과 지표를 수록하였다.


## 4. INCOME 프레임워크

　일이 인간의 삶에서 중심적 위치를 차지한다는 점을 고려해 볼 때, 학업 능력과 노동시장 참여 극대화에 주안점을 둔 효과적 상담 서비스 제공의 중요성은 아무리 강조해도 지나치지 않다. 재활상담사는 장애인 내담자를 대상으로 진로 및 직업 상담 서비스를 제공함에 있어, 삶의 여러 영역에 걸친 성장과 발전 촉진에 효과를 보이는 대부분의 보편적 상담 기법을 활용한다. 이들 구체적 상담 기법은 이 책의 다른 장에서 상세히 다루었으며, 진로 및 직업 관련 이슈 해결에 손쉬운 적용이 가능하다.

선행 연구에 따르면, 장애인 내담자를 대상으로 하는 진로 및 직업 상담의 고유한 특성 상 다음과 같은 세 가지 요인이 이들의 진로 발달 과정을 방해 또는 제한할 수 있다고 한다 (Strauser, 2014). 첫째, 대다수의 장애인은 초기 진로 탐색 체험 과정에서 상당한 정도의 제약을 경험한다. 그 결과, 장애인 구직희망자들은 그들이 지닌 기술과 능력을 교육 및 노동 시장의 수요 충족에 접목하는 방법에 관한 지식 부족을 드러낸다. 둘째, 장애인 구직희망자들은 효과적인 진로 결정 기술 개발에 필요한 기회가 부족하다. 효과적 진로 결정에 필요한 교육과 직업에 관한 개인적 · 맥락적 정보처리를 위해서는 상당한 훈련이 필요하며, 효과적 결정에 직결된 자기 효능감이 부족하거나 스스로에 대한 확신이 없는 사람은 강도 높은 스트레스를 경험할 가능성이 높다. 대다수의 장애인은 무언가를 결정해 본 경험 부족과 스트레스 증가로 인해 최적의 진로 선택을 내리지 못하는 경우가 있는데, 이는 다시 추가적인 스트레스 유발과 자기 효능감 저하로 이어질 수 있다. 끝으로, 대다수의 장애인 구직희망자는 그들을 향한 사회의 부정적 태도, 근로 능력이 없다는 인식, 전반적인 기대치 결여 등의 경험에서 비롯된 부정적 자기 개념을 가지고 있다(Conte, 1983; Curnow, 1989). 재활상담사가 장애인 구직희망자의 욕구에 대처하기 위해서는 이들을 위한 직업 재활 서비스의 지침이 되는 구조(framework)를 실행해야 한다(Beveridge, Heller Craddock, Liesener, Stapleton, & Hershenson, 2002).

INCOME 프레임워크는 장애인 구직희망자의 진로발달과 직업 행태 추적과 촉진을 돕는 재활상담사에게 유용한 포괄적 개념 구조다(Beveridge et al., 2002). INCOME 프레임워크는 상상(Imagining), 정보 수집(iNforming), 선택(Choosing), 획득(Obtaining), 유지(Maintaining), 퇴직(Exiting) 등 장애인 구직희망자가 거치는 여섯 가지 상태로 이루어져 있다(Beveridge et al., 2002). INCOME 프레임워크의 구성은 장애인 구직희망자에 대한 적용을 목적으로 하는 진로발달 이론과(Danley & Anthony; 1987; Dawis & Lofquist, 1984; Hershenson, 1996a, 1996b; Super, 1957, 1990), 다양한 집단에 대한 적용을 목표로 개발된 여러 이론에 기반하고 있다(Bandura, 1986, 1997; Hackett & Betz, 1995; Lent, Brown, & Hackett, 2002; Maslow, 1987; Mitchell & Krumboltz, 1996).

INCOME 프레임워크를 검토할 때는 여러 가지 중요한 요인을 고려해야 한다. 첫째, INCOME 프레임워크는 장애인 구직희망자들의 이질성에 대처함에 있어 '진로 발달 단계'가 아닌 '진로 상태'라는 개념을 활용한다. 이는 장애인 구직희망자에게 동시에 한 가지 이상의 상태 점유를 허용하는 유연한 개념이다. 나아가, 상태는 순서 또는 순차적 진행에 얽매이지 않으며, 장애인 구직희망자에게 필요에 따라 특정 상태를 건너뛰거나 재방문할 수 있는 자유를 허용함으로써(Helms, 1995), 이들이 지닌 고유한 욕구와 발달에 대한 적용을 제한하는 순차적 진행, 위계적 통합, 단계 결정 진행 등의 문제를 차단한다(Beveridge et al., 2002; Kohlberg, 1968). 둘째, 여섯 가지 상태 각각에 있어 개인, 환경, 그리고 이들 두 가지 요인이 속한 총체적 문화 및 하위문화 사이의 상호작용을 고려해야 한다(Vondracek, Lerner, & Schulenberg, 1986). 끝으로, INCOME 프레임워크를 적용할 때는 장애 발생 시기와 점진적 기능 저하를 보이는 일부 장애가 진로발달과 직업 행태에 영향을 미치는 중요한 요인이며, 각 상태 내에서 진로발달 이전 장애 발생 집단, 진로발달 과정 도중 장애 발생 집단, 일시적 장애 집단 등 3개의 개별 집단 각각이 그들만의 고유한 욕구를 지니고 있다는 점을 인정해야 한다.

## 5. INCOME 프레임워크를 구성하는 여섯 가지 상태

### 1) 상상

상상 상태에서 내담자는 세상에는 수많은 직업 혹은 진로가 존재하며, 그 자신이 전에는 미처 알지 못했던 직업이 있다는 사실을 자각하기 시작한다. 상상 상태는 ① 자각(직업의 존재 혹은 본인 스스로가 중요하다고 여기는 일이 존재한다는 인식), ② 공상(어린 시절의 의사나 경찰관 놀이 또는 어른이 된 후 현재와 다른 직업에 종사하는 모습을 꿈꾸는 상상/공상), ③ 현실 기반 상상(본인의 상상력을 자신에게 주어진 능력, 자원, 기회를 가지고 달성이 가능하다고 판단되는 직업으로 제한함) 등 3개의 하위 상태로 이루어져 있다. 아동은 유년 시절 초기에 가족으로부터 일 또는 직업세계에 관한 지식을 습득한다. 이들은 성장하면서 학교, 미디어, 주변 사람 등을 통해 직업/일에 대한 인식 형성을 지속한다. 아동은 관찰을 통해 사람들이 소득 창출, 물품 구매, 자기 정체성 확립 등을 위해 특정 활동에 참여한다는 사실을 학습한다. 아동은 사회적 학습을 통해 각자가 처한 환경 속에서 사람들이 보이는 반응을 관찰한다. 아동은 그 같은 관찰 결과를 바탕으로 직업과 진로에 대한 자신만의 고유한 태도를 기른다. 상상은 성인이 된 후에도 계속되며, 진로발달 과정의 어느 시점이든 발현될 수 있다. 과거에는 주어지지 않았던 선택에 관한 자각과 공상은 청소년기는 물론, 성인기에도 나타날 수 있다. 아동과 성인으로 상상 상태에 참여하는 사람들은 직업 및 진로 개념 형성에 있어 의미 도출과 가치를 중시한다.

## 2) 정보 수집

정보 수집 상태에 접어든 장애인 구직희망자는 자기 자신, 직업 세계, 그가 처한 환경이 허용하는 기회와 문화적 맥락 등에 관한 정보를 습득한다. 정보 수집 상태는 ① 구직희망자의 근로 능력 개발(근무 습관, 대인관계 기술), ② 자기 자신과 직업 세계에 관한 정보 습득(주변 환경으로부터의 피드백 제공), ③ 자신이 처한 환경 내부에 존재하는 문화적 지지와 장벽에 관한 인식 형성 등을 포함한다. 내담자는 부모, 동료, 학교 등으로부터 받은 피드백을 바탕으로 본인의 능력, 주어진 기회, 문화적 지지와 장벽 등에 관한 신념을 형성하는데, 이는 진로와 직결된 자기 효능감과 성과 기대에 영향을 미친다. 그러므로 개인적·환경적·문화적 특징 사이의 복잡한 상호작용은 진로 관련 자기 효능감을 결정한다. 수학에 재능이 없다고 믿는 내담자는 공학 관련 직종에 부합하는 흥미와 가치관을 지니고 있다 해도 해당 분야의 직업을 추구하지 않을 것이다. 즉, 내담자가 받는 환경적 피드백은 그 사람의 진로결정에 강력한 영향력을 행사한다.

## 3) 선택

선택 상태에서 내담자는 자기 자신과 직업 세계에 관한 정보를 취합한 후, 그 같은 과정을 통해 알게 된 내용을 토대로 직업이나 전공을 선택한다. 기본적으로, 내담자는 상상 및 정보 수집 상태를 거쳐 획득한 정보를 통합한 다음, 그 같은 과정을 통해 알게 된 직업 중 한 가지를 선택하게 된다. 직업 선택은 상호 교류하며 최종 결정 또는 진로발달 방향에 영향을 미치는 여러 가지 요인을 통해 이루어진다. 내담자는 직업을 선택할 때 취업을 통해 얻게 될 이익, 결정 방식, 기회 등과의 관계를 중심으로 환경과 성격 유형, 개인적 욕구, 가치관 사이의 적합성을 분석한다. 다시 말해, 직업 선택은 내담자가 소유한 정보와 이들 사이에 존재하는 상호작용을 통해 예측이 가능하다.

상상 및 정보 수집 상태를 거치는 동안 내담자가 획득한 정보는 진로 선택에 영향을 미친다. 자기 자신과 직업 세계에 관해 내담자가 구축해 놓은 정보는 진로 관련 자기 효능감과 성과 기대에 의한 여과 과정을 거쳐 내담자의 선택에 영향을 미친다. 내담자의 기본적 욕구(의, 식, 주) 충족 정도는 진로 선택을 위한 동기에 커다란 영향을 미친다. 이 같은 기본적 욕구가 적절히 채워지지 않으면, 내담자는 다른 욕구를 충족하거나 직업을 선택하려는 동기를 가지기 어렵게 된다. 한편, 선택 상태에서는 보통 논리적 결정이 이루어지지만, 모든 사람이 그 같은 방식을 활용하여 결정을 내리지는 않는다는 점을 유의할 필요가 있다. 따라서 재활상담사는 진로를 결정함에 있어 가족의 의사를 중요하게 고려하는 사람이 있는가 하면, 우연, 직관, 충동 등에 의지하여 진로를 결정하는 사람도 있다는 사실을 인식해야 한다.

## 4) 획득

선택 상태에서 내려진 진로 선택은 내담자가 실제로 직업을 가지기 전까지는 추상적 결정에 불과하다. 이상적으로 말해, 획득 상태에 접어든 내담자는 그 자신이 선택한 직업을 추구하고 획득해야 한다. 획득 상태는 직업 탐색, 네트워킹, 이력서 작성, 취업 면접 기술 훈련, 그 밖에 구직 활동 시행 준비에 필요한 일련의 작업을 포함한다. 보다 넓은 환경은 획득 상태에서의 성과를 좌우하는 핵심 요인이다. 경제 상황은 가용한 직업의 양과 질에 커다란 영향을 미친다. 나아가, 내담자의 가족, 문화, 사회 환경 또한 획득 상태에 영향을 미친다. 내담자의 가족 상황은 그 사람의 노동시장 참여에 커다란 영향을 미친다. 왜냐하면 가족 상황은 고용, 근무 태도 및 행태와의 충돌 소지가 있는 문화적 태도, 장애인에 대한 편견과 같은 사회적 태도 등과 밀접하게 관계되어 있기 때문이다.

## 5) 유지

유지 상태는 직장 혹은 직무 적응, 수행, 유지 등의 과정을 포함한다. 유지 상태에서 근로 환경과 문화적 맥락은 어떻게 활용하느냐에 따라 성공적 결과 증진 또는 저하를 초래할 수 있다. 근로자의 직업 유지 및 성공적 직무 수행 능력은 근로자와 노동 환경 사이의 조화에 달려 있다. 현실에 있어서는 노동 환경이 예기치 않은 적응을 필요로 하고, 근로자가 현직을 유지하기 위해서는 업무 수행 중 발생하는 여러 가지 요구에 순응해야 하며, 근로 환경 또한 근로자의 특성에 적응해야 한다. 근로자는 이동수단, 시간 관리, 복용 약물 관리, 매일 당면하는 과제 등 스트레스 유발로 이어질 가능성이 높은 이슈를 검토한 후 이의 대처에 필요한 계획을 수립해야 한다.

## 6) 퇴직

퇴직 상태는 INCOME 프레임워크를 구성하는 마지막 요소이며, 현재의 직장을 그만둘 것인지에 관한 생각이나 실제로 직장을 그만두는 과정을 포함한다. 퇴직은 INCOME 모델의 최종 단계는 아니다. 근로자는 평생 동안 진로에 걸쳐 여러 차례 퇴직 상태를 맞이할 수

**표 15-2** INCOME 프레임워크

| 상태 | 정의 | 내용 | 추가적 고려사항 |
|---|---|---|---|
| 상상 | 진로의 존재 또는 이전에 알지 못했던 직업의 존재에 대한 자각 형성 | 자각, 공상, 현실 기반 상상 등 3개의 하위 상태로 구성되어 있음 | 상상 상태에 있는 사람들은 직업 및 진로 개념 형성에 있어 의미 도출과 가치를 중시함 |
| 정보 수집 | 본인 자신, 직업 세계, 그가 처한 환경이 허용하는 기회, 문화적 맥락 등에 관한 정보 습득 | 근로 습관 형성, 피드백에 기초한 자기 자신 및 직업 세계에 관한 정보 획득, 자신이 처한 환경 내부에 존재하는 문화적 지지와 장벽에 대한 인식 형성 | 내담자가 받는 환경적 피드백은 그 사람의 진로를 가늠케 하는 핵심 지표임 |
| 선택 | 이전 상태에서 파악한 정보를 취합하여 가용한 직업 중 한 가지를 선택함 | 환경과 성격 유형 간의 적합성, 직업을 통해 얻게 될 이익과 개인적 욕구 및 가치관 사이의 적합성, 진로결정 방식과 우연성 분석 | 의식주와 같은 기초적 욕구 결핍은 개인의 동기에 영향을 미치고, 가족, 우연, 직관, 충동 등은 진로 결정에 영향을 미칠 수 있음 |
| 획득 | 스스로가 선택한 직업을 추구하고 획득함 | 구직정보 파악, 이력서 작성 등 직업 탐색 준비와 실행을 이루는 일체의 활동 | 선택 상태에서 내려진 진로 선택은 내담자가 실제로 직업을 가지기 전까지는 추상적 결정에 불과함 |
| 유지 | 직장/직무 적응, 직무 수행 및 유지 등의 과정을 포함함 | 직업 유지 및 성공적 직무 수행 능력은 근로자와 노동 환경 사이의 조화에 달려 있음 | 근로자는 업무 수행 중 발생하는 여러 가지 요구에 순응해야 하고, 노동 환경 또한 근로자의 특성에 적응해야 함 |
| 퇴직 | 현재의 직장을 그만둘 것인지에 관한 생각 또는 실제로 직장을 그만두는 과정을 포함함 | 해고, 퇴직, 승진, 다른 직무로의 전보, 새로운 직장으로의 이동이나 비근로 경험 축적을 위한 자발적 사직 | 이 상태에 처한 사람은 실제로 퇴직하거나 퇴직하고 싶다는 욕망이 생길 때마다 INCOME 프레임워크의 직전 상태로 되돌아가야 함 |

있다. 근로자는 실제로 퇴직하거나 퇴직하고 싶다는 욕망이 생길 때마다 INCOME 프레임워크의 직전 상태로 되돌아가야 한다. 퇴직은 강제적 해고나 퇴직은 물론, 승진이나 다른 직무로의 전보, 새로운 직장으로의 이동이나 비근로 경험 축적을 위한 자발적 사직 등을 포함한다. 비자발적 퇴직 상태를 초래하는 요인에는 저조한 직무 수행 결과, 고용주에 의한 구조조정, 장애 또는 건강 관련 문제 등이 있다. 자발적 퇴직을 초래하는 요인에는 직무 만족도 결핍, 승진 기회 부족, 직장에서의 중요한 지지적 조건 부재 등을 꼽을 수 있다. 이들 요인은 역동적이고 근로자의 진로 전반에 걸쳐 변화를 거듭하며, 환경적 · 심리적 · 사회적 · 경제적 여건에 의해 영향을 받는다.

재활상담사는 장애인 근로자가 직업재활 서비스로 회귀하지 않고도 독자적이고 성공적으로 INCOME 모델을 구성하는 각각의 상태에 참여할 수 있도록 전술한 여섯 가지 상태에 대한 대처 방법을 가르쳐야 한다. 재활상담사는 자기 옹호를 활용하여 장애인 근로자가 본인이 처한 환경에의 능동적 참여를 통한 목표 달성을 지원해야 한다. 상담은 자기 옹호를 실천 및 훈련으로 통합하기 위한 자연스러운 공간으로 활용되며, 이는 다시 장애인 내담자의 역량 강화로 이어진다. 이 같은 역량 강화의 결과, 장애인 내담자는 자기 효능감 함양으로 이어지는 고난과 역경 극복 능력을 길러, 장래에 유사한 문제가 닥쳐도 이를 헤쳐 나갈 힘을 가지게 된다. 〈표 15-2〉는 INCOME 프레임워크를 구성하는 여섯 가지 상태 각각에 관한 개괄적 설명을 수록하였다.

## 6. 주요 개입 전략

장애인 내담자에게 진로 및 직업 상담 서비스를 제공하는 재활상담사는 다양한 형태의 개입을 활용할 수 있다. 재활상담사는 동기 부여 상담과 작업 동맹 구축 등과 같은 상담 기법 활용을 통해 장애인 내담자가 진로 및 직업 상담 서비스에 계속 참여하도록 독려해야 한다. 재활상담사는 장애인 내담자와의 효과적 상담에 필요한 적절한 개입 전략 선별에 있어 다음과 같은 장애 관련 환경 요인을 인정해야 한다. 첫째, 내담자마다 성격 특성, 인생 경험, 가용 자원 등에 차이가 있다는 점에서, 유형과 정도가 동일한 장애라 해도 그에 대한 대응 방식은 사람에 따라 차이가 존재한다(Brodwin, Parker, & DeLaGarza, 1996). 둘째, 재활상담사는 내담자의 발달 정도에 적합하며, 인지 능력과 현재의 정서 상태에 걸맞는 개입 전략을 선택해야 한다. 셋째, 장애 발생 시기는 내담자의 진로발달에 영향을 미치는 중요 요인이다. 재활상담사는 또한 개인적 차원에서 장애인 내담자를 위한 진로 개입의 유형과 강도를 선택함에 있어 다음과 같은 요인을 고려해야 한다. 첫째, 선별된 개입은 반드시 상응하는 윤리 규약의 규정에 부합해야 한다. 둘째, 재활상담사는 내담자가 현재 종사하는 직업에서 예상되는 잠재적 변화 혹은 노동시장 전반에 걸친 변화에 대처할 기술을 함양하도록 도와야 한다. 셋째, 개입은 장애인 근로자의 현재 노동 환경을 저해하지 않아야 한다(Enright, Conyers, & Szymanski, 1996).

## 1) 개별 진로 상담과 집단 진로 상담

개인을 대상으로 하는 진로 상담은 상담사와 내담자 간의 역동적 상호작용으로 대표되는 언어적 의사소통 과정이다. 재활상담사는 다양한 기법과 행동을 활용하여 스스로의 행동에 책임을 져야 할 장애인 내담자가 현명한 결정을 내리는 데에 필요한 자기 이해와 실천을 행하도록 도와야 한다(Herr & Cramer, 1996). 직업재활 서비스를 이용하는 장애인 내담자의 직업 행태에 관한 최근 연구에 따르면, 작업 동맹의 핵심 요소는 진로 상담 서비스 제공 과정에서 변화를 촉진하는 강력한 동력이라고 한다(Strauser, Lustig, & Donnell, 2004). 작업 동맹은 유대관계(bonds), 목표, 과업 등 세 가지 요소로 이루어진 초이론적(transtheoretical) 과정이다(Strauser et al., 2004). 자신의 재활상담사와 강력한 작업 동맹을 구축한 장애인 내담자는 상대적으로 높은 재활 서비스 만족도와 직업성과 개선을 보고하였다(Lustig et al., 2003). 이 연구는 또한 직업재활 서비스 이용자들은 보다 많은 직업상담을 희망하며, 재활상담사와 강력한 관계 형성을 희망한다고 보고하였다(Lustig et al., 2003). 집단 상담은 시각적 심상, 지역 내의 가용한 취업정보 발굴, 진로결정 기술 교육, 취업 면접 기술 훈련 등을 활용한 진로 탐색 촉진에 매우 유용한 개입 전략이다(Pope, 1999).

## 2) 직장에서의 편의 제공

미국에서는 1990년 제정된 미국장애인법과 연이은 법률 개정을 통해 고용주들에게 소정의 자격을 갖춘 육체적·정신적 장애인 취업지원자 또는 근로자에게 정당한 편의를 제공할 의무를 제도화하였다. 정당한 편의 제공 과정에 관여하는 재활상담사는 다른 분야의 재활 전문가들과 협력하여 장애인 구직희망자의 경쟁적 고용 촉진에 필요한 직장 내 편의 제공 유형을 결정할 수 있다. INCOME 프레임워크에 의하면, 직장 내 편의 제공은 유지 상태에 있는 장애인 내담자의 직무 관련 요구사항과 노동 환경에 대한 적응과 고용 유지에 있어 매우 유용하다.

## 3) 직업 개발 및 배치

직업 개발 및 배치는 장애인 내담자를 그 사람이 지닌 지식, 기술, 능력, 흥미, 욕구와 일치하는 직업에 연결해 주는 대표적 직업재활 서비스다. 재활상담사는 이력서 작성 및 보완, 취업 면접 준비, 취업 정보 탐색, 입사 원서 제출 지원, 취업 면접 일정 마련 및 면접 참여, 목표로 한 직업 성과 달성에 필요한 지원 및 지지 제공 등을 돕는다. 직업 개발 및 배치 서비스는 선택 및 획득 상태에 속한 내담자에게 유익하다.

## 4) 지원고용

1998년 개정 재활법에 따르면, 지원고용은 장애 정도가 가장 심각한 구직희망자를 경쟁고용으로 대표되는 통합된 직장에 성공적으로 취업시키고 고용 상태 유지를 돕는 프로그램이다. 지원고용은 장애로 인해 경쟁고용이 이루어지지 않았거나, 방해 또는 중단된 최중증 장애인을 주된 서비스 대상으로 한다. 지원고용은 주로 직무지도, 이동수단(transportation), 보조공학 서비스, 특화된 직업 훈련, 개별화된 맞춤형 슈퍼비전 등과 같은 지원을 제공한다.

일반적으로, 지원고용은 보호작업장으로 대표되는 전통적 서비스 전달체계에 대한 의존에서 벗어나, 경쟁고용을 통한 자립 달성으로 이동하는 경로라고 할 수 있다(Wehman, 1996). 지원고용 프로그램은 전통적 직업배치 서비스와 구별되는 여러 가지 특징을 가지고 있다. 첫째, 지원고용 프로그램은 최저임금 이상의 소득과 다양한 복리 혜택, 예측 가능한 진로 경로 등이 보장된 직업 파악을 추구한다. 둘째, 지원고용 프로그램은 구직희망자에게 미래 직업에 대한 준비도를 길러 주기보다는 직업 획득과 유지에 필요한 지속적 지지 제공에 집중한다. 셋째, 지원고용 프로그램은 직업 기술 개발에 필요한 서비스 제공보다는 장애인 구직희망자가 일을 할 기회 창출을 중시한다. 넷째, 지원고용 프로그램은 완전한 참여를 장려한다. 이에 따라 중증 장애인이라면 누구나 적절한 지원 서비스가 제공될 경우, 장애 정도와 관계없이 지원고용에 참여할 능력을 갖추도록 목표하고 있다. 다섯째, 지원고용 프로그램은 점심시간이나 휴게시간, 퇴근 후나 공휴일 등의 자유 시간에 장애인 근로자에게 동료 및 직장 상사 등과 활발히 교류할 것을 장려하는 사회통합을 촉진한다. 끝으로, 지원고용 프로그램은 장애인 구직희망자들에게 그들이 거주하는 지역사회 내의 가용한 취업 기회와 일치하는 직업 옵션을 제공하는 유연성을 촉진한다.

## 5) 직업 평가

직업 평가는 재활상담사와 장애인 내담자의 공동 작업을 통해 구직희망자의 직업 흥미, 능력, 적성, 직업관, 기능적 제한, 고용 저해 요인 등의 파악과 평가를 목적으로 하는 포괄적·체계적 과정이다. 재활상담사는 직업 평가 서비스 제공을 통해 재활 목표와 고용 성과와 직결된 장애인 구직희망자의 상대적 강점과 약점을 파악한다. INCOME 프레임워크에 의하면, 정보 수집 상태에 접어든 내담자는 본인 자신, 직업 세계, 잠재적 지지와 장벽 등에 관한 정보 습득을 목적으로 하는 직업 평가로부터 커다란 도움을 받을 수 있다.

## 6) 상황 평가

상황 평가는 장애인 구직희망자가 흥미를 보이는 직업과 근로 환경 유형에 관련된 결정을 내릴 때 도움을 제공하는 재활상담사에게 있어 유용한 도구다. 상황 평가는 보통 실제 직장이나 지역사회 현장에서 행해지며, 장애인 구직희망자를 대상으로 그들이 지닌 흥미 탐색, 현재의 기술 수준 평가, 직업 훈련 제공 등이 이루어진다(Fraser & Johnson, 2010). 상황 평가는 심층 탐색을 요하는 직업 옵션과 부적절한 직업 탐색에 소요되는 내담자의 시간과 노력 낭비 방지에 필요한 신속한 정보 생성을 가능하게 한다. 나아가, 다수의 상황 평가는 유급 고용으로 이행하는 계기를 제공한다. 상황 평가는 또한 재활상담사와 장애인 내담자가 성공적인 경쟁 고용 획득과 유지에 필요한 잠재적 편의 제공의 내용 결정을 돕는다. 상황평가는 선택 상태와 획득 상태에 접어든 내담자에게 매우 유익하다. 재활상담사는 선택 상태에 있는 장애인 내담자가 자기 자신과 근로 환경 간의 적합성 이해를 통해 합리적 직업 선택을 내리도록 도울 수 있다. 재활상담사는 획득 상태에 있는 내담자와의 공동 작업을 통해 고용 획득을 가로막는 장벽 파악이 가능하다.

## 7) 고용에 따른 복지 혜택 관련 상담

경쟁 고용 획득과 유지는 장애인들이 수령하는 각종 복지 혜택에 중대한 영향을 미칠 수 있다. 재활상담사는 취업으로 인해 기존 복지 혜택 상실을 우려하는 장애인 내담자가 있을 경우, 해당 주제에 관한 상담을 통해 고용 획득과 유지가 복지 혜택 수급 자격 박탈 여부에 미치는 영향을 검토해야 한다. 복지 혜택 수급 자격 관련 상담의 목표는 장애인 구직 희망자가 불가피한 복지 혜택은 유지한 채, 노동시장 참여는 극대화할 수 있도록 자족능력 달성 또는 취업 관련 소요 비용 조달 계획 수립을 지원하는 데에 있다(Fraser & Johnson, 2010).

## 8) 보조공학

보조공학 서비스는 장애인 구직희망자가 주어진 업무의 원활한 수행을 위해 첨단 기술 제품이나 소프트웨어를 활용하는 일군의 개입 전략이다(Kirsch & Scherer, 2010). 보조공학 에는 보행 보조기나 휠체어 등과 같은 이동 보조 기기는 물론, 컴퓨터로 제어되는 각종 도구, 소프트웨어, 장애인의 컴퓨터나 정보공학 기기 활용을 돕는 주변장치 등이 포함된다. 각 주의 연방-주 직업재활 기관에서는 장애인 이용자들을 대상으로 하는 다양한 보조공학 서비스 제공 모델을 개발 · 시행하고 있다. 보조공학 서비스 제공은 재활상담사나 해당 서비스 제공 책임이 있는 전담 인력, 작업치료사와 같이 보조공학을 전공한 보건 전문가 등이 담당한다. 관련 연구에 따르면, 보조공학 활용은 장애인 구직희망자의 고용 기회 향상에도 효과를 보이는 것으로 나타났다(Noll, Owens, Smith, & Schwanke, 2006). 따라서 재활상담사는 보조공학 관련 지식과 서비스 제공에 필요한 능력을 갖추어야 한다. 재활상담사는 장애인 구직희망자들의 보조공학 기기 혹은 서비스 욕구 파악, 이들을 대상으로 하는 보조공학 관련 정보 제공, 보조공학 서비스의 조정과 조율 등에 주력해야 한다.

## 7. 맺음말

장애인 내담자를 대상으로 진로 및 직업 상담 서비스를 제공하는 일은 인간과 환경 사이의 교류, 사회인지적 요인에 의한 간섭, 발달적 속성 등을 주된 특징으로 하는 복잡한 역동적 과정이다. 이 장에서는 진로 및 직업 관련 행태의 이해, 상담 개입 개념화 프레임워크, 재활 현장에서 주로 사용되는 진로 상담 기법 등에 관한 중요 정보를 간략히 소개하였다. 재활상담사는 일 중심성과 직업 영위가 인간의 욕구 충족에 있어 중요한 방식이라는 논의를 통해 직업 획득과 유지가 장애인 구직희망자의 정신건강과 사회통합에서 중요한 역할을 담당한다는 점을 이해할 필요가 있다. 우리는 재활 서비스 제공에 필요한 개념 정립과 계획 수립 방법으로 INCOME 프레임워크를 제시하였다. 끝으로, 긍정적 고용 성과 달성을 위해 재활상담사가 활용할 수 있는 여러 가지 개입을 서술하였다.

전반적으로 말해, 장애인 구직희망자들의 진로발달과 고용에 영향을 미치는 개별적·맥락적 요인을 좀 더 깊게 이해하기 위해서는 여전히 상당한 정도의 연구가 필요하다. 중증 정신장애인과 발달장애인을 포함하여 다양한 유형의 장애인을 대상으로 하는 진로 상담과 직업적 개입의 효과 평가는 특히 매우 중요한 연구 분야다. 현재까지 이 분야의 연구 대부분은 지원고용과 관련 개입에 집중되어 왔다. 이 같은 유형의 개입이 중증 장애인 구직희망자들에게는 상당히 효과적이라는 사실이 입증되었지만, 경증 장애인을 대상으로 하는 진로 상담 개입 전략 개발과 효능 검증 연구는 거의 이루어지지 않았다. 경증 장애인 대상 진로 상담 개입은 향후 10~15년간에 걸쳐 재활상담 관련 연구에서 핵심 주제로 다루어질 것으로 전망된다.

## 집단 토의 과제

1. 이 장에서는 일이 인간의 삶에서 중심적 위치를 차지한다는 개념 제시와 더불어, 직업 영위가 야기할 심리적 측면의 긍정적 결과와 부정적 결과에 관해 서술하였다. 직업의 획득과 유지의 결과로 얻게 될 잠재적 이익과 우려를 생각해 볼 때, 실업이 장애인들의 삶에 어떠한 심리적 함의를 가진다고 생각하는가?

2. 이 장에서는 사회적 연계가 인간의 기본적 욕구 중 하나라는 사실을 설명하였다. 이 같은 이유에서, 진로 및 직업 상담의 핵심은 장애인 근로자가 고용주나 동료 근로자들에게 본인의 장애를 알리는 방법에 관한 논의가 되어야 할 것이다. 사회적 연계 촉진 관점에서 장애가 있다는 사실을 알렸을 때 예상되는 잠재적 이익과 위험은 무엇인가?

3. INCOME 프레임워크의 상상 상태에서, 중도장애가 그 개인의 자각, 공상, 현실 기반 상상 등의 하위 상태에 어떠한 영향을 미칠 것이라고 생각하는가? 선천적 혹은 장애 조기 발생은 개인의 삶에 어떠한 영향을 미친다고 생각하는가?

4. 유지 상태의 핵심은 근무 환경 변화에 대한 적응이다. 하지만 만성 장애 또는 진행성 장애 또한 다양한 형태로 나타나는 기능 제한에의 적응을 필요로 한다. 만성 장애나 진행성 장애를 가진 근로자의 고용 유지를 돕는 데에 유용한 단기적 혹은 중장기적 지원이나 개입에는 어떤 것들이 있는가?

## 참고문헌

Baron, R. A., & Greenberg, J. (1990). *Behavior in organizations: Understanding and managing the human side of work*. Boston, MA: Allyn & Bacon.

Beveridge, S., Heller Craddock, S., Liesener, J., Stapleton, M., & Hershenson, D. (2002). INCOME: A framework for conceptualizing the career development of persons with disabilities. *Rehabilitation Counseling Bulletin, 45*, 195–206.

Blustein, D. L. (1994). "Who am I?": The question of self and identity in career development. In M. L. Savickas & R. W. Lent (Eds.), *Convergence in career development theories: Implications for science and practice* (pp. 139–154). Palo Alto, CA: Consulting Psychologists Press.

Blustein, D. L. (2006). *The psychology of working: A new perspective for career development, counseling, and public policy*. Mahwah, NJ: Erlbaum.

Blustein, D. L. (2008). The role of work in psychological health and well-being. *American Psychologist, 63*, 228–240.

Blustein, D. L., Kenna, A. C., Gill, N., & DeVoy, J. E. (2008). The psychology of working: A new framework for counseling practice and public policy. *Career Development Quarterly, 56*, 294–308.

Bond, G. R., Resnick, S. G., Drake, R. E., Xie, H., McHugo, G. J., & Bebout, R. R. (2001). Does competitive employment improve nonvocational outcomes for people with severe mental illness? *Journal of Consulting and Clinical Psychology, 69*, 489–501.

Bowlby, J. (1982). Attachment and loss: Retrospect and prospect. *American Journal of Orthopsychiatry, 52*, 664–678.

Brodwin, M., Parker, R. M., & DeLaGarza, D. (1996). Disability and accommodation. In E. M. Szymanski & R. M. Parker (Eds.), *Work and disability: Issues and strategies in career development and job placement* (pp. 165–208). Austin, TX: Pro-Ed.

Conte, L. E. (1983). Vocational development theories and disabled persons. *Rehabilitation Counseling Bulletin, 26*, 316–328.

Curnow, T. C. (1989). Vocational development of persons with disabilities. *Career Development Quarterly, 37*, 269–278.

Danley, K. S., & Anthony, W. A. (1987). The choose-get-keep model: Serving severely psychiatrically disabled people. *American Rehabilitation, 13*(4), 6–9, 27–29.

Dawis, R. V., & Lofquist, L. H. (1984). *A psychological theory of work adjustment: An individual differences model and its application.* Minneapolis, MN: University of Minnesota.

Edgell, P. (2006). *Religion and family in a changing society.* Princeton, NJ: Princeton University Press.

Enright, M., Conyers, L. M., & Szymanski, E. (1996). Career and career related educational conerns of college students with disabilities. *Journal of Counseling and Development, 75*, 103–114.

Fraser, R. T., & Johnson, K. (2010). Vocational rehabilitation. In R. G. Frank, M. Rosenthal, & B. Caplan (Eds.), *Handbook of rehabilitation psychology* (pp. 357–363). Washington, DC: American Psychological Association.

Gottfredson, L. (2002). Gottfredson's theory of circumscription, compromise, and self-creation. In D. Brown & Associates (Eds.), *Career choice and development* (pp. 85–148). San Francisco, CA: Jossey-Bass.

Hackett, G., & Betz, N. E. (1995). Self-efficacy and career choice. In J. Maddux (Ed.), *Self-efficacy, adaptation, and adjustment: Theory, research, and application* (pp. 249–280). New York, NY: Plenum.

Helms, J. E. (1995). An update of Helms's white and people of color racial identity models. In J. G. Ponterotto, J. M. Casas, L. A. Suzuki, & C. M. Alexander (Eds.), *Handbook of multicultural counseling* (pp. 181–198). Thousand Oaks, CA: Sage.

Herr, E. L., & Cramer, S. H. (1996). *Career guidance and counseling through the life span: Systematic approaches* (5th ed.). New York, NY: HarperCollins.

Hershenson, D. B. (1981). Work adjustment, disability, and the three R's of vocational rehabilitation: A conceptual model. *Rehabilitation Counseling Bulletin, 25,* 91-97.

Hershenson, D. B. (1996a). A systems reformulation of a developmental model of work adjustment. *Rehabilitation Counseling Bulletin, 40,* 2-10.

Hershenson, D. B. (1996b). Work adjustment: A neglected area in career development. *Journal of Counseling and Development, 74,* 442-446.

Holland, J. L. (1985). *The self-directed search professional manual.* Odessa, FL: Psychological Assessment Resources.

Kahn, R. L., & Byosiere, P. (1990). Stress in organizations. In M. Dunnette (Ed.), *Handbook of industrial and organizational psychology* (2nd ed., Vol. 3, pp. 571-650). Chicago, IL: Rand McNally.

Kirsch, N. L., & Scherer, M. J. (2010). Assistive technology for cognition and behavior. In R. G. Frank, M. Rosenthal, & B. Caplan (Eds.), *Handbook of rehabilitation psychology* (pp. 273-284). Washington, DC: American Psychological Association.

Kohlberg, L. (1968). Early education: A cognitive-development approach. *Child Development, 39,* 1013-1062.

Larson, J. E., Barr, L. K., Corrigan, P. W., Kuwabara, S. A., Boyle, M. G., & Glenn, T. L. (2007). Perspectives on benefits and costs of work from individuals with psychiatric disabilities. *Journal of Vocational Rehabilitation, 26,* 71-77.

Lent, R. W., Brown, S. D., & Hackett, G. (2002). Social cognitive career theory. In D. Brown & Associates (Eds.), *Career choice and development* (4th ed., pp. 255-311). San Francisco, CA: Jossey-Bass.

Lustig, D. C., & Strauser, D. R. (2007). Causal relationships between poverty and disability. *Rehabilitation Counseling Bulletin, 50,* 194-202.

Lustig, D. C., Strauser, D. R., Weems, G. H., Donnell, C., & Smith, L. D. (2003). Traumatic brain injury and rehabilitation outcomes: Does working alliance make a difference? *Journal of Applied Rehabilitation Counseling, 34*(4), 30-37.

Maslow, A. H. (1987). *Motivation and personality* (3rd ed.). New York, NY: Harper & Row.

Maytal, G., & Peteet, J. (2009). The meaning of work. In M. Feuerstein (Ed.), *Work and cancer survivors* (pp. 105-119). New York, NY: Springer Publishing Company.

Mitchell, L. K., & Krumboltz, J. D. (1996). Learning theory of career choice and counseling. In D. Brown, L. Brooks, & Associates (Eds.), *Career choice and development* (pp. 233-276). San

Francisco, CA: Jossey-Bass.

Neff, W. S. (1985). *Work and human behavior*. New York, NY: Aldine.

Noll, A., Owens, L., Smith, R. O., & Schwanke, T. (2006). Survey of state vocational rehabilitation counselor roles and competencies in assistive technology. *Work: A Journal of Prevention, Assessment and Rehabilitation, 27*, 413-419.

O'Sullivan, D., & Strauser, D. (2010). Validation of the developmental work personality model and scale. *Rehabilitation Counseling Bulletin, 54*, 46-56.

Patterson, J. B., Szymanski, E. M., & Parker, R. M. (2005). Rehabilitation counseling: The profession. In R. M. Parker, E. M. Szymanski, & J. B. Patterson (Eds.), *Rehabilitation counseling: Basics and beyond* (pp. 1-25). Austin, TX: Pro-Ed.

Pope, M. (1999). Applications of group career counseling techniques in Asian cultures. *Journal of Multicultural Counseling and Development, 27*, 18-31.

Quick, J. C., Quick, J. D., Nelsom, D. L., & Hurrell, J. J., Jr. (1997). *Preventative stress management in organizations*. Washington, DC: American Psychological Association.

Ryan, R. M., & Deci, E. L. (2000). Self-determination theory and the facilitation of intrinsic motivation, social development, and well-being. *American Psychologist, 55*, 68-78.

Schein, E. (1990). Organizational culture. *American Psychologist, 45*, 109-119.

Strauser, D. R. (2014). Introduction to the centrality of work for individuals with disabilities. In D. Strauser (Ed.), *Career development, employment, and disability in rehabilitation* (pp. 1-10). New York, NY: Springer Publishing Company.

Strauser, D. R., Lustig, D. C., & Donnell, C. (2004). The impact of the working alliance on therapeutic outcomes for individuals with mental retardation. *Rehabilitation Counseling Bulletin, 47*, 215-223.

Strauser, D. R., O'Sullivan, D., & Wong, A. W. K. (2010). The relationship between contextual work behaviors self-efficacy and work personality: An exploratory analysis. *Disability and Rehabilitation, 32*, 1999-2008.

Super, D. E. (1957). *The psychology of careers*. New York, NY: Harper & Row.

Super, D. E. (1969). The development of vocational potential. In D. Malikin & H. Rusalem (Eds.), *Vocational rehabilitation of the disabled: An overview* (pp. 75-90). New York, NY: New York University Press.

Super, D. E. (1990). A life-span, life-space approach to career development. In D. Brown, L. Brooks, & Associates (Eds.), *Career choice and development* (2nd ed., pp. 197-261). San Francisco, CA: Jossey-Bass.

Szymanski, E. M., & Hershenson, D. B. (2005). An ecological approach to vocational behavior and career development of people with disabilities. In R. M. Parker, E. M. Szymanski, & J. B. Patterson (Eds.), *Rehabilitation counseling: Basics and beyond* (pp. 225–280). Austin, TX: Pro-Ed.

Szymanski, E. M., & Parker, R. M. (2010). Work and disability: Basic concepts. In E. M. Szymanski & R. M. Parker (Eds.), *Work and disability: Contexts, issues, and strategies for enhancing employment outcomes for people wtih disabilities* (pp. 1–15). Austin, TX: Pro-Ed.

Tansey, T. N., Mizelle, N., Ferrin, J. M., Tschopp, M. K., & Frain, M. (2004). Work-related stress in persons with disabilities: Applying the demand/control model. *Journal of Rehabilitation, 70*(3), 34–41.

Vondracek, E. W., Lerner, R. M., & Schulenberg, J. E. (1986). *Career development: A life-span developmental approach*. Hillsdale, NJ: Erlbaum.

Wehman, P. (1996). Supported employment: Inclusion for all in the workplace. In W. Stainback & S. Stainback (Eds.), *Controversial issues confronting special education: Divergent perspectives* (pp. 293–304). Boston, MA: Allyn & Bacon.

Wilson, W. J. (1996). *When work disappears. The world of the new urban poor*. New York, NY: Alfred A. Knopf.

Wolfensberger, W. (2002). Social role valorization and, or versus, "empowerment." *Mental Retardation, 40*(3), 252–258.

Wright, G. N. (1980). *Total rehabilitation*. Boston, MA: Little, Brown.

제 **4**부

# 특수 고려사항

제**16**장

# 물질 사용 장애, 장애, 상담 개입

Elizabeth da Silva Cardoso, Arnold Wolf, Susan Miller Smedema,
Jessica Brooks, and Michele Mahr

## 학습목표

이 장의 목표는 물질 사용 장애(substance use disorders)와 관계된 주요 개념 정의, 물질 사용 장애의 주요 모델과 관련 개입 전략 설명, 다양한 유형의 물질 사용 장애 치료 방법(modalities)에 관한 실증적 증거 검토, 물질 사용 장애 평가와 변화 준비를 위한 주요 방법 개관, 물질 사용 장애 치료 프로그램 유형 설명, 장애와 물질 사용 장애에 관련된 문제 논의 등이다. 이 같은 목적을 달성하기 위해 다음과 같은 학습 목표를 설정하였다.

① 『정신질환의 진단 및 통계 편람 제5판(Diagnostic and Statistical Manual of Mental Disorders: DSM-5)』(American Psychiatric Association, 2013)에 제시된 물질 사용 장애 기준을 설명할 수 있다.
② 물질 사용 장애의 주요 모델 간 차이를 구별할 수 있다.
③ 물질 남용 치료 모델 각각에 관련된 다양한 개입 전략을 설명할 수 있다.
④ 물질 사용 장애인 이용자 평가를 위한 적절한 기법을 선택할 수 있다.
⑤ 장애와 물질 사용 장애의 동시 발생과 직결된 문제에 관한 인식을 제시할 수 있다.

## 1. 장애와 물질 사용 장애

장애인은 동일 연령대에 속한 비장애인에 비해 물질 사용 장애 발생 위험이 훨씬 높은 것으로 알려져 있다. 물질 남용 및 정신건강 관리국(Substance Abuse and Mental Health Service Administration: SAMHSA, 2002)에 따르면, 외상성 뇌손상장애인, 척추장애인, 정신장애인 등의 물질 사용 장애 출현율은 일반 미국인에 비해 5배가량 높은 50%에 근접하거나 이를 넘는다고 한다. 청각장애, 관절염, 다발성 경화증 등 다른 유형의 장애인들 역시 장애가 없는 미국인에 비해 최소 두배 이상의 물질 사용 장애 발생 위험에 노출되어 있다. 처방약 또는 비처방 물질 자가 처방에 따른 오용 가능성이 있는 의료 문제와 통증, 잠재적 문제에 대한 적시 확인 실패, 접근하기 쉽고 적절한 예방 및 치료 서비스 부족 등과 같은 장애 특성은 물질 사용 장애 발생 위험 증가에 기여하는 잠재적 요인이다.

2011년 수행된 전미 약물 사용 및 보건 서비스 조사(2011 National Surveys on Drug Use and Health Services)에 따르면, 12세 이상 미국인 중 약 2,060만 명이『정신질환의 진단 및 통계 편람 제4판(DSM-IV)』(APA, 1994)의 기준에 따른 물질 남용 또는 물질 의존 장애를 가진 것으로 분류되었다(SAMHSA, 2012). 470만 명에 달하는 미국인이 장애와 함께 물질 남용 문제를 가진 것으로 추정되고 있다(SAMHSA, 2002). 물질 남용은 직장 결근이나 학교 결석, 가정에서의 갈등뿐 아니라(SAMHSA, 2002), 폭력, 상해, 사망 등과 같이 삶에서 심각하고 불행한 사건을 일으킬 수 있다(Clarke & Myers, 2012; World Health Organization: WHO, 2008). 개인의 장애는 종종 그 사람이 물질을 남용하는 과정에서 입은 손상의 결과로 발생한다(Corrigan, 1995; Radnitz & Tirch, 1995). 미국 국립 약물 남용 연구소(National Institute on Drug Abuse: NIDA, 2012)의 추정에 따르면, 의료, 범죄, 노동 생산성 측면에서 물질 남용으로 인해 미국이 부담하는 비용은 연간 4,280억 달러가 넘는다고 한다(NIDA, 2012). 물질 남용으로 인한 의료비만도 연간 약 410억 달러에 이른다.

장애 유무에 관계없이, 물질 사용 장애로 인한 막대한 비용은 개인과 가정에 상당한 부정적 영향을 미친다. 안타깝게도, 관련 연구에 따르면 물질 사용 장애인 대부분이 치료를 받으려 하지 않는다고 한다(Cohen, Feinn, Arias, & Kranzler, 2007; McCabe, Cranford, & West, 2008). 예를 들어, Cohen과 동료들(2007)은 개인이 알코올 남용 치료에 참여하지 않는 주된 이유가 그들이 스스로 문제를 해결할 능력을 가졌다고 믿기 때문이라는 사실을 발견하였다. 나아가, 프로그램 차원과 서비스의 구조적 장벽은 장애인의 치료 참여를 방해하는 경우가 많다(Sale, 2000). 높은 유병률과 최소한의 치료 참여 경향에서 알 수 있는 바와 같이, 물질 사용 장애는 개인과 사회 모두에게 심각한 영향을 미치는 매우 어려운 문제다. 이는 재활 현장에서 효과적이고 접근하기 쉬운 물질 남용 개입 프로그램의 필요성을 환기시키는 결과로 이어졌다.

## 2. 주요 개념

물질 사용 장애에 관한 연구 문헌에서는 다양하고 서로 밀접한 관계가 있는 용어들이 흔히 사용된다. '물질'이나 '약물' 등의 용어는 사용자의 사고, 지각, 정서, 행동을 변화시킴으로써 극도의 쾌감 효과(euphoric effects)를 생성하는 정신활성 화학물질(psychoactive chemical)을 설명한다. 이들 약물의 내재적인 보상적 속성(intrinsically rewarding properties)은 물질 사용 장애 발생과 지속 가능성을 증가시킨다.

남용, 의존, 중독 등의 용어는 종종 부정적인 삶의 결과를 초래하는 부적응적 약물 사용을 설명하는 용도로 이용되고 있다. 물질 사용 문제가 있는 사람은 그것이 초래할 부정적 결과에도 불구하고, 과도하고 부적절한 방식으로 약물을 사용하는 경우를 지칭하는 데 반해, 약물에 의존하는 사람은 그것이 일상적 기능에 미칠 파급 효과에 관계없이 점점 더 많은 물질을 강박적으로 사용하는 경향을 보인다(Cardoso, Wolf, & West, 2009). 물질 의존 문제를 가진 사람은 약물에 대한 내성(tolerance)의 결과, 시간이 경과함에 따라 원하는 만큼의 효과를 얻기 위해 약물 복용량을 늘려야만 한다. 내성은 또한 사용자의 약물 복용량이 감소하고 복용 정도가 신체가 익숙하게 여기는 수준 이하로 떨어질 때 금단 증후군(withdral syndrome)을 유발하기도 한다. 내성의 영향은 복용하는 약물에 따라 다를 수 있지만, 모든 향정신성 약물은 만성적 사용 갈망(chronic desire to use)을 야기할 수 있는 강력한 심리적 의존을 생성할 수 있다.

DSM-5의 물질 사용 장애에 관한 개정 내용은 장애 집단에 대한 주요 변경 사항을 포함하고 있다. DSM-5는 물질 남용과 물질 의존을 구분하는 DSM-IV의 분류 체계를 따르지 않는다. 대신에, DSM-5는 물질 남용과 물질 의존을 물질 사용 장애라는 하나의 범주로 결합하였다. DSM-5에 명시된 물질 사용 장애 기준은 DSM-IV에 포함된 재발성 법적 문제에 관한 기준이 제외되었다는 점과 갈망 또는 물질 사용에 대한 강한 욕구나 충동이 새롭게 추가되었다는 점을 빼면 DSM-IV의 물질 남용 및 물질 의존 기준과 거의 동일하다.

DSM-5의 진단 한계점(threshold)은 각각 하나 이상의 한계점과 세 개 이상의 한계점을 요하는 DSM-IV의 물질 남용과 물질 의존 진단 기준과 달리, 두 가지 이상의 기준으로 설정된다. DSM-5에서 물질 사용 장애의 심각성 정도는 승인된 진단 기준의 개수에 따라 연속(continuum)을 적용하여 활용된다. 즉, 2~3개의 기준은 경중 장애를 나타내며, 4~5개의 기준은 중등도 장애, 6개 이상은 중증 장애를 나타낸다. 카페인을 제외한 각 물질은 동일한 중요 진단 기준에 따라 별도의 장애(예: 알코올 사용 장애, 각성제 사용 장애 등)로 분류된다.

## 3. 물질 사용 장애 모델과 관련 상담 개입 및 연구 증거

물질 사용 장애의 개념화와 물질 남용 문제를 가진 사람에 대한 잠재적 치료 방안 설명을 목적으로 하는 다수의 모델이 개발되었다. 재활 전문가가 이들 모델을 활용하면 물질 사용 장애를 가진 이용자 치료에 있어 효과적인 상담 개입을 식별할 수 있다. 비슷한 맥락에서, 물질 사용 장애 분야에서 행해진 주요 연구 또한 물질 사용 장애를 가진 사람에게 가장 효과적인 치료 방법 식별을 모색하였다. 경험적 증거에 기초한 상담 기법 적용은 자원 활용의 효율성은 물론, 내담자의 성과도 개선할 수 있다.

내담자 치료 계획을 수립하는 재활 전문가는 NIDA(2012, pp. 2-5)가 제시한 효과적인 물질 남용 치료를 위한 열세 가지 원칙을 유념할 필요가 있다.

① 중독은 뇌 기능 및 행동에 영향을 미치는 복잡하지만 치료 가능한 질병이다.
② 모든 사람에게 적합한 균질한 치료 방법은 존재하지 않는다.
③ 치료는 쉽게 받을 수(readily available) 있어야 한다.
④ 효과적 치료는 약물 남용과 함께 개인의 다양한 욕구에 관심을 기울여야 한다.
⑤ 적정 기간 동안 치료를 유지하는 것이 중요하다.
⑥ 개인상담, 가족상담, 집단 상담 등과 같은 행동 치료는 가장 보편적으로 사용되는 약물 남용 치료다.
⑦ 약물 치료는 상담 및 기타 행동 치료와 병행할 때 다수의 환자에게 중요한 치료 요소로서 역할한다.
⑧ 개인의 치료 및 서비스 계획은 지속적 평가를 통해 이용자의 변화하는 욕구 충족을 보장할 수 있도록 적절히 수정되어야 한다.

⑨ 다수의 약물 중독자들은 또한 다른 정신장애를 동반한다.

⑩ 의학적 도움을 통한 해독은 중독 치료의 첫 단계일 뿐, 그 자체만으로는 장기적인 약
물 남용 해소에 별다른 영향을 미치지 않는다.

⑪ 효과적인 치료가 반드시 자발적일 필요는 없다.

⑫ 치료 도중의 약물 사용은 치료 과정에서 착오(lapse)가 발생할 수 있으므로 지속적 모
니터링이 필요하다.

⑬ 치료 프로그램을 시행할 때는 HIV/AIDS, B형 간염과 C형 간염, 결핵, 기타 감염성 질
환 등의 유무를 검사하고, 필요한 경우 환자와 치료를 연계하여 특정 대상 위험 감소
상담(targeted risk-reduction counseling)을 제공해야 한다.

Pearson과 동료들(2012)은 최근 NIDA의 증거 기반 치료 원칙 프로젝트의 일환으로 전
술한 열세 가지 치료 원칙 중 일곱 가지를 적용한 메타 분석 결과를 출간하였다. 저자들
은 무작위 통제 집단 실험, 코호트 연구, 준실험 연구, 기존의 메타 분석 결과 등을 활용하
여 이용자의 욕구와 치료 간 연계(g=.24), 이용자의 다양한 욕구 집중(r=.16), 행동 상담 개
입(g=.11-.36), 치료 계획 재평가(g=.25), HIV 위험 감소 상담(g=19) 등 다섯 가지 원칙에
관한 실증적 증거를 발견하였다. 하지만 다른 두 가지 원칙인 적정 기간 치료 유지(r=.02-
.14)와 약물 사용에 대한 상시적 검사(r=.06)는 통계적으로 지지되지 않았다. 저자들은 지
지되지 않은 원칙들이 지나치게 일반적으로 진술되었거나 측정되지 않은 조절 변인이 결
과를 교란시킬 수 있다고 제안하였다. 이러한 증거는 내담자 치료 계획 수립에서 NIDA가
제시한 효과적인 물질 남용 치료 원칙 이용에 대한 전반적 근거를 제공한다.

## 1) 질병 모델

다수의 전통적 물질 남용 치료 모델은 질병 모델에 기반하는데(Stevens & Smith, 2001), 이
들 모델은 약물 중독을 치료가 불가능하고 재발 가능성이 높을 뿐 아니라, 치명적인 만성
뇌질환으로 이어질 확률이 높다고 설명한다(Johnson, 1980; Milam & Ketcham, 1981; Talbott,
1989). 연구에 따르면, 중독은 약물 추구 행동(drug-seeking behaviors)과 위해를 초래할 수
있는 뇌 구조 및 기능에 장기간에 걸친 변화를 가져다준다(NIDA, 2010). 질병 모델 이론가
들은 구체적 기술과 절차를 이용하여 물질 사용 문제 치료에 중점을 둔 행동 개입을 사용한
다(Chiauzzi, 1991). 비록 재발이 자주 나타날 수 있기는 하지만, 질병 모델에 기초한 치료 프

로그램은 모든 물질 남용 장애인들에게 향정신성 물질(psychoactive substances) 사용의 완전한 절제를 권장한다(Marlatt & Gordon, 1985). 이 모델에 따르면 물질 사용 장애인이 스스로 만성적 문제의 존재를 부인한다는 사실에 직면하고 물질 사용을 중단한다면 그는 회복 중이라고 간주되지만, 결코 그 질병은 치료되지 않는다고 주장한다(Doweiko, 2002).

현대 의학 및 생물학 연구는 물질 사용 장애를 유발하는 신체 표지(body markers) 발견을 목적으로 유전학, 단백질, 효소 사이의 관계 탐구를 시도하고 있다. 이들 연구가 이루고자 하는 바는 부정적 효과에 대항할 능력을 길러 애초에 물질 사용 장애 발생을 예방하는 것이다. 예를 들어, Kathiramalainathan 등(2000)은 특정 대사 물질이 코데인(codeine) 남용 가능성 증가에 크게 기여한다는 사실을 발견하였다. 또 다른 연구는 뉴로펩티드(neuropeptide)와 알코올 의존성 사이에 관계가 있다는 사실을 밝혀냈다(Lapalineen et al., 2002). Nestler(2001)는 현재 사용되는 물질 남용 진단 방법은 주관적인 반면, '유전자학'이나 중독 위험 증가로 이어지는 유전자 식별법은 훨씬 객관적이라고 주장하였다. 즉, 행복감 유발 물질 등과 같이 보상에 기여하는 유전자가 확인되면 유전적 위험인자 상쇄를 목적으로 하는 생화학적 치료법 개발이 가능하다는 것이다. 정신약리학적 치료 접근은 유전학이나 그 밖의 생화학적 신체 반응과 관련된 약물로 구성된다. 이들 약물은 심리사회적 치료 접근과 연계하여 물질 사용 장애인 이용자가 알코올이나 약물 등의 물질 사용 중단을 보다 쉽게 이어 가도록 도울 수 있다.

심리사회적 개입 및 상담과 함께 사용될 경우 다음과 같은 세 가지 약물이 특히 효과적으로 작용하는데, 이들 약물과 심리사회적 접근 병행은 물질 사용 장애인이 보다 오랜 기간 동안 약물로부터 자유로운 상태를 유지하도록 허용한다. 디술피람(disulfiram: 상표명 안티뷰스)이라는 약물은 공포 회피 접근법(fear-avoidance approach)을 사용하는데, 이는 디술피람 복용자가 술을 마시면 화학물질 결합에 대한 육체의 반응으로 인해 신체적 불편함을 경험하게 되고, 이는 다시 알코올 섭취 회피로 이어진다는 것이다(Jorgensen, Pedersen, & Tonnesen, 2011). 디술피람의 효능에 관한 연구는 엇갈린 결과를 보이고 있다. 예를 들어, Jorgensen 등이 수행한 최근의 메타 분석 연구는 12개월 동안에 걸친 금주 대 위약에 대한 디술피람의 효과가 유의미하지 않았다는 사실을 밝혀냈다(승산비[OR]=1.48). 동일한 메타 분석 결과, 디술피람은 다른 치료법이나 비치료와 비교했을 때 금주 촉진에 효과적인 것으로 나타났다(승산비=1.59). 이같이 엇갈린 결과에도 불구하고, 디술피람은 지지와 상담을 포함한 종합 치료 패키지의 일부로 활용이 가능하다(Laaksonen, Koski-Jännes, Salaspuro, Ahtinen, & Alho, 2008).

날트렉손(naltrexone)은 뇌에서 분비하는 주요한 보상 신경전달물질인 도파민 수치를 감소시키는 오피오이드 차단제다. 날트렉손은 알코올 섭취에 따른 보상 감소를 촉진하여 음주를 줄여 준다(Gonzales & Weiss, 1998). 연구에 따르면, 날트렉손은 과음 재발률을 낮추고, 음주에 대한 갈망을 줄임으로써 금주 상태 유지 기간을 늘린다고 한다(Mann, Lehert & Morgan, 2004). Del Re, Maisel, Blodgett 그리고 Finney(2013)가 최근 실시한 메타 분석 연구 또한 전술한 결과를 뒷받침하였다. 즉, 금주 일수 비율(g=.143)과 과음 재발률(g=0.247)을 측정한 결과, 날트렉손이 위약에 비해 통계적으로 유의미한 효과를 보였는데, 이는 약물 남용 치료에 있어 날트렉손 사용에 대한 지지를 제공하는 결과다.

세 번째 약물인 아캄프로세이트(acamprosate)는 금단 증상과 관련된 뇌 기능 조절을 통해 알코올 사용을 줄여 준다(Mann, Kiefer, Spanagel, & Littleton, 2008; Wright & Myrick, 2006). 아캄프로세이트는 금주를 원하지 않는 환자의 과음 방지보다는 금주를 목표로 하는 환자 치료에 보다 효과적이다(Mason, Goodman, Chabac, & Lehert, 2006; Rosner, Leucht, Lehert, & Soyka, 2008). Maisel, Blodgett, Wilbourne, Humphreys 그리고 Finney(2013)의 메타 분석 연구는 아캄프로세이트가 날트렉손에 비해 금주 유지 측면에서 유의하게 큰 효과 크기(g=.359 대 g=.116)를 보이는 데 반해, 과음과 음주 갈망 감소에 있어서는 날트렉손이 아캄프로세이트에 비해 큰 효과 크기(g=.180 대 g=.041)를 보인다는 사실을 발견하였다. 이러한 결과는 재활상담사들에게 각각의 약물을 사용할 수 있는 가장 적절한 방법에 관한 정보를 제공한다.

물질 사용 장애인을 대상으로 하는 정신약리학적 치료에 관한 포괄적 정보 제공은 이 장의 범위를 벗어난다. 이 장에 수록된 정신약리학 물질 관련 정보는 현재 물질 사용 장애인 내담자가 의사를 통해 이용할 수 있는 의학적 치료 예시만을 포함한다. 재활 전문가는 이들 의약품에 관한 대략적 이해를 넓히는 한편, 이들 약물 사용 과정에서 발생할 수 있는 용도, 증상, 부작용, 잠재적 의료 문제 등에 관해서는 의료진의 의견을 따라야 한다. 나아가, 전술한 약물을 사용하는 재활 전문가들은 치료를 원하는 물질 사용 장애인 이용자가 항상 적절한 의료적 돌봄을 받고 있는지 여부를 반드시 확인해야 한다. 재활 전문가들은 또한 재발 방지 또는 행동 치료와 같이 의료적 치료와 병용이 가능한 지지적이고 비의료적 치료 접근 유형을 권고할 수 있어야 한다.

## 2) 생물심리사회 모델

생물심리사회 모델은 물질 사용 장애에 관한 보다 총체적 이해를 제공한다(Donovan & Marlatt, 1988; Zucker & Gomberg, 1986). 생물심리사회 모델은 상호작용하며 중독 심화에 개별적으로 영향을 미칠 수 있는 다수의 생물학적·심리적·사회적 요인을 설명한다(Tater, 1988). 생물학적 요인은 중독성 장애를 유발할 수 있는 유전적 소인(생리적·심리적·사회적 취약성)을 포함한다(Babor, 1993). 심리적 요인은 물질 사용 장애 발생 가능성을 증가시키는 긍정적 또는 부정적 감정 상태를 의미한다(Marlatt & Gordon, 1985). 예를 들어, 물질 사용 장애인이 화가 나거나 슬플 때 기분을 좋게 하고 스트레스를 줄이려는 목적에서 약물을 복용하려는 경향을 보일 수 있다. 사회적 요인은 특정인을 물질 사용에 노출시키는 환경적 조건으로 설명이 가능하다. 예를 들어, 수시로 술집에 드나드는 친구나 가족이 있는 사람은 술을 마셔야 할 것 같다는 느낌에 빠질 수 있다. 물질 남용이 유전적 특성과 사회적 압력 모두에서 취득한 산물임을 강조하는 규범을 지닌 문화권에 속한 사람의 경우, 중독 위험이 복합적으로 나타날 수 있다. 모든 사람은 앞서 언급한 몇 가지 위험 요인뿐 아니라, 중독과 관련된 보호 요인에 취약하며, 어떤 보호 요인이 존재하더라도 위험을 관리할 수 없다면 중독될 가능성이 높다(Wesson, Havassy, & Smith, 1986).

생물심리사회적 구조를 이용한 포괄적 평가는 적절한 치료 선택 결정에 도움을 줄 수 있다. 생물심리사회적 평가는 가벼운 위험과 중독과 관련된 보호 요인을 가져올 수 있다. 재활상담사는 종종 정신약리학적 치료를 중심으로 심리사회적 치료를 병행하는 결합적 접근을 취하는데, 이때 다수의 심리사회적 치료 기법은 인지 재교정(cognitive remediation), 기술 형성(skills building), 생활 양식 수정(lifestyle modification) 등을 포함하는 인지 행동 치료(CBT; 이 책의 제5장 참조)에서 도출된 것이다. 인지 교정은 지식 및 자신감 증가, 긍정적 자기 인정(positive affirmations), 주의 분산 기법(distraction devices), 그 밖의 인지 극복 기법을 포함할 수 있다. 기술 수립은 역할극, 자기 관찰, 재발 시연(relapse rehearsal)을 포함하는 반면, 생활 양식 수정은 주로 신체 활동, 이완 훈련, 시간 관리 전략 등을 습관적 일상에 통합시킨다. 따라서 재활상담사는 물질 남용과 직결된 신념과 대처 행동 수정 및 개선을 목표로 하는 다양한 생물심리사회적 개입을 실행할 수 있다.

## 3) 재발 방지 모델

재발 방지(relapse prevention: RP) 모델은 재발 과정을 부정적인 사회적 맥락이나 감정 상태 등과 같은 고위험 상황에 대한 즉각적 노출에서 시작하는 자연 발생적 현상으로 설명한다(Brownell, Marlatt, Lichtenstein, & Wilson, 1986; Marlatt & Gordon, 1985). RP 모델은 즉각적 결정 요인과 은밀한 선행 사건(예: 갈망) 모두 재발 가능성 증대에 기여할 수 있다는 점을 시사한다. RP 개입 전략의 주된 목표는 내담자에게 재발을 '거시적 관점(big picture view)'에서 이해하도록 가르치는 것이다(Larimer, Palmer, & Marlatt, 1999). 이를 통해 내담자는 회복 과정에 관계된 잠재적 장해물과 도전을 파악하여 적절한 계획을 수립할 수 있다. 이는 또한 내담자의 대처 기술 인식 출발에 도움을 줄 수 있는데, 이는 물질 남용을 중단할 수 있다는 자신감을 높여 준다. 그 밖에 사용되는 CBT 개입 전략에는 자기 효능감 증진, 재발에 관한 신념 재구조화(restructuring beliefs), 생활양식 요인 간 균형 유지(balancing lifestyle factors), 자극 통제 기법(stimulus control techniques), 재발 방지 안내도(relapse road maps) 작성 등이 있다. 자기 효능감 증진 전략에는 협력적 치료 동맹 촉진, 현실적 목표 설정, 기술 습득, 수행에 따른 피드백 제공 등이 포함된다. 인지 재구조화는 내담자에게 실수가 실패가 아닌 회복을 배우는 과정 중 일부라는 점을 이해하도록 도울 수 있다. 내담자는 이완 훈련, 스트레스와 시간 관리 학습, 건강한 대체 활동 발견 등을 통해 생활양식의 균형을 찾을 수 있다. 자극 통제 기법은 내담자에게 물질 남용을 유발하는 자극이나 충동을 증가시키는 물품이나 재료(예: 병따개)를 없애도록 권장한다. 마지막으로, 재발 방지 안내도는 내담자에게 고위험 상황에 직면했을 때 사용할 수 있는 다양한 대처 방법 및 관련 결과를 식별하고 고려할 기회를 제공한다.

재발 방지 개입은 무처치 경우에 비해 훨씬 효과적이며, 약물 사용 개선에 있어서도 다른 물질 남용 치료와 최소한 동일한 수준의 효과를 보이는 것으로 밝혀졌다(Witkiewitz & Marlatt, 2004). Irvin, Bowers, Dunn 그리고 Wang(1999)은 재발 방지 성과에 관한 26편의 발표 및 미발표 연구를 대상으로 메타 분석을 실시하였다. 그들은 전체적으로 효과 크기가 크지 않다는 점을 발견하였다(r=.14). 그러나 재발 방지 개입은 알코올 남용(r=.37) 또는 여러 가지 물질 사용(r=.27) 문제가 있는 사람에게 적용되었을 때 가장 효과적이었으며, 처방 약물과 함께 사용되었을 때도 높은 효과를 보였다(r=.48). 나아가, 재발 방지 개입은 물질 사용 장애인 이용자의 심리사회적 적응에 큰 영향을 미치는 것으로 나타났다(r=.48). 전반적으로, 이 연구는 재발 방지 프로그램이 알코올 남용 문제를 가진 사람 등의 심리사회적 적응 촉진뿐 아니라, 물질 남용 감소를 위한 효과적 상담 개입이라는 점을 입증하였다.

재발 방지 프로그램에서 자주 사용되는 그 밖의 CBT 개입 역시 연구에 의해 뒷받침되었다. Magill과 Ray(2009)는 알코올과 불법 약물 사용 장애를 가진 성인을 대상으로 한 53편의 CBT 기반 통제 집단 실험 연구를 가지고 메타 분석을 실시하였다. 분석 결과는 작지만 통계적으로 유의한 치료 효과를 나타냈다(g=.154). 6개월에서 9개월 사이(g=.115)와 12개월(g=.96) 경과 후 진행된 후속 조사는 치료 효과 면에서 다소 감소된 결과를 보였다. CBT는 마리화나 사용 연구(g=.513)와 통제 집단 연구(g=.796)에서 가장 큰 효과 크기를 보였다. 이러한 결과는 CBT가 물질 사용 장애, 특히 마리화나 사용자들에게 효과적인 치료 방법이 될 수 있음을 보여 준 것이다.

## 4) 학습된 혹은 부적응 행동 모델

물질 남용 치료를 위한 학습된 혹은 부적응 행동 모델은 물질 사용 장애 이해에 있어 사회적 학습 이론(Bandura, 1977)의 핵심 개념을 적용한다. 사회적 학습 이론가들은 잘못된 학습이 중독을 유발할 수 있다고 주장한다. 물질을 남용하는 사람들은 물질 사용이 즐겁고 긴장을 줄여 준다는 믿음하에 약물 추구 행동(drug-seeking behavior)을 강화한다(Conger, 1956). 나아가, 상이한 사회환경적 요인은 물질 사용과 관련될 수 있는데, 이는 외부 자극의 출처를 제공할 수 있다. 예를 들어, 물질 남용자들은 사교적 음주가 예상되는 휴일 파티를 알코올이나 약물 사용 기회라고 생각한다. 학습된 혹은 부적응 행동 모델은 다양한 강화 요인들 간의 균형을 맞추기 위해 물질 사용에 따른 비용과 편익 평가를 중시한다(Fingarette, 1991).

치료 전략은 또한 재발 방지와 부적응적 습관 제거를 위한 새로운 행동 기술을 강화한다. 특정 강화 기법을 사용하면 음성 독성 반응 선별(negative toxicology screen)과 같은 표적 반응을 조건으로 보상 또는 인센티브를 제공할 수 있다(Higgins, Heil, & Lussier, 2004). 이러한 보상 시스템은 유관 관리(contingency management: CM) 개입으로 설명된다(Pendergast et al., 2006). 임상의들은 여러 가지 CM 절차를 사용할 수 있지만, 가장 널리 사용되는 대표적 접근은 물질 사용 장애인 내담자들에게 바우처를 제공하는 방법이다. 이 방법을 활용하면 내담자가 자신이 획득한 바우처를 물질 사용과 무관한 생활양식(substance-free lifestyle)과 호환 가능한 상품이나 서비스와 교환할 수 있다.

연구는 CM이 물질 사용 장애로부터의 절제 강화에 있어 효과적이라는 사실을 뒷받침하는 강력한 증거를 제시하였다. Higgins 등(2004)이 시행한 문헌 검토 연구에 따르면, 분석에 포함된 55편의 성과 연구 중 85%가 CM 개입이 물질 남용 행위에 유의하고 긍정적인 영향을 미쳤다고 보고하였다. 나아가, Pendergast 등(2006)은 실험 및 준실험 방법이 사용된 47편의 CM 관련 연구를 대상으로 메타 분석을 실시한 결과, 중간 정도의 효과 크기가 있다는 사실을 발견하였다($d=.42$). 조절 분석 결과, CM은 다중 약물 치료($d=.42$)에 비해 아편제($d=.65$)와 코카인 사용($d=.66$) 치료에서 더 효과적인 것으로 나타났다.

Dutra 등(2008)이 34편의 무작위 통제 집단 실험 연구를 대상으로 수행한 메타 분석 연구는 물질 사용 장애인 내담자 치료에 사용되는 다양한 심리사회적 개입을 비교하였다. 연구 결과에 따르면, 모든 물질에 걸쳐 전반적 효과 크기가 중간 정도로 나타났다($d=.45$). 두 편의 연구 결과만을 반영한 것이긴 하지만, CBT와 CM을 통합한 물질 남용 치료는 가장 높은 효과 크기를 보였다($d=1.02$). CM 개입만을 사용한 연구는 중간 정도의 효과 크기를 산출한 반면($d=.58$), CBT($d=.28$)와 P($d=.32$)를 사용한 연구는 효과 크기가 작은 것으로 나타났다. 가장 효과적인 치료법은 대마초 사용($d=.81$)이었으며, 가장 효과가 적은 치료법은 여러 물질 사용($d=.24$)이었다. 전반적으로, 이러한 실증적 결과는 CM 개입에 대한 가장 강력한 증거를 제공하였다.

## 5) 변화 단계 모델

보다 광범위한 연구 문헌에 따르면, 사람들은 연속적 단계(stage continuum)에 따라 문제 행동을 변화시킨다(예: DiClemente & Prochaska, 1982; Marlatt & Gordon, 1985; Norcross, Krebs, & Prochaska, 2011; Rosen & Shipley, 1983). Prochaska와 DiClemente(1982)는 이 분야에서 가장 활발한 연구를 수행했으며, 그들의 이론적 모델을 변화 단계 또는 초이론적(transtheorectical) 모델이라고 지칭하였다(DiClemente, 1991; Prochaska, DiClemente & Norcross, 1992). 변화 모델은 행동 변화를 일련의 단계를 포함하는 점진적 과정으로 설명한다. 변화 모델에서 말하는 단계는 반드시 선형적 혹은 순차적일 필요는 없다(Lynch & Chiu, 2009). Prochaska와 동료들(1992)은 상담에서 행동 변화 과정을 전숙고(계획 전: precontemplation), 숙고(계획: contemplation), 준비(preparation), 실행(action), 유지(maintenance) 등 5개의 점진적 단계로 파악하였다. 재활상담사는 이들 5단계 각각에서 다양한 행동 변화 이론을 사용하여 물질 사용 문제를 지닌 사람들에게 맞춤형 상담 개입을 제공하는 것이 가능하다.

전숙고(계획 전) 단계는 일반적으로 변화 모델의 첫 번째 단계다(Prochaska et al., 1992). 전숙고(계획 전) 단계에 있는 사람은 가까운 미래에 물질 남용 행위를 바꿔 보겠다는 동기가 부족한 상태에 처한 것으로 설명할 수 있다. 계획 전 단계에 있는 개인이 물질 사용 및 관련 문제에 직면하게 되면 이를 다른 사람이나 환경 탓으로 돌리거나 부인 또는 좌절 등의 반응을 보일 수 있다(Norcross et al., 2011). 친지(significant others)와 의료 전문가들은 물질 사용 문제를 인지한 후, 문제를 가진 사람에게 치료를 받으라고 권고할 수 있다. 이 단계에 속한 사람을 위한 최적의 상담 전략은 물질 사용 문제에 관한 책임과 인식 촉진을 포함한다. 재활상담사가 사용할 수 있는 구체적 상담 개입에는 물질 남용 교육, 극적 위안(dramatic relief), 환경 재평가 등이 있다. 물질 남용 교육은 물질 남용에 따른 생물심리적 효과에 대한 지식 제공을 목표로 한다. 극적 위안 개입은 감정, 사고, 물질 남용과 관계된 가능한 해결 방법에 관한 의사소통을 장려한다. 환경 재평가는 물질 남용이 다른 사람들에게 미치게 될 영향에 관한 개인의 의식을 길러 준다. 계획(숙고) 단계에서 요구되는 인지 과정 촉진을 돕기 위해 이 단계에서는 통찰 중심 치료(예: 인간 중심 치료)가 자주 사용된다.

계획(숙고)은 물질 사용 장애인이 자신의 문제에 관한 해결책을 고민하기 시작하는 단계다(Norcrose et al., 2011). 이 단계에 접어든 사람은 일상 행동이나 목표에서 불일치를 발견하기 시작하고, 이는 그 같은 문제 해결을 위한 숙고로 이어질 수 있다. 비록 건강하지 못한 행동 변화를 고려하기 시작하지만, 이 단계에 있는 사람은 아직 실행 계획에 완전히 몰입하지 못한 채 여전히 절제의 장단점을 저울질한다. 그들은 또한 자신의 문제와 관련하여 어떻게 또는 무엇을 변화시켜야 할지 모르며, 그 결과 장기간 정체 상태에 머무를 수 있다(Lynch & Chiu, 2009). 계획(숙고) 단계에서 사용할 수 있는 주된 치료 활동은 변화에 대한 몰입(commitment) 강화를 목표로 한다. 재활상담사는 내담자가 중요하다고 인식하는 것(예: 위기 해결, 지역사회 자원 파악 등)의 달성 지원에 필요한 계획을 수립해야 한다(Drake & Noordsy, 1994). 또한 상담 개입은 물질 남용에 관한 인식 재구성과 물질 남용을 촉진하는 맥락에 대한 감수성 증가에 역점을 두어야 한다.

한편, Miller와 Rollnick(1991)은 계획(숙고) 단계에서 물질 사용에 관한 인지 부조화 형성과 해결에 초점을 맞춘 동기 강화 상담(motivational interviewing: MI; 이 책의 제12장 참조)을 활용할 것을 제안하였다. MI 기법은 남아 있는 양가감정 탐색뿐 아니라 공감 표현, 저항에 대한 적응(rolling with resistance), 불일치감 형성, 자기 효능감 개발 등의 기법을 통해 변화 준비를 위한 동기 강화에도 사용이 가능하다(Miller & Rollnick, 2002). 다수의 메타 분석 연구가 물질 사용 장애인 내담자들이 변화 단계를 진행하도록 돕기 위해 주로 사용되는 MI

전략의 효과를 뒷받침하는 실질적 증거를 제공하였다(Burke, Arkowitz, & Menchola, 2003; Hettema, Steele, & Miller, 2005; Lundahl, Kunz, Brownell, Tollefson, & Burke, 2010; Vasilaki, Hosier, & Cox, 2006). 다수의 메타 분석 연구 결과를 종합해 보면, MI는 물질 남용 치료에 있어 비치료에 비해 유용하며, 다른 심리사회적 개입과 견주어도 효과 면에서 동일한 것으로 나타났다. 이는 또한 치료 기간이 짧은 경우에도 유사한 결과를 보였다. MI는 계획(숙고) 단계에서 사용되는 다른 상담 전략과 함께, 내담자의 자기 효능감과 준비 단계로의 이행 준비 강화에 사용이 가능하다.

준비 단계는 개인이 물질 사용 문제에 관한 추가 정보와 지침을 적극적으로 탐색할 때 시작된다(Prochaska et al., 1992). 이 단계에 진입한 사람은 문제 행동 변화를 위한 계획을 수립하고, 심지어 물질 사용량을 줄이기 시작한다. 이 단계에서 상담의 주된 목표는 변화할 수 있다는 자신감으로 표현되는 '자기 해방감(self-liberation)' 획득이다(DiClemente, 1991). 내담자에게는 절제를 방해할 수 있는 장벽 제거 또는 축소를 권장한다(예: 인지, 습관, 친구, 생활 상황; Drake & Noordsy, 1994). 심리교육은 내담자의 삶에서 절제 강화인자 결정에 사용된다. 준비 단계에서는 흔히 행동 또는 직업 기술 훈련을 장려한다. 이들 심리사회적 접근은 내담자의 자기 효능감과 실행 단계로의 이행 준비 강화에 사용된다.

실행 단계에서는 주로 새롭고 건강한 행동으로의 대체와 함께, 물질 남용 행위 중단이 나타난다(Norcross et al., 2011). 실행 단계 동안 상담의 주된 목표는 내담자가 물질 남용을 차단할 대안적 활동(non-substance abuse activities)을 늘리도록 돕는 것이다. 실행 단계는 건강한 행동을 보다 오랜 기간 동안 성공적으로 유지하기 위해 상당한 노력을 필요로 한다. 따라서 상담사는 물질 사용 장애인 내담자에게 개인 및 환경 관리에 필요한 여러 가지 CBT 전략을 가르쳐야 한다. 상담사는 재발 가능성을 낮추기 위해 내담자에게 물질 남용 문제가 없는(non-substance-abusing) 친지로부터 지지를 구하도록 권장해야 한다. 필요할 경우, 상담사는 다른 지역사회 지원을 파악하여 제공해야 한다(Drake & Noordsy, 1994). 내담자의 선호도나 관심 영역에 따라 다양한 옵션(개인상담, 집단 상담, 가족상담)을 동반한 후속 상담 개입을 계획할 수 있다.

유지는 내담자가 실행 단계에서 얻은 성과를 일정 기간 지속한 후에 발생하는 최종 단계다(Norcross et al., 2011). 6개월에서 3년 사이의 기간 동안 절제가 유지되었다면 회복 유지 단계가 정한 기준을 충족한 것으로 간주된다(Lam et al., 1996). 그러나 이 단계는 영구적이지 않을 수 있으며, 내담자는 변화 이전 단계로 회귀할 수 있다. 따라서 상담 개입은 자기 관리 기술과 RP 계획에 중점을 두어야 한다(Marlatt & Gordon, 1985). 이 같은 개입의 핵심적 구성요소에는 고위험 상황 인식과 회피, 재발로 이어질 수 있는 생각과 감정을 다루는 기술 개발이 포함된다. 상담 방법은 또한 사회적 관계 개선, 자조 모임 참석, 평생 교육이나 직업 훈련 등과 같은 행동 변화를 강조할 수 있다(Drake & Noordsy, 1994). 상담사는 유지 과정 내내 지지, 모니터링, 기술 교육의 지속적 제공을 통해 내담자의 잠재력을 확장해야 한다.

변화 단계 모델은 물질 남용 치료를 위한 개념적 체계로서 상당한 가능성을 보유한 것으로 여겨진다(Cardoso, Chan, Berven, & Thomas, 2003; Lam et al., 1996). 이 모델은 물질 남용 치료에서 대처, 회복, 재발 등의 기저에 존재하는 핵심 과정 설명에 도움을 줄 수 있다(Nelson, 1986). 변화 단계 모델의 이론적 개념은 또한 물질 사용 문제를 가진 내담자와 일하는 다학제적 팀 구성원들에게 표준 언어를 제공함으로써 재활 전문가 사이의 의사소통을 촉진할 수 있다(Prochaska et al., 1992).

경험적 증거는 물질 남용 치료에서 변화 단계 모델 사용을 지지한다. Norcross 등(2011)은 물질 사용 장애와 다른 장애가 있는 사람들의 치료 성과에 대한 변화 전 단계의 영향을 조사하기 위해 39편의 실험 연구를 대상으로 메타 분석을 실시하였다. 그들의 연구 결과는 변화 단계에 대해 중간 정도의 효과 크기($d=.46$)를 보였는데, 이는 변화 단계 모델이 물질 남용 치료 결과 평가와 예측에 있어 유용한 도구라는 점을 보여 준 것이다. 전반적으로, 변화 준비에 대한 정확한 평가는 개별화되고 효과적인 물질 남용 치료 프로그램 육성의 잠재력을 길러 줄 수 있다(Jacobson & Christensen, 1996).

## 4. 물질 남용 평가

물질 사용 문제의 평가는 성공적인 치료 결과 달성에 있어 매우 중요하다. 평가는 물질 사용량과 유형, 내담자의 일상생활에 미치는 영향, 변화에 대한 내담자의 준비도 등의 측면에서 물질 사용 정도를 다루어야 한다.

### 1) 임상적 징후

물질 남용과 관련된 증상의 임상적 징후는 명료하지 않은 말(slurred speech), 눈의 충혈, 협응 능력 손상, 기분 상태 변화, 기억력 문제, 설명되지 않는 상해, 정신활성 물질 냄새 등과 같은 관찰 가능한 특징을 포함한다. 약속 이행 어려움, 고용 문제, 재정 문제 또는 법적 문제, 가족이나 친구와의 갈등, 여가 활동에서의 변화, 귀중품 분실 등을 포함한 행동 문제는 중독 문제가 있음을 나타내는 지표다. 물질 남용이 의심될 경우 상담자는 물질 사용 이력, 가족력, 생활양식, 직업력, 법적 문제, 건강 문제 등에 관해 질문해야 한다.

## 2) 의학적 검사

물질 남용 내담자와의 임상 면담 외에도, 혈액 분석을 활용한 의료 검사로도 최근의 물질 사용 징후를 포착할 수 있다. 또 다른 실험실(laboratory) 검사에는 체내 알코올 및 다른 약물 잔존 여부를 알려 주는 소변 검사나 직전 24시간 내에 알코올 사용 여부를 검출할 수 있는 호흡 분석 등이 있다. 물질 남용에 따른 이차적 신체 증상에는 위장 장애, 고혈압, 심장병, 간 질환, 신경학적 변화 등 다양한 의학적 질환이 포함된다(Falvo, 1999).

## 3) 일반적 심리 측정 도구

### (1) 물질 남용 선별 검사 질문지

물질 남용 선별 검사 질문지(Substance Abuse Subtle Screening Inventory: SASSI)는 일반적인 물질 남용 문제를 식별하는 검사 도구로(Benshoff & Janikowski, 1999), 반응 편파 감소와 허위 반응 방지를 목적으로 개발되었다(Miller, 1985). SASSI는 물질 남용 관련 모호 문항 검사지와 알코올 및 기타 약물에 대한 표면 타당도 검사(face calid Items)로 이루어져 있다. SASSI 모호 문항 검사지는 물질 사용이나 남용과 무관한 67개의 진위형(true or false) 문항으로 구성되어 있다. FVI는 화학물질 사용에 관해 직접 질문하는 4점 척도로 평가되는 12개의 알코올 관련 항목과 14개의 기타 약물 관련 항목을 포함한다(예: "당신이 의도했던 것보다 더 자주 술을 마셨습니까?"). 점수는 모든 항목의 응답을 합한 것으로, 점수가 높을수록 약물이나 알코올 사용 범위가 넓음을 의미한다. 이 도구는 청소년뿐 아니라, 성인 남녀를 위한 규준을 확립하였다(Cardoso et al., 2009).

### (2) 미시간 알코올 중독 선별 검사

미시간 알코올 중독 선별 검사(Michigan Alcoholism Screening Test: MAST; Selzer, 1971)는 알코올 사용 탐지에 활용되는 가장 대중적인 검사 도구 중 하나다. MAST는 알코올 의존

증과 직결된 신체 증상, 음주로 인한 부부 문제, 음주와 관련된 입원, 법적 문제, 심리적 문제 등에 초점을 맞춘 25개의 '예/아니요' 질문으로 구성되어 있다(예: "한두 잔 마시고 난 후 어려움 없이 술을 그만 마실 수 있나요?"). 각각의 문항에 '예'라고 응답할 경우 문제의 심각성에 따라 0부터 5까지의 점수를 부여한다. Ingraham, Kaplan 그리고 Chan(1992)은 절단선(cutoff) 점수가 4점 이하이면 문제 없음을, 5점에서 7점 사이이면 잠재적 문제가 있음을, 8점 이상이면 알코올 중독이 있음을 나타낸다고 제안하였다. 내적 일관성 신뢰도 추정치는 .83~.95 사이인 것으로 밝혀졌다(Hedlund & Vieweg, 1984).

### (3) CAGE 자기 보고 선별 검사

CAGE 설문지 역시 알코올 사용 평가와 해석에 자주 사용되는 평가 도구다(Ewing & Rouse, 1970). CAGE 설문지는 매우 간단한 자기 보고식 선별 검사로, 알코올 사용에 관해 내담자에게 묻는 네 가지 질문에서 그 이름을 따왔다. "음주량을 줄여야겠다고 느낀 적이 있나요?" "선생님의 음주에 관해 불만을 품은 사람들이 짜증을 낸다고 느낀 적이 있나요?" "스스로의 음주벽에 관해 죄책감을 느낀 적이 있나요?" "아침마다 몸 떨림을 완화하기 위해 해장술(eye-opener)을 마신 적이 있나요?" 이들 네 가지 질문 중 두 개 이상의 문항에 긍정적으로 응답하는 사람은 잠재적인 음주 문제가 있는 것으로 간주된다. 2점 이상의 절단선 점수는 알코올 중독 진단을 받은 집단의 75%를 정확히 식별하는 것으로 밝혀졌다(Mayfield, McLeod, & Hall, 1974). 내적 일관성 신뢰도 추정치는 .65~.89 사이인 것으로 밝혀졌다(Mayfield et al., 1974).

## 4) 변화 준비도에 초점을 둔 심리 측정 도구

### (1) 변화 준비도와 치료 의욕 단계 척도

변화 준비도와 치료 의욕 단계 척도(Stage of Change Readiness and Treating Eagerness Scale: SOCRATES)는 물질 남용 문제가 있는 내담자의 변화 의향이나 준비도 평가를 목적으로 개발되었다(Miller & Tonigan, 1996). SOCRATES 자기 보고식 설문지는 음주 측정용과 약물 사용 측정용 등 두 가지 유형이 있다. 두 가지 유형 모두 변화 준비에 관한 19개의 문항을 포함하는 3개의 하위 척도로 이루어져 있다. 이들 하위 척도는 인식(예: "저는 정말로 제 음주 습관을 바꿔 보고 싶어요."), 양가감정(예: "때로는 제가 알코올 중독자인지 궁금해요."), 진전(예: "저는 이미 제 음주 습관에 변화를 주기 시작했어요.")이다. 각 문항은 5점 만점 척도로 채점되며, 문항 점수의 합을 통해 세 개의 하위 척도 점수를 결정한다. 3개의 하위 척도에 대한 내적 일관성 신뢰도 추정치는 .60~.96 사이인 것으로 밝혀졌다(Miller & Tonigan, 1996).

### (2) 물질 남용 변화 단계 척도

물질 남용 변화 단계 척도(Stages of Change Scale-Substance Abuse: SCS-SA)는 물질 남용 문제를 가진 사람들을 위한 변화 단계 과정의 조작적 정의를 목적으로 개발되었다(Cardoso et al., 2003). SCS-SA는 37개의 문항을 포함하는 4개의 하위 척도로 이루어져 있으며, 채점에는 5점 척도가 사용된다. 이들 하위 척도는, ① 전숙고(예: "다소간의 음주 또는 다른 약물 사용 문제가 있을지 모르지만, 그것들을 변화시킬 이유는 없다."), ② 결정(예: "다른 사람들이 어떻게 음주나 약물 사용 문제로부터 자유로운 상태를 유지하는지에 관해 논의하는 것을 들으며 제 문제를 바꿀 준비를 하고 있습니다."), ③ 참여(예: "저는 오랫동안 저를 괴롭혀 온 알코올과 다른 물질 남용 문제 해결을 위해 노력하고 있습니다."), ④ 재발(예: "저는 저의 알코올이나 다른 약물 문제에 관해 변화를 주기 시작했지만, 최근 들어 다시 약물을 사용하기 시작했습니다.")이다. 각 하위 척도 점수 결정에는 문항 점수 합산값이 사용된다. 4개의 하위 척도에 대한 내적 일관성 신뢰도 추정치는 .73~.93 사이인 것으로 밝혀졌다(Cardoso et al., 2003).

### (3) 물질 남용 문제를 가진 사람을 위한 과제별 자기 효능감 척도

물질 남용 문제를 가진 사람을 위한 과제별 자기 효능감 검사 척도(Task-Specific Self-Efficacy Scale for People with Substance Abuse Problems: TSSES-SA)는 정신장애인을 위한 작업별 자기 효능감 검사 척도(Task-Specific Self-Efficacy Scale for People with Mental Illness: TSSE-PMI; Chou, Cardoso, Chan, Tsang, & Wu, 2007)의 내용 중 일부를 개량한 것으로, 물질 남용 문제를 가진 사람들을 위한 작업별 자기 효능감 조작을 주된 목적으로 한다. Prochaska와 DiClemente(1982)는 변화 단계에 따라 유의미한 작업별 대처 능력이 달라진다고 지적하였다. TSSES-SA는 23개 문항을 포함하는 3개의 하위 척도로 구성되어 있다. 이들 하위 척도는 다음과 같다. ① 직업 관련 기술 척도로, 이는 고용 획득과 유지에 필요한 기술과 행동을 측정하는 8개 항목을 포함한다(예: "취업 면접 능력이 있다."), ② 도움 구하기 기술 척도로, 이는 일상생활에 어려움을 겪을 때 도움을 구할 능력을 측정하는 9개 항목을 포함한다(예: "슬플 때나 생각이 분명하지 않을 때 도움을 요청할 수 있다."), ③ 위험 방지 기술 척도로, 음주 및 기타 물질 남용으로 이어지는 고위험 상황 회피 능력을 측정하는 6개

항목을 포함한다(예: "기분을 상하게 하는 상황을 피할 수 있다."). 각 항목은 6점 척도로 평가되며, 각 하위 척도 평가에는 문항 점수 합산값을 활용한다. 4개의 하위 척도에 대한 내적 일관성 신뢰도 추정치는 .86~.92 사이인 것으로 밝혀졌다(Chou et al., 2007).

## 5. 물질 남용 치료 프로그램 유형

물질 사용 장애 치료는 고도로 구조화된 입원 치료 프로그램부터 단주 동맹(Alcoholics Anonymous: AA)과 같은 자조 치료 집단에 이르기까지 환경과 개입 강도 면에서 다양한 형태를 띠고 있다. 재활상담사를 비롯한 재활 전문가는 서비스 이용자 및 관련 당사자들(예: 마약 재판소)과의 협력을 통해 이용자가 처한 상황을 고려하여 가장 적절한 치료 환경을 결정해야 한다.

### 1) 장기 거주 치료 프로그램

장기 거주 치료 프로그램은 병원이 아닌 환경에서 전일제(24/7) 돌봄 서비스를 제공한다(NIDA, 2009). 이들은 주로 치료 기간이 6개월에서 12개월에 이르는 치료 공동체다. 이들 공동체는 약물 사용에 관한 거주자의 태도와 행동 변화를 목적으로 하는 구조화 혹은 비구조화된 치료 프로그램을 제공한다(NIDA, 2002). 공동체는 거주자, 재활 전문가, 그 밖의 공동체 구성원 모두를 치료의 능동적 구성요소로 간주하는 변화 주체(primary agent)로 인식된다. 치료 공동체의 철학은 내담자 책임, 행동 기술 훈련, 역할 모델링, 공동체 구축 등을 강조하는 약물 사용 예방에 관한 사회적 학습 접근에 기반한다(Wexler, Magura, Beardsley, & Josepher, 1994). 이 같은 프로그램에 사용되는 기술 훈련은 사회적 불안 대처, 분노 관리, 고용 훈련, 기타 건강한 생활방식 학습 등에 주안점을 둔다(Egelko & Galanter, 1993). 치료 공동체는 장애인, 여성, 범죄자 등의 편의에 대응할 수 있도록 수정이 가능하다(NIDA, 2002).

### 2) 단기 거주 치료 프로그램

단기 거주 프로그램은 간병과 의사의 감독을 받는 의료 센터 내에서 짧지만 집중적인 치료를 제공한다. 치료 프로그램은 물질 사용을 방지하고 재발을 일으킬 수 있는 다양한 상황적 요인으로부터 내담자를 분리하기 위해 입원 환경에서 수행된다. 치료 기간은 통상 28일이지만, 환자의 욕구에 따라 입원 기간은 달라질 수 있다. 이러한 유형의 프로그램은 집단에 기반한 집중적 치료로 간주되며, 대개의 경우 AA의 12단계 회복 오리엔테이션을 따른다(Budziack, 1993). 하루하루의 치료는 모두 사전에 결정된 일단의 집단 활동으로 이루어져 있으며, 고도로 구조화되고 프로그래밍되어 있다. 단기 치료를 마친 사람들에게는 재발 방지를 위해 하프웨이 하우스 입소, 외래 환자 치료, 다른 사후 치료 프로그램 참여 등이 권장된다.

### 3) 하프웨이 하우스

하프웨이 하우스는(halfway houses) 회복 과정에 있는 사람들을 대상으로 하는 과도기적 공동 생활 환경이다. 하프웨이 하우스는 정기적인 모니터링을 통한 이용자의 지역사회로의 재통합을 목표로 설계되었으며, 회복을 위한 구체적인 전제조건을 필요로 한다. 하프웨이 하우스는 입원 치료, 수감 생활, 노숙 상태 등에서 벗어났거나 법원의 명령을 받은 사람들이 주로 이용한다. 하프웨이 하우스는 고도로 구조화된 프로그램 또는 최소로 구조화된 프로그램 모두를 포함할 수 있다(Pekarik & Zimmer, 1992). 하프웨이 하우스 프로그램은 종종 약물 선별 검사를 요구하는데, 이는 대다수의 하프웨이 하우스가 금단 증상 치료 제공에 필요한 장비를 갖추고 있지 못하기 때문이다.

### 4) 외래 환자 치료 프로그램

외래 환자 프로그램은 치료 서비스 강도와 빈도에 따라 상당한 차이를 보인다(NIDA, 2009). 저강도 프로그램은 단지 약물 교육만을 제공한다. 이에 반해, 집중적 외래 환자 치료 프로그램은 일반적으로 여러 주에 걸쳐 주중 대부분 매일 여러 시간을 필요로 하는 치료 활동을 포함한다. 이들 집중적 외래 환자 프로그램은 대개 입원 프로그램에서 시행하는 집단 치료 스케줄 축약 버전을 사용한다. 집중적 외래 환자 프로그램은 입원 프로그램에 비해 비용이 저렴하고, 치료 프로그램 참여자들에 대한 간섭과 낙인이 덜한 편이다. 집중적 프로그램은 대개 개인의 참여를 강제하기 위해 법원의 명령, 고용주의 지시, 가족을 통한 압박 등에 의존하며, 다수의 프로그램은 치료 제공 조건으로 매일 약물 검사를 요구한다.

## 5) 자조 집단

자조 집단은 종종 공식적 물질 남용 치료의 보조적 수단으로 인정된다. 최초의 자조 집단은 1950년대에 AA에 의해 설립되었다. AA의 주된 목적은 알코올 중독자들이 음주하지 않는 상태를 달성·유지하도록 돕는 것이다(Doweiko, 2002). AA 모임은 12단계로 구성된 회복 원칙을 따른다. 12단계 자조 프로그램은 질병 모델의 영향을 강하게 받았는데, 이들 프로그램은 물질 남용 장애인들은 본격적인 치료를 진행하기에 앞서 스스로가 중독에 무력하다는 사실을 인정해야 한다는 신념에 기반하고 있다(Doweiko, 2002). 프로그램 참여자들은 첫 번째 단계를 완료한 후 열두 번째 단계에 도달할 때까지 하나하나의 단계를 진행한다. 열두 번째 단계에 도달한 사람은 각각의 단계를 거치는 과정에서 얻게 된 영적인 각성을 인식하고, 자신이 얻은 메시지를 다른 집단 구성원들과 공유한다. AA의 성공은 마약 중독자 모임, 코카인 중독자 모임, 합리적 회복(Rational Recovery) 모임 등 12단계 원칙에 기반한 다른 자조 집단의 출현을 촉진하였다.

## 6) 가족 지원 프로그램

물질 사용 장애인 내담자의 가족을 돕고자 하는 재활 전문가는 직접 가족 서비스를 제공하거나 가족 지원 및 교육 서비스를 제공하는 알코올 중독자 구제회(Al-Anon) 또는 기타 물질 남용 가족 모임 등에 의뢰하는 것이 바람직하다. 가족 대상 프로그램은 중독된 가족 구성원의 지원 행동을 촉진하기 위해 다른 구성원들이 가족 문제와 강점을 명확히 밝히도록 도울 수 있다. 가족치료는, ① 가족 문제 파악하기, ② 의견/생각과 사실 분리하기, ③ 중독 관련 사실 파악하기, ④ 이러한 사실과 관련된 감정 확인하기, ⑤ 가족의 강점 파악하기 등 5단계 과정으로 개념화할 수 있다(Schlesinger & Horberg, 1993). 가족 회의는 집단 과정을 통해 상호 이해와 지지 수단을 제공할 수 있다.

## 6. 장애 및 물질 사용 장애 관련 이슈

앞에서 지적한 바와 같이, 장애인의 물질 사용 장애 발생률은 비장애인에 비해 높은 편이며, 장애 발생만으로도 물질 사용 장애 획득 위험을 크게 높이는 것으로 나타났다

(Brucker, 2007). 장애인의 물질 남용 가능성이 높은 이유는 장애라는 낙인(꼬리표)으로 인한 일상생활에의 어려움에서부터 가용한 물질 남용 치료 서비스 부족에 이르기까지 매우 다양하다(Greer, 1986; Moore, 2001; Ogbon & Smart, 1995; Rehabilitation Research and Training Center on Drugs and Disability: RRTCDD, 1996). 여러 연구에 따르면, 장애와 물질 사용 장애를 동반한 사람은 고용, 교육, 사회적 기능 등에서 보다 심각한 문제를 경험한다고 한다(예: Corrigan, 1995; Hollar, McAweeney, & Moore, 2008). 여러 유형의 장애 중 정신장애, 뇌 손상, 척추장애 등 세 가지 유형이 가장 높은 물질 남용 출현율을 보이는 것으로 나타났다.

다수의 장애 관련 연구가 정신장애와 물질 사용 장애와의 관계에 관심을 집중해 왔다 (Brucker, 2007). 연구에 따르면, 정신장애인 중 약 40%가 물질 사용 장애를 동반하는 것으로 나타났다(Chronister et al., 2008). 이들 '이중 진단'을 받은 사람들에 대한 관심 증가는 또한 이 집단의 특정 요구 해결을 목적으로 하는 다수의 지원 서비스 프로그램 개발로 이어졌다(Slayter, 2010). 불행하게도, 약물 중독이 정신과적 증상이나 약물 부작용(예: 언어장애, 비틀거리는 걸음걸이, 진전 등)과 유사할 수 있다는 점으로 인해, 심각한 정신장애인들로부터 물질 남용 문제를 발견하는 데는 적지 않은 어려움이 따른다(RRTCDD, 1996). 심각하고 지속적인 정신장애는 또한 만성적 성질(chronicity)이나 빈번한 재발 등과 같이 물질 사용 장애와 다수의 드러나지 않은 특징을 공유한다. 따라서 이중 진단을 받은 사람은 단일 장애 진단을 받은 사람에 비해 치료가 더 어려운 것으로 간주된다(Kelley & Benshoff, 1997). 이중 진단을 받은 내담자를 위한 최선의 치료 접근은 정신장애와 물질 남용 증상 모두를 아우르는 상담, 정신약물 활용 교육, 직업 지원, 심리사회적 개입 등을 병용하는 것이다.

다수의 메타 분석 연구가 정신장애와 물질 사용 장애를 동반한 사람의 치료를 다루었다. Dumaine(2003)은 이중 진단을 받은 사람의 치료에 사용되는 개입을 다룬 15편의 연구를 대상으로 메타 분석을 실시하였다. 연구 결과, 실무자 훈련과 치료 성과($r=.37$), 실무자 대 내담자 비율($r=.10$), 치료의 제한성($r=-.23$), 치료 기간($r=.35$) 사이에는 통계적으로 유의한 관계가 없는 것으로 나타났다. 그 결과, 전반적인 평균 효과 크기는 매우 낮았다($r=.22$, 최소 효과 크기 $r=.00$에서 최대 $r=.50$). 비전문 외래 환자 정신 교육 집단에 대한 집중 사례 관리 프로그램이 가장 큰 효과 크기($r=.35$)를 보였다. 다음으로 큰 효과 크기를 나타낸 것은 전문 외래 환자 정신교육 집단 대상 표준 사후 관리 프로그램이었다($r=.25$). 한편, 입원 환자 치료 프로그램은 가장 낮은 효과 크기를 보였다($r=.13$). 종합하면, 외래환자 치료 프로그램, 특히 집중적인 사례 관리 프로그램이 긍정적인 내담자 치료 효과와 가장 큰 관계가 있는 것으로 나타났다.

뇌손상 환자의 물질 남용 문제 발생 비율 또한 25%에서 50%로 높은 것으로 알려져 있다(Chan et al., 1995). 대부분의 경우, 물질 남용은 상해(injuries)보다 선행하며, 외상성 뇌손상 사례 중 약 60%가 취중 또는 약물 복용 후 발생한다(Corrigan, 1995; Radnitz & Tirch, 1995). 이 같은 내담자들은 종종 치료와 직업재활 과정에서 커다란 어려움을 경험한다. 과거의 물질 남용 문제(병력)만으로도 미래 삶의 만족도와 생산성 결과와 부정적인 관련성이 있다(Bogner, Corrigan, Mysiw, Clinchot, & Fugate, 2001). Chan 등(1995)은 잠재적인 문제 파악을 위해 치료를 시작하기에 앞서 내담자의 물질 남용 이력을 평가할 것을 권고하였다. 물질 남용 전력이 있는 사람들에게 있어 약물 치료 서비스는 뇌 재활 프로그램과의 통합을 통해 성공의 최적화를 도모해야 한다. 특히 구조화된 행동 개입은 작업과 전략의 손쉬운 학습을 가능케 한다는 점에서 물질 사용 문제 치료에 활용 가능하다. 동기 강화 및 대처 기술 훈련 또한 뇌손상과 물질 사용 장애를 동반한 사람의 재활 성과를 향상시킬 수 있다(Langley, 1991). 또한 가족 및 내담자 지원 집단은 보조적 치료 수단으로서 제공될 수 있다.

척추장애인 내담자들 또한 상해 발생 이전에 물질 사용 장애를 경험하는 사례가 잦은데, 출현율은 대략 25%에서 75% 정도로 추정된다(Corrigan, 1995; Heinemann, 1986; Heinemann, Doll, & Schnoll, 1989; West, Graham, & Cifu, 2009). Heinemann과 동료들(1989)은 척추장애인을 위한 효과적 물질 남용 치료 프로그램에는 평가, 상해 후 교육, 대처 기술 훈련이 포함되어야 한다고 제안하였다. 재활 서비스 제공자들은 또한 과거 행동이 미래의 생활 패턴과 습관을 예측할 수 있다는 점을 고려하여 내담자의 상해 전 물질 사용과 과거 사회활동을 살펴보아야 한다. 척추장애인과 다른 이동 장애를 가진 많은 사람은 처방약 복용을 요하는 2차 건강 상태(예: 척추 경련)를 동반하기도 한다. 재활팀은 내담자에게 처방약과 물질을 함께 복용할 경우 치료 효과(예: 저하된 간질 역치)를 저해할 수 있으며, 잠재적으로 부정적 결과를 초래할 수 있다는 사실을 알려야 한다.

장애와 물질 남용 간의 높은 동반 가능성에도 불구하고, 장애인들은 물질 남용 치료 시스템 접근에 지속적인 어려움을 겪고 있다(Benshoff & Janikowski, 1999; Moore & Li, 1994). 이는 장애인을 염두에 두고 설계된 물질 남용 치료 프로그램이 소수에 불과하기 때문이다(Tyas & Rush, 1993). 그 결과, 장애인들은 물질 남용 치료 서비스 이용을 거부당하거나 프로그램적·구조적·행정적 장벽을 경험하는 빈도가 높은 것으로 보고되고 있다(Sales, 2000). 미국의 431개 물질 남용 치료 시설에서 추출한 전국적 표본을 사용한 연구에 따르면, 이들 시설의 서비스 이용자들 중 5%만이 장애인인 것으로 나타났다(West, Graham, & Cifu, 2009). 따라서 재활 전문가들은 장애인 이용자들에게 효과적인 물질 남용 치료를 저해하는 장벽을 제거하고 대처할 수 있도록 적절한 도움을 제공해야 한다.

Ebener와 Smedema(2011)는 물질 사용 장애로부터의 회복과 장애 적응에 대한 이해를 돕는 이론적 체계를 제안하였다. Ebener와 Smedema(2011)는 물질 남용으로부터의 회복과 장애 적응 사이의 관계는 복잡하고 제대로 이해되지 않았다고 주장하였다. 그러나 회복과 장애 적응 수준은 둘 다 연속선상에 있으며, 양자 모두에 대한 상담의 전체적 목표는 전반적인 삶의 질 향상이다. 건강 상태, 삶에 대한 만족, 영성, 지역사회 참여 등과 같은 공통 변수는 삶의 질, 장애 적응, 회복과 관련된 변수라는 것이다(Betty Ford Institute Consensus Panel, 2007; Bishop, 2005; Livneh, 2001). 이들 요인은 재활 전문가들이 장애 적응과 회복 사이의 복잡한 관계를 탐구할 수 있는 출발점을 제시한다.

## 7. 맺음말

재활상담사와 그 밖의 재활 전문가들은 그들이 서비스를 제공하는 장애인 이용자들의 물질 사용 장애 관련 문제를 인지해야 한다. 장애인의 물질 사용 문제 경험 비율은 비장애인에 비해 훨씬 높다(SAMHSA, 2002). 따라서 재활 전문가들은 장애 적응과 물질 사용 문제 둘 다를 호소하는 내담자를 접하게 될 확률이 매우 높다. 상담사는 물질 사용 장애를 가진 이용자에게 증거 기반 평가와 치료 제공에 필요한 지식과 전문적 능력을 갖추어야 한다. 이러한 능력을 보유할 때 상담사는 내담자가 술 또는 물질에 취하지 않은 맑은 정신 유지라는 목표를 달성하고 전반적인 삶의 질에 긍정적 영향을 미치도록 도울 수 있다.

## 집단 토의 과제

1. 물질 사용 장애와 관련하여 DSM-5의 변경된 기준에 관해 어떻게 생각하는가? 변경 사항이 적절하다고 생각하는가? 당신은 이전 분류 체계를 선호하는가? 그렇다면 이유는 무엇인가?

2. 당신이 물질 사용 장애가 있는 이용자를 치료한다면 어떤 개념적 모델을 적용할 것인가? 당신이 특정 모델을 택하게 된 이유는 무엇인가?

3. 장애 적응과 물질 사용 문제를 동시에 해결함에 있어 가장 효과적인 상담 기법은 무엇이라고 생각하는가?

4. 장애인들에게 있어 물질 남용 문제가 유독 중요하게 취급되는 독특한 특성은 무엇인가?

5. 이 장에서 논의된 물질 남용 평가 기법을 장애인에게 적용할 때 고려해야 할 사항은 무엇이라고 생각하는가?

## 참고문헌

American Psychiatric Association (APA). (1994). *Diagnostic and statistical manual of mental disorders* (4th ed.). Washington, DC: Author.

American Psychiatric Association (APA). (2013). *Highlights of changes from DSM-IV-TR to DSM-5*. Arlington, VA: Author. Retrieved from http://www.psychiatry.org/File%20Library/Practice/DSM/DSM-5/Changes-from-DSM-IV-TR--to-DSM-5.pdf

Babor, T. F. (1993). Megatrends and dead ends: Alcohol research in global perspective. *Alcohol Health & Research World, 17*(3), 177-186.

Bandura, A. (1977). Self-efficacy: Toward a unifying theory of behavior change. *Psychological Review, 84*, 191-215.

Benshoff, J. J., & Janikowski, T. P. (1999). *The rehabilitation model of substance abuse counseling*. Pacific Grove, CA: Wadsworth.

Betty Ford Institute Consensus Panel. (2007). What is recovery? A working definition from the Betty Ford Institute. *Journal of Substance Abuse Treatment, 33*, 221-228.

Bishop, M. (2005). Quality of life and psychosocial adaptation to chronic illness and disability: Preliminary analysis of a conceptual and theoretical synthesis. *Rehabilitation Counseling Bulletin, 48*, 219-231.

Bogner, J. A., Corrigan, J. D., Mysiw, W. J., Clinchot, D., & Fugate, L. (2001). A comparison of substance abuse and violence in the prediction of long-term rehabilitation outcomes after traumatic brain injury. *Archives of Physical Medicine and Rehabilitation*, *82*, 571-577.

Brownell, K. D., Marlatt, G. A., Lichtenstein, E., & Wilson, G. T. (1986). Understanding and preventing relapse. *American Psychologist*, *41*, 765-782.

Brucker, D. (2007). Estimating the prevalence of substance use, abuse, and dependence among Social Security disability benefit recipients. *Journal of Disability Policy Studies*, *18*, 148-159.

Budziack, T. J. (1993). Evaluating treatment services. In A. W. Heinemann (Ed.), *Substance abuse and physical disability* (pp. 239-255). Binghamton, NY: Haworth.

Burke, B. L., Arkowitz, H., & Menchola, M. (2003). The efficacy of motivational interviewing: A meta-analysis of controlled clinical trials. *Journal of Consulting and Clinical Psychology*, *71*, 843-860.

Cardoso, E., Chan, F., Berven, N. L., & Thomas, K. R. (2003). Readiness for change among patients with substance abuse problems in therapeutic community settings. *Rehabilitation Counseling Bulletin, 47*, 34-43.

Cardoso, E., Wolf, A. W., & West, S. L. (2009). Substance abuse: Models, assessment, and interventions. In F. Chan, E. D. Cardoso, & J. A. Chronister (Eds.), *Understanding psychosocial adjustment to chronic illness and disability: A handbook for evidence-based practitioners in rehabilitation* (pp. 399-442). New York, NY: Springer Publishing Company.

Chan, F., Cunningham, J., Kwok, L., Dunlap, L., Kobayashi, R., & Tanquery, M. (1995). *Solving the vocational assessment puzzle: Pieces to meet the challenge with people having traumatic brain injury* [Computer software]. Chicago, IL: Rehabilitation Institute of Chicago.

Chiauzzi, E. J. (1991). *Preventing relapse in the addictions. A biopsychosocial approach.* New York, NY: Pergamon.

Chou, C. C., Cardoso, E. D. S., Chan, F., Tsang, H. W., & Wu, M. (2007). Development and psychometric validation of the task-specific self-efficacy scale for Chinese people with mental illness. *International Journal of Rehabilitation Research*, *30*, 261-271.

Chronister, J., Chou, C. C., da Silva Cardoso, E., Sasson, J., Chan, F., & Tan, S. Y. (2008). Vocational services as intervention for substance abuse rehabilitation: Implications for addiction studies education. *Journal of Teaching in the Addictions*, *7*, 31-56.

Clarke, P. B., & Myers, J. E. (2012). Developmental counseling and therapy: A promising intervention for preventing relapse with substance-abusing clients. *Journal of Mental Health Counseling*, *34*, 308-321.

Cohen, E., Feinn, R., Arias, A., & Kranzler, H. R. (2007). Alcohol treatment utilization: Findings from the National Epidemiologic Survey on Alcohol and Related Conditions. *Drug and Alcohol Dependence*, *86*, 214-221.

Conger, J. J. (1956). Alcoholism: Theory, problem, and challenge. Reinforcement theory and the dynamics of alcoholism. *Quarterly Journal of Studies on Alcohol, 13*, 296-305.

Corrigan, J. D. (1995). Substance abuse as a mediating factor in outcome from traumatic brain injury. *Archives of Physical Medicine and Rehabilitation, 76*, 302-309.

Del Re, A. C., Maisel, N., Blodgett, J., & Finney, J. (2013). The declining efficacy of naltrexone pharmacotherapy for alcohol use disorders over time: A multivariate meta-analysis. *Alcoholism: Clinical and Experimental Research, 6*, 1064-1068.

DiClemente, C. C. (1991). Motivational interviewing and stages of change. In W. R. Miller & S. Rollnick (Eds.), *Motivational interviewing: Preparing people for change* (pp. 191-202). New York, NY: Guilford.

DiClemente, C. C., & Prochaska, J. O. (1982). Self-change and therapy change of smoking behavior: A comparison of processes of change in cessation and maintenance. *Addictive Behaviors, 7*, 133-142.

Donovan, D. M., & Marlatt, G. A. (Eds.). (1988). *Assessment of addictive behaviors.* New York, NY: Guilford.

Doweiko, H. E. (2002). *Concepts of chemical dependency* (5th ed.). Pacific Grove, CA: Brooks/Cole.

Drake, R. E., & Noordsy, D. L. (1994). Case management for people with coexisting severe mental disorder and substance use disorder. *Psychiatric Annals, 24*, 427-431.

Dumaine, M. L. (2003). Meta-analysis of interventions with co-occurring disorders of severe mental illness and substance abuse: Implications for social work practice. *Research on Social Work Practice, 13*, 142-165.

Dutra, L., Stathopoulou, G., Basden, S., Leyro, T., Powers, M., & Otto, M. (2008). A meta-analytic review of psychosocial interventions for substance use disorders. *American Journal of Psychiatry, 165*, 179-187.

Ebener, D. J., & Smedema, S. M. (2011). Physical disability and substance use disorders: A convergence of adaptation and recovery. *Rehabilitation Counseling Bulletin, 54*, 131-141.

Egelko, S., & Galanter, M. (1993). Introducing cognitive-behavioral training into a self-help drug treatment program. *Psychotherapy, 30*, 214-221.

Ewing, J. A., & Rouse, B. A. (1970, February). Identifying the hidden alcoholic. In *29th International Congress on Alcohol and Drug Dependence* (Vol. 3), Sydney, Australia.

Falvo, D. (1999). *Medical and psychosocial aspects of chronic illness and disability* (2nd ed.). Gaithersburg, MD: Aspen.

Fingarette, H. (1991). Alcoholism: The mythical disease. In D. J. Pittman & H. R. White (Eds.),

*Society, culture, and drinking patterns reexamined. Alcohol, Culture, and Social Control Monograph Series* (pp. 417-438). New Brunswick, NJ: Rutgers Center on Alcohol Studies.

Gonzales, R., & Weiss, F. (1998). Suppression of ethanol-reinforced behavior by naltrexone is associated with attenuation of the ethanol-induced increase in dialysate dopamine levels in the nucleus accumbens. *Journal of Neurosciences, 18*, 1663-1671.

Greer, B. G. (1986). Substance abuse among people with disabilities: A problem of too much accessibility. *Journal of Rehabilitation, 52*, 34-38.

Hedlund, J. L., & Vieweg, B. W. (1984). The Michigan Alcoholism Screening Test (MAST): A comprehensive review. *Journal of Operational Psychiatry, 15*, 55-64.

Heinemann, A. W. (1986). Substance abuse and disability: An update. *Rehabilitation Report, 2*(6&7), 3-5.

Heinemann, A. W., Doll, M., & Schnoll, S. (1989). Treatment of alcohol abuse in persons with recent spinal cord injuries. *Alcohol Health and Research World, 13*, 110-117.

Hettema, J., Steele, J., & Miller, W. R. (2005). Motivational interviewing. *Annual Review of Clinical Psychology, 1*, 91-111.

Higgins, S. T., Heil, S. H., & Lussier, J. P. (2004). Clinical implications of reinforcement as a determinant of substance use disorders. *Annual Review of Psychology, 55*, 431-461.

Hollar, D., McAweeney, M. J., & Moore, D. (2008). The relationship between substance use disorders and unsuccessful case closures in vocational rehabilitation agencies. *Special Issue: Vocational Rehabilitation & Substance Use Disorders, 39*(2), 25-29.

Ingraham, K., Kaplan, S., & Chan, F. (1992). Rehabilitation counselors' awareness of client alcohol abuse patterns. *Journal of Applied Rehabilitation Counseling, 23*, 18-22.

Irvin, J. E., Bowers, C. A., Dunn, M. E., & Wang, M. C. (1999). Efficacy of relapse prevention: A meta-analytic review. *Journal of Consulting and Clinical Psychology, 67*, 563-570.

Jacobson, N. S., & Christensen, A. (1996). Studying the effectiveness of psychotherapy: How well can clinical trials do the job? *American Psychologist, 51*, 1031-1039.

Johnson, V. E. (1980). *I'll quit tomorrow.* San Francisco, CA: Harper & Row.

Jorgensen, C. H., Pedersen, B., & Tonnesen, H. (2011). The efficacy of disulfiram for the treatment of alcohol use disorder. *Alcoholism: Clinical and Experimental Research, 35*, 1749-1758.

Kathiramalainathan, K., Kaplan, H., Romach, M., Busto, U., Li, N., Sawe, J, ... Sellers, E. (2000). Inhibition of cytochrome P450 2D6 modifies codeine abuse liability. *Journal of Clinical Psychopharmacology, 20*, 435-444.

Kelley, S. D. M., & Benshoff, J. J. (1997). Dual diagnosis of mental illness and substance abuse: Contemporary challenges for rehabilitation. *Journal of Applied Rehabilitation Counseling, 28*,

43-50.

Laaksonen, E., Koski-Jännes, A., Salaspuro, M., Ahtinen, H., & Alho, H. (2008). A randomized, multicentre, open-label, comparative trial of disulfiram, naltrexone and acamprosate in the treatment of alcohol dependence. *Alcohol and Alcoholism, 43*, 53-61.

Lam, C. S., Hilburger, J., Kornbleuth, M., Jenkins, J., Brown, D., & Racenstein, J. M. (1996). A treatment matching model for substance abuse rehabilitation clients. *Rehabilitation Counseling Bulletin, 39*, 202-216.

Langley, M. J. (1991). Preventing post-injury alcohol-related problems: A behavioral approach. In B. T. McMahon & L. R. Shaw (Eds.), *Work worth doing: Advances in brain injury rehabilitation* (pp. 251-275). Orlando, FL: Deutsch.

Lappalainen, J., Kranzler, H. R., Malison, R., Price, L. H., Van Dyck, C., Rosenheck, R. A., ... Gelernter, J. (2002). A functional neuropeptide Y Leu7Pro polymorphism associated with alcohol dependence in a large population sample from the United States. *Archives of General Psychiatry, 59*, 825-831.

Larimer, M. E., Palmer, R. S., & Marlatt, G. A. (1999). Relapse prevention: An overview of Marlatt's cognitive-behavioral model. *Alcohol Research and Health, 23*, 151-160.

Livneh, H. (2001). Psychosocial adaptation to chronic illness and disability: A conceptual framework. *Rehabilitation Counseling Bulletin, 44*, 151-160.

Lundahl, B. W., Kunz, C., Brownell, C., Tollefson, D., & Burke, B. L. (2010). A meta-analysis of motivational interviewing: Twenty-five years of empirical studies. *Research on Social Work Practice, 20*, 137-160.

Lynch, R. T., & Chiu, C. Y. (2009). Wellness and promotion of health in chronic illness and disability: Theoretical and practical models for assessment and intervention. In F. Chan, E. D. Cardoso, & J. A. Chronister (Eds.). *Understanding psychosocial adjustment to chronic illness and disability: A handbook for evidence-based practitioners in rehabilitation* (pp. 277-306). New York, NY: Springer Publishing Company.

Magill, M., & Ray, L. A. (2009). Cognitive-behavioral treatment with adult alcohol and illicit drug users: A meta-analysis of randomized controlled trials. *Journal of Studies on Alcohol and Drugs, 70*, 516-527.

Maisel, N. C., Blodgett, J. C., Wilbourne, P. L., Humphreys, K., & Finney, J. W. (2013). Meta-analysis of naltrexone and acamprosate for treating alcohol use disorders: When are these medications most helpful? *Addiction, 108*, 275-293.

Mann, K., Kiefer, F., Spanagel, R., & Littleton, J. (2008). Acamprosate: Recent findings and future research directions. *Alcoholism: Clinical and Experimental Research, 32*, 1105-1110.

Mann, K., Lehert, P., & Morgan, M. Y. (2004). The efficacy of acamprosate in the maintenance of abstinence in alcohol-dependent individuals: Results of a meta-analysis. *Alcoholism: Clinical and Experimental Research, 28,* 51-63.

Marlatt, G. A., & Gordon, J. R. (1985). *Relapse prevention.* New York, NY: Guilford.

Mason, B. J., Goodman, A. M., Chabac, S., & Lehert, P. (2006). Effect of oral acamprosate on abstinence in patients with alcohol dependence in a double-blind, placebo-controlled trial: The role of patient motivation. *Journal of Psychiatric Research, 40,* 383-393.

Mayfield, D., McLeod, G., & Hall, P. (1974). The CAGE questionnaire: Validation of a new alcoholism screening instrument. *American Journal of Psychiatry, 131,* 1121-1123.

McCabe, S. E., Cranford, J. A., & West, B. T. (2008). Trends in prescription drug abuse and dependence, co-occurrence with other substance use disorders, and treatment utilization: Results from two national surveys. *Addictive Behaviors, 33,* 1297-1305.

Milam, J. R., & Ketcham, K. (1981). *Under the influence: A guide to the myths and realities of alcoholism.* Seattle, WA: Bantam Books.

Miller, G. A. (1985). *The Substance Abuse Subtle Screening Inventory manual.* Bloomington, IN: Addiction Research & Consultation.

Miller, W. R., & Rollnick, S. (1991). *Motivational interviewing.* New York, NY: Guilford.

Miller, W. R., & Rollnick, S. (2002). *Motivational interviewing: Preparing people for change.* New York, NY: Guilford Press.

Miller, W. R., & Tonigan, J. S. (1996). Assessing drinkers' motivation for change: The Stages of Change Readiness and Treatment Eagerness Scale (SOCRATES). *Psychology of Addictive Behaviors, 10,* 81-89.

Moore, D., & Li, L. (1994). Substance use among rehabilitation consumers of vocational rehabilitation services. *Journal of Rehabilitation, 60,* 48-53.

Moore, L. L. D. (2001). Disability and illicit drug use: An application of labeling theory. *Deviant Behavior, 22,* 1-21.

National Institute on Drug Abuse (NIDA). (2002). *What is a therapeutic community?* Retrieved from http://www.drugabuse.gov/publications/research-reports/therapeutic-community/what-therapeutic-community

National Institute on Drug Abuse (NIDA). (2009). *Principles of drug addiction treatment: A research-based guide* (3rd ed., NIH Publication No. 12-4180). Retrieved from http://www.drugabuse.gov/publications/principles-drug-addiction-treatment

National Institute on Drug Abuse (NIDA). (2010). *Drugs, brains, and behavior: The science of addiction* (NIH Publication No. 10-5605). Retrieved from http://www.drugabuse.gov/

publications/science-addiction

National Institute on Drug Abuse (NIDA). (2012). *Trends & statistics.* Retrieved from http://www. drugabuse.gov/related-topics/trends-statistics#costs

Nelson, S. J. (1986). Alcohol and other drugs: Facing reality and cynicism. *Journal of Counseling and Development, 65,* 4-5.

Nestler, E. (2001). Psychogenomics: Opportunities for understanding addiction. *Journal of Neuroscience, 21,* 8324-8327.

Norcross, J. C., Krebs, P. M., & Prochaska, J. O. (2011). Stages of change. *Journal of Clinical Psychology, 67,* 143-154.

Ogborne, A. C., & Smart, R. G. (1995). People with physical disabilities admitted to a residential addiction treatment program. *American Journal of Drug and Alcohol Abuse, 21,* 137-145.

Pearson, F. S., Prendergast, M., Podus, D., Vazan, P., Greenwell, L., & Hamilton, Z. (2012). Meta-analyses of seven of NIDA's principles of drug addiction treatment. *Journal of Substance Abuse Treatment, 43,* 1-11.

Pekarik, G., & Zimmer, L. (1992). Relation of client variables to continuance in five types of alcohol treatment settings. *Addictive Behaviors, 17,* 105-115.

Prendergast, M., Podus, D., Finney, J., Greenwell, L., & Roll, J. (2006). Contingency management for treatment of substance use disorders: A meta-analysis. *Addiction, 101,* 1546-1560.

Prochaska, J. O., & DiClemente, C. C. (1982). Transtheoretical therapy: Toward a more integrative model of change. *Psychotherapy: Theory, Research and Practice, 20,* 161-173.

Prochaska, J. O., DiClemente, C. C., & Norcross, J. C. (1992). In search of how people change: Applications to addictive behaviors. *American Psychologist, 47,* 1102-1114.

Radnitz, C. L., & Tirch, D. (1995). Substance misuse in individuals with spinal cord injury. *Substance Use and Misuse, 30,* 1117-1140.

Rehabilitation Research and Training Center on Drugs and Disability (RRTCDD). (1996). *Substance abuse, disability and vocational rehabilitation.* Dayton, OH: SARDI/Wright State University/ New York University.

Rosen, T. J., & Shipley, R. H. (1983). A stage analysis of self-initiated smoking reductions. *Addictive Behaviors, 8,* 263-272.

Rosner, S., Leucht, S., Lehert, P., & Soyka, M. (2008). Acamprosate supports abstinence, naltrexone prevents excessive drinking: Evidence from a meta-analysis with unreported outcomes. *Journal of Psychopharmacology, 22,* 11-23.

Sales, A. (2000). Substance abuse and counseling. In A. Sales (Ed.), *Substance abuse and counseling* (pp. 1-19). Greensboro, NC: CAPS.

Schlesinger, S. E., & Horberg, L. K. (1993). Comprehensive treatment of addictive families. In A. W. Heinemann (Ed.), *Substance abuse and physical disability* (pp. 217-237). Binghamton, NY: Haworth.

Selzer, M. L. (1971). The Michigan Alcoholism Screening Test: The quest for a new diagnostic instrument. *American Journal of Psychiatry, 127,* 1653-1658.

Slayter, E. M. (2010). Disparities in access to substance abuse treatment among people with intellectual disabilities and serious mental illness. *Health & Social Work, 35,* 49-59.

Stevens, P., & Smith, R. L. (2001). *Substance abuse counseling: Theory and practice.* Upper Saddle River, NJ: Prentice Hall.

Substance Abuse and Mental Health Services Administration (SAMHSA). (2002). *Results from the 2002 National Survey on Drug Use and Health: Summary of national fi ndings.* Retrieved from http://www.samhsa.gov/data/nhsda/2k2nsduh/results/2k2Results.htm

Substance Abuse and Mental Health Services Administration (SAMHSA). (2012). *Results from the 2011 National Survey on Drug Use and Health: Summary of national fi ndings.* Retrieved from http://www.samhsa.gov/data/NSDUH/2k11Results/NSDUHresults2011.htm

Talbott, G. D. (1989). Alcoholism should be treated as a disease. In B. Leone (Ed.), *Chemical dependency: Opposing viewpoints.* San Diego, CA: Greenhaven.

Tarter, R. E. (1988). Are there inherited behavioral traits that predispose to substance abuse? *Journal of Consulting and Clinical Psychology, 56,* 189-196.

Tyas, S., & Rush, B. (1993). The treatment of disabled persons with alcohol and drug problems: Results of a survey of addiction services. *Journal of Studies on Alcohol and Drugs, 54,* 275-282.

Vasilaki, E. I., Hosier, S. G., & Cox, W. M. (2006). The efficacy of motivational interviewing as a brief intervention for excessive drinking: A meta-analytic review. *Alcohol and Alcoholism, 41,* 328-335.

Wesson, D. R., Havassy, B. E., & Smith, D. E. (1986). Theories of relapse and recovery and their implications for drug abuse treatment. *Relapse and Recovery in Drug Abuse, 72,* 5-19.

West, S. L., Graham, C. W., & Cifu, D. X. (2009). Rates of alcohol/other drug treatment denials to persons with physical disabilities: Accessibility concerns. *Alcoholism Treatment Quarterly, 27,* 305-316.

Wexler, H. K., Magura, S., Beardsley, M. M., & Josepher, H. (1994). An AIDS education and relapse prevention model for high-risk parolees. *Journal of the Addictions, 29,* 361-386.

Witkiewitz, K., & Marlatt, G. A. (2004). Relapse prevention for alcohol and drug problems: That was Zen, this is Tao. *American Psychologist, 59,* 224.

World Health Organization (WHO). (2008). *mhGAP: Mental Health Gap Action Programme: Scaling* up care for mental, neurological and substance use disorders. Geneva, Switzerland: Author.

Wright, T., & Myrick, H. (2006). Acamprosate: A new tool in the battle against alcohol dependence. *Neuropsychiatric Disability Treatment, 2*, 445-453.

Zucker, R. A., & Gomberg, E. S. (1986). Etiology of alcoholism reconsidered: The case for a biopsychosocial process. *American Psychologist, 41*, 783-793.

# 제17장

# 지체장애인 상담

Erin Martz

> 치명적 사고를 겪은 후에도 삶에 의미를 부여할 수 있다면…… 미래에 부여된 의미는 과거의 그
> 것만큼이나 소중할 것이다…… 재활은 치유를 향해 나아간다는 개념과 맥을 같이한다.
>
> −Shalev, 1997, p. 422.

## 학습목표

이 장에서는 스트레스, 트라우마, 대처, 적응 이론 등의 개념을 개관하고, 이들이 만성질환과 신
체적 장애 발생에 어떻게 적용되는지를 살펴보고자 한다. 이 장에서는 또한 만성질환과 장애의
대처 촉진 과정에 접목 가능한 상담 개입 전략을 제시할 것이다. 이 같은 목적을 달성하기 위해
다음과 같은 학습 목표를 설정하였다.

① 장애와 만성질환 대처에 실제적 적용이 가능한 스트레스, 트라우마, 대처 등에 관한 이론을
   이해한다.
② 장애와 만성질환 발생 후 나타나는 우울, 불안, 외상 후 스트레스 장애(posttraumatic stress
   disorder: PTSD) 등의 부정적 정서를 이해한다.
③ 장애와 만성질환 발생 후 나타나는 외상 후 성장과 적응 등의 긍정적 정서를 이해한다.
④ 장애와 만성질환 대처를 촉진하는 여러 가지 상담 개입 전략을 습득한다.

## 1. 장애와 만성질환 발생에 따른 스트레스와 대처 반응

대부분의 사람들에게 있어 장애와 만성질환은 극도의 스트레스와 트라우마를 초래한다. 왜냐하면 사고나 질병이 인간의 신체에 미치는 영향은 평생 동안 남아, 지속적인 돌봄과 자기 관리를 필요로 하기 때문이다. 스트레스는 장애나 만성질환의 발생, 이동 능력 제한과 실직에 따른 육체적 혹은 정신적 기능 저하, 장애로 인한 타인의 거부감 등 복합적 원인에서 비롯된다. 후천적 장애와 만성질환은 심리적 스트레스의 주요 원인이 인간의 신체 외부가 아닌 내부에 존재한다는 점에서, 독특한 유형의 트라우마 혹은 스트레스적 요인을 생성한다(Lipowski, 1970, p. 92). 비록 인생을 좌우하는 커다란 변화를 둘러싼 심리적 반응이 일정 부분 예상 가능한 정상적 모습이라 할지라도, 장애와 만성질환에 따른 스트레스와 트라우마는 장기간 지속될 경우 육체적 · 정신적 건강을 저해하는 심각한 문제로 발전할 수 있다.

장애 또는 만성질환이 발생한 사람에게는 심리적 항상성 회복 촉진을 목표로 하는 광범위한 심리적 반응이 나타난다. 장애나 만성질환에 대한 대응과 적응 기간이 짧을 때, 우리는 이를 대처 전략 혹은 대처 기제라고 부른다. 반면에, 장애나 만성질환에 대한 대응 기간이 길어지면 우울, 불안, PTSD 등의 부정적 정서성(affectivity)과 외상 후 성장과 적응 등의 긍정적 정서성(affectivity) 등 두 가지 상반된 범주의 반응이 나타난다. 장애 발생 이후 목격되는 심리사회적 반응을 바라보는 통합적 관점은 정서적 반응 연속체를 구성하는 양극단 모두의 개념을 포함함으로써, 장애나 만성질환 발생으로 인해 요구되는 광범위한 심리사회적 적응 이해를 돕는다. 이 장에서는 만성질환이나 장애 발생으로 인해 나타나는 스트레스와 트라우마 반응의 내용을 살펴본 후, 이의 대처 반응에 관한 내용을 서술할 것이다. 두 번째로, 긍정적 정서성과 부정적 정서성에 관해 간략히 살펴본 다음, 장애와 만성질환 대처 촉진에 특화된 상담 개입과 사례, 토의 과제 등을 기술할 것이다.

### 1) 장애 발생과 후속하는 스트레스 혹은 트라우마

일반적으로, 스트레스는 개인의 심리사회적 균형을 무너뜨리는 부정적 경험으로 간주된다. 1950년대와 1960년대에 걸쳐 스트레스 관련 연구의 권위자 중 한 사람이었던 Hans Selye(1956, 1982)는 스트레스를 '신체에 가해지는 요구가 정신 혹은 육체에 미치는 영향'

이라고 정의한 바 있다(Selye, 1982, p. 7). 그로부터 20여 년이 지난 후, 스트레스 관련 연구 분야의 대표적 권위자인 Lazarus와 Folkman(1984, p. 19)은 스트레스를 '개인이 평가하기 에 자신이 가진 자원에 부담을 주거나 감당할 수준을 능가하며, 웰빙에 위험을 초래할 소 지가 있는 환경과 사람 간의 특별한 관계'라고 정의하였다. 이들의 정의는 다수의 연구자 들에 의해 스트레스와 이의 대처 과정 이해에 필요한 핵심 개념으로 채택되었다.

Lazarus와 Folkman은 스트레스와 이의 대처에 관한 자신들의 이론을 통해, 스트레스 는 스트레스적 상황 자체에 대한 객관적 이해보다는, 그 같은 상황을 대하는 개인의 주관 적 지식과 지각된 스트레스에 대처하는 개인의 능력에 의해 좌우된다고 주장하였다. 그러 므로 Lazarus와 그의 동료들(Folkman & Moskowitz, 2004; Lazarus, 1966; Lazarus & Folkman, 1984; Lazarus & Launier, 1978)에 따르면, 스트레스는 서로 영향을 주고받는 일련의 개인 적 · 환경적 특성과 과정이다. 관계에 주안점을 둔 이들의 스트레스 개념은 스트레스적 사 건 발생에 따르는 인간, 환경(인간 환경 적합성), 그리고 심리사회적 결과 사이의 관계에 영 향을 미치는 요인으로서의 인지적 평가와 대처 과정 모두를 포함한다.

우리는 트라우마(또는 외상)를 생리적 · 심리적 · 사회적 · 실존적 태도를 포함하여 다차 원적 반응을 유발하는 갑작스럽고 심각한 사건이라고 정의할 수 있다(Shalev, Galai, & Eth, 1993). Freud(1920~1922)는 트라우마를 강력한 외부 자극으로 인해 이를 방어하는 개인의 보호막이 뚫리게 되어, 동원 가능한 방어 수단 전부를 사용해야만 하는 시기라고 정의하 였다. Freud의 견해에 따르면, '자극 장벽(stimulus barrier)'은 감각기관을 통한 정보 유입을 감소시키는데, 이때 방어기제는 심리적 항상성 유지를 위한 통제 도구 역할을 담당한다. 외상화/외상 충격 경험(traumatization)은 강력한 사건 경험으로 인해 이들 통제 도구가 제 기능을 발휘하지 못할 때 발생한다고 한다(Horowitz, 1983). 침투한 유해 자극 발견과 억제 를 통해 이들을 처리하기 위해서는 심리적 에너지가 필요하다. 문제는 이를 위해서는 다 른 영역의 심리적 기능 저하 또는 무력화를 야기할 수 있는 정신적 에너지의 집중적 사용 이 불가피하다는 점이다(Freud, 1920~1922).

Terr(1991)는 만성질환과 장애(chronic illness and disability: CID) 등의 사례에서 보듯, 장 기간에 걸쳐 지속적인 영향을 미치며 일단의 복잡한 트라우마 반응을 유발하는 1회성 사 건을 교차성 트라우마(crossover trauma)라는 용어를 활용하여 설명하였다. Green(1993)은 트라우마 사건 경험이 더해질수록 다중 트라우마 경험의 부가적 후속 결과가 발생할 수 있 다고 주장하였다. 즉, 사람이 신체적 위해와 그로 인해 상해로 이어질 여지가 있는 손상 등 의 외상 사건을 경험하는 과정에서 트라우마 반응을 유발하는 이들 두 가지 잠재적 자극이 생성될 수 있다는 말이다. Radnitz 등(1995)은 장애나 만성질환 발생 결과 나타나는 트라우마가 어떻게 하여 전쟁 등의 다른 트라우마 사건에 의해 악화될 수 있는지를 설명하기 위해 '이중 PTSD(double PTSD)'라는 새로운 용어를 제안하였다. 다른 연구자들은 만성질환이나 신체적 장애 등과 같은 트라우마적 사건 발생 증거가 명백히 존재할 때, 이는 장애나 만성질환을 유발한 트라우마적 사건에 대한 시각적 혹은 고유 수용성 유발 자극의 역할을 담당한다고 지적하였다(Blanchard & Hickling, 1997; DuHamel et al., 2001; Miller, 1998). 따라서 상해나 장애, 만성질환 등은 일부 사람들에게 있어 불안을 안겨 준 트라우마 사건을 떠올리게 하는 지속적 신호 역할을 담당한다고 볼 수 있다.

## 2) 장애와 만성질환 대처

대처는 과도하게 부담스럽거나 각별한 노력을 필요로 하는 환경 혹은 새로운 환경에 처했을 때 개인이 보이는 심리적 반응을 의미한다(Costa, Somerfield, & McCrae, 1996; Lazarus & Folkman, 1984). 대처 전략은 압도적 부담으로 다가오거나 과거에 미처 경험해 보지 못해 그에 대한 자동적 대처 행동이 부재한 사건을 통제하려는 개인의 인지적 · 정서적 · 행동적 시도를 포함한다(Inglehart, 1991; Lazarus & Folkman, 1984; Livneh, 2000). Wright(1960, 1983)는 장애와 만성질환의 맥락에서 '대처(coping)' 대 '굴복(succumbing)'의 대립적 개념 구조를 제시하였다. Wright에 따르면, 대처 지향적 관점은 개인이 타고난 긍정적 품성, 태도, 능력 등을 중시하는 데에 반해, 굴복 지향적 관점은 개인의 마음 또는 몸 안에 내재된 손상, 부족, 혹은 병리적 측면 등에 집착한다고 한다.

Lazarus와 Folkman(1984, p. 141)은 대처에 관한 그들의 교류 이론에서, 대처를 '개인이 보유한 자원/능력에 부담을 초래하거나 이의 활용만으로는 감당하기 어렵다고 판단되는 구체적인 대내외적 요구에 대처할 목적으로 끊임없이 변화하는 인지적 · 행동적 노력'이라고 정의하였다. Lazarus와 Folkman은 이 같은 정의를 통해, 대처는 타고난 특성에 기반하기보다는 과정 지향적이며, 스트레스에 관한 개인의 대응과 환경을 통제하려는 일련의 시도를 포함한다고 주장하였다. Lazarus와 그의 동료들에 따르면, 대처 전략은 대체로 문제 해결(problem-solving) 또는 정서 중심(emotion-focused) 중 한 가지 범주에 속한다고 한다. 문제 해결 중심 대처 전략은 '행동 중심적' 성격이 강한 데 반해, 정서 중심 대처 전략은 '관계 형성과 해석 방식'에 관해서만 변화를 추구한다(Lazarus, 1991, p. 112).

Moos와 그 동료들(Holahan, Moos, & Schaefer, 1996; Moos & Schaefer, 1984, 1986)은 대처

에 관해 또 다른 포괄적 정의를 제시하였다. 이들은 대처를 '스트레스 경험 과정에서 개인의 심리사회적 적응 유지를 돕는 안정화 요인'이라고 간주하였다. 대처는 스트레스 유발 조건 및 이와 관련된 정서적 고통 완화 또는 해소를 목적으로 하는 인지적·행동적 노력을 포함한다(Holahan et al., 1996, p. 25).

과거 수십 년간의 심리 연구는 Sigmund Freud와 그의 딸 Anna에 의해 개념 정의와 설명이 이루어진 방어기제가 주류를 이루었다. 그러나 대처 관련 연구는 개개인이 스스로의 의지적 통제 범위 안에 존재하는 의식적 선택과 개별 전략을 활용하여 성공적으로 스트레스와 삶의 역경을 헤쳐나가는 방식에 대한 관심에서 출발하여 현재에 이르렀다. 즉, 대처 연구는 개인의 직접적 통제를 중요시한다는 점에서, 무의식을 강조하는 Freud의 심리적 동인에 관한 설명과는 극명한 대조를 이룬다. Haan(1977)은 대처, 방어기제, 파편화(fragmentation)에 관한 그녀의 3분 모델을 통해 통합적 관점을 제안하였다. Radnitz와 Tiersky(2007)는 방어기제와 대처 전략 간의 차이에 관해 포괄적이고 탁월한 문헌 고찰 결과를 제시하였다.

대처 전략 범주화에 관해서는 그동안 수많은 논의가 이루어진 바 있다. Lazarus와 Folkman(1984)은 이들 대처 전략을 핵심적 기능에 주안점을 두고 문제 중심(problem-focused) 범주와 정서 중심(emotion-focused) 범주로 분류하였다. 이에 반해, Billings와 Moos(1981) 같은 연구자들은 전술한 두 가지 유형에 더하여 회피 전략이라는 세 번째 범주를 추가하였다. 그런가 하면, 또 다른 이론가와 연구자들은 Lazarus와 Folkman 등과는 달리, 사회적 지지라는 추가적 범주를 포함하거나, 상이한 접근에 기초한 대처 전략 범주화 등 대안적 분류법을 제안하였다. 예를 들어, Krohne(1996)은 ① 고차원적 추상화와 저차원적 추상화에 포함하는 대처 전략[예: 참여적 태도(engagement) 대 회피적 태도(disengagement)], ② 개념적 일관성으로 묶인 반응 집단 중심의 대처 전략[예: 부인(denial), 직면(confrontation), 거리두기(distancing), 사회적 지지 추구], ③ 행동 중심 대처 전략(예: 대처 행동 측정 도구의 구체적 항목) 등 3개의 수준으로 구성된 위계 구조를 제안하였다. Chronister와 Chan(2007), Livneh와 Martz(2007) 등은 대처 전략 범주화 및 장애와 만성질환 대처 연구와 관련하여 깊이 있고 자세한 포괄적 설명을 제공하였다.

문제 중심 대처 전략은 일반적으로 고민/고통을 유발하는 근본적 문제의 직접적 해결에 초점이 맞추어져 있다. 이에 반해, 정서 중심 대처 전략은 정서 상태에 관한 개인의 통제 혹은 변화를 중요시한다. 정서 중심 대처 전략은 또한 스트레스 유발 상황에 내포된 의미에 관해 개인이 지닌 관점이나 평가 변화를 수반한다. 회피적 대처 전략은 스트레스 유발 원인을 간과 또는 경시하는 경향을 보인다. 여기서 한 가지 짚고 넘어갈 사실은 정서 중심 전략이든 회피 전략이든 관계없이, 이들 대처 전략 활용을 부정적 혹은 부적응적 모습으로 인식할 필요는 없다는 점이다. 왜냐하면 스트레스를 유발하는 문제 제거나 변화가 불가능한 환경에 당면했을 경우, 정서 중심 혹은 회피 전략을 활용하면 정서적 안정 또는 통제력 유지에 커다란 도움을 받을 수 있기 때문이다(Aldwin, 1994; Mattlin, Wethington, & Kessler, 1990; Suls & Fletcher, 1985; Taylor, 1999; Zeidner & Saklofske, 1996).

Folkman과 Moskowitz(2004)는 대다수 관련 연구 분석 결과를 토대로, 정서 중심 대처 전략은 단기적으로는 고통/고민 해소에 도움을 주지만, 장기적 관점에서 보면 이의 심화를 초래할 가능성이 있다고 지적하였다. 관련 연구를 살펴보면, 대체로 문제 중심 혹은 능동적 형태의 대처 전략이 정서 중심 대처 전략에 비해 적응적 태도 유발 측면에서 보다 뛰어난 효능을 보이는 것으로 나타났다(Folkman & Moskowitz, 2004). Suls와 Fletcher(1985)는 대처 관련 연구를 대상으로 한 그들의 메타 분석을 통해, 회피성 전략 사용이 일시적인 스트레스 완화에 효과를 보이는 경우가 있기는 하지만, 문제 중심 전략을 위시한 주의 집중(attention) 대처 전략이나 비회피성(nonavoidant) 전략이 장기적 성과 측면에서 볼 때 스트레스 해소나 근절에 보다 뛰어난 효능을 보인다고 지적하였다. 여기서 반드시 유념할 점은 장애나 만성질환과 관련된 스트레스 유발 요인 대처를 위해서는 유동적 전략 구사를 통해 변화하는 환경과 요구에 부응하고, 장애 적응 촉진을 도모할 필요가 있다는 사실이다(Livneh & Antonak, 2005). 한편, 사람에 따라서는 스트레스나 불안 관리 과정에서 한꺼번에 여러 유형의 대처 전략을 활용하기도 한다(Lawrence & Fauerbach, 2003).

이 장의 후반부에서 좀 더 자세히 다루게 될 장애와 만성질환에 대한 심리사회적 적응(adaptation)은 대처 개념과는 엄격히 구별되어야 한다. 이들 두 개념 사이의 중요한 차이점 하나는 시간적 요소다. 즉, 장애와 만성질환에 대한 심리사회적 적응은 심리적 안정, 재통합, 긍정적 자기 개념 재형성 등을 반영하며, 상대적으로 장기간에 걸쳐 형성되는 결과로 간주된다(Livneh, 2001; Livneh & Antonak, 1990, 1991, 1994, 1997; Shontz, 1975). 이에 반해, 대처 전략은 장애와 만성질환 대응 과정에서 나타나는 일단의 직접적인 심리적 방어 전략으로 볼 수 있다(Bracken & Shepard, 1980; Livneh & Martz, 2007). 적응과 대처는 모두 인지, 행동, 정서 등 세 가지 측면으로 구분하여 개념을 정의하는 것이 가능하다.

장애와 만성질환 대처 관련 연구는 급속도로 증가하고 있다(Martz & Livneh, 2007; Zeidner & Endler, 1996 참조). 대처 전략이 스트레스와 트라우마에 관해 보이는 보다 직접적이고 즉각적 반응이라는 점을 고려해 볼 때, 재활상담사를 비롯한 재활 및 보건 분야 전문가는 장애와 만성질환 대처 과정을 반드시 이해해야 한다.

## 2. 부정적 정서성

장애 및 만성질환 발생과 직결된 스트레스와 트라우마는 광범위한 영역에 걸쳐 적극적 개입이 요구되는 문제적이고 유해한 심리적 반응을 초래할 가능성이 높다. 이들은 '부정적 정서성'라는 범주로 묶을 수 있으며, 우울, 불안, PTSD 등과 같은 정서적 반응을 포함한다. 사람에 따라서는 부정적 정서에 속한 여러 가지 감정을 동시에 경험하기도 한다. 예를 들어, Ladwig 등(1999)은 심장마비 환자 중 PTSD를 호소하는 사람이 그렇지 않은 사람에 비해 훨씬 심각한 수준의 우울과 불안을 경험한다는 사실을 발견하였다.

### 1) 장애 관련 우울

우울은 '신체 일부 또는 기능의 상실에 대한 애도 또는 임박한 죽음과 고통 등에 대한 반작용 반응'(Livneh & Antonak, 1997, p. 21)으로 정의되며, 무기력, 절망, 자포자기, 고독, 자기 비하, 비통 등의 정서 반응을 포함한다. Dunn(1975)은 무가치함, 슬픔, 장애나 만성질환 발생으로 인한 목표 상실 등을 포함시켰다. Judd, Burrows 그리고 Brown(1986)은 앞서 언급한 우울 증상 외에, 일체의 활동과 취미에 대한 기쁨 상실, 수면장애, 운동 혹은 자극에 대한 반응 저하, 피로, 에너지 상실, 과도한 죄책감, 집중력 감퇴, 사고력 둔화, 죽고 싶다는 생각의 재현, 자살 시도 등을 열거하였다.

선행 연구에 따르면, 우울은 주로 장애나 극심한 손상 등의 발생 직후 나타난다고 한다. Turner와 Noh(1988)는 730명의 신체장애인을 대상으로 한 종단 연구에서 전염병 연구소 (Center for Epidemiological Studies)의 우울증 진단 도구를 활용한 최초 검사 결과, 연구 참여자 중 35%가 우울증을 겪고 있다는 사실을 발견하였다. 4년이 경과한 후 재검사를 실시한 결과, 이들 중 37%의 장애인이 임상적으로 심각한 수준의 우울 증세를 호소한 반면, 비교집단에 포함된 비장애인 중 12%만이 우울 증세를 보였다. 따라서 우울증을 경험한 신체장애인의 수는 비교집단에 속한 비장애인에 비해 3배 이상 높았다.

## 2) 장애 관련 불안

불안 역시 장애와 만성질환 발생에 따른 반응의 한 형태로, 공황, 혼란스러운 사고, 인지적 범람(cognitive flooding), 생리 반응, 비의도적 과잉 활동 등을 수반한다(Livneh & Antonak, 1997). Summerfeldt와 Endler(1996)는 장애와 직결된 불안은 내담자가 주어진 도전에 대처하고 곤란한 처지에 빠지지 않도록 돕는 과정에서 적응적 모습을 보일 수 있다고 제안하였다. 그러나 질병의 결과를 둘러싸고 내담자의 되풀이되는 두려움 경험과 이의 대처 가능 여부를 가늠하기 어려울 경우, 불안은 심리적 도전으로 비춰질 수 있다.

Lilliston(1985, p. 9)은 장애인과 만성질환자들이 불안을 경험하는 이유는 그들이 세상에 대해 품고 있던 신뢰가 무너졌기 때문이라는 설명을 제시하면서, "그들은 세상이 안전하고 정의로울 것이라는 생각이 오해였음을 알아가는 과정에서 놀라움과 스트레스에 시달린다."고 지적하였다. Verwoerdt(1966)는 우울과 불안 간의 차이에 대해, 전자를 에너지를 보존하는 활동으로, 후자를 에너지를 소비하는 활동으로 묘사하였다. Verwoerdt에 의하면, 불안은 중요한 목적 상실에 대한 위협의 전조이지만, 우울은 목적이 상실된 상황에서 더 이상의 에너지 소비는 무용함을 의미한다.

## 3) PTSD

외상에 따른 스트레스 반응은 PTSD라는 진단명으로 더 잘 알려져 있으며, 장애와 만성질환 발생 등의 트라우마 사건에 이어지는 여러 종류의 심리 반응 중 일군을 대표한다. PTSD는 트라우마 사건 발생 후 최소 한 달 이상 지속되는 인지적·정서적·생리적 반응을 의미한다. 미국정신의학회(American Psychiatric Association; APA, 2013)의 『정신질환의 진단 및 통계 편람 제5판(Diagnostic and Statistical Manual of Mental Disorders: DSM-5)』에서는 PTSD의 주된 증상을 회피(Avoidance), 침투(Intrusion), 과잉 각성(Hyperarousal) 등 세 개 집단으로 범주화하였다. Freud의 트라우마 신경증(traumatic neurosis) 개념은 PTSD 진단 근거로 활용되었다. Freud는 트라우마 신경증을 개인의 정신적 방어막에 침투하여 위해를 초래하는 외부적 트라우마의 결과라고 정의하였다(Martz & Lindy, 2010).

일부 연구자들은 PTSD를 질병이 아니라 극심한 스트레스에 대한 반응 조건으로 간주한다. 예를 들어, Liflon(1988, p. 9)은 PTSD를 '비정상적 상황에 대처하려는 정상적 적응 과정'이자, '극심한 스트레스에 대한 정상적 반응'이라고 묘사하였다(Lifton, 1993, p. 12).

다른 연구자들 또한 PTSD를 트라우마에 대한 적응 과정의 일부로 간주하였다(Horowitz, 1976, 1983, 1986, 1997; McFarlane, 2000; O'Brien, 1998; Van der Kolk et al., 1996; Yehuda & McFarlane, 1995). PTSD를 정신장애로 보아야 할지 아니면 트라우마에 대한 적응 반응으로 보아야 할지를 둘러싼 학자들 간의 논쟁이 계속되고는 있지만, Wilson(1995, p. 19)은 "트라우마성 반응은 실제적 증상이 지속되고 적응 기능에 부정적 영향을 미친다는 점에서 무척 당황스러운 정신질환이다."라고 주장하였다. 따라서 PTSD가 극심한 스트레스에 대한 적응 반응일지는 몰라도, 이는 여전히 적응 기능에 커다란 영향을 미친다고 볼 수 있다. 한편, 장애와 만성질환의 맥락에서 PTSD를 다룬 실증 연구는 증가 추세에 있다(예: Alter et al., 1996; Blanchard & Hickling 1997; Lawrence & Fauerbach, 2003; Martz, 2004, 2005; Martz, Bodner, & Livneh, 2010). Martz와 Cook(2001)은 여러 유형의 장애와 만성질환이 PTSD를 유발할 잠재적 위험 요인이라는 사실을 발견하였다.

DuHamel 등(2001, p. 109)은 "신체적 제한은 암과 이의 치료에 관한 침투적 사고 (intrusive thoughtts) 등의 트라우마 관련 증상 활성화를 통해 암을 알리는 신호 역할을 담당한다."고 지적하였다. 이들의 관점은 인간은 누구나 장애와 만성질환을 유발하는 트라우마 사건에 관한 침투적 기억(intrusive memory)을 경험할 수 있으며, 장애와 만성질환의 존재 역시 이의 치료와 이들이 인간의 삶에 미칠 영향을 지속적으로 환기시킬 수 있음을 반영한 것이다. 실제로, Brewin, Watson, McCarthy, Hyman 그리고 Dayson(1998)은 암환자들이 경험하는 간섭 기억 중 상당 부분이 질병, 상해, 죽음 등의 문제에 집중되어 있음을 발견하였다. 장애인과 만성질환자들은 또한 생명을 위협하는 이차적 의료 문제를 경험하기도 하는데, 이는 매우 치명적이며 PTSD를 유발하는 또 다른 원인이다.

## 3. 긍정적 정서성

장애와 만성질환으로 인해 나타나는 두 번째 반응은 긍정적 정서성이라는 용어로 범주화할 수 있다. 여기에는 일부 연구자 및 학자들이 수용(acceptance) 또는 조정(adjustment)이라고 부르는 장애 적응(adaptation)과 외상 후 성장이 포함된다.

## 1) 장애 적응

Costa 등(1996, p. 45)은 '적응'이라는 용어가 지나치게 폭넓게 사용되는 나머지, "생물학까지는 몰라도 심리학 분야 전체를 뒤덮고 있다."고 선언하였다. 실제로, 적응 개념은 거의 모든 유형의 심리치료가 개인의 장기적 웰빙 촉진을 목적으로 하는 조정 패턴 수정을 지원하는 방향으로 무게중심을 옮겨간다는 점에서, 심리학 전반에 깊이 스며들었다고 볼 수 있다(Summerfeldt & Endler, 1996). 장애로 인한 '위기' 적응은 변화를 의미한다(Shontz, 1965). Dembo, Leviton 그리고 Wright(1956)와 Wright(1960, 1983)는 장애 수용 혹은 장애 적응 과정에는, ① 가치 영역 확장(enlarging one's scope of values), ② 장애의 부정적/제한적 영향 확산 차단(limiting the spread of the effects of a disability), ③ 타인과의 비교보다 잔존 자산/가치에 대한 집중(emphasizing one's assetts instead of comparing oneself to others), ④ 외모/외관을 전체가 아닌 개인의 일부로 이해하려는 태도(subordinating one's physical aspects over other parts of oneself) 등 내재된 네 가지 가치의 변화 여부가 커다란 영향을 미친다고 가정하였다.

일반적으로 말해, 적응은 신체적 통제와 정신적 통제 두 가지 모두를 아우르는 지배적 개념이다. 일부 적응 관련 연구에서 환경적 통제와 신체적 통제 간의 차별화를 시도하고는 있지만, 대부분의 장애와 만성질환 관련 이론은 신체적·환경적 요인과 심리적 요인 간의 결합을 지지하는 입장에서 심리사회적 적응이라는 용어를 사용한다. 장애와 만성질환 적응 과정이 육체적·정신적 잔존 능력 복원 혹은 향상과 환경 속에서 당면하는 태도 및 물리적 장벽의 변화를 필요로 한다는 점에서, 다층적 요인에 관한 고려는 필수적이다.

한편, 다양한 관점의 스펙트럼을 반영하며 장애와 만성질환에 관한 설명을 시도한 다수의 실증적 임상 이론이 개발되었다(Livneh & Antonak, 1997; Livneh & Martz, 2012 참조). Livneh와 Parker(2005)에 따르면, 이들 이론 중 일부는 만성질환과 장애 적응 과정이 단계 또는 시기(stages or phases)라고도 부르며 순차적으로 이어지는 심리적 경험 또는 반응을 따른다고 제안하였다(예: Dunn, 1975; Falek & Britton, 1974; Hohmann, 1975; Krueger, 1984; Shontz, 1965). 일부 이론가들은 진자 모델을 활용하여 장애와 만성질환에 관한 심리사회적 적응을 설명하기도 한다. 진자 모델에 따르면, 장애 또는 만성질환을 경험한 사람에게는 새로운 정체성과 기존의 정체성이 교대로 나타난다고 한다(예: Charmaz, 1983, 1993, 1995; Kendall & Buys, 1998; Shontz, 1975; Stroebe & Schut, 1999; Yoshida, 1993). 이들 외에 좀 더 복잡한 적응 모델로는 Moos와 Holahan(2007)의 생물심리사회적(biopsychosocial) 모델을 들 수 있다. 이 모델은, ① 개인적 자원과 성격, 건강 관련 요인, 개인이 처한 사회적·물리적 환경, ② 인지적 평가(cognitive appraisal), 적응 기술, 대처 기술, ③ 건강 관련 결과 지표 등 세 가지 구성요소를 포함한다. 이 밖에도, 장애에 대한 심리사회적 적응을 다룬 다차원적 모델로는 Devins의 질병 침투(illness intrusiveness) 모델(Devins & Binik, 1996; Devins, Edworthy, Guthrie, & Martin, 1992; Devins, Seland, Klein, Edworthy, & Saary, 1993)과 Bishop의 장애 중심성(disability centrality) 모델(Bishop, 2005a, 2005b; Bishop, Smedema, & Lee, 2009) 등을 꼽을 수 있다.

Antonak과 Livneh의 실증 기반 다차원 모델에서는 장애에 대한 심리사회적 적응을 개인 내적 요인, 대인 요인, 환경적 요인 사이의 통합을 수반하는 역동적이며 끊임없이 진화하는 과정으로 규정하였다(Antonak & Livneh, 1991; Livneh, 2001; Livneh & Antonak, 1990, 1991, 1994, 1997). 이들이 제시한 사회심리적 적응 모델에 따르면, 장애 적응 과정은 초기 충격, 불안, 부인, 우울, 내재화된 분노, 분노의 외부적 표출, 인정, 순응 등 8개의 반응을 수반한다. 인정(acknowledgment)은 장애를 이성적/인지적으로 받아들이려는 태도를 의미한다. 이에 반해, 조정(adjustment)은 장애 혹은 만성질환을 자신의 일부로 받아들이고 통합하려는 정서 및 행동 반응이다. Livneh(2001)는 자신의 이론을 보다 정교하게 가다듬어 적응 과정은 선행 사건(예: 장애와 만성질환 유발 사건과 맥락적 변수), 과정(예: 사회심리적 반응 표출과 맥락적 영향), 적응의 심리사회적 결과(예: 개인 내적 기능, 대인 기능, 개인 외적 기능) 등 세 가지 핵심 요소로 이루어져 있다고 주장하였다.

## 2) 외상 후 성장

외상 후 성장은 긍정적 정서성 범주를 구성하는 두 번째 지표다. Tedeschi와 Calhoun (1995, 1996, 1998, 2004)은 인간은 트라우마 사건을 겪은 후 정신적 성장을 체험할 수 있다는 생각을 집중적으로 탐구한 대표적 학자다. Tedeschi와 Calhoun(1996)은 이 주제에 관한 선행 연구 검토 결과를 바탕으로 외상 후 성장 질문지(Posttraumatic Growth Inventory)라는 검사 도구를 개발하였다. 이들은 트라우마를 경험한 사람에게는 일정 시간이 경과한 후 다음과 같은 세 가지 영역에 걸쳐 긍정적 변화가 나타난다고 제안하였다.

① 정서적 성장과 새로운 장점 파악 등의 자기 지각 변화
② 관계 상대방에 대한 감사함과 민감성 증가, 관계 상실 가능성에 대한 자각, 풍부한 감

정 표현, 타인과의 긍정적이고 친밀한 관계 형성 방법 습득 등의 대인관계 변화
③ 인생에 대한 감사와 향유, 의미 있고 만족스러운 삶을 영위하려는 태도, 영성의 의미
와 중요성 발견 등 삶에 대한 철학과 가치관 변화

Tedeschi와 Calhoun(2004)은 외상 후 성장 과정이 정서적 고통을 줄여 주는 것은 아니라는 점을 분명히 하였다. 이는 외상을 경험한 사람이 인생과 세상에 관해 새로운 가치관을 형성하기 위해서는 무수한 실존적 고난의 경험과 대처가 선결되어야 한다는 데서 연유한다. 다시 말해, "대부분의 외상성 사건 생존자에게는 성장과 고통 경험이 공존한다. 성장은 트라우마성 사건이 아니라, 이의 대처 과정에서 겪는 역경의 산물이다."(Tedeschi & Calhoun, 2004, p. 2)

장애 또는 만성질환과 외상 후 성장에 관한 연구는 증가 추세를 보이고 있다(예: Chun & Lee, 2008; Marine, Ostroff, Winkel, Grana, & Fox, 2005). Joseph과 Linley(2008, p. 341)는 외상 후 성장에 관한 연구를 '패러다임 전환'이라고 불렀다. 그들은 "우리는 외상 후 경험하는 스트레스와 성장을 양자택일식의 이분법적 관점이 아니라, 트라우마로 인해 야기되는 여러 가지 과정과 결과에 관한 통합적 이해 방법으로 이해해야 한다."고 주장하였다. 이 같은 Joseph과 Linley의 주장은 장애와 만성질환에 관한 실증 연구를 수행할 때는 긍정적 감정과 부정적 감정 모두를 아우르는 통합적 접근 활용이 필요하다는 입장을 반영한 것으로, 이 장에 제시된 견해와도 맥을 같이한다.

## 4. 대처증진을 위한 상담 개입

다수의 연구자들(예: Chan, Cardoso, & Chronister, 2009; Livneh, 2001; Livneh & Antonak, 1997, 2005)이 장애와 만성질환 적응 촉진에 활용되는 치료 개입과 이론적 접근에 관해 그동안 이루어진 다방면의 선행 연구를 검토·분석한 결과를 제시하였다. 이 책의 다른 장에서도 다양한 종류의 상담 개입 접근을 다루었으니만큼, 여기서는 장애와 만성질환 대처에 특화된 상담 개입 전략 소개로 내용을 한정하고자 한다.

최신 상담 및 심리치료 접근은 고도로 구조화되고, 증거 기반 프로토콜(계획)을 중시하며, 한시적(time-limited) 단기치료가 대세인 듯하다. 따라서 재활과 정신보건 분야 전문가들은 유연한 심리치료 도구를 장착하여 내담자의 조속한 기능 촉진을 지원해야 한다. 다

양한 대처 기술과 구성요소 촉진을 위해 광범위한 심리치료 개입 활용이 가능하다. 예를 들어, 인간 중심 치료나 게슈탈트 치료는 대인관계에서의 지지 제공, 내담자의 감정 확인, 희망 유지를 위한 격려 등을 통해 정서 중심적 대처라는 목표 달성이 가능하다. 인지 행동 치료(CBT) 기반 상담 개입은 능동적 대처 전략 혹은 문제 중심적 대처 촉진을 위한 대상 기술 활용이 가능한데, 여기에는 모델링, 불안 자극에의 노출, 불합리한 신념 수정, 정보 수집을 위한 인지 과정 변경, 역할극 등의 기법이 포함된다(Radnitz, 2000). 인지 행동 치료는 또한 명상이나 이완 등의 스트레스 관리 기술(stress management skill) 교육을 통해 정서 중심적 대처를 활성화할 수 있다.

　장애와 만성질환 대처 및 이의 치료와 관련하여 대두되는 주요 쟁점 중 하나는 장애나 만성질환 발생으로 인해 야기될 스트레스와 트라우마인데, 이는 장애인이나 만성질환자의 관심을 지배하거나, 심할 경우 그 사람의 정체성으로 굳어질 가능성이 높다. 장애와 만성질환을 게슈탈트 치료에서 통용되는 용어로 바꾸어 말하면 인생의 전경에 해당한다. 그리고 내담자는 치료를 통해 장애나 만성질환을 인생의 배경에 해당하는 정신적 게슈탈트 혹은 관점(outlook)으로 이동시킬 수 있다(Degeneffe & Lynch, 2004). 이 같은 유형의 치료는 장애와 만성질환에 관한 생각에 소모되는 정신적 에너지량 감소를 통해 적응적 대처를 촉진한다.

　구체적인 대처 개입은 장애와 만성질환에 대한 인지 행동 치료 접근으로 비춰질 수 있다. 그러나 대처 개입은 엄밀히 말해 대처 전략을 목표로 삼고 있다는 점과 적응적 대처 전략 강화를 시도한다는 점을 기억할 필요가 있다. 대처 개입은 스트레스 관리를 위한 대처 기술 교육과 내담자가 일상적 삶 가운데 스트레스 관리에 주로 활용하는 인지, 정서, 행동 선택을 탐구하도록 돕는 행위를 포함한다. 이 장에서는 여러 가지 대처 개입 전략 중 상대적으로 중요하다고 판단되는 대처 효과성 훈련(coping effectiveness training: CET)과 인지 대처 치료(cognitive coping therapy: CCT) 두 가지를 간략히 살펴보고자 한다.

## 1) 대처 효과성 훈련

Chesney와 Folkman(1994)은 Lazarus와 Folkman(1984)의 스트레스와 대처 이론을 토대로 대처 효과성 훈련(CET)을 개발하였다. Chesney, Folkman 그리고 Chambers(1996)는 CET를 적응적 대처 촉진과 고통 완화를 목적으로 다양한 종류의 대처 전략 선정 도구를 교육하고, 특정 사건의 변화 가능성을 높이기 위해 대처 전략을 조정하는 일련의 과정이라고 설명하였다. 그들은 CET를 포함하여 대부분의 스트레스 관리 프로그램은 내담자가 습득한 인지 기술 적용법에 관한 일반적 정보를 제공하는 데에 불과하다는 사실을 지적하였다. CET는 특히 스트레스 유발 요인 대처를 위해 개인이 선택하는 대처 전략을 목표로 삼는다. 최초의 CET 집단 구성요소(Center for AIDS Prevention Studies, 1997; Chesney & Folkman, 1994; Chesney et al., 1996)는 스트레스와 이의 대처, 문제 해결, 적응적 대처와 부적응적 대처 간의 차이(대처 전략 유형과 스트레스 유발 요인 유형 간의 연계), 대처 형태로서의 사회적 지지 활용 방법 등에 관한 교육을 중요시하였다.

CET를 특별한 심리치료 개입으로 만들어 준 것은 메타 전략(meta-strategy) 교육을 통해 내담자가 특정 유형의 스트레스 유발 요인에 걸맞은 최적의 대처 전략 유형을 선택할 수 있도록 돕는 데에 있다. CET 개입은 스트레스적 상황 관리 효과성 극대화와 스트레스 감소를 목적으로 하는 대처 전략 선택을 위한 메타 전략과 스트레스 관리 기술 간의 결합이다. 메타 전략은 스트레스와 대처 이론의 주요 개념을 실천적 행동으로 전환해 준다(Chesney & Folkman, 1994, p. 173). 따라서 CET는 내담자가 특정 유형의 스트레스 유발 요인에 걸맞은 최적의 대처 유형을 선택할 수 있도록 돕는 행위를 중요시하는데, 이는 CET를 일반적인 인지 행동 치료 개입과 구분해 주는 대표적 요인 중 하나다.

Kennedy(2008)는 척추장애인의 장애 대처에 특화된 CET 매뉴얼을 개발하였다. 그의 CET 프로토콜은, ① 스트레스와 대처 소개, ② 스트레스 평가와 관리, ③ 문제 해결, ④ 이완 훈련을 포함한 감정 관리, ⑤ 부정적 사고 변화, ⑥ 부적응/적응적 대처, ⑦ 사회적 지원 등의 내용으로 이루어져 있다. 훈련 참가자들에게는 과제를 활용하여 훈련 기간 동안 학습한 개념의 확실한 이해를 돕기 위해 Chesney와 Kennedy 프로토콜을 토대로 제작된 CET 연습장(workbook)이 제공된다.

선행 연구 결과에 따르면, CET는 우울, 고민, 불안 등의 광범위한 영역에 걸쳐 부정적 정서 상태 완화에 효능을 보인다는 사실이 입증되었다(Chesney et al., 1996; Chesney, Chambers, Taylor, Johnson, & Folkman, 2003; Duchnick, Letsch, & Curtiss, 2009; Kennedy, Duff, Evans, & Beedie, 2003; King & Kennedy, 1999). 이 같은 연구 결과는 장애나 만성질환을 가진 사람에게 심리적 웰빙 증진과 직결된 대처 기술 선택 방법 습득을 지원함에 있어 CET가 매우 성공적이라는 사실을 뒷받침하고 있다.

요약하면, CET는 장애나 만성질환 발생으로 인해 야기된 스트레스는 물론, 장애나 만성질환 관리 과정에서 나타나는 스트레스의 성공적인 대처 방법 습득에 도움을 준다. CET는 또한 내담자에게 스트레스 유발 요인과 대처 전략 사이의 적합성을 기준으로, 활용 가능한 대처 전략 유형과 스트레스 유발 원인 유형(변화 가능성 여부와 관계없이) 간의 차이를 식별하는 방법을 가르친다. 이 같은 관점은 내담자에게 살다 보면 장애나 만성질환으로 인해 변화를 모색하기 어려운 측면이 있기는 하지만 다양한 형태의 대처 전략을 활용하면 변화가 가능한 스트레스 유발 요인을 수정할 수 있다는 인식을 심어 줄 수 있다.

## 2) 인지 대처 치료

Sharoff(2004)는 생각을 있는 그대로의 사실로 받아들이는 대신, 타당성 검증이 필요한 가설로 간주하려는 인지 행동 치료 원리를 바탕으로 인지 대처 치료를 제안하였다. CCT는 인지, 정서, 감각, 신체, 행동 능력을 활용한 전체론적 모델에 기초하고 있다. Sharoff는 기술이 전략의 일부분에 불과하다는 점에서, 나쁜 대처 기술이란 존재하지 않는다고 주장하였다. 여기서 정말로 중요한 점은 이들 기술을 어떻게 하면 적재적소에 활용할 수 있느냐의 문제라는 것이다. Sharoff는 부적응 전략, 정신질환, 심리 증상 등도 경우에 따라서는 장애나 만성질환에 대한 적응을 돕는 실용적이고 중요한 기제를 내포한다는 점에서, 부정적으로 비춰지는 개인의 반응 가운데서도 긍정적 측면을 발굴하려는 노력에 집중할 필요가 있다고 주장하였다.

Sharoff(2004)는 다양한 유형의 장애나 만성질환을 가진 사람들을 대상으로 적응적 대처 전략 촉진 지원을 위한 여러 유형의 연습문제가 수록된 책자와 매뉴얼을 개발하였다. 비록 Sharoff의 치료 기법에 관한 실증적 검증이 이루어지지는 않았지만, 이들 중 상당수는 장애나 만성질환 대처 촉진에 활용이 가능하다. 이들 중 몇 가지만 소개하면 다음과 같다.

① 자기 교수 훈련(self-instruction training): 질병으로 인한 고통이나 증오심 유발 상황 타개를 돕기 위한 자기 대화 구성
② 미리 정해진 심상(imagery)의 활용
③ 역할 모델 실연: 만성질환이나 장애에 효과적으로 대처하는 인물 파악, 그 같은 사람의 행동 분석, 일정 기간 그 같은 사람을 역할 모델로 활용하도록 요구함
④ 고정(anchoring): 고통에 효과적으로 대처했던 때를 떠올리게 한 다음, 신체의 특정 부위를 만지는 등의 행동을 통해 그 같은 기억을 고정시키도록 요구함
⑤ 가치 명료화: 과거 자신의 모습을 기초로 한 행동과 장애나 만성질환 발생으로 인해 포기해야 할 가치 등의 재정립 지원

⑥ 수용 훈련: 더 이상 특정 행동 수행이 불가능하다는 점과 행동 수행 시에는 그것이 장애나 만성질환으로 인해 정해진 한계를 넘을 수 없다는 점을 받아들임

⑦ 환경(setting) 제한: 자기 주장과 갈등 해결에 관한 의사소통 훈련, 장애나 만성질환으로 인해 야기된 한계를 고려하여 할 수 있는 행동/활동이나 그렇지 않은 행동/활동에 관한 판단/조절 능력 습득

⑧ 욕구 좌절 관리: 인지 재구조화, 인지 리허설, 자기 감시(self-monitoring), 이완 훈련, 상징적 몸짓(gesture), 심상 활용 등을 통한 욕구 좌절에 대한 내성 함양

⑨ 욕구 좌절 조절(frustration accommodation): 장애나 만성질환에 따른 한계에 유연하게 대처할 수 있는 능력 개발

⑩ 영역 생각하기(area thinking): 개인의 통제 범위 내에 있는 실제적 목표 선정

⑪ 기존의 정체성과 장애나 만성질환 발생 이후 새롭게 형성된 정체성 간의 융합

# 사례 연구

Phil은 51세의 자작농으로, 중학교 졸업 후 학업을 중단하였다. 그는 경사면에 자란 잔디를 깎던 중, 자신이 몰던 트랙터가 구멍에 빠지는 바람에 땅바닥에 내동댕이쳐지는 사고를 당하였고, 그 과정에서 트랙터에 오른쪽 다리가 깔리는 부상을 입었다. 부상 정도가 너무나 심각했던 Phil은 오른쪽 다리를 절단해야만 했다.

일반적으로, Phil은 지시나 지침을 따르는 일에 회의적인 편이다. 그는 규칙이란 어기기 위해 만들어진다는 생각을 가지고 있다. 그 결과, Phil은 트랙터를 이용하여 잔디를 깎을 때 지켜야 할 기본적인 안전수칙을 무시하였다. 그는 의족을 받았고, 그 결과 천천히 걸을 수 있을 정도까지 오른쪽 다리의 기능이 회복되었다. 하지만 그는 부상 후 극심한 우울증에 시달렸고, 그로 인해 의족을 활용한 보행법 습득에 열의를 보이지 않았다. 나아가 그는 일상생활과 농사가 가능하도록 집과 농기구를 개량해 주겠다는 도움 또한 거절하였다.

Phil은 또한 고혈압이 있음에도 약물 복용을 거부하고 있다. 그는 베트남전에 참전하였는데, 전투 경험과 직결된 침투적 이미지로 인해 불면의 밤을 보낼 때가 많다. 그는 사고 당시를 기준으로 10년 전에 아내와 이혼하였다. 이혼 당시, Phil의 전부인은 남편이 더이상 같이 살기 어려울 정도로 자주 화를 내고 지나치게 예민하다고 주장하였다. 그는 "잠을 청하기 위해 하루에 맥주 여섯 병 정도를 마신다."며 자신이 술을 많이 마시는 편은 아니라고 주장하였다. 이혼 당시, Phil의 전부인은 그를 알코올 중독자라고 비난하였다.

Phil의 상담 과정에서 다양한 접근과 기법 적용이 가능하겠지만, 그를 담당하는 재활전문가는 시도 가능한 개입 전략으로 다음과 같은 쟁점을 점검해 볼 것을 권한다.

① 규칙이나 지시를 따르려 하지 않으려는 입장: 그는 어떤 규칙을 준수하는가? 어떤 방법을 활용하여 자신이 따르고자 하는 규칙을 선택하는가?

② 건강 문제, 대인관계, 이성과의 교제, 경제 문제 등 스트레스와 트라우마 유발 원인 파악

③ 참전 경험과 직결된 분노, 과민반응(irritability), 불면, 침투 등 PTSD 검사가 필요하다고 판단되는 증상 파악

④ Phil의 PTSD가 절단에 대한 심리적 반응과 무관하지 않고, 그에 따라 심리적 어려움이 가중되었을 가능성

⑤ 절단이나 이혼 등과 같이 Phil의 우울증 유발에 영향을 미친 요인

⑥ 고혈압 치료 약물 복용 거부, 주택 및 농기구 개량 지원 제공 거절 등의 상황을 통해 미루어 볼 때, Phil이 부인(denial) 상태를 겪고 있을 가능성 파악

⑦ Phil의 과도한 음주가 자신이 당면한 문제에 대처하기 위한 방법의 하나인지, 혹은 농장에서의 사고 발생을 유발한 습관적 행동인지를 면밀히 평가

이 외에 재활전문가의 임상적 관심을 요하는 문제로는 다시 걷고자 하는 동기 부족, 현재의 실직 상태, 고혈압 등에 대한 자기 관리 기술 결여 등을 꼽을 수 있다. 재활전문가는 선제적 대처 기술 교육을 통해 Phil에게 스스로가 당면한 문제에 책임을 지려는 자세를 기르도록 도와야 한다. 이같이 하면 폭음 등과 같은 부적응적 대처 기술 오용을 줄일 수 있다.

## 5. 맺음말

장애와 만성질환 발생과 관련된 심리적 스트레스와 트라우마 통제는 개인이 기억 과정에 관한 지배력을 가질 때, 트라우마에 관해 생각할지의 여부를 선택할 수 있을 때, 트라우마성 기억으로 인해 야기된 강한 집착과 무서운 압박감에 의해 더 이상 압도되지 않을 때 더욱 명백해진다(Harvey, 1996, p. 12). 나아가, 장애와 만성질환 발생에 따른 심리적 스트레스와 트라우마에 대한 적응이나 이로부터의 회복이 이루어졌다는 징후는 자존감 및 자기 돌봄 행동 복원과 자기 충족적 삶의 추구를 포함한다(Livneh, 2001; Livneh & Antonak, 1997).

상담사, 심리치료사, 재활전문가 등은 장애나 만성질환이 있는 내담자를 대상으로 구체적 대처 기술 습득을 목표로 하는 개입 제공이 가능하다. 이 같은 이유에서, 재활전문가들은 내담자가 자신의 장애와 만성질환에 대한 심리사회적 적응 과정을 보다 효율적으로 관리하도록 도울 수 있다. 적응적 대처 기술 향상은 또한 장애와 만성질환 존속으로 인해 야기된 부정적 정서와 인식을 줄여 줄 수 있다. 비록 장애와 만성질환 발생이 스트레스이고 삶을 통째로 변화시키며, 트라우마가 되고 부정적이라 할지라도, 대처 기술 훈련과 개입은 내담자를 고무시키고, 심리적 항상성으로의 회복을 도울 뿐 아니라, 이들의 긍정적 감정 증진에도 크게 기여한다.

## 집단 토의 과제

1. 장애와 만성질환에 적용되는 스트레스와 트라우마 관련 이론 이해가 중요한 이유는 무엇인가?

2. 장애와 만성질환의 맥락에서, 어떤 이유에서 긍정적 정서와 부정적 정서에 관한 이해가 중요하다고 생각하는가?

3. 장애나 만성질환 후 나타나는 긍정적 정서 반응인 외상 후 성장과 적응 중 무엇이 좀 더 집중적으로 연구되었는가?

4. 이 장에서 다룬 대처 개입 중 당신이 가장 끌리는 것은 무엇인가?

## 참고문헌

Aldwin, C. M. (1994). *Stress, coping, and development: An integrative perspective*. New York, NY: Guilford.

Alter, C. L., Pelcovitz, D., Axelrod, A., Goldenberg, B., Harris, H., Meyers, B., ... Kaplan, S. (1996). Identification of PTSD in cancer survivors. *Psychosomatics, 37*, 137-143.

American Psychiatric Association. (2013). *Diagnostic and statistical manual of mental disorders* (5th ed.). Washington, DC: Author.

Antonak, R. F., & Livneh, H. (1991). A hierarchy of reactions to disability. *International Journal of Rehabilitation Research, 14*, 13-24.

Billings, A., & Moos, R. (1981). The role of coping responses and social resources in attenuating the stress of life events. *Journal of Behavioral Medicine, 4*, 139–157.

Bishop, M. (2005a). Quality of life and psychosocial adaptation to chronic illness and acquired disability: A conceptual and theoretical synthesis. *Journal of Rehabilitation, 71*(2), 5–14.

Bishop, M. (2005b). Quality of life and psychosocial adaptation to chronic illness and disability: Preliminary analysis of a conceptual and theoretical synthesis. *Rehabilitation Counseling Bulletin, 48*, 219–231.

Bishop, M., Smedema, S., & Lee, E. (2009). Quality of life and psychosocial adaptation to chronic illness and disability. In F. Chan, E. Cardoso, & J. A. Chronister (Eds.), *Understanding psychosocial adjustment to chronic illness and disability: A handbook for evidence-based practitioners in rehabilitation* (pp. 521–550). New York, NY: Springer Publishing Company.

Blanchard, E. B., & Hickling, E. J. (1997). *After the crash: Assessment and treatment of motor vehicle accident survivors.* Washington, DC: American Psychological Association.

Bracken, M. B., & Shepard, M. J. (1980). Coping and adaptation following acute spinal cord injury: A theoretical analysis. *Paraplegia, 18*, 74–85.

Brewin, C. R., Watson, M., McCarthy, S., Hyman, P., & Dayson, D. (1998). Intrusive memories and depression in cancer patients. *Behavior Research and Therapy, 36*, 1131–1142.

Center for AIDS Prevention Studies. (1997). *Coping effectiveness training: Facilitator's manual.* Retrieved November 4, 2012, from http://caps.ucsf.edu/uploads/projects/CHANGES/pdf/CET%20Facilitator's%20Manual.pdf

Chan, F., Cardoso, E., & Chronister, J. A. (Eds.). (2009). *Understanding psychosocial adjustment to chronic illness and disability: A handbook for evidence-based practitioners in rehabilitation.* New York, NY: Springer Publishing Company.

Charmaz, K. (1983). Loss of self: A fundamental form of suffering in the chronically ill. *Sociology of Health and Illness, 5*, 168–195.

Charmaz, K. (1993). *Good days, bad days: The self in chronic illness and time*: New Brunswick, NJ: Rutgers University Press.

Charmaz, K. (1995). The body, identity, and self: Adapting to impairment. *Sociological Quarterly, 36*, 657–680.

Chesney, M., & Folkman, S. (1994). Psychological impact of HIV disease and implications for intervention. *Psychiatric Clinics of North America, 17*, 163–182.

Chesney, M., Folkman, S., & Chambers, D. (1996). Coping effectiveness training for men living with HIV: Preliminary findings. *International Journal of STD & AIDS, 7*(Suppl. 2), 75–82.

Chesney, M. A., Chambers, D. B., Taylor, J. M., Johnson, L. M., & Folkman, S. (2003). Coping effectiveness training for men living with HIV: Results from a randomized clinical trial testing a group-based intervention. *Psychosomatic Medicine, 65*, 1038-1046.

Chronister, J., & Chan, F. (2007). Hierarchical coping: A conceptual framework for understanding coping within the context of chronic illness and disability. In E. Martz & H. Livneh (Eds.), *Coping with chronic illness and disability: Theoretical, empirical, and clinical aspects* (pp. 49-71). New York, NY: Springer Publishing Company.

Chun, S., & Lee, Y. (2008). The experience of posttraumatic growth for people with spinal cord injury. *Qualitative Health Research, 18*, 877-890.

Costa, P. T., Somerfield, M. R., & McCrae, R. R. (1996). Personality and coping: A reconceptualization. In M. Zeidner & N. S. Endler (Eds.), *Handbook of coping: Theory, research, applications* (pp. 44-61). New York, NY: Wiley.

Degeneffe, C. E., & Lynch, R. T. (2004). Gestalt therapy. In F. Chan, N. L. Berven, & K. R. Thomas (Eds.), *Counseling theories and techniques for rehabilitation health professionals* (pp. 98-117). New York, NY: Springer Publishing Company.

Dembo, T., Leviton, G. L., & Wright, B. A. (1956). Adjustment to misfortune: A problem of social-psychological rehabilitation. *Artificial Limbs, 3*, 4-62.

Devins, G., & Binik, Y. (1996). Facilitating coping with chronic physical illness. In M. Zeidner & N. S. Endler (Eds.), *Handbook of coping: Theory, research, applications* (pp. 640-696). New York, NY: Wiley.

Devins, G., Edworthy, S., Guthrie, N., & Martin, L. (1992). Illness intrusiveness in rheumatoid arthritis: Differential impact on depressive symptoms over the adult lifespan. *Journal of Rheumatology, 19*, 709-715.

Devins, G., Seland, T., Klein, G., Edworthy, S., & Saary, M. (1993). Stability and determinants of psychosocial well-being in multiple sclerosis. *Rehabilitation Psychology, 38*, 11-26.

Duchnick, J. J., Letsch, E. A., & Curtiss, G. (2009). Coping effectiveness training during acute rehabilitation of spinal cord injury/dysfunction: A randomized clinical trial. *Rehabilitation Psychology, 54*, 123-132.

DuHamel, K. M., Smith, M. Y., Vickberg, S. M., Papadopoulos, E., Ostroff, J., Winkel, G., ... Redd, W. H. (2001). Trauma symptoms in bone marrow transplant survivors: The role of nonmedical life events. *Journal of Traumatic Stress, 14*, 95-113.

Dunn, M. K. (1975). Psychological intervention in a spinal cord injury center: An introduction. *Rehabilitation Psychology, 22*, 165-178.

Falek, A., & Britton, S. (1974). Phases in coping: The hypothesis and its implications. *Social Biology, 21*, 1-7.

Folkman, S., & Moskowitz, J. (2004). Coping: Pitfalls and promise. *Annual Review of Psychology*, *55*, 745-774.

Freud, S. (1920-1922). Beyond the pleasure principle. In J. Strachey (Ed. and Trans.), *The standard edition of the complete psychological works of Sigmund Freud* (Vol. 18). London, UK: Hogarth Press.

Green, B. L. (1993). Identifying survivors at risk: Trauma and stressors across events. In J. P. Wilson & B. Raphael (Eds.), *International handbook of traumatic stress syndromes* (pp. 135-144). New York, NY: Plenum Press.

Haan, N. (1977). *Coping and defending: Processes of self-environment organization*. New York, NY: Academic Press.

Harvey, M. (1996). An ecological view of psychological trauma and trauma recovery. *Journal of Traumatic Stress, 9*, 3-23.

Hohmann, G. W. (1975). Psychological aspects of treatment and rehabilitation of the spinal cord injured person. *Clinical Orthopaedics and Related Research, 112*, 81-88.

Holahan, C. J., Moos, R. H., & Schaefer, J. A. (1996). Coping, stress, resistance, and growth: Conceptualizing adaptive functioning. In M. Zeidner & N. Endler (Eds.), *Handbook of coping: Theory, research, and application* (pp. 24-43). New York, NY: Wiley.

Horowitz, M. (1976). *Stress response syndromes*. New York, NY: Jason Aronson.

Horowitz, M. J. (1983). Psychological response to serious life events. In S. Breznitz (Ed.), *The denial of stress* (pp. 129-159). New York, NY: International Universities Press.

Horowitz, M. J. (1986). *Stress response syndromes* (2nd ed.). New York, NY: Jason Aronson.

Horowitz, M. J. (1997). *Stress response syndromes: PTSD, grief, and adjustment disorders* (3rd ed.). New York, NY: Jason Aronson.

Inglehart, M. R. (1991). *Reactions to critical life events: A social psychological analysis*. New York, NY: Praeger.

Joseph, S. E., & Linley, P. A. (Eds.). (2008). Reflections on theory and practice in trauma, recovery, and growth: A paradigm shift for the field of traumatic stress. In S. E. Joseph & P. A. Linley (Eds.), *Trauma, recovery, and growth: Positive psychological perspectives* (pp. 339-356). Hoboken, NJ: Wiley.

Judd, F. K., Burrows, G. D., & Brown, D. J. (1986). Depression following acute spinal cord injury. *Paraplegia, 24*, 358-363.

Kendall, E., & Buys, N. (1998). An integrated model of psychosocial adjustment following acquired disability. *Journal of Rehabilitation, 64*(3), 16-20.

Kennedy, P. (2008). *Coping effectively with spinal cord injury: A group program therapist's guide.*

New York, NY: Oxford University Press.

Kennedy, P., Duff, J., Evans, M., & Beedie, A. (2003). Coping effectiveness training reduces depression and anxiety following traumatic spinal cord injuries. *British Journal of Clinical Psychology, 42*, 41-52.

King, C., & Kennedy, P. (1999). Coping effectiveness training for people with spinal cord injury: Preliminary results of a controlled trial. *British Journal of Clinical Psychology, 38*, 5-14.

Krohne, H. W. (1996). Individual differences in coping. In M. Zeidner & N. S. Endler (Eds.), *Handbook of coping: Theory, research, applications* (pp. 381-409). New York, NY: Wiley.

Krueger, D. W. (1984). Psychological rehabilitation of physical trauma and disability. In D. W. Krueger (Ed.), *Rehabilitation psychology: A comprehensive textbook* (pp. 3-14). Rockville, MD: Aspen.

Ladwig, K., Schoefinius, A., Dammann, G., Danner, R., Gurtler, R., & Hermann, R. (1999). Long-acting psychotraumatic properties of a cardiac arrest experience. *American Journal of Psychiatry, 156*, 912-919.

Lawrence, J. W., & Fauerbach, J. A. (2003). Personality, coping, chronic stress, social support and PTSD symptoms: A path analysis. *Journal of Burn Care and Rehabilitation, 24*, 63-72.

Lazarus, R. (1966). *Psychological stress and the coping process.* New York, NY: McGraw-Hill.

Lazarus, R. S. (1991). *Emotion and adaptation.* New York, NY: Oxford University Press.

Lazarus, R. S., & Folkman, S. (1984). *Stress, appraisal, and coping.* New York, NY: Springer Publishing Company.

Lazarus, R. S., & Launier, R. (1978). Stress-related transactions between person and environment. In L. A. Pervin & M. Lewis (Eds.), *Perspectives in interactional psychology* (pp. 287-327). New York, NY: Plenum.

Lifton, R. J. (1988). Understanding the traumatized self: Imagery, symbolization, and transformation. In J. P. Wilson, Z. Harel, & B. Kahana (Eds.), *Human adaptation to extreme stress: From the Holocaust to Vietnam* (pp. 7-31). New York, NY: Plenum.

Lifton, R. J. (1993). From Hiroshima to the Nazi doctors: The evolution of psychoformative approaches to understanding traumatic stress syndromes. In J. P. Wilson & B. Raphael (Eds.), *International handbook of traumatic stress syndromes* (pp. 11-23). New York, NY: Plenum.

Lilliston, B. A. (1985). Psychosocial responses to traumatic physical disability. *Social Work in Health Care, 10*, 1-13.

Lipowski, Z. J. (1970). Physical illness, the individual, and the coping process. *Psychiatry in Medicine, 1*, 91-102.

Livneh, H. (2000). Psychosocial adaptation to spinal cord injury: The role of coping strategies.

*Journal of Applied Rehabilitation Counseling, 31*(2), 3–10.

Livneh, H. (2001). Psychosocial adaptation to chronic illness and disability. *Rehabilitation Counseling Bulletin, 44,* 151–160.

Livneh, H., & Antonak, R. F. (1990). Reactions to disability: An empirical investigation of their nature and structure. *Journal of Applied Rehabilitation Counseling, 21*(4), 13–21.

Livneh, H., & Antonak, R. F. (1991). Temporal structure of adaptation to disability. *Rehabilitation Counseling Bulletin, 34,* 298–318.

Livneh, H., & Antonak, R. F. (1994). Psychosocial reactions to disability: A review and critique of the literature. *Critical Reviews in Physical and Rehabilitation Medicine, 6,* 1–100.

Livneh, H., & Antonak, R. F. (1997). *Psychosocial adaptation to chronic illness and disability.* Gaithersburg, MD: Aspen.

Livneh, H., & Antonak, R. F. (2005). Psychosocial adaptation to chronic illness and disability: A primer for counselors. *Journal of Counseling & Development, 83,* 12–20.

Livneh, H., & Martz, E. (2007). An introduction to coping theory and research. In E. Martz & H. Livneh (Eds.), *Coping with chronic illness and disability: Theoretical, empirical, and clinical aspects* (pp. 3–28). New York, NY: Springer Publishing Company.

Livneh, H., & Martz, E. (2012). Adjustment to chronic illness and disabilities: Theoretical perspectives, empirical fi ndings, and unresolved issues. In P. Kennedy (Ed.), *Oxford handbook of rehabilitation psychology* (pp. 47–87). New York, NY: Oxford University Press.

Livneh, H., & Parker, R. M. (2005). Psychological adaptation to disability: Perspectives from chaos and complexity theory. *Rehabilitation Counseling Bulletin, 49,* 17–28.

Manne, S. L., Ostroff, J., Winkel, G., Grana, G., & Fox, K. (2005). Partner unsupportive responses, avoidant coping, and distress among women with early stage breast cancer: Patient and partner perspectives. *Health Psychology, 24,* 635–641.

Martz, E. (2004). Do posttraumatic stress symptoms predict reactions of adaptation to disability after a sudden–onset spinal cord injury? *International Journal of Rehabilitation Research, 27,* 185–194.

Martz, E. (2005). Associations of posttraumatic stress levels with demographic, disabilityrelated, and trauma–related variables among individuals with spinal cord injuries. *Rehabilitation Psychology, 50,* 149–157.

Martz, E., Bodner, T., & Livneh, H. (2010). Social support and coping as moderators of perceived disability and posttraumatic stress levels among Vietnam theater veterans. *Health, 2,* 332–341.

Martz, E., & Cook, D. (2001). Physical impairments as risk factors for posttraumatic stress disorder. *Rehabilitation Counseling Bulletin, 44,* 217–221.

Martz, E., & Lindy, J. (2010). Exploring the trauma membrane concept. In E. Martz (Ed.), *Trauma rehabilitation after war and conflict: Community and individual perspectives* (pp. 27-54). New York, NY: Springer Publishing Company.

Martz, E., & Livneh, H. (Eds.). (2007). *Coping with chronic illness and disability: Theoretical, empirical, and clinical aspects.* New York, NY: Springer Publishing Company.

Mattlin, J. A., Wethington, E., & Kessler, R. C. (1990). Situational determinants of coping and coping effectiveness. *Journal of Health and Social Behavior, 31,* 103-122.

McFarlane, A. C. (2000). Posttraumatic stress disorder: A model of the longitudinal course and the role of risk factors. *Journal of Clinical Psychiatry, 61*(Suppl. 5), 15-23.

Miller, L. (1998). *Shocks to the system: Psychotherapy of traumatic disability syndromes.* New York, NY: Norton.

Moos, R., & Holahan, C. (2007). Adaptive tasks and methods of coping with illness and disability. In E. Martz & H. Livneh (Eds.), *Coping with chronic illness and disability: Theoretical, empirical, and clinical aspects* (pp. 107-126). New York, NY: Springer Publishing Company.

Moos, R. H., & Schaefer, J. A. (1984). The crisis of physical illness. In R. H. Moos (Ed.), *Coping with physical illness. Volume 2: New perspectives* (pp. 3-31). New York, NY: Plenum.

Moos, R. H., & Schaefer, J. A. (1986). Overview and perspective. In R. H. Moos (Ed.), *Coping with life crises: An integrated approach* (pp. 3-28). New York, NY: Plenum.

O'Brien, L. S. (1998). *Traumatic events and mental health.* Cambridge, UK: Cambridge University Press.

Radnitz, C. L. (Ed.). (2000). *Cognitive behavioral therapy for persons with disabilities.* New York, NY: Jason Aronson.

Radnitz, C. L., Schlein, I. S., Walczak, S., Broderick, C. P., Binks, M., Tirch, D. D., ... Green, L. (1995). The prevalence of posttraumatic stress disorder in veterans with spinal cord injury. *SCI Psychosocial Process, 8,* 145-149.

Radnitz, C. L., & Tiersky, L. (2007). Psychodynamic and cognitive theories of coping. In E. Martz & H. Livneh (Eds.), *Coping with chronic illness and disability: Theoretical, empirical, and clinical aspects* (pp. 29-48). New York, NY: Springer Publishing Company.

Selye, H. (1956). *The stress of life.* New York, NY: McGraw-Hill.

Selye, H. (1982). History and present status of the stress concept. In L. Goldberger & S. Bernitz (Eds.), *Handbook of stress: Theoretical and clinical aspects.* New York, NY: Free Press.

Shalev, A. Y. (1997). Discussion: Treatment of prolonged posttraumatic stress disorder–Learning from experience. *Journal of Traumatic Stress, 10,* 415-423.

Shalev, A. Y., Galai, T., & Eth, S. (1993). Levels of trauma: Multidimensional approach to the psychotherapy of PTSD. *Psychiatry, 56*, 166–177.

Sharoff, K. (2004). *Coping skills therapy for managing chronic and terminal illness.* New York, NY: Springer Publishing Company.

Shontz, F. C. (1965). Reactions to crisis. *Volta Review, 67*, 364–370.

Shontz, F. C. (1975). *The psychological aspects of physical illness and disability.* New York, NY: Macmillan.

Stroebe, M., & Schut, H. (1999). The dual process model of coping with bereavement: Rationale and description. *Death Studies, 23*, 197–224.

Suls, J., & Fletcher, B. (1985). The relative efficacy of avoidant and nonavoidant coping strategies: A meta-analysis. *Health Psychology, 4*, 249–288.

Summerfeldt, L. J., & Endler, N. S. (1996). Coping with emotion and psychopathology. In M. Zeidner & N. S. Endler (Eds.), *Handbook of coping: Theory, research, applications* (pp. 602–639). New York, NY: Wiley.

Taylor, S. E. (1999). *Health psychology* (4th ed.). New York, NY: McGraw-Hill.

Tedeschi, R. G., & Calhoun, L. G. (1995). *Trauma and transformation: Growing in the aftermath of suffering.* Thousand Oaks, CA: Sage.

Tedeschi, R. G., & Calhoun, L. G. (1996). The Posttraumatic Growth Inventory: Measuring the positive legacy of trauma. *Journal of Traumatic Stress, 9*, 455–471.

Tedeschi, R. G., & Calhoun, L. G. (Eds.). (1998). *Posttraumatic growth: Positive changes in the aftermath of crisis.* Mahwah, NJ: Erlbaum.

Tedeschi, R. G., & Calhoun, L. G. (2004). Posttraumatic growth: A new perspective on psychotraumatology. *Psychiatric Times, 21*(4), 1–2.

Terr, L. C. (1991). Childhood traumas: An outline and overview. *American Journal of Psychiatry, 148*, 10–20.

Turner, R. J., & Noh, S. (1988). Physical disability and depression: A longitudinal analysis. *Journal of Health and Social Behavior, 29*, 23–37.

Van der Kolk, B. A., Pelcovitz, D., Roth, S., Mandel, F., McFarlane, A., & Herman, J. L. (1996). Dissociation, somatization, and affect dysregulation: The complexity of adaptation to trauma. *American Journal of Psychiatry, 153*, 83–93.

Verwoerdt, A. (1966). *Communication with the fatally ill.* Springfield, IL: Charles C Thomas.

Wilson, J. P. (1995). The historical evolution of PTSD diagnostic criteria: From Freud to DSM-IV. In G. S. Everly, Jr., & J. M. Lating (Eds.), *Psychotraumatology: Key papers and core concepts in post-traumatic stress* (pp. 9–26). New York, NY: Plenum.

Wright, B. A. (1960). *Physical disability: A psychological approach.* New York, NY: Harper & Row.

Wright, B. A. (1983). *Physical disability: A psychosocial approach* (2nd ed.). New York, NY: Harper & Row.

Yehuda, R., & McFarlane, A. C. (1995). Conflict between current knowledge about posttraumatic stress disorder and its original conceptual basis. *American Journal of Psychiatry, 152*, 1705–1713.

Yoshida, K. (1993). Reshaping of self: A pendular reconstruction of self and identity among adults with traumatic spinal cord injury. *Sociology of Health and Illness, 15*, 217–245.

Zeidner, M., & Endler, N. S. (1996). *Handbook of coping: Theory, research, applications.* New York, NY: Wiley.

Zeidner, M., & Saklofske, D. (1996). Adaptive and maladaptive coping. In M. Zeidner & N. S. Endler (Eds.), *Handbook of coping: Theory, research, applications* (pp. 505–531). New York, NY: Wiley.

# 제18장

# 정신장애인을 위한 상담 개입

Patrick Corrigan and Nev Jones

## 학습목표

이 장에서는 정신장애인이 당면한 주요 심리사회적 장벽을 기술하고, 내담자의 회복 증진과 지원을 위한 토대로서의 강점 기반 정신장애인 재활상담(strengths-based psychiatric rehabilitation counseling)을 설명하며, 정신장애인 재활에서 증거 기반 실제(evidence-based practices: EBPs)의 중요성을 강조하고 핵심적인 EBP 관련 연구를 개관할 것이다. 이 같은 목적을 달성하기 위해 다음과 같은 학습 목표를 설정하였다.

① 정신장애인의 회복을 가로막는 심리사회적 장벽을 설명할 수 있다.
② 강점 기반 상담의 중요성을 설명할 수 있다.
③ EBP가 정신장애인 재활에서 중요하게 간주되는 이유를 논할 수 있다.
④ 정신장애인 재활 분야의 최신 EBP와 이를 지지하는 증거의 본질을 제시할 수 있다.

## 1. 정신장애인 상담의 어려움

심각한 정신장애를 가진 사람에게 의미 있고 효과적인 상담 서비스를 제공하려면 다양한 관심 사항에 관한 고려가 요구된다. 이 장에서는 일부 개념에 대해서는 문제를 제기하고, 다른 개념들은 그 범위를 확장하는 방식을 통해 상담을 보다 폭넓은 의미로 해석하고자 한다. 양질의 상담 서비스는 일반적으로 한 개인이 속한 공동체 내에서 오랜 기간에 걸쳐 그가 지향하는 목표 달성 지원을 목적으로 한다. 정신장애인을 대상으로 하는 상담 서비스는 정해진 공간(상담실)에서 위계적 관계를 바탕으로 50분가량 진행하는 일대일 개별 상담이라는 전통적 방식을 취하는 경우가 매우 드물다. 효과적인 프로그램은 대부분 지역사회 내에서 행해지며, 때로는 동료상담 형식을 빌어 수행되기도 한다.

### 1) 진단

정신장애인은 일반적으로 『정신질환의 진단 및 통계 편람 제5판(Diagnostic and Statistical Manual of Mental Disorders: DSM-5)』(American Psychiatric Association, 2013)에 명시된 중증 정신질환 진단을 받은 사람을 의미한다. DSM-5는 광범위한 조건을 포함하지만, 일반적으로 정신장애와 관련된 부분은 성격장애와 지적장애를 제외한 축 I(Axis I)[1]의 나머지 정신장애 진단 범주 모두를 지칭한다. 축 II(Axis II)는 발달 스펙트럼 장애는 제외하지만 자폐증과 지적장애는 포함하는데, 지적장애에는 외상성 뇌손상, 섬망(delirium), 치매 등과 무관한 증후군이 포함된다. 물질 사용 장애만을 가진 것으로 진단된 사람은 대개 정신장애 진단 범주에 속하지 않는다.[2] 정신장애인 재활 전문가들은 일반적으로 축 I이나 축 II에 포함된 장애 중 한 가지와 물질 사용 장애 또는 발달장애를 동반한 이중 진단(dual diagnoses) 판정을 받은 사람들이 상담 과정에서 경험할 수 있는 어려움을 인식해야 한다.

---

1) 역자 주: DSM-5(2013)에서는 정신질환을 축으로 구분하여 진단하는 방식을 폐기하였다. 단, 이 장의 저자는 DSM-IV-TR까지 사용되던 축 I과 축 II 개념을 정신장애 개념 구분을 설명하는 용어로 활용하고 있다.

2) 역자 주: 물질 사용 장애로 단독 진단된 사람은 정신장애인에 해당하지 않는다. 한국의 경우 정신장애는 지적장애, 자폐성 장애, 정신장애를 포함한다. 정신장애인이란 지속적인 조현병, 분열형 정동 장애, 반복성 우울 장애 등에 따라 감정 조절 및 사고 능력이 원활하지 않고 일상생활 또는 사회생활 영위에 상당한 제한이 있어 다른 사람의 도움을 필요로 하는 사람을 의미한다.

구체적 진단은 다음과 같은 다섯 가지 범주(Corrigan, Mueser, Bond, Drake, & Solomon, 2008)로 조직화된 증상 및 행동 프로파일(profile)에 의해 정의된다.

① 정동(affect): 슬픔, 불안, 분노, 다행감(euphoria) 등의 고통스러운 경험을 포함하며, 정상적 정서(normal emotions)가 현저하고도 장기적으로 발현되는 특징을 보인다.

② 지각(perception)과 인지(cognition): 세계를 이해하는 개인의 능력이 환각, 망상 또는 형식적 사고장애(formal thought disorder)와 같이 매우 극단적으로 왜곡되어 나타나는 특징을 보인다.

③ 동기와 활동: 금지 해제(disinhibition)와 팽창성(expansiveness) 또는 철회 및 무기력증(lethargy)으로 인한 행동 부재와 같은 부적절한 행동 특징을 보인다.

④ 대인관계 기능: 부적절한 행동(사회적으로 혹은 성적으로) 혹은 반사회적 행동(타인에 대한 완전한 무관심) 등의 특징을 보인다.

⑤ 자살 및 위험성(dangerousness): 자신 또는 다른 사람을 해치려는 결정을 특징으로 한다.

정신질환의 심각성은 장애에 의해 반영되는데, 이는 교육과 직업, 독립생활, 대인관계 기술 등과 같은 사회적 영역에서 개인적 목표 달성을 방해하는 증상 정도를 지칭한다. 비록 조현병과 양극성장애 등과 같은 일부 정신질환 진단의 경우 장애와의 관련성이 상대적으로 높은 편이지만, 장애의 심각성은 중요한 삶의 목표 달성 능력 결여에 의해서만 정의된다. 그러므로 불안장애를 가진 사람이 불안으로 인해 자신에게 유의미한 직장에 취업하여 고용을 유지할 수 없다면 그는 정신장애인 범주에 포함된다고 볼 수 있다(단, 이러한 주장은 한국에서는 인정되지 않는 상황이다).

역학 연구자와 정신과 의사들은 예후를 통해 한 개인의 미래를 이해하려고 시도한다. 일반적으로, 이들은 다양한 정신질환의 경과(course)뿐 아니라, 특정 개인의 인생 여정(예: "그의 증상을 감안해 볼 때 Fred가 직업을 얻을 수 있을까?")까지도 예측하고자 시도한다. 조현병은 전통적으로 최악의 예후를 보이는 것으로 묘사되어 왔다. Kraepelin(1971)의 정의는 현대적 의미의 조현병을 조발성 치매(precocious dementia)로 기술하였는데, 이러한 설명은 수십 년간 정신의학 실제에 커다란 영향을 미쳤다. 조현병에 걸린 사람들은 불가피하게 보호관리(custodial care)를 받아야 한다고 기대되었는데, 이는 직업과 독립생활을 위한 계획 대부분의 실행에 커다란 차질을 야기하였다. 그러나 조현병 진단을 받은 사람들을 대상으로 수행된 20~30년간의 장기 종단 추적 연구 결과는 이 같은 비관적 예후 전망이 크게 잘못되었다는 사실을 보여 주었다. 만약 Kraepelin의 예측이 정확했다면, 조현병 환자 대부분은 일상생활 활동조차 불가능한 상태인 채 병원의 후미진 병실에서 지내야만 할 것이다. 그러나 연구는 이와는 정반대의 결과를 보여 주었는데, 조현병 진단을 받은 사람들 중 75%가량이 그들의 또래에 준하는 수준의 직업과 독립생활 목표를 달성하는 것으로 나타났다(Emsley, Chiliza, Asmal, & Lehloenya, 2011). 나머지 25% 중 대다수도 집중적인 재활과 상담 서비스가 주어질 경우 양질의 삶을 누릴 수 있었다(Liberman, 2002).

이러한 유형의 종단 연구 결과, 전문가들은 최근 임상 실제에서 예후의 유용성에 관해 의문을 품게 되었다(Corrigan, 2013). 부정적 예후는 개입 계획에 영향을 미치는 정보를 제공하기보다는 개인의 유의미한 목적 추구를 침해할 우려가 있다. 조현병 환자들은 Emil Kraepelin의 망령에 사로잡혀 자신의 잠재력을 의심하기보다는, 과거 웅대했던 주장에 구애되지말고 삶의 목적을 이해하고 추구하게끔 격려받아야만 한다.

## 2) 낙인과 기타 불이익에 따른 장애물

정신질환에 대한 우리 사회의 낙인찍기는 심각한 정신질환을 가진 사람들의 삶의 목표 달성에 위협으로 작동한다(Corrigan, 2005; Hinshaw, 2006; Thornicroft, Leff, Warner, Sartorius, & Schulze, 2006). 특히 이들 중 두 가지 유형의 낙인은 정신장애인들의 개인적 목표 추구를 어렵게 만드는 까다로운 장벽으로 간주되고 있다. 공공의 낙인은 사람들이 사회 전반에 걸친 차별로 이어질 수 있는 정신질환에 관한 고정관념을 용인할 때 발생한다. 이들 고정관념 중 가장 문제가 되는 두 가지는 위험성(즉, 정신질환을 가진 사람은 예측할 수 없을 정도로 폭력적임으로 접촉을 피해야 한다)과 무능함(즉, 정신질환을 가진 사람은 가장 미미한 직업 외에는 아무것도 할 수 없고 독립적으로 살아갈 수 없다)에 관한 것이다. 이러한 고정관념은 고용주들이 정신질환을 가진 사람의 채용을 주저하게 만들고, 건물주들이 임대를 망설이게 하는 결과를 낳았다. 자기 낙인(self-stigma)은 정신질환을 가진 사람이 이러한 고정관념에 동의하고 이를 자기 자신에게 적용할 때 발생한다(예: "나는 정신질환자니까 무능력할 거야."). 자기 낙인은 자존감과 자기 효능감 저하를 초래하며, 일명 '노력 비하 효과(why try effect)'(예: "왜 취직하려고 애써야 해? 나 같은 사람은 그럴 가치가 없어." Corrigan, Larson, & Rusch, 2009)를 유발한다.

정신장애인 권익옹호의 최우선 과업은 낙인을 없애는 것이다. 교육(정신질환에 관한 오해와 사실을 대조하는 교육)과 접촉(임대인, 고용주 혹은 경찰관 등과 같은 표적 집단과 실제 정신장애 경험이 있는 사람과의 상호교류 촉진)은 심각한 정신장애인에 대한 대중의 낙인 완화에 널리 사용되고 있다. 최근의 메타 분석 연구에 따르면, 두 가지 방안 모두 유의한 변화를 가져왔는데, 특히 접촉은 교육에 비해 두 배 이상의 효과를 보였고, 시간이 경과한 후에도 긍정적 효과가 유지되었다(Corrigan, Morris, Michaels, Rafacz, & Rusch, 2012). 자기 낙인에 대해서는 심리교육 집단(psychoeducational group)(예: 참여자들에게 고정관념의 잘못된 점에 관해 교육하는 것)과 인지 행동 치료(예: 참여자들이 비합리적 신념으로서의 고정관념을 의심하는 법을 배우도록 돕는 것), 전략적 공개(strategic disclosure)(예: 개인의 과거 경험을 전략적으로 고백하여 비용과 이익의 정도를 따져 보는 것) 등의 방안이 사용되었는데, 이들 간 비교 평가 연구는 아직 미비한 실정이다(Corrigan & Rao, 2012).

사회적 불이익에 따른 부가 요소들은 어떤 면에서는 정신장애인에게 장애 자체보다 더욱 부정적인 영향을 미치는 경우가 많다(Draine, Salzer, Culhane, & Hadley 2002). 이들 중 가장 심각한 문제는 빈곤과 실직인데, 정신장애인들은 흔히 장기 실업으로 인해 재취업에 어려움을 겪으며(Nordt, Miiller, Rossler, & Lauber, 2007), 비장애인에 비해 빈곤 가정의 일원이 될 확률이 세 배 이상 높다(Vick, Jones, & Mitra, 2012). 두 번째 요인은 노숙(homelessness)인데, 심각한 정신장애 성인은 노숙인이 될 위험이 훨씬 크며, 이는 높은 질병이환률(morbidity)과 사망률(mortality) 문제를 동반한다(Martens, 2001). 세 번째 요인은 정신질환을 가진 사람들은 건강보험 혜택(health care system)에 대한 접근(예: 병원 또는 재활기관 등)을 제한하는 범죄 관련 행위(criminal justice system)에 연루될 가능성이 더 높으며(Constantine et al., 2010), 범죄의 희생양이 될 중대한 위기에 처해 있다(Maniglio, 2009). 또 다른 요인은 물질 남용으로, 정신질환을 가진 사람은 약물 남용 가능성이 현저히 높은데, 이는 신체적 질환의 현저한 증가와 무관하지 않다(Carra & Johnson, 2009).

인종 간 격차(ethnic disparities)는 장애뿐만 아니라 관리 체계(system of care: 의료 서비스와 사회 서비스를 포함하는 전달체계를 의미함)를 더욱 악화시킨다. 아프리카계와 라틴계 미국인 중 빈곤선(poverty level) 미만인 가구 수는 백인에 비해 두 배 이상이다(Deationavas-Walt, Proctor, & Smith, 2012). 아프리카계 미국인이 노숙 상태를 경험할 확률은 백인에 비해 세 배 더 높으며, 노숙인 중 라틴계 미국인의 비율은 15.7%에 달한다(U.S. Department of Housing and Urban Development, 2010). 정신질환을 가진 유색 인종은 범죄 관련 행위에 연루될 확률이 더 높고(Warf, Clark, Herz, & Rabinovitz, 2009), 범죄 피해자가 되거나 범죄에 노출될 가능성 또한 높다(Biafora & Warheit, 2007). 인종 간 격차는 또한 유색 인종의 건강 관리에도 장해물로 작용하는데, 이들은 높은 빈곤율로 인해 정신의학과 일차 진료(primary care) 서비스 모두에서 낮은 이용률을 보였다(Lanouette, Folsom, Sciolla, & Jeste, 2009). 소수 인종 집단 출신자들은 백인에 비해 건강보험 가입 가능성이 낮으며(Lee, O'Neill, Park, Scully, & Shenassa, 2012), 이들을 대상으로 정부가 운영하는 사회 안전망을 통한 서비스 제공 또한 부족하다(Rosenbaum, Markus, & Darnell, 2000).

낙인과 다른 사회적 불이익에 대한 시사점을 강조하는 입장은 재활 전문가들에게 중요한 주제를 반복하여 보여 주고 있다. 정신장애인들이 직면한 여러 가지 도전적 과업(challenges)을 감안해 볼 때, 역기능과 증상 완화에 주안점을 두는 치료만으로는 재활 목표를 촉진시키기에 충분하지 않다. 정신장애인이 살고있는 사회 체계(social system)에 영향력을 행사하려는 시도 또한 증상이나 역기능 완화만큼이나 중요하다. 사람들은 편견의 엄청난 파급 효과에 맞서 싸우기 위해 자신의 삶 전반에 걸쳐 개인적 역량을 필요로 한다. 그들은 또한 양질의 직업이 필요하고, 때로는 가난에서 벗어나기 위한 구직활동에 필수적인 교육과 훈련을 받아야 한다.

## 2. 상담 원리

심각한 정신장애인을 위한 상담 접근은 지난 20년 동안 발전에 발전을 거듭하였다. 증상이나 역기능 완화에 주력하던 기존의 의료적 모델은 서비스 제공자들에게 비관적 예후를 가져다주었고, 이는 실제로 정신장애를 가지고 살아가는 사람들과 그 가족에게 전파되어 개인적 목표와 높은 삶의 질 추구라는 미래에 대한 희망과 기회를 빼앗아 버렸다. 심각한 정신장애인들이 자발적으로 시작하여 발전해 온 풀뿌리 모임이라 할 소비자 운동은 50여 년 전 이미 사태의 심각성을 깨달았으며, 실패와 수치심이 아닌 희망과 회복을 반영하는 서비스 전달체계 구축을 요구하였다(Ralph & Corrigan, 2005). 소비자 운동의 결과에서 비롯된 원리는 회복(recovery), 자기 결정(self-determination), 강점(strength) 등을 골자로 하는 정신장애인 상담 전략의 기초가 되었다(〈표 18-1〉 참조). 다음에서 이들 원리를 보다 상세히 살펴보고자 한다.

**표 18-1** 정신장애인을 위한 효과적 상담 접근을 정의하는 원리와 실제

| 원리 | 실제 |
|---|---|
| 회복: 중대한 증상과 장애가 있어도, 심각한 정신장애인도 개인적 목표와 행복감(sense of well-being)을 성취할 수 있음 | 지원 고용과 교육: 장애인 이용자를 학교나 직장에 직접 배치하고, 이들에게 성공을 위해 필요로 하는 지원을 제공함 |
| | 지역사회 지지와 주거 지원(supported housing): 지역사회 내에서 정신장애인의 자립생활이 가능하도록 필요한 지원을 제공함 |
| | 예방 차원에서의 건강(wellness) 관리와 회복: 증상에 대한 자기 관리 증진과 목표 설정 및 달성을 지향하는 심리교육과 기술 훈련 프로그램 |
| 자기 결정: 인간은 삶의 목적과 이의 달성을 위한 개입 과정 전반에 걸쳐 완전한 통제력을 가지고 있어야 함 | 가족 서비스: 처치 개입 과정에 가족 구성원을 참여시키고 장애인 이용자가 스스로 양육자 또는 부양자로서의 책임을 관리할 수 있도록 돕는 서비스 제공 |
| | 전략적 투약 관리: 장애인 이용자가 치료 효과를 이해하고 의약품 사용에 관해 사려 깊은 결정을 내릴 수 있도록 지원 |
| | 동료 지원: 정신장애인에 의해 주도되고 그들을 위해 제공되는 서비스, 계획, 집단 활동 |
| 강점: 질병을 강조하는 접근은 정신장애인이 지닌 다수의 잠재 능력을 무시한 채 그 사람을 결함으로 가득찬 존재로 묘사함. 강점을 중시하는 접근은 개인의 능력감 회복을 지원함 | 통합적 건강관리: 신체 및 정신건강 욕구와 문제 통합과 조정을 목적으로 하는 서비스와 지원 |
| | 신앙 기반 서비스(faith-based services): 종교적 신앙심 또는 종교 기관에 기반한 정신건강 서비스와 프로그램 |

## 1) 회복

회복은 서로 관련된 두 가지 관점으로 발전해 왔다. 첫 번째는 의료적 관점을 반영한다. 즉, 매우 심각한 정신장애인이라 해도 효과적인 약물 치료와 정신 재활을 통해 그들의 증상과 장애에 대처하며 삶의 목적을 성취할 수 있다는 관점이다. 연구자들은 단정적으로 회복을 반영하는 준거(criteria)를 정의했는데, 이는 기저선 대비 증상의 유의한 변화와 고용 및 독립생활 영역에서의 일정한 표준적인 수준 달성 등을 포함한다(Liberman & Kopelwichz, 2005). 이 같은 낙관주의적 시각에도 불구하고, 성취 가능한 목표로서의 회복은 중요한 과정을 간과하고 있다. 이에 반해 대안적 관점은 주로 당사자 단체에 의해 발전해 왔으며, 개인의 행복과 삶의 질은 그 사람의 증상이나 장애와는 별개로 달성이 가능하다는 점을 인식한다(Ralph & Corrigan, 2005). 회복은 정신장애인들이 장해물 중 일부가 제

거된 후가 아닌 현재(지금-여기)를 중심으로 한 관계 맺기 여정으로 간주된다. 중요한 점은 회복에 관한 두 가지 관점 모두 심각한 정신장애인의 삶에 새로운 희망을 되살려 준다는 사실이다. 실제로 개인의 목적은 달성이 가능하고, 양질의 삶을 즐길 수 있으며, 심리적 행복감을 향유할 수 있게 되었다.

## 2) 자기 결정

회복의 핵심은 정신장애인 이용자가 살아가며 직면하게 될 무수한 선택과 자신의 목표 달성 지원을 위한 재활 계획 수립 과정에서 개인적 지배력(personal power)을 소유하는 것이다. 안타깝게도, 과거 정신건강 대처 모델들은 정신장애인들이 성공적인 선택을 내릴 역량이 없다는 사례로 가득차 있다. 이는 부분적으로 자비 낙인(benevolence stigma)을 대표하는데(Watson & Corrigan, 2005), 이러한 관념은 심각한 정신장애 성인은 근본적으로 어린아이와 같기 때문에 그 자신을 위한 선택 과정에서 의사나 부모와 같이 인자하며 권위있는 인물(authority figure)을 필요로 한다는 시각이다. 자비 낙인은 종종 정신장애인 이용자의 목표에 관해 보수적인 태도로 이어진다(예: "Thelma는 업무를 감당할 수 없을 것이므로 회계사 직을 추구해서는 안 된다."). 이는 또한 정신장애인 이용자의 지시 준수(adherence)와 순응(compliance)을 장려하며, 정신장애인 이용자에게 경우에 따라서는 자신의 이해(interest)와 관계없이 치료적 처방을 무조건 따라야 할 때가 있다고 주장한다. 정신장애인 이용자의 절대적 순응을 강조하는 이 같은 유형의 시대착오적 통념은 여러 가지 위해(harm)를 초래한다. 일부 치료법의 경우 매우 심각한 부작용을 초래하기도 한다. 의도하지 않은 부작용에 따른 위험 때문에 혈압약 복용을 중단하기로 결정하는 것과 같이, 정신장애인의 경우에도 항우울제나 항정신병 약물 치료를 중단하기로 결정할 수 있다. 때때로, 순응을 요구하는 접근은 정신장애인 이용자에게 그가 현재 원하는 목표 추구를 연기하라고 요구한다(예: "Bob, 저는 당신이 시설(halfway house)에 몇 달 더 머물러야 한다고 생각합니다. 제가 보기에 선생님은 아파트에서 혼자 살 준비가 아직 덜 되었다고 생각합니다."). 이 같은 경고(cautions)는 개인의 목표와 삶의 질 추구에 함께하는 자발성과 흥분된 열망을 빼앗아 갈 수 있다.

현대적 재활 개념은 근본적으로 자기 결정에 뿌리를 두고 있다. 재활 전문가들은 장애인 이용자들이 자신의 현재 목표와 그것의 달성 경로를 파악하기 위한 장애뿐만 아니라 가능성에 대해서도 충분히 이해하도록 도와야 한다. 가족과 친구의 관점도 중요하지만, 자기 자신의 재활 계획 수립에 다른 의견을 어떻게 접목할 것인지에 관한 결정은 최종적으로 정신장애인 이용자 본인의 몫이기 때문이다. 재활상담사는 선택과 실패의 존엄성(dignity)을 존중하고 지지해야 한다(Corrigan, 2011). 다른 모든 사람의 경우와 마찬가지로, 선택지 중 일부는 심각한 상실감 유발 등과 같이 당초 의도했던 결과를 가져다주지 않을 수도 있다. 하지만 이러한 부정적 결과는 그 사람의 질환에서 비롯된 것이 아니라, 행복을 추구하는 과정에서 누구나 감내해야 할 일종의 비용/모험(롤러코스터)과도 같은 것이다. 공유된 의사결정(shared decision making: SDM), 문제 해결(problem solving), 재발 방지(relapse prevention) 등은 자기 결정 증진을 위한 지원 도구다.

- 공유된 의사결정은 장애인 이용자에게 전향적으로 움직이는 것의 비용과 이익 평가에 필요한 선택사항의 범위에 관한 정보 수집을 지원함으로써 개별 선택사항에 대한 이해를 돕는 기법이다.
- 문제 해결은 장애인 이용자에게 특정 목표 추구를 가로막는 복잡한 장해물을 주요 부분으로 나누어 접근하는 방법을 가르치는 기법이다. 장애인 이용자는 자신이 직면한 문제를 누가, 무엇을, 언제, 어디서 등과 같은 육하원칙에 따라 규정하기, 브레인스토밍을 통한 해결책 마련하기, 각각의 해결책이 지닌 상대적 이익 평가하기, 해결책의 현실 세계 적용을 위한 계획 수립하기, 계획의 장기적 적용 여부 결정을 위한 추후 영향력 평가하기 등의 방법을 학습하게 된다.
- 정신장애인 이용자는 재발 방지 교육을 통해 증상과 장애가 자주 재발한다는 사실을 학습한다. 따라서 그들은 덜 고통받는 기간 동안 증상이 재발할 경우 무슨 조치를 취할 것인지를 계획할 수 있다. 그들은 또한 재발 가능성이 더 높은 상황(예: 스트레스 유발 장소)과 재발 증가를 야기하는 여타 촉발인자 식별 방법을 학습한다.

이러한 모든 수단과 이 장의 나머지 부분에서 다룰 개입 방안의 핵심은 양질의 상담을 구성하는 적극적 경청의 근본이다(이 책의 제11장 참조). 적극적 경청에는 주의 기울이기 기술(동참하려는 자세, 적절한 눈맞춤, 주의를 분산시키지 않는 동참), 추적 기술[계속 말하도록 격려하기(door openers)], 최소 격려(minimal encourages), 간헐적 질문, 경청적 침묵(attentive silence), 반영 기술(메시지에 담긴 감정과 다른 잠재 패턴 공유 시도) 등을 포함한다.

### 3) 강점

심각한 정신장애인이라도 오로지 증상과 장애만으로 정의할 수는 없으며, 그렇게 해서도 안 된다. 심각한 정신장애인들 또한 강점을 지니고 있는데, 이는 그들 인생 전반에 걸쳐 커다란 영향력을 행사한다는 점에서 강점은 그 사람의 선택을 이해하는 데 그 무엇보다도 중요하다. 실제로, 장애와 강점을 수치화할 수 있다면, 정신장애인들이 매일 성취하는 수많은 성과를 고려해 볼 때 이들의 강점이 가져다주는 이익은 분명 장애로 인한 어려움(비용/불편)을 능가할 것이다. 이는 정신장애에 관한 의료적 모델이 보여 주는 역설을 잘 나타낸다. 어떤 사람이 지닌 한계(단점)만으로 그 사람을 설명한다면, 그와 관계를 맺고 있는 사람 모두를 자연스레 비관론으로 이끄는 실망스러운 모습(picture)만을 초래할 것이다. 재활상담사의 임무는 정신장애인 이용자가 자신의 삶을 헤쳐나가는 데 필요한 굳건한 입지를 되찾을 수 있도록 자신의 강점들을 찬찬히 살펴보도록 돕는 것이다.

재활상담사는 이용자의 목표 이해를 돕는 과정에서 그 사람의 낙관적 태도를 촉진해야 한다. 재활상담사는 또한 장애인 이용자가 스스로의 강점을 파악하여 이를 적극 활용하도록 도와줄 방안을 모색해야 한다. 때때로 정신장애인 이용자가 활성화 기술을 배워야 할 경우가 있다. 예를 들어, 스포츠를 주제로 다른 사람들과 유쾌한 대화를 나눌 능력은 이러한 유형의 교류에서 자신의 의견을 공유하고 싶어 하는 사람을 구별하는 방법 학습이 요구된다. 때때로 정신장애인 이용자는 재활상담사, 가족, 친구 등으로부터 이러한 강점들을 즐겨도 괜찮다는 '허용'이 필요할 경우가 있다(예: "Harold, 여자아이들한테 매력을 느끼고 그 중 몇 명에게 데이트를 신청하는 것은 좋은 일이란다."). 재활상담사는 때때로 가족과 친구들이 정신장애인 이용자가 자신의 강점을 이용하여 목표를 추구하려는 시도를 좌절시키지 않도록 적절한 도움을 제공할 필요가 있다. 다음 단원에서 논의할 동료 기반 개입은 이러한 목적에 특히 유용할 수 있다.

## 3. 증거 기반 실제

정신장애인의 개인적 목표 추구를 지원하기 위해 다양한 실천 방안이 대두되었다. 최근, 연구자들과 정신장애인 옹호자들은 이러한 목록을 일정한 증거 기반을 가진 것들로써 제한할 것을 요청했다(Corrigan et al., 2008). 부분적으로, 이는 서비스 제공자들과 옹호자들이 정신장애인 이용자의 목표 증진에 효과적이라고 간주해 왔던 일부 치료 접근이 그들이 생각하던 이익을 가져다주지 않고, 실제로는 의도하지 않았지만 상태 악화라는 결과를 초래할 수 있다는 사실을 깨달았기 때문이다. 증거 기반 준거(evidence-based criterion)를 충족하기 위한 정확한 공식은 유동적 상태로 남아 있다. 무작위 임상 실험(RCT)이 다수의 보건 분야에서 양질의 연구를 담보하는 황금률(gold standard)이기는 하지만, 이러한 접근을 통해 제대로 이해되지 못하는 개입 또한 존재한다(Corrigan & Salzer, 2003). 예를 들어, 선택과 헌신(commitment)은 뒤에서 설명하는 동료 기반 개입 유형의 기초를 이루고 있다. 동전 던지기를 통해 사람들을 무작위로 집단에 배정하는 방법(RCT)은 선택과 헌신을 훼손할 수 있다. 재활 관련 연구가 성장함에 따라, 연구자들은 적절한 RCT 기준의 보완 방법을 찾으려는 시도를 지속하고 있다.

다음에서 논의할 실천 방안들은 선 배치 후 훈련(place-train)이라는 한 가지 가정을 공유한다(Bond, 1998; Corrigan & McCracken, 2005). 전통적 재활 개념은 선 훈련 후 배치(train-place) 원리에 기반하고 있다. 이 모델은 장애인 이용자를 그가 추구하는 목표 달성이 가능한 실제 상황(직장이나 학교)에 배치하기 전에 증상과 장애의 완전한 관리를 위한 훈련을 제공한다. 예를 들어, 취업을 원하는 장애인 이용자가 재활상담사와 만나 자신의 직업 목표를 논의하려면 먼저 사회적 기술과 증상 관리 기술이 숙달되었음을 입증해야 한다. 불행하게도, 이들 중간 단계는 취업을 원하는 정신장애인 이용자들의 지금-여기(here and now) 상황에서 중요한 열망(aspirations) 추구를 가로막는 불필요한 장애물을 초래하였다. 더욱이, 일반적인 치료 상황에서 학습한 기술은 직장이나 학교 등과 같은 실제 상황에서 일반화하기 어려울 가능성이 높다. 선 배치 후 훈련 개입은 직업, 주거, 대인관계 등과 같이 정신장애인 이용자를 자신의 당면 관심 상황에 곧장 진입하게 한 후, 그 상황에서의 성공에 필요한 기술을 훈련하거나 가르칠 수 있도록 돕는다. 〈표 18-1〉의 우측 편에는 다음에서 논의할 증거 기반 실제 관련 내용이 요약되어 있다.

## 1) 지원 고용 및 교육

개별화 배치 및 지원(individual placement and support: IPS) 모델은 아마도 가장 방대한 실증적 연구 기반이 뒷받침된 정신장애인 대상 지원 고용 접근으로, 고용과 교육 목적 모두에 부합하는 기본 원칙을 반영한다(Bond, Campbell, & Drake, 2012; Drake, Bond, & Becker, 2012). 가장 최근에 만들어진 IPS 상세 방안(specifications)은 다음과 같은 여섯 가지

원칙과 활동을 포함한다.

① 무배제(zero exclusion): 본인이 원한다면 정신장애인 누구나 구직 활동을 할 수 있어 야 한다. 증상이나 역기능을 나타내는 그 어떤 지표도 취업을 희망하는 정신장애인 의 지원 고용 서비스 수령을 제한할 수 없다.

② 사람 우선(person preference): 직업재활 프로그램에서 직업 목표 수립은 특정 직종의 가용성 여부가 아닌 전적으로 정신장애인 이용자의 욕구와 선호에 기반해야 한다.

③ 신속한 구직 활동(rapid job search): 정신장애인 이용자와 그의 직업 목표 사이에는 괴 리(장애물)가 없어야 한다. 정신장애인 이용자는 직업재활 프로그램을 시작한 첫째 날이라도 그가 원할 경우 준비가 되는 대로 경쟁 고용 시장에서 구직 활동을 시작할 수 있어야 한다.

④ 후속 지원(follow-along supports): IPS는 직장 현장(on the job)이나 지역사회 내의 다 른 적절한 장소에서 정신장애인 이용자가 필요로 하는 지원을 제공하는 직무 지도원 (job coach)을 포함한다. 이 같은 종류의 지원은 당사자가 요청하는 한 수시로 그리고 장기간 제공된다.

⑤ 정신건강 서비스와 직업재활 서비스의 통합(integration of mental health and vocational services): 정신의학적 치료와 직업재활 프로그램이 별개의 것이라는 접근은 많은 서 비스 체계가 빠지기 쉬운 함정 중 하나로, 이는 전인적 인간(whole person)으로의 발 전에 필요한 치밀한 계획 수립과 실천을 어렵게 만든다. 전체적 체계를 갖춘 개입 (panoply of intervention)은 단일 팀(one team)에 의해 제공될 필요가 있다.

⑥ 공적부조 관련 혜택(benefits) 상담: 경쟁 고용 환경으로의 이행을 촉진하기 위해서는 정신장애인 이용자에게 일을 하게 됨으로써 보충적 소득 급여나 의료 급여 등 그가 받는 사회복지 혜택에 어떤 변화가 있을지를 이해시킬 필요가 있다.

연구에 따르면, IPS 및 이와 유사한 지원 고용 프로그램은 장애인 이용자의 경쟁 고용 획 득과 이의 유지 능력을 크게 향상시키는 것으로 나타났다(Corrigan et al., 2008). 그러나 지 속적 발전의 초점이 되는 몇 가지 우려사항이 제기되어 왔다. 여기서는 두 가지 사례를 검 토하고자 한다. 첫째, IPS 참여자들의 직업 유지 기간은 비교적 짧았는데, 가장 오랜 기간 고용 상태를 유지한 직종의 평균 근속 기간은 21.3주에 불과하였다. 둘째, IPS는 프로그램 참여자들을 더 나은 직업으로 이끌지 모르지만, 반드시 천직과 진로라는 의식까지 심어 주는 것은 아니다. 개량된 형태의 지원 고용 프로그램은 참여자들이 진로와 관련된 직업 결정의 다중적 수준을 이해하도록 돕고자 하는 시도를 포함한다.

지원 교육의 목적은 지원 고용과 흡사하다. 즉, 지원 교육의 목적은 장애 학생들이 실제 환경에서 자신이 지닌 교육적 목표에 도달하도록 돕는 데에 있다. 하지만 지원 교육은 지원 고용이나 IPS와 동등한 수준으로 발전되거나 검증되지 못하였다. 학교 및 학교 밖의 시각을 포괄하는 몇 가지 지원 교육 모델이 제안되었다(Mowbreay, Strauch Brown, Furlong-Norman, & Sullivan Soydan, 2002). 최근 들어, IPS는 정신장애인 참여자들이 지역 내의 전문대학(community college) 및 그 밖의 교육기관에서 개인의 희망과 목표에 걸맞는 교육적 목적[신속 탐색, 입학(placement), 지속적 학습 지원 등]을 달성하도록 돕기 위해 변모하고 있다(Nuechterlein et al., 2008).

## 2) 지역사회 지지와 주거 지원

지역사회 지지와 주거 지원은 원칙적으로는 별개의 재활 영역이지만, 실제로는 자주 결합되어 제공된다. 다수의 지역사회 지지 모델 중 적극적 지역사회 치료(assertive community treatment: ACT)는 정신장애인 재활 개입 방안 중 가장 엄정한 연구가 이루어진 증거 기반 프로그램 중 하나다(Bond, Drake, Mueser, & Latimer, 2001; Dieterich, Irving, Park, & Marshall, 2010). ACT는 다양한 분야의 전문가로 구성된 팀 접근을 활용하여 프로그램 참가자들을 지역사회 활동에 참여하게 하고, 합병증 관리, 입원 방지, 증상 관리, 독립생활 영위 등에 필요한 자원과 지원을 제공한다. ACT 팀 구성원들은 정기적 모임을 통해 그들이 담당하는 정신장애인 이용자의 현재 상황과 당면 문제 또는 어려움에 관해 논의한다. ACT 팀은 주 7일, 하루 24시간 내내 이용이 가능하며, 가정이나 프로그램 참여자들이 택한 지역사회 내의 장소에서 의료 지원과 투약 관리 등을 포함하는 일체의 서비스를 제공한다. ACT 서비스는 식료품과 의류 구입, 지지 치료(supportive therapy), 기술 훈련, 투약 관리 등과 같은 프로그램 참여자 각각의 고유한 욕구 충족을 위해 최대한 유연하게 설계된다.

독립생활을 위해서는 적절한 사례관리와 거주할 수 있는 물리적 공간이 필요하다. ACT 또는 그보다 덜 집중적인 형태의 지역사회 기반 사례관리와 결합된 다수의 모델을 포함하여 여러 유형의 주거 모델이 사용되었는데, 이들 중 '주거 우선(housing first)' 모델은 지난 10여 년간 공적 영역은 물론, 경험적 연구 면에서도 지지세를 꾸준히 넓혀 가고 있다(Nelson, 2010). 내담자의 치료 프로그램 참여, 불법 약물 사용 중지, 독립 주거에 대한 접근 허용에 앞선 과도기적 환경에서의 생활 등을 필요로 하는 이른바 치료 우선 모델(treatment first models)과는 달리, 주거 우선 모델은 주거가 근본적이고 무조건적인 인권임을 강조한다(Tsemberis & Asmussen, 1999). 주거 우선 프로그램은 흔히 연방정부와 주정부의 주택 바우처를 사용하여 입주 희망자들을 그들이 선택한 공개 시장(open-market)의 가용한 주택에 최대한 신속히 배치한다. 독립 주택은 거의 대부분 ACT 또는 그보다 덜 집중적 형태의 지역사회 기반 팀 사례관리와 짝을 이루어 지원된다. 알코올이나 약물 남용 문제가 있는 이용자에게 주거 우선 모델을 적용해야 한다고 주장 사람들은 이 모델이 절제(abstinence)보다 위해성 축소(harm reduction)에 더 크게 기여할 것이라고 주장한다. 이용자들에게 술이나 불법 물질 사용을 줄이도록 격려하고, 그와 같이 행동하기 위해 필요한 도움을 주기는 하지만, 지속적 지원은 결코 절제나 물질 남용 치료 프로그램 참여 준수를 조건으로 하지 않는다.

　ACT와 관련된 경험적 연구는 특히 입원 기간 단축이라는 점에서 집중적 사례관리와 그밖의 비교 대상에 포함된 개입 방안에 비해 일관되게 장점이 있음을 입증하였다. 다만, 지난 10여 년간 수행된 무작위 통제 집단 실험 연구(RCTs)를 보면 최소한 이 같은 효과의 일부가 하락 추세를 보이고 있음을 알 수 있다(Burns et al., 2007). 이러한 점진적 효과 감소는 실제로는 ACT의 성공에 기인한 것일 수 있다. 전반적으로, 최근 지역사회 기반 정신건강 서비스는 ACT 모델과 더욱 가까워졌는데, 이는 집중적이고 개별화된 지원 제공을 지향하는 다학제적 팀 접근을 폭넓게 활용하는 계기가 되었다(Burns, 2010). Nelson, Aubry 그리고 Lafrance(2007)는 정신장애인과 노숙 이력이 있는 사람들을 대상으로 제공된 주거 우선과 ACT 결합 프로그램이 ACT를 단독 적용했을 때나 집중적 사례관리 모델만을 활용했을 때에 비해 훨씬 큰 효과를 보였다고 결론지었다.

## 3) 웰니스 관리와 회복

　웰니스 관리와 회복(wellness management and recovery: WMR) 프로그램은 질환 관리 및 회복(illness management and recovery: IMR)이라고도 불리며, 물질 남용 및 정신건강 서비스 관리국(SAMHSA; Mueser et al., 2002)의 지원을 받아 개발된 여섯 가지 증거 기반 프로그램 중 하나다(Mueser et al., 2002). WMR은, ① 심리교육(psychoeducation), ② 투약 준수 지향 행동 개입(medication adherence-oriented behavioral intervention), ③ 재발 방지 훈련(relapse prevention training), ④ 사회적 기술 훈련(social skills training), ⑤ 증상 자기 관리(symptom self-management) 등 경험적으로 지지된 회복의 다섯 가지 하위 구성요소를 하나의 포괄적 패키지로 통합한 것이다(Mueser et al., 2006). WMR은 집단 또는 개별 상담 형태로 제공이 가능하며, 개별 목표 설정과 이들 목표 및 개개 프로그램의 주요 관심 영역 사이의 연계를 강조한다. 교육 과정은 물질과 알코올 남용, 투약 관리, 스트레스 대처 등의 문제에 초점을 맞추고 있으며, 이수까지 보통 6개월에서 10개월가량의 기간을 필요로 하는 10개의 구성 단위(modules)로 나뉘어져 있다. RCT를 활용한 최근 연구 성과는 WMR이 삶의 질과 목표 달성 등 다양한 영역에서 상당한 영향을 미치며(Hasson-Ohayon, Roe, & Kravez, 2007; Levitt et al., 2009), 이러한 효과는 최소 1년 이상 유지되었다고 한다(Roe, Hasson-Ohayon, Salyers, & Kravez, 2009).

## 4) 가족 서비스

자녀의 정신장애를 유발한 원인이 오랜 시간 동안 차별과 낙인의 대상이 되었다는 점에서, 가족 구성원의 참여는 현대적 증거 기반 정신재활의 필수적 측면으로 인식되고 있다(Corrigan et al., 2008). 탈시설화(deinstitutionalization)의 대두로 인해, 정신장애인 중 1/3~2/3 정도로 추정되는 사람들이 가족과 함께 사는 것으로 밝혀졌다(Beeler, Rosental, & Cohler, 1999). 아울러, 정신장애인 구성원과 함께 살지 않는 가족이라 해도, 대개는 돌봄 과정에 깊숙이 관여하고 있다. 정신재활상담 맥락에서, 잠재적으로 도움이 될 만한 개입 방안에는 직접 지원과 심리교육(McFarline, Dixon, Lukens, & Lucksted, 2007), 내담자 치료 및 재활 계획 수립 과정에의 가족 참여(Meis et al., 2012), 다중 가족 지원 또는 가족 간 상호 지지 집단(Lucksted et al., 2013) 등이 있다. 정신장애인은 또한 부모 또는 돌봄을 제공해야 할 부양자로서의 역할과 관련된 전문적 지원을 필요로 할 수 있다. 특히 나이 어린 정신장애 자녀를 둔 어머니의 경우, 자녀 양육에 따른 일반적 어려움과 함께, 자녀의 심각한 정신장애로 인한 어려움 관리를 목적으로 하는 추가적 서비스를 필요로 할 수 있다(Lagan, Nights, Barton, & Boyce, 2009).

## 5) 이중 진단을 받은 정신장애인을 위한 통합적 돌봄

심각한 정신장애 판정을 받은 사람 중 적어도 절반 이상이 물질 남용 문제를 동반하는 것으로 보고되었다(Kessler et al., 1996). 이처럼 이중 진단을 받은 사람들은 노숙, 입원, 투옥 등 좋지 않은 상황에 처할 위험이 매우 높다(Najit, Fusar-Poli, & Brambilla, 2011). 물질 사용 장애 동시 발생 가능성 확인, 내담자의 정신질환과 물질 남용 사이의 관계 탐색, 적절한 개입 제공 등의 중요성은 아무리 강조해도 지나치지 않다. 절제(물질 사용 완전 중단)와 위해성 감소 원리에 주력하는 프로그램 등 이중 진단을 받은 사람들을 위한 다수의 구체적 개입 방안이 개발되었지만, 이들 프로그램을 관통하는 중요한 기본 원칙은 다음과 같이 특정할 수 있다. 즉, 효과적인 개입을 위해서는 원활한 조정, 포괄적 욕구 해결을 위한 다학제 팀 활용, 중독 문제에 전문적 교육을 받은 스태프 참여, 개인의 욕구와 발달 단계에 적합한 구체적이고 다양한 접근 방법 포함, 장기적 추적과 지원 보장 등이 이루어져야 한다(Corrigan et al., 2008; Horsfall, Clearary Hunt, & Walter, 2009). 연구에 따르면, 주거 지원과 ACT가 결합된 통합적 이중 진단 장애인 대상 프로그램은 입원, 투옥, 노숙, 고용 등에 상당한 정도의 긍정적 효과를 보였다(Tsai, Salyers, Rollins, McKasson, & Litmer, 2009).

## 6) 전략적 투약 관리

다수의 증거가 급성 악화기와 재발 방지에 있어 향정신성 투약 치료가 증상 완화에 효능을 보인다는 점을 입증하였다(Davis, Chen, & Glick, 2003). 그러나 의학적 맥락에서, 효능(efficacy)은 고도로 통제된 임상 실험 처치가 얼마나 잘 작동하는지를 나타내는 용어로, 실생활에서 처치가 얼마나 잘 작동하는지를 반영하는 용어인 효과성(effectiveness)과는 반드시 구별되어야 한다. 높은 효능에도 불구하고, 투약 치료는 높은 중단율로 인해 실생활에서의 효과가 제한적이다. 예를 들어, 항정신병 약물의 효과성에 관한 전국 단위의 실험 연구는 70% 이상의 투약 중단율을 보였는데(Lieberman et al., 2005), 이처럼 높은 중단율은 심각한 부작용, 심리사회적 개입 대비 약리학적 개입에 관한 사회문화적 태도, 증상과 그것의 영향력에 대한 통찰 등의 요인에서 비롯된 것으로 나타났다(Velligan et al., 2009). 따라서 정신재활의 맥락에서 전략적 투약 관리는 투약에 관한 공유된 의사결정과 사려 깊은 자기 결정을 위한 지지에 중점을 두고 이들 복잡한 문제에 대한 적극적 협상을 포함한다(Corrigan et al., 2008, 2012; Deegan & Drake, 2006).

실제로, 공유된 의사결정은 실무 전문가의 역할에 관한 근본적 재구성을 포함한다. 즉, 전문가는 내담자에게 약물 복용을 지시하는 권위적 의사결정자 역할 대신, 협력적 동반자로서 정보 제공, 질문에 대한 답변, 자발적 동기와 선택을 돕는 환경 조성 등의 역할을 담당한다. 지역사회 환경에서 정신장애 재활상담사는 흔히 처방하는 사람(prescribers)을 포함하여 팀의 일원으로 활동한다. 그러한 맥락에서, 공유된 의사결정은 처방 담당 임상가와의 연계, 내담자 옹호, 투약 관리 약속 이행 기간 동안 우려사항 제기와 질문 장려 등을 포함한다(Corrigan et al., 2008). '실패할 존엄성(dignity to fail)'이라는 기본 개념은 투약에 관한 논의가 제기될 때마다 숙고되어야 한다. 모든 성인이 그러하듯이, 정신장애 이용자들 또한 궁극적으로 무엇이 자신에게 가장 최선인지와 어떤 위험이 감수할 가치가 있는지 여부를 결정할 권리가 있다. 재활상담사들은 비판단적 정보, 각종 자원, 지원 등의 제공을 지속하는 동안 이러한 원칙을 명심해야 한다.

## 7) 동료 지원

소비자 운동 초기부터 권익옹호론자들은 동료 지원과 동료 주도 서비스의 근본적 중요성을 강조해 왔다(Chamberlin, 1978). 동료 지원은 전통적인 정신건강 서비스 또는 비동료 동반 서비스(alongside nonpeer services)와 별도로 이루어질 수 있다. 유급 동료 지원 전문가를 위한 보편적 훈련 제공이 확대되고 있기는 하지만, 동료 지원은 공식적 훈련을 포함할 수도, 그렇지 않을 수도 있다(Salzer, Schwenk, & Brusilovsky, 2010). 동료 지원 주도자들은 자기 낙인, 트라우마, 물질 남용 등과 같은 특정 문제에 초점을 맞추거나, 소비자가 폭넓은 경험과 통찰을 공유할 수 있는 보다 일반적인 토론의 장을 제공할 수도 있다. SAMHSA가 2002년 수행한 조사에 따르면, 미국에는 대략 7,500개의 정신건강 지지 집단과 소비자 운영 서비스(consumer-operated services)가 있는 것으로 파악되었다(Goldstrom et al., 2006). 이 같은 수치는 지난 10년 동안 크게 증가했을 가능성이 높다. 전국 동반 이환율 조사(National Comorbidity Survey) 결과에 의하면, 미국인 중 약 18%가 일생에 한 번 이상 자조 집단을 활용한다고 한다(Wang, Berglund, & Kessler, 2001).

특정 유형의 동료 지원에 관한 다수의 증거 기반 연구가 꾸준히 출현하고 있기는 하지만, 동료 지원은 전통적인 정신건강 서비스를 보완하는 중요한 부가 서비스로 인식되고 있다(President's New Freedom Commission on Mental Health, 2003). 동료 지원은 상향적 사회 비교, 자율성 확대, 동료와의 수평적이고 상호적 관계 등에서 비롯된 잠재적 성과를 통해 소비자의 역량을 강화하고 희망을 증가시키는 것으로 나타났다(Davidson, Bellamy, Guy, & Miller, 2012). 동료는 대개 증상 대처, 정신건강 및 복지 제도 탐색, 낙인과의 싸움 등을 위한 유용한 기술과 전략에 관한 통찰을 공유하는 특별한 지위를 갖는다. 최근 동료 주도적 지원 개입에 관한 무작위 통제 집단 실험 연구가 활발히 진행되었는데, 연구 결과 증상론, 희망, 삶의 질과 같은 영역에서 유의한 긍정적 영향력이 입증되었다(Cook et al., 2012a, 2012b).

현대적 정신재활 환경에서, 상담사는 주로 외부의 동료 지원 집단에 의뢰하거나, 동료 전문가 또는 동료 스태프로서 직접 참여하는 등의 방식으로 함께 일하는 것이 가능하다. 상황에 따라서는 자신이 이용자로 있는 기관에서 집단 프로그램 촉진자로 일하는 동료 장애인도 있다. 이러한 상황이 특이한 역동을 만들어 내기는 하지만, 서비스 제공자들은 비내담자 동료 지원 지도자(nonclient peer support leader)와 동료 스태프를 다른 분야의 스태프와 동등하게 대우하는 것이 중요하다. 상담사들은 또한 적절한 의뢰를 위해 그들의 지역사회에서 가용한 여러 가지 유형의 동료 지원 선택지를 숙지해야 한다.

## 8) 통합적 건강관리

「환자보호 및 관리 적정 부담법(Patient Protection and Affordable Care Act)」이 통과됨에 따라, 신체적·정신적 의료 관리 서비스 통합, 의료 시스템의 효율성 향상을 위한 통합, 적절한 방식을 통한 건강 문제 해결 등을 중시하려는 경향이 강화되고 있다(Merrens & Drake, 2013; Sim et al., 2012). 심각한 정신장애인이 일반 미국인들에 비해 평균 수명이 25년이나 짧다는 증거를 감안해 볼 때, 이러한 통합 움직임은 매우 시급하고 적절하다(Colton & Manderscheid, 2006). 정신재활의 맥락에서, 상담사는 이들 주요 관심사 해결에 기여할 수 있다. 즉, 재활상담사는 행동적 건강 장면에서 건강과 건강 관리 프로그램 및 개입(예: 금연 관리 등)을 포함시키고, 내담자에게 약물 복용에 따른 부작용 검색 여부를 확인하고, 일차 진료 의사와 다른 전문가와의 명확한 의사소통을 촉진할 수 있다(Corrigan et al., 2008).

## 9) 신앙 기반 서비스

신앙 기반 서비스는 정신건강 연구와 개입에서 역사적으로 무시되어 온 분야를 대표한다. 단주동맹과 같은 상호 지지 집단을 제외하고, 정신건강 전문가와 연구자들은 최근에서야 신앙 기반 정신건강 서비스를 비롯하여 정신건강 프로그램과 신앙 기반 공동체 및 자원 간의 협력에 관심을 늘려 가며 실증 연구를 수행하기 시작하였다(Koenig, 2005; Singh, Shah, Gupta, Coverdale, & Harris, 2012). 많은 사람에게 있어 신앙 기반 공동체는 굉장한 지지의 원천이자 차별에 대해서는 부정적 영향력을 발휘한다. 재활상담사는 내담자의 문화적 · 신앙적 배경에 관한 감수성의 중요성을 이해할 필요가 있으며, 동시에 종교적 · 영적 지도자들과의 선제적 접촉을 통해 정신질환에 대한 잠재적으로 비생산적 태도에 대처할 준비를 갖추어야 한다.

## 4. 맺음말

이 장에서 논의된 다수의 증거 기반 실제 프로그램들은 대부분 전통적 연구팀(충분한 훈련은 받았으나 심각한 정신질환을 경험한 적은 없는 연구원으로 구성됨)을 활용하였다. 소비자들은 일반적으로 그들이 자료를 제공하는 지점까지만 연구에 참여하려는 경향을 보인다. 이에 반해, 지역사회 기반 참여 연구(participatory research) 접근은 지역사회 구성원들과 연구자들이 모여 주도적 연구 과제를 설정하고 개입 방안을 설계하며, 어떠한 성과 측정 도구를 사용할지 선택하고 자료를 분석하며, 연구 프로젝트의 결과를 배포한다(Wallerstein & Duran, 2006). 비록 전문 연구자들이 설계, 연구 방법, 자료 분석 전략 등과 관련하여 필요한 전문 지식을 제공하지만, 지역사회 기반 공동 연구자들은 개입에 따른 강점과 약점, 실행 가능성, 지역사회와의 관련성 등의 분야에서 경험에 근거한 이해에 기여할 수 있다(Israel et al., 2010). 앞으로는, 참여자 중심 연구 방법을 적용하고 소비자의 역량을 강화하는 프로젝트와 평가에 상당한 자원을 투입하여 어떤 정신장애인 재활 개입 방안이 가장 효과적이고 유익하며 역량 강화에 기여할 것인지를 직접 결정하게 될 것이다.

## 집단 토의 과제

1. "부정적 예후는 개입 계획에 영향을 미칠 수 있는 정보를 제공하기보다는 정신장애 이용자의 유의미한 목표 추구를 가로막는다." 정신의학적 진단과 예후가 어떻게 내담자에게 부정적 영향을 미치는지를 이해함에 있어 이러한 주장이 갖는 진정한 가치는 무엇인가?

2. "사회적 불이익으로 인한 부가적 결정 요인은 어떤 면에서는 장애 그 자체보다 더욱더 정신장애인을 괴롭히곤 한다." 사회적 불이익의 다른 결정 요인들이 어떤 면에서 그들의 장애보다 더욱더 내담자에게 해를 끼칠 수 있는지 논의하라.

3. 증거 기반 실제 프로그램 중 세 가지를 논의하라. 이들이 어떻게 결합되어야 회복을 촉진할 수 있을 것인가?

4. 이 장의 내용을 바탕으로, 양질의 정신재활상담의 핵심적 요소를 논의하고 정당화하라.

## 참고문헌

American Psychiatric Association. (2013). *Diagnostic and statistical manual of mental disorders* (5th ed.). Washington, DC: Author.

Beeler, J., Rosenthal, A., & Cohler, B. (1999). Patterns of family caregiving and support provided to older psychiatric patients in long-term care. *Psychiatric Services, 50*, 1222-1224.

Biafora, F., & Warheit, G. (2007). Self-reported violent victimization among young adults in Miami, Florida: Immigration, race/ethnic and gender contrasts. *International Review of Victimology, 14*, 29-55.

Bond, G. (1998). Principles of the individual placement and support model: Empirical support. *Psychiatric Rehabilitation Journal, 22*, 11-23.

Bond, G. R., Campbell, K., & Drake, R. E. (2012). Standardizing measures in four domains of employment outcomes for individual placement and support. *Psychiatric Services, 63*, 751-757.

Bond, G. R., Drake, R. E., Mueser, K. T., & Latimer, E. (2001). Assertive community treatment for people with severe mental illness: Critical ingredients and impact on patients. *Disease Management & Health Outcomes, 9*, 141-159.

Burns, T. (2010). The rise and fall of assertive community treatment? *International Review of Psychiatry, 22*, 130-137.

Burns, T., Catty, J., Dash, M., Roberts, C., Lockwood, A., & Marshall, M. (2007). Use of intensive case management to reduce time in hospital in people with severe mental illness: Systematic review and meta-regression. *British Medical Journal, 335*, 336-340.

Carra, G., & Johnson, S. (2009). Variations in rates of comorbid substance use in psychosis between mental health settings and geographical areas in the UK. *Social Psychiatry and Psychiatric Epidemiology, 44*, 429-447.

Chamberlin, J. (1978). *On our own: Patient-controlled alternatives to the mental health system.* New York, NY: McGraw-Hill.

Colton, C. W., & Manderscheid, R. W. (2006). Congruencies in increased mortality rates, years of potential life lost, and causes of death among public mental health clients in eight states. *Preventing Chronic Disease, 3*(2), 1-14.

Constantine, R., Andel, R., Petrila, J., Becker, M., Robst, J., Teague, G., & Howe, A. (2010). Characteristics and experiences of adults with a serious mental illness who were involved in the criminal justice system. *Psychiatric Services, 61*, 451-457.

Cook, J. A., Copeland, M. E., Jonikas, J. A., Hamilton, M. M., Razzano, L. A., Grey, D. D., & Boyd, S. (2012a). Results of a randomized controlled trial of mental illness self-management using wellness recovery action planning. *Schizophrenia Bulletin, 38*, 881-891.

Cook, J. A., Steigman, P., Pickett, S., Diehl, S., Fox, A., Shipley, P., ... Burke-Miller, J. K. (2012b). Randomized controlled trial of peer-led recovery education using Building Recovery of Individual Dreams and Goals through Education and Support (BRIDGES). *Schizophrenia Research, 136*, 36-42.

Corrigan, P. W. (2005). *On the stigma of mental illness: Practical strategies for research and social change.* Washington, DC: American Psychological Association.

Corrigan, P. W. (2011). The dignity to fail. *Psychiatric Services, 62*, 241.

Corrigan, P. W. (2013). The risk of prognostication. *Psychiatric Services, 8*, 719.

Corrigan, P. W., Angell, B., Davidson, L., Marcus, S. C., Salzer, M. S., Kottsieper, P., ... Stanhope, V. (2012). From adherence to self-determination: Evolution of a treatment paradigm for people with serious mental illnesses. *Psychiatric Services, 63*, 169-173.

Corrigan, P. W., Larson, J. E., & Rusch, N. (2009). Self-stigma and the "why try" effect: Impact on life goals and evidence-based practices. *World Psychiatry, 8*, 75-81.

Corrigan, P. W., & McCracken, S. G. (2005). Place first, then train: An alternative to the medical model of psychiatric rehabilitation. *Social Work, 50*, 31-39.

Corrigan, P. W., Morris, S. B., Michaels, P. J., Rafacz, J. D., & Rusch, N. (2012). Challenging the public stigma of mental illness: A meta-analysis of outcome studies. *Psychiatric Services, 63*, 963-973.

Corrigan, P. W., Mueser, K. T., Bond, G., Drake, R., & Solomon, P. (2008). *Principles and practice of psychiatric rehabilitation: An empirical approach.* New York, NY: Guilford.

Corrigan, P. W., & Rao, D. (2012). On the self-stigma of mental illness: Stages, disclosure, and strategies for change. *Canadian Journal of Psychiatry, 57,* 464–469.

Corrigan, P. W., & Salzer, M. S. (2003). The conflict between random assignment and treatment preference: Implications for internal validity. *Evaluation and Program Planning, 26,* 109–121.

Davidson, L., Bellamy, C., Guy, K., & Miller, R. (2012). Peer support among persons with severe mental illnesses: A review of evidence and experience. *World Psychiatry, 11,* 123–128.

Davis, J. M., Chen, N., & Glick, I. D. (2003). A meta-analysis of the efficacy of second-generation antipsychotics. *Archives of General Psychiatry, 60,* 553–564.

Deegan, P., & Drake, R. (2006). Shared decision making and medication management in the recovery process. *Psychiatric Services, 57,* 1636–1639.

DeNavas-Walt, C., Proctor, B. P., & Smith, J. C. (2012). *U.S. Census Bureau. Current population reports, income, poverty, and health insurance coverage in the United States: 2010.* Washington, DC: U.S. Census Bureau.

Dieterich, M., Irving, C., Park, B., & Marshall, M. (2010). Intensive case management for severe mental illness. *Cochrane Database of Systematic Reviews,* (10). Retrieved from http://szg. cochrane.org/sites/szg.cochrane.org/files/uploads/Intensive%20case%20management%20 for%20severe%20mental%20illness.pdf

Draine, J., Salzer, M. S., Culhane, D. P., & Hadley, T. R. (2002). Role of social disadvantage in crime, joblessness, and homelessness among persons with serious mental illness. *Psychiatric Services, 53,* 565–573.

Drake, R. E., Bond, G. R., & Becker, D. R. (2012). *Individual placement and support: An evidence-based approach to supported employment.* New York, NY: Oxford University Press.

Emsley, R., Chiliza, B., Asmal, L., & Lehloenya, K. (2011). The concepts of remission and recovery in schizophrenia. *Current Opinion in Psychiatry, 24,* 114–121.

Goldstrom, I. D., Campbell, J., Rogers, J. A., Lambert, D. B., Blacklow, B., Henderson, M. J., & Manderscheid, R. W. (2006). National estimates for mental health mutual support groups, self-help organizations, and consumer-operated services. *Administration and Policy in Mental Health and Mental Health Services Research, 33,* 92–103.

Hasson-Ohayon, I., Roe, D., & Kravetz, S. (2007). A randomized controlled trial of the effectiveness of the illness management and recovery program. *Psychiatric Services, 58,* 1461–1466.

Hinshaw, S. P. (2006). *The mark of shame: Stigma of mental illness and an agenda for change.* New York, NY: Oxford University Press.

Horsfall, J., Cleary, M., Hunt, G. E., & Walter, G. (2009). Psychosocial treatments for people with co-occurring severe mental illnesses and substance use disorders (dual diagnosis): A review of empirical evidence. *Harvard Review of Psychiatry, 17,* 24–34.

Israel, B. A., Coombe, C. M., Cheezum, P. R., Schulz, A. J., McGranagh, R. J., Lichenstein, R., … Burris, A. (2010). Community-based participatory research: A capacity-building approach for policy advocacy aimed at eliminating health disparities. *American Journal of Public Health, 100,* 2094–2102.

Kessler, R. C., Nelson, C. B., McGonagle, K. A., Edlund, M. J., Frank, R. G., & Leaf, P. J. (1996). The epidemiology of co-occurring addictive and mental disorders: Implications for prevention and service utilization. *American Journal of Orthopsychiatry, 66,* 17–31.

Koenig, H. G. (2005). *Faith and mental health: Religious resources for healing.* West Conshohocken, PA: Templeton Press.

Kraepelin, E. (1971). *Dementia praecox and paraphrenia.* Malabar, FL: Krieger.

Lagan, M., Knights, K., Barton, J., & Boyce, P. M. (2009). Advocacy for mothers with psychiatric illness: A clinical perspective. *International Journal of Mental Health Nursing, 18,* 53–61.

Lanouette, N. M., Folsom, D. P., Sciolla, A., & Jeste, D. V. (2009). Psychotropic medication nonadherence among United States Latinos: A comprehensive review of the literature. *Psychiatric Services, 60,* 157–174.

Lee, S., O'Neill, A., Park, J., Scully, L., & Shenassa, E. (2012). Health insurance moderates the association between immigrant length of stay and health status. *Journal of Immigrant and Minority Health, 14,* 345–349.

Levitt, A., Mueser, K., DeGenova, J., Lorenzo, J., Bradford-Watt, D., Barbosa, A., … Chernick, M. (2009). Randomized controlled trial of illness management and recovery in multipleunit supportive housing. *Psychiatric Services, 60,* 1629–1636.

Liberman, R. P. (2002). Future directions for research studies and clinical work on recovery from schizophrenia: Questions with some answers. *International Review of Psychiatry, 14,* 337–342.

Liberman, R. P., & Kopelowicz, A. (2005). Recovery from schizophrenia: A concept in search of research. *Psychiatric Services, 56,* 735–742.

Lieberman, J. A., Stroup, T. S., McEvoy, J. P., Swartz, M. S., Rosenheck, R. A., Perkins, D. O., … Hsiao, J. K. (2005). Effectiveness of antipsychotic drugs in patients with chronic schizophrenia. *New England Journal of Medicine, 353,* 1209–1223.

Lucksted, A., Medoff, D., Burland, J., Stewart, B., Fang, L. J., Brown, C., … Dixon, L. B. (2013). Sustained outcomes of a peer-taught family education program on mental illness. *Acta Psychiatrica Scandinavica, 127,* 279–286.

Maniglio, R. (2009). Severe mental illness and criminal victimization: A systematic review. *Acta Psychiatrica Scandinavica, 119*, 180-191.

Martens, W. H. (2001). A review of physical and mental health in homeless persons. *Public Health Reviews, 29*, 13-33.

McFarlane, W. R., Dixon, L., Lukens, E., & Lucksted, A. (2007). Family psychoeducation and schizophrenia: A review of the literature. *Journal of Marital and Family Therapy, 29*, 223-245.

Meis, L., Griffin, J., Carlyle, M., Greer, N., Jensen, A., MacDonald, R., & Rutks, I. (2012). *Family involved psychosocial treatments for adult mental health conditions: A review of the evidence*. Washington, DC: Department of Veterans Affairs Health Research.

Merrens, M. R., & Drake, R. E. (2013). Health care reform and behavioral health: The journey ahead. *Journal of Dual Diagnosis, 11*, 94-95.

Mowbray, C., Strauch Brown, K., Furlong-Norman, K., & Sullivan Soydan, A. (2002). *Supported education and psychiatric rehabilitation: Models and methods*. Baltimore, MD: International Association of Psychosocial Rehabilitation Services.

Mueser, K. T., Corrigan, P. W., Hilton, D. W., Tanzman, B., Schaub, A., Gingerich, S., ... Herz, M. I. (2002). Illness management and recovery: A review of the research. *Psychiatric Services, 53*, 1272-1284.

Mueser, K. T., Meyer, P. S., Penn, D. L., Clancy, R., Clancy, D. M., & Salyers, M. P. (2006). The Illness Management and Recovery Program: Rationale, development, and preliminary findings. *Schizophrenia Bulletin, 32*(Suppl. 1), S32-S43.

Najit, P., Fusar-Poli, P., & Brambilla, P. (2011). Co-occurring mental and substance abuse disorders: A review on the potential predictors and clinical outcomes. *Psychiatry Research, 186*, 159-164.

Nelson, G. (2010). Housing for people with serious mental illness: Approaches, evidence, and transformative change. *Journal of Sociology and Social Welfare, 37*, 123-146.

Nelson, G., Aubry, T., & Lafrance, A. (2007). A review of the literature on the effectiveness of housing and support, assertive community treatment, and intensive case management interventions for persons with mental illness who have been homeless. *American Journal of Orthopsychiatry, 77*, 350-361.

Nordt, C., Muller, B., Rossler, W., & Lauber, C. (2007). Predictors and course of vocational status, income, and quality of life in people with severe mental illness: A naturalistic study. *Social Science and Medicine, 65*, 1420-1429.

Nuechterlein, K. H., Subotnik, K. L., Turner, L. R., Ventura, J., Becker, D. R., & Drake, R. E. (2008). Individual placement and support for individuals with recent-onset schizophrenia: Integrating supported education and supported employment. *Psychiatric Rehabilitation Journal, 31*, 340-349.

President's New Freedom Commission on Mental Health. (2003). *Achieving the promise: Transforming mental health care in America*. Rockville, MD: United States Department of Health and Human Services.

Ralph, R. O., & Corrigan, P. W. (2005). *Recovery in mental illness*. Washington, DC: American Psychological Association.

Roe, D., Hasson-Ohayon, I., Salyers, M. P., & Kravetz, S. (2009). A one-year follow-up of illness management and recovery: Participants' accounts of its impact and uniqueness. *Psychiatric Rehabilitation Journal, 32*, 285-291.

Rosenbaum, S., Markus, A., & Darnell, J. (2000). U.S. civil rights policy and access to health care by minority Americans: Implications for a changing health care system. *Medical Care Research and Review, 57*(Suppl. 4), 236-259.

Salzer, M., Schwenk, E., & Brusilovskiy, E. (2010). Certified peer specialist roles and activities: Results from a national survey. *Psychiatric Services, 61*, 520-523.

Shim, R. S., Koplan, C., Langheim, F. J., Manseau, M., Oleskey, C., Powers, R. A., & Compton, M. T. (2012). Health care reform and integrated care: A golden opportunity for preventive psychiatry. *Psychiatric Services, 63*, 1231-1233.

Singh, H., Shah, A. A., Gupta, V., Coverdale, J., & Harris, T. B. (2012). The effi cacy of mental health outreach programs to religious settings: A systematic review. *American Journal of Psychiatric Rehabilitation, 15*, 290-298.

Thornicroft, G., Leff, J., Warner, R., Sartorius, N., & Schulze, H. (2006). *Shunned: Discrimination against people with mental illness*. New York, NY: Oxford University Press.

Tsai, J., Salyers, M. P., Rollins, A. L., McKasson, M., & Litmer, M. L. (2009). Integrated dual disorders treatment. *Journal of Community Psychology, 37*, 781-788.

Tsemberis, S., & Asmussen, S. (1999). From streets to homes. *Alcoholism Treatment Quarterly, 17*, 113-131.

U.S. Department of Housing and Urban Development (HUD). (2010). *The 2010 annual homeless assessment report to Congress*. Retrieved from http://www.hudhre.info/documents/2010HomelessAssessmentReport.pdf

Velligan, D. I., Weiden, P. J., Sajatovic, M., Scott, J., Carpenter, D., Ross, R., & Docherty, J. P. (2009). The Expert Consensus Guideline Series: Adherence problems in patients with serious and persistent mental illness. *Journal of Clinical Psychiatry, 70*, 1-49.

Vick, B., Jones, K., & Mitra, S. (2012). Poverty and severe psychiatric disorder in the U.S.: Evidence from the Medical Expenditure Panel Survey. *Journal of Mental Health Policy and Economics*, *15*, 83-96.

Wallerstein, N. B., & Duran, B. (2006). Using community-based participatory research to address health disparities. *Health Promotion Practice, 7*, 312-323.

Wang, P. S., Berglund, P., & Kessler, R. C. (2001). Recent care of common mental disorders in the United States. *Journal of General Internal Medicine, 15*, 284-292.

Warf, C. W., Clark, L. F., Herz, D. C., & Rabinovitz, S. J. (2009). The continuity of care to nowhere: Poverty, child protective services, juvenile justice, homelessness and incarceration: The disproportionate representation of African American children and youth. *International Journal of Child and Adolescent Health, 2*, 48-64.

Watson, A. C., & Corrigan, P. W. (2005). Challenging public stigma: A targeted approach. In P. W. Corrigan (Ed.), *On the stigma of mental illness: Practical strategies for research and social change* (pp. 281-295). Washington, DC: American Psychological Association.

# 제19장

# 다문화 재활상담:
# 다양성에 기반한 최적의 성공 전략

Elias Mpofu and Debra A. Harley

## 학습목표

이 장의 목표는 재활 서비스를 희망하는 장애인 이용자가 지닌 소수자 지위(minority status)를 설명하는 용어 사용에 있어 그 개념의 명료성을 높이고, 다문화 상담을 재활 서비스의 질에 영향을 미치는 다양한 문제에 대처하기 위한 필수적 접근으로 설명하며, 재활 전문가들이 교육과 실천에서 문화적 감수성을 향상하는 방법을 제시하고, 다문화 상담 접근의 활용이 문제 해결 방안이 되는 재활상담 실천에서의 윤리적 문제를 다루는 것이다. 이 같은 목적을 달성하기 위해 다음과 같은 학습 목표를 설정하였다.

① 소수자 지위에 관한 세 가지 사회문화적 기준의 개요를 제시할 수 있다.
② 재활상담 실천 과정에서 다문화 상담의 적절성을 설명할 수 있다.
③ 다문화 감수성 상담(diversity-sensitive counseling)을 위한 재활 서비스의 특징을 구분할 수 있다.
④ 재활 서비스 전달 과정에서 상담 이론이 문화적 차이를 다루는 방식을 논의할 수 있다.

## 1. 소수자 지위를 규정하는 주요 특징

소수자로 간주되는 사람들(예: 유색 인종, 장애인, 여성, 성 소수자)이 해당 인구 집단을 구성하는데 다문화주의는 이들을 사회정치적·문화적 환경에 포함시키려 시도한다(Balcazar, Suarez-Balcazar, Taylor-Ritzler, & Keys, 2010). 장애인은 인종적 소수자 집단 구성원이라는 점으로 인해 두 가지 관점에서 고려되어야 한다. 하나는 이들이 장애인 집단에 속해 있다는 것이고, 다른 하나는 소수 인종 집단에 속해 있다는 점이다. 이들은 본질적으로, 소수 집단 내에서도 소수자다(Bryan, 2007). 장애를 가진 아프리카계 미국인과 같이 특정 인종에 속한 소수자들은 두 개의 법률에 적용받는다. 하나는 민족적 소수 집단에 속한 시민으로서 1965년 제정된「민권법(Civil Rights Act)」이고, 다른 하나는 장애 시민으로서 1973년에 제정되어 여러 차례에 걸쳐 개정이 이루어진「재활법」과 1990년 제정된「미국 장애인법(Americans with Disabilities Act: ADA)」이다. 소수자 지위는 생활 환경 속에서 인간이 지닌 여러 가지 정체성 가운데 하나다. 정체성 형성 외에도, 수많은 요소가 인간의 삶을 조성하고 영향을 미치는데, 여기에는 지위, 권력과 특권, 세계화 정도, 사회 계급과 빈곤, 종교, 세대 변동(generational variation) 등을 비롯한 여러 가지 것들이 포함된다. 이들 요소 각각은 정체성 구성요소이자 차이의 근원이다. 다문화 상담은 상담 욕구에 대처하는 상담사의 입장에서 서로 다른 사람들의 세계관을 고려하여 이루어지는 일련의 활동이다.

소수자 지위란 경제적 기회, 의사소통적 자기 표현 권리, 선호하는 생활방식 등과 같은 자원과 특권에 대한 접근을 거부당해 온 역사를 공유하는 집단을 일컫는 용어다(Habermas, 1987; Mpofu & Conyers, 2002, 2004; D. L. Smith & Alston, 2010). 이들 요인은 소수자 지위에 속한 장애인 이용자들의 재활상담 과정 참여에 커다란 영향을 미친다.

### 1) 수치로 본 소수자 집단

장애인은 미국에서 가장 규모가 큰 소수자 집단이다. 미국 인구 중 시설 수용자를 제외한 장애인 수는 약 5,670만 명(18.7%)에 달하며, 그 가운데 3,830만 명(12.6%)은 심각한 장애를 지니고 있다(Brault, 2012). 장애인은 수치상 열세라는 점에 근거하여 소수자로 불려 왔다(Bryan, 2007). 그러나 숫자 그 자체가 소수자 지위를 규정하는 것은 아니다. 왜냐하면 수치상 우세한 집단에 속한 사람일지라도(예: 여성) 소수자 지위에 놓일 수 있기 때문이다.

장애인은 분명 소수자다. 왜냐하면 이들은 미국의 인종적·민족적·문화적 소수자 집단과 마찬가지로, 앞서 설명한 소수자 지위에 관한 세 가지 기준을 충족하기 때문이다. 장애인은 실직자일 가능성이 더 크고, 지속적인 빈곤을 경험할 가능성이 높으며, 지역사회 활동 참여를 유지하기 위해 정부의 다양한 제도적 개입에 의존할 확률이 높다(예: 사회보장 급여 혜택, 의료 보호). 아울러, "인구학적 범주로서의 장애는 인종이나 성별 등과 같이 인간이 광범위하게 스스로를 규정할 수 있는 특성이다."(Brault, 2012, p. 1)

장애인에 대한 직업과 고용 관련 차별은 ADA 통과와 무관하게 지속되고 있다(Draper, Reid, & McMahon, 2011). 특히 HIV/AIDS 감염자(Jung & Bellini, 2011), 정신장애인(An, Roessler, & McMahon, 2011), 감각장애인과 의사소통 장애인, 중증 중복 장애인(Brault, 2012) 등 특정 유형에 속한 장애인과 여성 장애인(D. L. Smith & Alston, 2010), 노령 장애인(Redfoot & Houser, 2010), 참전 군인(Lepage, Washington, Lewis, Johnson, & Garcia-Rea, 2011), 전과자(Whitfield, 2009) 등과 같이 특정 집단에 속한 장애인의 실업률은 매우 높은 것으로 나타났다. Draper 등이 지적한 바와 같이, 장애인에 대한 고용 차별 대부분은 노동 능력에서 기능적으로 유의미한 차이와 관련이 있다기보다는 낙인에 기반하고 있다.

## 2) 경제적 기회 제한

장애인의 고용 성과 지표는 비장애인의 그것에 비해 줄곧 부정적이었으며, "1990년 이후 장애인의 고용 성과 지표가 전반적으로 개선되었다는 증거는 존재하지 않는다."(Harkin, 2012, p. 6) 이후로 다문화 인구 집단(multicultural populations)이라고도 부르는 인종적 소수자 집단은 직업재활 체계에 대한 접근과 재활 서비스 성과에 있어 오랜 기간 동안 불평등(disparities)을 경험해 왔다(Alston & Mngadi, 1992; Atkins, 1988; Atkin, & Wright, 1980; Herbert & Martines, 1992; Wilson, 2002, 2005; Wilson, Harley, McCormick, Jovlivette, & Jackson, 2001). 미국 장애위원회(National Council on Disability, 1992, p. 6)는 다음과 같이 언급하였다.

> 장애와 인종/민족, 문화적 배경의 결합은 종종 이중적 차별을 유발한다. 소수 인종 집단 구성원이자 소수 민족 문화 집단 구성원이기도 한 장애인은 백인 또는 유럽인에 비해 불평등적 차별을 자주 경험한다.

관련 증거에 따르면, 연방-주 직업재활 기관은 전반적으로 소수 인종/집단 출신 장애인에 대한 서비스 제공에 적극적이지 않았다. 또한 이들에 대한 재활 서비스 거절률은 백인에 비해 높았으며, 고용 성과는 더 나쁜 것으로 나타났다. 이러한 현상은 소수 인종/집단 출신 장애인의 직업재활 서비스 참여 필요성을 강조하는 「재활법」의 개정을 이끌어 냈다. 「개정 재활법」은 전술한 내용을 반영한 법률인데, 새로이 개정된 법령은 재활상담에서 다양성 문제의 중요성을 언급함으로써 소수 인종/집단 출신 장애인이 이용할 수 있는 재활 서비스 제공 필요성을 강조하였다(Rehabilitation Act Amendments, 1992). 1992년 「개정 재활법」(1992, p. 4364)에서는 다음과 같이 언급하고 있다.

> 소수 인종/집단 출신자에 대한 불공정한 처우 패턴은 직업재활 과정의 모든 주요 시점에 증거로 기록되어 왔다. 백인계 미국인과 비교해 볼 때, 직업재활 체계에서 아프리카계 미국인 지원자의 수용 거부 비율이 더 높은 것으로 나타났다. 재활 서비스 신청자들 중 아프리카계 미국인들은 재활 성과(고용) 달성 없이 사례가 종결되는 비율이 백인에 비해 더 높다. 소수 인종/집단 출신자들에게는 백인에 비해 재활 훈련 제공 빈도가 더 낮다. 마찬가지로, 소수 인종/집단 출신 장애인 이용자의 재활에 투입되는 비용은 백인의 재활에 사용되는 비용에 비해 적다.

장애인에게는 다음과 같은 몇 가지 동향이 지속되어 왔다. ① 장애인의 고용 참여율은 미국 노동 통계국의 추적 조사에 포함된 다른 어떤 집단보다 낮다. ② 장애인들은 경제 불황에 따른 부정적 영향을 훨씬 더 크게 받으며, 불경기로 인해 경험하는 손실로부터의 회복 또한 더 느린 편이다. ③ 장애인은 비장애인에 비해 저고용(underemployed) 상태에 처할 경우가 더 많다. ④ 장애인은 노동시장 참여에 대한 높은 열망을 보인다(Schur, Kruse, & Blanck, 2005). ⑤ 노동 가능 연령대에 속한 장애인의 빈곤율은 약 30%에 달한다(Disability Statistics & Demographics Rehabilitation Research and Training Center, 2011; Livermore, 2011). ⑥ 장애인은 초급, 저임금 일자리에 지나치게 많이 분포되어 있다. ⑦ 장애인은 구인 업체와 연계된 직업 네트워크 활용 빈도(접근)가 더 낮다. ⑧ 장애인 근로자는 직무 관련 업무 수행에 대한 압력을 더 많이 경험한다. ⑨ 장애인 근로자의 업무 기여도와 기술 수준은 저평가되고 있다(Yelin & Trupin, 2003). ⑩ 소수 인종/집단 출신 장애인 이용자의 직업재활 서비스 승인 비율과 성공적 종결(고용 달성) 비율이 불균형적으로 낮은 상태가 계속되고 있다(Wilson, 2005; Wilson & Senices, 2005). 장애인의 욕구는 대개 비장애인 기업가(서비스 제공자)는 번영하는 반면, 장애인은 대부분 사회경제적으로 열악한 처지에 놓이는 서비스 이용자가 되는 수익 창출 지원 산업(profit-making helping industry)으로 상품화되어 왔다 (Mpofu, Thomas, & Thompson, 1998).

## 3) 의사소통적 자기 표현 권리

역사적으로, 장애인은 의사소통 자기 표현(communicative self-representation)의 권리를 거부당해 왔다. 그리고 사람 중심 언어[person-first language, 예: '장애를 가지고 있는 사람 (persons with disabilities)'; Bailey, 1992; Bryan, 2007]으로 불리기를 선호하는 장애인계의 주장에도 불구하고, 학문 공동체, 일반 대중, 대중매체 등에서는 여전히 장애인을 비하하는 용어가 널리 사용되고 있다[예: '장애자(the disabled)' '정신장애자(mentally handicapped)' '자폐증 환자(the autistic)']. 또한 '비극으로 인해 고통받는 사람' '다시 정상이 되기 위해 몸부림치는 사람' '어려움을 이겨 내기 위해 싸우는 사람' 등과 같은 용어가 장애인을 자비로운 방식으로 묘사하려는 시도로 사용되어 왔다(Snow, 2008). 나아가, '장애자(disabled person)'라는 용어는 장애로 인한 차이를 '사람' 앞에 위치시킴으로써, 장애인과 대다수 비장애인이 공유하는 여러 가지 방식을 간과하는 결과를 낳았다(Wright, 1991). '장애인'이 그 사람의 '장애'를 의미하지 않는다는 사실을 인식하는 태도가 매우 중요하다. "장애를 기술하는 말(disability descriptor)은 단지 의학적 진단에 불과하며, 서비스 제공이나 법적 지위에 대한 사회정치적 증빙서(passport)의 역할을 하는 데 불과하다는 말이다(Snow, 2008, p. 1)." 세계보건기구(WHO, 2011)의 '기능, 장애, 건강에 관한 국제 분류(International Classification of Functioning, Disability and Health: ICF)'는 장애(disability)를 개인에게 영향을 미치는 손상 (impairments), 활동 제한(activity limitations), 참여 제약(participation restrictions)이라는 포괄적 용어로 구체화하여 설명하고 있다.

사람 중심 언어(예: 장애를 가지고 있는 사람)는 미국 중증장애인협회(The Association for Persons with Severe Handicaps: TASH)가 처음 채택한 용어로(Bailey, 1992), 비장애인들로부터 의사소통적 자기 표현 권리를 확보하기 위한 소수자 집단의 시도를 대표한다. 오래 된 용어와 부정확한 표제어 근절 노력은 정치적 올바름(political correctness) 이상의 의미를 지닌다. 이는 역량 강화와 존중을 요구하는 행동이다. 비록 이러한 목표를 이루기 위한 나름의 진전이 이루어져 왔지만, 의도한 목적 달성을 위해서는 보다 큰 노력이 필요하다.

장애인을 지칭하는 용어 사용과 관련하여 다수의 연구가 이루어졌다. 예를 들어,

Sandieson(1998)은 1985년에서 1995년까지 10년 동안 지적장애와 발달장애 분야의 연구자들이 지적장애인을 언급할 때 사용한 용어에 관한 조사를 시행하였다. 지적장애인을 부르는 데 총 66개의 용어가 사용되었는데, 그 가운데 36개(56%)는 지적장애인에게 비우호적인 것으로 나타났다[예: 지적 결핍(intellectual deficiency), 정신적으로 핸디캡이 있는 사람(mentally handicapped), 지적 비정상(intellectual subnormality)]. 일반 대중과 대중매체가 장애인을 언급할 때 사용하는 용어에 관한 다른 연구는 비장애인이 장애인을 부를 때 비우호적인 단어를 사용하는 비율이 더 높다는 사실을 보여 준다(Auslander & Gold, 1999; Wilgosh & Sandulac, 1997). Dajani(2001)는 사람 중심 언어 사용 빈도에 있어 전국적 매체 사이에 차이가 존재한다는 사실을 발견하였다. 즉, Disability News Service는 사람 중심 언어 사용 비율이 89%에 달한 반면, Associated Press는 18%에 불과한 것으로 나타났다. 대중매체는 장애인에 대한 사회적 해석(social construction)에 있어 일종의 기제(mechanism)로 작동한다(Haller, 1998). 분명히, 집단을 정의하는 명칭은 집단 구성원과 해당 집단에 대한 그 대리자들의 대응 방식 결정을 돕는다. Simpson과 Yinger(1972, p. 32)에 따르면, "용어(words)는 일정한 수준으로 경험을 예단하고 통제한다. 그것은 단지 순수한 표식을 위한 이름(labels)만이 아니다."

## 4) 문화적 영향을 위한 이론적·경험적 토대

우리는 다양한 문화적 배경을 지닌 내담자를 존중하는 상담 실천 영역을 다문화 감수성 상담(diversity-sensitive counseling), 다문화 상담, 또는 소수자 상담이라고 부른다(Lee, Blando, Mizelle, & Orozco, 2007). 다문화주의는 문화 간 상호 교류가 주류 문화와 소수자 문화에 속한 상담사와 내담자 모두에게 풍요로움을 가져다줄 것이라는 믿음하에 양 문화 사이의 상호 교류(intercultural dialogue) 촉진을 추구한다. 실용적 용어로 설명해 보면, 다문화 상담은 문화적 배경에 영향을 받는 내담자의 고유한 세계관을 인정하고 활용하고자 시도하며, 인간의 삶에 영향을 미치는 담론이 지닌 복잡한 구성요소를 이해하고자 노력한다. 윤리적 목적은 내담자의 강점, 선호, 한계를 토대로 치료적 결정을 내리는 것인데, 이는 재활상담 서비스 제공에 다문화 또는 다문화 감수성 상담 접근이 사용될 때 충족될 가능성이 높다. 재활 분야의 직능 표준과 교육과정에서 다문화적 실천을 다루는 비중이 점증하고 있는 것은 이와 무관하지 않다.

## 5) 다문화적 기준과 교육과정 지침

재활 서비스 제공 과정에서 다문화적 접근의 중요성과 이에 대한 인식 필요성을 지지하는 재활 전문가의 수적 증가와 함께, 다문화적 실천을 뒷받침하기 위한 법률 제정은 교육자들과 직능 단체들로 하여금 문화적 감수성에 관한 내용을 서비스 전달, 재활상담사 양성 교육과정, 재활상담사 자격검정위원회(Commission on Rehabilitation Counselor Certification: CRCC, 2010)의 재활상담사 윤리 규약(Code of Professional Ethics for Rehabilitation Counselors: 윤리 규약)에 통합시키려는 변화 노력으로 이어졌다. 윤리 규약은 다양성에 관한 구체적 기준은 유지한 채, 문화적 다양성 관련 내용을 추가하였다. 윤리 규약의 가장 주목할 만한 변화는 다음과 같다. ① 규약 전문(preamble)에서 '인간의 경험과 문화의 다양성 인정'에 관한 책무를 명시했다는 점(p. 103), ② 다양성 존중(Section A.2), ③ 발달적 감수성과 문화적 감수성(Section A.3.c), ④ 장애인 이용자의 권리 존중(Section B.1.a), ⑤ 동료, 고용주, 피고용인과의 관계(Section E.1.a), ⑥ 정신장애에 대한 적절한 진단(Section G.3.b), ⑦ 검사/평가 도구 선정(Section G.5.c), ⑧ 검사/평가 결과 채점과 해석(Section G.7.b), ⑨ 재활상담사의 슈퍼비전 역량(Section H.2.b), ⑩ 재활상담사 양성 교육자의 책무(Section H.6.b), ⑪ 재활상담사 양성 교육 프로그램과 훈련 프로그램에서의 문화적 다양성에 관한 역량(Section H.8).

재활교육협의회(Council on Rehabilitation Education: CORE, 2011)는 문화적 다양성에 관한 기준(Standard C.2.3)을 재활상담사 양성 교육 프로그램에 포함시켰다. 관련 기준은 재활상담사 양성 교육과정이 재활 서비스 제공에 영향을 미치는 문화적 신념 및 가치 그리고 다양성 문제를 다루고, 문화적 차이의 영향 파악을 통해 얻은 지식을 실천에 통합하며, 인종/민족 및 그 밖의 문화적 특성이 담당하는 역할에 관한 이해를 설명하도록 요구한다. 윤리 규약과 교육과정 인증 기준의 발전적 진화는 해당 직업(재활상담직)이 추구하는 가치, 현재 가용한 자원, 다양한 이용자에 대응하기 위한 미래 전망 등을 반영한 것이다. 다문화주의 실천을 위한 기준과 지침 확립은 올바른 방향으로의 진보를 의미하는데, 이는 재활상담사와 다른 전문가들이 상담 과정에서 문화적 가치와 관점에 민감하게 대응할 수 있도록 돕는다. 그러나 이러한 기준과 지침의 존재가 상담 과정이 완전히 가치중립적이고 편견이 없으며 객관적임을 의미하는 것은 아니다. 다문화 사회에서 관련 정보를 업데이트 및 강화하고 재활 관련 직종과 그 종사자들의 책무성을 높일 수 있도록 지속적인 다문화주의 교육과 훈련이 필요하다.

재활 및 상담 관련 문헌에서 다문화주의에 대한 관심 및 인식이 증가함에 따라, 소수자 지위와 다양성뿐 아니라, 이들 사이의 관계를 구성하는 내담자 변인 요소(예: 인종, 민족, 성별, 성적 지향, 나이, 장애 상태)를 광범위하게 정의함에 있어 재활 전문가와 대인 서비스 관련 직종 전문가들 사이에 괄목할 만한 일관성이 존재한다(Atkinson, 2004; Robinson-Wood, 2009; Sue, 2006; Sue & Sue, 2013). 이들 문헌은 다중 정체성 수렴(convergence of multiple identities) 원리에 바탕을 둔 다문화주의 시험 연구를 지지한다(Robinson-Wood, 2009). 나아가, Harley(2009, p. 128)는 다문화 상담이 장애인 이용자의 역량 강화 개념 형성에 이바지했으며, '상담 과정에서 사회 내 한 집단의 이익을 위해 다른 집단을 배제 또는 평가절하하려는 특권을 구조화하는 특정 이념의 지속된 특징을 해체하는데 기여했다고 주장하였다. 가치 지향적 태도(value orientation)는 장애의 구성과 장애에 대한 규범적 반응을 강화한다(Mpofu, Chronister, Johnson, & Denham, 2012; Mpofu & Oakland, 2006).

## 6) 문화적 핵심 가치로서 기본 형판

문화 공동체는 장애와 문화 관련 차이를 포함하여 사회현상에 대한 반응을 사전에 조정하는 상호주관적으로 공유된 가치를 의미한다(Mpofu, Chronister et al., 2012). Sue와 Sue(2013)는 다양한 문화 집단이 상호주관적으로 공유하는 핵심 가치 체계를 열거했는데, 이는 특정 문화의 세계관이 지니는 중요한 측면에 의해 고지되며 그것을 반영한다. 동아시아 문화에서 체면을 중시하는 가치관은 이의 대표적 사례이지만, 다른 아시아 문화권의 신념과 가치는 강한 감정 표현 절제, 가족과 연장자에 대한 충성과 존경심 표현, 지배 권력(dominance)과 존경이라는 명확하게 정의된 역할 선호 등을 초래하는 행동을 포함한다. 타인을 존중하는 세계관은 재활 서비스 및 자문에 영향을 미친다. 이러한 세계관을 표방하는 문화권에서 장애는 개인의 문제라기보다는 가족의 문제로 인식된다. 재활 전문가와는 위계적 관계가 선호되는데, 이때 재활 전문가에게 기대되는 역할은 서비스에 관한 지침 제공이다.

이 밖에도, 문화의 중요성을 보여 주는 다수의 사례가 존재한다. 중남미 문화에서는 '정신적' 건강 상태와 '육체적' 건강 상태 사이의 구분은 중첩되어 있어, 건강 상태와 다모형 치료 접근의 심리 관상학적(psycho-physiognomy) 인식을 가능하게 한다. 또한 중남미 문화권에 속한 사람들은 다른 사람과 인사를 나눌 때 신체 접촉 빈도가 높고, 개인주의적 성향이 강한 서구 문화에 비해 가족 또는 상호 의존성에 대한 선호 경향을 보이는데, 이러한 특징은 중남미계 사람들을 대상으로 하는 재활상담 개입 시 가족 또는 사회적 집단의 역할을 전면에 배치해야 한다는 점을 시사한다. 아메리카 인디언과 알래스카 원주민은 성스러우며 자연 및 모든 사물과의 조화로운 관계의 중심이라 할 최고 창조주를 믿는데, 장애는 일련의 관계성 능력에 대한 속성으로 인식된다. 따라서 웰니스(wellness)은 마음(mind), 육체(body), 영혼(spirit), 자연 환경 사이의 균형을 의미한다. 아프리카계 미국인의 공통적 가치는 확대 가족의 참여를 포함하며, 방계혈족 간의 관계가 개별적 관계보다 중시되는데(Robinson-Wood, 2009), 그 이유는 각 개인은 집단의 지울 수 없는 일부이기 때문이다. 아랍계 가족은 가부장적 경향이 강하고, 나이, 성별, 확대 가족과 관련하여 피라미드 형태의 위계적 특징을 보인다. 또한 가족을 제외한 다른 사람들(예: 전문 상담사)과의 의사소통 방식은 '사적인' 이야기가 가족 밖으로 유출되지 않도록 각본에 쓰여진 것처럼 이루어질 가능성이 높다(Abudabbeh, 2005).

여기서 한 가지 중요하게 짚고 넘어갈 점은 문화 집단 내에서도 상당한 정도의 다양성이 존재하며, 같은 문화 집단이라 해도 동질성이 없다는 사실이다. 문화 적응 수준(acculturation level), 세대 차이, 국적 등과 같은 기타 요인 또한 개인의 세계관과 문화적 인식에 영향을 미칠 수 있다. 따라서 인종이나 장애 유형 등과 같은 가시적 특징만을 가지고 재활 서비스를 원하는 사람들을 대하는 태도는 장애인 이용자와 중요한 타인(예: 가족, 고용주)에 대해 해로운 고정관념을 영구화한다.


## 2. 재활 서비스 전달에 있어 다수자 편향 생성 원인

이 절에서는 의사소통 방식의 선호도 차이와 전문 상담사와 같이 사회적으로 혜택받은 사람들에 의해 덮어씌워진 부정적인 사회문화적 가시성이라고 정의된, 소수자 지위에 놓인 사람을 위한 상담 시 고려해야 할 시사점들을 다루고자 한다. 재활 서비스 제공 과정에서 문화적 인식 부족은 자문화중심주의(ethnocentrism)라는 위험이나 자신의 문화유산이 타인의 그것에 비해 우월하므로 상담을 제공할 때는 다른 사람도 반드시 자신의 것과 동일한 사회적 구조를 사용해야 한다는 가정을 동반한다. 상담 실천에서 자문화중심적 편견은 윤리적 실천이라는 관점에서 볼 때 매우 심각한 실패를 야기할 가능성이 높다. 주의를 기울이지 않을 경우, 이러한 특성은 소수자 지위에 처한 장애인 이용자의 재활 서비스 참여 역량을 약화시킨다. 이 절에서는 장애인 이용자가 상담을 통해 추구하는 목표를 달성할 수 있도록 역량을 강화하고, 예비 상담사가 문화적 감수성을 가지고 상담 실천에 임하도록 돕기 위한 방안으로 다문화 재활상담의 여러 측면을 다루고자 한다.

## 1) 의사소통 방식과 언어

의사소통은 효과적인 다문화 상담을 위한 토대 역할을 수행한다. 상담사와 내담자가 언어적·비언어적 메시지를 정확하고 적절하게 주고받을 수 있는 능력은 제대로 된 의사소통 여부를 평가할 수 있는 실제적 지표이기 때문이다. 의사소통 방식은 대면 상담(face-to-face encounters)에 커다란 영향을 미친다(Sue & Sue, 2013). 의사소통 방식은 우리가 구사하는 모든 말과 행동 밑바탕에 깔려 있는 사회적 리듬으로 이루어져 있는데, 이는 인종, 문화, 민족 등과 밀접하게 연결되어 있다(Garrett & Portman, 2011; Kim, 2011). 불행하게도, Sue와 Sue(2013)가 지적한 바와 같이, 다수의 상담사와 대인 서비스 관련 직종 종사자는 중산층 유럽계 미국인의 관점을 자양분으로 삼아 양성되었으며, 그에 따라 특정 행동 양식이나 대화 규칙이 보편적이고 동일한 의미를 지닌다는 가정을 품을 가능성이 높다. 그러나 의사소통 방식의 차이와 영어 사용만을 고집하는 접근은 때때로 상담사와 내담자 간 의사소통을 어렵게 하는 장해물로 작용한다. 미국의 인구통계학적 분포는 지난 10여 년 동안 극적으로 변화해 왔고, 다수의 내담자가 영어를 제2외국어로 사용하는데, 이 같은 변화는 양자 간 의사소통 과정을 더더욱 어렵게 만들 수 있다. 언어적 장벽은 종종 다양한 문화적 배경을 지닌 내담자를 불리한 입장에 처하게 만들기도 한다(Montgomery, 2005). 다수의 소수 인종/집단 출신 내담자에게서 발견되는 문화적 특성이 반영된 양육 방식은 그들을 상담 과정에서 불리한 위치에 처하게 만드는 상이한 의사소통 패턴에 커다란 영향을 미친다.

상담 언어는 소수 인종/집단 출신자들의 보건/의료 서비스 이용에 커다란 영향을 미친다(Altarriba, 2007; Green, 1999). 내담자가 사용하는 언어는 그 사람의 세계관과 건강 상태를 해석하는 중요한 지표다. Green(1999, p. 125)에 따르면, "사람들이 경험하는 것과 그들이 행동하는 방식을 진정으로 이해하며 공감하는 상담사가 되기 위해서는 무엇보다도 내담자가 사용하는 언어에 주의를 기울여야 한다. 왜냐하면 언어는 내담자가 이해하고 느끼는 바를 알려 주는 가장 직접적인 창구이기 때문이다." 예를 들어, 스페인어를 사용하는 사람의 정신장애 평가를 어렵게 만드는 가장 심각한 문제는 언어다. 비록 스페인어에 얼마간 유창한 평가자라 해도 스페인어를 사용하는 내담자의 정신장애 진단에 있어 그 사람(내담자)과 같은 문화권 출신 전문가와 다른 결과를 보일 수 있다. 종종 스페인어에 대응되는 단어가 없을 경우 그 단어나 구절은 번역을 해야 하는데, 설사 유사한 단어로 번역한다 해도 그 의미가 달라질 수 있다는 것이다. 예를 들어, 멕시코 이민자 출신 노동자들은 비록 만성적이며 심각한 건강 문제를 경험하고 있을지라도, 그들이 속한 문화(멕시코 문화)에는 장애를 의미하는 단어가 없다(Schaller, Parker, & Garcia, 1998). 멕시코 이민자 출신 노동자들이 만성질환이 장애로 이어질 수 있다는 점을 인식하지 못한다는 사실은 이들이 재활 서비스를 추구할 가능성이 낮다는 점을 시사한다. 이들은 또한 주류 문화권에 속한 내담자들에 비해 조기에 상담을 종결할 가능성이 높다.

　마찬가지로, 다수의 아메리카 원주민 언어에는 장애, 정신지체, 핸디캡을 의미하는 단어가 존재하지 않는데, 이는 표면상 장애 그 자체보다 한 개인이 공동체 안에서 수행하는 사회적 역할이 그 사람을 규정한다고 여기기 때문이다. 소수 인종/집단 출신자들이 사회적 역할 기능에 따라 개인을 인식하는 접근은 의학적 범주와 그와 관련된 임상적 증상(예: 병인, 진단, 예후)을 보다 중시하는 재활 전문가들의 관점과 대비를 이룬다. 국립 보건 의료 정보 해석 위원회(National Council on Interpreting in Health Care, 2005)는 문화적 인식과 비밀보장 문제를 다루는 보건 의료 통역사들을 위한 국가 기준을 출간하였다.

　인식의 차이는 그것의 기저에 깔린 세계관 차이를 반영하며, 당면한 상태/조건 및 적절한 재활 서비스 제공 방법과 관련하여 상담사와 소수 인종/집단 출신 이용자 사이에 심각한 오해를 야기할 수 있다. 소수 인종/집단 출신 이용자들은 극단적인 조건이 아닌 한, 재활상담사들이 특정 장애를 설명하기 위해 일반적으로 사용하는 특정 명칭을 부정할 수 있다(Altarriba, 2007). 상담사들과 대인 서비스 관련 직종 종사자들이 업무 수행에 이용하는 주된 매체가 구어적 표현(verbalization)인데, 언어적 편견과 단일 언어 사용(monolingualism)으로 인해 주된 의사소통 형태는 대개 영어가 된다(Sue, 2006). 다수의 소수 인종/집단 출신 이용자들은 두 가지 언어를 사용하는데, 이는 상당한 오해를 불러일으킬 수 있다. 아울러, 아프리카계 미국인을 대상으로 서비스를 제공하는 재활상담사에게 있어 흑인의 의사소통 방식과 패턴 이해는 필수적이다. Sue가 언급한 바와 같이, 문화적 표현(cultural sayings)에 담긴 심상(imagery), 비유, 의미상의 미세한 차이(nuances)를 이해하지 못하면 상담사와 내담자 간 관계 형성과 신뢰 구축은 비효과적일 가능성이 높다. 또한 Montgomery(2005)와 Sue가 지적하였듯이, 만약 두 가지 언어를 사용하는 내담자가 상담 과정에서 자신의 모국어를 사용할 수 없게 되면, 그가 지닌 특정한 생각, 감정, 독특한 상황 등을 표현함에 있어 복잡한 영어 활용에 따른 어려움을 겪을 수 있다는 점에서, 내담자의 정서적 경험을 여러 가지 면에서 이해하기 위한 치료적 개입이 어려워질 수 있다.

## 2) 명목상 차별 폐지(Tokenism)가 상담에 미치는 영향

어떤 사회 집단이든, 특정 범주의 인구 집단(예: 유색 인종, 장애인, 여성)이 과소 대표될 가능성이 존재하는데, 이러한 불일치가 극단적일 때(즉, 전체 인구에서 차지하는 비율이 15% 미만일 경우), 해당 소수 인구 집단에 속한 사람들은 그 집단의 명목상 대표(token representatives)로 여겨질 수 있다(Settles & Buchanan, 2006). 명목주의 이론(tokenism theory)에 따르면, 토큰(명목 대표로 선정된 사람)은 과도한 가시성(heightened visibility), 고립감, 기회 제한 등 사회적 상황 속에서 다양한 어려움을 경험할 것으로 예측된다(Stroshine & Brandl, 2011). 소수 인종/집단 출신자들은 장애 인구 중에서 다수를 차지한다(Brault, 2012). 동시에, 이들은 재활 서비스를 이용할 가능성이 낮고, 서비스 이용을 거부당할 확률이 상대적으로 높다(Balcazar et al., 2010; Rehabilitation Act Amendments, 1992; Wilson, 2005; Wilson et al., 2001).

그나마 재활 서비스를 이용하는 소수의 사람들도 가시성(visibility), 대비(contrast), 역할 한정 봉인화(role encapsulation), 동화(assimilation) 등과 같은 명목주의의 영향을 경험할 가능성이 높다(Mpofu, Crystal, & Feist-Price, 2000; Settles & Buchanan, 2006). 가시성은 자신이 소속된 집단 내에서 특정 측면/경향이 부각됨으로써 나타나는 개인을 표현하는 특징(예: 인종적 소수자)을 일컫는다. 이러한 사람들은 주류 집단에 의해 보다 면밀히 관찰되는 경향이 있으며, 특정 행동 수행에 따른 부담/압력을 경험할 가능성이 높다. 대비는 주류 집단과는 확연한 차이를 보이지만, 주류 집단과의 유사성을 활용하여 그들과의 지각된 차이를 최소화하려는 경향을 일컫는다. 역할 한정 봉인화는 주류 집단 구성원들이 소수 인종/집단에 속한 사람들을 고정관념에 따라 대할 때 발생하는데, 이 같은 방식의 대처는 소수자 지위의 결과이기도 하다. 명목주의에 따른 동화의 영향은 자신들의 세계관을 채용하라며 주류 집단 구성원들이 소수 인종/집단 구성원들에게 가하는 압력을 의미한다. 주류 집단 구성원들은 때때로 그들 자신과 명목상 구성원들(token members) 사이의 차이를 부각시키며, 두 집단 간 인위적 경계를 설정한다. Settles와 Buchanan(2006)이 지적한 바와 같이, 이러한 인위적 경계는 명목상 구성원들(소수 인종/집단 출신자)의 태도와 신념에 관한 믿음이 없으며, 그들을 사회적으로 고립시키고자 하는 주류 집단 구성원들에 대한 보호 역할을 담당한다.

주류 집단 중심 재활 서비스 제공 과정에서 나타나는 명목주의의 영향은 부분적으로 소수 인종 출신자들의 낮은 재활 서비스 이용률을 설명한다. 예를 들어, 소수 인종 출신 재활 서비스 이용자들은 주류 집단(백인) 출신의 장애인 이용자 및 상담사들 사이에서 더욱 두드러져 보일 것이다. 그 결과, 소수 인종 출신 이용자들은 주류 집단 출신 이용자들의 관심 대상이 되며 그들로부터 차별적 대우를 경험할 가능성이 있는데, 이는 재활 서비스의 조기 종결로 이어질 수 있다. 마찬가지로, 소수 인종 출신 이용자들의 낮은 재활 기관 이용 현실 또한 주류 집단 출신 이용자들이 그들 자신과 동일한 문제를 가진 소수 인종 출신 이용자들을 다르게(차별적으로) 대하도록 만드는 데 기여하고 있다. 따라서 소수 인종/집단 출신 이용자들은 서비스 이용을 거부당하거나 실패한 사례 종결(재활 목표를 달성하지 못한 상태에서의 종결)에 처할 위험성이 높아진다.

가시성과 대비 등의 특징을 보이는 명목주의의 영향은 또한 주류 집단 출신 이용자들(백인)에 비해 소수 인종 출신 이용자들의 상대적으로 높은 '소재 파악 불가능(unable to locate)' 종결 발생 빈도를 설명한다(Mpofu et al., 2000). 소수 인종 출신 이용자들은 또한 주류 집단 구성원들이 일반 사회에서 그들을 대하는 방식과 비슷하게 재활 기관에서도 고정관념에 따라 그들을 대할지도 모른다는 생각 탓에 재활 서비스 이용 자체를 꺼려할 수 있다. 소수 인종/문화 집단 출신자들은 또한 재활 서비스 이용을 중도에 포기하는 경우가 많은데, 이는 그들이 재활상담사들로부터 장애와 치료에 관한 주류 집단(백인)의 세계관에 자신을 동화시키거나 장애에 관한 그들 자신의 고유한 인식과 선호하는 대처 방식을 포기하라는 문화적 압박을 받는다고 느끼기 때문이다(Schaller et al., 1998).

## 3) 상담 이론과 기법

세계관은 다문화 상담 문헌에서 일관되게 가장 인기 있는 주제로 다루어져 왔다(Sotnik & Jezewski, 2005). 다문화적 시각을 고려하는 상담은 소수 문화에 대한 백인 상담사의 한정 봉인화에서 시작하여 타 문화에 관한 이해와 존중을 거쳐 더 많은 공동체 모델과의 접촉 실천에 이르는 일련의 순환 과정을 거치며 발전해 왔다(Monk, Winslade, & Sinclair, 2008). Monk 등(2008, p. 315)은 다문화 상담이 앞으로 나아가야 할 방향은 '신규 이민자 포용, 토착 인구 인지, 과거 노예 신분(흑인)을 위한 사회통합 제공 등에 필요한 토대로서의 사회적 환경(social formula) 조성'이라고 제안하였다. Edberg(2007)는 건강 행동에 관한 그의 연구에서, 생태학적 모델(ecological model)이라고 부르며 개인의 행동에 영향을 미치는 다중적 요인에 집중할 것을 지지하는데, 이는 재활 분야 다문화 상담에 적용이 가능하다. 생태학적 모델은 어느 한 가지 요인만이 인간의 행동에 영향을 미친다고 가정하지 않는다. 대신에, 개인과 환경 간 복잡한 상호작용이 존재한다고 본다. Edberg는 개인의 행동에 영향을 미치는 잠재적 기여 요인으로, ① 개별 요인, ② 사회적/문화적/집단 요인, ③ 사회 경제적 그리고 구조적 요인, ④ 정치적 요인, ⑤ 환경적 요인 등을 지적하였다. 다문화 상담 혹은 다문화 심리치료는 종종 전통적인 상담의 관점과 현저히 대비되는 접근 방법이다 (Sue & Sue, 2013).

현재 300가지 이상의 심리상담 및 심리치료 접근이 사용되고 있다고 한다. 그러나 이들 대부분은, ① 정신역동 접근, ② 행동주의 접근, ③ 인본주의 접근(Bryan, 2007)의 세 가지 이론적 범주로 분류할 수 있다. 재활상담사들은 주류 상담 이론이 전반적 영역에 걸쳐 보편적 적용이 가능할 것이라는 오류에 빠지는 경우가 많다. 재활상담사는 재활 과정에 대한 장애인 이용자의 의미 있는 참여를 어렵게 만드는 전문 용어를 사용하기도 하며(Baron & Byrne, 2008; Schaller et al., 1998), 고정관념을 가지고 이용자를 대하는 경우도 있다(Abreu, 2001; Pedersen, 2007a). 나아가, 재활기관 및 재활상담가가 장애인 이용자 집단(community) 이 필요로 하는 것과 일치하는 서비스를 제공하지 못할 경우도 있다(Schaller et al., 1998).

재활상담사를 포함하여 다수의 상담사들이 활용하는 대부분의 주류 상담 이론은 개별 내담자 중심적이며, 인간이 경험하는 문제의 핵심은 본질적으로 사적이고 정신 내적 (intrapsychic) 측면이 강하다고 전제한다. 이러한 전제를 추종하며 서비스를 제공하는 상담사들은 특정 경험(예: 장애 발생)에 대한 내담자의 생각, 행동, 정서적 변화를 이끌어 내기 위한 개입을 치료의 최우선 과제라고 간주한다. 소수 인종/집단 출신 내담자들은 대인 관계 중심의 세계관을 지니며, 도전적인/사건(challenging event, 예: 장애 발생)에 대한 경험을 그것이 그들의 문화적 역할 기대(예: 남성과 여성, 노인과 젊은이, 장남/장녀 등; Schaller et al. 1998)에 어떤 영향을 미치는가를 중심으로 인식한다. 따라서 소수 인종/집단 출신 장애인 이용자는 유럽계 미국인(백인)에 비해 자신의 장애 경험(장애 발생)을 가족이나 공동체의 문제로 인식할 가능성이 더 높다. 그 결과, 소수 인종/집단 출신 장애인 이용자에게 있어 주류적 재활 접근은 인간을 비역사적이고 비사회적 존재로 취급한다는 인식을 심어 줄 수 있다. 이러한 접근 방식은 소수 인종/집단 출신 장애인 이용자에게 주류 문화의 가치에 적응하라는 압박으로 비춰질 수 있다. "주류 집단과 소수자 집단이 어떻게 하면 효과적으로 의사소통할 수 있는지에 관한 문제는 대인 서비스 관련 직종 종사자들이 당면한 주요 관심사다."(Pedersen, 2007a, p. 125)

심리사회적 적응은 통찰과 자기 탐색을 통해 해결이 가능하다는 개념을 중시하는 상담 접근 활용은 소수 인종/집단 출신 장애인 모두에게 적절하지 않을 수 있다. 통찰 지향적

(insight-oriented) 이론은 자기 표현과 선호하는 생활방식에 대한 폭넓은 선택권 보장을 중시하는데, 이는 역사적으로 행해졌고 현재까지도 지속되고 있는 주류 집단에 의한 편견으로 인해 소수자들에게는 진실로 받아들여지지 않을 수 있다. 예를 들어, 경제적 참여, 의사소통적 자기 표현 권리, 선호하는 삶의 방식에 관한 사회 전반의 제약은 자기 자신을 어떻게 생각하고 느끼는지의 문제보다 소수자 지위에 놓인 사람들을 곤경에 처하게 만들 확률이 더 크다(Dovidio, Gaertner, & Kawakami, 2003). 통찰 지향적 개입은 또한 개별적 자아(individual self)를 개인의 주관적 웰빙의 중심이라고 가정하는데, 이러한 관점은 자아감(sense of self)이 사회적이고 무생물적인 형이상학적 환경과의 관계 속에 존재한다고 생각하는 소수 인종/민족 출신자들의 관점과 배치된다(Landrine, 1992; Robinson-Wood, 2009). 자아를 공동체 및 환경으로부터 분리된 개별적 존재로 재규정하려는 목표를 동반하는 주류 치료 접근은 환경 및 사회적 관계하에서의 자아감을 중시하는 소수 인종/집단 출신 장애인 이용자들에게는 적절하지 않을 수 있다는 의미다.

　주류 상담 접근의 필수 구성요소이기도 한 자기 개방은 개인의 인생사(personal stories)에는 결국 그가 중요하게 여기는 사람들(예: 가족)이 관련될 수밖에 없으므로, (재활)상담사 등과 같이 낯선 사람들과 그것을 공유해서는 안 된다는 일부 소수 인종/집단의 관점과는 어울리지 않는다. 따라서 소수 인종/집단 출신 내담자들이 임상적 자료 생성을 목적으로 자기를 개방할 것이라는 기대는 그들에게 익숙하지 않은 방식으로 자기를 표현하라고 요청하는 것이며, 내담자의 이야기가 한 부분을 담당하는 집단 전체의 인생 이야기가 지닌 품격을 위반하라고 요구하는 것과 마찬가지다. 이러한 이유에서, 일부 소수 인종/집단 출신 내담자들은 전통적 방식의 상담에 대한 초기 전념(commitment)과 참여를 매우 주저하며, 상담사와의 협력 관계 형성에도 더 오랜 시간이 걸리는 것으로 관찰되었다(Brook, Haskins, & Kehe, 2004). 일부 소수 인종/집단 출신 내담자들은 공감, 진실성, 따뜻함 등 대인관계 요인의 중요성을 억압과 불이익을 감수해야 했던 그들의 상황에 대한 진실된 이해를 촉진적 조건으로 대체하려는 시도로 인식할 수 있다(Green, 1999).

　소수 인종/집단 출신 내담자들은 또한 상담 장면에서 자신이 겪었던 사회적 억압과 차별 경험을 토로하도록 요구받는데, 이는 그들이 상담 서비스를 거부하게 만드는 결과를 낳기도 한다(Sue & Sue, 2013). 예를 들어, 일부 소수 인종/집단 출신 내담자들은 개인의 변화를 강조하는 주류 상담 접근을 제도적으로 생성되었으며 소수 인종/집단 출신자에 대한 억압 기제의 일부로 작용하는 어려움의 원인을 그들의 잘못으로 돌리려는 시도로 받아들일 수 있다. 장애인들에게서 볼 수 있는 상대적으로 높은 실업률은 전술한 시각을 반영하는 대표적 사례다. 재활상담사는 재활 서비스를 받고도 취업에 이르지 못한 내담자가 있을 경우, 취업 실패의 주된 원인이 장애인에 대한 고용주의 편견이라는 점이 명백하다 해도 그것을 내담자의 동기 문제나 기술 부족으로 이해하려는 경향을 보인다는 것이다(Yelin & Trupin, 2003). 재활 과정의 일부이기도 한 안정적 취업 보장 문제는 하나 이상의 소수자 지위에 처한 사람(인종, 성별, 장애)에게는 더욱 어려울 수 있다.

주류 상담 이론 및 기법은 소수 인종·집단 출신 내담자들에 대한 적용에 있어 장점과 단점 모두를 가지고 있다. 이러한 장단점과 함께, 상담사의 역량 또한 반드시 고려되어야 한다. Bryan(2007)에 따르면, 상담사 혹은 전문적 도우미가 문화적 감수성을 지니게 된다면 대부분의 현대적 상담 접근은 소정의 효과를 거둘 수 있을 것이라고 한다.

## 3. 문화 감수성 기반 재활 개입 전략

비주류 문화에 속한 장애인 이용자를 대할 때 재활상담사는 다음과 같은 세 가지 문제에 주의를 기울여야 한다. 첫째는 내담자가 속한 문화에 관한 지식이다. 동일 문화 내에도 다양한 집단 내적 차이가 있기는 하지만, 내담자가 속한 문화는 여전히 그가 지각하는 세계의 개념화 과정에 대한 조사가 필요한 가설을 제공한다. 둘째는 내담자의 세계관에 대한 인식이다. 상담사는 자신의 문화적 신념 및 가정과 그것이 내담자에게 미칠 잠재적 주변화 효과(marginalizing effects)에 대한 인식을 바탕으로 내담자의 이야기를 경청하고, 그가 생각하는 삶의 의미와 가치를 배울 수 있는 질문을 활용해야 한다. 셋째는, 상담사는 가치, 대화 비율, 비언어적 의사소통(nonverbal cues) 단서, 기대감 측면에서 내담자가 보이는 차이를 수용하는 상담 기술을 갖추어야 한다(Sue & Sue, 2013). 내담자의 세계관을 통해 그에게 다가갈 때만이 상담사는 비로소 문화 감수성에 기초한 상담 서비스 제공을 기대할 수 있을 것이다. 비록 지원(상담)의 기본적 문제에 관한 연구가 아직 불완전하지만, Pedersen(2007b)은 미시 상담에 관한 가용 데이터는 다음과 같은 사항을 시사한다고 주장한다.

① 대안적인 이론적 지향으로서 게슈탈트 이론, Rogers의 인간 중심 이론, 특성 요인 이론 등은 매우 다양한 패턴의 지원 기술을 활용한다. 효과적인 지원(상담)을 위해서는 내담자의 목표와 지원적 개입이 추구하는 목표 사이의 대응(matching) 관계를 고려할

필요가 있다. 보다 지시적 치료를 선호하는 내담자는 중요한 삶의 문제에 대처하기 위한 도움 추구 경험으로서 그 같은 치료 방식과 인정의 경험을 가질 수 있어야만 한다(Mpofu, Madden, et al., 2012). 비록 문화권 내에 존재하는 광범위한 개인 변인들에 관한 대응 방안 추구가 가능하기는 하지만, 개별 내담자 치료에 있어 개인차가 반드시 고려되어야만 한다는 사실을 기억하는 것이 중요하다. 해결 중심 단기 치료와 관련하여 최근 확립된 다수의 증거는 전문 상담사가 자신의 세계관을 강요하는 위험을 최소화하는 동시에, 내담자가 지닌 중요한 문제 해결을 도울 수 있는 구체적 방법에 관한 내용을 제시한다.

② 현장에서 자주 사용되는 상담 접근은 모두 다수의 공통점을 지닌 것으로 보인다. 대부분의 전통적 혹은 고전적 상담 접근은 개인적 문제에 초점을 두며(동시에 대개의 경우 사회문화적 문제를 무시하며), 내담자가 자신이 속한 세계와의 관계에서 새롭고 보다 창의적인 방식을 생성할 수 있도록 극단성이나 차단 요소, 혼합 메시지 등에 얽매이지 않는 개인의 자유를 강조한다. 반면 성공적 상담을 위한 몇몇 촉진 조건(예: 진실성, 존중과 따뜻함, 공감)은 문화적 차이나 유형에 관계없이 적용이 가능해 보인다. 전문 상담사는 이러한 초월적인 상담사의 특성이 문화 집단 간 그리고 동일 문화 집단 내에서 어떻게 표현되는지 유념해야 한다.

다문화 상담은 상담사가 자신의 가치와 문화적 맹점이 자신과 다른 문화적 배경을 지닌 내담자에게 어떻게 부정적 영향을 미치는지에 관해 보다 깊은 자기 성찰을 할 수 있게 만드는 긍정적 효과를 가져왔다. 그러나 다문화 상담 관련 지식과 인식을 서비스 품질 개선과 실천으로 전환하기 위해서는 더 큰 노력이 필요하다(Gielen, Draguns, & Fish, 2008; Pedersen, 2007a).

## 1) 서비스 제공 구조화

내담자는 자신의 개인사에 관한 이야기를 공유하는 사람이라면 자신(내담자)의 세계관에 진심으로 관심을 가졌다고 느끼기를 원한다(Ivey & Ivey, 1999; T. B. Smith, Richards, Granley, & Obiakor, 2004). 상담을 시작할 때 또는 상담 과정 동안, 상담사와 내담자 사이의 잠재적 혹은 실제적 차이를 직접적으로 다루면 상담사 자신 및 내담자와 진정한 신뢰(authenticity)를 달성할 수 있다. 예를 들어, 재활상담사와 장애인 이용자는 재활 서비스의 목표, 자원, 절차에 관해 서로 다른 인식을 가질 수 있다. 나아가, 재활상담사는 인종, 장애 상태, 경제 수준, 성별 등의 측면에서 장애인 이용자와 차이를 보일 수 있다. 상담사는 상담 목표 및 절차와 관련하여 내담자와의 협상을 통해 상담에 대한 기대치 차이에서 비롯된 좌절 가능성을 최소화할 수 있다.

내담자를 위한 서비스 제공 구조화는 내담자의 욕구와 특정 재활 기관의 자원 및 서비스 제공 절차 간의 적합성 조사를 통해 그들의 재활 과정 참여를 가능하게 한다. 이는 또한 적절한 지역사회 자원으로의 내담자 의뢰 과정을 촉진할 수 있다. 가시적 차이(예: 인종, 장애 상태, 성별)는 다음과 같은 사항을 고려하면 대처가 가능하다. ① 내담자에게 여러 가지 면에서 그와 확연히 다른 문화적 배경(인종, 장애 상태, 성별, 다중적 차이)을 가진 사람과의 상담을 편안하게 여기는지 질문하기, ② 내담자가 그가 속한 문화/세계에 관한 자신의 경험이 제한적이라는 사실을 공개적으로 인정하게 하기, ③ 내담자로 하여금 상담사에게 그가 처한 상황에 존재한다고 생각되는 중대 문제를 간과하고 있는지의 여부를 알려 주도록 격려하기, ④ 내담자로부터 배우고 싶다는 진실된 의지 전달하기.

이처럼 직접적 방식으로의 서비스 제공 품질에 영향을 미칠 여지가 있는 차이점을 직면하면 상담사가 개방적 태도를 지녔다는 점을 전달하고, 내담자에게 자신이 상담 과정과 결과에 대한 소유권을 공유하는 존재라는 인식을 갖게끔 할 수 있다(Ivey, Gluckstern, & Ivey, 1997; Vaughn, 2004). 이는 또한 내담자 참여에 영향을 미치는 경험 안에서 암묵적이며 실제로 존재하는 차이에 관해 상담사와 내담자가 품게 되는 차이로 인한 불안 감소를 도울 수 있다. 차이를 직접적으로 다루려는 시도는 상담사와 내담자의 고정관념 형성 가능성을 최소화하고, 소수 인종/집단 출신 이용자들의 중도 포기 확률이 가장 높은 재활 서비스 초기 단계부터 작업 동맹 구축에 도움이 될 것이다.

## 2) 내담자와 상담사의 세계관 평가

내담자의 세계관은 초기 면접 단계에서 수행되는 정보 수집 과정에서 매우 중요한 요소다. 상담사는 또한 내담자의 세계관 평가에 반구조화된 면접이나 질적 연구 방법을 활용할 수 있다. 질적 측정 방법을 활용하려면 다중 정보원 방식(multiple informant methods) 또는 관찰 기법을 활용하여 데이터 수렴(data convergence)에 대한 검증을 진행할 필요가 있다. 상담사는 또한 내담자의 세계관 평가를 위해 다수의 양적 도구를 활용할 수도 있다(Ibrahim, Roysicar-Sodowsky, & Ohnishi, 2001; Pedersen, 2007b). 나아가, 상담사는 다문화 상담 평가 척도(Multicultural Counseling Inventory: MCI; Sodowsky, Taffe, Gutkins, & Wise, 1994) 등과 같은 기존의 양적 측정 도구를 사용하여 자신의 세계관과 다문화적 역량(예: 지식, 인식, 기술)을 평가할 수 있다.

## 3) 언어 통역(지원) 서비스 활용

영어 구사에 능숙하지 않은 사람들을 대상으로 서비스를 제공하는 다중 언어 환경에서, 통역 또는 번역 서비스를 지원하면 재활 전문가와 소수 인종/집단 출신 이용자 사이에서 상대방의 언어에 익숙하지 않은 탓에 발생할 수 있는 의사소통상의 오해 문제를 상당 부분 줄일 수 있다(Sue, 2006). 통역사는 또한 세계관을 둘러싼 암묵적 차이나 특정 용어 사용에 대한 문화적 제약에 의해 의사소통이 방해받을 경우, 문화 중개인의 입장이 되어 내담자를 도울 수도 있다(National Council of Interpreting in Health Care, 2005).

통역사를 활용할 때는 다음과 같은 기본적 사항을 준수해야 한다. ① 통역사가 아니라 내담자를 바라보며 내담자에게 직접 이야기하라, ② 상담 과정 내내 통역사를 참여시켜라, ③ 상담사가 내담자를 정확히 이해했는지 내담자와 함께 반복하여 확인하라, ④ 내담자에게 오해가 있을 경우, 이를 바로잡아 달라고 요청하라, ⑤ 적절한 통역을 위해 문화적 의례(연령, 친척, 계층, 성별)를 준수하라, ⑥ 추가 시간을 허용하라, ⑦ 의제를 간결하고 집중력이 분산되지 않도록 유지하라. 가족 구성원을 통역사로 활용하는 문제는 신중하게 접근할 필요가 있다. 왜냐하면 가족 구성원은 내담자가 처한 상황/문제에 관여되어 있을 가능성이 높기 때문이다. 가족 구성원에게는 통역사 역할보다는 정보제공자나 치료 계획 수립, 실행, 평가 과정에서의 협력자 역할을 요청하는 것이 훨씬 유익하다. 통역사는 사적인 대화가 아니라 의도된 메시지 전달 역할을 수행하기 위한 훈련을 필요로 한다.

소수 인종/집단 출신자들이 장애 상태를 지칭할 때 사용하는 용어 이해는 효과적인 서비스 제공을 위해 매우 중요하다. 각 소수 민족 집단의 장애 및 장애가 그들의 삶에서 차지하는 의미에 관한 인식은 그 민족의 문화, 종교적 신념, 전통을 반영하기 때문이다. 나아가, 주류 문화의 영향, 장애 상태의 본질, 개인 및 가족 구성원의 문화 적응 수준(acculturation) 등과 같이 한 개인의 시각/관점에 영향을 미치는 개입 요인이 존재한다(Bryan, 2007; Leung, 2003). Shweder(1985)는 소수 인종/집단 출신 장애인을 대상으로 서비스를 제공하는 재활 전문가들에게 유익한 질병과 고통을 묘사하는 언어의 문화적 맥락에 관해 논하였다. 그는 전문가들이 고려해야 할 언어 구사(language participation) 및 적용에 관한 여섯 가지 영역을 제시하였다. 그것은 일반적인 질병 상태와 그에 관한 진술 내용, 개인적인 해석, 공동체 전반(community-wide)에 걸친 의미, 관련된 표현 양식, 질환의 파급력(illness power), 사회적 지위다. 예를 들어, 일부 소수 인종 출신자들은 정서적 문제에 관해 신체 증상을 호소한다고 보고되었다(Schaller et al., 1998).

상담사는 다양한 장애 상태 기술을 위해 소수 인종/집단 출신자들이 일반적으로 사용하는 용어를 취합하여 그것을 주류 집단에 속한 사람들이 사용하는 용어와 대응시키는 작업을 통해 소수 인종/집단 출신 내담자들과의 의사소통을 촉진할 수 있다. 특정 질병 상태에 소수 인종/집단 출신 내담자가 부여하는 문화적 의미에 기초한 기능적 해석 또한 재활 전문가들이 내담자와 그가 속한 공동체가 인정하는 치료 목표(예: 재활의 사회적 역할 인식)를 파악하도록 도울 수 있다. 상담사는 내담자의 언어적 의사소통과 함께 보디랭귀지, 제스처, 얼굴 표정, 눈맞춤 등과 같은 비언어적 표현을 어떻게 해석해야 할지 인식해야 한다. 이는 보디랭귀지가 전달하는 메시지와 언어적 표현이 전하는 메시지가 다를 수 있기 때문이다(Harley & Stansbury, 2011). 특정 비언어적 제스처에 담긴 의미는 본질적으로 보편적인 것이 아닌 문화적 결정의 산물인데, 이는 상담사가 다문화 상담 관계에서 그 자신의 비언어적 메시지는 물론, 내담자가 전달하는 비언어적 메시지에도 관심을 기울여야 한다는 점을 시사한다(Hackeny & Cormier, 2013).

### 4) 명목주의 효과 최소화

재활 과정 전반에 걸쳐 가족 및 배우자 등을 참여시키면 소수 인종/집단 출신 장애인 이용자에 대한 명목주의의 영향을 최소화할 수 있다. 예를 들어, 재활상담사는 소수 인종/집단 출신 장애인 이용자에게 그의 치료 계획 수립 과정에 누구를 참여시키고 싶은지 문의할 수 있다. 그러면 재활상담사는 장애인 이용자가 지명한 사람을 이용자가 원하는 만큼 재활상담 과정에 참여시킬 수 있다. 소수 인종/집단 출신 장애인 이용자와 유사한 세계관과 가치관을 지닌 사람을 재활 계획 수립 및 서비스 시행 과정에 참여시키면 다음과 같은 기능 수행을 기대할 수 있다. ① 이용자에게 그가 처한 상황에 오랫동안 관여해 온 인적 자원 활용을 가능하게 한다. ② 재활 서비스를 받고자 하는 데서 비롯된 고립감에 대한 명목주의의 영향을 최소화할 수 있다. ③ 재활 과정에서 드러난 이용자의 현저한 문제에 대처할 가능성을 높여 준다. 지역사회 센터 등과 같이 소수 인종/집단 출신자가 손쉽게 접근할 수 있는 장소에서 재활 서비스를 제공하고, 내담자의 욕구에 부합하는 자원 및 서비스를 포함하는 방법 또한 명목주의의 부정적 영향을 최소화하는 데 기여할 것이다. 신중히 계획된 지역사회 지원 프로그램 또한 소수 인종/집단 출신 장애인의 재활 서비스 이용 증가에 기여할 것이다.

　명목주의와 관련하여 가장 심각한 문제는 아마도 그것이 재활 과정에서 체계적인 변화를 촉진을 통해 제도적 차별을 감소시키는 권익 옹호와 역량 강화 수단으로 인식됨으로써 다문화 상담을 방해할 수 있다는 점이다. Kosciulek(2004)은 재활 과정에서 장애인의 역량 강화를 위한 개념 구조를 제안하였는데, 이 구조는 작업 동맹, 고지된 선택(informed choice), 자기 결정, 역량 강화 등의 핵심 개념을 포함한다. Harley(2009)는 개인은 어느 시점이든 다중 정체성을 지닐 수 있는데, 인간은 1차원적 존재로 제한되지 않기 때문에 이러한 다중 정체성을 불러내는 것은 명목주의 영향 약화를 가속화할 수 있다고 제안한다.

　인간이 자신의 위치(positionality)를 바라보는 방식은 명목주의 감소를 위한 수단을 제공한다. 장애인, 여성, 그 밖의 소수 인종/집단 구성원들은 분명 미국에서 소외 계층에 해당한다. Mayo(1982)는 긍정적 주변부(positive marginality) 개념을 제시하였는데, 이는 사회의 주변부에 위치하며 성장을 이어 가는 상태가 지닌 강점의 존재를 인정한다는 개념이다. Mayo는 사회적으로 주변부에 속한 사람이라고 해서 반드시 그들의 배제(exclusion) 경험을 내면화하는 것은 아니며, 오히려 차이를 강점으로, 때로는 비판과 행동의 원천으로 포용한다는 점을 인정한다(Hall & Fine, 2005). 다수의 흑인 여성 학자, 작가, 활동가(예: Patricia Hill Collins, Bell hooks, Audre Lorde)들은 사회적 위치 개념을 비판하면서, 주류 사회의 주변부에서 살아가는 생활을 무기력, 희생, 주변인의 증거라고 폭로하였다. 장애인과 소수 인종/집단 구성원들은 이미 확고한 자기 옹호 경험을 지니고 있다. 재활상담사의 주된 역할은 소수 인종/집단 출신 장애인 이용자들과 협력하여 이들의 위치와 명목주의 재구성을 위한 권익 옹호 기술 향상을 지원하는 것이다.

## 5) 장애 의식 확대

　장애 의식(disability consciousness) 개념은 장애인의 소수자 지위에 대한 집단, 공동체, 개인의 반응을 이어 주는 잠재력을 지니고 있다. 장애 의식은 소수자 지위 혹은 장애 정체성, 장애 친화적 환경, 개개인의 장애 정체성 등과 관련하여 장애인들이 지닌 집단적 의식을 의미하는 다차원적 개념이다(Barnartt, 1996; Mpofu, 1999; Surbaugh, 2008). Barnartt는 장애 의식을 소수자 지위와 관련하여 장애인들이 공유하는 집단적 자각이라고 간주하면서,

그 같은 의식의 활용은 장애인 권익 증진을 위한 사회운동의 토대라고 주장하였다. 이 같은 이유에서 장애 의식은 성별, 인종, 민족적 차이를 초월하며, 장애 공동체 구성원을 하나로 결집시키는 요인으로 작용할 수 있다.

집단적 장애 의식은 장애인들에게 경제적 참여 확대 달성, 자기 인식에 대한 통제력 확보, 장애 관련 경험을 정당화하는 삶의 방식 향유 기회 증가 등을 통한 사회운동 형성을 가능하게 한다. 다시 말해, 장애인의 내면에 존재하는 집단적 장애 의식은 집단 차원에서의 역량 강화를 의미하는데, 이는 마르크스주의에서 말하는 계급의식과 유사한 개념이라는 것이다. 장애 의식은 또한 장애 관련 차이에 대한 환경의 감수성(예: 지역사회, 직장)으로 간주될 수 있다.

장애에 따른 차이를 지지하는 환경[예: 긍정적인 사회적 태도, 정당한 편의가 보장된(enabling) 사회적 구조, 자원]은 장애와 관련된 차이를 덜 중요하게 만들 수 있고, 장애인과 비장애인 사이의 유사성을 높여 줄 수 있다. 이처럼 긍정적 환경이 주어진다면, 장애인은 경제적 박탈, 자신을 지칭하는 용어에 대한 통제력 상실, 선호하는 생활방식 선택 제한 등의 위험에 보다 덜 취약할 것이다. 즉, 장애 친화적 환경(disability-enabling)이 갖추어진다면 장애가 있다 해도 다른 소수자 지위(예: 성별)는 여전히 존재하겠지만, 장애로 인한 소수자 지위의 영향은 초래되지 않을 수 있다는 말이다. Dewey(2005)에 따르면, 사람들은 대개 환경 안에 존재하고, 다른 사람들과 경험을 공유하는 환경의 일부로 살아간다. 따라서 우리는 모든 사람의 도덕적 · 윤리적 향상을 위한 감각 심미적 차원을 개선하는 집단적 환경 경험 변화 방법을 통해 다른 사람들과 관계를 맺을 수 있다.

장애 정체성 또는 장애 의식은 긍정적일 수도 혹은 부정적일 수도 있다. 긍정적 장애 의식은 장애인의 경제적 능력, 자기 정체성, 문화적 온전성 회복을 위한 선제적 행동으로 이어질 수 있다. 예를 들어, 긍정적 장애 의식은 개별 장애인 내면에 존재하는 높은 수준의 집단적 장애 의식과 연계될 수 있다(Barnartt, 1996). 부정적 장애 의식은 자신의 내면에 존재하는 소수자 지위의 영향에 저항하려는 활동 참여 저하나 장애인에 대한 높은 수준의 편견이 존재하는 공동체 내에서 그 자신의 소수자 지위를 부인하려는 시도로 이어질 수 있다. Surbaugh(2008, p. 397)는 "여러 가지 관점이 장애 의식을 특징짓는데, 상호보완성이 자기 의식, 다른 사람들의 의식, 두 가지 의식 간 상호관계성 등 다양한 경험 수준에서 존재한다는 점을 입증한다."고 강조하였다.

## 6) 내담자를 대상으로 한 고지된 선택 기술 교육

서비스 제공 과정에서 사용하는 언어는 상담사가 소수 인종/집단 출신 내담자의 욕구에 대한 스스로의 감수성을 보여 줄 수 있는 또 다른 영역이다. 소수 인종/집단 출신자들은 장애 관련 법률과 그것이 개별화 고용 계획(individualized plan for employment: IPE) 수립 과정에서 차지하는 역할에 관한 정보를 제공받지 못할 가능성이 주류 집단 출신자에 비해 네 배 이상 높은 것으로 나타났다(Smart & Smart, 1997a). 더더욱 중요한 사실은 재활상담사는 소수 인종/집단 출신 장애인 이용자가 고지(알림을 받아)된 결정(정확하고 충분한 정보를 바탕으로 내리는 의사결정)을 내릴 수 있도록 충분한 정보 제공을 보장할 필요가 있다는 점이다. 이는 내담자 관점에서의 우려 사항을 이해하는 것과 효과적 선택 지원 및 가치, 욕구, 선호 등과 관련하여 각각의 선택 사항이 지닌 상대적 장점 평가를 돕는 데 유용할 것으로 기대되는 자원에 관해 내담자와 정보를 공유하는 것을 포함한다. 이 같은 관점에서, 일부 소수 인종/집단 출신 장애인 이용자들은 문화적 조건을 이유로 재활상담사가 재활 서비스 제공에 있어 주도적 역할을 맡아줄 것을 기대하기도 한다.

소수 인종/집단 구성원 중 단지 10%만이 ADA에 관해 알고 있는 것으로 보고되었는데, 이 같은 결과는 같은 질문에 대해 40%가 알고 있다고 답한 비장애인 인구 집단과 크게 대비된다(Smart & Smart, 1997b). 이에 따라, 소수 인종/집단 출신 장애인 이용자들은 ADA에 명시된 권리와 책임에 관한 정보를 제공받지 못할 가능성이 상대적으로 높다. 재활상담사는 장애인 이용자가 이미 법에 관해 알고 있을 것이라는 가정하에 소수 인종/집단 출신 장애인 이용자에게 ADA나 장애 관련 법률에 대한 설명을 빠뜨릴 수 있다. 이러한 정보 제공 실패는 재활 과정에 참여하는 장애인 이용자를 어리둥절하게 만들 수 있다. 상담사의 가정과는 무관하게, CRCC의 재활상담사 윤리 규약(2010)은 재활상담사와 장애인 이용자가 공동으로 개별화 고용 계획 수립 작업을 수행하고, 정기적인 계획 검토를 통해 지속적인 실행 가능성과 효과성(Section A.1.b), 그리고 고지된 선택/자율성(Section A.1.d)을 평가하도록 규정하고 있다.

장애인 이용자에게 재활 서비스를 제공함에 있어 고지된 선택(informed choice)은 재활 관련 법률의 중요한 구성요소인데, 여기에는 재활상담사와 장애인 이용자 사이의 협력에 기초한 IPE 수립이 포함된다. 소수 인종/집단 출신 장애인 이용자들은 재활 과정 일부로 진행되는 IPE 수립에 따른 법적 요구사항과 IPE 수립, 실행, 점검, 평가에서 그들이 담당해야 할 역할에 대해 알지 못할 가능성이 있다. IPE 수립에 대한 적극적 참여 의무는 일부 소수 인종/집단 출신 장애인 이용자들(예: 전통을 고수하는 아메리카 원주민과 아시아계 미국인)의 세계관 및 도움 요청 행동 양식과 맞지 않을 수 있다. 재활상담사가 소수 인종/집단 출신 장애인 이용자가 IPE 수립과 시행에 있어 자신의 협력적 역할을 알고 있을 것이라고 생각한다면, 이는 이용자에게 의도치 않은 어려움을 가져다줄 수 있다. 이처럼 잘못된 가정에 빠진 재활상담사는 또한 소수 인종/집단 출신 이용자들의 상대적으로 높은 중도 탈락률 경험을 초래할 가능성이 높은데, 이는 재활상담사로 하여금 소수 인종/집단 출신 장애인 이용자는 동기가 부족하거나 비협조적이라는 잘못된 결론을 내리게 만들기도 한다.

## 4. 상반된 관점 간의 화해

다문화 상담에 관한 토론 과정에서 제기되는 논쟁은 주류 상담에는 소수 인종/집단 출신자의 상담에 유용한 요소가 없다거나 두 접근 사이에 접점(공통 분모)이 존재하지 않는다는 인상을 심어 줄 수 있다는 것이다. 주류 상담 접근과 소수자 대상 상담 접근을 연속선상에서 이해하면서 주류 상담 접근 가운데 몇몇 요소는 소수 인종/집단 출신 내담자 상담에 적용이 가능하며, 그 반대의 경우도 성립한다는 인식을 가지려는 태도가 보다 현실적이다.

상담 접근을 둘러싼 이분법적 시각은, ① 다문화 사회에서 살아가는 내담자는 소수자 문화와 주류 문화의 배경하에서 현실을 넘나들며 두 가지 문화적 배경과의 협상 능력을 통해 자신의 욕구를 좀 더 잘 충족할 수 있다는 인식 실패, ② 다수의 상담사에게 높은 수준의 직무 수행에 따른 불안과 죄책감 유발, 이로 인한 내담자의 욕구 충족 능력 손상 초래, ③ 주류 상담사에게 그가 이수한 상담사로서의 훈련이 소수 인종/집단 출신자를 위한 서비스 제공에 적절하지 않다거나 다문화 상담 기술 분야에서 개인적 성장과 발전을 위한 토대가 될 수 없다는 불공정한 인식 제공, ④ 다문화 상담을 소수 인종/집단 출신 내담자를 위한 특별 대우라고 오해하는 일부 주류 상담사에게 다문화 상담에 관한 나쁜 감정 심어 주기, ⑤ 소수 인종/집단 출신 상담사가 주류 집단 출신 상담사보다 소수 인종/집단 출신 내담자 상담에 더 뛰어날 것이라는 오해 조장, ⑥ 소수 인종/집단 출신 상담사들이 상담 문제가 아닌 정치적 문제에 사로잡혀 있다는 낙인 유발 등의 결과를 낳을 수 있다.

더불어, 특정 소수자 집단을 대상으로 제공된 상담 서비스를 다룬 전문적 연구 문헌은 내용 면에서 지나치게 일반적(피상적)이다. 그리하여 어떻게 하면 상담사가 개별 내담자와의 상담 장면에서 자신의 능력을 향상시킬 수 있을지에 관한 지침은 거의 제공되지 못하는 실정이다(Green, 1999; Monk et al., 2008). 임상적으로 중요한 변수에는 상당한 정도의 집단 내적 차이가 존재할 가능성이 높은데, 과잉 일반화는 상담 전문가의 관점을 좁게 만듦으로써 고정관념과 쓸모없는 분류 체계 영속화라는 불행한 결과를 초래할 수 있다(Weinrach & Thomas, 1998). 유색 인종 출신자의 주류 문화에 대한 적응 수준이 매우 다양하다는 사실 또한 소수 인종 출신자의 상담을 더욱 복잡하게 만든다. 상이한 인종적/민족적 정체성 발달 수준을 보이는 인종적·민족적·문화적 소수자들은 주류 상담 방법에 대한 반응성과 동일시 수준에서 매우 다르다.

또한 인종적·민족적·문화적 소수자 지위와 상담 성과 사이의 관련성을 조사한 66편의 연구를 대상으로 실시된 메타 분석 결과는 내담자들이 일관되게 인종적 혹은 민족적 유사성보다는 상담사의 능력을 높게 평가한다는 사실을 보여 주었다(Coleman, Wampold, & Casli, 1995). 전술한 메타 분석 연구는 또한 유사한 인종적/민족적 배경을 가진 상담사에 대한 선호를 보고한 연구는 명백한 사회적 바람직성 효과(social desirability effects, 예: 인종/민족/문화로만 제한된 선택)와 표집 편향(sampling bias, 예: 백인이 주류인 대학에서 소수 인종/민족 출신 학생) 등에 의해 결과 적용에 있어 한계를 드러낸다고 보고하였다. 주류 집단 출신 상담사와 소수 인종/집단 출신 상담사 사이에는 세계관에 있어 차이점보다는 유사성이 더 많았다(Mahalik, Worthington, & Crump, 1999). 이 같은 유사성은 상담사 양성 과정 동안 이루어지는 상담사의 사회화 혹은 대인 서비스 직종 종사자의 성격 특성에 의해 설명이 가능하다. 피부색 하나만을 가지고 주류 상담 방법과 주류 집단 출신 상담사가 본질적으로 유색 인종 출신자의 상담에 적합하지 않을 것이라는 식의 가정은 인종 차별이라는 인상을 심어 줄 수 있고(Weinrach & Thomas, 1998), 주류 집단 출신 상담사의 치료를 선호하는 유색 인종 출신 내담자의 욕구를 해칠 수도 있다.

## 5. 맺음말

재활 서비스 제공에서 소수자 지위 문제를 다루려는 태도는 매우 중요하다. 소수자 지위, 인종, 민족, 성별, 장애 상태, 문화 등은 상담사가 고려해야 할 중요한 내담자 변수 가운데 일부다. 소수 인종/집단 출신자들은 문화적 신드롬(cultural syndrome)을 공유하는데, 이는 오래전부터 시작하여 현재까지 이어져 온 주류 집단의 억압 경험 때문에 영향받은 바 적지 않다. 소수 인종/집단 출신자들은 그들이 지닌 세계관과 건강 관련 경험이 주류 집단 구성원들의 그것과 다르다고 느끼게 만드는 방식으로 경제적·사회문화적 특권을 거부당한 경험을 하기도 한다. 분명히, 다문화 상담에 대한 욕구가 존재하며, 미국과 같은 다문화 사회에서 문화적으로 특화된 서비스 제공은 이점이 많을 것이다(Draguns, 2008).

재활 서비스 제공 과정에서 다양성 문제를 다루는 것은 윤리적으로도 반드시 필요하다. 우리가 반드시 기억해야 할 점은 재활 서비스를 받으면 유익할 것으로 예상되는 동일한 이용자에게 낙인을 가하지 않으면서 다양성을 달성할 수 있는 방법을 모색해야 한다는 사실이다. 다문화 상담 접근과 주류 상담 접근은 모두 내담자의 욕구 충족을 위한 책임을 다해야 한다. 내담자의 강점, 선호, 한계를 바탕으로 기본적 치료 결정을 내린다는 윤리적 목표는 다문화 상담과 주류 상담 접근을 보완적으로 사용할 때 달성이 가능할 것이다. 상담 과정에서의 자민족중심주의적 편견은 심각한 윤리적 문제를 야기할 수 있다. 마찬가지로, 재활상담사가 가시적 특징(예: 인종, 장애 유형)만을 가지고 재활 서비스 대상자를 대한다면 내담자 당사자 및 내담자 주변의 중요 인물(예: 가족 구성원, 고용주)에게 유해한 고정관념을 영구화할 수 있다. 재활 분야에서 내담자 치료 성과는 재활 서비스 제공 역량과 내담자 참여 간 상호작용의 산물이며, 내담자 참여가 증가할수록 상담 성과도 향상된다.

## 집단 토의 과제

1. "소수자 지위는 사회적 구조화 또는 협상을 통해 만들어진 현상으로 볼 수 있다." 소수자 지위가 지닌 사회문화적 토대 이해라는 관점에 비추어 이 같은 주장의 진실은 무엇인가?

2. "모든 상담은 본질적으로 다문화적이다." 당신에게 익숙한 상담을 실천한다고 할 때, 참고문헌을 참조하며 토론해 보자.

3. 재활 서비스 제공에 있어 문화적 감수성 증가를 견인할 세 가지 구체적 방법을 논하라.

4. 재활상담 서비스 제공에 있어 다문화 또는 다양성에 민감한 상담사의 윤리적 의무는 무엇인가?

# 참고문헌

Abreu, J. M. (2001). Theory and research on stereotypes and perceptual bias: A didactic resource for multicultural counseling trainers. *Counseling Psychologist, 29*, 487–512.

Abudabbeh, N. (2005). Arab families: An overview. In M. McGoldrick, J. Giordano, & N. Garcia-Preto (Eds.), *Ethnicity and family therapy* (pp. 423–436). New York, NY: Guilford.

Alston, R. J., & Mngadi, S. (1992). The interaction between disability status and the African-American experience: Implications for rehabilitation counseling. *Journal of Applied Rehabilitation Counseling, 23*(2), 12–15.

Altarriba, J. (2007). *Encyclopedia of multicultural psychology.* Thousand Oaks, CA: Sage.

An, S., Roessler, R. T., & McMahon, B. T. (2011). Workplace discrimination and Americans with psychiatric disabilities: A comparative study. *Rehabilitation Counseling Bulletin, 55*, 7–19.

Atkins, B. (1988). An asset-oriented approach to cross cultural issues: Blacks in rehabilitation. *Journal of Applied Rehabilitation Counseling, 19*(4), 45–49.

Atkins, B., & Wright, G. (1980). Three views of vocational rehabilitation of blacks: The statement. *Journal of Rehabilitation, 46*, 40–46.

Atkinson, D. R. (2004). *Counseling American minorities* (6th ed.). New York, NY: McGraw-Hill.

Auslander, G. K., & Gold, N. (1999). A comparison of newspaper reports in Canada and Israel. *Social Science and Medicine, 48*, 1395–1405.

Bailey, D. B. (1992). Guidelines for authors. *Journal of Early Intervention, 15*, 118–119.

Balcazar, F. E., Suarez-Balcazar, Y., Taylor-Ritzler, T., & Keys, C. B. (2010). *Race, culture, and disability: Rehabilitation science and practice.* Sudbury, MA: Jones & Bartlett.

Barnartt, S. (1996). Disability culture or disability consciousness? *Journal of Disability Policy Studies, 7*, 1–19.

Baron, R., & Byrne, D. (2008). *Social psychology* (12th ed.). Boston, MA: Allyn & Bacon.

Brault, M. W. (2012). *Americans with disabilities: 2010 household economic studies.* Washington, DC: U.S. Department of Commerce Economics and Statistics Administration, U.S. Census Bureau.

Brooks, L. J., Haskins, D. G., & Kehe, J. V. (2004). Counseling and psychotherapy with African American clients. In T. B. Smith (Ed.), *Practicing multiculturalism: Affirming diversity in counseling and psychology* (pp. 145–166). Boston, MA: Pearson.

Bryan, W. V. (2007). *Multicultural aspects of disabilities: A guide to understanding and assisting minorities in the rehabilitation process.* Springfield, IL: Charles C Thomas.

Coleman, H. L. K., Wampold, B. E., & Casali, S. L. (1995). Ethnic minorities' ratings of ethnically similar and European American counselors: A meta-analysis. *Journal of Counseling Psychology, 42,* 55-64.

Council on Rehabilitation Counselor Certification (CRCC). (2010). *Code of professional ethics for rehabilitation counselors.* Schaumburg, IL: Author.

Council on Rehabilitation Education (CORE). (2011). *Professional standards.* Retrieved from http://www.core-rehab.org

Dajani, K. F. (2001). Other research-What's in a name? Terms used to refer to people with disabilities. *Disability Studies Quarterly, 21,* 196-209.

Dewey, J. (2005). *Art as experience.* New York, NY: Penguin.

Disability Statistics & Demographics Rehabilitation Research and Training Center. (2011). *2011 annual disability statistics compendium.* Durham, NH: Institute on Disability.

Dovidio, J. F., Gaertner, S. L., & Kawakami, K. (2003). Intergroup contact: The past, present and future. *Group Processes and Intergroup Relations, 6,* 5-21.

Draguns, J. G. (2008). What have we learned about the interplay of culture with counseling and psychotherapy? In U. P. Gielen, J. G. Draguns, & J. M. Fish (Eds.), *Principles of multicultural counseling and therapy* (pp. 393-417). New York, NY: Routledge.

Draper, W. R., Reid, C. A., & McMahon, B. T. (2011). Workplace discrimination and the perception of disability. *Rehabilitation Counseling Bulletin, 55,* 29-37.

Edberg, M. (2007). *Essentials of health behavior: Social and behavioral theory in public health.* Sudbury, MA: Jones & Bartlett.

Garrett, M. T., & Portman, T. A. A. (2011). *Counseling native Americans.* Belmont, CA: Cengage.

Gielen, U. P., Draguns, J. G., & Fish, J. M. (2008). Principles of multicultural counseling and therapy: An introduction. In U. P. Gielen, J. G. Draguns, & J. M. Fish (Eds.), *Principles of multicultural counseling and therapy* (pp. 1-34). New York, NY: Routledge.

Green, J. W. (1999). *Cultural awareness in the human services: A multi-ethnic approach* (3rd ed.). Boston, MA: Allyn & Bacon.

Habermas, J. (1987). *The theory of communicative action: Vol. 2, Lifeworld and systems: A critique of functionalist reason.* Boston, MA: Beacon.

Hackney, H. L., & Cormier, S. (2013). *The professional counselor: A process guide to helping* (7th ed.). Boston, MA: Pearson.

Hall, M., & Fine, R. L. (2005). The stories we tell: The lives and friendship of two older black lesbians. *Psychology of Women Quarterly, 29,* 177-187.

Haller, B. (1998). Crawling toward civil rights: News media coverage of disability activism. In Y. R. Kamailpour & T. Carilli (Eds.), *Cultural diversity and the U.S. media* (pp. 89-98). Albany, NY:

SUNY Press.

Harkin, T. (2012). *Unfinished business: Making employment of people with disabilities a national priority*. Washington, DC: U.S. Senate Committee on Health, Education, Labor & Pensions.

Harley, D. A. (2009). Multicultural counseling as a process of empowerment. In C. C. Lee, D. A. Burnhill, A. L. Butler, C. P. Hipolito-Delgado, M. Humphrey, O. Munoz, & H. Shin (Eds.), *Elements of culture in counseling* (pp. 127-147). Upper Saddle River, NJ: Pearson.

Harley, D. A., & Stansbury, K. L. (2011). Diversity counseling with African Americans. In E. Mpofu (Ed.), *Counseling people of African ancestry* (pp. 193-208). Cambridge: Cambridge University Press.

Herbert, J. T., & Martinez, M. Y. (1992). Client ethnicity and vocational rehabilitation case service outcomes. *Journal of Job Placement, 8*, 10-16.

Ibrahim, F. A., Roysircar-Sodowsky, G., & Ohnishi, H. (2001). Worldview: Recent developments and needed directions. In J. G. Ponterrotto, J. M. Casas, L. A. Suzuki, & C. M. Alexander (Eds.), *Handbook of multicultural counseling* (3rd ed., pp. 425-456). Thousand Oaks, CA: Sage.

Ivey, A. E., Gluckstern, N. B., & Ivey, M. B. (1997). *Basic influencing skills*. North Amherst, MA: Microtraining Associates.

Ivey, A. E., & Ivey, M. B. (1999). *Intentional interviewing and counseling: Facilitating client development in a multi cultural society* (4th ed.). Pacific Grove, CA: Brooks/Cole.

Jung, Y., & Bellini, J. L. (2011). Predictors of employment outcomes for vocational rehabilitation consumers with HIV/AIDS: 2002-2007. *Rehabilitation Counseling Bulletin, 54*, 142-153.

Kim, B. S. K. (2011). *Counseling Asian Americans*. Belmont, CA: Cengage.

Kosciulek, J. F. (2004). Empowering people with disabilities through vocational rehabilitation counseling. *American Rehabilitation, 28*, 40-47.

Landrine, H. (1992). Clinical implications of cultural differences: The referential versus the indexical self. *Clinical Psychology Review, 12*, 401-415.

Lee, W. M. L., Blando, J. A., Mizelle, N. D., & Orozco, G. L. (2007). *Introduction to multicultural counseling for helping professionals*. New York, NY: Routledge.

LePage, J. P., Washington, E. L., Lewis, A. A., Johnson, K. E., & Garcia-Rea, E. A. (2011). Effects of structured vocational services on job-search success in ex-offender veterans with mental illness: 3-month follow-up. *Journal of Rehabilitation Research & Development, 48*, 277-286.

Leung, P. (2003). Multicultural competencies and rehabilitation counseling/psychology. In D. B. Pope-Davis, H. L. K. Coleman, W. M. Liu, & R. L. Toporek (Eds.), *Handbook of multicultural competencies in counseling and psychology* (pp. 439-455). Thousand Oaks, CA: Sage.

Livermore, G. A. (2011). Social security disability benefi ciaries with work-related goals and expectations. *United States Social Security Administration Social Security Bulletin, 71*(3), 61–82.

Mahalik, J. R., Worthington, R. L., & Crump, S. (1999). Influence of racial/ethnic member ship and "therapist culture" on therapists' worldview. *Journal of Multicultural Counseling and Development, 27*, 2–17.

Mayo, C. (1982). Training for positive marginality. In C. L. Bickman (Ed.), *Applied social psychology annual* (Vol. 3, pp. 57–73). Beverly Hills, CA: Sage.

Monk, G., Winslade, J., & Sinclair, S. (2008). *New horizons in multicultural counseling*. Thousand Oaks, CA: Sage.

Montgomery, M. (2005). Language and multidimensional contextual practice. In K. L. Guadalupe & D. Lum (Eds.), *Multidimensional contextual practice* (pp. 130–145). Belmont, CA: Brooks/ Cole.

Mpofu, E. (1999). *Social acceptance of Zimbabwean adolescents with physical disabilities*. Ann Arbor, MI: UMI.

Mpofu, E., Chronister, J., Johnson, E., & Denham, G. (2012). Aspects of culture influencing rehabilitation with persons with disabilities. In P. Kennedy (Ed.), *Handbook of rehabilitation* (pp. 543–553). New York, NY: Cambridge.

Mpofu, E., & Conyers, L. M. (2002). Application of tokenism theory to enhancing quality in rehabilitation services. *Journal of Applied Rehabilitation Counseling, 33*(2), 31–38.

Mpofu, E., & Conyers, L. M. (2004). A representational theory perspective of minority status and people with disabilities: Implications for rehabilitation education and practice. *Rehabilitation Counseling Bulletin, 47*, 142–151.

Mpofu, E., Crystal, R., & Feist-Price, S. (2000). Tokenism in rehabilitation clients: Strategies for quality enhancement in rehabilitation services. *Rehabilitation Education, 14*, 243–256.

Mpofu, E., Madden, R., Athanasou, J. A., Manga, R. Z., Gitchel, W. D., Peterson, D. B., & Chou, C. (2012). Person–centered assessment in rehabilitation and health. In P. J. Toriello, M. Bishop, & P. D. Rumrill (Eds.), *New directions in rehabilitation counseling: Creative responses to professional, clinical, and educational challenges* (pp. 209–235). Linn Creek, MO: Aspen Professional Services.

Mpofu, E., & Oakland, T. (2006). Assessment of value change in adults with acquired disabilities. In M. Hersen (Ed.). *Clinician's handbook of adult behavioral assessment* (pp. 601–630). New York, NY: Elsevier Press.

Mpofu, E., Thomas, K. R., & Thompson, D. (1998). Cultural appropriation and rehabilitation counseling: Implications for rehabilitation education. *Rehabilitation Education, 12,* 205–216.

National Council on Disability. (1992). *Meeting the unique needs of minorities with disabilities.*

Washington, DC: Author.

National Council on Interpreting in Health Care. (2005). *National standards of practice for interpreters in health care*. Retrieved from http://www.ncihc.org/ethics-and-standards-of-practice

Pedersen, P. (2007a). Cultured-centered microtraining. In T. Daniels & A. Ivey (Eds.), *Microcounseling: Making skills training work in a multicultural world* (pp. 109-131). Springfield, IL: Charles C Thomas.

Pedersen, P. (2007b). Toward identifying culturally relevant processes and goals for helpers and helpees. In T. Daniels & A. Ivey (Eds.), *Microcounseling: Making skills training work in a multicultural world* (pp. 137-157). Springfield, IL: Charles C Thomas.

Redfoot, D. L., & Houser, A. (2010). *More older people with disabilities living in the community: Trends from the National Long-Term Care Survey, 1984-2004*. Washington, DC: AARP Public Policy Institute.

Rehabilitation Act Amendments of 1992, Pub. L. No. 102-569, 106 Stat. 4344-4488 (1992).

Robinson-Wood, T. L. (2009). *The convergence of race, ethnicity, and gender: Multiple identities in counseling* (3rd ed.). Upper Saddle River, NJ: Prentice Hall.

Sandieson, R. (1998). A survey of terminology that refers to people with mental retardation/ developmental disabilities. *Education and Training in Mental Retardation and Developmental Disabilities, 33*, 290-295.

Schaller, J., Parker, R., & Garcia, S. B. (1998). Moving toward culturally competent rehabilitation counseling services: Issues and practices. *Journal of Applied Rehabilitation Counseling, 29*, 40-48.

Schur, L., Kruse, D., & Blanck, P. (2005). Corporate culture and the employment of persons with disabilities. *Behavioral Sciences and the Law, 23*, 3-20.

Settles, I. H., & Buchanan, N. T. (2006). Tokenism/psychology of tokenism. In Y. Jackson (Ed.), *Encyclopedia of multicultural psychology* (pp. 456-457). Thousand Oaks, CA: Sage.

Shweder, R. A. (1985). Menstrual pollution, soul loss, and comparative study of emotions. In A. Kleinman & B. Good (Eds.), *Culture and depression* (pp. 182-215). Berkeley, CA: University of California Press.

Simpson, G. E., & Yinger, M. J. (1972). *Racial and cultural minorities: An analysis of prejudice and discrimination* (4th ed.). New York, NY: Harper & Row.

Smart, J. F., & Smart, D. W. (1997a). Culturally sensitive informed choice in rehabilitation counseling. *Journal of Applied Rehabilitation Counseling, 28*, 32-37.

Smart, J. F., & Smart, D. W. (1997b). The racial/ethnic demography of disability. *Journal of Rehabilitation, 63*(4), 9-15.

Smith, D. L., & Alston, R. (2010). Employment and rehabilitation issues for racially and ethnically diverse women with disabilities. In F. E. Balcazar, Y. Saurez-Balcazar, T. Taylor-Ritzler, & C. B. Keys (Eds.), *Race, culture, and disability: Rehabilitation science and practice* (pp. 159-183). Sudbury, MA: Jones & Bartlett.

Smith, T. B., Richards, P. S., Granley, H. M., & Obiakor, F. (2004). Practicing multiculturalism: An introduction. In T. B. Smith (Ed.), *Practicing multiculturalism: Affirming diversity in counseling and psychology* (pp. 3-16). Boston, MA: Allyn & Bacon.

Snow, K. (2008). *To ensure inclusion, freedom, and respect for all, it's time to embrace people first language.* Retrieved from http://www.disabilityisnatural.com

Sodowsky, G. R., Taffe, R. C., Gutkins, T. B., & Wise, S. L. (1994). Development of the Multicultural Counseling Inventory: A self-report measure of multicultural competencies. *Journal of Counseling Psychology, 41*, 137-148.

Sotnik, P., & Jezewski, M. A. (2005). Culture and the disability services. In J. H. Stone (Ed.), *Culture and disability: Providing culturally competent services* (pp. 15-36). Thousand Oaks, CA: Sage.

Stroshine, M. S., & Brandl, S. G. (2011). Race, gender, and tokenism in policing: An empirical elaboration. *Police Quarterly, 14*, 344-365.

Sue, D. W. (2006). *Multicultural social work practice.* Hoboken, NJ: Wiley.

Sue, D. W., & Sue, D. (2013). *Counseling the culturally different: Theory and practice* (6th ed.). Hoboken, NJ: Wiley.

Surbaugh, M. (2008). Disability consciousness: A prolegomenon. *Philosophy of Education.* Retrieved April 22, 2013, from http://ojs.ed.uiuc.edu/index.php/pes/article/view/1397/147

Vaughn, B. E. (2004). Intercultural communication as contexts for mindful achievement In T. B. Smith (Ed.), *Practicing multiculturalism: Affirming diversity in counseling and psychology* (pp. 57-75). Boston, MA: Pearson.

Weinrach, S. G., & Thomas, K. R. (1998). Diversity-sensitive counseling today: A postmodern clash of values. *Journal of Counseling and Development, 76*, 115-122.

Whitfi eld, H. W. (2009). Occupations at case closure for vocational rehabilitation applicants with criminal backgrounds. *Rehabilitation Counseling Bulletin, 53*, 56-58.

Wilgosh, L., & Sandulac, C. (1997). Media attention to and treatment of disabilities information. *Developmental Disabilities Bulletin, 25*, 94-103.

Wilson, K. B. (2002). The exploration of vocational rehabilitation acceptance and ethnicity: A national investigation. *Rehabilitation Counseling Bulletin, 45*, 168-176.

Wilson, K. B. (2005). Vocational rehabilitation closure statuses in the United States: Generalizing to the Hispanic/Latino ethnicity. *Journal of Applied Rehabilitation Counseling, 36*(2), 4-11.

Wilson, K. B., Harley, D. A., McCormick, K., Jolivette, K., & Jackson, R. (2001). A literature review of vocational rehabilitation acceptance and explaining bias in the rehabilitation process. *Journal of Rehabilitation, 32*, 24-35.

Wilson, K. B., & Senices, J. (2005). Exploring the vocational rehabilitation acceptance rates of Hispanics and non-Hispanics in the United States. *Journal of Counseling and Development, 83*, 86-96.

World Health Organization (WHO). (2011). *World report on disability*. Geneva, Switzerland: Author.

Wright, B. A. (1991). Labeling: The need for greater person-environment individuation. In C. R. Snyder & D. R. Forsyth (Eds.), *Handbook of social and clinical psychology* (pp. 469-487). Elmsford, NY: Pergamon.

Yelin, E., & Trupin, L. (2003). Disability and the characteristics of employment. *Monthly Labor Review, 126*, 20-31.

제 **5** 부

# 직능 관련 이슈

# 제20장

# 임상 슈퍼비전

James T. Herbert and Tierra Caldwell

## 학습목표

이 장의 목적은 임상 슈퍼비전 개념과 재활 현장에서의 슈퍼비전 장해 요인 규정, 초보 상담사가 숙련되고 경험 많은 슈퍼바이저로 성장하기까지의 발달 과정 고찰, 집단 슈퍼비전 수행을 위한 효과적 전략 검토, 다문화적 관점 이해, 건전한 윤리 원칙에 부합하는 임상 슈퍼비전 전략 등을 제시하는 것이다. 이 같은 목적을 달성하기 위해 다음과 같은 학습 목표를 설정하였다.

① 임상 슈퍼비전 개념을 행정 슈퍼비전과의 차이를 중심으로 서술하고, 재활 현장에서 임상 슈퍼비전이 보다 폭넓게 활용되지 못하는 이유를 제시한다.

② Stoltenberg와 Delworth(1987)가 제안한 슈퍼비전 모형 중 각각의 단계에서 슈퍼바이저가 취해야 할 행동 지표를 제시한다.

③ 재활 현장에서 폭넓게 선호되는 임상 슈퍼비전 행위 세 가지와 효과가 없는 것으로 간주되는 임상 슈퍼비전 관행 세 가지를 소개한다. 아울러, 상담사의 발달 과정을 세 단계로 구분하여 설명하는 통합적 발달 이론에서 발달 수준에 따른 슈퍼비전 전략을 제시한다.

④ 슈퍼바이저–슈퍼바이지 관계 안에서 다양성 문제에 관한 논의를 주도할 책임이 누구에게 있는지를 결정한다.

⑤ 인종 정체성 문제에 적용된 '평행적, 교차진보적(cross-progressive), 교차퇴행적(cross-regressive)' 슈퍼비전 양자관계(dyad)의 의미와 그 같은 관계가 임상 슈퍼비전에 어떤 영향을 미치는지를 이해한다.

## 1. 임상 슈퍼비전

### 1) 임상 슈퍼비전과 행정 슈퍼비전의 비교

재활상담 분야에서 슈퍼비전을 둘러싼 다년간의 논의는 행정 슈퍼비전과 임상 슈퍼비전 간의 차이를 명확히 구분하여 설명할 수 있는 단계까지 발전하였다(Herbert, 1997, 2011). 일반적으로 말해, 행정 슈퍼비전은 성공적인 재활 성과 도출을 담보하기 위해 특정 기관 종사자들이 따라야 할 구체적 정책과 절차 준수를 통해 해당 기관의 효과적 업무 수행 유지를 추구한다(Herbert & Schultz, 2013). Campbell(2006, p. 4)이 지적하였듯이, "행정 슈퍼비전은 개별 내담자가 아닌 생산성, 업무량 관리, 책무성에 맞춰져 있다." 이에 반해, 임상 슈퍼비전은 희망하는 상담 성과를 촉진하기 위해 사용된 중재 기법과 상담사–내담자 간의 협력 관계 등을 종합적으로 검토하여 재활상담사의 상담 기술 향상을 지원하는 데에 주된 목적이 있다. 우리는 '임상'이라는 용어가 여러 가지 면에서 장애인 이용자의 역량 강화라는 토대에 역사적 뿌리를 둔 재활상담의 철학적 입장과 배치되는 의료 모델, 종속, 병리, 전문적 거리두기 등과 직결된 이미지를 떠올리게 만들 수 있다는 점(Emener, 1991)을 유념할 필요가 있다(Herbert, 2011). 한편, 임상 슈퍼비전이 다수의 관련 문헌에서 공식 명칭으로 통용되고는 있지만, 이 장에서는 상담 슈퍼비전이라는 용어를 병용하고자 한다.

임상 슈퍼비전은 슈퍼바이지의 상담 기술 수준 향상이라는 명백한 이익(예: Brislin & Herbert, 2009; Schaefle, Smaby, Maddux, & Cates, 2005; Worthington, 1987)은 물론, 상담사의 전반적 웰빙 증진(Livni, Crowe, & Gonsalvez, 2012), 업무 관련 스트레스 감소와 직무 만족도 증가(Sterner, 2009), 업무 수행에 따른 몸과 마음의 소진 완화(Yagil, 2006) 등과 같은 부가적 이익을 가져다준다. 임상 슈퍼비전이 제공하는 다수의 가시적 이익을 고려해 볼 때, 독자들은 재활상담 실제에 도움이 될 다수의 관련 연구가 진행되었으리라는 생각을 품을 수 있다. 안타깝게도, 재활상담 현장에서 행해지는 임상 슈퍼비전에 관해서는 알려진 것보다 아직 밝혀지지 않은 것들이 훨씬 더 많은 실정이다.

### 2) 임상 슈퍼비전의 개념

임상 슈퍼비전은 초보 재활상담사의 전문 역량 개발과 이들이 장애인 이용자에게 제공하는 서비스의 질 모니터링(점검)을 목적으로 하는 슈퍼바이저와 상담사 간의 평가 관계를 포함한다(Bernard & Goodyear, 1998). 따라서 이 같은 관계는 전문 상담사로 일하기 원하는 사람들을 선별하는 '게이트키퍼'로서 임상 슈퍼바이저의 기능을 가정하고 있다. Stebnicki(1998)는 재활상담 실제에서의 임상 슈퍼비전은 다양한 슈퍼비전 스타일과 심리사회적 개입과 직결된 상담 기술 향상, 슈퍼바이지의 자기 효능감 및 성장 촉진, 장애 문제를 둘러싼 사례 개념화 능력 함양 등에 관한 접근에 있어 다른 분야의 상담과 차이를 보인다고 지적하였다. 그는 슈퍼바이저가 교육자, 컨설턴트, 상담사 등의 역할을 담당한다는 점에서 장애와 만성질환의 심리사회적 측면은 임상 슈퍼비전의 핵심이라고 주장하였다.

Herbert(2011)는 전술한 개념 중 일부를 채용·확장하여 재활상담 분야에서의 임상 슈퍼비전을 다음과 같이 정의하였다.

> 임상 슈퍼비전은 성공적인 재활 성과 도출에 필요한 상담 기술과 사례관리 결정 능력 향상을 위해 슈퍼바이저에게 컨설턴트, 상담사, 교사 등의 역할이 요구되는 발달적·지지적 관계. 슈퍼바이저는 직·간접적 관찰 방법을 통한 개별, 집단, 삼자관계적 접근을 활용하여 윤리 원칙과 전문성을 바탕으로 효과적인 상담 서비스 제공이 이루어질 수 있도록 슈퍼바이지의 지식, 기술, 자각 증진에 힘써야 한다.

이 같은 정의에는 임상 슈퍼바이저에게 슈퍼비전에 참여하는 상담사는 대개 훈련, 경험, 개인적 속성 등에 따라 나름의 고유한 지식, 기술, 발달 욕구를 지니고 있다는 점을 인정하라는 의미가 내포되어 있다. 임상 슈퍼바이저는 자신이 담당하는 슈퍼바이지(상담사)가 일련의 발달 과정을 거친다는 사실을 인지한 상태에서(Stoltenberg, McNeill & Delworth, 1998), 상담사와 내담자 간의 관계 형성에 영향을 미치는 정서적·인지적 요인에 관한 인식 함양, 상담사로서의 자율성 제고, 유능한 재활상담사로의 지속적 성장에 필요한 동기 강화 등을 도와야 한다(Maki & Delworth, 1995). Stoltenberg 등(1998)은 이 같은 관점에 입각하여 경험이 부족한 상담사일수록 슈퍼비전을 받는 동안 내담자가 아닌 자기 스스로에게 집중하려는 경향을 보이는데, 그 결과 슈퍼바이저에게는 지속적 격려 및 구조적 조언 제공과 함께 상담의 원활한 진행에 필요한 방향 제시자의 역할이 요구된다고 지적하였다. 이에 반해, 상대적으로 경험이 풍부하고 숙련된 임상 기술을 지닌 상담사일수록 보다 높은 수준의 자율성 보장 욕구를 드러내며, 슈퍼바이지의 자기 인식 장려, 전이나 역전이 등 상담사와 내담자 간의 역동적 관계 추구, 상담사 개개인의 독자적 특성을 고려한 전문성 성장 영역 파악과 촉진 등을 중시하는 슈퍼바이저를 선호한다.

　　상담사와 내담자, 슈퍼바이저와 슈퍼바이지 사이에 존재하는 대인관계와 개인의 내적 측면을 둘러싼 보다 높은 수준의 자기 자각을 촉진하기 위해서는 적극적 경청이 요구된다. Franklin(2011)이 주장한 바와 같이, 이 같은 상호 연관적 오리엔테이션은 슈퍼바이저로 하여금 상담 진행 과정에서 상담사가 느낀 감정은 무엇인지, 과거 겪었던 사건이나 현재 경험 등과 같은 상담사 자신의 삶이 내담자와의 상담에 어떤 의미를 지니는지, 이들 모두가 내담자에 대한 상담사의 시각에 어떤 영향을 미치는지 등에 관해 의문을 제기하도록 유도한다.

## 3) 임상 슈퍼비전 제공 저해 요인

　　임상 슈퍼비전의 핵심 목표는 내담자의 복리를 증진하고 슈퍼바이지(상담사)의 전문적 역량 개발을 지원하는 데에 있다(Aasheim, 2012). 이 같은 목적을 달성하기 위해 임상 슈퍼바이저는 신뢰에 기반한 긍정적 관계를 구축하고, 슈퍼바이지가 필요로 할 때 적절한 조언과 지침을 제공하며, 상담 목표에 적합한 주제와 적용된 상담 이론에 적합한 개입 탐색을 위한 소크라테스식 문답법을 채택해야 한다(Overholser, 2004). 내담자 보호와 복리 증진을 위해서는 직접 시연(예: 녹취, 녹화), 간접 시연(예: 상담 종료 후 슈퍼바이저에 의한 사례 검토), 간접 시연(슈퍼바이저가 별도의 공간에서 상담사와 내담자 간의 상담 내용 및 과정을 실시간으로 관찰하는 기법) 등을 활용하여 슈퍼바이지의 상담 과정을 지속적으로 점검해야 한다(Herbert, 2004a).

　　슈퍼바이지와 내담자 사이의 상담 과정 및 내용 전반에 걸친 면밀한 모니터링이 널리 행해지고 있고 재활상담사 양성 과정의 필수 교과목 중 하나로 폭넓게 교육되고 있기는 하지만(Council on Rehabilitation Education, 2012; Herbert, Hemlick, & Ward, 1991; Herbert & Ward, 1989), 일부 기관이나 프로그램, 특히 연방-주 직업재활 기관(Federal-State Vocational Rehabilitation Agency)에서는 이러한 형태의 슈퍼비전을 제공하지 못하는 것이 현실이다(예: English, Oberle, & Byrne, 1979; King, 2008; Schultz, Ososkie, Fried, Nelson, & Bardos, 2002). 슈퍼비전 실천을 둘러싸고 야기된 재활상담사 양성 과정과 현장 사이의 괴리는, ① 상담사의 역량 개발에 있어 슈퍼비전의 중요성에 관한 이해 부족, ② 면밀한 슈퍼비전 제공을 위한 시간 부족, ③ 임상 슈퍼비전 제공에 필요한 전문 기술 결여 등의 요인에 기인한 것으로 보인다(Herbert, 2004). 다수의 연구자들이 지적한 바와 같이(예: Herbert, 2004b; Schultz et al., 2002), 현장에서 슈퍼바이저로 일하는 압도적 다수의 재활상담사들은 초보 상담사를 대상으로 하는 임상 슈퍼비전의 제공에 요구되는 체계적 교육을 받지 못하였다. 다시 말해, 상담사 양성 과정에서 슈퍼비전에 관한 체계적 훈련을 받지 못한 재활상담사들이 효과적 임상 슈퍼비전 제공이 가능할 정도의 숙련된 기술을 갖추고 있으리라 기대하는 것은 무리라는 의미다.

따라서 임상 슈퍼비전 제공에 필요한 공식적이고 체계적인 훈련을 받지 못한 슈퍼바이저들은 '자유방임형'(일체의 임상 슈퍼비전도 제공하지 않음), '전문가형'(슈퍼바이저가 슈퍼바이지의 문제해결자 역할을 자임함), '천편일률형'(슈퍼바이지 각각의 필요와 기술 수준과 무관하게 동일한 내용과 유형의 슈퍼비전을 제공함), '친구형'(슈퍼바이저가 자신의 역할이 우정과 사회적 지지 제공에 있다고 생각함), '의사형'(슈퍼바이저가 상담사와 내담자 사이의 관계에서 슈퍼바이지에게 잘못이 있을 것이라는 가정하에 그의 해결에 필요한 대응책을 제시함) 등과 같이 여러 가지 방법 사이에서 오락가락하는 행태를 보일 수 있다(Campbell, 2006). 이들 관점은 나름의 장점을 지니고 있지만 근본적으로 비생산적이다. 임상 슈퍼비전을 담당하는 재활상담사에게 진정으로 도움이 되는 방법은 슈퍼비전 스타일, 슈퍼바이지의 성장, 발전, 능력 촉진을 위한 이론적 방향 설정(소개), 양질의 치료적 관계 구축에 필요한 기술과 지식 등에 관한 슈퍼바이저의 명료한 이해를 중시하는 지지적 발달 접근(supportive developmental approach)일 것이다(Herbert & Schultz, 2013). 이러한 여러 걸림돌에도 불구하고, 슈퍼비전의 목적, 이의 달성과 신뢰 관계 구축에 요구되는 과업 등에 관한 상담사와 슈퍼바이저의 이해와 동의가 이루어지면 슈퍼비전은 재활상담사, 특히 이제 막 이 분야에 진입한 재활상담사가 담당하는 장애인 이용자의 성공적인 직업재활 성과 촉진에 크게 기여할 수 있을 것이다(McCarthy, 2013).

## 4) 상담사에서 슈퍼바이저로의 발달적 이행 과정

Stoltenberg와 Delworth(1987)는 충분한 임상 경험을 쌓은 상담사가 슈퍼바이저로 성장해 가는 과정은 네 개의 발달 단계로 이루어져 있다고 주장하였다.

① 1단계: 승진한 지 얼마 되지 않은 초보 슈퍼바이저는 자신이 효과적인 슈퍼비전 제공에 필요한 기술을 지니고 있는지와 관련하여 과도한 불안감이나 미숙함(순진함)을 노출한다. 이처럼 첫 번째 단계에 있는 슈퍼바이저는 스스로의 역할과 가치에 관

해 의문을 품게 된다. 이들 대부분이 유능한 상담사였다는 점에서, 초보 슈퍼바이저 들은 스스로를 전문가적 상담사로 간주한다. 그 결과, 초보 슈퍼바이저들은 그들 자 신이 치료에서 효과적으로 활용했던 것과 유사한 상담 이론과 개입 전략을 채택한 슈퍼바이지를 돕는 과정에서 상대적으로 독단적 입장을 취하려는 경향을 보인다. Watkins(1993) 또한 유사한 발달 모형을 설명하면서, 초보 슈퍼바이저들은 상담사와 슈퍼바이저 사이의 관계 측면은 간과한 채 행정 업무에 매몰되는 경향을 보인다고 지적하였다.

② 2단계: 이 단계에 진입한 슈퍼바이저들은 효과적 임상 슈퍼비전 제공 어려움과 복잡 성을 인식하기 시작한다. 슈퍼바이저는 이 단계를 거치는 동안 역할 혼란과 갈등을 경험한다. Watkins에 따르면, 이 단계에 있는 슈퍼바이저들은 개입 시 치료 과정 관 심사(process issues)의 중요성은 인식하지만, 이를 실제 슈퍼비전에 반영하는 경우는 드물다고 한다. 이들은 슈퍼비전의 이점이 명백함에도 불구하고, 스스로가 부적합하 고 부족하다는 생각에 빠지곤 한다. Stoltenberg와 Delworth(1987)는 또한 이 단계에 속한 슈퍼바이저들은 동기부여 측면에서 심한 부침을 경험하는데, 슈퍼바이저가 이 같은 갈등과 스스로의 능력에 관한 회의감을 성공적으로 극복하면 다음 단계로의 이 행이 가능하다고 지적하였다.

③ 3단계: 이 단계에 진입한 슈퍼바이저들은 자신이 지닌 상대적 강점과 발전이 필요한 영역에 관한 보다 명확한 인식과 함께, 자신만의 고유한 슈퍼비전 스타일을 이해하 기 시작한다.

④ 4단계: 이 단계에 진입한 슈퍼바이저들은 슈퍼비전에 관해 한층 더 깊어진 관심과 몰 입감을 드러낸다. 이들은 또한 도전적 상황과 성장할 기회가 제공되는 환경을 즐긴 다. Watkins는 슈퍼바이저가 이 단계에 진입하게 되면 내담자 및 슈퍼바이지 모두의 욕구 해결에 필요한 자신만의 고유한 슈퍼비전 스타일과 임상 슈퍼바이저로서의 정 체성 사이의 통합이 완성된다고 지적하였다.

재활상담사는 각각의 발달 단계를 거치며 성장하는 과정에서 Herbert와 Schultz(2013) 가 임상 슈퍼바이저로의 성장을 위한 '리트머스 시험지'라고 부른 중요한 인지적 변화를 경험해야 한다. 이러한 시험 과정을 통과해야 하는 슈퍼바이저에게는 중대한 발달적 변화 가 요구된다. 또한 Borders(1992, p. 138)는 "슈퍼바이저처럼 생각하는 슈퍼바이저는 슈퍼 바이지의 학습 욕구에 우선순위를 두며, 이의 충족을 위해 최선의 노력을 기울인다. 그는 스스로를 향해 '내가 담당하는 슈퍼바이지(재활상담사)에게 현재 또는 앞으로 담당하게 될 장애인 이용자와의 상담 효과 극대화를 돕기 위해 제공할 수 있는 개입 방안에는 어떤 것들이 있을까?'와 같은 의문을 품는다."고 언급하였다. 이 같은 구조의 핵심은 슈퍼바이저 역할을 수행하는 재활상담사들에게 그들의 고객(클라이언트)은 재활 서비스를 필요로 하는 장애인 이용자가 아닌 슈퍼비전을 받는 초보 재활상담사라는 점을 인식시키는 것이다. 앞에서 지적한 바와 같이, 임상 슈퍼바이저의 일차적 책무가 이용자의 복리 증진에 있기는 하지만, 이는 어디까지나 장애인 이용자에게 실제로 서비스나 상담을 제공하는 재활상담사(슈퍼바이지)의 관점에서 다루어져야 할 문제다. 다시 말해, 내담자의 염려, 상담 목표 달성을 위한 변화 저해 요인, 중요한 의미를 갖는 사건 등에 관한 논의는 슈퍼바이지인 재활상담사에게 이러한 주제들이 어떠한 의미로 비춰지느냐의 관점에서 다루어져야 한다는 의미다.

예를 들어, 재활상담사가 '어떤 고용주가 나처럼 심한 장애를 가진 사람을 뽑아 주겠어.'와 같이 잘못된 신념 때문에 직장을 구하지 못하는 장애인 이용자로 인해 극도의 불안감을 호소한다고 가정해 보자. 슈퍼바이저는 이 같은 진술이 이용자에게 어떤 의미를 지니는지의 파악, 이러한 신념이 형성된 과정 조사, 자기 파괴적 신념에 대처하기 위해 취해야 할 조치 결정 등에 상당한 시간과 노력을 투입해야 한다. 이러한 문제들에 관한 해답은 분명 재활상담사의 관점에서 다루어져야 한다. 하지만 임상 슈퍼비전의 관점에서 보자면 슈퍼바이저의 '내담자'는 재활 서비스를 받는 장애인 이용자가 아니라, 대면 혹은 비대면(전화, 화상 회의 등) 방식으로 슈퍼비전을 받는 상담사라는 점을 명심해야 한다. 이 같은 관점을 고려해 볼 때, 이용자 정보 조사는 장애인 이용자들에게 실제로 서비스를 제공하는 재활상담사가 중요하거나 의미 있다고 인식하는 것이 무엇인지의 관점에서 다루어져야 할 것이다. 슈퍼바이저는 이 같은 사례를 활용하여, ① 이용자와 일하는 과정에서 재활상담사가 느꼈을 불안이나 좌절, ② 당면 문제 해결을 위한 정서·행동·인지 변화 촉진 방법에 관한 신념, ③ 적용된 상담 이론/기법과 해당 이론/기법을 적용한 근거, ④ 상담사-이용자 관계에 영향을 미칠 수 있음에도 슈퍼비전 과정에서 다루어지지 않은 메시지, ⑤ 주어진 상황에 적용이 가능한 자기 옹호 역할 조사 등의 탐색을 희망할 수 있다. 슈퍼바이저는 이들 수단을 적절히 활용하여 슈퍼비전 과정에서 제시된 당면 문제의 심층적 이해를 돕는 지름길을 제시할 수 있다(상담사가 '장애로 인해 취업이 어려울 것이라는 이용자의 신념'이 중요한 문제라고 인식했다면, 재활 서비스 제공은 그 같은 신념 변화에 촛점을 맞추어 제공될 필요가 있다).

Borders(1992)는 한 사람의 '상담사처럼 생각하기' 단계에서 '슈퍼바이저처럼 생각하기'

단계로의 발전을 돕기 위한 여러 가지 실용적 조언을 제시하였다. 슈퍼바이저는 슈퍼바이지를 마주하고 있다는 가정하에 상담 회기 동영상(녹취 파일)을 면밀히 검토하며 중요하다고 생각하는 내용은 기록해 둘 필요가 있다. 슈퍼바이저는 10~15분가량의 시간이 경과한 다음 내담자와 관련된 진술과 상담사와 관련된 진술을 기록해야 한다. 이 같은 활동은 슈퍼바이저에게 그가 만날 대상은 내담자가 아닌 상담사이고, 슈퍼바이지를 돕기 위해 슈퍼비전 회기 동안 무엇을 해야 할지 등을 환기시켜 준다(Borders, 1992, p. 139). 슈퍼바이저는 또한 개별 슈퍼바이지를 위한 학습 목표 파악을 통해 회기별 계획을 수립해야 하고, 강점과 개선을 요하는 사항을 명시한 목록을 작성해야 한다. 이 같은 과정은 회기별 목표, 발생한 사건 요약, 상담사 수행 평가 등과 관련된 슈퍼비전 일지를 포함하는 개별화 슈퍼비전 계획 수립으로 이어진다. Borders는 또한 슈퍼바이저에게 스스로의 업무 수행에 관한 피드백을 구할 것을 권하였다. 집단 슈퍼비전의 경우, 구성원 중 한 사람을 지정하여 비언어적 행동이나 제공된 피드백의 도움 정도 등을 관찰하게 하는 것도 좋은 방법이다. 이와 같이 집단 구성원에게 역할을 지정해 주면 다른 형태의 구조화된 집단 슈퍼비전에 참여하는 슈퍼바이지에게 맥락적 흐름을 제공할 수 있다.

## 2. 임상 슈퍼비전 실제

앞에서 지적한 바와 같이, 실제 재활상담 현장에서 이루어지는 임상 슈퍼비전은 주로 연방-주 직업재활 기관으로 그 범위가 한정되는 경향이 있다. 그 결과, 슈퍼비전 행위 전반에 관한 이해 역시 연방-주 직업재활 시스템 안에서 이루어진다. 재활상담사 및 슈퍼바이저들과의 구조화된 면접 결과를 보면, 효과적인 슈퍼바이저는 상담사(슈퍼바이지)의 욕구에 대한 민감성 표현(예: 슈퍼바이지의 발달 수준 이해), 효과적 의사소통(예: 건설적 비판 활용, 적절한 상담 기법 및 기술 구사), 슈퍼비전 제공을 위한 시간 배정과 계획 수립(예: 개별 슈퍼비전 면담 스케줄 마련, 자문을 원하는 슈퍼바이지와의 면담 계획 수립), 윤리적으로 적절한 행동 실천(예: 윤리 규약 준수, 내담자의 복리를 최우선 가치로 강조), 내담자 문제 해결을 위한 제언과 대안 제시 등의 능력을 갖춘 사람이라고 한다(Herbert, 2004b). 이에 반해, 비효과적 혹은 유해한 슈퍼비전은 슈퍼바이저가 슈퍼비전에 무관심하다고 인식되는 경우(예: 면담 약속 취소, 본질과 무관한 사안에 관한 조언 제공, 복잡한 문제에 관해 단순한 해결 방안 제시), 전문가답지 않은 행동 표출(예: 무관심, 냉담, 거만한 태도, 다른 사람 비방, 위협적 언어 사용, 성희

롱 행동, 비속어 사용), 동시 상담(co counseling) 제공 과정에서의 월권 행위 등이다. 이러한 비효과적 슈퍼바이저 행동은 슈퍼바이지의 실수 공개 꺼리기, 직무 만족도 저하(Garske, 1995), 잦은 이직 초래(Roche, Todd, & O'Connor, 2007) 등 여러 가지 부정적 결과를 초래할 수 있다. 특히 상담사가 슈퍼바이저에게 자신의 실수를 공개하는 것을 꺼리게 되면 스스로의 능력에 관한 회의감 상승과 상담 기술 퇴보를 유발할 수 있다(Watkins, 1997). 이러한 이유들로 인해 슈퍼바이저는 부실한 슈퍼비전 또는 임상 슈퍼비전 부재가 부정적 결과로 이어질 수 있다는 점을 숙지해야만 한다.

## 1) 상담사의 발달 수준과 슈퍼바이저 역할의 중요성

생산적인 임상 슈퍼비전 관계 구축 과정은 효과적인 행동 제시뿐만 아니라 개별 슈퍼바이지의 발달 수준을 고려한 개입의 중요성 인식을 포함한다. Hatcher와 Lassiter(2007)는 초보, 중견, 고참 상담사 간의 발달 수준 차이 설명을 목적으로 하는 기본 분류 기준을 제안하였다. 초보 상담사는 내담자의 현안 해결에 필요한 문제 개념화와 적용할 개입에 관한 이해와 기술이 부족하다. 중견 상담사는 내담자의 문제 해결에 필요한 개입 전략은 이해하고 있지만, 구체적 상담 기법과 전략을 가다듬기 위해서는 슈퍼바이저의 도움을 필요로 한다. 고참 상담사는 실제적 적용이 가능한 지식과 기법에 관한 정교하고 통합적 이해가 확립된 경우다.

Stoltenberg 등(1998)이 제안한 통합적 발달 모델에 따르면, 상담사는 다음과 같은 3개의 주요 발달 단계를 거친다고 한다. 1단계에 해당하는 초보 상담사는 자신이 지닌 지식과 기술에 관해 고도의 불안과 회의를 경험한다. 그 결과, 초보 상담사들은 스스로의 업무 수행 능력에 몰입한 나머지 매사를 올바른 방식으로 처리하려는 시도에 대부분의 에너지를 투입한다. 이로 인해, 초보 상담사들은 종종 상담사-내담자 과정과 내담자 역동성을 간과하곤 한다. 이 단계에 속한 초보 상담사들은 대개 상담 기술 향상과 내담자와의 관계에서 발생하는 불안 감소에 대한 열망으로 인해 임상 슈퍼비전을 받으려는 동기가 매우 높다. 초보 상담사와 일하는 슈퍼바이저는 최대한의 지지와 구조화된 지원을 제공하고, 내담자의 변화를 촉진할 수 있도록 상담 이론과 행위/개입 간의 연계 활성화에 집중해야 한다. 슈퍼바이저는 상담 회기 동안 발생한 사건의 정확한 반영에 한계를 보이는 사례 검토 방법에 의존할 것이 아니라, 상담사와 내담자 사이에 오가는 실제 상호작용을 직접 관찰하려는 노력을 기울여야 한다. 집단 슈퍼비전은 이들 초보 상담사들이 적응 단계를 원활히 넘기도록 돕는 데에 특히 유용하다. 즉, 집단 슈퍼비전은 초보 상담사들에게 상대적으로 경험이 풍부한 선배 상담사들과의 경쟁을 통해 자신이 지닌 능력과 기술을 가다듬을 기회를 제공하기 때문이다. 슈퍼바이저들은 또한 윤리 규약 위반이나 불필요한 손해가 발생하지 않도록 내담자의 진전에도 세심한 주의를 기울여야 한다.

2단계에 진입한 상담사에게는 좀 더 확고한 정체성이 나타난다. 이들에게는 초보 상담사 시절 보였던 불안전한 모습이나 내적 갈등 대신, 내담자를 향한 고도의 집중이 발견된다. 이들은 상담사로서의 자기 효능감이 증가함에 따라, 종래의 단순한 대답이나 해결책에 만족하지 못하며, 내담자의 변화 촉진에는 매우 복잡한 기제가 작용하고 있음을 인식하기 시작한다. 자신감이 쌓여 감에 따라 보다 높은 수준의 자율성을 확보하려는 열망 또한 증가한다. 그 결과, 임상 슈퍼비전을 받고자 하는 동기 부여 정도 역시 부침이 나타난다. 경험이 풍부한 상담사들은 각자가 선호하는 상담 이론에 대한 이해가 확고하므로 임상 슈퍼비전 역시 이러한 관점에서 제공이 가능하다. 이 경우 슈퍼바이저의 역할은 컨설턴트에 좀 더 가까우며, 전문가로서의 정체성 형성이 시작되는 초보 상담사 때에 비해 상대적으로 느슨한 구조의 지원을 제공한다.

3단계에 진입한 상담사는 오랜 기간에 걸쳐 축적한 경험과 능력을 바탕으로 자신이 지닌 강점과 추가적 성장을 요하는 분야가 무엇인지에 관해 명확히 인식하게 되고, 보다 높은 수준의 자율성과 함께 슈퍼바이저와의 개방적 관계를 희망한다. 이 단계에 속한 상담사를 대상으로 슈퍼비전을 제공할 때는 교사나 상담사 역할은 될 수 있는 한 지양하고 양자 간 활발한 상호작용에 기초한 컨설턴트 역할에 주력하는 것이 바람직하다.

Bernard(1979, 1997)는 컨설턴트, 상담사, 교사 등 임상 슈퍼바이저가 주로 행하는 세 가지 기본 역할에 관해 서술하였다. 컨설턴트로서 슈퍼바이저는 상담사의 자율성 향상을 위한 문제 개념화와 자신이 선호하는 이론에 부합하는 개입 전략 수립을 지원하는 자원제공자 역할을 수행한다. 임상 슈퍼바이저의 주된 역할은 내담자 관련 데이터 생산과 그것이 상담사에게 주는 의미를 제시하는 것이다(Fall & Sutton, 2004). 상담사로서, 임상 슈퍼바이저의 역할은 서비스 이용자에 대한 상담사의 관점과 슈퍼비전 과정에서 그들이 경험한 관계 유형을 반영하여 상담 과정에 내포된 대인관계와 개인 내적 관계를 조사하는 것이다. 이러한 구조는 상담사의 세계관을 구체화하고, 이 같은 인식이 상담사와 내담자 그리고 슈퍼바이저와 슈퍼바이지 간의 관계에 어떠한 영향을 미치는지를 밝히는 데에 그 목적이 있다. 임상 슈퍼바이저는 교사 역할을 활용하여 상담사의 현재 역량을 평가하고, 필요할 경우 브레인스토밍, 역할놀이, 직접 시연 등의 방법을 통해 기존 역량 향상이나 새로운 기법

교육에 필요한 훈련을 제공한다. 슈퍼바이저는 교사 역할을 통해 조언자 혹은 전문가 입장에서 슈퍼비전의 방향을 결정할 책임이 있다(Fall & Sutton, 2004). 이들 세 가지 역할은 개별 슈퍼비전은 물론, 집단 슈퍼비전이나 슈퍼바이저 1인이 동시에 두 명의 슈퍼바이지를 담당하는 삼각 슈퍼비전(triadic) 등 다양한 유형에 활용이 가능하다. 임상 슈퍼바이저는 본격적인 슈퍼비전 제공에 착수하기에 앞서 어떤 역할을 활용할 것인지와 그 이유를 결정해야 한다(Corey, Haynes, Moulton, & Muratori, 2010).

## 2) 집단 슈퍼비전

집단 슈퍼비전은 일반 상담 분야에서 폭넓은 인기에도 불구하고, 올바른 이해가 결여된 채 널리 활용되는 슈퍼비전 유형으로 간주되고 있다(Holloway & Johnson, 1985, p. 332). 이 같은 초창기 평가가 내려진 지 10년 이상이 지난 현재까지도, 실증적 비교 연구 부재의 결과로 집단 슈퍼비전에 관한 정확한 이해가 부족하다는 평가는 여전히 유효하다(Prieto, 1996). 한 가지 흥미로운 점은 집단 슈퍼비전이 여전히 대학의 상담사 양성 과정은 물론, 임상 현장에서 가장 널리 활용되는 상담 슈퍼비전 기법이라는 사실이다(Bernard & Goodyear, 1998; Grigg, 2006). 다른 상담 영역에서의 인기와는 달리, 연방-주 직업재활 기관으로 대표되는 공공 부문의 장애인 재활상담에서는 집단 슈퍼비전이 거의 활용되지 않고 있다(Herbert & Trusty, 2006).

집단 슈퍼비전과 개별 슈퍼비전 간의 비교를 시도한 몇몇 연구에 따르면(예: Borders et al., 2012; Gillam & Crutchfield, 2001), 이들 두 가지 방식 모두 상담사의 역량과 기술 발전 촉진에 있어 유사한 결과를 보이는 것으로 나타났다. 비록 집단 슈퍼비전이 다양한 관점에의 노출, 주변 학습, 정상적인 슈퍼비전 경험 등의 기회를 제공하지만, 이는 또한 개별 슈퍼바이지에 대한 피드백 제공 시간 제한과 집단(슈퍼바이지) 구성원들 간의 신뢰 문제 등을 야기할 수 있다(Ray & Altekruse, 2000). 이에 반해, 개별 슈퍼비전은 자기 이해 증진에 필요한 개별화된 피드백 제공에는 효과적이지만, 수직적 관계에서 비롯된 슈퍼바이저와 슈퍼바이지 간의 갈등 유발 가능성이 상대적으로 높다.

최근 연구에 따르면, 집단 슈퍼바이저 유형은 과제중시형(예: 집단 역동에 대한 관심보다는 사례 유형과 내용을 중시하는 경향)에서 관계중시형(예: 개별 슈퍼바이지가 표출하는 두려움이나 우려에 주안점을 두며 서로 간의 피드백 공유에 집중하는 경향)까지 매우 다양하다(Smith, Riva, & Cornish, 2012). 슈퍼바이저들 간의 이 같은 성향 차는 집단 과정/절차와 집단 현상이 표출되는 방식/수준에 영향을 미친다. Enyedy 등(2003)은 개별 슈퍼바이지가 불안이나 창피함을 유발할지 모른다는 두려움 때문에 서로에게 솔직한 피드백 제공을 꺼려하거나, 개별 슈퍼바이지가 암묵적 혹은 명백히 드러난 집단 규범에 순응해야 한다는 부담을 느낄 때 집단 슈퍼비전의 효과는 경감된다고 지적하였다. 따라서 이 같은 인식의 존재는 집단 슈퍼비전 구성원들에게 서로에 대한 오해와 단절감을 불러일으킬 수 있으며, 개인의 창의력 발휘를 막을 수 있다. 이러한 부작용을 최소화하고자 한다면 슈퍼비전 초반부에는 상담사(슈퍼바이지)의 업무 수행에 관한 피드백 제공에, 후반부에는 관찰 가능한 상담사 행동에 관한 긍정적이고 교정적인 피드백 제공에 집중할 것을 권한다(Morran, Stockton, Cline, & Teed, 1998).

  슈퍼바이저는 개별 슈퍼바이지가 피드백을 수용할 준비가 되어 있는지의 여부에 세심한 주위를 기울여야 하며, 피드백 표현 방식에 있어 다른 구성원들에게 모범을 보여야 한다(Westwood, 1989). 슈퍼비전에 관한 일반 지침에 따르면, 피드백은 균형감(긍정적 측면과 개선을 요하는 측면에 관한 정보 동시 제공)과 일관성이 있어야 하며, 신뢰(회기 중 상담사와 내담자 사이에서 이루어진 상호작용 내용 관찰에 기초함)할 만하고 알기 쉬운 방식으로 제공되어야 한다(Heckman-Stone, 2004). 개별 슈퍼바이지가 다른 구성원들로부터의 피드백을 부정적으로 해석하여 자기 패배적 생각과 불안감에 빠질 수 있다는 점에서, 슈퍼바이저는 불합리한 자기 평가와 현실적 자기 평가를 구별할 필요가 있다. Fitch와 Marshall(2002)은 초보 상담사일수록 비판에 민감하게 반응하기 쉽다는 점을 지적하며, 집단 슈퍼바이저들에게 불합리한 두려움 평가와 수용 가능한 수행 과정에서 나타나는 불안 평가를 구별할 능력을 길러야 한다고 주문하였다. 슈퍼바이지가 지나칠 정도의 불안감을 호소한다고 판단될 경우 슈퍼바이저는, ① 상담사(슈퍼바이지)의 불안과 방어기제 반응을 인식하기, ② 다른 사람의 동의를 추구하는 인지 패턴을 파악하기, ③ 비합리적 신념에 대한 도전과 논박 및 보다 합리적 사고로 대체하기, ④ 논리적 언쟁을 뒷받침하는 행동적 위험 감수를 격려하기 등의 조치를 취해야 한다.

# 3. 슈퍼비전에서 다양성 고려

나이, 장애, 성별, 출신 민족, 종교, 영성, 성정체성, 사회경제적 지위 등과 같은 다양성 문제는 직업과 사회적 관계의 모든 영역에 스며들어 있다. 그 결과, 사람들이 서로를 어떻게 인식하는지의 문제 또한 슈퍼비전 관계 속에서 표현된다(Borders, 2005). Hays(2008, p. 31)는 다문화 이해 증진을 도우려는 목적에서 상담사에게 다음과 같은 질문으로 이루어진 특정 집단 대상 자기 질문을 해볼 것을 권하였다.

- 나는 어떤 과정을 통해 이 같은 인식/이해를 가지게 되었는가?
- 나는 이것이 진실/사실임을 어떻게 아는가?
- 이 같은 상황에 걸맞는 대안적 설명이나 의견이 존재하는가?
- 내 나이나 경험, 출신 민족, 사회경제적 지위 등은 내담자의 상황에 관한 나의 견해에 어떠한 영향을 미치는가?

비록 이들 질문이 자기 내면을 향한 것이기는 하지만, 이들은 슈퍼바이저와 상담사 간의 관계에서도 다루어질 수 있다. 다수의 연구자들(예: Bernard & Goodyear, 2004)이 지적하였듯이, 슈퍼바이저에게는 항상 주도적 입장에서 다문화 관련 현안이나 쟁점을 다루고 논의할 책임이 있다. 슈퍼바이저가 상담사(슈퍼바이지)의 업무 수행을 평가할 위치에 있다는 점을 고려해 볼 때, 이는 인식을 요하는 특유의 권력 역동 관계(power dynamic)를 유발한다(Borders & Brown, 2005).

임상 슈퍼비전을 다룬 문헌에서 다양성 이슈, 특히 인종이나 출신 민족 문제에 관한 관심은 갈수록 높아지고 있다. Chang, Hays 그리고 Shoffner(2004)는 인종/민족 정체성 혹은 인종/민족 의식의 기원과 발전이 우리의 삶과 우리가 관계를 맺고 있는 타인의 삶에 미치는 영향을 이해하는 방식은 슈퍼비전 관계에서 매우 중요한 역할을 담당한다고 주장하였다.

이 같은 역할을 보다 정확히 이해하기 위해, 슈퍼바이저와 슈퍼바이지 간의 갈등 유발 원인을 설명하는 백인(Helms & Carter, 1990)과 유색 인종(Atkinson, Morten, & Sue, 1998)의 인종/민족 정체성 형성 모델이 활용되고 있다. Chang 등(2004)은 슈퍼바이저와 슈퍼바이지가 낮은 인종/민족 정체성 발달 수준을 공유하거나 낮은 수준에서 높은 수준으로의 점진적인 정체성 발달이 진행되는 수평적 관계가 존재할 때, 양측 모두 다문화적 차이로 인한 문제를 자각하지 못한다고 주장하였다. 그 결과, 인종이나 출신 민족과 직결된 다문화 문제는 피할 수 있다. 그렇지만 이 같은 상황에 처하게 되면 슈퍼바이저와 슈퍼바이지 모두 인종/민족에 대한 상대방의 차별적 태도 부각 어려움에서 비롯된 불안, 적대감, 불신 등을 경험할 가능성이 높다. 요컨대, 상대방이 나보다 열등하다는 우월 의식은 슈퍼비전 시간에 늦거나 결석하는 등의 미묘한 방식이나 상황에 부적합한 농담이나 진술 등과 같이 노골적 방식으로 표출된다.

이러한 사례와는 달리, 슈퍼바이저와 슈퍼바이지 모두 높은 수준의 인종/민족 정체성을 지녔다면 인종과 다문화 문제에 관해 솔직하고 개방적인 논의가 한결 수월하다. 슈퍼바이저와 슈퍼바이지는 각각 상대방에게 잘못된 편견을 품고 있는지의 여부를 면밀히 살펴볼 필요가 있다. 다른 문화에 관한 지식, 고정관념을 내포한 신념 표현 자제, 개인차 존중과 인종 및 출신 민족 문제에 관한 대화 시도 등은 슈퍼바이저와 상담사의 문화적 성숙도를 보여 주는 명백한 지표다. 마찬가지로, 슈퍼바이저의 전향적인 인종/민족 정체성 보유를 주된 특징으로 하는 교차 진보적 슈퍼비전 관계에서는 인종 및 다문화 문제의 중요성이 한층 부각된다. 일반적으로, 이 같은 논의는 정직하고 개방적 방식으로 진행되지만, 상담사(슈퍼바이지)가 얼마나 성장할지의 문제는 그가 지닌 인종/민족 정체성에 의해 좌우된다.

Chang 등(2004)은 문화유산, 편견, 가치관, 자신의 슈퍼비전 스타일과 일치하는 세계관 등의 자기 개방에 능숙한 슈퍼바이저일수록 상대적으로 퇴행적 인종 정체성을 보이는 슈퍼바이지에게 안전한 환경을 제공함으로써 변화 촉진에 필요한 자각을 이끌어 낼 가능성이 높다고 주장하였다.

교차 퇴행적 슈퍼비전 관계에서는 전술한 교차 진보형 슈퍼비전 관계와는 대조적으로, 다문화 문제의 검토에 관한 이해와 수용에 있어 슈퍼바이지가 슈퍼바이저에 비해 전향적 자세를 보인다. 이 같은 관계에서 슈퍼바이저는 자신이 지닌 문화적 편견을 인식하지 못한 채 자각된 고정관념을 근거로 상담사(슈퍼바이지)의 욕구에 대응하려는 경향을 보인다. 슈퍼바이저의 신념과 가정에 대한 세심한 검토가 요구된다는 점에서, 교차 퇴행 유형은 슈퍼바이저와 슈퍼바이지 모두 다문화 문제에 있어 낮은 수준의 이해를 보이는 수평 유형과 마찬가지로, 효과적인 슈퍼비전 제공이 가장 어렵다. Chang 등(2004)은 다문화 이해를 증진시키기 위해서는 슈퍼바이저와 슈퍼바이지 모두 백인 정체성 태도 검사(White Racial Identity Attitude Scale)와 유색 인종 정체성 태도 검사(People of Color Racial Identity Attitude Scale) 등과 같은 표준 검사 도구를 활용하여 스스로의 상대적인 인종/민족 정체성을 평가해 보라고 권하였다(Helms & Carter, 1990). 이 같은 자기 평가가 완료되면, 개인의 다문화 이해 수준 차이가 슈퍼비전 관계에서 어떤 방식(교차 진보적, 교차 퇴행적, 평행적)으로 상호작용하는지에 관한 논의를 진행해야 한다. 우리는 "당신이 상담하는 내담자의 인종/민족에 관해 어떻게 생각하는가?" "당신은 나(슈퍼바이저)의 인종/민족에 관해 어떻게 생각하는가?" "스스로의 인종적 유산에 대한 정서는 내담자 및 슈퍼바이저와의 관계에 어떤 영향을 미치는가?" 등과 같은 개방형 질문 활용을 권한다(Chang et al., 2004, p. 133). Gray와 Smith(2009)는 다문화 문제와 관련하여 개별 상담사(슈퍼바이지)가 지닌 세계관을 더 잘 이해하기 위해서는 앞에서 언급한 것과 같은 질문을 활용한 반영적 대화를 통해 겉으로 드러나거나 내면에 감춰진 문화적 가정에 대처해야 한다고 지적하였다.

비록 임상 슈퍼비전 문헌만큼 풍부하지는 않지만, 장애(Pardeck, 2001)와 성적 지향(Pfohl, 2004) 분야에서도 다문화에 관한 논의가 이루어져 왔다. 인종/민족 정체성 발달 모델과 장애 정체성 및 성정체성 발달 모델 사이에 어느 정도 유사성이 있기는 하지만(Cass, 1979; Mackelprang & Salgiver, 2009), 이들 각각의 정체성이 차지하는 비중을 대하는 시각은 '전혀 중요하지 않다'에서 '삶의 중심적 가치다'에 이르기까지 매우 다양하다. 인종/민족 정체성과 비교할 때 장애 정체성이나 성정체성만이 지닌 특이점을 꼽자면, 이들이 일상생활 영역에서 차지하는 비중이 과소평가되며 이들 문제를 다루어야 할 슈퍼바이저와 슈퍼바이지의 준비가 부족하다는 점이다. 이러한 준비 부족은 재활상담사 자격검정위원회(Commission on Rehabilitation Counselor Certification: CRCC, 2010, p. 20)의 윤리 규약 8조 2항("재활상담사는 슈퍼비전 기능을 수행함에 있어 문화적 다양성이 지닌 역할을 이해하고 적절히 대처해야 한다.")에서 지적한 바와 같이, 슈퍼바이저의 역할을 수행하는 공인 재활상담사에게 비윤리적 처사로 비춰질 수 있다.

## 4. 슈퍼비전과 윤리적 고려

좋지 않은 슈퍼비전은 효과 없는 슈퍼비전보다 양질의 슈퍼비전 제공 실패에서 비롯되는 경우가 많다. 슈퍼바이저가 이 같은 상황에 직면하면 비윤리적 슈퍼비전 문제를 다루어야 한다(Greer, 2003). 비록 미국상담학회(American Counseling Association: ACA, 2005)와 CRCC(2010)의 재활상담사 윤리 규약이 임상 슈퍼비전을 관장하는 전문 윤리 기준을 상담사 업무 표준에 포함시켜 놓기는 했지만, 이들 지침이 반드시 슈퍼바이저의 유능성, 비밀보장, 이중 관계, 절차적 정당성(due process), 고지된 동의 등과 같은 통상적인 윤리 문제 해결을 돕는 명확한 행동 계획을 제공하는 것은 아니다(Blackwell, Strohmer, Belcas, & Burton, 2002; Tarvydas, 1995). 실제로, 이들 윤리적 갈등을 둘러싼 해석은 슈퍼비전이 행해지는 직장 환경이나 기능에 따라 다를 수 있다. 즉, 대학에서 학생을 지도하는 슈퍼바이저와 상담 현장에서 실습생 및 인턴을 훈련하는 슈퍼바이저 사이에는 윤리적 갈등을 둘러싼 해석에 차이를 보일 수 있다는 말이다. 예를 들어, Lee와 Cashwell(2001)의 연구에 따르면, 대학에서 학생을 가르치는 슈퍼바이저들은 이중 관계, 슈퍼바이저의 유능성, 고지된 동의 등이 관련된 윤리적 딜레마에 관해서는 상대적으로 보수적 태도를 취하는 데 반해, 현장 슈퍼바이저들은 절차적 정당성 문제에 있어 상대적으로 보수적 경향을 보인다고 한다. Lee와 Cashwell(2001)은 이 같은 결과는 대학과 상담 현장의 슈퍼바이저들이 보다 빈번한 상호 자문을 통해 윤리적 문제를 둘러싼 모순에 대처할 능력을 기를 필요성을 보여 주는 증거라고 주장하였다.

상담사나 상담을 전공하는 학생들이 내부 슈퍼바이저(대학 교수)와 외부 슈퍼바이저(실습이나 인턴 수행 기관의 고참 상담사나 계약 관계에 있는 외부 슈퍼바이저)를 모두 경험할 수 있다는 점에서, 윤리적 딜레마가 발생했을 때 누구에게 자문을 구해야 할지의 문제는 언제나 고민거리가 아닐 수 없다. 초보 재활상담사나 상담을 전공하는 학생들은 상황에 따라 두 가지 유형의 슈퍼바이저 영향력을 고려해야 한다. 첫 번째 유형은 지위에 따른 영향력으로, 이는 슈퍼바이저와 슈퍼바이지가 같은 기관에 근무할 경우에 해당한다. 두 번째 유형은 전문성에 따른 영향력으로, 이는 슈퍼비전이 외부 기관 전문가에 의해 행해지는 경우다(Itzhaky, 2001). 지위에 따른 영향력은 현장 지도(슈퍼비전) 업무를 담당하는 대학교수와 같이 내부 인물에게 슈퍼비전을 받는 사람은 업무 수행 평가(성적 사정, 채용, 승진 등) 책임 등에 있어 상대적으로 큰 공식적 권한을 지닌다고 가정한다. 전문성에 따른 영향력은 외부 전문가에게 슈퍼비전을 받는 사람의 경우 공식적 권한은 크지 않지만, 지식이나 기술 등 전문성 관련 측면에서는 상대적으로 높은 권한을 지닌다고 가정한다. 이 경우, 실습이나 인턴 과정에 배정된 현장 슈퍼바이저 혹은 기관과의 계약에 따라 임상 슈퍼비전을 제공하는 외부 슈퍼바이저가 전문가로서의 권한을 갖는다.

Itzhaky(2001)는 외부 전문가로부터 슈퍼비전을 받는 임상 사회복지사는 건설적 비판을 받거나 정당하고 필요할 경우 논쟁을 벌일 가능성이 더 높으며, 같은 기관에 속한 선배나 상사에게 슈퍼비전을 받는 사회복지사에 비해 지식과 기술 면에서 뛰어난 모습을 보인다고 제안하였다. 따라서 슈퍼바이지는 기관 내에서의 권한이 큰 내부 슈퍼바이저보다 외부 슈퍼바이저를 대할 때 윤리적 문제를 표현할 가능성이 높다. 슈퍼비전에 대한 이의 함의는 내부 및 외부 슈퍼바이저 모두 윤리 문제에 관심을 가지고 사안을 면밀히 검토하여 서로에게 필요한 자문을 제공해야 한다는 점을 들 수 있다(Lee & Cashwell, 2001). 나아가, 외부 슈퍼바이저를 대상으로 심화 윤리 교육을 제공하고, 선제적 조치의 일환으로 임상 슈퍼비전에 내포된 뉘앙스에 관해 슈퍼바이지를 훈련시키는 전략 또한 고려할 필요가 있다. Herbert와 Bieschke(2000)가 제안한 교육 프로그램은 유용한 지침으로 널리 사용되는데, 이는 전술한 주제는 물론 현장 슈퍼바이저와 임상 슈퍼바이저로 일하게 될 상담사들이 알아두어야 할 여러 가지 내용을 다루고 있다.

Schultz(2011)는 슈퍼바이지(상담사)에게 윤리적 행위를 가르치기 위한 최선의 전략 중 하나는 슈퍼바이저가 윤리적 행동 모범을 보이는 것이라고 지적하였다. Schultz에 따르면, 슈퍼바이저는 슈퍼바이지에게 윤리적 행동을 전수하는 전문가로서의 역할 모델을 넘어, 기본적 윤리 원칙에 관한 슈퍼바이지의 인식 고취를 도울 수 있다. 예를 들어, 슈퍼바이저가 윤리적 측면을 개인 혹은 집단 슈퍼비전 중 발표될 사례의 일부로 받아들일 경우, 슈퍼바이지의 윤리적 정체성은 한층 강화될 것이다. Schultz는 윤리 원칙과 이의 재활상담 현장 적용에 관한 논의가 활발하게 진행된다면 상담사는 윤리적 문제/갈등 대두에 관해 겁을 먹을 필요가 없다고 주장하였다. 이들 실천 지침 활용은 자율성(이용자/타인의 자기 결정권과 선택의 자유 촉진), 수혜성(이용자/타인에게 이익이 되는 행위 추구), 충실성(약속/의무 이행/준수), 정당성(내담자/타인에 대한 공정한 대우), 비해성/비위해성(내담자/타인에 대한 위해금지), 진실성/신실성(내담자/타인에 대한 정직과 성실) 등 여섯 가지 윤리 원칙에 관한 상담사(슈퍼바이지)의 실무 지식 확충에 크게 기여할 것이다(Cottone & Tarvydas, 2007).

Smith 등(2012)은 집단 슈퍼비전에서의 윤리적 실천 촉진을 위한 공식적 진행 절차와 관련하여 다음과 같은 조치를 권하였다. ① 슈퍼비전의 목적과 사용될 절차/방법에 관한 설명이 수록된 서면 계약서를 작성·배포하라, ② 슈퍼비전을 시작하기에 앞서 전체 구성원들이 지닌 기대와 규칙/규범(제 시간에 회기 시작하기, 사례 발표 시 각자가 지닌 기대치 말하기, 회기에서 다루어진 내용에 관한 반응과 느낌 표현하기 등)에 관한 논의 및 합의를 진행하라, ③ 회기 중 다루어지는 특정 내담자와 친분 관계가 있는 구성원의 참여 배제를 통해 내담자의 비밀 유지에 노력하라, ④ 개별 구성원에 관해 어떤 내용의 정보를 얼마나 드러낼 것인지, 이러한 정보 공유 방식이 개별 구성원 평가에 어떤 영향을 미칠 것인지 등의 문제를 사전에 검토하라, ⑤ 잠재적 갈등 발생 시점 파악과 관련하여 집단 구성원이자 기관 스태프라는 이중적 지위로 인해 나타날 수 있는 다중 역할 관계에 대처하라. 집단 슈퍼바이저에게는 슈퍼비전 운영 규칙에 관한 논의 주도와 집단 규범 확립을 통해 구성원들의 윤리 행위 위반을 최소화할 의무가 있다. 적절한 집단 규범과 구조를 구성하는 핵심 요소가 무엇인지에 관한 명시적 기술은 슈퍼바이저와 슈퍼바이지 모두의 교감에 따른 합의에 기반한다. 이 같은 상호 합의에도 불구하고, 인턴 프로그램을 이수 중인 임상심리학 박사 학생들과 인턴 프로그램 책임자들을 대상으로 실시된 실증 연구에 따르면, 연구에 참여한 절반 이상의 슈퍼바이저와 슈퍼바이지가 집단 슈퍼비전에 관한 서면 계약서를 작성한 적이 없다고 응답하였다(Smith et al., 2012).

## 5. 임상 슈퍼비전의 현주소

임상 슈퍼비전은 상담사의 역량 개발과 성장에 있어 중요한 역할을 담당한다. 이는 대학/대학원의 재활상담사 양성 과정에서 시작하여 재활상담사로 재직하는 동안에 걸쳐 지속적으로 행해져야 한다. 하지만 재활상담사, 특히 슈퍼바이저들은 재활 서비스 제공에 있어 임상 슈퍼비전이 차지하는 실제적 가치와 효용성을 과소평가하는 경향이 있다. 이 같은 저자의 믿음은 연방-주 직업재활 기관 혹은 민간 부문에서 일하는 슈퍼바이저들이 임상 슈퍼비전의 적절성과 재활상담사의 역량 개발에 있어 이것이 차지하는 잠재적 가치를 이해하지 못한다는 선행 연구 결과에 기반한다(Herbert & Trusty, 2006; King, 2008; Schultz et al., 2002).

648명의 공인 재활상담사를 대상으로 81항목에 걸쳐 재활상담사 업무 수행에 필요한 지식 영역을 조사한 Leahy, Muenzen, Saunders 그리고 Strauser(2009)의 연구는 이러한 인식을 뒷받침하는 추가 증거를 제시하였다. Leahy 등(2009)의 연구에 제시된 81가지 지식 영역 중 '임상 슈퍼비전 제공을 위한 이론과 기법'은 실제적 적용이 가능한 것으로 나타났다. 전술한 연구 결과에 따르면, 재활상담사들은 '임상 슈퍼비전 제공을 위한 이론과 기법' 지식 영역에 대해 '조금 중요하다(minimally important)'에서 '비교적 중요하다(moderately important)' 정도의 비중을 부여하는 것으로 나타났다. 응답자들은 대략 1년에 한 번가량 '임상 슈퍼비전 제공을 위한 이론과 기법'을 활용하는 것으로 나타났다. 연구 참여자들이 이 항목을 상대적으로 낮게 평가한 이유는, Leahy 등이 '임상 슈퍼비전 제공 및 수용(providing/receiving clinical supervision)'과 같이 쌍방향적 관계에 초점을 맞추기보다는 '임상 슈퍼비전 제공(providing clinical supervision)'과 같이 일방적 관계에 주안점을 두는 방식으로 질문 내용을 구성했기 때문인 것으로 보인다. 슈퍼비전 제공이 가능한 재활상담사의 수가 슈퍼비전 필요 인원에 비해 적다는 사실은 어째서 '슈퍼비전 제공을 위한 이론과 기술'이 조사에 포함된 다른 지식 영역에 비해 상대적으로 낮은 평가를 받았는지를 설명한 다. 그러나 전술한 연구의 제1저자와 가진 최근 논의와 재활 서비스 제공에 필요한 직무 기 능을 둘러싼 재활상담사의 중요도 인식을 조사한 Leahy, Chan, Sung 그리고 Kim(2013)의 연구에 따르면, 슈퍼바이저와 재활상담사(슈퍼바이지) 간의 임상 슈퍼비전 중요도 및 준비 도 수준 평가 결과는 유의미한 차이를 보이지 않았다(M. J. Leahy, Personal communication, October 31, 2013). 두 집단 모두, 조사에 참여한 23명의 슈퍼바이저와 159명의 재활상담사 들은 재활 실무에서 슈퍼비전 제공을 위한 이론과 기술 관련 지식이 차지하는 비중을 매우 높게 평가하는 것으로 나타났다. 준비도에 관한 인식의 경우, 두 집단 모두 중간 정도라는 결과를 보였다.

  Leahy 등(2009, 2013)은 임상 슈퍼비전이 제공 빈도가 낮고 대응적 성격이 강하다는 선 행 연구 결과(English et al., 1979; Herbert & Trusty, 2006; King, 2008; Schultz et al., 2002)를 바 탕으로, 임상 슈퍼비전 제공과 관련하여 학생들이 재활상담 학위과정을 이수한 후 일종의 단절이 나타난다고 지적하였다. 예비 재활상담사들이 학위를 취득하기 위해서는 임상 슈 퍼비전 경험 제공을 목적으로 개설된 실습과 인턴 과목을 이수해야 한다. 하지만 재활상 담사가 되어 일을 시작한 후에는 임상 슈퍼비전을 받을 기회가 크게 줄어든다. 이러한 인 식이 정확하다면 대학에서 재활상담을 가르치는 교육자들은 학생들에게 지속적 임상 슈 퍼비전의 중요성을 깨닫고 평생에 걸쳐 이에 관해 배워야 한다는 생각을 심어 주기 위한 노력을 기울여야 할 것이다. 이러한 노력은 임상 슈퍼비전 관련 활동 증빙 서류가 요구되 는 주정부의 상담사 면허증 취득을 희망하는 사람들은 물론, 다양한 기관에서 근무하는 재 활상담사 모두에게 요구되는 필수 덕목이다(ACA, 2011). 교육자들은 또한 대학의 관련 학 과 교육 파트너이자 예비 재활상담사 양성에 중요한 역할을 담당하는 다수의 현장 슈퍼바 이저들과의 협력을 통해 이들이 임상 슈퍼바이저로서의 역량을 기를 수 있도록 도와야 한 다. 요약하면, 임상 슈퍼비전은 초보 재활상담사는 물론, 오랜 기간 현직에 종사한 고참 재 활상담사들도 꾸준히 관심을 기울여야 할 중요한 업무다.

## 집단 토의 과제

1. 대학원 혹은 초보 상담사 시절 받았던 임상 슈퍼비전은 당신이 재활상담사로 성장하는 데에 어떠한 영향을 미쳤는가?

2. 개별 슈퍼비전과 집단 슈퍼비전의 강점과 한계는 각각 무엇이라고 생각하는가?

3. 지금까지 당신이 받았던 임상 슈퍼비전에서는 다문화적 요소를 어떤 형태로 다루었는가? 재활상담사의 입장에서 다문화에 관한 이해를 좀 더 높이기 위해서는 어떤 조치를 취해야 한다고 생각하는가?

4. 재활상담사로 일하는 과정에서 당신을 고민에 빠뜨렸거나 곤란이 예상되는 윤리적 문제는 무엇이었는가? 이들 문제를 임상 슈퍼비전에서 어떻게 논의할 수 있다고 생각하는가?

5. 당신이 제대로 된 임상 슈퍼비전을 받기 힘든 직장에 취업했다고 가정해 보라. 당신은 이 같은 상황을 개선하기 위해 어떤 조치를 취할 것인가?

## 참고문헌

Aasheim, L. (2012). *Practical clinical supervision for counselors: An experiential guide*. New York, NY: Springer Publishing Company.

American Counseling Association (ACA). (2005). *ACA code of ethics*. Alexandria, VA: Author.

American Counseling Association (ACA). (2011). *Who are licensed professional counselors*. Alexandria, VA: Author. Retrieved from http://www.google.com/url?sa=t&rct=j&q=&esrc=s&source=web&cd=6&ved=0CG0QFjAF&url=http%3A%2F%2Fwww.counseling.org%2FPublicPolicy%2FWhoAreLPCs.pdf&ei=0SLaUfCOK5Do0wHluoGwAQ&usg=AFQjCNFpM6XhhHU5OpY1Ta4rpRCDd3ldQQ&bvm=bv.48705608,d.dmQ

Atkinson, D. R., Morten, G., & Sue, D. W. (1998). *Counseling American minorities* (5th ed.). Boston, MA: McGraw-Hill.

Bernard, J. M. (1979). Supervisory training: A discrimination model. *Counselor Education and Supervision, 19*, 60–68.

Bernard, J. M. (1997). The discrimination model. In C. E. Watkins, Jr. (Ed.), *Handbook of psychotherapy supervision* (pp. 310–327). Hoboken, NJ: Wiley.

Bernard, J. M., & Goodyear, R. K. (1998). *Fundamentals of clinical supervision* (2nd ed.). Needham Heights, MA: Allyn & Bacon.

Bernard, J. M., & Goodyear, R. K. (2004). *Fundamentals of clinical supervision* (3rd ed.). Needham

Heights, MA: Allyn & Bacon.

Blackwell, T., Strohmer, D. C., Belcas, E. M., & Burton, K. A. (2002). Ethics in rehabilitation counselor supervision. *Rehabilitation Counselor Bulletin, 45*, 240-247.

Borders, L. D. (1992). Learning to think like a supervisor. *Clinical Supervisor, 10*, 135-148.

Borders, L. D. (2005). Snapshot of clinical supervision in counseling and counselor education: A five-year review. *Clinical Supervisor, 24*, 69-113.

Borders, L. D., & Brown, L. L. (2005). *The new handbook of counseling supervision.* Mahwah, NJ: Erlbaum.

Borders, L. D., Welfare, L. E., Greason, P. B., Paladino, D. A., Mobley, A. K., Villalba, J. A., & Wester, K. L. (2012). Individual and triadic and group: Supervisee and supervisor perceptions of each modality. *Counselor Education and Supervision, 51*, 281-295.

Brislin, D. C., & Herbert, J. T. (2009). Clinical supervision for developing counselors. In I. Marini & M. Stebnicki (Eds.), *The professional counselor's desk reference* (pp. 39-48). New York, NY: Springer Publishing Company.

Campbell, J. M. (2006). *Essentials of clinical supervision.* Hoboken, NJ: Wiley.

Cass, V. C. (1979). Homosexual identity formation: A theoretical model. *Journal of Homosexuality, 4*, 219-235.

Chang, C. Y., Hays, D. G., & Shoffner, M. F. (2004). Cross-racial supervision: A developmental approach for white supervisors working with supervisees of color. *Clinical Supervisor, 22*, 121-138.

Commission on Rehabilitation Counselor Certification (CRCC). (2010). *Code of professional ethics for rehabilitation counselors.* Retrieved from http://www.crccertification.com/pages/crc_ccrc_code_of_ethics/10.php

Corey, G., Haynes, R., Moulton, P., & Muratori, M. (2010). *Clinical supervision in the helping professions: A practical guide* (2nd ed.). Alexandria, VA: American Counseling Association.

Cottone, R. R., & Tarvydas, V. M. (2007). *Counseling ethics and decision making* (3rd ed.). Upper Saddle River, NJ: Pearson Prentice Hall.

Council on Rehabilitation Education. (2012). *Accreditation manual for masters level rehabilitation counselor education program.* Schaumburg, IL: Author.

Emener, W. (1991). Empowerment in rehabilitation: An empowerment philosophy for rehabilitation in the 20th century. *Journal of Rehabilitation, 57*, 7-12.

English, W. R., Oberle, J. B., & Byrne, A. R. (1979). Rehabilitation counselor supervision: A national perspective. *Rehabilitation Counseling Bulletin, 22*, 7-123.

Enyedy, K. C., Arcinue, F., Puri, N. N., Carter, J. W., Goodyear, R. K., & Getzelman, M. A.

(2003). Hindering phenomena in group supervision: Implications for practice. *Professional Psychology: Research and Practice, 34*, 312-317.

Fall, M., & Sutton, J. M., Jr. (2004). Supervision of entry level licensed counselors. *Clinical Supervisor, 22*, 139-151.

Fitch, T. J., & Marshall, J. L. (2002). Using cognitive interventions with counseling practicum students during group supervision. *Counselor Education and Supervision, 41*, 335-342.

Franklin, L. D. (2011). Reflective supervision for the clinical social worker: Practical applications for the green social worker. *Clinical Supervisor, 30*, 204-214.

Garske, G. G. (1995). Self-reported levels of job satisfaction of vocational rehabilitation professionals: A descriptive study. *Journal of Rehabilitation Administration, 19*, 215-224.

Gillam, S. L., & Crutchfi eld, L. B. (2001). Collaborative group supervision of practicum students and interns. *Clinical Supervisor, 20*, 49-60.

Gray, S. W., & Smith, M. S. (2009). The influence of diversity in clinical supervision: A framework for reflective conversations and questioning. *Clinical Supervisor, 28*, 155-179.

Greer, J. A. (2003). Where to turn for help. *Clinical Supervisor, 21*, 135-143.

Grigg, G. (2006). Designs and discriminations for clinical group supervision in counseling psychology: An analysis. *Canadian Journal of Counselling, 40*, 110-122.

Hatcher, R., & Lassiter, K. (2007). Initial training in professional psychology: The practicum competencies outline. *Training and Education in Professional Psychology, 1*, 49-63.

Hays, P. A. (2008). *Addressing cultural complexities in practice: Assessment, diagnosis, and therapy* (2nd ed.). Washington, DC: American Psychological Association.

Heckman-Stone, C. (2004). Trainee preferences for feedback and evaluation in clinical supervision. *Clinical Supervisor, 22*, 21-33.

Helms, J. E., & Carter, R. T. (1990). Development of the White racial identity inventory. In J. E. Helms (Ed.), *Black and White racial identity: Theory, research and practice* (pp. 67-80). Westport, CT: Greenwood Press.

Herbert, J. T. (1997). Quality assurance: Administration and supervision. In D. R. Maki & T. F. Riggar (Eds.), *Rehabilitation counseling: Profession and practice* (pp. 246-258). New York, NY: Springer Publishing Company.

Herbert, J. T. (2004a). Clinical supervision in rehabilitation counseling settings. In F. Chan, N. L. Berven, & K. R. Thomas (Eds.), *Counseling theories and techniques for rehabilitation health professionals* (pp. 510-533). New York, NY: Springer Publishing Company.

Herbert, J. T. (2004b). Qualitative analysis of clinical supervision within the public vocational rehabilitation program. *Journal of Rehabilitation Administration, 28*, 51-74.

Herbert, J. T. (2011). Clinical supervision. In D. R. Maki & V. Tarvydas (Eds.), *The professional practice of rehabilitation counseling* (pp. 427-446). New York, NY: Springer Publishing Company.

Herbert, J. T., & Bieschke, K. J. (2000). A didactic course in clinical supervision. *Rehabilitation Education, 14*, 187-198.

Herbert, J. T., Hemlick, L., & Ward, T. J. (1991). Supervisee perception of rehabilitation counseling practica. *Rehabilitation Education, 5*, 121-129.

Herbert, J. T., & Schultz, J. C. (2013). *Training manual for clinical supervision of state vocational rehabilitation supervisors.* Unpublished manuscript, Penn State University, University Park, PA.

Herbert, J. T., & Trusty, J. (2006). Clinical supervision practices and satisfaction within the public vocational rehabilitation program. *Rehabilitation Counseling Bulletin, 49*, 66-80.

Herbert, J. T., & Ward, T. J. (1989). Rehabilitation counselor supervision: A national survey of graduate training practica. *Rehabilitation Education, 3*, 163-175.

Holloway, E. L., & Johnson, R. (1985). Group supervision widely practiced and poorly understood. *Counselor Education and Supervision, 24*, 332-340.

Itzhaky, H. (2001). Factors relating to "interferences" in communication between supervisor and supervisee. *Clinical Supervisor, 20*, 73-85.

King, C. L. (2008). *Rehabilitation counselor supervision in the private sector: An examination of the long term disability system* (Unpublished doctoral dissertation). Boston University, Boston, MA.

Leahy, M. J., Chan, F., Sung, C., & Kim, M. (2013). Empirically derived test specifications for the certified rehabilitation counselor examination. *Rehabilitation Counseling Bulletin, 56*, 199-214.

Leahy, M. J., Muenzen, P., Saunders, J. L., & Strauser, D. (2009). Essential knowledge domains underlying effective rehabilitation counseling practice. *Rehabilitation Counseling Bulletin, 52*, 95-106.

Lee, R. W., & Cashwell, C. S. (2001). Ethical issues in counselor supervision. *Clinical Supervisor, 20*, 91-100.

Livni, D., Crowe, T. P., & Gonsalvez, C. J. (2012). Effects of supervision modality and intensity on alliance and outcomes for the supervisee. *Rehabilitation Psychology, 57*, 178-186.

Mackelprang, R. W., & Salgiver, R. O. (2009). *Disability: A diversity model approach in human service practice* (2nd ed.). Chicago, IL: Lyceum Books.

Maki, D. R., & Delworth, U. (1995). Clinical supervision: A definition and model for the rehabilitation counseling profession. *Rehabilitation Counseling Bulletin, 38*, 282-293.

McCarthy, A. K. (2013). Relationship between supervisory working alliance and client outcomes in state vocational rehabilitation counseling. *Rehabilitation Counseling Bulletin*, 57, 23–30.

Morran, D. K., Stockton, R., Cline, R. J., & Teed, C. (1998). Facilitating feedback exchange in groups: Leader interventions. *Journal of Specialists in Group Work*, 23, 257–258.

Overholser, J. S. (2004). The four pillars of psychotherapy supervision. *Clinical Supervisor*, 23, 1–13.

Pardeck, J. T. (2001). Using the Americans with Disabilities Act (ADA) as a tool for helping social work faculty develop cultural competence in the area of disability. *Clinical Supervisor*, 20, 113–125.

Pfohl, A. H. (2004). The intersection of personal and professional identity. *Clinical Supervisor*, 23, 139–164.

Prieto, L. R. (1996). Group supervision: Still widely practiced but poorly understood. *Counselor Education and Supervision*, 35, 295–307.

Ray, D., & Altekruse, M. (2000). Effectiveness of group supervision versus combined group and individual supervision. *Counselor Education and Supervision*, 40, 19–30.

Roche, A. M., Todd, C. L., & O'Connor, J. (2007). Clinical supervision in the alcohol and other drugs field: An imperative or an option. *Drug and Alcohol Review*, 26, 241–249.

Schaefl e, S., Smaby, M. H., Maddux, C. D., & Cates, J. (2005). Counseling skills attainment, retention, and transfer as measured by the skilled counseling scale. *Counselor Education and Supervision*, 44, 281–292.

Schultz, J. C. (2011). Construction and validation of a supervisor principle ethics scale. *Australian Journal of Rehabilitation Counseling*, 17(2), 96–105.

Schultz, J. C., Ososkie, J. N., Fried, J. H., Nelson, R. E., & Bardos, A. N. (2002). Clinical supervision in public rehabilitation counseling settings. *Rehabilitation Counseling Bulletin*, 45, 213–222.

Smith, R. D., Riva, M. T., & Cornish, J. A. E. (2012). The ethical practice of group supervision: A national survey. *Training and Education in Professional Psychology*, 6, 238–248.

Stebnicki, M. A. (1998). Clinical supervision in rehabilitation counseling. *Rehabilitation Education*, 12, 137–159.

Sterner, W. R. (2009). Influence of the supervisory working alliance on supervisee work satisfaction and work-related stress. *Journal of Mental Health Counseling*, 31, 249–263.

Stoltenberg, C., & Delworth, U. (1987). *Supervising counselors and therapists: A developmental approach*. San Francisco, CA: Jossey-Bass.

Stoltenberg, C. D., McNeill, B., & Delworth, U. (1998). *IDM supervision: An integrated developmental model for supervising counselors and therapists*. San Francisco, CA: Jossey-Bass.

Tarvydas, V. M. (1995). Ethics and the practice of rehabilitation counselor supervision. *Rehabilitation Counseling Bulletin, 38*, 294-306.

Watkins, C. E., Jr. (1993). Development of the psychotherapy supervisor: Concepts, assumptions, and hypotheses of the supervisor complexity model. *American Journal of Psychotherapy, 47*, 58-74.

Watkins, C. E., Jr. (1997). The ineffective psychotherapy supervisor: Some reflections about bad behaviors, poor process, and offensive outcomes. *Clinical Supervisor, 16*, 163-180.

Westwood, M. J. (1989). Group supervision for counselors-in-training. *Canadian Journal of Counselling, 23*, 348-353.

Worthington, E. L., Jr. (1987). Changes in supervision as counselors and supervisors gain experience: A review. *Professional Psychology: Research and Practice, 18*, 189-208.

Yagil, D. (2006). The relationship of abusive and supportive workplace supervision to employee burnout and upward influence tactics. *Journal of Emotional Abuse, 6*, 49-65.

제**21**장

# 임상 실제에서의 위험 관리

Linda R. Shaw, Abigail Akande, & Jodi Wolff

## 학습목표

이 장의 목적은 재활상담 서비스 제공 과정에서 발생할 수 있는 위험 예방 정의, 전문직 윤리 규약과 현행법 사이의 공통 분모 파악, 윤리적 딜레마에 처했을 때 재활상담사가 취해야 할 행동 절차 제시, 위험 관리(risk management)를 둘러싼 최대 쟁점(hot spots) 분야 파악, 비밀 유지와 이의 위반 관련 쟁점 이해, 상담 관계 속에 존재하는 고유한 역동성(dynamics)과 책임 (liabilities) 관련 논의, 업무상 과실(malpractice)로부터의 상담사 보호 조치 파악 등의 내용을 다루는 데에 있다. 이 같은 목적을 달성하기 위해 다음과 같은 학습 목표를 설정하였다.

① 재활상담사의 책임과 위험에 관한 최근 경향을 살펴본다.
② 재활상담의 실제와 직결된 다섯 가지 범주의 법률을 논하고, 형사 사건과 민사 사건, 형사법 정과 민사법정 간의 차이를 이해한다.
③ 위기 관리 분야에서 자문(consulting)이 담당하는 역할을 이해한다.
④ 업무상 과실의 의미를 규정하고, 법정에서의 업무상 과실 행위 입증에 필요한 네 가지 조건 을 살펴본다.
⑤ 상담관계 가운데 요구되는 비밀유지 원칙의 한계를 명확히 서술하고, 법정에서의 특권적 의 사소통(privileged communication: 법정에서 증언을 강요받지 않는 비밀 정보) 개념을 이 해한다.
⑥ 고지 의무를 규정한 법률의 다양한 내용을 이해하고 이들 법규가 보호 의무에 어떤 영향을 미치는지 논의한다.
⑦ 치료 과정에서 발생할 가능성이 있는 상담사와 내담자 간의 부적절한 관계나 잘못된 치료 행 위 예방을 위한 선제적 조치를 이해한다.
⑧ 위험 관리 과정에서 증빙 자료(documentation)가 차지하는 역할을 이해하고, 증빙자료의 핵심적 구성요소를 알아본다.

## 1. 자격제도(credentialing)와 위기 관리

재활상담이 전문직으로서의 지위를 굳히며 발전해 감에 따라, 재활상담사가 짊어져야
할 책임의 양과 범위 또한 증가하고 있다. 그 결과, 재활상담사는 업무 수행 과정에서 윤
리적 · 법적 · 전문성 측면에서 점점 더 높은 수준의 책무성을 요구받기에 이르렀다. 재활
상담사 역할과 재활상담 관계에 내포된 특수성은 법령 제 · 개정을 통해 재활상담사 자격
제도를 정비하려는 정부 관련 부처의 노력을 통해서도 그 중요성이 널리 인정되고 있다
(Cottone & Tarvydas, 2003; Tarvydas, Leahy, & Zanskas, 2010). 재활상담사와 다른 분야의 상
담사들은 길고도 험난한 투쟁 과정을 거친 끝에 자격 및 면허 제도 정비, 민간 보험사에 의
한 유자격 서비스 제공자로 공인 등의 과정을 통해 전문가로서의 법률적 적격성을 확보하
였다.

오늘날, 재활상담사는 다양한 분야에서 근무하며, 정신장애 진단, 자살 의도 사정, 정
신병원에의 강제 입원 자문, 그 밖에 특화된 기술과 사려 깊고 전문적 판단을 필요로 하는
여러 가지 활동 개입 등의 수행에 필요한 법적 권리를 보유하게 되었다(Backlar & Cutler,
2002). 하지만 이처럼 힘겹게 쟁취한 사회로부터의 인정은 막중한 책임과 의무를 동반한
다. 재활상담사가 광범위한 영역에 걸쳐 다양한 전문적 활동에 관여하고, 민간 보험회사
로부터 핵심적 서비스 제공 주체로 인정받도록 도움을 주던 여러 법령은 동시에 이들에게
수용 가능한 행위와 그렇지 않은 행위를 강제하기에 이르렀다. 업무 수행 정도가 법률과
직능 단체에서 정한 업무 표준에 부합하지 않을 경우, 재활상담사를 비롯한 관련 당사자
모두는 징벌적이며 불리한 법적 · 직업적 후속 결과를 감내해야 한다(Cottone & Tarvydas,
2007; Woody, 2000).

상담사의 위험 관리 대처 의무는 매우 중요하다. 재활상담사가 서비스 제공 과정에
서 감당해야 할 위험 관리에는 법적 책임 측면에서 그들 자신은 물론, 내담자가 당면할
가능성이 있는 잠재적 위험을 포함한다. 재활상담사의 적절한 위기 관리 실천은 내담자
가 위험에 처할 가능성을 줄이고, 이들의 복리증진과 자율성 향상에는 크게 기여할 것
이다(Cullity, Jackson, & Shaw, 1990; Shaw & Jackson, 1994). 재활상담사의 적절한 위기 관
리 실천이 가져다줄 실제적 혜택은 장애인 내담자가 자기 방어를 통해 얻게 될 이익을 능
가한다. 재활상담사의 위기 관리 업무에 관한 내용은 특히 재활상담사 자격검정위원회
(Commission on Rehabilitation Counselor Certification: CRCC, 2010)의 윤리 규약에 규정된 장

애인 내담자에게도 확대 · 적용된다.

　Vallario와 Emener(1991)는 일찍이 잠재적인 업무상 과실 행위 발생 가능성을 근거로, 재활상담사는 법과 법률 개념에 관해 정확한 지식을 습득할 필요가 있다고 주장하였다. 나아가, 대다수의 정신보건 및 정신보건법 관련 분야 전문가들 또한 상담사는 비윤리적 혹은 불법적 관행이라는 비난/책임을 불식시킬 수 있도록 위험 관리 실천 지침을 숙지할 필요가 있다고 지적하였다(Behnke, Winick, & Perez, 2000; Crawford, 1994; Otto, Ogloff, & Small, 1991; Picchioni & Bernstein, 1990; Saunders et al., 2007; Woody, 1988).

## 2. 법률 시스템

　상담사라면 대부분 법적 분쟁에 연루된다는 데에 부담감과 두려움을 느낀다. 하지만 다수의 관련 연구들은 상담사가 연루된 소송 사건의 결과가 생각만큼 나쁘지 않았다는 사실을 보여 주었다. Otto와 Schmidt(1991)는 내담자가 부실한 상담 및 심리치료로 인해 불이익을 경험했다는 주장을 성공적으로 입증한 법원 판결은 거의 보고된 바 없다고 주장하였다. 하지만 상담사의 업무 영역을 관장하는 법률 및 법 체계에 관한 지식을 가지고 있다면 부실한 상담 및 심리치료 서비스를 제공했다는 의심/혐의 차단에 유용할 뿐 아니라, 내담자가 그 같은 주장을 근거로 법적 소송을 제기한다 해도 효과적 대처가 가능하다(Corey, Corey, & Callanan, 2011). Behnke 등(2000)은 법 체계를 헌법, 법률(국회가 제정), 시행령(정부 각 부처 또는 관련 기관의 장이 공포), 법원 규칙(사법부에서 제정), 법원 판결 등 다섯 가지 범주로 나누어 설명하였다.

### 1) 헌법

　헌법(constitutions)은 상담 및 심리치료 서비스의 실제적 제공에 영향을 미치는 법률 제정의 토대가 된다. 헌법은 하위 법 제정 근거이자, 특정 법률의 적법성 여부를 판단하는 시금석 역할을 담당한다는 점에서, 기본법 또는 모법이라고도 부른다.

## 2) 법률

법률(statutes)은 국민이 선출한 의회에서 제정·시행한다. 국회에만 법률 제정 권한이 주어진 우리나라와는 달리, 미국이나 독일 등 지방분권화가 잘 이루어진 나라에서는 주의회 등의 지방 의회도 법률 제정 권한을 가지고 있다.

## 3) 시행령

시행령(regulations)은 행정부의 관련 부처 장관 또는 산하 기관의 장이 공포하며, 입법 기관을 통해 제정되지 않는다는 점에서 기술적으로는 법률에 해당하지 않는다. 입법 기관은 행정부의 유관 부처나 산하기관에 시행령 제정 권한을 위임한다. 시행령은 법률 내용 해석, 법률 각 조문의 의미 규정, 구체적 시행 지침 제공 등의 기능을 수행한다. 시행령은 위반 시 모법을 지키지 않은 것으로 간주된다는 점에서 모법에 버금가는 법적 구속력을 지닌다.

## 4) 법원 규칙

법원 규칙(rules of court)은 사법부가 제정하며, 구체적 소송절차와 이를 시행하는 판사와 변호사의 활동을 관장한다. 법원 규칙 위반은 상당한 정도의 손해나 소송사건 각하를 초래한다는 점에서 매우 치명적이다. 법원 규칙을 잘 알고 있으면 증거 능력(admissibility of evidence)이나 증거 개시 규칙(rules of discovery)와 같은 개념 등 소송절차 이해에 커다란 도움을 받을 수 있다.

## 5) 법원 판결

법원 판결(decisions made by courts)은 엄밀히 말해 법률이라고 볼 수는 없다. 하지만 법원 판결은 법률, 시행령, 법원 규칙을 해석한다는 점에서, 흔히 판례(case law)라고도 불린다. 법원 판결은 입법 과정에도 영향을 미쳐 법률의 내용에 통합되기도 한다. 법률에 반영되지 않는 경우라 해도, 판례는 법적 구속력을 지닌다.

미국의 경우, 주(State)마다 법률 구조가 다르기 때문에 이들을 관통하는 단일한 사법

체계는 존재하지 않는다. 다만, 이 같은 차이에도 불구하고 모든 주의 사법 체계는 위계적 혹은 층위적이라는 공통점이 존재한다. 소송이 개시되면 우선 각 주의 순회법원(circuit courts: 우리나라의 지방법원에 해당함)에서 사건을 심리한다. 소송 당사자 양측 모두가 하급법원(순회법원 또는 지방법원)의 판결을 받아들이면 사건은 종결된다. 소송 당사자 중 한쪽이 하급법원의 판결에 불복하면 상고법원(appellate court: 우리나라의 고등법원에 해당함)에 항소하는 것이 가능하다. 끝으로, 각 주의 최고법원(supreme court)은 항소법원의 판결 중 주에서 정한 기준에 직접적으로 저촉되는 극소수 사건만을 심리한다. 연방 사법체계 역시 주의 그것과 유사한 구조로 이루어져 있다. 즉, 상급법원은 하급법원 판결에 불복한 항소 사건을 심리할 수 있으며, 연방 대법원은 이들 중 사회 전반에 걸쳐 커다란 영향을 미칠 것으로 예상되는 극소수 사건만을 취급한다.

법은 또한 민법과 형법으로 분류되기도 한다. 형법은 주정부가 제정·공포한 법률 위반 행위를 관장한다. 주정부(원고)는 사건 고발과 기소 권한을 가지는데, 유죄가 입증된 사람(피고인)은 구속, 벌금, 기타 형벌 등 주정부에서 정한 처벌을 받아야 한다. 민법은 관련 당사자 한 편이 다른 한 편을 고소하는 소송사건을 취급한다. 소송은 피고에게 발생한 손해에 대한 책임 소재를 가려 내어 그 같은 손해에 대해 적절한 보상을 제공하려는 시도의 일환이다. 업무상 과실 사건은 일반적으로 민사법원에서 다루어지며, 이에 따른 처벌에는 손해배상(피해 당사자가 입은 손실 보상을 위해 지불해야 할 배상금 총액)과 징벌적 손해배상(처벌을 목적으로 가해자에게 부가되는 벌금) 등이 있다.

형사 사건과 민사 사건은 각각 서로 다른 입증 기준(standard of proof)을 필요로 한다. 입증 기준이란 유죄 입증을 위해 존재해야 하는 증거의 확실성 정도를 의미한다. 형사 사건의 경우, 잠재적 처벌 강도가 무겁다는 점에서 매우 높은 수준의 입증 책임(burden of proof)이 요구된다. 미국 사회가 개인의 자유에 높은 가치를 부여한다는 점에서, 유죄 평결이 자유의 박탈을 초래할 우려가 있는 사건에 대해서는 매우 엄격한 기준이 적용된다. 그 결과, 형사 사건에 있어 각 주는 피고인이 의심할 여지가 없을 정도로 유죄라는 사실을 입증해야 한다. 여기서 주목할 점은 유죄 입증 책임이 해당 주 당국에 있다는 사실이다. 비록 피고측이 대부분 스스로의 변호에 유리한 증거를 제시하지만, 이것이 반드이 필요한 것은 아니다. 주 당국이 피고인의 유죄를 입증할 목적으로 제시한 증거가 합리적 의심 수준에 불과하다면, 피고인이 스스로의 무죄를 입증할 증거를 제시하지 못해도 무죄가 성립되기 때문이다. 민사 사건의 경우, 증거 기준은 형사 사건에 비해 상대적으로 덜 엄격한 편이다. 업무상 과실 사건을 포함한 민사 사건에서 증거 기준은 증거 우위(preponderance of the evidence)라고 부르는데, 이는 피고인이 유죄라는 증거가 무죄라는 증거보다 더 많음을 의미한다. 민사 사건에서 입증 책임은 원고(고소인 측)에게 있다. Behnke 등(2000, pp. 58-59)은 증거 기준과 입증 책임 개념에 관해 다음과 같이 간결한 설명을 제시하였다. "증거 기준이란 소송에서 이기기 위해 넘어야 할 장애물이 얼마나 높은가의 문제다. 입증 책임은 어느 편이 장애물을 넘을 것인가의 문제다."

## 3. 윤리 규약

윤리 규약은 여러 가지 이유에서 법적 책임을 둘러싼 논의에 매우 적합하다. 윤리 규약은 일반적으로 민간 혹은 직능 단체가 제정하며, 그것이 효력을 미치는 직능 종사자들이 특정 사안에 관해 지닌 집단적 견해를 반영한다. 윤리 규약은 그 자체로 법적인 구속력을 지니지는 않는다. 하지만 이는 업무상 과실이나 태만 혐의가 의심되는 종사자의 행위 판단 기준 확립에 적지 않은 영향을 미친다. CRCC(2010)에서 제정한 재활상담사 윤리 규약에는 재활상담사가 준수해야 할 윤리 행위 준칙이 명시되어 있다(www.crccertification.com/filebin/pdf/CRCCodeOfEthics.pdf). 재활상담사 윤리 규약의 주요 내용은, ① 상담 관계, ② 비밀보장, 특권적 의사소통, 사생활 보호, ③ 권익옹호와 접근성, ④ 전문가의 책임, ⑤ 타 분야 전문가들과의 관계, ⑥ 법정 증언 및 간접 서비스, ⑦ 평가, 사정(assessment), 평가 결과 해석, ⑧ 교육, 슈퍼비전, 직무 연수, ⑨ 연구와 출판, ⑩ 원격상담과 정보 기술, ⑪ 비즈니스 행위, ⑫ 윤리적 쟁점 해결 등이다. 다른 직종의 윤리 규약과 업무 표준(standard of practice) 역시 다양한 측면에 걸쳐 재활상담 현장에서 요구되는 구체적 도움을 제공한다. 아울러, 재활상담사라면 2014년 미국상담학회(American Counseling Association: ACA, 2014)가 제정한 윤리 규약을 숙지하고 있어야 한다.

각 주는 법규를 제정할 때 특정 직종 종사자의 활동과 책임의 맥락 속에서 구체적 행동의 적절성 여부를 규정한 해당 직종의 업무 지침을 참고한다. 그 결과, 법률 제정 위원회는 종종 특정 직능 단체의 윤리 규약을 참조하여 그중 상당 부분을 반영한다. 상담사 면허를 취득한 전문 상담사에게 있어 ACA(2014)의 윤리 규약은 일반적으로 상담사 면허 규정의 중요한 근거 역할을 담당한다.

가장 이상적인 상황은 모든 차원에 걸쳐 법률과 이에 상응하는 윤리 규약이 완벽하게 조화를 이루는 것이다. 안타깝게도, 현실은 이러한 이상과 거리가 멀다. Cottone과

4. 업무상 과실과 태만

Tarvydas(2007)는 상담사는 법적 의무와 전문가적 의무 사이의 불일치로 인해 종종 개인적 판단과 전문가적 판단을 행사해야 할 상황에 처할 때가 있음을 강조하였다. 상담사는 때때로 합법적이지만 비윤리적 행동(예: 내담자에게 해롭다고 생각하지만 법원의 정보 제출 명령에 응하는 행위) 혹은 윤리적이지만 불법적 행동(예: 내담자의 안전을 염려한 나머지 법원의 배우자 학대 고지 명령을 지키지 않는 행위) 사이에서 선택을 강요받기도 한다. 이 같은 딜레마는 분명 상담사에게 지극히 고통스러운 상황으로, 심사숙고와 신중한 행동이 필요한 대목이다. 다음의 내용은 이러한 상황에서 상담사가 취할 수 있는 행동 지침이다(Behnke, Winick et al., 2000; Cottone & Tarvydas, 2003; Remley, 1996; Rivas-Vasquez, Blais, Rey, & Rivas-Vasquez, 2001).

① 상담사의 잠재적 행동에 영향을 미치는 법률, 규칙, 기타 강제적 수단을 파악하라.
② 법적 요구에 관한 문제에 대해서는 법률 자문을 구하라.
③ 적절하다고 판단될 경우, 슈퍼바이저, 감독 관청, 윤리 위원회, 동료, 전문가 등에게 자문을 구하라.
④ 적절한 윤리적 의사결정 모형을 활용하여 체계적이고 명확한 방식으로 딜레마의 본질에 접근하라.
⑤ 최종 의사결정에 이르기까지의 과정을 기록으로 남겨라.


## 4. 업무상 과실과 태만

Corey 등(2011, p. 195)은 업무상 과실을 '전문적 서비스 제공 실패 또는 유사한 상황에서 해당 분야 전문가에게 통상적으로 기대되는 기술 또는 능력을 발휘하지 못하는 행위'라고 규정하였다. 피고의 업무상 과실을 입증하려면 원고는 의무, 의무 위반, 상해, 인과관계 등 네 가지 측면에서 자신이 제출한 증거가 우위에 있다는 사실을 증명해야 한다.

① 의무: 업무상 과실이 성립하기 위해서는 상담사와 내담자 사이에 업무 관계(professional relationship)가 확립되어 있다는 사실과 상담사에게 내담자 보호 의무가 있다는 점을 입증해야 한다.
② 의무 위반: 상담사와의 업무 관계 확립을 입증한 후, 내담자는 상담사가 보호 의무를

위반했거나 적정 수준의 보호를 제공하지 않았다는 사실을 실증해야 한다. 의무 위반은 상담사가 취한 행동에 관계될 수도 있고, 사전조치 강구 실패에 관한 것일 수도 있다.

③ 상해: 원고는 자신이 신체적 혹은 심리적으로 상해를 입었다는 사실 또는 여전히 그 같은 상해가 존속하고 있음을 입증해야 한다. 이 같은 상해 사례로는 부당한 죽음(자살), 상실(이혼), 통증과 고통 등을 들 수 있다.

④ 인과관계: 원고는 상담사의 의무 위반이 자신이 겪고 있는 상해의 직접적 원인이라는 사실을 입증해야 한다. 이의 검증은 상담사가 취한 행동으로 인해, 혹은 상담사가 적절한 행동을 취하지 않음으로 인해 상해가 발생했다는 점을 입증할 수 있느냐의 여부에 달려 있다.

의무의 실체적 존재 성립 여부를 다툴 때는 '무엇이 의무인가?'와 '그 같은 의무의 담당 주체는 누구인가?' 등 두 가지 쟁점을 고려해야 한다. 정신보건법에서 가장 유명한 사건 중 하나인 Tarasoff 대 캘리포니아 대학평의회(1976) 간의 소송사건은 이들 두 가지 질문에 직접적 영향을 미쳤다는 점에서 이 장의 후반부에서 좀 더 상세히 살펴보고자 한다.

원고가 의무 위반[직무유기(dereliction of duty)라고도 부름]을 입증하기 위해서는 상담사의 보호가 적절하지 못했다는 사실을 보여 주어야 한다. 여기서 적절한 보호란 업무 범위 내에서 특정 직종에 종사하는 평균 정도의 사람이 자신의 전문 영역 내에서 제공 가능한 보호를 의미한다. 따라서, 원고 측 변호사는 종종 전문 윤리 규약과 업무 표준, 해당 분야의 관련 문헌자료, 전문가 증언 등에 의지하여 적절한 보호를 제공하기 위해 어떤 기준이 확립되어야 했으며, 피고에 대한 보호 조치가 합리적이지 않았다는 점을 입증해야 한다. 여기서 중요한 점은 업무상 과실이 성립되려면 앞에서 언급한 네 가지 기준 모두가 충족되어야 한다는 사실이다. 즉, 의무가 명확히 규정되어 있고 피고인의 의무 위반 사실이 명백하다 해도 의무 위반으로 인해 원고 측이 어떤 형태로든 상해를 입었거나 의무 위반이 상해의 직접적 원인을 제공했다는 사실을 입증하지 못하면 업무상 과실은 성립될 수 없다는 의미다.

# 5. 업무상 과실의 발생 위험 요인(mine field)

## 1) 비밀보장과 특권

비밀보장은 상담사–내담자 관계에서 핵심 요소로 간주된다. 왜냐하면 내담자는 자신이 신뢰한다고 생각하는 상담사가 민감하고 잠재적으로 난처한 상황을 초래할 여지가 있는 문제에 관해 함구해 주겠다는 보장을 원하기 때문이다(Herrick & Brown, 1999; Sperry, 2007). Shaw와 Tarvydas(2001)가 지적하였듯이, 대다수의 내담자는 명백하게 그렇지 않다는 고지가 없는 한, 자신이 상담사와 나눈 일체의 대화 내용이 비밀에 부쳐질 것이라고 가정한다. 따라서 상담사는 법률이나 정책 등 비밀보장 엄수 취지에서 외부적으로 부과된 한계를 숙지할 필요가 있다.

대부분의 내담자는 치료 촉진을 목적으로 일부에 한해 다른 사람과의 정보 공유 필요성이 있다는 점을 기꺼이 받아들인다. 예를 들어, 진단/평가를 목적으로 의사에게 내담자를 의뢰할 경우, 상담사는 자신이 기존에 확보한 관련 의료 기록 첨부를 원하게 되는데, 이때 대부분의 내담자는 그 같은 정보 공유가 용이하도록 상담사에게 기꺼이 정보공개 권한을 허용할 것이다. 정보 공유 동의는 반드시 서면으로 이루어져야 하는데, 동의서에는 어떤 정보가 누구에게 무슨 목적으로 제공되는지 등에 관한 내용을 구체적으로 명시해야 한다. 나아가, 동의서에는 정보 제공 승인 일자와 내담자의 서명란이 포함되어야 한다. 대다수의 상담사와 상담 기관에서는 앞서 언급한 내용을 구체적으로 기재할 공간이 포함된 정보 공개 서식을 갖추고 있다.

이 밖에도, 다양한 상황에서 다른 사람과의 통상적 수준의 정보 공유가 이루어진다. 상담사의 입장에서 내담자에 대한 신뢰 위반이라는 인식과 오해를 불식시키려면 다른 사람과의 정보 또는 문서 기록 공유가 이루어질 가능성이 있는 일체의 상황을 점검하는 한편, 내담자의 서면 동의서를 확보해 두는 것이 바람직하다. 고지된 동의의 목적은 내담자의 자율권 보장에 있다(Miller & Emanuel, 2008). 따라서 상담사는 내담자에게 동의 절차(consenting process), 정보 공개, 그 밖의 사생활 보호 위반 소지 영역 등에 관한 이해를 담보할 수 있도록 최선의 노력을 기울여야 한다. 고지된 동의 서식, 정보 공개 서식, 그 밖에 내담자의 서명이 필요한 문서는 원활한 이해를 도울 수 있도록 가급적 쉬운 말로 작성해야 한다(Christopher, Foti, Roy-Bujnowski, & Appelbaum, 2007). 나아가, 이 같은 성격의 문서는 서명 시점에 내담자에게 반드시 명확한 설명을 제공해야 하며, 필요할 경우 대체 언어나 해석본을 구비해 두어야 한다.

정보 공유 동의를 필요로 하는 통상적 상황으로는 슈퍼비전, 감독기관의 감사, 치료팀 구성원 간의 정보 공유, 보험회사나 다른 재정 지원 기관 등 제3자 비용 부담 기관 제출용 보고서, 내담자가 미성년자이거나 법률상 지정된 후견인이 있는 경우 등을 꼽을 수 있다 (Campbell, 1994; Cobia & Boes, 2000; Cooper, 2000; Guest & Dooley, 1999; Harrison & Hunt, 1999; Plante, 1999; Sullivan, 2002; Tarvydas, 1994). 그 외에 비밀보장 원칙을 준수하지 않아도 무방한 경우는 그리 많지 않다. 이 경우 상담사는 내담자와의 충분한 논의를 통해 비밀보장 원칙을 위반해야 할 상황을 명확히 고지함으로써, 내담자가 상담사와 공유할 정보의 내용과 범위를 결정하는 데에 도움을 주어야 한다. 이처럼 드물긴 하지만 상대적으로 위험도가 높은 비밀보장을 둘러싼 예외 상황은 다음에서 보다 자세히 다루고자 한다.

### (1) 의무 고지 관련 법률

미국의 경우, 대부분의 주에서 여러 유형의 정보에 관해 상담사의 고지 의무를 명시한 법률을 시행하고 있다. 일반적으로, 정보고지법은 취약 계층이나 스스로를 보호할 능력이 없다고 간주되는 사회구성원 보호를 목적으로 한다(Valkyrie, Creamer, & Vaughn, 2008). 이 경우, 상담사에게는 독자적 판단 권한이 허용되지 않는다. 상담사가 고지 의무를 지키지 못하면 이는 주법 위반에 해당한다. 고지 대상 포함 정보 유형은 주에 따라 큰 차이를 보인다. 비록 다음 목록이 모든 고지 대상 정보 유형을 포함하고 있는 것은 아니지만, 대부분의 주에서는 최소한 아동, 노인, 장애인 등의 학대 고지 의무를 명시한 의무 고지 관련법을 제정ㆍ시행하고 있다.

정보 고지 의무 조치 시행을 위한 선결조건 또한 주에 따라 차이를 보인다. 예를 들어, 어떤 주에서는 약간의 혐의만으로도 의무 고지 대상이 되는 데에 반해, 또 다른 주에서는 의무 고지 요건 성립을 위해서는 명백한 증거가 제시되어야 한다. 학대, 방조, 태만 등의 개념 규정은 물론, '어린이'나 그 밖의 보호가 필요한 대상의 범위와 개념 또한 주에 따라 매우 다르다(Renninger, 2002; Small, 2002). 강제 고지 의무가 있는 상담사는 대개 비밀보장 원칙 위반에 따른 업무상 과실 혐의로부터 보호를 받는다. 하지만 상담사가 자신에게 법률상 특정 정보를 고지할 의무가 있다는 사실을 알리지 않았다면, 이 같은 보호조치를 취한다 해도 내담자가 느끼게 될 배신감은 예방하기 쉽지 않다. 상담사가 비밀보장 원칙 적용 범위와 한계에 관해 충분히 고지하지 않을 경우, 내담자는 특정 정보 공개가 가져올 결과에 관해 충분히 파악한 상태에서 공개를 원하는 정보와 그렇지 않은 정보를 선택할 권리를 박탈당할 우려가 있기 때문이다.

### (2) 보호 의무

법률은 사법권이 미치는 모든 영역에 걸쳐 내담자가 본인 또는 다른 사람에게 심각한 위험을 초래할 가능성이 있다고 여겨지는 상황에 한해 상담사의 비밀보장 원칙 위반을 허용한다. 이 같은 상황에서 주민에 대한 주 당국의 보호 의무는 상담사에 의한 비밀보장 원칙 준수보다 훨씬 중요하다고 간주된다. 다수의 관련 연구에 따르면, 대부분의 상담사들은 재직 기간 동안 자살이나 살해 등과 같은 위험 상황으로부터 내담자 혹은 다른 사람들을 보호하기 위해 비밀보장 원칙을 위반해야 할 상황에 직면한다고 한다(Weinstein et al., 2000). 이 같은 상황에 처한 상담사는 일단의 불확실한 증거에 기초하여 내담자가 해롭다고 여길 행동을 취해야 할 필요에 내몰릴 수 있다(Jobes & Berman, 1993). 다수의 선행 연구는 위험성 예측의 어려움을 실증했는데(Bednar, Bednar, Lambert, & Waite, 1991; Otto, 1992), 대다수의 상담사들은 자살이나 상해 기도 위험이 실제로는 거의 실행에 옮겨지지 않는다는 사실을 발견하게 된다(Corey et al., 2011). 죽음이라는 파괴적 종말을 수반한다는 점에서 자살이 대다수의 업무상 과실 사건에서 가장 흔히 다루어지는 쟁점이라는 사실은 어쩌면 당연한 결과라 할 수 있겠다(Baerger, 2001; Szasz, 1986).

법률이 폭력행위 예측에 따르는 어려움을 인정하고는 있지만, 이는 또한 상담사에게 그가 속한 직능 단체가 정한 기준에 부합하는 선에서 그 같은 예측 행위를 수행할 책무를 부과하였다. 그 결과, 보호 의무와 직결된 업무상 과실 문제가 대두될 경우, 과실 성립 여부를 둘러싼 법률상의 핵심적 쟁점은 주로 상담사가 합리적이고 사려 깊게 처신했는지 혹은 정신보건 직종 종사자의 업무 표준에 부합하는 방식으로 행동했는지의 여부에 관한 질문으로 귀결된다. 법원은 상담사가 위협을 평가함에 있어 공인된 절차를 밟았는지, 다른 사람의 자문을 구했는지, 안전 확보를 위해 적절한 조치를 취했는지 등에 관한 증거를 심리한다(Fujimura, Weis, & Cochran, 1985; King, 1999; Lewis, 2002; Picchioni & Bernstein, 1990; Pope, 1985; Rivas-Vasquez et al., 2001; Simon, 1999; VandeCreek & Knapp, 2000; Welfel, 1998). 즉, 고도의 확실성을 수반하는 위험성 예측 능력이 결여되었다면 법원은 상담사가 유사한 상황에서 최소한 동료 상담사 대부분이 취했을 행동과 절차에 부합하는 조치를 취했는지의 여부를 담보하기 위해 상담사가 밟은 과정을 조사할 가능성이 높다는 말이다.

비밀보장을 둘러싼 제약 중 가장 위협적이고 불안을 유발하는 요인은 내담자가 위해를 가하려는 의도를 드러냈을 경우 상담사에게 내담자 혹은 다른 사람에게 닥칠 우려가 있는 위험 예방 조치를 취할 책임이 있다는 점이다. 상담사의 업무상 과실 문제와 관련하여 뜨거운 논쟁을 불러일으켰던 Tarasoff 대 캘리포니아 대학평의회 소송 사건(1976)의 결과는 이 같은 상황에 처한 상담사의 의무를 부각하고 확장하는 계기가 되었다. Tarasoff 사건의 개요를 살펴보면 대략 다음과 같다. 캘리포니아 주립대학교 버클리 캠퍼스 산하 학생보건센터에서 심리학자로 근무하던 Lawrence Moore 박사는 Tatianna Tarasoff라는 이름의 학부생을 괴롭히는 Prosenjit Poddar라는 대학원생의 치료를 담당하였다. 이들 두 학생은 국제 학생 사교 모임을 통해 만나 친교를 나누었다. Poddar가 두 사람 간의 관계에 몰두할수록 Tatianna는 그와 거리를 두기 시작했다. Poddar는 그녀와의 전화 통화 내용을 녹음했고, Tatianna와의 관계를 발전시키기 위해 총력을 기울였다. Poddar는 자신의 노력이 수포로 돌아가자 Moore 박사에게 자신이 Tatianna라고만 밝힌 여학생을 죽이겠다는 의사를 밝혔다. Moore 박사는 Poddar에게 Tatianna를 해치겠다는 의도를 버리지 않으면 자신은 이 같은 사실을 신고할 수밖에 없다는 사실을 고지했고, 그 시점에서 Poddar는 치료를 중단하였다. Moore 박사는 다른 사람들과 상의를 거친 끝에, 경찰서에 Poddar의 의도를 경고하는 한편, 관찰을 위해 그를 정신병원에 입원시키도록 권하는 편지를 발송하였다. 경찰은 Poddar를 체포했지만, 몇 가지 질문을 한 뒤 곧바로 그를 석방하였다. Poddar는 석방 직후 Tarasoff를 살해하였다.

사건 발생 직후 Tarasoff의 부모는 Moore 박사와 그가 자문을 구한 동료 등 관련 당사자들을 상대로 그들이 Tatianna에게 생명이 위험에 처했다는 사실을 경고했어야 한다고 주장하며 소송을 제기하였다. 이 사건의 피고인들은 Tatianna가 센터의 내담자가 아니므로 자신들에게는 그녀에 대한 고지 의무가 없다는 논리를 내세우며, 고지 의무를 위반하지 않았다고 주장하였다. 나아가, 그들은 상담사와 내담자 간의 비밀보장 원칙으로 인해 자신들은 Tarasoff에게 살해 위협을 사전에 경고할 수 없었다고 주장하였다. 법원은 다음과 같은 이유를 들어 피고 측의 견해와 다른 판결을 내렸다. 첫째, 법원은 관련 당사자들 사이에 특수관계가 존재할 경우에만 고지 의무가 발생한다고 결정하였다. 나아가, 법원은 그 같은 특수관계가 존재할 때, 고지 의무는 관계의 한 축을 담당하는 사람(가해자)이 저지른 범죄로 인해 희생이 예상되는 제삼자에게까지 확대되어야 한다고 판결하였다. 그런 다음 법원은 고지 의무를 '특정 위험으로 인해 예상되는 잠재적 희생자 보호를 위해 적절한 조치를 취할 의무'라고 정의하였다(Behnke et al., 2000, p. 345).

Behnke 등(2000)은 Tarasoff 판결이 실제로는 '보호 의무'에 관한 판결임에도, '경고 의무'에 관한 판결로 잘못 해석되는 경우가 많다고 지적하였다. 법원은 또한 "상담사에게 희생자 신원을 파악하기 위해 내담자를 심문할 의무는 없다 해도, 짧은 시간의 숙고(reflection)가 희생자 신원을 드러내는 경우가 존재한다."는 이유를 들어, 상담사에게 잠재적 희생자를 명확히 파악할 책임이 있다고 판결하였다(Behnke et al., 2000, p. 345). Behnke 등이 관찰한 바와 같이, 판결 내용 중 이 대목은 보호 의무가 발생하기 전에 치료사가 어느 정도까지 잠재적 희생자의 신원을 파악해야 할지와 관련하여 여러 가지 상이한 해석을 낳았다. 그 결과, 이 문제를 다루는 법률 내용은 주에 따라 커다란 차이를 보이게 되었다. 법원은 비밀보장 의무로 인해 Tarasoff에게 경고를 할 수 없었다는 피고 측의 주장에 대해, "상담사에게는 예상되는 위험의 잠재적 피해자를 보호할 책임이 비밀보장 특권보다 우선한다."는 점을 분명히 하였다.

사건이 법정 밖에서 타결되어 Moore 박사의 업무상 과실 책임에 관한 판결은 내려지지 않았다(Tatianna의 가족이 피고 측의 금전적 보상을 조건으로 소송을 취하하는 데에 동의했기 때문이다). 하지만 민사소송 결과와는 관계없이, 캘리포니아주 대법원은 비밀보장 의무와 한계에 관한 원칙을 하나의 법규로 채택하였다. 이 사건은 정신보건 분야 전반에 걸쳐 커다란 반향을 불러일으켰고, 여러 주에서 비밀보장 의무 관련 법률을 제정하는 계기가 되었다. 한편, 이들 법률은 '예측가능성(forseeability)' 정의, 상담사의 적절한 의무 이행을 위해 요구되는 행동 규정, 강제적 위협의 구체성 등의 쟁점을 둘러싸고 주마다 차이를 보인다. ACA(2014)를 포함하여 대다수 상담 관련 직능 단체의 윤리 규약에는 '심각하고 예측 가능한 상해' 예외 사례가 수록되어 있다.

상담사는 자신이 영업하는 주(State)의 의무 관련 법규[1]를 정확히 파악해 두어야 한다. 예를 들어, Barbee, Combs, Eckleberry 그리고 Villalobos(2007)는 정확한 지침이 명시되어 있지 않다는 이유를 내세워 텍사스주의 관련 법규가 Tarasoff 사건에 관한 캘리포니아주 대법원 판결과 다르다는 사실을 논증하였다.

### (3) 특권적 의사소통

상담사와 주고받는 대화 내용과 관련하여 내담자가 비밀을 보장받을 권리를 보통 특권적 의사소통 또는 진술적 특권(testimonial privilege)이라고 부른다. 연방 대법원은 Jaffee 대

---

1) 미국은 한국과 달리 각 주마다 일부 법령이 상이하다.

Redmond 사건(1996년) 판결을 통해 상담 관계에서의 비밀보장 의무 적용 대상을 박사학위 미취득 상담사/심리치료사로까지 확대하였다. 여러 주에서는 상담 관계 속에서 존중되어야 할 정보 공개의 자유와 신뢰에 관해 비밀보장이 갖는 중요성을 인정한다는 취지에서, 법률을 통해 이 같은 권리를 상담사와 내담자 간의 관계에까지 확대하였다. 그러나 앞에서 논의한 바와 같이, 이 같은 특권이 절대적인 것은 아니다. 의무 고지 법률과 Tarasoff 판결이 강조하듯이, 비밀보장권은 사회구성원, 그중에서도 취약 계층을 보호할 권리와 균형을 이루어야 하기 때문이다. 이 경우, 상담사는 윤리적 혹은 법적으로 비밀보장 의무를 준수하지 못할 경우가 있다는 점에서 다음과 같은 몇 가지 요인을 염두에 둘 필요가 있다.

첫째, 특권적 의사소통은 상담사가 아니라 내담자에게 허용된 권리임을 명심해야 한다. 내담자는 이 권리의 발동 여부를 결정할 수 있다. 내담자가 비밀보장 권리를 행사하지 않기로 결정했다면 상담사는 그에 따른 의무를 준수하지 않아도 무방하다. 내담자가 비밀보장권 발동을 선택할 가능성이 있는 경우를 살펴보면, 상담 내용에 관해 다른 사람과 정보를 공유하는 상황 또는 내담자가 상담 시간에 입회를 허용한 사람이 그 자리에 없었던 제삼자와 특권적 정보(상담 내용)를 공유하는 상황 등을 꼽을 수 있다(Hendricks et al., 2011).

둘째, 비밀보장 의무를 이행하기 어려운 상황이 존재한다는 사실을 고려해 볼 때, 상담사는 내담자에게 비밀보장 의무를 위반해야 할 잠재적 상황에 관해 충분히 고지할 필요가 있다. 수많은 연구자들이 언급한 바와 같이, 적지 않은 상담사들은 내담자 노출 억제나 그 밖의 문제에 관한 우려로 인해 자신의 책임을 회피하려는 경향을 보인다(Berlin, Malin, & Dean, 1991; Shaw, Chan, Lam, & McDougall, 2004; Shaw & Tarvydas, 2001; Steinberg, Levine, & Doueck, 1997; Weinstein et al., 2000; Zellman, 1990).

## 2) 성적 착취

상담사의 최대 관심사는 언제나 내담자의 이익 극대화에 있어야 한다는 것이 정설이다. 이 같은 가치는 상담 윤리 규약과 관련 문헌을 통해 명백히 천명된 바 있다(ACA, 2014; CRCC, 2010; Hannold & Young, 2001). 양자 간의 관계가 의도적으로 한쪽에 치우치기 쉽다는 점을 고려해 볼 때, 이는 여러 면에서 상담 관계의 고유한 특징 중 하나다. 상담 관계에서 내담자의 욕구에 집중하고자 하는 치료사라면 일부라도 스스로의 욕구를 무시할 필요가 있다. 상담사와 내담자 간의 관계가 친구, 사업 파트너, 연인 관계 등 다른 차원으로 변질될 경우, 양자 사이의 관계에서 상담사의 욕구가 차지하는 비중이 확대되는데, 대부분의 경우 이는 내담자의 손해/상처로 귀결된다.

　상담사와 내담자 간의 관계가 성적 관계로 발전하는 상황만큼 이 같은 경우를 극명히 보여 주는 사례는 그리 흔하지 않다. 내담자와의 성적 관계는 어떠한 경우든 관계없이 내담자의 사생활은 물론, 상담 관계를 해치는 파괴적 행위로 인식되고 있다(Bouhoutsos et al., 1983; Cottone & Tarvydas, 2003; Farnill, 2000; Pope, 1988; Somer, 1999; Somer & Saadon, 1999). 이는 또한 정신보건 전문가를 상대로 가장 빈번히 제기되는 치명적 업무상 과실 관련 소송 사건 중 하나다(Association of State and Provincial Psychology Boards, 2001; Reaves, 1999). 그럼에도 불구하고, Fisher(2004)는 내담자와의 성관계를 주제로 한 선행 연구 검토 결과를 토대로, 70~90%에 이르는 상담사가 적어도 한 번 이상 내담자에게 성적 매력을 느낀 적이 있다는 사실을 발견하였다.

　이 같은 관계는 분명 착취적이다. 상담사와 내담자 양측 모두가 이 같은 관계로 인한 법적·윤리적 파국을 피하려면 상담사는 본인과 내담자가 서로에게 느끼는 성적 매력 감지에 극도로 주의를 기울여야 한다. 내담자에게 매력을 느끼는 것이 부자연스럽거나 드문 일은 아니다. 다만, 상담사는 자기 자신의 감정을 신중하게 다스릴 필요가 있다는 말이다(Bernsen, Tabachnick, & Pope, 1994; Nickell, Hecker, Ray, & Bercik, 1995; Pope, Kieth-Speigel, & Tabachnick, 2006; Pope, Tabachnick, & Keith-Spiegel, 1987; Stake & Oliver, 1991). 상담사는 내담자를 향한 본인의 감정 상태에 주의와 경계를 기울이는 한편, 스스로의 감정과 행동을 면밀히 점검할 필요가 있다. 특히 외상 후 스트레스 장애, 성적 혹은 육체적 학대, 난교 경험이 있는 내담자는 상담사의 위법 행위에 더욱 취약성을 보일 확률이 높다(Pope, 1988).

　이 같은 관점에서 상담사는 특히 '고위험'군에 속한 내담자를 대상으로 사회적 혹은 개인적 쾌락이 아닌 치료적 상담 환경 조성과 신중한 행동 패턴 확립을 위한 예방 조치를 강구할 필요가 있다. 단순하지만 효과적인 예방 조치로는 홀로 있을 가능성이 높은 근무 시간 이후 내담자와의 만남 자제하기, 내담자의 동의하에 상담 내용 녹취하기, 상담이 행해지는 통상적이고 공적인 장소 이외 공간에서의 내담자 접촉 금지 등을 들 수 있다. 또한 부적절한 이성 관계로 확산이 염려될 경우에는 상시적 연수, 그 같은 문제에 관해 부담없이 대화를 나눌 수 있는 안전한 환경 조성, 추가적 연구 수행 등과 같이 상담사가 그러한 상황에 빠지지 않도록 돕기 위한 선제적 조치를 강구해야 한다(Pope et al., 2006).

　전이 문제가 대두될 경우 상담사는 이에 효과적으로 대처해야 하는데, 이 경우 상담사는 내담자와의 건전한 관계 수립을 위해 명확한 경계를 설정할 필요가 있다. 일례로, 상담사와 내담자 사이의 가벼운 신체 접촉(touch)은 치료 행위로 간주된다. 문제는 업무상 과실 등의 쟁점을 둘러싸고 책임 소재를 다투어야 할 상황이 발생하면 내담자와 법원이 이를 잘 못 해석하거나 오해할 가능성이 있다는 사실이다. 치료 과정에서 가벼운 신체 접촉을 활 용하는 상담사라면 이의 사용에 있어 신중하고 조심스러운 접근을 취할 필요가 있다. 상 담사가 내담자를 향한 자신의 감정이 무엇인지 혼란스럽다고 느껴진다면 동료나 슈퍼바 이저에게 자문을 구할 것을 적극 권장한다. 개인적 습관과 문화적 관행(예: 신체 접촉, 목소 리 톤, 눈맞춤 등)이 상담사와 내담자 사이에 오가는 정서적 끌림, 존중, 간단한 인사 등의 상이한 감정 표현 및 이의 수용 방식에 커다란 영향을 미친다는 점에서, 문화적 차이 또한 적극 고려해야 한다(Harding, 2007; Kleinsmith, De Silva, & Bianchi-Berthouze, 2006; Pentland, 2004).

또한 일부 주와 관련 직능 단체의 윤리 규약에서는 상담사와 내담자 간의 치료나 서비스 제공 관계가 종료된 경우라도, 상담 관계 자체가 자동으로 종결되는 것은 아니라고 추정한 다는 사실을 유념할 필요가 있다. 다수의 관련 법과 윤리 규약은 정신보건 전문가에게 상 담 종결 후 일정 기간 동안 과거 자신이 담당했던 내담자와의 성관계에 연루되지 말 것을 의무화하고 있는데, 그 기간은 직능 단체의 윤리 규약이나 각 주의 법규에 따라 차이를 보 인다. 상담사는 치료 관계가 종결되었다고 해서 내담자가 착취에 노출될 가능성이 자동 소멸되는 것이 아니라는 점에서, 법적으로 아무런 하자가 없는 경우라 해도 내담자와의 이 성교제를 맺기에 앞서 세심한 주의를 기울일 필요가 있다(Herlihy & Corey, 1997).

## 3) 그 밖의 쟁점

상담사는 비밀보장 원칙 위반이나 성적 착취 외에도 다양한 위험 관리 이슈에 대비해 야 한다. 불법적이고 비윤리적 행위라는 혐의로 비춰질 가능성이 높은 이슈들로는 부적절 한 금전적 착취, 다른 사람의 부도덕한 행태 불고지, 슈퍼비전과 행정 절차에 직결된 법적 위험, 적절한 보호 제공 실패 등을 들 수 있다(American Psychological Association: APA, 2002; Bednar et al., 1991; Bernstein & Hartsell, 2000; Campbell, 1994; Otto & Schmidt, 1991; Smith, 1996; Vallario & Emener, 1991; Woody, 2000). 지면 관계상 이들 주제 각각에 대해 깊이 있게 다루기 는 어렵지만, 이 장에서는 이들 잠재적 책임 영역 모두에 적용되는 업무상 과실 혐의로부터 의 보호와 예방에 도움이 될 만한 몇 가지 일반적 조치만을 간략히 소개하고자 한다.

# 6. 업무상 과실로부터의 보호

다수의 정신보건 분야 관련 문헌이 업무상 과실 혐의로부터의 보호와 이의 예방법 및 실천 방안을 제시하고 있다. 다음의 내용은 다양한 자료에서 도출된 권고사항을 간추린 것이다(APA, 2001; Bednar et al., 1991; Behnke et al., 2000; Bernstein & Hartsell, 2000; Campbell, 1994; Doverspike, 1999; Montgomery, 1999; Otto & Schmidt, 1991; Smith, 1996; Vallario & Emener, 1991; Woody, 2000).

## 1) 법률의 상시적 준수

Behnke 등(2000)은 고지된 동의에 필요한 일체의 잠재적 정보와 내담자가 자신의 상담 경험을 정확히 이해하도록 돕기 위한 정보에 대해, 상담사의 철저한 사전 고지 의무가 지니는 중요성을 설명할 목적에서 이 같은 용어를 활용하였다. Shaw, Chan, Law 그리고 McDougall(2004)은 재활상담사는 서면과 구두 형식의 전문적 정보 공개 과정에 적극적으로 참여해야 한다고 제안하였다. Shaw와 Tarvydas(2001, p. 40)는 정보 공개는 "서비스 제공 과정에서 내려져야 할 의사결정과 직결된 일체의 적절한 사실과 고려사항을 포함해야 한다."고 주장하였다.

① 상담 절차와 상담 기간
② 비밀보장의 범위와 한계
③ 상담 서비스 중단과 내담자의 민원 제기 권리
④ 상담 계획(상담 일시 예약 및 취소)
⑤ 비상 상황 대처 방안
⑥ 상담 비용/수가 관련 정책과 지불 방법(Tarvydas, 2001, pp. 40-41)

Shaw 등(2004)은 상술한 내용 외에도 정보 공개가 가능한 다수의 잠재적 항목을 열거하면서, 전문적 정보 공개 과정을 그것이 의도하는 내담자와 상황에 적합하도록 가공하는 노력의 중요성을 강조하였다.

## 2) 법적·윤리적 책임 관한 이해

재활상담사는 자신의 직업과 업무에 적용되는 윤리 규약을 확실히 숙지해야 한다. 나아가, 그들은 법률로 정해진 책임을 꼼꼼히 이해해야 하며, 정책, 절차, 실제적 서비스 제공을 법적 의무 이행을 촉진하는 방향으로 재편해야 한다(Hennessey, Rumrill, Roessler, & Cook, 2006). 의심이 들 때 혹은 잠재적 책임에 대해 불확실하거나 불편하다고 느껴질 때, 상담사는 주저하지 말고 자신의 법률적 의무를 명확히 이해할 수 있도록 정신보건 관련 법률에 밝은 변호사의 조력을 구해야 한다. 업무상 과실 또는 비윤리적 행위 관련 혐의를 우려하는 상담사라면 자신의 소속 기관을 대표하는 자문변호사가 진심으로 상담사의 사적인 이해에 관심을 보일 수도, 혹은 그렇지 않을 수도 있다는 사실을 명심해야 한다. 이는 경우에 따라 상담사의 이해와 그가 속한 기관의 이해가 충돌할 수 있다는 데서 연유한다. 또한 CRCC 산하 윤리위원회는 서면으로 제출된 일반적 성격의 문의사항을 심의하며, 재활상담사의 행위가 윤리적으로 적절했는지에 관한 자문 의견을 제공한다.

## 3) 자문

자문은 상담사가 치료 과정에서 직면할 가능성이 있는 복잡한 윤리적·법적 곤경 타개에 있어 요긴한 도움을 제공한다. 상담사는 종종 내담자와 지나치게 친밀한 관계로 인해 정확한 상황 파악에 실패하거나, 윤리적·법적 도전에 대처할 최상의 조치 강구를 위해 필수적인 정보 부족을 경험한다. 자문은 상담사에게 현실을 직시하게 만들어 주며, 자신의 관점과 다른 관점을 얻게 해 준다. 자문은 또한 어려운 윤리적 결정에 따르는 위험 관리에 있어 매우 중요한 역할을 담당한다. 법적 기준이 특정 직종에서 어떤 행위 또는 보호가 적절하다고 간주되는지의 정도에 기초한다는 점에서, 상담사는 반드시 동료 상담사로부터 자문을 통해 특정 행동의 적절성 여부에 관한 자신의 신념을 검증해야 한다. 자문은 상담사가 주어진 상황의 심각성을 이해하고 있고, 적절한 보호조치와 배려를 제공했으며, 가능한 한 최상의 결정을 내리기 위해 도움이 될 만한 전문가 집단을 접촉했다는 사실을 입증해 주기 때문이다. 고의로 내담자를 착취했다는 사실을 다른 사람에게 직접 알릴 상담사는 거의 없다는 점을 고려해 볼 때, 자문은 착취 행위를 미연에 방지해 줄 중요한 수단이기도 하다. 슈퍼비전은 상사나 슈퍼바이저의 지침을 의미하며, 책임 공유와 함께 자문과 유사한 정도의 효력을 발휘한다. 왜냐하면 슈퍼바이저는 자신이 담당하는 슈퍼바이지의 행위에 책임을 져야 하기 때문이다.

## 4) 문서

앞에서 언급한 바와 같이, 업무상 과실 혐의를 방어할 때는 상담사가 취한 행동과 과정을 동일한 비중으로 취급한다. 상담사가 작성한 문서는 관련 당사자들이 심의 과정을 꼼꼼하게 따랐는지를 입증하는 증거이기 때문이다(Barnett, 1999). 상담사는 의심스러운 문제에 관련된 사실이나, 슈퍼비전, 자문, 사실 탐색 등과 같이 최선의 조치를 결정하기 위해 취해진 행동, 사안에 관련된 결과와 후속 조치 등을 문서화된 기록으로 남겨야 한다. 기록은 명료하고 상세하되 간결해야 하며, 날짜와 서명이 기입되어야 한다. 또한 기록은 객관적이어야 하고, 직접 인용과 최대한의 사실 진술에 기초해야 한다. 한편, 의견, 진단, 추정 등은 기재하지 않는 것이 바람직하다. 줄을 그어 지운 단어(cross-outs), 지운 흔적, 날짜 소급(back-dating) 등은 의심을 살 위험이 있으므로 반드시 삼가야 한다(Barnett, 1999; Mitchell, 2007).

"기록이 없다면 그 일은 일어나지 않은 것과 같다."라는 말은 불충분하거나 빈약한 기록이 초래할 위험성을 집약적으로 표현한 것이다. 간혹 사건 발생 후 수개월 또는 수년이 경과한 다음에야 소송을 제기하는 경우를 볼 수 있다. 소송이 접수되면 법원은 사건 발생 후 몇 년이나 지난 상담사의 희미한 기억보다는 사건 발생 당시에 작성된 문서 기록에 보다 큰 신뢰를 보일 가능성이 높다. Remley와 Herlihy(2001)는 적절한 시기, 내용, 상담 일지 정리 등을 강조하는 일련의 탁월한 자위적 문서화 관련 지침을 제안하였다.

## 5) 업무상 과실 보험

아무리 신중하고 관련 지식이 풍부할지라도, 상담사에게는 언제나 법적·윤리적 분쟁에 휘말릴 가능성이 존재한다. 업무상 과실 혐의가 오해나 잘못된 정보에서 비롯된 경우라면 비교적 신속히 해결이 가능하겠지만, 사안에 따라서는 지리하고 값비싼 법적 절차를 거쳐야 할 경우도 있다. 아무리 상담사가 다방면에 걸쳐 적절히 처신했다 해도 소송은 제기될 수 있고, 그럴 경우 상담사는 불안은 말할 것도 없고 소송 해결을 위해 상당한 시간과 비용을 소모해야 한다. 상담사는 자기 자신이 이 같은 과정을 헤쳐 나가는 데 필요한 자원을 가지고 있는지에 관해 면밀히 살펴보아야 한다. 대부분의 상담사는 업무상 과실 책임보험(malpractice insurance)을 적절하고 필수적인 자기 방어 수단이라고 생각한다. 과실 책임보험 지급액과 보험수가는 영업 형태, 내담자의 수, 소속 상담사에게 책정된 기관의 책임보험 지급 범위 한도 등에 따라 커다란 차이를 보인다. 대부분의 상담 관련 직능 단체들은 상담사와 실습(practicum) 또는 인턴 과정을 이수한 학생들에게 과실 책임보험에 가입할 수 있도록 할인율을 적용하는 보험사나 상품 관련 정보를 제공한다.

## 7. 맺음말

존재감, 전문가로서의 입지, 업무 영역 등이 확장되어 감에 따라, 재활상담 현장에서 책임 소재를 둘러싼 다툼 또한 증가하고 있다. 상담사는 법적·윤리적 지침과 책임에 관해 끊임없이 배우고 성찰하는 노력을 게을리 하지 말아야 한다. 법과 윤리에 기초한 처신은 관련 당사자 모두에게 유익을 가져다주기 때문이다. 따라서 재활상담사는 업무 수행 과정에서 이처럼 중요한 측면에 대한 본인 스스로의 이해를 향상시키기 위해 끊임없는 노력을 기울여야 한다.

## 집단 토의 과제

1. 상담사의 입장에서 위험 관리 문제를 대하는 당신의 생각과 정서는 무엇인가?

2. 당신은 일부 상담사들이 상담 개시 시점에 내담자에게 비밀보장에 제한이 있다는 사실 고지를 머뭇거리는 이유가 무엇이라고 생각하는가? 비밀보장에 제한이 있다는 사실 공개를 머뭇거릴 때 발생할 수 있는 위험은 무엇인가?

3. 당신이 현재 상담사 또는 인턴이라고 가정해 보자. 당신은 윤리적 딜레마로 고민할 때 자문을 구할 사람을 알고 있는가? 당신은 별다른 부담을 느끼지 않은 채 그 사람에게 자문을 구하는가? 그렇지 않다면 그 이유는 무엇인가?

4. 대부분의 상담 기관은 표준화된 동의 절차를 수립·운영하고 있다. 당신이 근무하는 기관의 동의 절차에 관해 설명한 다음, 이 중 어떤 부분을 개선하면 내담자에게 보다 효과적으로 필요한 정보를 전달할 수 있을지 토의하라.

5. 내담자의 문화적 배경이 고지된 동의, 특권적 의사소통, 상담사에 대한 친밀감 표현 등에 어떠한 영향을 미치는지 각자의 의견을 나누라.

## 참고문헌

American Counseling Association (ACA). (2014). *Code of ethics*. Alexandria, VA: Author.

American Psychological Association (APA). (2002). Report of the Ethics Committee. *American Psychologist, 57,* 646-653.

Association of State and Provincial Psychology Boards. (2001). *Ethics, law and avoiding liability in the practice of psychology*. Montgomery, AL: Author.

Backlar, P., & Cutler, D. L. (Eds.). (2002). *Ethics in community mental health care: Commonplace concerns*. New York, NY: Kluwer Academic/Human Sciences Press.

Baerger, D. R. (2001). Risk management with the suicidal patient: Lessons from case law. *Professional Psychology: Research & Practice, 32,* 359-366.

Barbee, P. W., Combs, D. C., Ekleberry, F., & Villalobos, S. (2007). Duty to warn and protect: Not in Texas. *Journal of Professional Counseling: Practice, Theory & Research, 35,* 18-25.

Barnett, J. E. (1999). Recordkeeping: Clinical, ethical, and risk management issues. In L. VandeCreek & T. L. Jackson (Eds.), *Innovations in clinical practice: A source book* (Vol. 17, pp. 237-254). Sarasota, FL: Professional Resource Press.

Bednar, R. L., Bednar, S. C., Lambert, M. J., & Waite, D. R. (1991). *Psychotherapy with high-risk clients: Legal and professional standards.* Pacific Grove, CA: Brooks/Cole.

Behnke, S. H., Winick, B. J., & Perez, A. M. (2000). *The essentials of Florida mental health law.* New York, NY: Norton.

Berlin, F. S., Malin, M., & Dean, S. (1991). Effects of statutes requiring psychiatrists to report suspected sexual abuse of children. *American Journal of Psychiatry, 148,* 449–453.

Bernsen, A., Tabachnick, B. G., & Pope, K. S. (1994). National survey of social workers' sexual attraction to their clients: Results, implications and comparison to psychologists. *Ethics and Behavior, 4,* 369–388.

Bernstein, B. E., & Hartsell, T. L., Jr. (2000). *The portable ethicist for mental health professionals: An A–Z guide to responsible practice.* New York, NY: Wiley.

Bouhoutsos, J., Holroyd, J., Lerman, H., Forer, B., & Greenberg, M. (1983). Sexual intimacy between psychologists and patients. *Professional Psychology, 14,* 185–196.

Campbell, T. W. (1994). Psychotherapy and malpractice exposure. *American Journal of Forensic Psychology, 12,* 4–41.

Christopher, P., Foti, M. E., Roy-Bujnowski, K., & Appelbaum, P. (2007). Consent form readability and educational levels of potential participants in mental health research. *Psychiatric Services, 58,* 227–232.

Cobia, D. C., & Boes, S. R. (2000). Professional disclosure statements and formal plans for supervision: Two strategies for minimizing the risk of ethical conflicts in post-master's supervision. *Journal of Counseling & Development, 78,* 293–296.

Commission on Rehabilitation Counselor Certification (CRCC). (2010). *The CRCC desk reference on professional ethics: A guide for rehabilitation counselors.* Athens, GA: Elliott & Fitzpatrick.

Cooper, C. C. (2000). Ethical issues with managed care: Challenges facing counseling psychology. *Counseling Psychologist, 28,* 179–236.

Corey, G., Corey, M. S., & Callanan, P. (2011). *Issues and ethics in the helping professions* (8th ed.). Pacific Grove, CA: Brooks/Cole.

Cottone, R. R., & Tarvydas, V. M. (2003). *Ethical and professional issues in counseling* (2nd ed.). Upper Saddle River, NJ: Prentice Hall.

Cottone, R. R., & Tarvydas, V. M. (2007). *Counseling ethics and decision making* (3rd ed.). Upper Saddle River, NJ: Merrill/Prentice Hall.

Crawford, R. L. (1994). *Avoiding counselor malpractice.* Alexandria, VA: American Counseling Association.

Cullity, L. P., Jackson, J. D., & Shaw, L. R. (1990). Community skills training. In B. T. McMahon &

L.R. Shaw (Eds.), *Work worth doing: Advances in brain injury rehabilitation.* Orlando, FL: PMD Press.

Doverspike, W. F. (1999). Ethical risk management: Protecting your practice. In L. VandeCreek & T. L. Jackson (Eds.), *Innovations in clinical practice: A source book* (Vol. 17, pp. 269–278). Sarasota, FL: Professional Resource Press.

Farnill, D. (2000). Sexual relationships with former patients: Prevalence, harm, and professional issues. *Australian Journal of Clinical and Experimental Hypnosis, 28,* 42–60.

Fisher, C. D. (2004). Ethical issues in therapy. *Ethics and Behavior, 14,* 105–121.

Fujimura, L. E., Weiss, D. M., & Cochran, J. R. (1985). Suicide: Dynamics and implications for counseling. *Journal of Counseling and Development, 63,* 612–615.

Guest, G. L., Jr., & Dooley, K. (1999). Supervisor malpractice: Liability to the supervisee in clinical supervision. *Counselor Education and Supervision, 38,* 269–279.

Hannold, E., & Young, M. E. (2001). Consumer perspectives on the revised Code of Professional Ethics for Rehabilitation Counselors. *Journal of Applied Rehabilitation Counseling, 32,* 5–9.

Harding, D. J. (2007). Cultural context, sexual behavior, and romantic relationships in disadvantaged neighborhoods. *American Sociological Review, 72,* 341–364.

Harrison, L., & Hunt, B. (1999). Adolescent involvement in the medical decision making process. *Journal of Applied Rehabilitation Counseling, 30,* 3–9.

Hendricks, B., Bradley, L. J., Southern, S., Oliver, M., & Birdsall, B. (2011). Ethical code for the International Association of Marriage and Family Counselors. *Family Journal, 19,* 217–224.

Hennessey, M. L., Rumrill, P. D., Roessler, R. T., & Cook, B. G. (2006). Career development needs among college and university students with learning disabilities and attention deficit disorder/attention deficit hyperactivity disorder. *Learning-Disabilities Multidisciplinary Journal, 14,* 57.

Herlihy, B., & Corey, G. (1997). Codes of ethics as catalysts for improving practice. In *Ethics in therapy. The Hatherleigh Guides series* (Vol. 10, pp. 37–56). New York, NY: Hatherleigh.

Herrick, C., & Brown, H. N. (1999). Mental disorders and syndromes found among Asians residing in the United States. *Issues in Mental Health Nursing, 20,* 275–296.

Jaffee v. Redmond, 51 F.3d 1346, 1358, 116 S. Ct. 334 (1996).

Jobes, D. A., & Berman, A. L. (1993). Suicide and malpractice liability: Assessing and revising policies, procedures, and practice in outpatient settings. *Professional Psychology: Research & Practice, 24,* 91–99.

King, A. (1999). Toward a standard of care for treating suicidal outpatients: A survey of social workers' beliefs about appropriate treatment behaviors. *Suicide and Life-Threatening Behavior, 29,* 347–352.

Kleinsmith, A., De Silva, P. R., & Bianchi-Berthouze, N. (2006). Cross-cultural differences in recognizing affect from body posture. *Interacting with Computers, 18*, 1371-1389.

Lewis, B. L. (2002). Second thoughts about documenting the psychological consultation. *Professional Psychology: Research & Practice, 33*, 224-225.

Miller, F. G., & Emanuel, E. J. (2008). Quality-improvement research and informed consent. *New England Journal of Medicine, 358*, 765-767.

Mitchell, R. (2007). *Documentation in counseling records* (3rd ed.). Alexandria, VA: American Counseling Association.

Montgomery, L. M. (1999). Complaints, malpractice, and risk management: Professional issues and personal experiences. *Professional Psychology: Research & Practice, 30*, 402-410.

Nickell, N. J., Hecker, L. L., Ray, R. E., & Bercik, J. (1995). Marriage and family therapists' sexual attraction to clients: An exploratory study. *American Journal of Family Therapy, 23*, 315-327.

Otto, R. (1992). The prediction of dangerous behavior: A review and analysis of "second generation" research. *Forensic Reports, 5*, 103-133.

Otto, R. K., Ogloff, J. R., & Small, M. A. (1991). Confidentiality and informed consent in psychotherapy: Clinicians' knowledge and practices in Florida and Nebraska. *Forensic Reports, 4*, 379-389.

Otto, R. K., & Schmidt, W. C. (1991). Malpractice in verbal psychotherapy: Problems and potential solutions. *Forensic Reports, 4*, 309-336.

Pentland, A. (2004, October). Social dynamics: Signals and behavior. In *International Conference on Developmental Learning* (Vol. 5). San Diego, CA: Salk Institute.

Picchioni, T., & Bernstein, B. (1990). Risk management for mental health counselors. *Texas Association for Counseling and Development Journal, 18*, 3-19.

Plante, T. G. (1999). Ten strategies for psychology trainees and practicing psychologists interested in avoiding ethical and legal perils. *Psychotherapy: Theory, Research, Practice, and Training, 36*, 398-403.

Pope, K. S. (1985). The suicidal client: Guidelines for assessment and treatment. *California State Psychologist, 20*, 3-7.

Pope, K. S. (1988). How clients are harmed by sexual contact with mental health professionals: The syndrome and its prevalence. *Journal of Counseling and Development, 67*, 222-226.

Pope, K. S., Keith-Spiegel, P., & Tabachnick, B. G. (2006). Sexual attraction to clients: The human therapist and the (sometimes) inhuman training system. *American Psychologist, 41*, 147-148.

Pope, K. S., Tabachnick, B. G., & Keith-Spiegel, P. S. (1987). Ethics of practice: The beliefs and behaviors of psychologists as therapists. *American Psychologist, 42*, 993-1006.

Reaves, R. P. (1999). *Avoiding liability in mental health practice*. Montgomery, AL: Association of State and Provincial Psychology Boards.

Remley, T. P., Jr. (1996). Counseling records: Legal and ethical issues. In B. Herlihy & L. Golden (Eds.), *ACA ethical standards casebook* (4th ed., pp. 162-169). Alexandria, VA: American Counseling Association.

Remley, T. P., Jr., & Herlihy, B. (2001). *Ethical, legal, and professional issues in counseling*. Upper Saddle River, NJ: Prentice Hall.

Renninger, S. M. (2002). Psychologists' knowledge, opinions, and decision-making processes regarding child abuse and neglect reporting laws. *Professional Psychology: Research and Practice, 33*, 19-23.

Rivas-Vazquez, R., Blais, M. A., Gustavo, J., & Rivas-Vasquez, A. A. (2001). A brief reminder about documenting the psychological consultation. *Professional Psychology: Research and Practice, 32*, 194-199.

Saunders, J. L., Barros-Bailey, M., Rudman, R., Dew, D. W., & Garcia, J. (2007). Ethical complaints and violations in rehabilitation counseling: An analysis of Commission on Rehabilitation Counselor Certification data. *Rehabilitation Counseling Bulletin, 52*, 7-13.

Shaw, L. R., Chan, F., Lam, C., & McDougall, G. (2004). Professional disclosure practices of rehabilitation counselors. *Rehabilitation Counseling Bulletin, 48*, 38-50.

Shaw, L. R., & Jackson, J. D. (1994). The dilemma of empowerment in brain injury rehabilitation. In B. T. McMahon & R. W. Evans (Eds.), *The shortest distance: The pursuit of independence for persons with acquired brain injury*. Orlando, FL: PMD Press.

Shaw, L. R., & Tarvydas, V. M. (2001). The use of professional disclosure in rehabilitation counseling. *Rehabilitation Counseling Bulletin, 45*, 40-47.

Simon, R. I. (1999). The suicide prevention contract: Clinical, legal, and risk management. *Journal of the American Academy of Psychiatry and the Law, 27*, 445-450.

Small, M. A. (2002). Liability issues in child abuse and neglect reporting statutes. *Professional Psychology: Research and Practice, 33*, 13-18.

Smith, S. R. (1996). Malpractice liability of mental health professionals and institutions. In B. D. Sales & D. W. Shuman (Eds.), *Law, mental health, and mental disorder* (pp. 76-98). Pacific Grove, CA: Brooks/Cole.

Somer, E. (1999). Therapist-client sex: Clients' retrospective reports. *Professional Psychology: Research and Practice, 30*, 504-509.

Somer, E., & Saadon, M. (1999). Therapist-client sex: Clients' retrospective reports. *Professional Psychology: Research and Practice, 30*, 504-509.

Sperry, L. (2007). *The ethical and professional practice of counseling and psychotherapy*. Boston, MA: Pearson.

Stake, J. E., & Oliver, J. (1991). Sexual contact and touching between therapist and client: A survey of psychologists' attitudes and behavior. *Professional Psychology: Research and Practice, 22*, 297–307.

Steinberg, K. L., Levine, M., & Doueck, H. J. (1997). Effects of legally mandated child abuse reports on the therapeutic relationship: A survey of psychotherapists. *American Journal of Orthopsychiatry, 38*, 112–122.

 찾아보기

1인칭 대명사 110
1차 강화제 193
2차 강화제 193
ABC 모델 166, 181
ABC 체제 167
CAGE 자기 보고 선별 검사 484
HEP를 지지하는 네 가지 증거 51
INCOME 프레임워크 449, 460
PTSD 508
Rogers의 성격 이론 33
Williamson의 연구에 대한 재조명
　과정 217

ㄱ
가변 비율 강화 계획 192
가변 시간 간격 강화 계획 192
가정 132
가족 서비스 541
가족 지원 프로그램 488
가족체계 이론 397
가치 이론 346

가치 조건화 39
가혹한 직면 65
간접 질문 311, 316
간헐적 강화 계획 192
감정 반영 321
감정 표식(feeling label) 321
강박장애 141
강점 536
강점 관점 346
강점 기반 접근 93
강화 192
강화 계획 192
강화제 193
개방 체계 현상 400
개방형 질문 62, 137, 311, 312
개별 진로 상담 456
개별화 고용 계획 575
개별화 배치 및 지원 537
개인화 135
개정 재활법 556
건강에 관한 국제 분류 557

계슈탈트 국제 연구 센터 124
계슈탈트 치료 103, 110, 125
계슈탈트 치료 증진 협회 124
경고 의무 626
경청 62
경험적 논박 170
계획적 질문 기법 83
고용성 223
고용에 따른 복지 혜택 관련 상담
　459
고전적 소거 190
고전적 정신분석 234
고전적 조건 형성 188, 189, 191
고정 간격 계획 192
고지된 동의 623
공감 22, 35, 57, 304
공감적 경청 23, 303
공감적 이해 65
공감적 직면 65
공공의 낙인 530
공동체 중심주의 69

공유된 의사결정 535, 543
공통 요인 23, 33, 46, 49, 71
과잉 교정 194, 201
과잉 일반화 133
과장 133
과장 게임 112, 113
과제 할당 87
관계 구축 기술 303
관계 질문 86
관리 의료 92
교육적 접근 181
교차 진보형 슈퍼비전 관계 602
교차 퇴행적 슈퍼비전 관계 602
구성주의 가족치료 417
구조 이론 235
구조적 가족치료 408, 411
국제 질병 분류 241
긍정적 변별 자극 193
긍정적 인정하기 87
긍정적 장애 의식 574
긍정적 존중 35, 57
긍정적 존중에 대한 욕구 38
긍정적 행동 지원 205
기능 557
기능적 논박 170
기능적 자립 221
기분장애 142
기술 훈련 172
기적 질문 84, 96
기초적 상담 기술 305

꿈 작업 113

ㄴ

나와 너(I-thou) 관계 111
낙인 530
남용 471
내담자 중심 21
내담자 중심 상담 35
내담자 중심 치료 49
내부 슈퍼바이저 604
내사 107, 108
내재화 행동 문제 90
내적 가족체계 모형 414
내파 치료 191
논리적 논박 170
논박 168, 177

ㄷ

다른 사람과 함께 REBT 활용하기 171
다문화 감수성 상담 553, 558
다문화 상담 554, 566, 569
다문화 상담 평가 척도 570
다문화 심리치료 566
다중 평가 188
단기가족치료센터 78
단주 동맹 486
당위성 160
당위화 163
대상관계 이론 236

대처 504
대처 질문 83
대처 효과성 훈련 513
도덕적 불안 235
도도새 평결 54
도식 133
독단적 당위 156
독서 치료 122
동기 강화 상담 26, 60, 78, 330, 331, 347, 480
동기 강화 상담 과정 340
동기 강화 상담의 4단계 340
동기 강화 상담의 언어 유형 338
동기 강화 상담의 원리 337
동기 향상 치료 358
동등성 역설 46
동료 상담 프로그램 62
동료 지원 543
동작적(kinesic) 요소 307
동화 110
두 의자 대화 기법 122

ㄹ

리비도 235

ㅁ

메타 분석 59, 90, 141, 179, 203, 205, 206, 222, 304, 358
메타심리학 241
명목주의 564, 572

명상 140
목표설정 23
무작위 할당 실험 연구 설계 91
무작위 할당 통제 실험 연구 결과 141
무조건 반응 189
무조건 자극 189
무조건적 긍정적 배려 304
무조건적 긍정적 존중 22, 38, 65
문서화 관련 지침 633
문제 중심 대처 전략 505
문제 중심적 입장 80
문제 해결 535
문화 감수성 기반 재활 개입 568, 569, 571, 573, 575
문화 공동체 560
문화적 맹점 569
물질 남용 470
물질 남용 및 정신건강 관리국 470
물질 남용 선별 검사 질문지 483
물질 사용 장애 469, 472
물질 의존 470
미국 장애위원회 555
미국 중증장애인협회 557
미국상담학회 603
미국정신의학회 241
미네소타 고용 안정 연구소 216
미네소타 이론 217
미네소타 직업 적응 이론 221
미시 상담 기술 305, 306, 324

미시간 알코올 중독 선별 검사 483
미완의 게슈탈트 완성 110
미해결 과제 108
민권법 554

ㅂ

반영 65, 122, 321, 336
반영적 경청 336
반응 대가 194
반응 지연 시간 308
반작용 반응 343
반전 107, 108
발달장애 204
배변 훈련 198
법률 시스템 617
법률의 상시적 준수 631
변화 단계 479
변화 준비도 484
보조공학 224, 459
보호 의무 625, 626
본능 109
부모 효과성 훈련 59, 61
부적 강화 192, 201
부적 처벌 192
부적응적 행동 패턴 136
부정 175
부정적 변별 자극 193
부정적 자기 진술 139
부정적 장애 의식 574
부정적 정서성 507

분노 조절 능력 144
불안의 신호 이론 235
불편 장해 163
불편감 인내 신념 164
비밀보장 623
비언어적 행동 109
비용 대비 효율성 95
비용 효과성 179
비용 효율적 80
비지시적 66
비파국화 신념 164
비합리성에 관한 생물학적 근거 165
비합리적 신념 156, 160, 162, 175, 176, 180
빈 의자 기법 113, 122

ㅅ

사고 132
사회 학습 이론 135
사회공포증 141
사회구성주의 78, 79
사회적 기술 훈련 194
사회적 연계에 대한 욕구 447
삶의 추동 238
삼각관계(triangle) 402
상담 15, 16
상담 기술 305
상담 및 관련 교육 프로그램 인증 협의회 19

상담의 개시 312
상담자 중심 상담 35
상담자의 발달 수준 597
상담자처럼 생각하기 595
상위 장해 167
상호 억제 22
상황 평가 458
생물심리사회 모델 476
생존과 권력에 대한 욕구 446
생태학 기반 가족치료 420, 421
생태학적 평가 220
서비스 제공 구조화 569, 570
선 배치 후 훈련 537
선 훈련 후 배치 537
선택적 추상화 133
성적 불평등 417
성적 착취 628
세계관 평가 570
세대 간 가족치료 401
소거 189
소거 폭발 193
소비자 운동 532
소비자주의 18
소수자 지위 554
소크라테스식 대화 137
소크라테스식 문답법 592
수용 174
수용 기반 전략 140
수용 신념 164
수치심 공격 연습 172

숙제 172
슈퍼바이저처럼 생각하기 단계 595
슈퍼비전과 윤리적 고려 603
스트레스 502
시간 제한적 상담 80
시련(ordeals) 407
시행령 618
신경증 235
신경증적 불안 235
신앙 기반 서비스 544
신체 심리학 25
신체 언어 307
실연 기법 114
실제 노출법 172
실증 연구 178
실현 경향성 37
심리교육 138
심리교육적 집단 377
심리치료 15

안구 운동 민감 소실 및 재처리 요법 142
약물 추구 행동 473
약물 치료 141, 180, 203
양가감정 343
어의 정확성(semantic precision) 171
억압 238

언어 추적(verbal tracking) 309, 310
언어 통역(지원) 서비스 활용 571
언어적 질책 194
업무상 과실 623
업무상 과실 보험 633
에로스 238
여성주의 가족치료 415, 417
역기능적 믿음 132
역기능적 사고 137
역량 강화 18
역할극 173
연결 진술 87
연합 189
예외 질문 84
외래 환자 치료 프로그램 487
외부 슈퍼바이저 604
외상 후 성장 511
외상성 뇌손상 200, 205
요약 322
요약 진술 336
우울증 142
웰니스 관리와 회복 540
위약 효과 46
위해성 감소 542
유관 관리 205, 478
유관 진술 194
유기체적 가치 부여 과정 38
유기체적 자기 조절 107
유머 173

윤리 규약 620
융합 108
음성 특성 308
응용 행동 분석 204
의료적 가족치료 모형 420
의료적 모델 18
의무 고지 624
의미부여 방식 133
의사소통 386
의존 471
이론 567
이분법적 사고 135
이상적 자기 개념 39
이식증 199
이야기 가족치료 417
이완 기법 141
인간 중심 21
인간 중심 상담 36
인간 중심 이론 217, 304, 343
인간 중심치료 58
인간 환경 적합성 223, 444
인간 환경 적합성 모델 225, 226, 227
인본주의적 경험적 가족치료 412
인본주의적 경험적 가족치료 접근 413
인본주의적 관점 35
인본주의적 접근 25
인본주의적-경험주의 56
인지 385

인지 대처 치료 515
인지 매개 133
인지 부조화 344
인지 왜곡 133
인지 요법 203
인지 치료 135
인지 행동 수정 179
인지 행동 접근 25, 188
인지 행동 치료 131
인지 행동적 집단 376
인지심리학 132
인지적 개념화 136
인지적 취약성 133
일 중심성 442, 460
일반화된 불안 141
일치도 모델 218
임상 슈퍼비전 27, 590, 607
임상 슈퍼비전 실제 596
임상 슈퍼비전 제공 저해 요인 592
임상 슈퍼비전 제공을 위한 이론과 기법 606
임상 실험 87
임의적 추론 133

ㅈ
자격제도(credentialing) 616
자극 변별 190, 193
자극 일반화 190, 193
자극 통제 193
자기 개념 37

자기 개방 567
자기 개별화 403
자기 결정 91, 344, 534
자기 결정과 웰빙에 대한 욕구 448
자기 관리 206
자기 긍정하기 345
자기 낙인 530
자기 대화 170
자기 분화 402
자기 비하 163
자기 조력 기록지 169
자기 조절 345
자기 주도성 103
자기 지각 344
자기 통제 학습 199
자기 패배적 진술 176
자기 효능감 345
자기실현 36, 92
자기실현 잠재력 22
자기심리학 237
자동적 사고 180
자문 615, 632
자문화중심주의 561
자발적 회복 190
자비 낙인 534
자아 39
자아 강도 241
자아 기능 분석 235
자아심리학 236
자유 연상 242, 243

자조 집단 488, 543

작업 동맹 47, 49, 54, 57, 58

장기 거주 치료 프로그램 486

장애 557

장애 의식 확대 573

장애 적응 509

장애 친화적 환경 574

장애와 가족체계 398

장애와 만성질환 대처에 특화된
상담 512

장애인 구직희망자 449

장애인 권리 운동 18

장애인법 554

장애인의 고용 성과 지표 555

재발 방지 138, 477, 535

재진술 318, 319, 320

재활교육위원회 64

재활교육협의회 19

재활법 554

재활상담사 63, 95, 224

재활상담사 윤리 규약 575, 603

재활상담사 자격검정위원회 16,
603, 616

저항 242, 243

적극적 경청 303, 535

적극적 경청 반응 316

적극적 지역사회 치료 539

전경-배경 107

전략적 가족치료 404

전략적 투약 관리 542

전미 약물 사용 및 보건 서비스
조사 470

전이 242

전이 가능 기술 분석 220

전체 지향성 111

전체론 104

전통적 가족체계 이론 401, 403,
405, 407, 409, 411, 413

전통적인 상담 566

절대성 160

절제 542

절충주의 49

절충주의적 접근 22

점화(priming) 기법 180

접촉 107, 111

정당한 편의 제공 456

정보 제공 실패 575

정보 획득 313

정서 중심 대처 전략 505

정서적 유대 304

정신 구조 239

정신분석 238

정신분석 치료 242

정신분석학 21

정신역동 심리치료 233

정신역동 치료 242

정신역동적 접근 26

정신증적 장애 142

정신질환의 진단 및 통계 편람 241,
528

정적 강화 192, 201, 202

정적 처벌 192

정제형 위약 141

조건 반응 189

조건 자극 189

조기 집중 행동 개입 205

조작적 소거 193

조작적 조건 형성 188, 191, 192

조현병 143

조형 194, 201

좌절에 대한 낮은 인내력 163

주(State)의 의무 관련 법규 627

주거 우선 모델 540

주거 지원 539

주변화 효과 568

주의 기울이기 307

죽음의 추동 238

준언어적(paralinguistic) 요소 307,
308

중독 471

증거 기반 49

증거 기반 상담 123

증거 기반 실제 25, 33, 91, 136,
141, 536, 537, 539, 541, 543

증거 기반 재활상담 222

증거 기반 치료 69, 139, 205

증거 기반 치료 관계 55

증거 실제기반 47

지각 133

지금-여기 111

지역사회 지지 539

지원 교육 539

지원고용 457

지적장애인 143

지지 107

지지 치료 141

지지적(supportive) 기법 176

직면 65, 111, 176

직무 분석 218

직무 수행 능력 222

직무 수행 만족도 222

직무 특성 220

직업 개발 및 배치 457

직업 만족도 222

직업 선택 220

직업 연계 시스템 220

직업 적성 검사 217

직업 적응 219

직업 정보 시스템 217

직업 평가 458

직업 환경 219, 221

직업상담 216

직업재활 18

직장 환경 개선 224

직접 질문 311, 316

진로 결정 219

진로 발달 단계 450

진로 상담 27, 217, 219, 227, 456

진로 상태 450

진로 지도 219

진술적 특권 627

진실성 22, 35, 57, 65, 304

질문 138, 311

질문에 집중하기 112

질병 모델 473

집단 슈퍼비전 599

집단 슈퍼비전에 관한 서면 계약서 606

집단 이질성 385

집단 절차의 변형 385

집단 진로 상담 456

집단적 장애 의식 574

집중적 사례관리 모델 540

**ㅊ**

차등 강화 194

차이를 직접적으로 다루려는 시도 570

참만남 집단 34, 36

참여 연구 545

참조 비교하기 171

책임 110

처벌 192, 201

척도 질문 85

철회 196

체계적 둔감화 191

체험지향적 상담 220

초이론적 단계 모델 332

초이론적(transtheorectical) 모델 479

촉진 조건 33, 54, 56, 58, 59, 63, 64, 67, 70

촉진적 눈맞춤 307

촉진적 신체 언어 307

추동 이론 234

축소 133

출구 면담 87

충분조건 304

치료 관계 57

치료 동맹 174

치료 목표 82

치료 우선 모델 540

치료 의욕 단계 척도 484

치료 효과의 동질성 46

치료적 동맹 23

치료적 작업 동맹 92

침묵 323

칭찬 86

**ㅋ**

쾌락 원리 238

쾌락주의 159, 238

**ㅌ**

타나토스 238

타율적 가치체계 39

타임아웃 194, 200, 201, 202

탈시설화 541

토큰 경제 194, 201

통찰 157, 169

통찰 중심 치료 480
통찰 지향적 566
통찰 지향적 개입 567
통합적 가족치료 425
통합적 건강관리 544
투사 107, 108
트라우마 502
특권적 의사소통 627
특성 요인 26, 227
특성 요인 이론 215, 216, 217, 218, 221

**ㅍ**

파국화 163
파편화 108, 109
편향 108
폐쇄형 질문 311, 312
표정 308
피드백 86
필요 조건 304
필요충분조건 33, 67

**ㅎ**

하프웨이 하우스 487

합리성 155, 159
합리적 대안 논박 171
합리적 생활 연구소 158
합리적 신념 160
합리적 자기 진술 171
합리적 정서 행동 치료 135, 155, 157
합리적 정서적 심상 173
항상성 107
해결 중심 가족치료 419
해결 중심 단기 치료 77
해결 중심 입장 80
해결 중심 치료 91
해결 중심 치료자 81, 82
해결 중심적 대화 83
해석 242
해제 반응 242
핵가족적 세계관 411
핵심 가치 체계 560
핵심 신념 180
행동 계약 194
행동 문제 90
행동 지향적 접근 65
행동 치료 22, 135, 187, 188, 198, 204
행동 활성화 203
행동적 역설 81
행정 슈퍼비전 590
현실 원리 238
현실적 불안 235
혐오 자극 195
혐오 치료 191
협력적 탐구 132
형성 경향 36
홍수법 191
환자보호 및 관리 적정 부담법 544
회기 내 조언 122
회복 533
회복탄력성 79
회적 학습 이론 478
회피적 대처 전략 505
효과성 542
효과의 법칙 191
효능 542
후속 질문 313, 316
휴식 86, 96

# 편저자 소개

Fong Chan(철학 박사, 공인 재활상담사) 교수는 위스콘신 대학교에서 재활상담 전공으로 1983년에 박사 학위를 취득하였으며, 현재 동 대학원의 재활심리 및 특수교육학과의 재활심리 박사 프로그램 전공 주임으로 재직하고 있다. 또한 Chan 교수는 증거 기반 직업재활 실제(Evidence-Based Vocational Rehabilitation Practices) 연구 및 훈련 센터의 공동 소장을 맡고 있다. 그는 미국 공인 재활상담사이며, 면허 심리사(licensed psychologist)이자 미국심리학회의 선임회원(fellow)이다. Chan 교수는 30년 이상 연구자이자 교육자로 활동하면서 심리사회적 개입, 전환 교육, 증거 기반 실제, 연구 방법 등 다양한 영역을 넘나들며 250편 이상의 학술 논문과 여러 책의 장들을 저술하였다. 그는 또한 『Case Management for Rehabilitation Health Professionals(재활 전문가를 위한 사례 관리)』 『Counseling Theories and Techniques for Rehabilitation Health Professionals(재활전문가를 위한 장애인 상담의 이론과 실제)』 『Understanding Psychosocial Adjustment to Chronic Illness and Disability: A Handbook for Evidence-Based Practitioners in Rehabilitation(장애와 만성질환의 심리사회적 적응 이해)』 『Certified Rehabilitation Counselor Examination Preparation: A Concise Guide to the Foundations of Rehabilitation Counseling(공인 재활상담사 국가고시 학습서)』 등 4권의 저서에 편저자로 참여하였다.

Norman L. Berven(철학 박사) 교수는 위스콘신 대학교 재활심리 및 특수교육학과 명예교수로, 1976년부터 20여 년 동안 위스콘신 대학교의 재활심리 박사 프로그램 전공 주임을 역임하였다. 그는 미국 공인 재활상담사, 면허 심리사, 위스콘신주 전문 상담사 자격증을 보유하고 있다. 그는 미국심리학회 선임회원이며 상담, 평가, 재활상담, 상담교육 등의 학술 단체에서 활발히 활동하고 있다. Berven 교수는 또한 재활상담, 평가, 상담교육 등의 분야에 걸쳐 80여 편의 학술 논문과 여러 책의 장들을 저술하였다. 그는 미국상담학회와 미국재활상담협회 등의 학술 단체로부터 여러 차례에 걸쳐 학술상을 수상하였다.

Kenneth R. Thomas(교육학 박사) 교수는 펜실베이니아 주립대학교에서 학부와 석사를 마쳤으며, 시카고 정신분석연구센터에서 정신분석 교육을 받았다. 그는 펜실베이니아주 직업재활국 산하 존스타운 재활 센터에서 재활상담사로 근무하였고, 박사 학위를 받은 후에는 위스콘신 대학교 교수로 재직하였다. Thomas 교수는 위스콘신 대학교에서 재활심리 및 특수교육학과 학과장을 비롯하여 행정가로서 다양한 역할을 수행하였다. 이러한 공로를 인정받아 Thomas 교수는 2002년 펜실베이니아 주립대학교의 명예교수로 추대되었다. 그는 상담, 재활, 장애, 정신분석 등의 분야에 걸쳐 3권의 책과 125편의 학술 논문 및 여러 책의 장들을 저술하였다. Thomas 교수는 미국 재활상담 협회장을 역임하였고, 미국심리학회 등 여러 단체로부터 학술상을 수상하였다.

# 저자 소개

---------------

Abigail Akande: 애리조나 대학교 장애 및 심리교육학 박사 과정

Norman L. Berven: 위스콘신 대학교 재활심리 및 특수교육학과 종신교수

Jill L. Bezyak: 콜로라도, 그릴리, 북부 콜로라도 대학교 인간재활학과 부교수

Malachy Bishop: 켄터키 대학교 유아교육, 특수교육 및 재활상담학과 박사 프로그램 전공 주임

John Blake: 웨스트버지니아 대학교 상담, 재활상담심리학과 조교수

Elizabeth A. Boland: 서부 워싱턴 대학교 재활상담학과 부교수, 대학원 전공 주임

Jessica Brooks: 북텍사스 대학교 장애 및 중독재활학과 조교수

Tierra A. Caldwell: 펜실베이니아 주립대학교 교육심리, 상담, 특수교육학과 박사 과정

Elizabeth da Silva Cardoso: 뉴욕 시립대학교 헌터 칼리지 정신보건 상담 및 재활상담학과 교수,
　　전공 주임

Fong Chan: 위스콘신 대학교 재활심리 및 특수교육학과 교수

Julie A. Chronister: 샌프란시스코 주립대학교 상담학과 부교수, 전공 주임

Patrick Corrigan: 시카고 일리노이 공과대학교 심리학과 저명 교수

Maria-Cristina Cruza-Guet: 예일대학교 의과대학 정신의학과, 회복 및 지역사회 보건 프로그램 전임
　　강사

Charles Edmund Degeneffe: 샌디에이고 주립대학교 재활상담학과 교수, Interwork 연구소 소장

Nicole Ditchman: 일리노이 공과대학교 심리학과 조교수

Mary O'Connor Drout: 아들러 대학교 재활상담 프로그램 전공 주임

Allison R. Fleming: 켄터키 대학교 유아교육, 특수교육 및 재활상담학과 조교수

Rochelle V. Habeck: Research Consultant, Habeck and Associates 연구 자문역

Debra A. Harley: 켄터키 대학교 유아교육, 특수교육 및 재활상담학과 교수

Linda E. Hedenblad: Linda Hedenblad 컨설팅 대표

James T. Herbert: 펜실베이니아 주립대학교 교육심리, 상담, 특수교육학과 재활상담 및 휴먼 서비스
　　프로그램 교수, 전공 주임

Garrett Huck, 위스콘신 대학교 재활심리 및 특수교육학과 박사 수료

Ruth A. Huebner: 켄터키주 지역사회 서비스국 아동 복지 연구원

Ebonee T. Johnson: 루이지애나 남부대학교-베이튼 루지, 재활 및 장애학과 조교수

Nev Jones: 캘리포니아 스탠포드 대학교 의료인류학과 박사 후 선임연구원

Brian Kamnetz: 미네소타 주립대학교(맨카토) 언어, 청능, 재활서비스학과 조교수

John F. Kosciulek: 일리노이 대학교 운동 및 지역사회 보건학과교수

Eun-Jeong Lee: 일리노이 공과대학교 재활심리학과 부교수

Hanoch Livneh: 포틀랜드 주립대학교 상담교육학과 명예교수

Michelle C. Lizotte: 미시간 주립대학교 상담, 교육심리, 특수교육학과 재활 및 장애학 프로그램 박사 과정

Ruth Torkelson Lynch: 위스콘신 대학교 재활심리 및 특수교육학과 명예교수

Michele Mahr: 위스콘신 대학교 재활심리 및 특수교육학과 박사 수료

Trevor J. Manthey: Manthey 컨설팅 대표

Erin Martz: 포틀랜드 헬스케어 시스템 산하 보훈 병원 연구원, 재활상담사

Erin Moser: 위스콘신 대학교 재활심리 및 특수교육학과 박사 수료

Elias Mpofu: 시드니 대학교 재활상담학과 교수

Deirdre O'Sullivan: 펜실베이니아 주립대학교 교육심리, 상담, 특수교육학과 조교수

Brian N. Phillips: 위스콘신 대학교 재활심리 및 특수교육학과 조교수

Warren R. Rule(사망): 버지니아 카먼웰스 대학교 재활상담학과 명예교수

John See: 위스콘신 대학교 스타우트 캠퍼스 재활 및 상담학과 명예교수

Linda R. Shaw: 애리조나 대학교 장애 및 심리교육학과 교수, 학과장

Jerome Siller: 뉴욕 대학교 심리학과 명예교수

Susan Miller Smedema: 위스콘신 대학교 재활심리 및 특수교육학과 조교수

Jennifer L. Stoll: 멀시 헬스케어 시스템 산하 멀시 신경과학연구소임상 신경심리사

David R. Strauser: 일리노이 대학교 운동 및 지역사회 보건학과 교수

Timothy N. Tansey: 위스콘신 대학교 재활심리 및 특수교육학과 조교수

Kenneth R. Thomas: 위스콘신 대학교 재활심리 및 특수교육학과 명예교수

Robert A. Williams: 샌프란시스코 주립대학교 상담학과 부교수

Arnold Wolf: 뉴욕 시립대학교 헌터 칼리지 상담학과 교수

Jodi Wolff: 애리조나 대학교 장애 및 심리교육학과 박사 과정

# 역자 소개
---

**조성재**(Jo, Song Jae)

웨스턴미시간 대학교에서 재활상담과 시각장애 재활교육 석사 학위를, 미시간 주립대학교에서 재활상담교육으로 박사 학위를 취득하였다. 미국 시각장애교육재활학회 편집위원, 한국직업재활학회 부회장 등을 역임하였고, 현재는 대구대학교 직업재활학과 교수로 재직 중이다. 주요 관심 분야는 장애의 심리사회적 측면, 장애인 진로 상담, 중도 시각장애인 상담과 고용 등이다.

### 주요 저서 및 역서
농맹인으로 살아간다는 것(역, 실로암 시각장애인복지관, 2017)

의사소통장애와 연구방법론(공역, 시그마프레스, 2014)

시각장애인 보행의 이론과 실제(공저, 시그마프레스, 2013)

직업재활의 기초(공역, 시그마프레스, 2012)

재활전문가를 위한 장애인 상담의 이론과 실제(공역, 시그마프레스, 2008)


**박중규**(Park, Joong Kyu)

연세대학교 심리학과에서 학사, 석사, 박사를 마쳤다. 서울대병원 신경정신과에서 임상심리학 수련을 이수했고, 한국심리학회 임상심리전문가, 보건복지부 정신건강임상심리사 1급(84호), 한국재활심리사협회 재활심리사 1급(28호) 등의 자격을 취득하였다. 제53대 한국임상심리학회장을 역임하였고, 현재는 대구대학교 재활심리학과 교수로 대구대학교 정신건강상담센터 센터장을 맡고 있다. 주요 관심 분야는 인지 행동 치료와 스트레스 관리, 부모훈련, 심리평가이다.

### 주요 저서 및 역서
임상 사례로 보는 심리 진단 및 치료(공저, 사회평론아카데미, 2022)

심리장애의 임상적용을 위한 핸드북: 근거기반의 단계적 치료(공역, 학지사, 2021)

한국 임상심리 연구와 현장의 전문가 열여섯 명이 쓴 최신 임상심리학(공저, 사회평론아카데미, 2019)

심리평가 핸드북(공역, 사회평론아카데미, 2017)

인터넷 중독 상담과 정책의 쟁점(공저, 시그마프레스, 2015)

**최국환**(Choi, Gug Hwan)

고려대학교 대학원 심리학과에서 석사 학위를, 일리노이 공과대학교에서 재활심리로 박사 학위를 취득하였다. 한국직업재활학회 학과장을 역임하였으며, 현재는 가톨릭대학교 특수교육과 교수로 재직 중이다.

## 주요 저서 및 역서

특수교육 및 재활복지 분야의 전문가를 위한 장애학생 부모상담(학지사, 2018)
생물심리학: 뇌와 행동(공역, 학지사, 2013)
심리상담의 전략과 기법: 상담연습을 중심으로(공역, 시그마프레스, 2007)
심리상담의 과정과 기법: 효과적인 상담자가 되기 위한 안내서(공역, 시그마프레스, 2004)

# 장애인 재활상담의 이론과 실제

Counseling Theories and Techniques for Rehabilitation and
Mental Health Professionals, Second Edition

2023년 2월 20일 1판 1쇄 인쇄
2023년 2월 28일 1판 1쇄 발행

엮은이 • Fong Chan · Norman L. Berven · Kenneth R. Thomas
옮긴이 • 조성재 · 박중규 · 최국환
펴낸이 • 김진환
펴낸곳 • ㈜**학지사**

04031 서울특별시 마포구 양화로 15길 20 마인드월드빌딩
대표전화 • 02-330-5114    팩스 • 02-324-2345
등록번호 • 제313-2006-000265호

홈페이지 • http://www.hakjisa.co.kr
페이스북 • https://www.facebook.com/hakjisabook

ISBN 978-89-997-2891-4  93180

정가 29,000원

출판미디어기업 **학지사**
간호보건의학출판 **학지사메디컬** www.hakjisamd.co.kr
심리검사연구소 **인싸이트** www.inpsyt.co.kr
학술논문서비스 **뉴논문** www.newnonmun.com
교육연수원 **카운피아** www.counpia.com